Atypische Beschäftigung

Emmerich Tálos (Hrsg.)

Atypische Beschäftigung

Internationale Trends und sozialstaatliche Regelungen

Wien 1999
Manzsche Verlags- und Universitätsbuchhandlung

Gedruckt mit Unterstützung des Fonds zur Förderung der wissenschaftlichen Forschung.

Die Deutsche Bibliothek – CIP-Einheitsaufnahme

Atypische Beschäftigung : internationale Trends und sozialstaatliche
Regelungen / Emmerich Tálos (Hrsg.). – Wien : Manz, 1999
  ISBN 3-214-05958-0

Printed in Austria

© 1999, MANZsche Verlags- und Universitätsbuchhandlung GmbH
A-1014 Wien, Kohlmarkt 16
Telefon: (01) 531 61-0
eMail: redaktion@MANZ.at
World Wide Web: www.MANZ.at

Satz: Vrääth Öhner, 1060 Wien
Druck: novographic, 1238 Wien
Umschlaggestaltung: DIE WERBE AG / Wolfgang K. Buchner

ISBN 3-214-05958-0

Inhaltsübersicht

Einleitung

Emmerich Tálos

Seit mehr als zwei Jahrzehnten sind international weit einschneidende Veränderungen am Arbeitsmarkt und im Beschäftigungssystem zu konstatieren. Erwerbslosigkeit ist zu einem andauernden Problem geworden, von dem – bei allen merkbaren Unterschieden zwischen den verschiedenen EU- und OECD-Staaten – immer mehr Menschen, zum Teil immer länger betroffen waren und sind. Österreich zählt mit Luxemburg, den Niederlanden und USA zu jenen wenigen Ländern, die ein vergleichsweise niedriges Niveau aufweisen.

Nicht weniger von Bedeutung ist die seit den 70er Jahren konstatierbare Ausbreitung von Beschäftigungsformen, die vom sogenannten Normalarbeitsverhältnis abweichen. Unter „Normalarbeitsverhältnis" wird jener Typus von Beschäftigungsverhältnissen verstanden, der durch abhängige, vollzeitige und dauerhafte Beschäftigung mit geregelter Normalarbeitszeit, mit kontinuierlichem Entgelt und Bestandsschutzgarantien gekennzeichnet ist und im wesentlichen auf männliche Erwerbsbiographien zutraf und (noch immer) zutrifft. Dieses bildet nicht nur die Basis für die Sicherung der materiellen Teilhabechancen der derart Beschäftigten (und vielfach ihrer Familien), sondern – was von großer Relevanz auch für unser Thema ist – stellte und stellt für die sozialstaatlichen Regelungen in vielen Ländern den dominanten Bezugspunkt dar: die wesentlichen sozialstaatlichen Schutznormen und Leistungen sind in erster Linie daran orientiert.

Die diesbezüglichen Veränderungen bestehen darin, daß wir seit mehr als zwei Jahrzehnten merkbare Abweichungen[1] von diesem Normalarbeitsverhältnis wahrnehmen können. Für diese Abweichungen hat sich im deutschsprachigen Raum der Begriff atypische Beschäftigung, im englischsprachigen atypical work, non standard work bzw. contingent work eingebürgert. Gemeint sind somit jene Beschäftigungsverhältnisse, die nicht der Figur des „Normalarbeitsverhältnisses" entsprechen. Es handelt sich dabei um eine breite Palette von Beschäftigungsformen: reichend von Teilzeitarbeit, geringfügiger Beschäftigung, befristeter Beschäftigung, Leiharbeit, Arbeit auf Abruf, Telearbeit bis zu sogenannter scheinselbständiger Erwerbstätigkeit.

Soweit zu diesen verschiedenen Formen nähere empirische Daten vorliegen, kann konstatiert werden, daß erstens atypische Beschäftigung unübersehbar im Vormarsch begriffen ist. Dies allerdings mit durchaus unterschiedlichem Tempo und verschiedener Reichweite in den einzelnen Ländern. An einem Beispiel gezeigt: Während zur Zeit in den Niederlanden 68 % der erwerbstätigen Frauen teilzeitbeschäftigt sind, sind es in Italien 13,7 %. Aufgrund der nachvollziehbaren Entwicklung seit den 70er Jahren können wir *zweitens* davon ausgehen, daß es sich nicht sozusagen um einen kurz- bzw. mittelfristigen „Konjunktureinbruch" des Normalarbeitsverhältnisses handelt, sondern daß die Veränderung in Richtung „Atypisierung" von Beschäftigungsverhältnissen eine andauernde ist – oder anders gesagt: Dieser international weit konstatierbare Entwicklungtrend am Arbeitsmarkt bzw. im Beschäftigungssystem ist ein unumkehrbarer. Die Zahl der Vollzeitbeschäftigten ist in vielen Ländern rückläufig – ungeachtet dessen, daß das Normalarbeitsverhältnis nach wie vor große Bedeutung hat.

Drittens ist evident, daß atypische Beschäftigung weitgehend geschlechterspezifisch segregiert: Nicht daß derartige Formen überhaupt nur von Frauen ausgeübt werden. In Ländern beispielsweise mit einer insgesamt hohen Teilzeitquote ist die Quote der Männer auch durchwegs höher als in Ländern mit einem insgesamt niedrigen Anteil von Teilzeitbeschäftigten. Der Frauenanteil allerdings ist bei Formen wie der Teilzeitarbeit und geringfügigen Beschäftigung ein sehr hoher, relativ mehr Frauen als Männer leisten befristete Beschäftigung. Diese Überrepräsentanz gilt keineswegs nur für die Niederlande. Mit der im internationalen Vergleich höchsten Teilzeitquote ist in diesem Land die als atypisch bezeichnete Teilzeitbeschäftigung zur typischen Beschäftigungsform des überwiegenden Teiles beschäftigter Frauen geworden.

Für Österreich mögen sich diese Veränderungen am Arbeitsmarkt zur Zeit vergleichsweise noch moderat ausnehmen. Ungeachtet dessen gilt hier wie auch in anderen Ländern: Vom Normalarbeitsverhältnis abweichende Beschäftigungsformen stellen Möglichkeiten der Integration in den Arbeitsmarkt dar. Sie gehen allerdings auch mit negativen Konsequenzen für die sozialen und materiellen Teilhabechancen (zumindestens eines Teiles) der Betroffenen einher: Dazu zählen beispielsweise niedrige und diskontinuierliche Einkommen, die sich teilweise in nichtexistenzsichernden Leistungen oder im Ausschluß aus den Leistungssystemen des Sozialstaates niederschlagen – und mit denen die Armutsgefährdung wächst. Konstatierbar auch ist der Wegfall von sozialen Schutzrechten (wie beispielsweise Kündigungsschutz), der wiederholt mit partiellen Benachteiligungen auf der tariflichen Ebene und in betrieblichen Vereinbarungen verbunden ist. Die Frage, die sich in diesem Zusammenhang stellt, ist, ob überhaupt und, wenn ja, wie atypische Beschäftigungsformen Adressat sozialstaatlicher Gestaltung sind. Daß dies gesellschaftspolitisch relevant ist, ergibt sich sowohl aus der Reichweite, die das gesellschaftliche Phänomen atypische Beschäftigung international weit bereits hat, als auch aufgrund der damit für die Frage der Teilhabechancen verbundenen Folgen. Darüber hinaus spricht einiges dafür, daß die gegenständliche Problematik zukünftig noch an Bedeutung gewinnen wird. Was heute noch als atypisch bezeichnet wird, wird für den zukünftigen Arbeitsmarkt vielfach bereits typisch sein.

Vor diesem Hintergrund geht es in der vorliegenden Publikation darum, *zum einen* das gegenständliche Phänomen im Hinblick auf Vorkommen und Verbreitung, Veränderungen, Einstellungen und Konsequenzen darzustellen. Die empirische Basis dafür liefern einschlägige quantitative Daten von OECD und Eurostat sowie teilweise auch länderspezifische Informationen. *Zum anderen* geht es in diesem Buch zentral um die Untersuchung der Frage, ob es überhaupt und, wenn ja, in welcher Weise in diesen Ländern sozialstaatliche Regelungen gibt, die unmittelbar oder indirekt auf atypische Beschäftigungsformen Bezug nehmen und damit die sozialen und materiellen Bedingungen der

Betroffenen beeinflussen. Im Blickpunkt stehen dabei sowohl arbeits- als auch sozialrechtliche Regelungen.

Die Entwicklungstrends auf Ebene des Arbeitsmarktes und der sozialstaatlichen Regelungen werden in diesem Band für eine große Anzahl von Ländern analysiert und aufgezeigt: Der Großteil der EU-Mitgliedsländer (Belgien, Bundesrepublik Deutschland, Dänemark, Frankreich, Großbritannien, Italien, Niederlande, Österreich, Portugal, Schweden, Spanien – inklusive der EU-Gemeinschaftsebene) ist ebenso Gegenstand der Untersuchung wie zwei weitere Länder, die von unterschiedlichem Interesse für unser Thema sind: die USA, die oft als Paradebeispiel für eine günstige Arbeitsmarktentwicklung und als Vorbild für europäische Staaten im Hinblick auf Beschäftigungserfolg gepriesen wird, hat im Vergleich zu Österreich und den meisten europäischen Ländern eine merkbar unterschiedliche sozialstaatliche Tradition. Mit Slowenien können die Arbeitsmarktentwicklung und sozialstaatliche Regelungen an einem Nachbarland Österreichs aufgezeigt werden, das seit dem einschneidenden politischen und wirtschaftlichen Umbruch in den 90er Jahren mit beträchtlichen Problemen und Herausforderungen konfrontiert war und ist.

Im Anschluß an die Länderanalysen wird ein vergleichendes Resümee gezogen, das sich auf die im Buch vorgelegten Befunde und darüber hinaus auch auf thematisch einschlägige sozialwissenschaftliche Analysen stützt.

Die Basis für dieses Buch bilden die Ergebnisse eines Forschungsprojektes, das im Auftrag der österreichischen Frauenministerin durchgeführt und Ende 1997 abgeschlossen worden ist.[2] Darin sind über die in diesem Band abgedruckten Länderanalysen hinaus noch Untersuchungen zu Australien, Finnland, Griechenland, Irland und Luxemburg enthalten.

Marcel Fink möchte ich für seinen Beitrag zur Aktualisierung der Daten (seit Abschluß des Forschungsprojektes) und Recherchen zu aktuellen Entwicklungen in der Gesetzgebung der untersuchten Länder danken.

---

1 Nicht erfaßt werden die traditionellen Formen abweichender Arbeitszeiten wie Nacht-, Schicht- oder Wochenendarbeit.

2 Atpische Beschäftigungsformen und politische Maßnahmen unter besonderer Berücksichtigung von Fraueninteressen, Forschungsprojekt (Projektleitung Emmerich Tálos), Wien 1998.

Länderanalysen

Atypische Beschäftigung in Belgien

Christine Neuhold

1. Arbeitsmarktentwicklung

1.1 Allgemeine Arbeitsmarktentwicklung

Die Erwerbsquote lag in Belgien 1997 mit 62,6 % ebenso wie die Arbeitslosigkeit mit 9,2 % unter dem europäischen Durchschnitt. Allerdings ist die Langzeitarbeitslosigkeit höher als in den meisten EU-Mitgliedstaaten (vgl. Europäische Kommission 1998, S. 3).

Deutlich mehr Männer als Frauen übten und üben eine Beschäftigung aus. So lag die Erwerbsquote [1] der Männer seit den siebziger Jahren weit über jener der Frauen, fiel jedoch zu Beginn der neunziger Jahre etwas ab. Gingen 1975 noch 78,8 % der Männer im erwerbsfähigen Alter einer Beschäftigung nach, so waren es 1997 nur mehr 72,2 %. Die Frauenerwerbsquote hingegen stieg um mehr als 10 %: von 42,3 % 1975 auf 52,9 % 1997.

Noch deutlicher wird der Unterschied der Erwerbsbeteiligung von Männern und Frauen, wenn man nur die Beschäftigungsquoten analysiert, d. h. nur den Anteil der Beschäftigten an der Bevölkerung im erwerbsfähigen Alter – also bereinigt um die Zahl der Arbeitslosen – betrachtet (vgl. Auer 1996, S. 30). Lag die Beschäftigungsquote der Männer Mitte der siebziger Jahre bei 76,8 %, so betrug sie 1997 67,1 %. Das heißt, sie lag noch immer deutlich über jener der Frauen: 1975 40,0 %, 1997 46,7 %.

Wie in den meisten EU-Mitgliedstaaten ist auch in Belgien in den letzten 20 Jahren die Arbeitslosenrate sehr stark gestiegen. 1975 lag sie noch bei 3,8 %, erreichte dann 1994 einen Höchststand von 10,1 % und ging 1997 geringfügig auf 9,2 % zurück. Frauen waren, wie auch aus der folgenden Graphik hervorgeht, von dem Phänomen der Erwerbslosigkeit besonders betroffen. Die weibliche Arbeitslosenquote erhöhte sich im Zeitraum von zehn Jahren um mehr als 10 % (1975: 5,4 %, 1985: 16,7 %), konnte 1997 jedoch auf 11,9 % gesenkt werden. Die Erwerbslosenquote der Männer stieg in der Periode 1975–1997 um mehr als fast 5 %: von 2,6 % auf 7,1 %.

Graphik 1: Erwerbsquote in % der Bevölkerung im erwerbsfähigen Alter (15–64 Jahre)

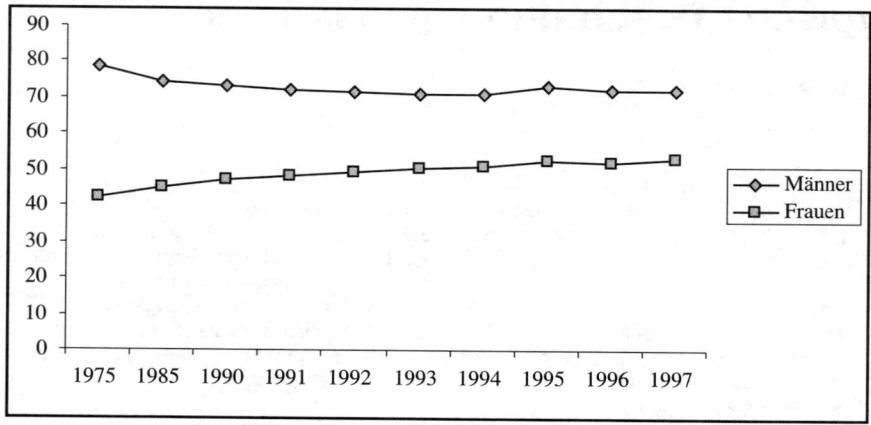

Quellen: Europäische Kommission GD V 1996a; 1996b; OECD 1998; Eurostat 1998.

Ein Großteil der Personen war länger als ein Jahr arbeitslos; fiel somit in die Kategorie der Langzeitarbeitslosen. Mitte der achtziger Jahre waren 62,9 % der arbeitslosen Männer und 71,8 % der erwerbslosen Frauen länger als zwölf Monate ohne Beschäftigung. Zehn Jahre später fanden 61,5 % aller männlichen und 63,5 % aller weiblichen Arbeitslosen auch nach mehr als einem Jahr keine neue Anstellung. 1997 lag die Langzeitarbeitslosigkeit mit 58,7 % deutlich über dem EU-Durchschnitt von 48,6 % (Europäische Kommission GD V 1995a, S. 188; 1996a, S. 148; OECD 1998; Eurostat 1998; Europäische Kommission 1998, S. 3).

Graphik 2: Arbeitslosenquote bei Frauen und Männern (in %)

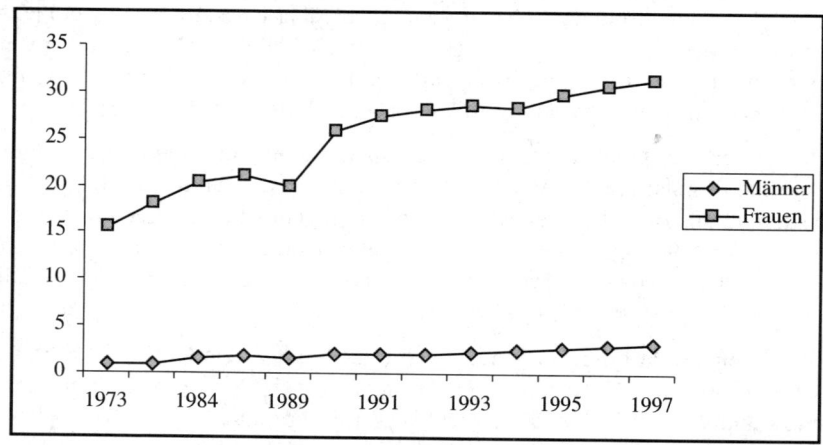

Quellen: Europäische Kommission GD V 1996a; 1996b; OECD 1998; Eurostat 1998.

1.2 Entwicklung atypischer Beschäftigungsverhältnisse

In Belgien ist Teilzeitbeschäftigung die weitest verbreitete Form der atypischen Beschäftigung. Befristete Beschäftigungsverhältnisse und Leiharbeit spielen im Vergleich dazu eine eher untergeordnete Rolle. Bevor auf die Entwicklung dieser Beschäftigungsformen jedoch im einzelnen eingegangen wird, sollen – um Begriffsverwirrungen möglichst zu vermeiden – einige Definitionen vorangestellt werden.

Definition der Teilzeitbeschäftigung

„Temps partiel" bezeichnet die Teilzeitarbeit. Das Konzept der Teilzeitbeschäftigung ist in Belgien juristisch nicht definiert. Es wird davon ausgegangen, daß Teilzeitarbeit kürzer ist als die Arbeitszeit, die ein(e) Vollzeitbeschäftigte(r) im selben Sektor oder selben Unternehmen leistet.

Definition der befristeten Beschäftigung

Die befristete Beschäftigung generell, also die Zeitarbeit, wird als „travail temporaire" bezeichnet. Befristete Arbeitsverträge – „contrats à durée déterminée" – können gemäß der Definition des Gesetzes vom 24. Juli 1987 nur zur Ausübung folgender Tätigkeiten abgeschlossen werden:

- zur Vertretung eines(r) dauerhaft Beschäftigten (der/die beispielsweise erkrankt oder in Karenz ist),
- als Aushilfe im Falle eines außergewöhnlichen Arbeitsanfalles (beispielsweise bei einer großen Zahl von Bestellungen),
- zur Ausübung einer außergewöhnlichen Tätigkeit (beispielsweise Aufräumarbeiten nach einem Unfall) (vgl. Blanpain 1995, S. 110).

Leiharbeit wird als „travail intérimaire", Leiharbeitsfirmen werden als „bureaux de travail intérimaire" bezeichnet (vgl. Ministère de l'Emploi et du Travail 1996, S. 140).

Die Entwicklung der Teilzeitbeschäftigung

Seit Mitte der siebziger Jahre spielen Teilzeitbeschäftigungsverhältnisse in Belgien eine immer wichtigere Rolle. Die Teilzeitquote stieg innerhalb von zehn Jahren, zwischen 1975 und 1985, um fast 4 %. Diese Tendenz setzte sich auch in dem darauffolgenden Jahrzehnt fort; zwischen 1985 und 1995 konnte ein Zuwachs von 5 Prozentpunkten verzeichnet werden. 1997 arbeiteten 14,7 % der belgischen ArbeitnehmerInnen in Teilzeit. Frauen gingen, wie auch aus der folgenden Graphik sehr deutlich hervorgeht, in einem weit höherem Ausmaß als Männer einer Teilzeitbeschäftigung nach: Die Teilzeitquote von Frauen lag bereits 1973 bei 15,6 % und wuchs bis 1985 um mehr als fünf Prozentpunkte auf 21,1 %. In den darauffolgenden zehn Jahren stieg der Prozentanteil der weiblichen Teilzeitbeschäftigten an der Gesamtbeschäftigungsquote um mehr als 8 %. 1997 gingen mehr als 31 % der weiblichen ArbeitnehmerInnen einer Teilzeitbeschäftigung nach. Von 233.000 neuen Arbeitsplätzen, die in der Periode 1981–1992 für Frauen geschaffen wurden, waren 200.000 Teilzeit- und nur 33.000 Vollzeitarbeitsplätze (vgl. Ministère de l'Emploi et du Travail 1994b, S. 45). Die Teilzeitquote der Männer, die 1973 bei 1,0 % lag verdreifachte sich zwar bis zum Jahr 1997, betrug aber dennoch nur 3,3 %.

Graphik 3 : Teilzeitquoten, Frauen und Männer (in %)

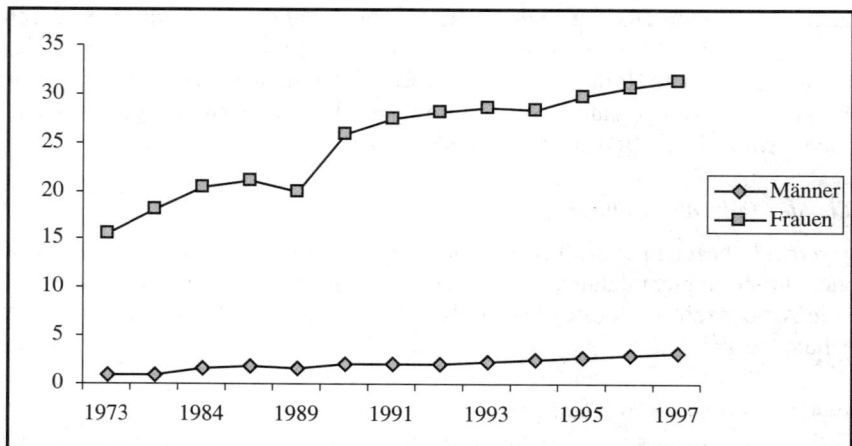

Quellen: OECD 1993; Meulders 1994; Europäische Kommission GD V 1995a; 1996a; 1996b; Eurostat 1998; OECD 1998.

Im Dienstleistungssektor ist der Anteil teilzeitbeschäftigter Frauen besonders groß. 1995 übten 32,3 % der weiblichen Erwerbstätigen in diesem Bereich eine Teilzeitbeschäftigung aus. In der Industrie und in der Landwirtschaft lag der Prozentanteil bei 16,4 % bzw. bei 13,8 %. Vergleichsweise gering nahm sich die Teilzeitquote der Männer im Dienstleistungsbereich aus; sie lag bei 3,9 % und in der Industrie bei 1,2 % (vgl. Eurostat 1996, S. 126).

Der Großteil der Teilzeitbeschäftigten gab 1997 im Rahmen der Eurostat-Erhebung über die Arbeitskräfte an, zwischen 11 und 20 Stunden in der Woche zu arbeiten. 1995 übten 56,1 % der Frauen und 50,3 % der Männer eine Erwerbstätigkeit mit diesem Arbeitsstundenumfang aus. Nur 6,0 % der weiblichen bzw. 7,1 % der männlichen Teilzeitbeschäftigten standen in einem (sehr) geringfügigen Teilzeitbeschäftigungsverhältnis mit einer bis zehn Stunden pro Woche (vgl. Eurostat 1996, S. 178). Zwei wesentliche Begründungen wurden 1997 für die Ausübung einer Teilzeitbeschäftigung angegeben: 24,0 % der Frauen bzw. 39,7 % der Männer gingen einer Teilzeitbeschäftigung nach, weil sie keine Vollzeitbeschäftigung finden konnten. 61,0 % der Frauen bzw. 32,7 % der Männer nannten „sonstige Gründe" für die Ausübung einer Teilzeitbeschäftigung. 10,2 % der Frauen bzw. 9,1 % der Männer wünschten keine Vollzeittätigkeit (vgl. Eurostat 1998).

Tabelle 1: Personen mit Teilzeittätigkeit: Gründe für die Teilzeittätigkeit, 1997 (in %)

Grund	Frauen + Männer	Männer	Frauen
Schul./berufl. Aus-/Fortbildung	1,6	8,0	0,6
Krankheit/Arbeitsunfähigkeit	1,9	6,3	1,3
Konnte keine Vollzeittätigkeit finden	26,0	39,7	24,0
Wünscht keine Vollzeittätigkeit	10,1	9,1	10,2
Sonstige Gründe	57,2	61,0	32,7
Keine Begründung/keine Antwort	3,1	4,3	3,0
Insgesamt	100,0	100,0	100,0

Quelle: Eurostat 1998

Da die Eurostat-Umfrage nicht nach *„persönlichen Gründen"* fragte, ist – wie aus einer nationalen Umfrage hervorgeht – anzunehmen, daß für einen Großteil der befragten Frauen die Kategorie *„Sonstige Gründe"* familiäre Verpflichtungen miteinschloß. Eine Umfrage des Ministeriums für Beschäftigung und Arbeit in Brüssel zeigt, daß 1995 45,9 % der befragten Frauen einer Teilzeitbeschäftigung nachgingen, weil sie sich um Familienangehörige kümmern mußten. Nur 8 % der männlichen Teilzeitbeschäftigten gaben diesen Grund für die Nichtausübung einer Vollzeitbeschäftigung an (vgl. Ministère de l'Emploi et du Travail 1996, S. 150).

In einem Großteil der belgischen Haushalte scheint also die Annahme zu dominieren, daß es die Aufgabe der Frauen und nicht der Männer ist, sich eine Teilzeitbeschäftigung zu suchen. Diese Frauen können somit gegebenenfalls familiären Verpflichtungen nachkommen, da sie beispielsweise kleine Kinder haben, die – aus welchen Gründen auch immer – nicht in den Kindergarten gehen (vgl. Meulders/Vander Stricht 1997, S. 38).

Ein Faktor, der laut Angabe des European Network wesentlich dazu beiträgt, daß mehr Frauen mit kleinen Kindern einer Voll- statt einer Teilzeitbeschäftigung nachgehen (können), ist die Tatsache, daß das Netz der Kinderbetreuung in Belgien relativ gut ausgebaut ist. Befanden sich doch Mitte der neunziger Jahre 30 % der Kinder im Alter von 0 bis 3 Jahren in einer öffentlichen Kinderbetreuungseinrichtung. Belgien liegt im europäischen Vergleich – hinter Dänemark, wo 48 % der Kinder dieser Altersgruppe in öffentlichen Kindergärten betreut wurden – diesbezüglich im europäischen Spitzenfeld (vgl. Network of Experts on the Situation of Women in the Labour Market 1995, S. 4).

Die Entwicklung der befristeten Beschäftigung

Bezüglich des Abschlusses zeitlich befristeter Beschäftigungsverhältnisse liegt Belgien 1997 mit einem Anteil von 6,3 % an der Gesamtbeschäftigung 1997 deutlich unter dem europäischen Durchschnitt von 10,7 %. Da üblicherweise ein hoher Prozentsatz der befristeten Arbeitsverhältnisse auch in die Kategorie der Teilzeitbeschäftigung fällt, ist der Anteil der Frauen mit befristeten Arbeitsverträgen höher als jener der Männer, wobei bei beiden Geschlechtern eine rückläufige Tendenz festzustellen ist. Der Prozentanteil von Frauen, die sich in befristeten Arbeitsverhältnissen befanden, ging von 10,9 % im Jahr 1985 auf 8,6 % im Jahr 1997 zurück. Bei den männlichen Erwerbstätigen fiel der Prozentsatz im selben Zeitraum von 4,7 % auf 4,6 % (vgl. Europäische Kommission GD V 1996a, S. 147 f.).

Eine nationale Umfrage, die 1995 in 2.488 Unternehmen durchgeführt wurde, ergab jedoch, daß fast ein Drittel der Beschäftigten (32,8 %) in einem befristeten Beschäftigungsverhältnis stand. Die Ergebnisse weisen je nach Region Unterschiede auf: In Wallonien übten 39,3 % der Befragten, in Flandern 30,0 % eine zeitlich befristete Beschäftigung aus. Als Erklärung für die Diskrepanz zwischen den Eurostat-Daten und den Ergebnissen der innerstaatlichen Erhebung gibt das Ministerium für Beschäftigung und Arbeit an, daß bei letztgenannter Enquete nur eine geringe Stichprobenauswahl herangezogen wurde und viele der Beschäftigungsverhältnisse zudem anschließend in dauerhafte Arbeitsplätze umgewandelt wurden, da die Betroffenen in Probezeit gestanden hatten.[2]

Wie aus der Eurostat-Erhebung über die Arbeitskräfte aus dem Jahr 1997 hervorgeht, übte ein Großteil der Frauen (47,1 %) und der Männer (36,5 %) eine befristete Beschäftigung

aus, da keine Dauerstellung gefunden werden konnte. Für 14,9 % der Frauen und 24,9 %
der Männer handelte es sich bei diesem befristeten Arbeitsvertrag um einen Ausbildungsvertrag. 5,7 % der befragten Frauen bzw. 9,6 % der Männer standen in der Probezeit (vgl.
Eurostat 1998).

Graphik 4: Befristet Beschäftigte, Frauen und Männer (in %)

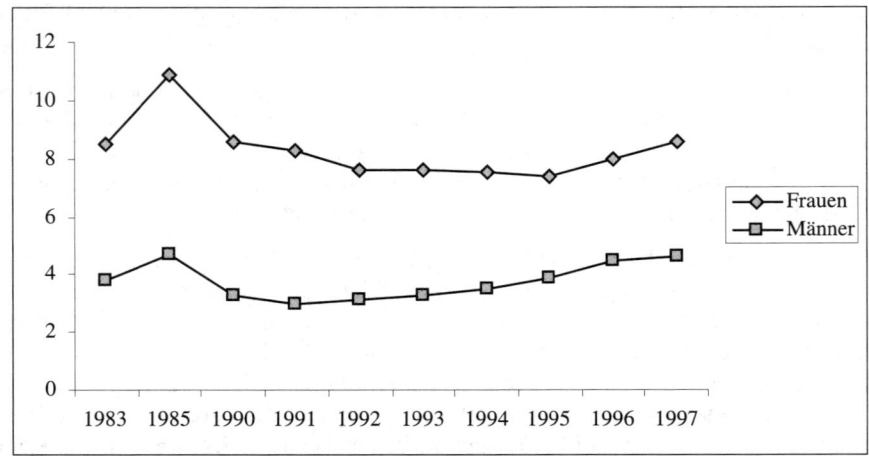

Quellen: Europäische Kommission GD V 1995a; 1996a; Eurostat 1998.

Die Entwicklung von Leiharbeit

Belgien liegt hinsichtlich des Abschlusses von Leiharbeitsverhältnissen im europäischen
Mittelfeld, wobei hier seit Mitte der achtziger Jahre eine stark steigende Tendenz zu verzeichnen ist. Die Zahl der LeiharbeitnehmerInnen stieg im Zeitraum 1984–1990 von
16.900 auf 61.852, hat sich also mehr als verdreifacht. Der im Jahr 1992 verzeichnete bisherige Höchststand von 63.387 durch Leiharbeitsfirmen vermittelten Beschäftigten sank
dann auf 54.546 im Jahr 1994.

Frauen stehen in einem geringeren Ausmaß in Leiharbeitsverhältnissen als Männer, ihre
Zahl ist jedoch ebenfalls stark gestiegen. Arbeiteten 1984 noch 5.958 Frauen im Dienste
einer Leiharbeitsfirma, waren es ein Jahr später bereits 9.038 und 1989 21.420. Bis 1994
ging die Zahl auf 18.040 zurück. Die Zahl der Leiharbeiter stieg zwischen 1984 und 1985
um mehr als 6.000 von 10.942 auf 17.094. 1990 waren es bereits 38.581 und 1995 36.506
(vgl. Ministère de l'Emploi et du Travail 1996, S. 140).

Laut Angaben des Ministeriums für Beschäftigung und Arbeit trage die unsichere kon-
junkturelle Lage und die Tatsache, daß auch künftig kein wirtschaftlicher Aufschwung in
Sicht sei, dazu bei, daß Firmen Personal einerseits nicht dauerhaft beschäftigten und
andererseits bei der Vermittlung auf Leiharbeitsfirmen zurückgreifen würden. Auf diese
Weise würden sie sich einen oftmals kostspieligen und zeitaufwendigen Selektions- und
Suchprozeß ersparen. Für eine große Zahl der Leiharbeitsbeschäftigten sei diese Form der
Beschäftigung ein Zwischenschritt zu einer dauerhaften Beschäftigung. Aus einer vom
Arbeitsministerium in Auftrag gegeben Befragung von Leiharbeitskräften geht hervor,

daß 33 % der Befragten während ihres Arbeitsauftrages eine dauerhafte Stellung angeboten bekamen und 42 % der Interviewten nach einem Jahr fest angestellt wurden (vgl. Ministère de l'Emploi et du Travail 1996, S. 140 f.).

2. Politische Regulierung

2.1 Arbeitsrechtliche Regulierung

2.1.1 Arbeitsrechtliche Regulierung atypischer Beschäftigungsformen

Atypische Beschäftigungsformen – wie Teilzeitbeschäftigung und Formen der Zeitarbeit, wie befristete Arbeitsverhältnisse und Leiharbeit – sind im belgischen Arbeitsrecht fest verankert. Während generelle Arbeitszeitregelungen und urlaubsrechtliche Regelungen nur für Teilzeitbeschäftigte bestehen, sind sowohl Teilzeit- als auch befristete Beschäftigungsverhältnisse durch ausgefeilte Regelungen zum Schutz vor Kündigung abgesichert.

Regulierung der Teilzeitbeschäftigung

Teilzeitbeschäftigung ist per Gesetz vom 22. Dezember 1989 geregelt. Demnach ist der Arbeitsvertrag zur Regelung der Teilzeitbeschäftigung schriftlich abzufassen und muß den Arbeitszyklus und die Anzahl der Arbeitsstunden enthalten (vgl. Blanpain 1995, S. 110). Wichtige Bestimmungen zur Förderung der Teilzeitbeschäftigung enthält ferner das am 26. Juli 1996 vom belgischen Parlament verabschiedete Gesetz über die Beschäftigung und die vorbeugende Sicherung der Wettbewerbsfähigkeit. Die Ausübung von Teilzeitarbeit soll u. a. durch die Anhebung des Einkommensgarantiegeldes unterstützt werden, das Arbeitslosen gewährt wird, welche eine Teilzeitbeschäftigung annehmen (vgl. inforMISEP 1996, Nr. 56, S. 6).

Ein weiterer Schritt der (flämischen) Regierung, durch den die Ausübung einer Teilzeitbeschäftigung attraktiver gestaltet werden sollte, war die Einführung einer „Anreizprämie" im Jahr 1994. Sie wurde und wird in der Region Flandern beschäftigten ArbeitnehmerInnen gewährt, die von einer Vollzeit- auf eine Teilzeitstelle wechseln, oder die ihre berufliche Laufbahn unterbrechen, um eine Berufsausbildung zu absolvieren oder für unterhaltsberechtigte Kinder bis zum Alter von drei Jahren zu sorgen. 1995 und 1996 wurde dieses System noch verbessert, indem neue Anwendungsmöglichkeiten eingeführt und die Höhe der Prämie in gewissen Fällen angehoben wurde (vgl. http://www.ias-berlin.de/ersep).[3]

Regulierung der befristeten Beschäftigung

Ein erster Gesetzesbeschluß zur Regelung des Abschlusses befristeter Beschäftigungsverhältnisse wurde am 28. Juni 1976 verabschiedet. Auf der Basis dieses Gesetzes wurde auf regionaler Ebene im Dezember 1980 ein Königlicher Erlaß verabschiedet, der die Errichtung von Leiharbeitsagenturen in der Region Hauptstadt Brüssel vorsah. Dieser Gesetzesbeschluß von 1976 lief jedoch bereits nach fünf Jahren aus. Anschließend wurde die gesetzliche Lücke durch mehrere Tarifverträge des Nationalen Rates für Arbeit geschlossen. Nach belgischem Arbeitsrecht waren diese Beschlüsse für ArbeitgeberInnen und auch für ArbeitnehmerInnen rechtlich bindend und einklagbar. An ihre Stelle trat dann Mitte der achtziger Jahre ein neues Gesetz zur befristeten Beschäftigung, welches am 24. Juli 1987 vom belgischen Parlament verabschiedet wurde. Im Rahmen dieses Gesetzes wurde die

Einrichtung von Leiharbeitsfirmen erstmals für ganz Belgien umfassend geregelt. Zu einer der wesentlichen Neuerungen des Gesetzes zählt die Tatsache, daß Leiharbeit nicht nur von privaten Unternehmen, sondern auch durch die Arbeitsämter vermittelt werden kann. Im Bereich der drei regionalen Arbeitsämter wurde ein sogenannter *„T-service intérim"* eingerichtet, der Zeitarbeitskräfte im öffentlichen Dienst vermittelt. Den Agenturen dieser Einrichtung kommt gegenüber den vermittelten Zeitkräften der volle Rechtsstatus von ArbeitgeberInnen zu, und sie sind bei der Vermittlung von Arbeitskräften mit anderen Leiharbeitsfirmen völlig gleichgestellt (vgl. MISEP 1996, S. 40). Ein weiterer wichtiger Bestandteil des Gesetzes ist die Hervorhebung, daß befristet Beschäftigte grundsätzlich über die gleichen Arbeitsrechte wie Vollzeitbeschäftigte verfügen und je nach Beschäftigung als Angestellte oder als ArbeiterInnen einzustufen sind: *„The temporary worker is regarded as a fully-fledged employee, enjoying the full protection of labour law and social security. He/she will be categorized as a white-collar or blue-collar worker in accordance with the manual or intellectual nature of his work"* (Blanpain 1995, S. 82).

Weitere grundlegende Gesetzesvorschriften, die für die Regelung von befristeten Beschäftigungsverhältnissen von Bedeutung sind, sind das Gesetz vom 3. Juli 1978 über die Arbeitsverträge, welches u. a. auch Bestimmungen über den Abschluß von befristeten Arbeitsverträgen enthält, und das Gesetz vom 16. März 1979 über die Arbeit, welches Vorschriften zur Regulierung der Arbeitszeit beinhaltet (vgl. Blanpain/Oversteyns 1993, S. 47).

2.1.1.1 Arbeitszeitregelungen

Die gesetzliche Arbeitszeit betrug bis zur Verabschiedung des Gesetzes vom 26. Juli 1996 40 Wochenstunden. Tarifvertraglich konnten schon bis dahin weniger Stunden vereinbart werden. Das neue Gesetz sieht vor, daß alle jene ArbeitnehmerInnen, die nicht unter einen Tarifvertrag fallen, welcher die Arbeitszeit verkürzt, ab dem 1. Jänner 1999 statt 40 nur mehr 39 Stunden arbeiten sollen (vgl. Europäische Kommission 1996, S. 66).

Seitens der belgischen Bundesregierung wurden seit Mitte/Ende der neunziger Jahre innovative Regelungen zur Verkürzung der Arbeitszeit eingeführt, um einen möglichst hohen Beschäftigungsstand zu sichern. So haben beispielsweise seit Frühjahr 1997 in wirtschaftlichen Schwierigkeiten oder in Umstrukturierung befindliche Unternehmen unter gewissen Voraussetzungen Anspruch auf eine Senkung der Arbeitgeberbeiträge zur Sozialversicherung, wenn sie zur Aufrechterhaltung eines möglichst hohen Personalstandes Maßnahmen zur Verkürzung der Arbeitszeit treffen. Diese Maßnahmen sollen bis zum Jahr 2000 gelten. Zudem beschloß die Bundesregierung im Juli 1997, in wirtschaftlich gesunden Unternehmen subventionierte Projekte zur kollektiven Arbeitszeitverkürzung durchführen zu lassen. Zwanzig Unternehmen konnten eine Reduktion der Sozialversicherungsbeiträge in Anspruch nehmen, wenn sie nach Einführung der kollektiven Arbeitszeitverkürzung auf 32 Stunden pro Woche zusätzliche Arbeitskräfte einstellten [4] (vgl. http://www.iaas-berlin.de/ersep).

Im Rahmen von Kollektivverträgen kommen Unternehmen und Gewerkschaften, ebenfalls mit dem Ziel der Arbeitsplatzsicherung, zunehmend überein, die durchschnittliche Arbeitszeit zu reduzieren. Einzelne Kollektivverträge sehen eine wöchentliche Arbeitszeit von 32 bis 38 Stunden vor. Ein Beispiel ist hier der Kollektivvertrag für die Volkswagen-

Produktionsstätte in Brüssel. Dieser Vertrag, der von 77,4 % der Beschäftigten am 15. September 1997 angenommen wurde, sieht vor, die wöchentliche Arbeitszeit von 39 auf 35 Arbeitsstunden ohne Lohnkürzungen zu reduzieren. Im Gegenzug müssen die betroffenen ArbeitnehmerInnen auf Lohnerhöhungen, die ursprünglich für 1998 vereinbart wurden, verzichten (vgl. European Industrial Relations Review 1998a, S. 23ff.).[5]

Teilzeitbeschäftigung

In Belgien fehlt eine juristische Definition der Teilzeitarbeit, die die wöchentliche oder monatliche Wochenarbeitszeit genau festlegen würde. Generell gilt jemand als Teilzeitbeschäftigte(r), der/die kürzer als ein(e) Vollzeitbeschäftigte(r) arbeitet. Die gesetzliche Mindestarbeitsstundenzahl liegt bei einem Drittel der vollen Wochenarbeitszeit (rund 13 Stunden) und bei drei Stunden pro Arbeitsauftrag. In einem Teilzeitarbeitsverhältnis muß nicht notwendigerweise jede Woche die gleiche Anzahl an Stunden geleistet werden. Die Zahl der Arbeitsstunden kann variieren, solange sie im Zeitraum von drei Monaten nicht die durchschnittliche Wochenarbeitszeit des/der Beschäftigten übersteigt. Vor Verabschiedung des Gesetzes vom 26. Juli 1996 mußten Teilzeitbeschäftigte mit wechselnder Arbeitszeit mindestens fünf Tage im voraus (mittels Aushang in ihrem Unternehmen) über ihre individuelle Arbeitszeit unterrichtet werden. Die Neuregelung gestattet die Einführung neuer Informationsverfahren entweder durch Kollektivvertrag oder durch die Arbeitszeitordnung. Um die Regelung der Teilzeitarbeit zu kontrollieren, muß künftig zwar immer noch eine entsprechende Mitteilung in dem betreffenden Unternehmen ausgehängt werden; sie muß allerdings nur noch vor Beginn des betreffenden Arbeitstages und nicht mehr fünf Arbeitstage im voraus angebracht werden (vgl. inforMISEP, Nr. 55, 1996, S. 7). Als Überstunden werden jene geleisteten Arbeitsstunden anerkannt, die über der durchschnittlichen Arbeitszeit des/der Teilzeitbeschäftigten liegen. Vor Inkrafttreten des Gesetzes vom 22. Dezember 1989 wurden nur jene Stunden, die über der Normalarbeitszeit von Vollzeitbeschäftigten lagen, als Überstunden gewertet. Bei Überschreitung der vereinbarten Arbeitszeit müssen den Teilzeitbeschäftigten Ausgleichsruhezeiten gewährt werden. ArbeitnehmerInnen, die Überstunden leisten, haben zudem Anspruch auf mindestens 50 % des vereinbarten Arbeitsentgelts während der Woche und auf 100 % des Lohnes an Wochenenden oder an einem gesetzlichen Feiertag (vgl. Ministère de l'Emploi et du Travail, 1994a, S. 22 ff.).

Leiharbeit

Das Gesetz vom 26. Juli 1996 sieht auch vor, daß Leiharbeit bei zeitweiligem übermäßigem Arbeitsanfall über den für das Unternehmen normalen Tätigkeitsumfang hinaus genehmigt werden muß (vgl. inforMISEP 1996, Nr. 55, S. 7).

2.1.1.2 Urlaubsrecht

Teilzeitbeschäftigung

Gemäß dem Gesetz vom 3. Juli 1978 haben alle Teilzeitbeschäftigten Anspruch auf bezahlten Urlaub aus wichtigen familiären Gründen. Bei Heirat oder bei Tod eines Familienangehörigen wird z. B. eine kurze Abwesenheit gewährt. Dieses Recht wird als „kleine

Arbeitslosigkeit"[6] bezeichnet (vgl. Ministère de l'Emploi et du Travail, 1994a, S. 15). Neben diesem Kurzurlaub haben alle Beschäftigten, unabhängig von einer Mindestzahl an geleisteten Arbeitsstunden oder einem Mindesteinkommen, Anspruch auf 20 Tage Regelurlaub und müssen auch an den bestehenden zehn Feiertagen jährlich nicht arbeiten (vgl. Europäische Kommission 1996, S. 66).

Eine schwangere Arbeitnehmerin, unabhängig davon, ob vollzeit- oder (geringfügig) teilzeitbeschäftigt, ist gemäß dem Königlichen Erlaß vom 17. Oktober 1994 berechtigt, sieben Wochen vor ihrer Niederkunft der Arbeit fernzubleiben. Nach der Geburt des Kindes darf sie während des Zeitraums von acht Wochen keiner Beschäftigung nachgehen (vgl. Blanpain 1995, S. 119). Eltern haben im Rahmen des Systems zur Unterbrechung der Berufstätigkeit auch nach dem Bezug von Mutterschaftsgeld die Möglichkeit, sich drei bis zwölf Monate Erziehungsurlaub mit Kündigungsschutz zu nehmen. Die Unterbrechung im Arbeitsleben eines(r) Beschäftigten darf die Zeitspanne von 60 Monaten nicht überschreiten. Es besteht jeweils ein Anspruch auf eine Pauschalzahlung von etwa 300 EUR[7] pro Monat (rund 20 % des durchschnittlichen Industrielohns 1995), die sich erhöht, wenn die Unterbrechung wegen der Geburt eines zweiten oder weiteren Kindes erfolgt. Im flämischen Raum wird bei Kindern unter drei Jahren eine weitere Zulage gezahlt. Auf die Berufsunterbrechung besteht kein Anspruch. Ihre Gewährung hängt von der Zustimmung des/der Arbeitgebers(in) ab, der/die außerdem als Vertretung einen(e) bisher Arbeitslosen(e) aufnehmen muß. Der Erziehungsurlaub kann auch von TeilzeitarbeitnehmerInnen beantragt werden, muß aber nicht genehmigt werden (vgl. Europäische Kommission GD V 1996b, S. 137).

2.1.1.3 Kündigungsschutz inklusive Vertragserrichtung und Probezeit

Teilzeitbeschäftigung

Der Arbeitsvertrag eines(r) Teilzeitbeschäftigten muß in schriftlicher Form abgefaßt werden und die individuell vereinbarte Arbeitszeit festlegen. Ein Teilzeitarbeitsvertrag ist kein spezieller Arbeitsvertrag, sondern ein (normaler) Vertrag für einen befristeten oder einen unbefristeten Zeitraum. ArbeitnehmerInnen, die in einem vereinbarten Zyklus beschäftigt sind, müssen festlegen, wann dieser beginnt. Als „festgelegte Arbeitszyklen" werden Systeme bezeichnet, in denen die zu leistenden Arbeitsstunden (z. B. 15 pro Woche) schon von vornherein vereinbart werden. Als „flexibles System" gelten Vereinbarungen, in denen nur die Gesamtzahl der Arbeitsstunden innerhalb eines gewissen Zeitraumes (meistens innerhalb eines Trimesters) festgeschrieben wird. Der/die Arbeitgeber(in) ist verpflichtet, die verschiedenen Systeme in den arbeitsrechtlichen Vorschriften, die im Bereich des Unternehmens angebracht werden müssen, zu erwähnen. Außer wenn anders vereinbart, gelten für ArbeiterInnen, die in Teilzeit arbeiten, sowie auch für Vollzeitbeschäftigte mindestens die ersten 7 oder maximal die ersten 14 Arbeitstage als Probezeit. Für Angestellte beläuft sich diese Periode mindestens auf einen Monat und höchstens auf sechs bzw. zwölf Monate, je nachdem, ob das Jahresgehalt den Betrag von 1.067.000 BFR (26.450,18 EUR)[8] überschreitet oder nicht. Während dieses Zeitraumes dürfen ArbeiterInnen ohne Vorankündigung und Angestellte durch eine sehr kurze

Benachrichtigung den Vertrag aufkündigen. Die Probezeit ist schriftlich und spätestens vor der Arbeitsaufnahme festzulegen (vgl. Blanpain 1995, S. 93 ff.).

Belgien gilt als einer jener Unionsstaaten mit der höchsten Regelungsdichte beim Kündigungsschutz. Die Regelungen zum Schutz vor Kündigung sind gegenüber Teilzeitbeschäftigten neutral – diese sind, abgesehen davon, daß sich die Kündigungsfristen nach längerer Beschäftigung erhöhen, grundsätzlich mit Vollzeitbeschäftigten gleichgestellt. Alle jene Beschäftigten etwa, die aus wirtschaftlichen Gründen nicht ihrer Tätigkeit nachgehen können (etwa wegen Schlechtwetters oder aufgrund eines Streiks), dürfen nicht gekündigt werden (vgl. Blanpain/Oversteyns 1993, S. 49). Sowohl ArbeitgeberInnen als auch ArbeitnehmerInnen können den Arbeitsvertrag aus triftigem Grund auflösen. Unter diesem „triftigen Grund" ist ein schweres Verschulden zu verstehen, das die berufliche Kooperation zwischen ArbeitgeberInnen und ArbeitnehmerInnen sofort und endgültig unmöglich erscheinen läßt. Es liegt gegebenenfalls im Ermessen des Arbeitsgerichts, zu entscheiden, ob ein derartiger Grund vorliegt oder nicht. Die Kündigung muß für alle Beschäftigten in schriftlicher Form abgefaßt und persönlich überreicht werden.

Die Kündigungsfristen sind je nach Beschäftigtenstatus unterschiedlich geregelt. Für ArbeiterInnen, die weniger als sechs Monate beschäftigt waren, beträgt sie nur eine Woche, für ArbeiterInnen, die weniger als 20 Jahre beschäftigt waren, 28 Tage; für Personen, die länger als 20 Jahre gearbeitet haben, erhöht sie sich auf 56 Tage. Will ein(e) Arbeiter(in) sein/ihr Beschäftigungsverhältnis aufkünden, muß dies in der halben Frist, die dem/der Arbeitgeber(in) zusteht, geschehen. Für Angestellte beträgt die kürzeste Kündigungsfrist drei Monate (nach höchstens fünf Jahren der Anstellung) und die längste 30 Monate (nach 45–50 Jahren) (vgl. Europäische Kommission GD V 1996a, S. 18 f.). Bei der Neubesetzung von Arbeitsplätzen innerhalb eines Unternehmens haben Teilzeitbeschäftigte vorrangig Anspruch auf eine Vollzeitarbeit oder eine Teilzeitarbeit von längerer Dauer (vgl. Europäische Kommission 1996, S. 72).

Befristete Beschäftigung

Das Gesetz über die Arbeitsverträge vom 3. Juli 1978 sieht vor, daß die Vereinbarung von mehreren befristeten Arbeitsverträgen als Abschluß eines unbefristeten Arbeitsvertrages gilt. Allerdings durfte es in diesen Fällen nicht zu einer dem/der Arbeitnehmer(in) anzulastenden Unterbrechung kommen. Mit dem Gesetz vom 30. März 1994 über die Sozialbestimmungen wurde das Gesetz von 1978 um den neuen Artikel 10A ergänzt, der die Möglichkeit, befristete Arbeitsverträge abzuschließen, folgendermaßen erweitert:

■ Es können nacheinander bis zu vier befristete Arbeitsverträge geschlossen werden, deren Dauer jeweils mindestens drei Monate beträgt und deren Gesamtdauer nicht zwei Jahre überschreiten soll.

■ Nach vorheriger Genehmigung durch die Sozialgesetzesaufsicht können nacheinander befristete Arbeitsverträge von jeweils mindestens einer Gültigkeit von sechs Monaten geschlossen werden, sofern sie insgesamt nicht länger als drei Jahre währen.

Das Gesetz sah ursprünglich vor, daß diese Regelungen am 31. Dezember 1997 auslaufen sollten. Gemäß des am 17. Oktober 1997 vom Ministerrat gebilligten Vorentwurfes eines

Gesetzes über Maßnahmen zur Beschäftigung, werden sie nunmehr auf unbestimmte Dauer verlängert (vgl. http://www.ias-berlin.de/ersep).

Ein befristetes Arbeitsverhältnis kann nur aus gewissen, gesetzlich festgelegten Gründen abgeschlossen werden. Das Gesetz vom 24. Juli 1987 sieht vor, daß ein befristeter Arbeitsvertrag entweder in Vertretung für einen dauerhaft Beschäftigten, bei einem außerordentlichen Arbeitsanfall oder für die Durchführung von außergewöhnlichen Arbeiten unterzeichnet werden kann. Der befristete Arbeitsvertrag für eine genau definierte Arbeit endet, wenn der vereinbarte Arbeitsauftrag beendet wird. Arbeitet der/die Beschäftigte trotz abgelaufenem Vertrag weiter, wird er/sie als unbefristet beschäftigt betrachtet, außer es wurde ein neuer befristeter Vertrag abgeschlossen. Befristet Beschäftigte werden in die Berechnungen zur Arbeitnehmervertretung einbezogen (vgl. Blanpain 1995, S. 83 ff.). Die Verträge zur Vertretung eines Beschäftigten können maximal für zwei Jahre abgeschlossen werden. Ein derartiger Vertrag, der die Dauer von zwei Jahren überschreitet, gilt automatisch als unbefristet (vgl. Schömann/Rogowski/Kruppe 1998, S. 28).

Leiharbeit

Werden Zeitarbeitskräfte von einer Leiharbeitsfirma vermittelt, müssen zwei schriftliche Verträge abgeschlossen werden: einer, der die Bereitschaft der Vertragsparteien zur Vertragsaufnahme bekräftigt, und ein zweiter, der konkret die Bestimmungen und die Aufgaben des Arbeitsverhältnisses enthält. Der erste Vertrag muß spätestens vor der Arbeitsaufnahme abgefaßt werden, muß aber nicht jedesmal erneuert werden, wenn eine neue Arbeit im Auftrag der Firma durchgeführt wird. Das zweite Dokument muß spätestens zwei Tage vor Beschäftigungsbeginn unterzeichnet werden und jedesmal vor Beginn einer neuen Tätigkeit neu verfaßt werden. Der Leiharbeitsfirma ist es untersagt, einen unbefristeten Vertrag mit der Zeitarbeitskraft abzuschließen (vgl. Bode/Brose/Voswinkel 1994, S. 121).

2.1.1.4 Abfertigung

Bei Auslaufen eines befristeten Arbeitsvertrages ist keine Abfindung vorgesehen (vgl. Europäische Kommission 1996, S. 62).

2.1.2 Evaluierung

In Belgien bestehen seit Mitte/Ende der achtziger Jahre weitreichende arbeitsrechtliche Bestimmungen zur Regulierung von Teilzeit- und Zeitarbeit. Für beide Formen der atypischen Arbeitsverhältnisse müssen schriftliche Arbeitsverträge abgeschlossen werden, in deren Rahmen wichtige Inhalte des Arbeitsverhältnisses (wie die Anzahl der Arbeitsstunden oder die Leistungen, die zu erbringen sind) festlegt werden. Für Frauen, die in steigendem Maße von diesen Formen der atypischen Beschäftigung betroffen sind (1995 arbeitete fast ein Drittel der erwerbstätigen Frauen in Teilzeit), kommt dieser Regelung große Bedeutung zu: Sie sind in arbeitsvertragsrechtlicher Hinsicht genauso wie in einem Vollzeitbeschäftigungsverhältnis abgesichert.

Seit 1994 verschlechterte sich die Situation befristet Beschäftigter unter dem „Leitmotiv der Flexibilität" insofern, als „Kettenverträge" für begrenzt zulässig erklärt wurden. Es können nun bis zu vier befristete Arbeitsverträge nacheinander abgeschlossen werden, deren Gesamtdauer jedoch nicht zwei Jahre überschreiten darf. In Ausnahmefällen können, nach Genehmigung der Sozialgesetzesaufsicht, drei befristete Verträge abgeschlossen werden, die insgesamt drei Jahre gültig sind. Diese Regelung stellt insofern einen Rückschritt im Vergleich zu den gesetzlichen Regelungen von 1978 dar, als diese noch vorsahen, daß die Vereinbarung von mehreren befristeten Arbeitsverträgen als Abschluß eines unbefristeten Arbeitsvertrages gelten solle (vgl. Ministère de l'Emploi et du Travail 1996, S. 139).

Vorteilhaft für die arbeitsrechtliche Absicherung von (atypisch) Beschäftigten wirkt sich die Tatsache aus, daß neben der Schriftformverpflichtung des Arbeitsvertrages ausgedehnte Regelungen zum Schutz vor Kündigung bestehen. Die Kündigung muß schriftlich abgefaßt und persönlich überreicht werden. Die Kündigungsfristen erhöhen sich allerdings je nach Dauer des Arbeitsverhältnisses und nach Beschäftigtenstatus, was dazu führt, daß ArbeiterInnen, welche nur kurzfristig beschäftigt waren, weitaus schlechter aussteigen als Angestellte. Die Frist für ArbeiterInnen, die weniger als ein halbes Jahr gearbeitet haben, beträgt nun eine Woche, während sie sich für Angestellte auf mindestens drei Monate beläuft.

Positiv ist die Regelung zu werten, daß Teilzeitbeschäftigte, welche sich gezwungen sehen, Überstunden zu leisten, diese Stunden dann abgegolten bekommen, wenn ihre eigene durchschnittliche wöchentliche Arbeitszeit und nicht die von Vollzeitbeschäftigten überschritten wird.

Ebenfalls als begrüßenswert ist die Einführung einer „Anreizprämie" zur Aufnahme einer Teilzeitbeschäftigung durch die flämische Regierung Mitte der neunziger Jahre zu werten. Hier wurde es ArbeitnehmerInnen ermöglicht, von einer Vollzeit- auf eine Teilzeitstelle zu wechseln, um sich beispielsweise beruflich weiterzubilden oder für Kinder bis zum Alter von drei Jahren zu sorgen.

Für Frauen (oder Männer) mit kleinen Kindern ist die Regelung wichtig, wonach sie sich aus wichtigen familiären Gründen für einen kurzen Zeitraum bezahlten Urlaub nehmen können. Weiters sind solche Frauen mit Vollzeitbeschäftigten insofern gleichgestellt, als sie, unabhängig von ihrer Beschäftigungsdauer oder einem gewissen Einkommen, Anspruch auf 20 Tage Regelurlaub haben. Auch schwangere Arbeitnehmerinnen haben auf jeden Fall, unabhängig vom Beschäftigungsverhältnis, ein Anrecht auf Mutterschutz. Der Zugang zum Karenzurlaub wird hingegen rigide gehandhabt: Er ist nicht gesetzlich geregelt und steht Frauen nur offen, wenn der/die Arbeitgeber(in) zustimmt.

Weibliche Arbeitskräfte stehen zwar in einem geringeren Ausmaß in Leiharbeitsverhältnissen als männliche Erwerbstätige, ihre Stellung wird jedoch aufgrund der Tatsache verbessert, daß diese Arbeitsverhältnisse nicht nur durch private Unternehmen, sondern auch durch die regionalen Arbeitsämter vermittelt werden können. Diese haben gegenüber den Leiharbeitskräften den vollen Rechtsstatus von ArbeitgeberInnen und vermitteln als staatlich anerkannte Einrichtungen ein erhöhtes Maß an arbeitsrechtlicher Sicherheit. Die Stellung von LeiharbeiterInnen wird durch das Gesetz vom 26. Juli 1996 noch insofern aufgewertet, als Leiharbeit über den für die Verleihfirma normalen Tätigkeitsumfang hinaus genehmigt werden muß.

2.2   Sozialrechtliche Regulierung

2.2.1 Sozialrechtliche Regulierung atypischer Beschäftigungsformen

Spezielle sozialrechtliche Bestimmungen zur Regulierung atypischer Beschäftigungsformen bestehen in Belgien im wesentlichen für Teilzeitbeschäftigungsverhältnisse.

2.2.1.1 Pensionsversicherungsrecht

Teilzeitbeschäftigung

Aufgrund der fehlenden Geringfügigkeitsgrenzen im Pensionsversicherungsrecht gelten Teilzeitbeschäftigte, auch wenn sie eine geringfügige Beschäftigung ausüben, als pensionsversicherungspflichtig. Die Höhe der Rente wird für Teilzeitbeschäftigte je nach Zahl der geleisteten Arbeitsstunden anteilig am Pensionsanspruch von Vollzeitbeschäftigten berechnet. An dieser Stelle muß darauf hingewiesen werden, daß die Rentenhöhe für Verheiratete mit unterhaltsberechtigtem(r) Ehepartner(in) und für alleinstehende Personen nach verschiedenen Grundlagen berechnet wird, wobei erstgenannte (Verheiratete) gegenüber letztgenannten (Alleinstehenden) bevorteilt werden. Für jedes anrechnungsfähige Jahr wird demnach folgender Teil der Rente gezahlt:

Für alleinstehende und für verheiratete Männer ohne unterhaltsberechtigte Ehepartnerin wird das zugrunde liegende Arbeitsentgelt = *E x 60 % x 1/45* zur Berechnung herangezogen. Für Frauen in der jeweiligen gleichen Lebenssituation wird folgende Formel herangezogen: *E x 60 % x 1/40*. Verheiratete Männer mit unterhaltsberechtigter Ehepartnerin erhalten eine Rente von *E x 75 % x 1/45*. Bei Frauen mit einem unterhaltsberechtigten Partner wird als Berechnungsgrundlage *E x 75 % x 1/40* herangezogen. Nach einem vollen Erwerbsleben haben Verheiratete mit einem unterhaltsberechtigen Ehepartner(in) somit auf eine höhere Rente als Alleinstehende Anspruch (vgl. MISSOC 1996, S. 230).

In jüngster Vergangenheit wurden vom Gesetzgeber im Rahmen des Pensionsversicherungsrechts Maßnahmen ergriffen, die einen Beitrag zur Umverteilung der Arbeit leisten sollen. Der Königliche Erlaß vom 13. Februar 1997[9] führte die Möglichkeit eines „Teilzeit-Vorruhestandes" ein. Demnach sollen alle ArbeitnehmerInnen, die das 58. Lebensjahr vollendet haben, auf Antrag und mit Zustimmung ihres(r) Arbeitgebers(in) ihre Arbeitsleistung um die Hälfte reduzieren können.[10] Mit dieser Maßnahme sollen dem Unternehmen nicht nur die Kenntnisse der älteren ArbeitnehmerInnen erhalten bleiben, sondern es soll auch ein Teilzeitarbeitsplatz für Arbeitslose geschaffen werden. Schließlich sind ArbeitgeberInnen verpflichtet, die Teilzeit-FrühpensionistInnen in der Zeit, in der sie nicht arbeiten, durch Arbeitslosengeld beziehende Vollarbeitslose zu ersetzen (vgl. infor, Nr. 57, 1997, S. 5; http://www.ias-berlin.de/ersep, 1998).

Vor dem Hintergrund der Tatsache, daß eine Teilzeitbeschäftigung auch oftmals deshalb ausgeübt wird, weil pflegebedürftige Angehörige oder Kinder zu versorgen sind, muß betont werden, daß diese Zeiten als Beitragsperiode innerhalb der Pensionsversicherung angerechnet werden können. Wird ein Kind unter sechs Jahren versorgt, können bis zu 36 Monate berücksichtigt werden. Bei Versorgung eines unheilbar Kranken werden nur zwei Monate angerechnet. Pflegende, die diese Zeiten überschreiten, können auch freiwillig Beiträge leisten, jedoch nur dann, wenn sie sich um Kinder unter sechs Jahren kümmern (bei der Pflege einer älteren Person kann von dieser Möglichkeit nicht Gebrauch gemacht werden) und wenn sie vorher mindestens zwölf Monate lang Beiträge gezahlt haben (vgl. Europäische Kommission GD V 1996b, S. 147).

2.2.1.2 Arbeitslosenversicherungsrecht

Grundvoraussetzungen für den Bezug von Arbeitslosenunterstützung

Als Grundvoraussetzung für den Bezug von Arbeitslosenunterstützung gilt für alle Beschäftigten (egal, ob Teil- oder Vollzeit), daß der/die Betroffene keine Vergütung beziehen darf, er/sie arbeitsfähig sein muß und beim Arbeitsamt als arbeitslos gemeldet sein muß. Die Anwartschaftszeiten erhöhen sich mit dem Alter des/der Versicherten:

- Beschäftigte unter 36 Jahren müssen während der letzten 18 Monate mindestens zwölf Monate gearbeitet haben.

- Für Personen im Alter von 36 bis 49 Jahren erhöht sich die Anwartschaftszeit auf 468 Tage innerhalb der letzten 27 Monate.

- Über 50jährige haben nur Anspruch auf Arbeitslosengeld, wenn sie innerhalb der letzten 36 Monate 624 Tage lang beschäftigt waren.

Eine weitere Voraussetzung für die Inanspruchnahme von Leistungen aus der Arbeitslosenversicherung ist, daß ein Drittel der regulären wöchentlichen Arbeitszeit von Vollbeschäftigten gearbeitet wurde. Insbesondere für Frauen ist es von Bedeutung, daß auf den Zeitraum, der zur Berechnung der Anwartschaftszeiten [11] herangezogen wird, die Erziehung eines Kindes angerechnet werden kann. Diese Periode darf nicht kürzer als sechs Monate sein und die Zeitspanne von drei Jahren nicht überschreiten. Neben der Leistung von Zivil- oder Militärdienst kann die Absolvierung eines Programms, welches von der gemeinschaftlichen und regionalen Einrichtungen für Arbeitsbeschaffungs- und Berufsbildungsfragen angeboten wird, mit einer maximalen Dauer von zwei Jahren angerechnet werden (vgl. Ministère de l'Emploi et du Travail 1994a, S. 31 f.).

Wie auch im Rahmen der Pensionsversicherung haben Verheiratete im Rahmen der Arbeitslosenversicherung Anspruch auf höhere Unterstützungsleistungen als Alleinstehende. So beträgt etwa das Arbeitslosengeld für Haushaltsmitglieder mit Unterhaltsverpflichtung 60 % des Bezugs und wird zumindest für zwei Jahre ausgezahlt. Eine arbeitslose Person, die mit einem(r) erwerbstätigen Partner(in) verheiratet ist, hat somit die Möglichkeit, auch nach zwei Jahren der Erwerbslosigkeit noch Arbeitslosengeld zu beziehen (vgl. Schmid/Reissert 1996, S. 252). Für Alleinstehende wird die Leistung im zweiten Jahr der Arbeitslosigkeit bereits von 60 % auf 42 % reduziert. Haushaltsmitglieder ohne Unterhaltsverpflichtungen haben im ersten Jahr der Arbeitslosigkeit Anspruch auf 55 % des Bezugs, in den folgenden drei Monaten reduziert sich der Betrag auf 35 % (vgl. MISSOC 1996, S. 362).

Teilzeitbeschäftigung

Teilzeitbeschäftigte, die einer Halbtagsbeschäftigung nachgehen, müssen die halben Tage bzw. die Stunden, an denen sie beschäftigt waren, zusammenzählen; maximal können

26 halbe Tage als Anwartschaftszeit für die Arbeitslosenunterstützung angerechnet werden. Für Teilzeitarbeitende, die nur an einigen Tagen der Woche beschäftigt sind, ist es in diesem Zusammenhang von Vorteil, daß als Bezug das durchschnittliche Tagesentgelt und nicht der Monatslohn herangezogen wird. Zudem ist Belgien das einzige Land in der Europäischen Union, in dem die Arbeitslosenunterstützung – außer in manchen Fällen von Langzeitarbeitslosigkeit – unbegrenzt bezogen werden kann. Teilzeitbeschäftigte, die die Voraussetzungen für den Bezug von Arbeitslosengeld erfüllen, können somit auch während einer mehrjährigen Jobsuche finanzielle Leistungen aus der Arbeitslosenversicherung erhalten [12] (vgl. Schmid/Reissert 1996, S. 238).

Seit Anfang der achtziger Jahre wurden innovative Schritte zur Förderung der Aufnahme einer Teilzeitbeschäftigung gesetzt. Gemäß einer 1982 eingeführten Regelung konnten ehemals vollbeschäftigte Arbeitslose, die ein Teilzeitbeschäftigungsverhältnis eingingen, anstatt arbeitslos zu bleiben, zusätzlich ein (Teil-)Arbeitslosengeld beziehen. Diese Maßnahme lief jedoch am 1. Jänner 1996 gänzlich aus, weil die diesbezüglichen Erfahrungen zeigten, daß die zugleich Teilzeitbeschäftigten und Teilarbeitslosen nur in geringem Maße bereit waren, wieder einer Vollzeittätigkeit nachzukommen. Durch den kombinierten Effekt aus Teil-Arbeitslosengeld und Einkommen aus dem Teilzeitarbeitsverhältnis bestand für ArbeitnehmerInnen wenig Anreiz, wieder ein Vollzeitbeschäftigungsverhältnis einzugehen – wäre doch eine Vollzeitbeschäftigung zwar mit höheren Steuerabgaben und erhöhten Sozialversicherungsbeiträgen, aber nur mit einem etwas erhöhten Einkommen verbunden gewesen.

Seit 1. Jänner 1993 gilt für diese unfreiwilligen TeilzeitarbeitnehmerInnen ein neuer Status, nämlich der des/der Teilzeitarbeitnehmers(in) mit „fortbestehenden Ansprüchen".[13] Der Unterschied zwischen der neuen und der alten Regelung besteht darin, daß nunmehr während der Dauer des Teilzeitbeschäftigungsverhältnisses kein Arbeitslosengeld mehr bezahlt wird. Um jedoch solchen Teilzeitbeschäftigten ein Einkommen zu garantieren, das das Vollarbeitslosengeld übersteigt, wurde die Möglichkeit geschaffen, ein sogenanntes „Einkommensgarantiegeld"[14] zu beantragen. Die BezieherInnen dieses Geldes müssen allerdings als Vollzeitarbeitsuchende gemeldet sein, d. h. sie müssen bereit sein, gegebenenfalls wieder eine Vollzeitbeschäftigung auszuüben. Ihr Teilzeitarbeitsplatz darf höchstens drei Viertel einer Vollzeittätigkeit entsprechen. Die regionale Arbeitsverwaltung muß innerhalb von zwei Monaten über die Aufnahme der Teilzeitbeschäftigung informiert werden, und bei dem/der Arbeitgeber(in) muß ein Antrag auf Versetzung auf einen freiwerdenden Vollzeitarbeitsplatz gestellt werden. Das Einkommensgarantiegeld bestand bis Oktober 1995 aus der Differenz zwischen dem für den betreffenden Monat vorgesehenen Nettoeinkommen und dem Arbeitslosengeld, welches die Beschäftigten bezogen hätten, wenn sie vollarbeitslos gewesen wären, plus einem Betrag von 5.200 BFR (128,90 EUR) für den Familienvorstand, 3.120 BFR (77,34 EUR) für Alleinstehende, 1.040 BFR (25,78 EUR) für MitbewohnerInnen (vgl. MISEP 1996, S. 66).

Der Nettobetrag des Einkommensgarantiegeldes durfte zwei Drittel des monatlichen Vollarbeitslosengeldes nicht übersteigen. Im Herbst 1995 wurde gemäß einem Königlichen Erlaß vom 22. November 1995 durch Erhöhung des Einkommensgarantiegeldes die Stellung dieser TeilzeitarbeitnehmerInnen verbessert. Wegen der bisherigen Beschränkung dieser Leistung auf maximal zwei Drittel des Vollarbeitslosengeldes verdienten manche ArbeitnehmerInnen, die eine auf wenige Stunden pro Woche begrenzte Teilzeitarbeit angenommen hatten, auf ihrem neuen Arbeitsplatz weniger, als wenn sie arbeitslos geblieben wären. Um dieses Problem zu beseitigen, wurde die Obergrenze jetzt auf neun Zehntel des Vollarbeitslosengeldes angehoben. Weiters hielt der Erlaß fest, daß Einkommensgarantiegeld beziehende TeilzeitarbeitnehmerInnen, welche eine Beschäftigung ausüben, die zumindest ein Drittel der regulären Arbeitszeit beträgt, diesen Arbeitszeitraum nicht mehr als Zeitraum der Arbeitslosigkeit anrechnen können.

Für freiwillig Teilzeitbeschäftigte [15], die diese Beschäftigung verloren haben, gelten seit Beginn der neunziger Jahre laut Königlichem Erlaß vom 25. November 1991 über die Arbeitslosenregelung eigene Vorschriften. Neben den Grundvoraussetzungen für den Bezug von Arbeitslosenunterstützung mußten und müssen sie spezielle Bedingungen erfüllen: Bis Herbst 1995 mußte die durchschnittliche Wochenarbeitszeit bei mindestens 18 Stunden liegen, die Betroffenen mußten somit mindestens eine Halbtagsstelle innehaben. Danach wurde die erforderliche Stundengrenze auf ein Drittel der regulären wöchentlichen Arbeitszeit von Vollzeitbeschäftigten – in der Regel auf höchstens 13 $\frac{1}{4}$ Stunden – herabgesetzt [16] (vgl. inforMISEP 1996, Nr. 53, S. 19).

Leiharbeit

Gemäß einem Kollektivvertrag, der zwischen den jeweilig zuständigen Arbeitgeber- und Arbeitnehmerverbänden innerhalb der Leiharbeitsbranche im Mai 1997 [17] abgeschlossen wurde, ist vorgesehen, daß Arbeitslosengeld von den Leiharbeitsfirmen ausbezahlt werden muß, wenn Beschäftigte gekündigt werden und der/die Betroffene in diesem Bereich für mindestens 65 Tage beschäftigt war (vgl. European Industrial Relations Review, 1998b, S. 4).

2.2.1.3 Kranken- und Unfallversicherungsrecht

Teilzeitbeschäftigung

Der Anspruch auf Leistungen aus der Krankenversicherung ist an eine Mindestarbeits- und Wartezeit gebunden. Krankengeld können nur jene Erwerbstätigen beziehen, die während eines Zeitraums von sechs Monaten 120 Tage (oder 400 Stunden) gearbeitet und nachweislich die Mindestbeitragsleistung in der Krankenversicherung erbracht haben. Für Teilzeitbeschäftigte, denen es unmöglich ist, diese Stundenzahl innerhalb von sechs Monaten zu leisten, wird diese Periode maximal auf 18 Monate verlängert. Als effektive Arbeitstage gelten auch „gleichgestellte Tage“, wie Tage der Arbeitslosigkeit oder Urlaubstage. Die Geldleistungen werden bei Krankheit für höchstens ein Jahr ausgezahlt (Ministère de l'Emploi et du Travail, 1994a, S. 27; MISSOC 1996, S. 168). Die Lohnfortzahlung im Krankheitsfall ist je nach Beschäftigtenstatus unterschiedlich geregelt. Für ArbeiterInnen *(„blue-collar workers“)* ist die gesetzliche Lohnfortzahlung für 14 Tage in der Höhe von 80 % des bisherigen Lohns vorgesehen. Durch Tarifverträge wird die Fortzahlung für 30 Tage auf 100 % ausgedehnt. Erkrankte Angestellte *(„white-collar workers“)* bekommen hingegen auf jeden Fall für einen Monat 100 % des Lohns weitergezahlt (vgl. MISSOC 1996, S. 168).

Unfallversichert sind in Belgien alle ArbeitnehmerInnen, unabhängig von Beschäftigtenstatus und Tätigkeit. Als Bezugsgröße für die Leistungsberechnung im Falle eines

Arbeitsunfalles dient das tatsächliche Jahresarbeitseinkommen im Jahr vor dem Unfall. Bei völliger Arbeitsunfähigkeit werden pro Kalendertag 90 % des Bezugs ausgezahlt. Anders als bei Unfällen, die nicht auf dem Arbeitsplatz passieren, erhalten Beschäftigte das Geld gleich vom ersten Tag der Arbeitsunfähigkeit an ausbezahlt (vgl. MISSOC 1996, S. 286). Bei Schwangerschaft einer Arbeitnehmerin besteht bereits nach sechsmonatiger Beitragszeit Anspruch auf Mutterschaftsgeld.[19]

Leiharbeit

Gemäß dem Kollektivvertrag im Leiharbeitssektor vom Mai 1997 ist vorgesehen, daß Leiharbeitsfirmen Krankengeld für die Dauer von 30 Tagen ausbezahlen müssen. Für den Fall, daß die Krankheit länger andauert, sollen die Kosten aus dem Sozialfonds des Sektors beglichen werden, vorausgesetzt, daß der/die Betroffene bei der Leiharbeitsfirma mindestens drei Monate beschäftigt war (EIRR 1998b, S. 5).

2.2.2 Evaluierung

Besonders positiv wirkt sich in Belgien für geringfügig teilzeitbeschäftigte Frauen das Fehlen der Geringfügigkeitsgrenzen im Pensionsversicherungsrecht aus. Sie können die Pflege eines Kleinkindes für die Dauer von drei Jahren als Rentenbeitragsperiode anrechnen.

Von seiten des Gesetzgebers wurden im Rahmen des Pensionsversicherungsrechts innovative Schritte gesetzt, daß Personen, welche das 58. Lebensjahr vollendet haben, die Möglichkeit erhalten sollen, in Teilzeitfrühpension zu gehen, und in der Zeit, in der sie nicht arbeiten, durch einen Arbeitslosen ersetzt werden können. Damit sollen dem betroffenen Unternehmen nicht nur die Fähigkeiten des/der älteren Arbeitnehmers(in) erhalten bleiben, sondern es soll auch ein Teilzeitarbeitsplatz für Arbeitslose geschaffen werden.

Auch im Rahmen der Arbeitslosenversicherung wurden seit Beginn der achtziger Jahre verschiedene Maßnahmen ergriffen, wonach einerseits (als Beitrag zur Bekämpfung der Arbeitslosigkeit) die Aufnahme einer Teilzeitbeschäftigung gefördert und andererseits auf die spezifische Situation dieser ArbeitnehmerInnen verstärkt Rücksicht genommen werden sollte. Die 1982 eingeführte Regelung, wonach ehemals vollbeschäftigte Arbeitslose, die ein Teilzeitbeschäftigungsverhältnis eingingen, anstatt arbeitslos zu bleiben, zusätzliche Leistungen beziehen konnten, lief zu Beginn des Jahres 1996 jedoch endgültig aus, da die vom Gesetzgeber erhofften Effekte ausgeblieben waren. Die Erfahrungen hatten gezeigt, daß diese gleichzeitig Teilzeitbeschäftigten und -arbeitslosen größtenteils nicht bereit waren, wieder in Vollzeit zu arbeiten. Die Bestimmung wurde dahingehend geändert, daß nunmehr während der Dauer des Teilzeitbeschäftigungsverhältnisses kein Arbeitslosengeld mehr bezahlt wird, sondern ein sogenanntes „Einkommensgarantiegeld" beantragt werden kann. Diese Leistung wurde seit ihrer Einführung erhöht, damit auch jenen Personen, die nur eine geringfügige Teilzeitbeschäftigung ausüben, keine Nachteile erwachsen.[19] Sie kommt somit Frauen zugute, die beispielsweise neben der Erziehung ihrer Kinder eine Tätigkeit mit nur geringem Stundenumfang ausüben. Da sie jedoch bereit sein müssen, eine Vollzeittätigkeit auszuüben, stehen sie vor dem Problem, gegebenenfalls eine Kinderbetreuungsmöglichkeit finden zu müssen.

Für LeiharbeitnehmerInnen, die gekündigt werden, ist seit Mai 1997 vorgesehen, daß Arbeitslosengeld von den Leiharbeitsfirmen ausbezahlt werden muß, wenn der/die Betroffene in diesem Bereich für mindestens 65 Tage beschäftigt war (vgl. EIRR, 1998b, S. 4).

Für freiwillig Teilzeitbeschäftigte, die diese Beschäftigung unfreiwillig nicht mehr ausüben, ist es begrüßenswert, daß seit 1995 die „Zeitgeringfügigkeitsgrenze" (wonach ein Anspruch auf Leistungen aus der Arbeitslosenversicherung besteht) von 18 Wochenstunden auf ein Drittel der regulären wöchentlichen Arbeitszeit von Vollzeitbeschäftigten herabgesetzt wurde. Da die Höchstarbeitszeit in Belgien bei 40 Stunden liegt, haben auch Frauen, die nur etwas mehr als 13 Stunden pro Woche in Teilzeit gearbeitet haben, bei Verlust ihres Arbeitsplatzes auf die Zahlungen Anspruch. Positiv ist ferner zu vermerken, daß als Bezug für die Berechnung der Höhe des Arbeitslosengeldes in Belgien nicht der Monatslohn, sondern das durchschnittliche Tagesentgelt herangezogen wird. Somit erwachsen Frauen, die nur an einigen Tagen der Woche eine Teilzeittätigkeit ausüben, gegenüber regelmäßig Teilzeitbeschäftigten keine Nachteile. Interessant ist, daß Belgierinnen im Vergleich zu anderen Unionsbürgerinnen im Falle der Erwerbslosigkeit am besten abgesichert sind. Aus einer Untersuchung, die in allen EU-Staaten durchgeführt wurde, geht hervor, daß Belgien das einzige Land in der Europäischen Union ist, in der arbeitslose Frauen in höherem Maße unterstützt werden als Männer.[20] 1993 bezogen ca. 85 % der arbeitslosen Frauen, jedoch nur rund 82 % der Männer Arbeitslosenunterstützung (vgl. Schmid/Reissert 1996, S. 246). Bemerkenswert ist auch, daß in Belgien Arbeitslosengeld für alle unselbständig Erwerbstätigen – unabhängig davon, ob sie voll- oder teilzeitbeschäftigt waren, und außer in besonderen Fällen der Langzeitarbeitslosigkeit – unbegrenzt ausbezahlt wird.

Wie in der Pensions- und der Arbeitslosenversicherung wird in Belgien auch in der Krankenversicherung die spezifische Situation von Teilzeitbeschäftigten zumindest ansatzweise berücksichtigt. Der Anspruch auf Krankengeld ist grundsätzlich nur jenen ArbeitnehmerInnen vorbehalten, die während eines Zeitraums von sechs Monaten 120 Tage gearbeitet und die Mindestbeitragsleistung in der Krankenversicherung erbracht haben. Für Teilzeitbeschäftigte, denen es unmöglich ist, diese Stundenzahl innerhalb von einem halben Jahr zu leisten, wurde diese Periode maximal auf 18 Monate verlängert. Für Frauen, die eine kurzfristige Tätigkeit ausüben und schwanger werden, gibt es jedoch keine Regelungen, die auf ihre spezifische Situation Rücksicht nehmen. Ein Anspruch auf Mutterschaftsgeld besteht erst nach einer halbjährigen Beitragszeit.

Auch LeiharbeitnehmerInnen haben neuerdings Anspruch auf Krankengeld. Sieht doch der Kollektivvertrag im Leiharbeitssektor vom Mai 1997 vor, daß Leiharbeitsfirmen Krankengeld für die Dauer von 30 Tagen ausbezahlen müssen. Für den Fall, daß die Krankheit länger andauert, sollen die Kosten aus dem Sozialfonds des Sektors beglichen werden: Voraussetzung ist allerdings, daß der/die Betroffene bei der Leiharbeitsfirma mindestens drei Monate lang beschäftigt war.

Wie auch in anderen EU-Staaten, wie beispielsweise Deutschland, sind in Belgien alle ArbeitnehmerInnen, unabhängig von Beschäftigtenstatus und Form der Tätigkeit, für den Fall, daß sie einen Unfall am Arbeitsplatz haben, unfallversichert. Hier sind atypisch Beschäftigte im Vergleich zu VollzeitarbeitnehmerInnen nicht benachteiligt.

Abschließend ist darauf hinzuweisen, daß sowohl die belgische Bundesregierung als auch die Sozialpartner, mit dem Ziel der Beschäftigungssicherung, innovative Schritte zur Verkürzung der Arbeitszeit gesetzt haben.[21]

3. Zusammenfassung und Ausblick

In Belgien wurden im Laufe der achtziger und neunziger Jahre sowohl im Sozial- als auch im Arbeitsrecht einige Regelungen eingeführt, die auf die spezifische Situation von atypisch beschäftigten Personen (insbesondere Teilzeitbeschäftigten) zugeschnitten sein und Anreize für die Aufnahme dieser Beschäftigungsformen darstellen sollen. Es wurden die Möglichkeiten der Inanspruchnahme einer Teilzeitfrühpension oder des Bezugs eines Einkommensgarantiegeldes geschaffen sowie spezielle Regelungen für freiwillig Teilzeitbeschäftigte, die diese Beschäftigung verloren haben, festgeschrieben. Zudem wurden Anreizprämien für ArbeitnehmerInnen, die von einer Vollzeit- auf eine Teilzeitstelle wechseln, eingeführt.[22]

Neben der Erweiterung der Möglichkeit, befristete Verträge abzuschließen, wurden umfangreiche Bestimmungen über die Ausgestaltung der Arbeitsverträge von befristet Beschäftigten verankert.

Insgesamt entsteht der Eindruck, daß nicht der Versuch unternommen wurde, atypische Beschäftigungsformen einzuschränken, sondern daß auf ihre Verbreitung durch Regulierungsmaßnahmen reagiert wurde: *„In summarising the Belgian labour law on atypical employment, and fixed-term contracts, it seems fair to say that it is more concerned with regulating the conditions of employees in atypical employment than limiting the use of non-standard, including the fixed-term, employment contracts through a requirement of specific reasons for entering these contracts"* (Schömann/Rogowski/Kruppe 1998, S. 29).[23]

Es wird davon ausgegangen, daß in Zukunft das Normalarbeitsverhältnis mit einer festgelegten Anzahl an Stunden, die immer zu gleichen Zeit erbracht werden müssen, zunehmend an Bedeutung verlieren wird: *„In rezenten Theorien wird davon ausgegangen, daß das Normalarbeitsverhältnis künftig zugunsten eines flexiblen, befristeten Beschäftigungsverhältnisses weichen könnte. Der traditionelle Normalarbeitnehmer würde demzufolge verschwinden und durch einen Arbeitnehmer ersetzt werden, der nicht mehr Arbeitsuchender, sondern Anbieter von Dienstleistungen wäre. Es ist schwierig abzusehen, ob diese Thesen Wirklichkeit werden. Aber es ist eine Tatsache, daß der Arbeitsmarkt immer flexibler wird. Praktisch jeder Indikator deutet in diese Richtung"* (Ministère de l'Emploi et du Travail 1996, S. 151).[24]

Ähnlich argumentieren Meulders und Vander Stricht: *„Part-time work will certainly expand in Belgium. In fact, this is one of the objectives of the Belgian government's economic and social policy within the framework of the „Plan Global". The aim is to promote the sharing out of jobs among a higher number of workers."* (Meulders/Vander Stricht 1997, S. 38).

Diese zunehmende Flexibilisierung verstärkt zu kanalisieren, wird Aufgabe der Politik in Zukunft sein.[25]

Anmerkungen

1 Die Erwerbsquote umfaßt Beschäftigte *und* Arbeitslose als Prozentanteil an der Bevölkerung im erwerbsfähigen Alter.

2 Im Original: *„On admet aussi généralement que l'utilisation de contrats temporaires s'inscrit plus en plus dans procédure de sélection et que donc une partie des contrats temporaires sont transformés en contrats permanents après un certain temps."* (Ministère de l'Emploi et du Travail 1996, S. 139)

3 Diese monatliche Anreizprämie wird an ArbeitnehmerInnen ausgezahlt, die ihre Vollzeit-Arbeitsleistung um mindestens 20 % und höchstens 50 % reduzieren. Die Höhe der Prämie ist davon abhängig, um wieviel Prozent die Arbeitsleistung verringert wird; sie beläuft sich auf:
   – 5.000 BFR (123,94 EUR) bei einer Reduzierung der Vollzeittätigkeit um 50 %;
   – 3.000 BFR (74,36 EUR) in allen übrigen Fällen (vgl. http://www.ias-berlin.de/ersep).

4 Die Vorauswahl der Pilotprojekte erfolgte Dezember 1997, eine zweite Auswahlrunde fand Ende April 1998 statt.

5 Für weitere Beispiele für Unternehmen, die Kollektivverträge zur Verkürzung der Arbeitszeit schlossen, siehe: European Industrial Relations Review 1998a, S. 23f.

6 Im Original: *„petit chômage."*

7 12.102 BFR.

8 BFR = Belgische Francs; 1 öS = ca. 3 BFR (0,0248 EUR).

9 Monitor Belge vom 13.2.1997.

10 Diese Regelung galt gemäß einem Königlichen Erlaß vom 30. Juli 1994 bis dato nur für jene Beschäftigten, die in einem Betrieb beschäftigt waren, in dem diesbezüglich ein Tarifvertrag abgeschlossen wurde.

11 Im Original: *„période de référence".*

12 Zur Verhinderung von Mißbrauch wird jedoch der Leistungsanspruch insbesondere für mit einem/einer Partner(in) zusammenlebende Arbeitslose ausgesetzt, wenn die Dauer der Arbeitslosigkeit die in der jeweiligen Region durchschnittliche Dauer überschreitet (vgl. Europäische Kommission 1996, S. 120).

13 Im Original: *„statut du travailleur à temps partiel avec maintien des droits".*

14 Im Original: *„allocation mensuelle de garantie".*

15 Im Original: *„travailleurs à temps partiel volontaires".*

16 Die gesetzliche Arbeitszeit beträgt 40 Wochenstunden, ab dem 1. Jänner 1999 wurde sie auf 39 Stunden herabgesetzt. Tarifvertraglich können allerdings weniger Stunden vereinbart werden.

17 Der Kollektivvertrag trat im November 1997 in Kraft.

18 Das Mutterschaftsgeld beträgt während der ersten 30 Tage des Mutterschaftsurlaubes 82 % des vollen Einkommens. Ab dem 31. Tag und während der Zeit nach dem 15wöchigen Mutterschaftsurlaub beträgt es unter Berücksichtigung einer Höchstgrenze 75 % bzw. 60 % des Lohnes (vgl. MISSOC 1996, S. 186).

19 Da sich die Höhe dieser Leistung zuvor auf maximal zwei Drittel des Vollarbeitslosengeldes beschränkt hatte, verdienten manche wenige Wochenstunden arbeitende ArbeitnehmerInnen, die eine auf wenige Stunden pro Woche begrenzte Teilzeitarbeit angenommen hatten, auf ihrem neuen Arbeitsplatz weniger, als wenn sie arbeitslos geblieben wären.

20 Hier kommt der Tatsache, daß erwerbslose Ehepartnerinnen in der Arbeitslosenversicherung bezugsberechtigt sind, eine große Bedeutung zu.

21 Vgl. hierzu Punkt: 2.1.1.1 Arbeitszeitregelungen.

22 Diese Anreizprämie wird in der Region Flandern beschäftigten ArbeitnehmerInnen gewährt.

23 Hierbei handelt es sich um Bestimmungen des Arbeitsrechts.

24 Im Original: *„Des théories récentes affirment que l'emploi régulier au sens strict du terme, disparaîtra à l'avenir pour faire place à un emploi temporaire flexible. Le travailleur ayant un*

emploi à temps plein fixe disparaîtait et serait remplacé par un travailleur qui, ne serait plus demandeur d'emploi mais offreur des services. Il est difficille de prévoir si ces théses deviendront réalité. Il est un fait que le marché du travail se flexibilise à un rythme accéléré. Pratiquement chaque indiquateur cité va dans ce sens" (Ministère de l'Emploi et du Travail 1996, S. 151).

25 Im Original: *„Bien canaliser la flexibilisation du marché du travail est dés lors le défi qui présentera dans un proche avenir"* (Ministère de l'Emploi et du Travail 1996, S. 152).

Literatur

Auer, P. (1996): Erwerbs- und Beschäftigungsquoten in Europa: Konvergenz oder Divergenz?, in: inforMISEP, Nr. 56, Winter 1996, S. 29–39.

Blanpain, R. (Ed.) (1993): Temporary Work and Labour Law of the European Community and Member States, Brüssel.

Blanpain, R./B. Oversteyns (1993): Belgium, in: R. Blanpain (Ed.), Temporary Work and Labour Law of the European Community and Member States, Brüssel, S. 45–75.

Blanpain, R. (1995): Belgium, in: International Encyclopedia of Labour Law and Industrial Relations, The Hague, London, Boston.

Bode, I./H. Brose/S. Voswinkel (1994): Die Regulierung der Deregulierung. Zeitarbeit und Verbändestrategien in Frankreich und Deutschland, Opladen.

Europäische Kommission, GD V (1995a): Beschäftigung in Europa 1995, Luxemburg.

Europäische Kommission, GD V (1995b): Soziales Europa, Flexibilität und Arbeitsorganisation. Beiheft 1/95, Luxemburg.

Europäische Kommission, GD V (1996 a): Beschäftigung in Europa 1996, Luxemburg.

Europäische Kommission, GD V (1996b): Soziale Sicherheit in Europa 1995, Luxemburg.

Europäische Kommission (1996): Tableau de Bord 1995. Follow-up der Empfehlungen des Europäischen Rates von Essen zur Beschäftigungspolitik, Luxemburg.

Europäische Kommission (1998): Gemeinsamer Beschäftigungsbericht. Teil II – Länderüberblick, Belgien, Brüssel.

European Industrial Relations Review (1990): Belgium, New Law Regulates Part-time Work, No. 195, 04/1990.

European Industrial Relations Review (1998a): Companies reduce working time and increase flexibility, No. 288, 01/1998.

European Industrial Relations Review (1998b): Agreement in temporary working sector, No. 291, 04/1998.

Eurostat (1998): Arbeitslosigkeit 7/1998, Luxemburg.

Klein, M. (Ed.) (1997): Part-Time Work in Europe, Gender, Jobs and Opportunities, Frankfurt/New York.

Meulders, D./V. Vander Stricht (1997): Belgium, in: M. Klein (Ed.), Part-Time Work in Europe, Gender, Jobs and Opportunities, Frankfurt/New York, S. 24–46.

Ministère de l'Emploi et du Travail (1994a): Le travail à temps partiel. Administration de l'emploi, Administration de la réglementation et des relations du travail, Brüssel.

Ministère de l'Emploi et du Travail (1994b): Le marché du travail en Belgique: l'emploi et le chômage. Administration de l'emploi, Direction de l'étude des problémes du travail, Brüssel,

Ministère de l'Emploi et du Travail (1995): La politique fédérale de l'emploi, Rapport d'évaluation 1995. Brüssel.

Ministère de l'Emploi et du Travail (1996): La politique fédérale de l'emploi, Rapport d'évaluation 1996, Brüssel.

MISEP (1996): Basisinformationsbericht Belgien. Institutionen, Verfahren und Maßnahmen, Luxemburg.

MISSOC (1996): Soziale Sicherheit in den Mitgliedsstaaten der Union – Stand am 1. Juli 1995 und Entwicklung, Luxemburg.

Network of Experts on the Situation of Women in the Labour Market (1995): Bulletin on Women and Employment in the EU, April, Brussels.

OECD (1998): Employment Outlook 1998, Paris.

Schmid, G./J. O'Reilly/ K. Schömann (Eds.), International Handbook of Labour Market Policy and Evaluation, Brookfield.

Schmid, G./B. Reissert (1996): Unemployment Compensation and Labour Market Transitions, in Schmid et al. (Eds.), International Handbook of Labour Market Policy and Evaluation, Brookfield, S. 235–273.

Schömann, K./R. Rogowski/T. Kruppe (1995): Fixed Term Contracts and Labour market Efficiency in the European Union, WZB, Berlin.

Schömann, K./R. /Rogowski/T. Kruppe (1995): Belgium, in: Schömann et al. (Eds.), Fixed Term Contracts and Labour market Efficiency in the European Union, Berlin, S. 19–25.

Schömann, K./R. Rogowski/T. Kruppe (1998) Labour market Effiency in the European Union, Employment Protection and Fixed-Term Contracts, London and New York.

Atypische Beschäftigung in Deutschland

Christine Neuhold

1. Arbeitsmarktentwicklung

1.1 Allgemeine Arbeitsmarktentwicklung

Die Erwerbsquote in Deutschland wuchs seit Mitte der siebziger Jahre kontinuierlich an. Gegenüber 1975 stieg die Anzahl der Personen im erwerbsfähigen Alter von 39,6 Mio. auf 54,7 Mio. 1995, wobei etwas mehr als die Hälfte dieser Personengruppe tatsächlich einer Erwerbstätigkeit nachging. Nimmt man für den Zeitraum 1975 bis 1997 die Entwicklung der Erwerbsquoten unter die Lupe, so läßt sich noch eine steigende Tendenz von 66,9 % auf 70,4 % ausmachen. Ein leicht rückläufiger Trend von 64,6 % im Jahr 1975 auf 63,5% im Jahr 1995 macht sich jedoch bei der Beschäftigungsquote bemerkbar, die die tatsächliche Erwerbsbeteiligung der Bevölkerung besser abbildet als die ebenfalls die Arbeitslosigkeit einbeziehenden Erwerbsquoten (vgl. Auer 1996, S. 29, OECD 1998).

Untersucht man die Entwicklung aufgeschlüsselt nach Geschlecht, so läßt sich ein gegenläufiger Trend diagnostizieren. Während die Erwerbsbeteiligung der Männer in den letzten 20 Jahren zurückging, erhöhte sich diejenige der Frauen. Zwar lag die Beschäftigungsquote der Männer durchwegs über jener der Frauen, sie ist aber um zehn Prozentpunkte von 81,3 % im Jahr 1975 auf 72,1 % im Jahr 1997 gefallen. Der weibliche Beschäftigtenanteil stieg hingegen um sechs Prozentpunkte von 48,6 % auf 54,6 %.

Obwohl die Erwerbstätigkeit bei Frauen in den letzten zwei Jahrzehnten zunahm, ist deren Berufstätigkeit wesentlich stärker auf gewisse Wirtschaftsbereiche zentriert als die der männlichen Beschäftigten. So übten schon 1975 60,2 % der erwerbstätigen Frauen eine Beschäftigung im Dienstleistungssektor aus, 1995 waren es bereits 76,7 %. Weitaus niedriger und mit rückläufiger Tendenz nimmt sich die Anzahl der weiblichen Beschäftigten im industriellen Sektor aus; sie ging um zehn Prozentpunkte von 30,5 % auf 20,2 % zurück. Ebenfalls sehr stark ist die Zahl der erwerbstätigen Frauen in der Landwirtschaft gesunken – von 9,3 % auf 3,0 %. Bei den männlichen Erwerbstätigen ist eine wesentlich gleichmäßigere Verteilung zwischen Dienstleistungsberufen und Tätigkeiten im produzierenden Gewerbe festzustellen: 1995 übten 49,2 % eine Tätigkeit im Dienstleistungsbereich aus, in der Industrie gingen 47,5 % einer Beschäftigung nach. Sehr gering war hingegen der Prozentsatz der Arbeitnehmer im Agrarbereich, er lag 1995 bei 3,3 %.

Graphik 1: Erwerbsquoten, Frauen und Männer (in %)

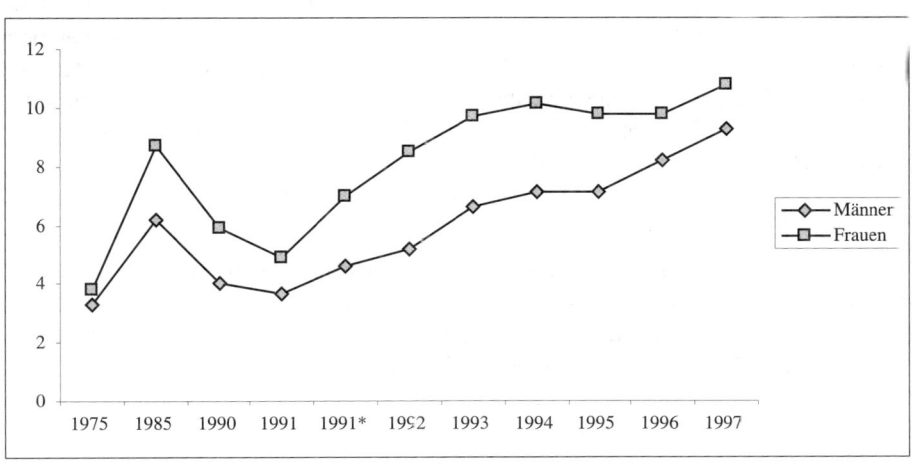

Quelle: Europäische Kommission, GD V, 1995a; 1996a; OECD 1998; Eurostat 1998.

Graphik 2: Arbeitslosenquoten, Frauen und Männer (in %)

* Einschließlich der neuen Bundesländer.
Quelle: Europäische Kommission, GD V, 1995a; 1996a; OECD 1998; Eurostat 1998.

Die Arbeitslosenquoten stiegen zwischen 1975 und 1997 von 3,5 % auf 10,0 %, also um mehr als das Doppelte. Frauen sind von Arbeitslosigkeit in höherem Maße als Männer betroffen; so stieg die Arbeitslosenquote der Männer von 3,3 % im Jahr 1975 auf 9,3 % im Jahr 1997, jene der Frauen im selben Zeitraum von 3,8 % auf 10,8 %. (vgl. Europäische Kommission 1995a, S. 190; 1996a, S. 150).

In diesem Zusammenhang ist darauf hinzuweisen, daß auch noch zehn Jahre nach der Wiedervereinigung Deutschlands erhebliche Unterschiede zwischen der Arbeitslosenquote in den alten (9,8%) und in den neuen Bundesländern (18,1%)[1] bestehen (vgl. Europäische Kommission 1998, S. 13).

1.2 Entwicklung atypischer Beschäftigungsverhältnisse

Die in Deutschland am weitesten verbreitete Form der atypischen Beschäftigung ist die Teilzeitarbeit. Eine untergeordnete Rolle spielt die Zeitarbeitsform der befristeten Beschäftigung. Der Leiharbeit kommt überhaupt nur marginale Bedeutung zu. Bevor auf die Entwicklung dieser Beschäftigungsverhältnisse im einzelnen eingegangen wird, sollen an dieser Stelle einige Begriffsklärungen stehen.

Definition der Teilzeitbeschäftigung

Eine Begriffsbestimmung der Teilzeitbeschäftigung ist erstmals im Beschäftigungsförderungsgesetz (BeschFG)[2] von 1985 formuliert. Danach handelt es sich dann um ein Teilzeitarbeitsverhältnis, wenn nach dem Arbeitsvertrag die *„regelmäßige Wochenarbeitszeit kürzer ist als die regelmäßige Wochenarbeitszeit vergleichbarer vollzeitbeschäftigter ArbeitnehmerInnen des Betriebes"* (§ 2 Abs. 2 BeschFG). Wurde keine regelmäßige Wochenarbeitszeit vereinbart, so ist die regelmäßige Arbeitszeit maßgeblich, die im Jahresdurchschnitt auf eine Woche entfällt. Dabei kommt es nicht darauf an, ob jemand nur an einzelnen Tagen der Woche oder an allen Tagen verkürzt arbeitet.

Das Statistische Bundesamt Wiesbaden verwendet im Rahmen der Mikrozensus-Haushaltsbefragungen folgende Definitionsweise: Als Teilzeitbeschäftigte sind alle Personen zu betrachten, die aus eigenem Entschluß normalerweise weniger arbeiten, als tariflich vereinbart, und sich auch als solche einstufen. Aktuelle Entwicklungen führen allerdings dazu, daß die Grenze zwischen Vollzeit- und Teilzeitarbeit zunehmend unschärfer und damit eine sachliche Trennung der beiden Arbeitsformen erschwert wird.[3]

Definition der Arbeit auf Abruf

Um Arbeit auf Abruf handelt es sich dann, wenn ein Betrieb entsprechend seinem Bedarf ArbeitnehmerInnen zur Arbeitsleistung heranziehen kann. Diese Teilzeitarbeitsformen sind auch unter den Begriffen „Bavaz" (bedarfsorientierte variable Arbeitszeit) und „Kapovaz" (kapazitätsorientierte variable Arbeitszeit) bekannt.

Definition der geringfügigen Beschäftigung

Unter geringfügig Beschäftigten sind im Sinne des Sozialgesetzbuches (SGB) IV § 8 Teilzeitbeschäftigte zu verstehen, die fest und auf Dauer angestellt werden. Ihr Verdienst muß unter einem gewissen Betrag liegen, der jährlich neu festgelegt wird. Ihre regelmäßige

Arbeitszeit muß unter 15 Stunden in der Woche bleiben. Weiters sind als geringfügig beschäftigt auch jene Personen zu betrachten, die weniger als zwei Monate bzw. 50 Arbeitstage im Jahr arbeiten, auch wenn sie in diesem Zeitraum mehr als 15 Stunden wöchentlich beschäftigt sind.

Job-Sharing und Job-Splitting

Das „Job-Sharing-Arbeitsverhältnis" (Arbeitsplatzteilung) ist eine besondere Unterart des Teilzeitarbeitsverhältnisses. Die Besonderheit des Job-Sharing liegt darin, daß sich zwei oder mehrere Beschäftigte einen Arbeitsplatz teilen. Voraussetzung ist die durchgehende Besetzung des Arbeitsplatzes, die von den Job-Sharern sicherzustellen ist (vgl. Böcher/Buhr 1993, S. 5 f.). Im Gegensatz dazu steht die Arbeitsform des Job-Splitting, wonach ein Arbeitsplatz zwar zwischen zwei Personen aufgeteilt wird, für seine ständige Besetzung sind die ArbeitnehmerInnen aber nicht verantwortlich.

Definition der befristeten Beschäftigung und der Leiharbeit

Ein befristetes Arbeitsverhältnis liegt vor, wenn ein Unternehmen eine Arbeitskraft nur für einen von vornherein festgelegten Zeitraum einstellt. Die Leiharbeit ist ein Arrangement dreier Parteien, im Rahmen dessen eine Agentur Arbeitskräfte an Betriebe auf Zeit ausleiht (vgl. Walwei 1995, S. 190).

Definition der Scheinselbständigkeit

Nach einer neuen Regelung zur Scheinselbständigkeit, die vom Bundestag am 12.12.1998 beschlossen wurde, wird zwischen scheinselbständigen ArbeitnehmerInnen und arbeitnehmerähnlichen Selbständigen unterschieden.

Scheinselbständige ArbeitnehmerInnen sind Personen, bei denen zwei der folgenden Kriterien vorliegen:

- *Es werden außer Familienangehörigen keine versicherungspflichtigen ArbeitnehmerInnen beschäftigt ;*
- *In der Regel wird nur für eine(n) Auftraggeber(in) gearbeitet;*
- *Es wird eine arbeitnehmertypische Beschäftigung ausgeübt, d.h. die Betroffenen unterliegen Weisungen des/der Auftraggeber(in) und sind in die Arbeitsorganisation eingegliedert;*
- *Die Person tritt nicht unternehmerisch am Markt auf (http://www.bma.bund.de).*

Die Entwicklung der Teilzeitbeschäftigung

Im internationalen Vergleich liegt Deutschland 1997 laut der Eurostat-Erhebung über die Arbeitskräfte mit einer Teilzeiterwerbstätigenquote von 17,5 % im Mittelfeld. Die letztgenannte Zahl stellt eine Zunahme von 4 Prozentpunkten gegenüber dem Jahr 1984 dar, in dem noch 12,3 % der ArbeitnehmerInnen in Teilzeit beschäftigt waren.

Eines der hervorstechenden Merkmale der Entwicklung von Teilzeitarbeit ist der Umfang, in dem sich diese Form der atypischen Beschäftigung bei den Frauen konzentrierte. In Prozentzahlen ausgedrückt, ist die weibliche Teilzeitquote in den Jahren 1984 bis 1997 von 28,6 % auf 35,1 % gestiegen. Die Zunahme der Erwerbsbeteiligung der Frauen hat sich also überwiegend auf dem Weg der Teilzeitbeschäftigung vollzogen. Im Vergleich dazu nehmen sich die Zuwachsraten bei den Männern sehr gering aus. So realisierten teilzeitbeschäftigte Männer 1984 2,1 % des Arbeitsvolumens aller männlichen Beschäftigten, und auch 1997 waren es nur 4,2 %[4] (vgl. Europäische Kommission GD V 1995a, S. 190, 1996a, S. 150, Eurostat 1998).

Aus diesen Daten wird deutlich, daß aus der Perspektive der Frauen (anders als bei den Männern) bei der Teilzeitbeschäftigung von einem „atypischen" Beschäftigungsverhältnis keine Rede sein kann. Diese Form der Erwerbstätigkeit ist für mehr als ein Drittel der beschäftigten Frauen zur „Norm" geworden: *„Teilzeitarbeit war und ist ein Versuch weiblicher Menschen, aus dem bestehenden Dilemma der Wahlfreiheit zwischen indiskutablen Alternativen von Nichterwerbstätigkeit, unbezahlter Reproarbeit und extremer weiblicher Altersarmut einerseits und bezahlter ‚Voll'erwerbsarbeit unter den Bedingungen einer dauerhaften Dreifachbelastung durch Beruf, Kindererziehung und Haushalt andererseits auf einem ‚dritten Weg herauszukommen'"* (Lührig 1991, S. 4).

Graphik 3: Teilzeitquoten, Frauen und Männer (in % der Beschäftigten)

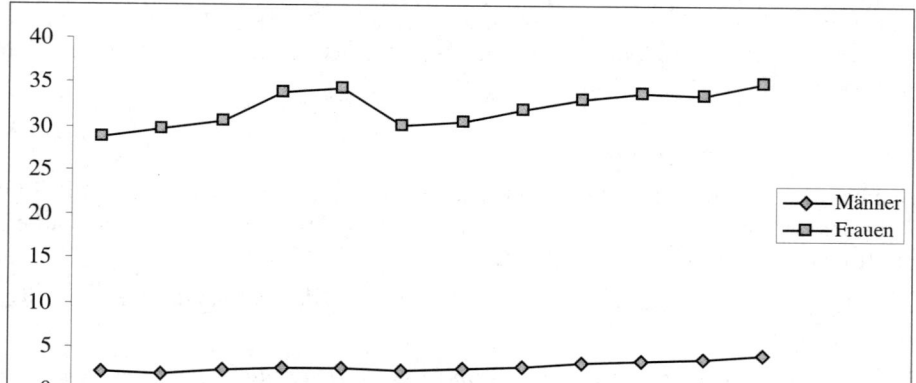

* Einschließlich der neuen Bundesländer.

Quelle: Europäische Kommission GD V 1995a, 1996a, OECD 1993, Eurostat 1998.

Aus Befragungen von Beschäftigten, die auf nationaler Ebene durchgeführt wurden, läßt sich ein differenzierter Vergleich der Teilzeitarbeitsstrukturen in West- und Ostdeutschland anstellen. So geht aus den Mikrozensuserhebungen hervor, daß die Teilzeitquote in Westdeutschland insgesamt von 6,5 % im Jahr 1970 auf 17,6 % im Jahr 1994 anstieg. Der Prozentsatz der teilzeitbeschäftigten Frauen wuchs in diesem Zeitraum von 18,1 % auf 36,6 %, die Quote der in Teilzeit arbeitenden Männer erhöhte sich in derselben Periode nur um etwas mehr als zwei Prozentpunkte von 0,6 % auf 2,9 %. Vergleichbare Zahlen aus dem Mikrozensus zur Entwicklung der Teilzeitbeschäftigung in den neuen Bundesländern, also in der ehemaligen DDR, liegen erst für die Jahre ab 1991 vor. Sie dokumentieren einen Anstieg der Gesamtteilzeitquote von 8,9 % im Jahr 1991 auf 10,7 % im Jahr 1994. Noch geringer als in Westdeutschland, allerdings mit stark steigender Tendenz, war der Prozentsatz der teilzeitbeschäftigten Männer: 1991 1,2 %, 1994 2,5 % (vgl. Kohler/ Spitznagel 1995, S. S. 341 ff.).

Ein Großteil der Frauen, die in den alten Bundesländern eine Teilzeitbeschäftigung ausübten, war verheiratet. Da diese Frauen primär ihren familiären Pflichten nachgehen und daneben in Teilzeit arbeiten, verlieren sie zwar nicht gänzlich den Zugang zum Erwerbsleben, mindern jedoch längerfristig ihre beruflichen Aufstiegschancen: *„The impressive increase in (married) women's labour-force participation during the last thirty years in West Germany has by and large been the result of an expansion of married women's part-time employment. In other words, a wife's role as a supplementary worker has hardly changed. Married female part-time workers constitute a qualitatively different type of workforce. There is plenty of evidence showing that these women normally give priority to family-centered non-market activities around which the part time job must be fitted. Since these women keep a foot in labour market, they are not completely dependent on their husbands or partners in financial terms, but they have by and large suppressed their own (long-term) job opportunities and other interests during the phase when they are raising young children"* (Blossfeld/Rohwer 1997, S. 164).

Bezüglich der Entwicklung der Teilzeitbeschäftigung von Frauen in den neuen Bundesländern zeigt sich, daß diese für Westdeutschland typische geschlechtsspezifische Erwerbsbeteiligung der weiblichen Beschäftigten, wonach diese insbesondere nach der Geburt eines Kindes häufig auf eine Vollzeitbeschäftigung verzichten, zusehends auch auf ostdeutsche Frauen übergreift. In der ehemaligen DDR dominierte ein Lebens- und Erwerbsmodell, bei dem beide Partner auch dann vollzeitig arbeiteten, wenn Kinder zu betreuen waren. Dieser Umstand wurde durch ein flächendeckendes System ganztägiger Kinderbetreuungseinrichtungen ermöglicht.[5] Waren die Frauen zu DDR-Zeiten teilzeitbeschäftigt, so handelte es sich hauptsächlich um ältere Arbeitnehmerinnen. Dies hatte aufgrund des drastischen Abbaus von Beschäftigten in Ostdeutschland, von dem allgemein insbesondere ältere ArbeitnehmerInnen betroffen waren, zur Folge, daß die Teilzeitquote ostdeutscher Frauen unmittelbar nach der „Wende" zunächst zurückging (1991: 17,5 %, 1992: 14,6 %). Frauen, die zuvor in Teilzeit gearbeitet hatten, mußten zum Großteil Vorruhestandsregelungen in Anspruch nehmen und wurden in Frühpension geschickt. Der Prozentsatz der teilzeitbeschäftigten Frauen in den neuen Bundesländern stieg bis 1994 auf 20,4 % bzw. 1995 auf 22 %. Diese Tendenz kann nach Meinung verschiedener AutorInnen als ein Anzeichen für die sukzessive Angleichung an die in Westdeutschland bestehenden Erwerbsbeteiligungsmuster gesehen werden (vgl. Bauer/Groß/Schilling 1997, S. 99; Kohler/Spitznagel 1995, S. 341).

Die Teilzeitquoten sind, wie aus der Eurostat-Arbeitskräfteerhebung für das Jahr 1995[6] hervorgeht, sektoral unterschiedlich groß und weisen geschlechtsspezifische Differenzen auf. So übten 33,9 % der teilzeitbeschäftigten Frauen eine Tätigkeit im Bereich der Land- und Forstwirtschaft, 26,7 % eine Beschäftigung im industriellen Sektor aus. Besonders prägnant war die weibliche Teilzeitbeschäftigungsquote im Dienstleistungssektor: Sie lag 1995 bei 35 %. Vergleichsweise gering nahm sich der Prozentsatz der Männer aus, die im Dienstleistungsbereich und im Agrarsektor einer Teilzeittätigkeit nachgingen (1995 5,3 % bzw. 8,0 %).

Wie ebenfalls den Arbeitskräfteerhebungen der Europäischen Gemeinschaft zu entnehmen ist, übte ein Großteil der teilzeitbeschäftigten Frauen und Männer 1997 eine Beschäftigung mit einem Umfang von 11 bis 20 Stunden aus. Ein vergleichsweise geringer Prozentsatz arbeitete weniger als zehn oder zwischen fünfundzwanzig und dreißig Stunden.

Viel stärker verbreitet als in anderen europäischen Ländern (etwa in Belgien) ist in Deutschland das Phänomen der freiwilligen Teilzeitbeschäftigung. So gaben bei der Eurostat-Erhebung über die Arbeitskräfte im Jahr 1997 78,3 % der befragten Frauen und 32,9 % der Männer an, keine Vollzeittätigkeit zu wünschen und deshalb eine Teilzeittätigkeit auszuüben. Nur ein relativ geringer Prozentsatz der Personen ging einer Teilzeitbeschäftigung nach, weil er/sie keine Vollzeitbeschäftigung finden konnte. In weit höherem Ausmaß als Frauen (3,9 %) arbeiteten Männer (26,2 %) 1997 im Rahmen ihrer schulischen Aus- und Fortbildung in Teilzeit (vgl. Eurostat 1998).

Tabelle 1: Personen mit Teilzeittätigkeit: Gründe für die Teilzeittätigkeit, 1997 (in %)

Grund	Frauen u. Männer	Männer	Frauen
Schul./berufl. Aus-/Fortbildung	6,9	26,3	3,9
Krankheit/Arbeitsunfähigkeit	2,5	6,1	2,0
Konnte keine Vollzeittätigkeit finden	13,3	17,8	12,9
Wünscht keine Vollzeittätigkeit	73,1	40,6	78,3
Sonstige Gründe	n.a.	n.a.	n.a.
Insgesamt	100,0	100,0	100,0

Quelle: Eurostat 1998.

Teilzeitarbeit spielt oftmals eine wichtige Rolle beim Wiedereinstieg von Frauen ins Berufsleben nach einer „Familienpause". Frauen, die eine Erwerbstätigkeit hauptsächlich aus familiären Gründen unterbrochen haben (Heirat, Kindererziehung oder Pflege von Angehörigen) und anschließend sofort wieder ins Erwerbsleben zurückkehren wollen, möchten zu 87,3 % eine Teilzeitbeschäftigung ausüben. Dies geht aus Ergebnissen von Befragungen des „Sozio-ökonomischen Panels" (SOEP) hervor, die in Westdeutschland im Zeitraum 1984 bis 1989 durchgeführt wurden (vgl. Kohler/Spitznagel 1995, S. 360). In diesem Zusammenhang ist, wie eine 1995 bundesweit durchgeführte Beschäftigtenbefragung zeigt, auch interessant, daß mehr als die Hälfte (55 %) der westdeutschen Frauen aus Gründen der Kinderbetreuung eine Teilzeitbeschäftigung aufgenommen haben, während dies nur auf 15 % der ostdeutschen Frauen zutrifft. Diese gaben überwiegend (zu 51 %) familiäre oder berufliche Krisen, wie Scheidung oder Berufswechsel, als Grund für den Übergang von einer Vollzeit- in eine Teilzeitbeschäftigung an. Teilzeitarbeit wird von ostdeutschen Frauen also deutlich seltener als von westdeutschen Frauen als Mittel zur besseren Vereinbarkeit familiärer und beruflicher Pflichten gewählt (vgl. Bauer/Groß/Schilling 1997, S. 99).

Die Entwicklung der geringfügigen Beschäftigung

Ist die Entwicklung von sozialversicherungspflichtiger Teilzeitarbeit relativ gut dokumentiert, so ist es viel schwieriger, verläßliche Zahlen zu geringfügigen, nicht sozialversicherungspflichtigen Beschäftigungsverhältnissen zu erhalten, in denen weniger als

15 Stunden in der Woche gearbeitet wird und der Verdienst unter einer gewissen Grenze liegt. Die Einführung der Meldepflicht geringfügig Beschäftigter 1990 brachte laut Angaben des Instituts für Sozialforschung und Gesellschaftspolitik (ISG) und des Niedersächsischen Frauenministeriums ebenfalls keine statistisch verwertbaren Zahlen. Das Meldeverfahren erwies sich als statistisches Beobachtungsinstrument nur bedingt geeignet (vgl. ISG 1993, S. 6; Sonntag/Zich 1995, S. 9). Dies hängt primär damit zusammen, daß ArbeitnehmerInnen zwar angemeldet werden, aber nach Auflösung des Arbeitsverhältnisses häufig nicht abgemeldet werden – mit dem Effekt, daß Mitte 1992 rund 8 Millionen bestehende Beschäftigungsverhältnisse auf Basis des Meldeverfahrens registriert waren; bis Anfang 1993 ist diese Zahl auf 12 Millionen gestiegen.

Seit 1990 wird im Rahmen des Mikrozensus auch die Frage untersucht, in welchem Ausmaß geringfügige Beschäftigungsverhältnisse ausgeübt werden. Wie das Statistische Bundesamt hervorhebt, gelingt es mit diesem Instrumentarium auch nur unvollständig, die Entwicklungen auf diesem Teilzeitarbeitsmarkt abzubilden. Den Ergebnissen des Mikrozensus zufolge waren im April 1990 insgesamt 1,549 Mio. ArbeitnehmerInnen geringfügig beschäftigt, darunter 1,38 Mio. ausschließlich sozialversicherungsfrei. Für 1991 wurden in den alten Bundesländern 1,048 Mio. und in den neuen Bundesländern 84.000 ausschließlich sozialversicherungsfrei beschäftigte ArbeitnehmerInnen ermittelt (vgl. Wirtschaft und Statistik, Heft 3, 1992, S. 167).

Nachdem eine vom Bundesministerium für Arbeit und Sozialordnung 1987 an das ISG in Auftrag gegebene Studie zu Umfang und Struktur sozialversicherungsfreier Beschäftigung eine Zahl von 2,8 Mio. sozialversicherungsfrei und geringfügig Nebenbeschäftigten ergeben hatte, wurde im Auftrag dieses Ministeriums von seiten des ISG erneut eine Studie durchgeführt. Laut den Ergebnissen dieser Untersuchung standen Anfang 1992 im vereinten Deutschland 4,452 Mio. ArbeitnehmerInnen in einem sozialversicherungsfreien Beschäftigungsverhältnis oder waren geringfügig nebentätig.[7] Die Zahl der ausschließlich sozialversicherungsfrei Beschäftigten betrug 2,979 Mio. Geringfügig nebenbeschäftigt waren zu diesem Zeitpunkt 1,473 Mio. Personen. Sozialversicherungsfreie Tätigkeiten und geringfügige Nebenbeschäftigungen wurden vor allem in den alten Bundesländern ausgeübt: 1992 waren es 3,833 Mio. ArbeitnehmerInnen. Davon waren 2,616 Mio. oder 68 % sozialversicherungsfrei beschäftigt und 1,217 Mio. oder 32 % geringfügig nebentätig. Die Zahl der sozialversicherungsfrei und geringfügig nebenbeschäftigten Frauen in Westdeutschland lag 1992 mit 2,409 Mio. weit über der der Männer mit 1,425 Mio. (vgl. ISG 1993, S. 8). Zieht man von der Zahl geringfügig beschäftigter Frauen die sogenannten „Nicht-Schutzbedürftigen" (das sind Beschäftigte, die beispielsweise als Rentnerinnen, Schülerinnen, Studentinnen oder Arbeitslose in die Systeme der sozialen Sicherung einbezogen sind) ab, verbleiben ca. 1,230 Mio. sozialversicherungsfrei beschäftigte Frauen, die 1992 prinzipiell schutzbedürftig waren. Davon waren 1,135 Mio. (92,3 %) „haushaltsführende" Frauen (vgl. Böttcher/Buhr 1995, S. 9).

Hervorzuheben ist die Tatsache, daß die Zahl jener Beschäftigen, die innerhalb der ehemaligen BRD unterhalb der Versicherungsgrenze arbeiteten und *„dem Prinzip des Heuerns und Feuerns ausgesetzt"* waren, nicht konstant blieb, sondern zwischen 1987 und 1992 um ein Drittel anstieg (vgl. Buchholz-Will 1995, S. 1). Insgesamt ist in dieser Periode die Zahl der sozialversicherungsfrei Beschäftigten und geringfügig Nebentätigen von 2,823 Mio. auf 3,833 Mio. gestiegen, d. h. rund um eine Million bzw. 36 %. Der Umfang der Beschäftigten ohne jeglichen sozialversicherungsrechtlichen Schutz hat dabei nur unterproportional zugenommen, und zwar von 2,284 auf 2,616 Mio. Dies stellt einen Zuwachs um 332.000 bzw. 14,5 % dar. Mehr als verdoppelt hingegen hat sich die Zahl der geringfügig Nebentätigen: von 539.000 auf 1,217 Mio. Von diesen Beschäftigten waren 1992 53 % Männer und 47 % Frauen.

Graphik 4: Sozialversicherungsfrei Beschäftigte und geringfügig Nebenbeschäftigte 1992 in den alten und den neuen Bundesländern (in 1000)

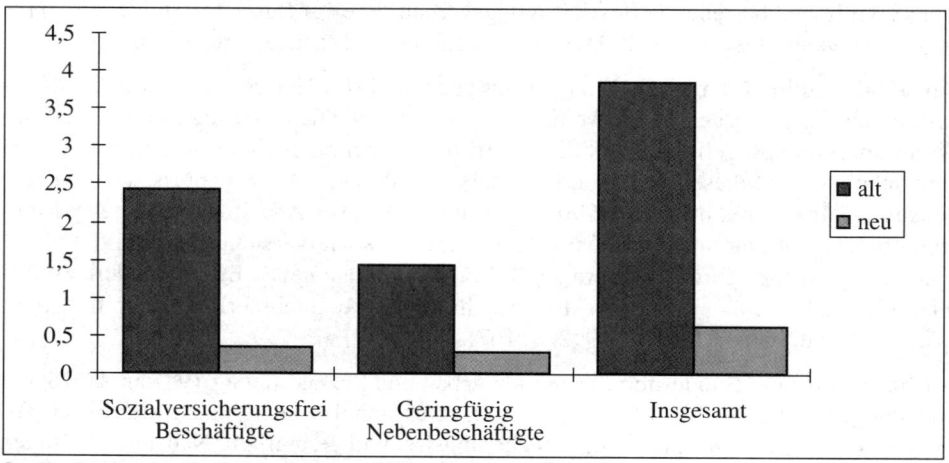

Quelle: Institut für Sozialforschung und Gesellschaftspolitik (ISG) 1993.

Seit 1991 wurden durch das ISG auch Daten für die diesbezüglichen Entwicklungen in der ehemaligen DDR erhoben. In den neuen Bundesländern belief sich die Zahl der geringfügigen Beschäftigungsverhältnisse 1992 bei 620.000, wobei 59 % (363.000) sozialversicherungsfrei und 257.000 (41 %) geringfügig nebenbeschäftigt waren. Im Gegensatz zu den alten Bundesländern lag die Zahl der sozialversicherungsfrei beschäftigten und geringfügig nebentätigen Männer mit 336.000 deutlich über jener der Frauen von 284.000, da sich ein Großteil dieser Gruppe aus Arbeitslosen und FrührentnerInnen und nur in Ausnahmefällen aus Haushaltsführenden (in der Regel Frauen) zusammensetzte. Von dieser Gruppe der geringfügig Beschäftigten arbeiteten mehr Männer (192.000) als Frauen (171.000) sozialversicherungsfrei. Auch bei den geringfügig Nebenbeschäftigten war der Anteil der Männer (144.000) größer als jener der Frauen (113.000) (vgl. ISG 1993, S. 6 ff.).

Um rezentere Entwicklungen zu dokumentieren, soll an dieser Stelle noch auf die Ergebnisse des Mikrozensus 1994 eingegangen werden. 1994 waren in Westdeutschland 1,02 Mio. ArbeitnehmerInnen geringfügig beschäftigt, davon waren drei Viertel (770.000) Frauen. Von ihnen waren fast 77 % verheiratet, 9 % verwitwet oder geschieden. 70 % der geringfügig Beschäftigten bezogen ein Einkommen aus anderen Quellen, lebten beispielsweise mit finanzieller Unterstützung der EhepartnerInnen und von ihrer Rente. Nur in Ausnahmefällen (5 %) wurde eine andere Arbeit gesucht. Für die neuen Bundesländer hat die Befragung 56.000 geringfügig Beschäftigte ermittelt. Die Anzahl von Frauen (34.000) und Männern (23.000) klaffte weitaus weniger stark auseinander als in den alten Bundesländern (vgl. Kohler/Spitznagel 1995, S. 361).

Graphik 5: Sozialversicherungsfrei Beschäftigte und geringfügig (Neben-) Beschäftigte 1992, nach Geschlecht in den alten und neuen Bundesländern (in 1000)

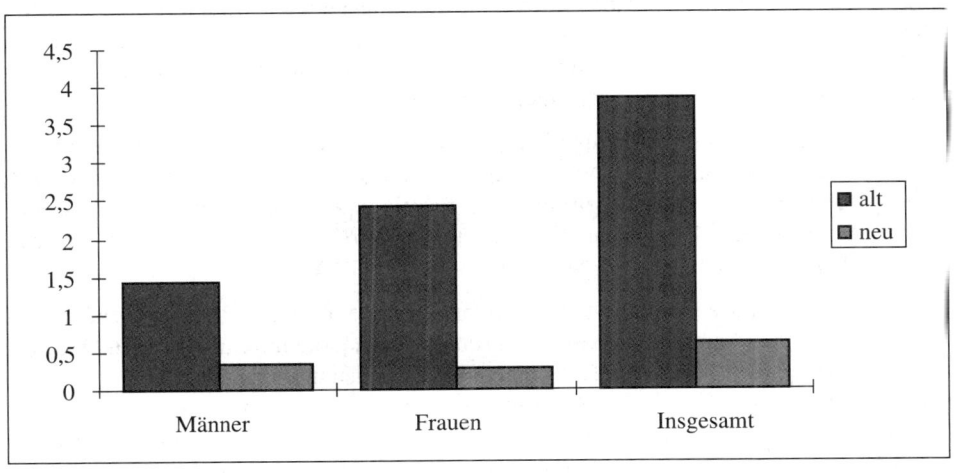

Quelle: Institut für Sozialforschung und Gesellschaftspolitik (ISG) 1993

Die Entwicklung der befristeten Beschäftigung

Die Bedeutung befristeter Beschäftigungsverhältnisse ist im internationalen Vergleich relativ gering. So standen 1983 gemäß der AKE 10,0 % aller Beschäftigten in einem zeitlich befristeten Arbeitsverhältnis. Auch 1997 hatte sich, gemäß der Eurostat-Erhebung, der Prozentsatz befristetet Beschäftigter an der Gesamtbeschäftigung nur geringfügig auf 11,6 % erhöht. Der Frauenanteil (11,9 %) war – wie aus der Graphik 6 ersichtlich – geringfügig höher als der der Männer (11,4 %).

Graphik 6: Befristet Beschäftigte, Frauen und Männer (in %)

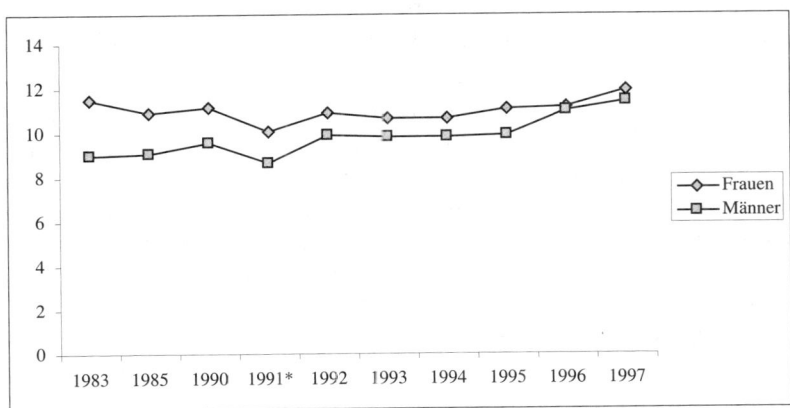

* Einschließlich der neuen Bundesländer.
Quelle: Europäische Kommission GD V 1995a; 1996a; Eurostat 1998.

Als Grund für die Befristung gaben 49,0 % der im Zuge der Eurostat-Erhebung 1997 befragten Frauen an, diese Tätigkeit im Rahmen ihrer Ausbildung auszuüben. Etwas mehr als 30 % machten keine Angabe. Auch von den interviewten Männern begründeten 48,8 % die zeitliche Begrenzung ihres Arbeitsvertrags damit, daß es sich hierbei um einen Ausbildungsvertrag handle. Ähnlich wie bei den Frauen beantwortete ein hoher Prozentsatz der Männer (31,2 %) diese Frage nicht (vgl. Eurostat 1998).

In diesem Zusammenhang ist anzumerken, daß die befristeten Arbeitsverhältnisse, verglichen mit anderen europäischen Ländern, eine relativ lange Laufzeit aufweisen. Nur 15 % der befristeten Arbeitsverträge wurden 1993 für einen Zeitraum von 6 Monaten oder weniger abgeschlossen. Die Hälfte aller befristeten Verträge war für einen Zeitraum von rund zwei Jahren gültig (vgl. Europäische Kommission GD V 1995a, S. 176).

In Deutschland ist nur eine relativ kleine Personengruppe bei einem Leiharbeitsunternehmen beschäftigt, ihr Anteil an der Gesamtbeschäftigungsquote nimmt jedoch zu. Arbeiteten am 31. Dezember 1996 148.712 bei einem Leiharbeitsunternehmen, waren es ein Jahr später bereits 167.606. Hierbei handelte es sich um einen Zuwachs von 12,7 %. Der Anteil der Männer lag weit über dem der Frauen: 1997 arbeiteten 78,6 % der Männer und 21,4 % der Frauen bei einem Leiharbeitsunternehmen. Ein Großteil der Beschäftigten (41,6 %) arbeiteten in der Metall und Elektrobranche. 25,6 % arbeiteten als Hilfspersonal und nur 3,7 % übten einen technischen Beruf aus (vgl. http://www.bza.de.).

Auch selbständige Beschäftigung gewinnt zunehmend an Bedeutung. Waren im Jahr 1995 noch 9,4 % der Erwerbstätigen selbständig beschäftigt, so waren es im Jahr 1997 bereits 9,9 %. Frauen sind von dieser Tendenz in weit geringerem Ausmaß als Männer betroffen: Gaben doch 1997 6,4 % der Frauen und 12,6 % der Männer im Rahmen der Eurostat-Erhebung an, selbständig erwerbstätig zu sein (Eurostat 1998).[8] Zur Scheinselbständigkeit liegen keine Daten vor.

2. Politische Regulierung

2.1 Arbeitsrechtliche Regulierung

2.1.1 Arbeitsrechtliche Regulierung atypischer Beschäftigungsformen

In Deutschland bestehen spezifische arbeitsrechtliche Regelungen für Teilzeitbeschäftigung (in einigen Fällen auch für die Unterformen des Job-Sharing und der Arbeit auf Abruf) und für befristete Beschäftigungsverhältnisse. Im Bereich der Leiharbeit, die in Deutschland eine eher untergeordnete Rolle spielt und demzufolge im Rahmen dieser Studie nur am Rande erwähnt werden wird, sind Regelungen nur in Ansätzen vorhanden. Gibt es keine speziellen Vorschriften, so finden die allgemeinen arbeitsrechtlichen Rahmenbedingungen ohne Unterschied in vollem Umfang auf alle Arbeitsverhältnisse, d. h. auch auf alle Formen der atypischen Beschäftigung, Anwendung. Dieser Grundsatz gilt auch für geringfügige Tätigkeiten, allerdings bestehen für diese sozialversicherungsrechtliche Besonderheiten.

Gesetzliche Mindestarbeitsbedingungen und Schutzvorschriften im Arbeitsrecht, die nicht unterschritten werden dürfen, sind u. a. in folgenden Gesetzen geregelt:

■ Beschäftigungsförderungsgesetz (BeschFG),

- Bundesurlaubsgesetz (BUrlG),
- Bürgerliches Gesetzbuch (BGB),
- Kündigungsschutzgesetz (KüSchG).

Neben den gesetzlichen Grundlagen besteht ein gesetzlich geregeltes Tarifvertragswesen. Der Abschluß von Tarifverträgen ist Arbeitgeberorganisationen und Gewerkschaften vorbehalten. Ein Tarifvertrag, der für allgemein verbindlich erklärt wurde, gilt wie ein Gesetz. Hier können nur bessere Arbeitsbedingungen vereinbart werden. Verschlechterungen zu Lasten der ArbeitnehmerInnen sind ungültig. Die Geltung eines Tarifvertrags kann auch im Arbeitsvertrag des/der Arbeitnehmers(in) vereinbart werden. Wird ein nicht allgemeinverbindlicher Tarifvertrag nur durch den Arbeitsvertrag zum Gegenstand des Arbeitsverhältnisses gemacht, sind allerdings Abweichungen möglich, welche die Arbeitsbedingungen der VertragsnehmerInnen verschlechtern können (vgl. Lindena 1995, S. 238; Sonntag/Zich 1995, S. 15 ff.).

Regulierung der Teilzeitbeschäftigung

Im Rahmen des BeschFG, welches in seinem zweiten Abschnitt Fragen der Teilzeitarbeit regelt, wird der Versuch unternommen, diese Form der Beschäftigung auszudehnen und rechtlich abzusichern. So ist hier ausdrücklich festgelegt, daß Teilzeitbeschäftigte – dazu gehören auch geringfügig Teilzeitbeschäftigte – wegen der Teilzeitarbeit gegenüber vollzeitbeschäftigten ArbeitnehmerInnen nicht unterschiedlich behandelt werden dürfen. Eine Abweichung von diesem Gleichbehandlungsgebot gemäß § 2 Abs. 1 BeschFG ist nur dann möglich, wenn *„sachliche Gründe eine unterschiedliche Behandlung rechtfertigen"*. Sachliche Gründe liegen gemäß der arbeitsgerichtlichen Rechtsprechung dann vor, wenn zum Beispiel bezüglich der Qualifikation und der Berufserfahrung differenziert wird. Das unterschiedliche Arbeitspensum allein ist kein ausreichend sachlicher Grund für eine unterschiedliche Behandlung von Teilzeit- und Vollzeitbeschäftigten. Dieser Grundsatz wurde durch ein Urteil des Bundesarbeitsgerichts (BAG)[9] aus dem Jahre 1993 bestätigt.

Das BeschFG regelt zudem zwei weitere Formen der Teilzeitarbeit – „Kapovaz" und Job Sharing – insofern näher, als es u. a. Bestimmungen zur Regelung der Arbeitszeit und des Kündigungsschutzes enthält (vgl. Betrieb und Wirtschaft, Nr. 14, 1996, S. 518).

Regulierung der befristeten Beschäftigung

Die Vereinbarung von Verträgen mit zeitlich befristeter Dauer war in Deutschland schon vor Inkrafttreten des Beschäftigungsförderungsgesetzes möglich, jedoch nicht explizit rechtlich verankert. So waren Befristungen bis zu sechs Monaten zugelassen, da der gesetzliche Kündigungsschutz gemäß § 1 KüSchG[10] erst nach einer Beschäftigungsdauer von einem halben Jahr einsetzte. In Betrieben mit weniger als fünf dauerhaft beschäftigten ArbeitnehmerInnen unterlagen befristete Arbeitsverträge gar keinen Einschränkungen, da das KüSchG für diese ArbeitnehmerInnen gemäß § 23 Abs. 1 KüSchG keinerlei Anwendung fand (vgl. Lenze 1997, S. 90). Durch die Aufhebung der Vorschrift, die Aufnahme befristeter Arbeitsverträge sachlich zu begründen (die bis dahin ausschließlich auf Richterrecht basierte[11]), wurde für ArbeitgeberInnen die Möglichkeit eröffnet, ohne Begründung Beschäftigte für einen zeitlich begrenzten Zeitraum einzustellen. So sah das BeschFG den einmaligen Abschluß eines befristeten Arbeitsvertrages für die Dauer von 18 Monaten vor. Bei Firmenneugründungen konnte diese Periode auf 24 Monate verlängert werden (vgl. MISEP 1994, S. 14; Schömann/Rogowski/Kruppe 1995, S. 39). Gemäß dem arbeitsrechtlichen Beschäftigungsförderungsgesetz [12] vom 25. September 1996 wurde diese Ausnahme zur Regel, da gemäß Art. 4 § 1 befristete Arbeitsverhältnisse bis zu einer Dauer von zwei Jahren zugelassen sind und in diesem Zeitraum (höchstens) dreimal verlängert werden können. Von seiten der Bundesregierung wurde mit dieser Regelung das Ziel verfolgt, zusätzliche Arbeitsplätze zu schaffen. So heißt es in der Begründung des Gesetzesentwurfes: *„Die Erleichterungen beim Abschluß befristeter Arbeitsverträge werden zu zusätzlicher Beschäftigung führen"* (Bundestagsdrucksache 13/4612, S. 13).

Seit Mitte der achtziger Jahre wurde somit nicht nur der maximale Geltungszeitraum bei befristeten Verträgen beträchtlich ausgedehnt, sondern auch ihr Abschluß stark vereinfacht, da nun die Begründungspflicht wegfällt.

Regulierung der Leiharbeit

Grundlegende Bestimmungen zur Leiharbeit enthält das Arbeitnehmerüberlassungsgesetz (AÜG)[13], welches am 21. Juni 1972 vom Bundestag einstimmig verabschiedet wurde und bis heute die Grundlage der Leiharbeitsregulierung bildet. Durch das AÜG sollte eine dauerhafte Überlassung eines(r) Leiharbeitnehmers(in) an denselben Entleiher verhindert werden. Demzufolge sieht das AÜG eine Höchstdauer für den Abschluß eines Leiharbeitsvertrages zwischen einem(r) Arbeitnehmer(in) und einer Entleihfirma vor. Bis zum Inkrafttreten des BeschFG 1985 betrug diese drei Monate, seit der Geltung des BeschFG kann sie auf sechs Monate ausgedehnt werden. Das BeschFG sieht zudem vor, daß die gewerbsmäßige ArbeitnehmerInnenüberlassung durch das zuständige Landesarbeitsamt genehmigt werden muß. In der Bauwirtschaft ist seit 1. Jänner 1982 überhaupt ein generelles Verbot der Leiharbeit gemäß § 12a Arbeitsförderungsgesetz (AFG)[14] verankert (vgl. Bode/Brose/Voswinkel 1994, S. 79 f.).

2.1.1.1 Arbeitszeitregelungen

Teilzeitbeschäftigung

Gemäß § 2 Abs. 2 BeschFG 1985 gelten ArbeitnehmerInnen, deren regelmäßige Wochenarbeitszeit kürzer ist als die regelmäßige Wochenarbeitszeit vergleichbarer vollzeitbeschäftigter ArbeitnehmerInnen innerhalb eines Betriebes als Teilzeitbeschäftigte. Ist keine regelmäßige Wochenarbeitszeit vereinbart, so ist gemäß § 2 Abs. 2 BeschFG die regelmäßige Arbeitszeit maßgeblich, die im Jahresdurchschnitt im Verlauf einer Woche gearbeitet wurde. Mit zunehmender Flexibilisierung der Arbeitszeit beginnt die Trennlinie zwischen Vollzeitarbeit und Teilzeitarbeit immer mehr zu verschwimmen.[15] Da die regelmäßige Wochenarbeitszeit vollzeitbeschäftigter ArbeitnehmerInnen in den meisten Fällen jedoch zwischen 35 und 40 Stunden beträgt, betrachtet man als Teilzeitbeschäftigte – wie bereits erwähnt – solche ArbeitnehmerInnen, deren wöchentliche Arbeitszeit weniger als 35 Stunden beträgt. ArbeitgeberInnen sind bei der Möglichkeit, Arbeitszeiten zu verordnen, durch gewisse rechtliche Rahmenbedingungen eingeschränkt. So ist eine Vereinbarung, wonach aufgrund eines größeren Arbeitsanfalles gearbeitet werden muß, zwar grundsätzlich wirksam, ArbeitgeberInnen können jedoch nicht über die Dauer der Arbeitszeit entscheiden. ArbeitgeberInnen und ArbeitnehmerInnen müssen gemäß § 4 Abs. 1 BeschFG vielmehr ein gewisses Zeitdeputat für einen bestimmten Zeitraum im voraus vereinbaren. Eine wöchentliche Arbeitszeit von zehn Stunden gilt als vereinbart, wenn eine bestimmte Dauer der Arbeitszeit nicht festgelegt wurde (vgl. Schmidt 1995, S. 34 f.). Teilzeitarbeit ist nicht an bestimmte Gestaltungsformen gebunden, sie kann in starrer oder flexibler Form geleistet werden. Möglich ist eine täglich verkürzte Arbeitszeit, die gleichmäßig oder ungleichmäßig und unregelmäßig auf die einzelnen Wochenarbeitstage verteilt werden kann (vgl. Lindena 1995, S. 237).

Das Arbeitszeitgesetz vom Juli 1994 (ArbZG)[16], von dessen Geltungsbereich gemäß Art. 1 § 2 Abs. 2 alle ArbeiterInnen und Angestellten, also auch Teilzeitbeschäftigte, erfaßt werden, beschränkt (neben dem BeschFG) die Dauer des Einsatzes von (Teilzeit-) ArbeitnehmerInnen. Demzufolge darf die werktägliche Arbeitszeit acht Stunden nicht überschreiten, kann aber unter bestimmten Voraussetzungen auf maximal zehn Stunden verlängert werden. Gemäß § 4 der bis dahin geltenden Arbeitszeitordnung wurde eine solche Verlängerung nur dann gestattet, wenn einerseits die Arbeitszeit an den einzelnen Werktagen verkürzt wurde oder die Art des Betriebes eine ungleichmäßige Verteilung der Arbeitszeit erforderte, andererseits ein Ausgleich innerhalb von zwei Wochen erfolgte. Nunmehr wird lediglich vorausgesetzt, daß im Zeitraum eines halben Jahres durchschnittlich nicht mehr als acht Stunden werktäglich gearbeitet wird. Abweichende Regelungen sind nicht nur in Notfällen, sondern auch durch Tarifvertrag oder Betriebsvereinbarung nach § 7 ArbZG in einer ganzen Reihe von Fällen erlaubt. Für die ArbeitgeberInnen bedeutet dies, daß Vollzeitbeschäftigte wesentlich flexibler als bisher eingesetzt werden könnten. Für Betriebe, die Teilzeitkräfte vor allem zum Ausbau der Betriebszeiten eingestellt haben, könnte dieses Motiv für die Anstellung von Teilzeitbeschäftigten zunehmend in den Hintergrund treten (vgl. Anzinger 1994, S. 2543).

Teilzeitbeschäftigte haben Anspruch auf Pausen. Bei einer täglichen Arbeitszeit von mehr als viereinhalb bis sechs Stunden beträgt die Pausenzeit 20 Minuten. Sie erhöht sich auf 30 Minuten bei einer Arbeitszeit von mehr als sechs bis acht Stunden und auf 45 Minuten bei einer mehr als achtstündigen Arbeitszeit. Die ArbeitgeberInnen können im Teilzeitarbeitsverhältnis grundsätzlich keine Mehr- oder Überstunden anordnen, da durch die Vereinbarung eines Teilzeitarbeitsverhältnisses deutlich ausgedrückt wurde, daß die Betroffenen nur für eine begrenzte Zeit zur Verfügung stehen können oder wollen.

Andere Bestimmungen gelten in jenen Fällen, in denen sich ArbeitgeberInnen das Recht zur Anordnung von Mehr- oder Überstunden vorbehalten haben. Die Beschäftigten müssen dieser Verordnung zusätzlicher Arbeitsstunden auf freiwilliger Basis zustimmen. Teilzeitbeschäftigte dürfen nicht über die gesetzliche oder betrieblich übliche Arbeitszeit hinaus beschäftigt sein, da sie dadurch diskriminiert werden, was sich in der Regel zu Lasten von Frauen auswirkt. Diese Ansicht wurde durch das Arbeitsgericht Hamburg am 21. Oktober 1991[17] erstmals bekräftigt (vgl. Böttcher/Buhr, S. 7 ff.).

Das ArbZRG gestattet in § 13 Abs. 5 Sonn- und Feiertagsarbeit, wenn nachweisbar die Konkurrenzfähigkeit gegenüber dem Ausland wegen längerer Betriebszeiten oder anderer Arbeitsbedingungen *„unzumutbar beeinträchtigt"* ist und durch die Möglichkeit an Sonn- und Feiertagen zu arbeiten, die Beschäftigung gesichert werden kann. Diese

Abweichung muß von der Aufsichtsbehörde bewilligt, also von offizieller Seite bestätigt werden, nachdem das deutsche Unternehmen den gesetzlichen Arbeitszeitrahmen voll ausgeschöpft hat (vgl. Kilz/Reh 1996, S. 139).

An diesen Regelungen kann insofern Kritik geübt werden, da sie primär die Interessen der Unternehmen berücksichtigen und keine wesentlichen beschäftigungspolitischen Anstöße geben. So wurde im Rahmen des neuen Arbeitszeitgesetzes verabsäumt, einen Rechtsanspruch auf die Vereinbarung von Teilzeitarbeit für Frauen mit kleinen Kindern einzuräumen oder einen Ausgleich für Überstunden in Form von Freizeit anzuordnen (vgl. Lenze 1997, S. 93 f.). Erste Ansätze, einen Anspruch von VollzeitarbeitnehmerInnen auf eine Verkürzung der Arbeitszeit und auf die Einrichtung von Teilzeitarbeitsplätzen durchzusetzen, konnten bislang nur auf tarifvertraglicher Ebene vereinbart werden. Der Bundes-Arbeits-Tarifvertrag (BAT) sieht z. B. in bestimmten Fällen einen Anspruch auf die Vereinbarung von Teilzeitarbeit vor. § 15 BAT hält fest, daß mit vollbeschäftigten Angestellten auf Antrag eine *„geringere als die regelmäßige Arbeitszeit"* vereinbart werden könne, wenn sie (mindestens) ein Kind unter 18 Jahren oder einen laut ärztlichem Gutachten pflegebedürftigen Angehörigen betreuen und pflegen müssen und *„dringliche dienstliche/betriebliche Belange"* dem nicht entgegenstehen.

Eine Obergrenze für den Umfang der Reduzierung der Arbeitszeit sieht § 15 nicht vor. Die Teilzeitbeschäftigung wird ohne weiteres unbefristet vereinbart. Nur auf Antrag ist sie bis zu fünf Jahre zu befristen (vgl. Riesenhuber 1995, S. 56). Auch im Rahmen des 2. Gleichberechtigungsgesetzes (2. GleiBG)[18], das am 1. September 1994 in Kraft trat und u. a. das Frauenfördergesetz (FFG)[19] einführte, finden sich unverbindliche Bestimmungen zur Einräumung eines Teilzeitarbeitsplatzes unter Berücksichtigung der *„dienstlichen Möglichkeiten"*. Bei Bedarf hat die Dienststelle ein *„ausreichendes Angebot an Teilzeitarbeitsplätzen, auch bei Stellen mit Vorgesetzten- und Leitungsaufgaben zu schaffen"* (§ 10 FFG).

In der Metallindustrie Nordwürttemberg-Nordbaden beispielsweise kann Teilzeitarbeit auf Wunsch der ArbeitnehmerInnen vereinbart werden, wenn dies betrieblich möglich ist. In der papierverarbeitenden Industrie können die Beschäftigten ebenfalls die Herabsetzung der Arbeitszeit einfordern, wenn *„persönliche Gründe"* dies erfordern. Bei diesen Möglichkeiten handelt es sich in der Regel jedoch nur um Kann-/Soll-Bestimmungen, die nicht zwingend umgesetzt werden müssen und betrieblichen Interessen untergeordnet werden können (vgl. Bispinck 1995, S. 420 f.).

Job-Sharing

Die freie Vereinbarung von Arbeitszeiten wird durch § 5 Abs. 1 BeschFG für solche Teilzeitarbeitsverhältnisse, bei denen sich zwei oder mehr ArbeitnehmerInnen den Arbeitsplatz teilen (also im Falle des Job-Sharing), beschränkt; denn bei Ausfall eines/einer Arbeitnehmers(in) sind die anderen in die Arbeitsplatzteilung einbezogenen Beschäftigten zu seiner/ihrer Vertretung nur aufgrund einer für den einzelnen Vertretungsfall (z. B. im Falle einer ein- bis dreitägigen Krankheit) abgeschlossenen Vereinbarung verpflichtet. ArbeitsplatzpartnerInnen können nicht generell zur Vertretung ihrer MitarbeiterInnen verpflichtet werden, sondern nur insofern, als ihnen dies für den Einzelfall zugemutet werden kann. Zwischen Unternehmen und Job-Sharern wird lediglich das individuelle Arbeits-

volumen vertraglich festgelegt. Über die Lage und Verteilung der individuellen Arbeitszeiten sprechen sich die beteiligten ArbeitnehmerInnen im Rahmen der Betriebsze:-
Regelungen untereinander ab. Der Arbeitsplatz kann sowohl nach zeitlichen als auch nach
funktionalen Kriterien geteilt werden. Die beteiligten ArbeitnehmerInnen können sich
also den bisherigen Vollzeitarbeitsplatz nach Aufgabengebieten oder ausschließlich in
zeitlicher Hinsicht teilen. Diese Aufteilung der arbeitsstellenspezifischen Betriebszeit
muß nicht nach einem starren Schema erfolgen (vgl. Lindena 1995, S. 235).

Arbeit auf Abruf

Zu erwähnen sind im Zusammenhang mit der Arbeitszeitenregelung weiters auch die
diesbezüglichen Regelungen des BeschFG für die Beschäftigungsform der Arbeit auf
Abruf. Hinsichtlich der „Kapovaz" normiert § 4 BeschFG, daß eine bestimmte Dauer der
Arbeitszeit festgelegt werden muß. Fehlt eine solche Regelung, so gilt eine wöchentliche
Arbeitszeit von zehn Stunden als vereinbart. Außerdem sind ArbeitnehmerInnen zur
Arbeitsleistung nur verpflichtet, wenn ihnen die Einteilung der Arbeitszeit mindestens
vier Tage im voraus mitgeteilt wird. Wurde keine Vereinbarung über den täglichen
Umfang der Arbeitszeit getroffen, so müssen ArbeitgeberInnen ArbeitnehmerInnen für
mindestens drei aufeinanderfolgende Stunden beschäftigen (vgl. Lenze 1997, S. 63 f).
Durch diese Festlegung einer Mindestarbeitszeit, wie sie beispielsweise auch in Belgien
praktiziert wird, soll vermieden werden, daß jemand nur für einen sehr kurzen Zeitraum,
beispielsweise nur für ein oder zwei Stunden, in seinen/ihren Betrieb kommen müßte und
so gegebenenfalls die Anfahrtszeit länger als die Arbeitszeit wäre (vgl. Bispinck 1995,
S. 421).

2.1.1.2 Urlaubsrecht

Teilzeitbeschäftigung

Alle ArbeitnehmerInnen – also auch Teilzeitbeschäftigte – haben Anspruch auf bezahlten
Urlaub. Seit 1995 beträgt der gesetzliche Mindesturlaub gemäß Bundesurlaubsgesetz
(BUrlG)[20] 24 Werktage, das sind vier Wochen. Urlaubsanspruch besteht jedoch nur, wenn
die Beschäftigung mindestens einen Monat gedauert hat. Häufig wird die Urlaubsdauer
tarifvertraglich oder aufgrund des Arbeitsvertrages gegenüber dem Gesetz verlängert.
Diese besseren tarifvertraglichen Regelungen gelten auch für (geringfügig) Teilzeitbe-
schäftigte. Für Teilzeitkräfte errechnet sich das Anrecht auf Urlaub aus den gesetzlichen
Urlaubs- und den vereinbarten Arbeitstagen. Dazu wird der Urlaubsanspruch (24 Werktage) durch die Anzahl der Werktage pro Woche geteilt und mit der Anzahl der vereinbarten
Tage multipliziert (vgl. Gewerkschaft Nahrung-Genuß-Gaststätten 1996, S. 12).

Problematisch ist die Berechnung der Urlaubsdauer vielfach dann, wenn Teilzeitbeschäftigte nicht an allen Werktagen arbeiten und der Urlaub nicht wochenweise, sondern an
einzelnen Tagen konsumiert wird. In diesen Fällen werden in der Regel die arbeitsfreien
Tage aus dem Urlaubsanspruch herausgerechnet. Dazu ist die Anzahl der tatsächlichen
Arbeitstage eines(r) Teilzeitbeschäftigten in Relation zu den Arbeitstagen eines(r) Vollzeitbeschäftigten zu setzen. Die Urlaubstage müssen entsprechend gekürzt werden. Nach
dem BUrlG sind Bruchteile, die mindestens einen halben Tag ergeben, auf volle Urlaubs-

tage aufzurunden. Ist die Teilzeitarbeit tagemäßig unregelmäßig verteilt, so muß innerhalb des Urlaubsanspruchs diese Verteilung ebenfalls eingehalten werden. ArbeitnehmerInnen, die bei mehreren ArbeitgeberInnen beschäftigt sind, müssen von der Arbeit so freigestellt werden, daß sie während ihres Urlaubs bei keiner Arbeitsstelle tätig sein müssen und somit für einen ununterbrochenen Zeitraum durchwegs über arbeitsfreie Zeit verfügen.

Der volle Anspruch auf Jahresurlaub wird erstmals nach einer „Wartezeit", nach einer Beschäftigungsdauer von sechs Monaten, erworben. Darüber hinaus bestehen Besonderheiten für das Ein- und das Austrittsjahr.

Bei Teilzeitbeschäftigten gibt es, wie auch für die Dauer des Urlaubs, keine eindeutigen Berechnungsweisen für das Urlaubsentgelt. Je nach Berechnungsart ergeben sich geringfügig unterschiedliche Ergebnisse. Die Höhe des Entgelts bemißt sich gemäß § 11 Abs. 1 BUrlG grundsätzlich nach dem durchschnittlichen Arbeitsverdienst, welchen der/die Arbeitnehmer(in) in den letzten dreizehn Wochen vor Beginn des Urlaubs erhalten hat. Wochenvergütungen sind jedoch nicht mehr die Regel. Zur Vereinfachung ist es üblich geworden, anstelle der letzten 13 Wochen die letzten drei abgerechneten Monate zur Berechnung der Durchschnittsvergütung heranzuziehen (vgl. Sonntag/Zich 1995, S. 45).

Wird in einem Betrieb neben dem Urlaubsentgelt, also neben der monatlichen Weiterzahlung des Einkommens, ein zusätzliches Urlaubsgeld vereinbart, haben darauf auch Teilzeitbeschäftigte Anspruch. Dieses kann jedoch, je nach Zahl der geleisteten Arbeitsstunden, anteilig auf Basis des Betrages für Vollzeitbeschäftigte gekürzt werden. Dadurch werden Teilzeitkräfte benachteiligt, da sie ihren Urlaub nicht anteilig, sondern in voller Höhe finanzieren müssen.

Teilzeitbeschäftigte, deren tägliche Arbeitszeit spätestens um 12.00 Uhr endet, haben an Brauchtumstagen wie Heiligabend, Silvester, Weiberfastnacht etc. keinen Anspruch auf bezahlten Urlaub. Vollzeitbeschäftigte haben jedoch die Möglichkeit, sich an diesen Tagen ab 12.00 Uhr unter Fortzahlung der Bezüge Urlaub zu nehmen. Diese Regelung wurde nach einer Klage wegen eines Verstoßes gegen das Gleichbehandlungsgebot für Männer und Frauen gemäß Art. 119 EWG-Vertrag in einem Urteil des BAG[21] bestätigt. Nach Ansicht des BAG sei die Ungleichbehandlung von Teilzeit- und Vollzeitbeschäftigten in diesem Fall durch objektive Gründe gegeben, die nichts mit einer Diskriminierung aufgrund des Geschlechts zu tun hätten. Die Freistellung sei streng anlaßbezogen. Besondere praktische Bedeutung für Frauen erhält die Ausübung einer Teilzeitbeschäftigung während des Erziehungs- oder Karenzurlaubs. Wer ein Kind betreut, das mit ihm im eigenen Haushalt lebt, und/oder nicht vollzeitig erwerbstätig ist, hat gemäß § 1 Abs. 1 Bundeserziehungsgeldgesetz (BErzGG) Anspruch auf Erziehungsurlaub und auf den Bezug von Erziehungsgeld. Dieses ist kein Lohnersatz wie etwa das Arbeitslosengeld, sondern eine Sozialleistung. Sein Bezugszeitraum ist von anfänglich zehn Monaten auf mittlerweile 24 Monate nach der Geburt des Kindes ausgedehnt worden. Die Leistung wird monatlich ausgezahlt. Da sie seit ihrer Einführung unverändert bei 600 DM (306,77 EUR) liegt, kann der erziehende Elternteil mit diesem geringen Betrag seinen Lebensunterhalt nur unzureichend bestreiten. Besonders für unverheiratete Frauen, die sich nicht auf finanzielle Unterstützung durch ihren Partner verlassen können oder wollen, ist bedeutsam, daß während des Erziehungsurlaubs in Teilzeit gearbeitet werden kann und sie somit neben der Erziehung ihres Kindes ein Einkommen beziehen können. Voraussetzung für den ungeschmälerten Bezug von Erziehungsgeld ist jedoch, daß die Zeitgeringfügigkeitsgrenze von 19 Stunden gemäß § 2 BErzGG nicht überschritten wird und Einkommensgrenzen berücksichtigt werden. Die alleinerziehenden, bisher vollzeitbeschäftigt gewesenen Mütter stehen somit vor der Alternative, entweder ihre Arbeitszeit drastisch zu kürzen und Einkommenseinbußen hinzunehmen oder auf das Erziehungsgeld ganz zu verzichten, wenn sie weiterhin eine Vollzeitbeschäftigung ausüben.

Für Frauen mit (Ehe-)Partner ergibt sich eine ähnlich unbefriedigende Situation. Eine geteilte Inanspruchnahme des Erziehungsurlaubes – eine partnerschaftliche Lösung, wobei beide Elternteile ihre Arbeitszeit um je zehn Wochenstunden reduzieren – ist nicht möglich, da das BErzGG vorsieht, daß nur eine Person bezugsberechtigt ist. Somit wird die geschlechtsspezifische Rollenteilung zwischen Mann und Frau zementiert, da sich in der Regel Frauen gezwungen sehen, entweder ihre Erwerbstätigkeit zu reduzieren oder ihren Beruf ganz aufzugeben, um den Anspruch auf das Erziehungsgeld nicht zu verlieren.

Außerdem räumt das Gesetz zwar einen Rechtsanspruch gegen den/die Arbeitgeber(in) auf Gewährung des Erziehungsurlaubes ein. Kein Anspruch besteht jedoch auf die Einrichtung eines Teilzeitarbeitsplatzes für die Dauer des Erziehungsurlaubes und auf die Rückkehr auf den bisherigen Vollzeitarbeitsplatz. Somit ist nicht gewährleistet, daß Frauen wirklich während ihrer Karenzzeit in Teilzeit arbeiten und dann wieder „voll" einsteigen können (vgl. Lenze 1997, S. 73). Wie bereits oben erwähnt, sehen nur tarifvertragliche Vereinbarungen, zumindest ansatzweise, eine derartige Möglichkeit vor. Beschäftigte in der Eisen- und Stahlindustrie z. B. haben im Anschluß an ihren Erziehungsurlaub zwar grundsätzlich einen Anspruch auf Teilzeitbeschäftigung; dieser wird jedoch nur eingelöst, wenn dem keine dringenden betrieblichen Erfordernisse entgegenstehen. In der Druckindustrie haben ArbeitnehmerInnen auf Antrag die Möglichkeit, ohne Vorbehalt Teilzeit für die Dauer von vier Jahren zu vereinbaren, wenn die Kindererziehung dies erfordert (vgl. Bispinck 1995, S. 420).

Arbeit auf Abruf

Gewisse Probleme können sich auch für atypisch Beschäftigte bei der Entgeltfortzahlung an gesetzlichen Feiertagen ergeben, auf die ein gesetzlicher Anspruch besteht. Bei Arbeit auf Abruf ist die Arbeitszeit oftmals nicht fix eingeteilt. Hier besteht die Gefahr, daß ArbeitgeberInnen die Bezahlung von Feiertagen durch die Verlegung der Arbeitszeit umgehen. Hier ist eine pauschalierte Zahlung von Feiertagslohn möglich, wie sie auch bei HeimarbeiterInnen üblich ist (vgl. Böttcher/Buhr 1993, S. 12).

2.1.1.3 Kündigungsschutz

Teilzeitbeschäftigung

Der Arbeitsvertrag eines(r) Teilzeitbeschäftigten muß wie jeder andere Arbeitsvertrag abgeschlossen werden. Gemäß dem seit Sommer 1995 geltenden Nachweisgesetz [22] müssen die wesentlichen Bedingungen des Arbeitsverhältnisses – wie die Dauer, die auszuübende Tätigkeit oder die Arbeitszeit – schriftlich festgelegt werden. Die gesetzliche Verpflichtung, Arbeitsverträge in schriftlicher Form festzuhalten, ist jedoch nicht uneingeschränkt anzuwenden. Sie gilt nicht für ArbeitnehmerInnen, die lediglich zu vorübergehender Aushilfe oder einer anderen gelegentlichen Tätigkeit herangezogen werden, deren Gesamtdauer nicht über 400 Stunden pro Jahr liegt. Auch Personen, die hauswirtschaftliche, erzieherische oder pflegerische Tätigkeiten mit einem Umfang von weniger als 15 Stunden pro Woche ausüben und ein Einkommen unter der Entgeltgeringfügigkeitsgrenze beziehen, haben keinen Anspruch auf einen schriftlichen Arbeitsvertrag (vgl. Sonntag/ Zich 1995, S. 14).

Hinsichtlich der Voraussetzungen, unter denen eine Kündigung ausgesprochen werden kann, besteht bei Vollzeit- oder geringfügig Beschäftigten kein Unterschied. Die Kündigung kann mündlich erfolgen, eine schriftliche Kündigungserklärung ist jedoch die Regel. Die Möglichkeit der ArbeitgeberInnen, Teilzeitbeschäftigte zu kündigen, wird durch § 2 Abs. 1 BeschFG beschränkt, welcher – wie bereits erwähnt – eine sachliche Ungleichbehandlung von Voll- und Teilzeitbeschäftigten verbietet. TeilzeitarbeitnehmerInnen dürfen somit prinzipiell nicht wegen des reduzierten Umfangs ihrer Arbeitszeit gekündigt werden. ArbeitgeberInnen haben jedoch indirekt die Möglichkeit, Teilzeitbeschäftigte wegen ihrer geringen Arbeitsstundenzahl zu kündigen, da sie für die Kündigung keine Begründung angeben müssen; sie müssen nur eine Kündigungsfrist einhalten. Die allgemeine Kündigungsfrist beträgt gemäß § 622 Abs. 1 Bürgerliches Gesetzbuch (BGB) vier Wochen zum Fünfzehnten oder zum Ende eines Kalendermonats und wird je nach Beschäftigungsdauer verlängert.[23]

Durch Tarifverträge können Kündigungsfristen eigenständig und vom Gesetz abweichend geregelt werden. In einem Betrieb, in dem ein Betriebsrat gewählt wurde, ist eine Kündigung ungültig, wenn dieser nicht zuvor angehört wurde. Der Betriebsrat ist zwar berechtigt, Einwände gegen eine ordentliche Kündigung vorzubringen, er kann aber mit seinem Widerspruch eine Kündigung nicht verhindern. Sofern der/die gekündigte Arbeitnehmer(in) Kündigungsschutzklage erhebt, muß der/die Arbeitgeber(in) den/die gekündigten(e) Arbeitnehmer(in) auf dessen/deren Verlangen bis zum rechtskräftigen Abschluß des Rechtsstreits weiterbeschäftigen (vgl. Schmidt 1995, S. 106 ff.).

Wenn das KüSchG auf ein Arbeitsverhältnis Anwendung findet, kann die Wirksamkeit der Kündigung durch das Arbeitsgericht überprüft werden. Die Klage beim Arbeitsgericht muß spätestens drei Monate nach Erhalt der Kündigungserklärung eingereicht werden. Nach § 23 Abs. 1 KüSchG finden die Regelungen des KüSchG allerdings keine Anwendung, falls der/die Betroffene erst sechs Monate oder noch kürzer beschäftigt ist. Durch das Aktionsprogramm der Bundesregierung für Wachstum und Beschäftigung wurde der Geltungsbereich des KüSchG noch weiter eingeschränkt. So finden die Bestimmungen des KüSchG gemäß Art. 1 Abs. 2 des arbeitsrechtlichen Beschäftigungsförderungsgesetzes vom 25. September 1996 keine Anwendung in Betrieben, in denen weniger als zehn VollzeitarbeitnehmerInnen beschäftigt sind. Teilzeitbeschäftigte wurden – je nach ihrer regelmäßigen wöchentlichen Arbeitszeit – nur anteilig berücksichtigt. Seit 1. 1. 1999 sind Änderungen des KüSchG in Kraft getreten, wonach, wenn im Betrieb mehr als fünf ArbeitnehmerInnen (ausschließlich der Auszubildenden) beschäftigt sind, das KüschG wieder Anwendung findet. Die Beschäftigten werden entsprechend ihrer Arbeitszeit folgendermaßen berücksichtigt:

Regelmäßige wöchentliche Arbeitszeit	Faktor
bis einschließlich 20 Stunden	0,5
mehr als 20 Stunden bis einschließlich 30 Stunden	0,75
mehr als 30 Stunden	1

(vgl. Lakies 1999, S. 74)

Die Möglichkeit für ArbeitgeberInnen, Arbeitsverhältnisse mit (Teilzeit-) Arbeitnehmerinnen zu beenden, wird in der Bundesrepublik durch die besonderen Kündigungsverbote eingeschränkt, die auf schwangere Frauen Anwendung finden. In diesen Zusammenhang ist vor allem § 9 des Mutterschutzgesetzes (MuSchG)[24] zu erwähnen. Dieser Vorschrift zufolge ist eine Kündigung (auch) gegenüber einer (geringfügig) teilzeitbeschäftigten Frau während ihrer gesamten Schwangerschaft und bis zum Ablauf von vier Monaten nach der Entbindung nicht zulässig. In Ausnahmefällen kann die für den Arbeitsschutz zuständige Landesbehörde jedoch die Kündigung ausnahmsweise genehmigen.

Weiters können ArbeitnehmerInnen, denen Erziehungsurlaub gewährt wurde, gemäß § 18 Abs. 1 BErzGG bis maximal zur Vollendung des dritten Lebensjahres des Kindes nicht gekündigt werden. Dieser besondere Kündigungsschutz gilt explizit auch bei einer Teilzeitbeschäftigung, die für die Dauer des Erziehungsurlaubes von drei Jahren nach der Geburt des Kindes ausgeübt wird. Das staatliche Gewerbeaufsichtsamt kann jedoch ausnahmsweise eine Kündigung auch während des Erziehungsurlaubs für zulässig erklären. Der/die Arbeitnehmer(in), der/die Erziehungsurlaub beansprucht, verfügt über ein Sonderkündigungsrecht. Unter Einhaltung einer Kündigungsfrist von drei Monaten kann das Arbeitsverhältnis bis zum Ende des Erziehungsurlaubs beendet werden. Von dieser Möglichkeit wird häufig Gebrauch gemacht, da gerade Frauen, die vor der Geburt ihres Kindes vollzeitig beschäftigt waren, nach Ende des Erziehungsurlaubs eine Teilzeitbeschäftigung suchen. Da aber weder das Mutterschutzgesetz noch das Bundeserziehungsgeldgesetz einen Rechtsanspruch auf eine Teilzeitstelle vorsehen, bleibt der Betroffenen in diesem Fall – wenn der/die Arbeitgeber(in) nicht die Aufteilung des Arbeitsplatzes befürwortet – nur die Möglichkeit, selbst ihr bisheriges Vollzeitarbeitsverhältnis zu kündigen und sich anschließend eine Teilzeitbeschäftigung zu suchen (vgl. Sonntag/Zich 1995, S. 39 ff.).

Job-Sharing

Spezielle Beschränkungen der Kündigungsfreiheit von TeilzeitarbeitnehmerInnen ergeben sich aus dem BeschFG. So ist es ArbeitgeberInnen gemäß § 5 Abs. 2 BeschFG verwehrt, beim Ausscheiden eines Job-Sharers aus dem Team die anderen PartnerInnen aus diesem Grunde zu kündigen. Zunächst ist es Sache des/der Arbeitgebers(in), Ersatzpersonen zu finden. Ist dies nicht möglich, muß der/die Arbeitgeber(in) die Arbeitsbedingungen an die neue Situation, die sich aus dem Wegfall des/der Partners(in) ergibt, anpassen (vgl. Lidena 1995, S. 241).

Befristete Beschäftigung

Ein befristetes Arbeitsverhältnis endet mit Ablauf der Zeit, für die es eingegangen wurde. Einen Kündigungsschutz gibt es bei dieser Form, ein Arbeitsverhältnis zu beenden, nicht. Aus diesem Grund können befristete Beschäftigungsverhältnisse nicht beliebig hintereinander abgeschlossen werden.[25] Ein befristetes Arbeitsverhältnis darf nur dann vor Fristablauf gekündigt werden, wenn die Kündigungsmöglichkeit im Arbeitsvertrag vorgesehen ist. Wenn das der Fall ist und das KüSchG auf ein Arbeitsverhältnis Anwendung findet, kann eine solche Kündigung gerichtlich überprüft werden. Wurde im Arbeitsvertrag eine ordentliche Kündigung nicht vereinbart, kommt eine ordentliche Kündigung eines befristeten Arbeitsverhältnisses nicht in Frage (vgl. Sonntag/Zich 1995, S. 67).

2.1.1.4 Abfertigung

In der Bundesrepublik erhalten Teilzeitkräfte eine ihrer Arbeitszeit entsprechende, nur anteilige Sozialplanabfindung. Nach Ansicht des Bundesarbeitsgerichts sei diese unterschiedliche Behandlung von Teilzeit- und Vollzeitbeschäftigten nicht als Verstoß gegen das Verbot der mittelbaren Diskriminierung wegen des Geschlechts gemäß Artikel 119 EWG-Vertrag zu betrachten. Von dieser Regelung seien zwar mehr Frauen als Männer betroffen. Zweck dieser Abfindung sei es jedoch, den ArbeitnehmerInnen nur eine Überbrückungshilfe anzubieten, bis sie wieder eine neue Stelle fänden. Nach einer Kündigung solle lediglich der vorübergehende finanzielle Verlust ausgeglichen werden. Dementsprechend entschied das BAG[26] in einem Urteil vom Mai 1993, daß die unterschiedliche Berechnung entsprechend der persönlichen Arbeitszeit sachgerecht sei (vgl. Sowka 1994, S. 1878).

2.1.2 Evaluierung

Im Zuge der Analyse der arbeitsrechtlichen Regelungen atypischer Beschäftigungsverhältnisse wurden folgende Tendenzen sichtbar:

Spezifische arbeitsrechtliche Regelungen im Bereich der atypischen Beschäftigung bestehen im wesentlichen für Teilzeitbeschäftigte. Im Rahmen dieser Regulierungsmechanismen wird seit Mitte der achtziger Jahre das Ziel verfolgt, diese Form der Beschäftigung einerseits ansatzweise rechtlich abzusichern und letztlich auszudehnen. So finden sich für Teilzeitkräfte, die beispielsweise auf Abruf arbeiten, im BeschFG 1985 Bestimmungen zur Regulierung der Arbeitszeit, wonach eine wöchentliche Arbeitszeit von zehn Stunden als vereinbart gilt, wenn keine anderen Übereinkommen geschlossen wurden. Teilzeitbeschäftigte können zudem grundsätzlich nicht zur Leistung von Überstunden herangezogen werden, außer die ArbeitgeberInnen haben sich eine Vereinbarung ausdrücklich vorbehalten. So soll verhindert werden, daß Teilzeitkräfte, die diese Tätigkeit z. B. aus Gründen der Kindererziehung ausüben, erst recht über ihre vereinbarte Zeit hinaus arbeiten müssen und ihren familiären Verpflichtungen nicht nachkommen können. Dieser Gefahr wurde auch von arbeitsgerichtlicher Seite insofern entgegengesteuert, als eine „frauendiskriminierende" Regelung, demzufolge Teilzeitbeschäftigte über die betrieblich übliche Arbeitszeit hinaus beschäftigt werden durften, untersagt wurde.

Positiv ist auch zu vermerken, daß Personen, die im Rahmen eines Job-Sharing-Arbeitsverhältnisses beschäftigt sind, nicht generell, sondern nur im Einzelfall zur Vertretung ihres (aus welchen Gründen auch immer) verhinderten Partners herangezogen werden können. Nicht nur die Arbeitszeit von Teilzeitbeschäftigten, sondern auch deren Urlaubsansprüche und deren Schutz vor Kündigung sind grundsätzlich arbeitsrechtlich abgesichert. Hier liegen jedoch nur Mindestregelungen vor, die in unzureichendem Maße in die Praxis umgesetzt werden.

In diesem Zusammenhang spielt die Tatsache, daß es sich bei den arbeitsrechtlichen Regelungen um Vorschriften ohne wirksame oder schwer durchsetzbare Sanktionsmechanismen oder überhaupt nur unverbindliche Bestimmungen handelt, eine große Rolle. Mit dem Verbot der Diskriminierung des BeschFG, wonach (geringfügig) Teilzeitbeschäftigte gegenüber Vollzeitbeschäftigten nicht unterschiedlich behandelt werden dürfen, ist die gesetzliche Gleichstellung der geringfügig Erwerbstätigen in bezug auf die arbeitsrechtliche Absicherung prinzipiell gegeben. Fehlende wirksame Sanktionsmöglichkeiten gegen diejenigen, die diese Rechte verletzten, lassen allerdings die Rechte der ArbeitnehmerInnen zu *„Papiertigern schrumpfen"* (Gewerkschaft Nahrung-Genuß-Gaststätten 1996, S. 18). ArbeitgeberInnen werden somit nur bedingt daran gehindert, gegen gesetzliche und tarifliche Regelungen zu verstoßen. Diese Einschätzung wird mit einer Befragung von Frauen,[27] welche bei Reinigungsfirmen einer geringfügigen Teilzeitbeschäftigung nachgingen, eindrucksvoll belegt: 45 % der befragten Frauen erhielten weniger Lohn, als der Tarifvertrag vorsah, und 25 % gaben an, überhaupt keine bezahlten Urlaubstage zu bekommen, obwohl ihnen gemäß BUrlG zumindest vier Wochen Mindesturlaub zustehen würden. Diese Frauen hätten zwar prinzipiell die Möglichkeit, ihre Ansprüche außergerichtlich oder gerichtlich geltend zu machen. Sie müßten jedoch die Anwaltsgebühren bei der außergerichtlichen Geltendmachung und in erster Instanz vor dem Arbeitsgericht selbst tragen, auch dann, wenn sie den Prozeß gewinnen würden. In der Praxis werden somit die Verletzungen arbeitsrechtlicher Regelungen hingenommen (vgl. Sonntag/Zich 1995, S. 61).

Vor dem Hintergrund der Tatsache, daß selbst gesetzliche Regelungen in der Praxis nicht beachtet werden, liegt die Annahme nahe, daß betroffene Frauen, welche unverbindliche Bestimmungen in die Praxis umsetzen möchten, mit noch größeren Schwierigkeiten konfrontiert sind. In einer Reihe von tarifvertraglichen Vereinbarungen (wie beispielsweise in der Metallindustrie) ist zwar vorgesehen, daß Vollzeitbeschäftigte insbesondere zur Erziehung ihrer Kinder die Möglichkeit haben sollten, ihre Arbeitszeit zu reduzieren; betriebliche Belange stehen hier jedoch zumeist vorrangig vor persönlichen Gründen. So stipuliert der Bundes-Arbeits-Tarifvertrag, daß ein Vollzeitarbeitsplatz nur unter Berücksichtigung der betrieblichen Möglichkeiten in einen Teilzeitarbeitsplatz umgewandelt werden könne. Selbst das Gesetz zur Förderung von Frauen und der Vereinbarkeit von Familie und Beruf vom Juni 1994 stellt die Interessen des Dienstgebers vor die Anliegen von Frauen, indem es die Schaffung von Teilzeitarbeitsplätzen nur unter der Bedingung zuläßt, daß zuvor die dienstlichen Interessen berücksichtigt wurden. Auch bei den Vorschriften zur Einrichtung von Teilzeitarbeitsplätzen für Vorgesetztenposten und Leitungsaufgaben handelt es sich nur um unverbindliche Regelungen: *"...Nach Auffassung fast aller Personalentscheider entfällt diese Möglichkeit (der Teilzeitarbeit) bei qualifizierten Aufgaben und Führungspositionen. Bemühungen, Männer ihre Verantwortung in der Familie gleichermaßen übernehmen zu lassen, sind im Gesetz nicht enthalten"* (Pfarr 1995, S. 205).

Die Segmentierung des Arbeitsmarktes in höher qualifizierte Vollzeittätigkeiten und minder qualifizierte Teilzeittätigkeiten wird durch die gesetzlichen Bestimmungen, nicht zuletzt aufgrund ihrer Unverbindlichkeit, somit nicht gemindert.

Ein weiterer Trend, der im Zuge der Analyse sichtbar wurde, ist die Tatsache, daß seitens des Gesetzgebers die Möglichkeiten, Anreize zur Förderung der Teilzeitbeschäftigung zu setzen, nur unzureichend genutzt wurden. Diese Beobachtung manifestiert sich besonders im Bereich des Erziehungsurlaubes. So müssen vollzeitbeschäftigte Frauen, die wegen der Erziehung ihres Kindes zwei Jahre in Karenz gehen möchten und während dieser Zeit die Sozialleistung des Erziehungsgeldes beziehen wollen, bereit sein, ihre Beschäftigung auf 19 Stunden zu reduzieren, da sie sonst ihren Anspruch auf die Unterstützung überhaupt verlieren würden. Da es nicht möglich ist, die Inanspruchnahme des Erziehungsurlaubes zwischen den Eltern des Kindes zu teilen, ist es aufgrund der geschlechtsspezifischen Einkommensunterschiede naheliegend, daß die Frau ihre Beschäftigung entweder auf weniger als 20 Wochenstunden reduziert oder ganz zu arbeiten aufhört, wenn ihr(e) Arbeitgeber(in) der Einschränkung der Arbeitszeit nicht zustimmt. Auf die Situation alleinerziehender Mütter wurde hier so gut wie keine Rücksicht genommen. Diese werden sich, selbst wenn sie einen(e) Arbeitgeber(in) finden, der/die ihnen ein Teilzeitbeschäftigungsverhältnis anbietet, aus finanziellen Gründen eine derart rigorose Kürzung ihres Arbeitsverhältnisses nicht leisten können. Gehen sie weiterhin einer Vollzeitbeschäftigung nach, so verlieren sie ihren Anspruch auf das Erziehungsgeld. Üben sie eine Teilzeittätigkeit von weniger als 19 Stunden wöchentlich aus, werden sie neben dem Erziehungsgeld, das bei 600 DM (306,77 EUR) monatlich liegt, meist auch noch auf den Bezug von Sozialhilfe angewiesen sein. Erschwerend kommt hinzu, daß für die Anrechnung von Einkommen sehr niedrige Grenzen festgelegt sind, wonach nur Geringstverdienende das Erziehungsgeld ungekürzt erhalten können. Frauen, die mit einem (Ehe-)Partner zusammenwohnen, werden entmutigt, ein Teilzeitbeschäftigungsverhältnis einzugehen, da das zusätzliche Einkommen zum Verlust der Sozialleistung führen würde. Alleinerziehende verlieren ihren Anspruch schon dann, wenn ihr Einkommen geringfügig über jenem aus der Sozialhilfe liegt. Die Nichterwerbstätigkeit Alleinerziehender wird also insofern gefördert, als das Erziehungsgeld zwar auf das Einkommen aus Erwerbstätigkeit, nicht aber auf die Sozialhilfe angerechnet wird. Es wird deutlich, daß im Zusammenhang mit der Regelung des Erziehungsurlaubes die Chance versäumt wurde, sozial regulierte Teilzeitarbeit zu fördern. Im Gegenteil: Die begrenzten Möglichkeiten, neben dem Bezug von Erziehungsgeld hinzuzuverdienen, und die Tatsache, daß die Teilzeitbeschäftigung auf einen sehr geringen Stundenumfang reduziert werden muß, erschweren Müttern den Zugang zu Teilzeitarbeit. Auch die Vorschrift, daß nur ein Elternteil seine Arbeitsleistung kürzen kann, schränkt eine gleichberechtigte Aufgabenteilung zwischen Frau und Mann ein (vgl. Lenze 1997, S. 73 f.).

Im Gegenzug zur Förderung der Teilzeitbeschäftigung durch konstruktive und innovative Ansätze wurden, wie sich ebenfalls im Laufe der Untersuchung gezeigt hat, vom Gesetzgeber andere Maßnahmen ergriffen, um „Beschäftigungshemmnisse" abzubauen und besonders Kleinbetriebe zu ermuntern, Arbeitskräfte einzustellen. So wurde durch die Einschränkung des Anwendungsbereiches des Kündigungsschutzgesetzes durch das arbeitsrechtliche Beschäftigungsgesetz ca. drei Millionen ArbeitnehmerInnen der Kündigungsschutz entzogen, der ihnen bisher zugestanden hatte. Es handelt sich hier keineswegs nur um eine Regelung für kleine und mittlere Unternehmen. Es profitieren auch große Filialunternehmen, wie Supermarktketten und Cateringbetriebe, von dieser Regelung, sofern ihre einzelnen Betriebe nicht den neu festgelegten Schwellenwert erreichen. Die anteilige Berücksichtigung von Teilzeitbeschäftigten führt dazu, daß auch Einrichtungen mit einer wesentlich höheren tatsächlichen ArbeitnehmerInnenzahl nicht unter das Kündigungsschutzgesetz fallen (vgl Bothfeld 1997a, S. 2). Für teilzeitbeschäftigte Frauen, die, wie aus dem Eurostat-Datenmaterial hervorgeht, 35 % der Beschäftigten im Dienstleistungssektor stellen, also beispielsweise als Verkäuferinnen in kleineren Filialen größerer Handelsketten beschäftigt sind, wirkt sich diese Regelung sehr negativ aus, da sie nur aufgrund der geringen Zahl der Beschäftigten automatisch aus dem Geltungsbereich des Kündigungsschutzgesetzes fallen. Diese Regelung wurde durch die Änderungen des KüSchG vom 1. 1. 1999 wieder aufgehoben. So findet das KüSchG wieder dann Anwendung, wenn im Betrieb mehr als fünf ArbeitnehmerInnen beschäftigt sind (vgl. Lakies 1999, S. 74).

Als weitere Maßnahme zur Förderung des Beschäftigtenwachstums ist die Erleichterung des Abschlusses befristeter Arbeitsverträge zu sehen. Durch das arbeitsrechtliche Beschäftigungsförderungsgesetz wurde im Herbst 1996 die Befristung eines Arbeitsvertrages auf bis zu zwei Jahre für zulässig erklärt. Innerhalb dieser Gesamtdauer darf der Vertrag höchstens dreimal verlängert werden.

Bisher hat die rechtliche Vereinfachung befristeter Arbeitsverträge nur ein geringes Beschäftigungswachstum bewirkt. Aus einer Untersuchung des „Infratest Sozialforschung" geht hervor, daß 1992 45.000 bis 85.000 neue Arbeitsstellen eingerichtet wurden. Etwa die Hälfte der Betroffenen konnte nach Ablauf der Befristung ein Dauerarbeitsverhältnis eingehen. Im privatwirtschaftlichen Bereich wurden somit durch das BeschFG 20.000 bis 45.000 neue dauerhafte Arbeitsplätze geschaffen. Einschränkend muß hier jedoch angemerkt werden, daß laut Angaben der ArbeitgeberInnen ohne die Vorschriften des BeschFG ein Teil der ArbeitnehmerInnen sofort dauerhaft eingestellt hätte werden können (vgl. Bielenski/Kohler/Schreiber-Kittl 1994, S. X ff.; Lenze 1997, S. 90 f.).

2.2 Sozialrechtliche Regulierung

2.2.1 Sozialrechtliche Regulierung atypischer Beschäftigungsformen

Spezifische sozialrechtliche Regelungen bestehen in Deutschland in erster Linie für geringfügige Teilzeitbeschäftigungsverhältnisse, da Geringfügigkeitsgrenzen in der Sozialversicherung große Bedeutung beigemessen wird. Wie auch innerhalb des Arbeitsrechts finden gesetzliche Mindestarbeitsbedingungen und Schutzrechte auf alle Beschäftigungsverhältnisse Anwendung.

Für Leiharbeitsverhältnisse bestehen keine besonderen Sozialregulierungen. LeiharbeitnehmerInnen verfügen über alle sozialversicherungspflichtigen Rechte und Ansprüche, die auch den NormalarbeitnehmerInnen bei entsprechender Betriebszugehörigkeit zustehen. Durch das Fehlen von spezifischen Sozialvorschriften wird das Leiharbeitsverhältnis als „Normalarbeitsverhältnis fingiert" (Bode/Brose/Voswinkel 1994, S. 81).

2.2.1.1 Pensionsversicherungsrecht

Teilzeitbeschäftigung

In das deutsche System der gesetzlichen Rentenversicherung sind nur Personen eingebunden, die die „Wartezeit" von fünf Jahren sozialversicherungspflichtiger Beschäftigung erfüllen. Gemäß § 51 Abs. 1 SGB VI[28] können für die Wartezeiten auch Kalendermonate mit Beitragszeiten angerechnet werden. Diese können zwar grundsätzlich auch mit versicherungspflichtiger Teilzeitarbeit erworben werden. Monate eines Beschäftigungsverhältnisses, in denen kein Lohn bezahlt wurde, werden jedoch nicht angerechnet. TeilzeitarbeitnehmerInnen, die mit ihren ArbeitgeberInnen flexible Arbeitszeiten bei diskontinuierlicher Entlohnung vereinbart haben, können die dadurch entstehenden Lücken allenfalls durch freiwillige Beitragszahlungen auffüllen (vgl. Schmidt 1995, S. 192 f.).

Das gesetzliche Pensionsalter für den Bezug der normalen Altersrente erreichen Frauen, Schwerbehinderte und Langzeitarbeitslose derzeit mit Vollendung des 60. Lebensjahres und langjährig Versicherte mit dem vollendeten 63. Lebensjahr. Alle anderen Versicherten können erst nach ihrem 65. Geburtstag Altersrente beziehen. Ab dem Jahr 2000 wird im Rahmen des Wachstums- und Beschäftigungsförderungsgesetzes (WFG)[29] der Bundesregierung vom 25. September 1996 das gesetzliche Rentenzugangsalter für Frauen bis zum Jahr 2005 stufenweise auf 65 Jahre angehoben. Die größten Verschlechterungen müssen die nach dem Dezember 1944 geborenen Frauen hinnehmen, da sich für sie die Altersgrenze gegenüber dem bis dahin gültigen Rentenreformgesetz 1992 um vier Jahre von 61 auf 65 Jahre erhöht (vgl. Rolf 1996, S. 541).

Die Höhe der Pension baut wie in der Krankenversicherung auf der Höhe des Einkommens auf. Die Rente wird nach folgender Formel berechnet: *PEP x RAF x AR*.[30] Die Zahl der Entgeltpunkte ergibt sich aus der Höhe der versicherten Entgelte und dem Wert für beitragsfreie Zeiten. Zu diesen Anrechnungszeiten zählen insbesondere Zeiten von Krankheit, Rehabilitation oder Arbeitslosigkeit sowie nach dem 16. Lebensjahr liegende Zeiten der Schulausbildung, abgeschlossener Fachschul- oder Hochschulausbildung. Seit dem 1. Jänner 1997 werden berufliche Ausbildungszeiten jedoch nur noch bis zu drei (bisher vier) Jahren bei der Rentenbemessung berücksichtigt[31] (vgl. Rolf 1996, S. 545). StudentInnen, die eine nichtgeringfügige Teilzeitbeschäftigung ausüben, sind seit diesem Zeitpunkt zudem erstmals wie „normale" ArbeitnehmerInnen in der Rentenversicherung beitragspflichtig.

Von Vorteil für Teilzeitbeschäftigte ist die sogenannte Rente nach Mindesteinkommen, die für langjährig Versicherte mit geringem Einkommen eingeführt worden ist. So werden gemäß § 262 Abs. 1 SGB VI niedrige Pflichtbeiträge im Zeitraum vor dem 1. Jänner 1992 auf das Eineinhalbfache des erreichten Wertes (maximal 75 % des Durchschnittsentgelts) angehoben. Voraussetzung ist allerdings, daß die Person insgesamt mindestens 35 Jahre pensionsversichert war (vgl. Schmidt 1995, S. 193). Auf eine vorzeitige Rente wegen Invalidität haben jene Beschäftigten Anspruch, die gemäß §§ 43 und 44 SGB VI während der letzten fünf Jahre vor Beginn des Versicherungsfalles mindestens drei Jahre lang eine rentenversicherungspflichtige Beschäftigung ausübten.

Wie auch in der Arbeitslosenversicherung hat die Bundesregierung für (ältere) ArbeitnehmerInnen Anreize geschaffen, von Vollzeit- zur Teilzeitbeschäftigung zu wechseln. Gemäß dem Gesetz zur Förderung eines gleitenden Übergangs in den Ruhestand[32] können vollzeitbeschäftigte ArbeitnehmerInnen im Alter von über 55 Jahren von der Regelung der Altersteilzeitarbeit Gebrauch machen, wenn sie ihre Arbeitszeit auf die Hälfte vermindern. ArbeitgeberInnen, die das Teilzeitarbeitsentgelt der ArbeitnehmerInnen um 20 % aufstocken und Aufstockungsbeiträge zur Rentenversicherung auf der Basis von 90 % des Vollzeitarbeitsentgelts entrichten, bekommen von der Bundesanstalt für Arbeit

(BA) unter gewissen Voraussetzungen diese Leistungen zurückerstattet. So muß etwa der infolge der Altersteilzeit freiwerdende Arbeitsplatz durch die Einstellung eines(r) Arbeitslosen oder durch die Übernahme eines(r) Auszubildenden wiederbesetzt werden. Der Aufstockungsbeitrag in der Höhe von 20 % des Bruttoarbeitsentgelts ist steuer- und sozialabgabenfrei, sodaß der/die altersteilzeitarbeitende Arbeitnehmer(in) in der Regel mindestens 70 % des Vollzeit-Nettoarbeitsentgelts erhält. Die Zuschüsse der BA an die ArbeitgeberInnen werden nur bis zu fünf Jahren gewährt, obwohl die Altersteilzeit ab dem 55. Lebensjahr für maximal zehn Jahre ausgeübt werden kann. Wie die Arbeitszeit verteilt wird, bleibt den Arbeitsvertragsparteien überlassen. Ein Rechtsanspruch gegen die ArbeitgeberInnen auf einen Teilzeitarbeitsplatz besteht nicht (vgl. inforMISEP 1996, Nr. 55, S. 8).[33]

Durch das Gesetz zur sozialrechtlichen Absicherung flexibler Arbeitszeitregelungen, welches am 1. Jänner 1998 in Kraft trat, wurde die Anwendung des Altersteilzeitgesetzes erleichtert und der Anwendungsbereich ausgedehnt. Demnach sollen in Bereichen, in denen tarifvertragliche Regelungen zur Verteilung der Arbeitszeit nicht getroffen wurden oder üblicherweise nicht getroffen werden (z.B. für Freiberufler), Betriebs- oder Individualvereinbarungen über Altersteilzeit nunmehr zugelassen werden. Darüber hinaus enthält das Gesetz weitere Fortentwicklungen der Altersteilzeit: Für Kleinunternehmen mit bis zu 20 ArbeitnehmerInnen ist die Wiederbesetzung frei gewordener Arbeitsplätze auch durch Einstellung von Auszubildenden möglich (vgl. htpp://www.ias-berlin.de/ersep).

Eine weitere innovative Verbindung von Pensionsansprüchen und Teilzeitarbeitsmöglichkeiten räumt die rentenrechtliche Vorschrift des § 42 SGB VI ein. Danach können Versicherte seit Jänner 1992 eine Altersrente in voller Höhe oder als Teilrente beziehen. Die Teilrente beträgt ein Drittel, die Hälfte oder zwei Drittel der erreichten Vollrente. Je geringer die gewählte Inanspruchnahme der Vollrente ist, desto größer ist die Möglichkeit des Hinzuverdienstes. Die Teilrente kann in Anspruch genommen werden, wenn die gesetzlichen Voraussetzungen für die normale Altersrente erfüllt sind. Ein Rechtsanspruch für ältere ArbeitnehmerInnen besteht jedoch nicht. Versicherte, die ihre Arbeitszeit einschränken möchten, weil sie eine Teilrente beziehen wollen, können diese Möglichkeit gemäß § 42 Abs. 3 SGB VI nur mit ihren ArbeitgeberInnen erörtern, sie jedoch nicht rechtlich einfordern. Legen Betroffene für ihren Arbeitsbereich Vorschläge vor, so haben die ArbeitgeberInnen zu diesen Stellung zu nehmen (vgl. Lenze 1997, S. 79).

Vor dem Hintergrund der Tatsache, daß eine Teilzeitbeschäftigung vielfach auch deshalb ausgeübt wird, weil pflegebedürftige Angehörige zu versorgen sind, ist anzumerken, daß diese Zeit auf die Pension angerechnet werden kann. So stipuliert § 57 Abs. 2 SGB VI, daß die Periode einer nicht-erwerbsmäßigen Pflege eines kranken oder alten Menschen als Berücksichtigungszeit in der gesetzlichen Rentenversicherung gilt, d. h. auf die Wartezeit angerechnet wird. Zur Verbesserung der sozialen Situation der Pflegepersonen entrichtet die Pflegeversicherung zudem Beiträge an den zuständigen Träger der gesetzlichen Rentenversicherung. Voraussetzung ist allerdings, daß die Pflegetätigkeit mindestens 14 Stunden pro Woche beträgt und daß die Pflegepersonen nicht mehr als 30 Stunden in der Woche zusätzlich erwerbstätig sind. Den PflegerInnen steht es somit offen, sofern sie Zeit dazu finden, neben der Betreuung des Pflegebedürftigen noch eine Teilzeitbeschäftigung mit relativ großem Umfang auszuüben. Das Entgelt, welches für die Pflegetätigkeit bezahlt wird, ist „rentenunschädlich", da es nicht als Arbeitsentgelt betrachtet wird. Diese Regelung stellt eine echte Aufwandsentschädigung für die Pflege älterer oder kranker Personen dar und berücksichtigt, daß diese Arbeit keine Selbstverständlichkeit ist, sondern daß den Pflegetätigen in sozialrechtlicher Hinsicht keine Nachteile erwachsen dürfen (vgl. Europäische Kommission GD V 1996b, S. 147; Lenze 1997, S. 77).

Müttern oder Vätern der Jahrgänge ab 1921 werden Zeiten der Kindererziehung im ersten Jahr nach der Geburt des Kindes als Versicherungszeit angerechnet. Für Geburten ab 1992 ist die Kindererziehungszeit auf 36 Kalendermonate ausgedehnt worden (vgl. MISSOC 1996, S. 230).

Geringfügige Beschäftigung

Geringfügig Beschäftigte waren bis 1. April 1999 explizit aus der Rentenversicherung ausgenommen. Gemäß § 8 SGB IV mußten für Beschäftigte, deren wöchentliche Arbeitszeit unter 15 Stunden lag und die die Geringverdienstgrenze [34] nicht überschritten, in der Rentenversicherung weder von Arbeitnehmer- noch von Arbeitgeberseite Beiträge entrichtet werden. Mehrere geringfügige Beschäftigungsverhältnisse wurden und werden zusammengerechnet. Wird dann die Stundenzahl und/oder die Verdienstgrenze überschritten, ist jedes Beschäftigungsverhältnis einzeln rentenversicherungspflichtig.

Der Ausschluß der geringfügig Beschäftigten aus der Sozialversicherung wurde bis dato damit gerechtfertigt, daß diese Tätigkeit überwiegend von verheirateten Frauen ausgeübt werde, die über ihre Ehemänner finanzielle und sozialversicherungsrechtliche Absicherung erführen: *„Teilzeitbeschäftigung – und insbesondere ‚geringfügige Beschäftigung‘ – wird immer noch als vorübergehender ‚Zuverdienst‘ von ‚wohlversorgten‘ Ehefrauen behandelt, für die keine oder nur eine anteilsmäßige Absicherung durch Lohnersatzleistungen notwendig sei"* (Quack 1992, S. 225).

Abgesehen von der Tatsache, daß gemäß der Mikrozensuserhebung 1994 23,8 % der Frauen ledig und 8,1 % geschieden oder verwitwet waren, führte die Ausgrenzung aus der Sozialversicherung auch für verheiratete Frauen zu gravierenden Nachteilen (vgl. Lenze 1997, S. 65; Kohler/Spitznagel 1995, S. 361). Daher gab es rechtliche Bedenken dagegen, einer ganzen Gruppe von Beschäftigten, die überwiegend aus Frauen bestand, grundsätzlich den eigenen Sozialversicherungsschutz vorzuenthalten. 1993 befanden die Sozialgerichte Hannover und Speyer diese Geringfügigkeitsgrenzen innerhalb der Sozialversicherung für „mittelbar frauendiskriminierend": Die Sozialversicherungsgrenzen seien als Verstoß gegen Art. 4 Abs. 1 der Richtlinie 79/7/EWG zur schrittweisen Verwirklichung des Grundsatzes der Gleichbehandlung von Männern und Frauen zu werten und deshalb rechtlich unzulässig.

Diese Frage wurde in der Folge dem Europäischen Gerichtshof (EuGH) zur Überprüfung vorgelegt. Am 14. Dezember 1995 lehnte dieser die Auffassung der deutschen Sozialgerichte mit folgender Begründung ab: Die sozialversicherungsfreie Beschäftigung könne als vereinbar mit der Umsetzung des Gleichbehandlungsgrundsatzes von Männern und Frauen im Bereich der sozialen Sicherheit gesehen werden, da der nationale Gesetzgeber davon ausgehen konnte, daß die in Frage gestellten Rechtsvorschriften notwendig gewesen seien, um eine sozialpolitische Zielsetzung zu erfüllen, die mit der Diskriminierung aufgrund des Geschlechtes in keinerlei Zusammenhang stehe (vgl. Sonntag/Zich 1995, S. 74; Lenze 1997, S. 65).

Ab 1. April 1999 kommen neue Regelungen für geringfügig Beschäftigte in der gesetzlichen Rentenversicherung zur Anwendung.[35] In den alten und neuen Bundesländern gilt künftig eine einheitliche Geringfügigkeitsgrenze von 630 DM (322,11 EUR) monatlichem Arbeitsentgelt. Sie wird künftig nicht mehr erhöht, wobei zwischen drei Kategorien von geringfügigen Beschäftigungen unterschieden wird:

– Bei *kurzfristigen Beschäftigungen* oder *Saisonbeschäftigungen* von längstens zwei Monaten oder höchstens 50 Arbeitstagen pro Jahr bleibt es bei dem bisherigen Recht. Dies bedeutet, daß für ArbeitnehmerInnen unabhängig vom Entgelt keine Sozialversicherungsbeiträge abgeführt werden müssen. Ein(e) Arbeitnehmer(in) kann als Saisonarbeitskraft bis zu zwei Monate/50 Arbeitstage innerhalb eines Jahres sozialversicherungsfrei beschäftigt werden. Dabei muß die Beschäftigung aber entweder vertraglich oder nach der Art des Beschäftigungsverhältnisses begrenzt angelegt sein und darf nicht berufsmäßig ausgeübt werden.

– Für Personen, die *mehrere geringfügige Beschäftigungen* oder *eine geringfügige Nebenbeschäftigung neben einem Haupterwerb* ausüben, gilt folgendes: Mehrere Arbeitnehmer-Tätigkeiten werden bei der Berechnung der Sozialversicherungsbeiträge zusammengefaßt. Dabei spielt es keine Rolle, ob es sich um mehrere geringfügig entlohnte oder um weitere sozialversicherungspflichtige Beschäftigungen handelt. Wenn ein(e) Arbeitnehmer(in) mehrere geringfügige Beschäftigungen ausübt und das Arbeitsentgelt die 630 DM-Grenze überschreitet, unterliegt das gesamte Arbeitsentgelt der normalen Beitragspflicht. ArbeitnehmerInnen und ArbeitgeberInnen müssen dann für jede geringfügige Beschäftigung die üblichen Sozialversicherungsbeiträge [36] je zur Hälfte tragen. Ist ein(e)Arbeitnehmer(in) im Hauptberuf sozialversicherungspflichtig beschäftigt, so wird auch das Arbeitsentgelt aus einer geringfügigen Nebenbeschäftigung voll in die Beitragspflicht einbezogen.

– Für *dauerhaft geringfügig* Beschäftigte, deren Arbeitsentgelt insgesamt regelmäßig 630 DM (322,11 EUR) im Monat nicht übersteigt, muß der/die Arbeitgeber(in) Pauschalbeiträge von 12 % des Arbeitsentgelts an die gesetzliche Rentenversicherung abführen. Wird eine geringfügig entlohnte Beschäftigung mit einem Verdienst von 630 DM (322,11 EUR) ein ganzes Jahr lang ausgeübt, erwirbt der/die Versicherte einen monatlichen Rentenanspruch von 4,17 DM (2,12 EUR). Zudem werden 1,4 Monate für die Wartezeit berücksichtigt. Geringfügig Beschäftigte, für die der/die Arbeitgeber(in) pauschal die Beiträge zahlt, haben die Möglichkeit, in der Rentenversicherung durch die *Ergänzung des pauschalen Arbeitgeberbeitrages* von 12 % zum vollwertigen Pflichtbeitrag Ansprüche zu erwerben, und zwar auf das *volle Leistungsspektrum* der Rentenversicherung [37] (vgl. http://www.bma.bund.de).

Von der deutschen Bundesregierung wurden 1996 Maßnahmen ergriffen, um die Zahl sozialversicherungspflichtiger Beschäftigungsverhältnisse auszubauen. Damit sollte durch ein „*Haushaltsscheckverfahren*" die Beschäftigung versicherungspflichtiger Hausangestellter gefördert werden. Bis zu 18.000 DM (9203,25 EUR) Aufwendungen jährlich können von Familien, die Haushaltshilfen beschäftigen, steuerlich abgesetzt werden. Die Steuerersparnis entspricht mindestens der Höhe der aufgewendeten Sozialabgaben (Arbeitnehmer- und Arbeitgeberanteil). Diese direkte Subventionierung eines Segments des Arbeitsmarktes scheint auf den ersten Blick im Interesse der Frauen zu liegen. Dieser Regelung fehlt jedoch eine soziale Komponente. Pro Monat müssen von den ArbeitgeberInnen zunächst erst einmal mehr als 610 DM (311,89 EUR) (West) bzw. 520 DM (265,87 EUR) (Ost) ausgegeben werden, um dann den Steuervorteil in Anspruch nehmen und von dieser Regelung Gebrauch machen zu können. Alleinerziehende mit mittlerem Einkommen oder Familien mit mehreren Kindern können sich dies schon nicht mehr leisten (vgl. Bothfeld 1997a, S. 2).

Scheinselbstständige und arbeitnehmerähnliche Selbständige

Ab dem 1. Jänner 1999 gelten für Scheinselbständige und arbeitnehmerähnliche Selbständige neue Regelungen im Pensionsversicherungsrecht.

Scheinselbständige [38] werden, wenn die Arbeitnehmervermutung [39] nicht widerlegt wird, als ArbeitnehmerInnen behandelt, das heißt, es besteht Versicherungspflicht in allen Zweigen der Sozialversicherung, und der/die Auftraggeber(in) muß den Sozialversicherungsbeitrag zur Hälfte zahlen. [40]

Bei arbeitnehmerähnlich Selbständigen handelt es sich um Personen, die zwar unzweifelhaft selbständig sind, aber trotzdem in den Schutz der gesetzlichen Rentenversicherung einbezogen werden sollen: Personen, die keine versicherungspflichtigen ArbeitnehmerInnen beschäftigen und in der Regel nur eine(n) Auftraggeber(in) haben, werden auch dann, wenn die Arbeitnehmervermutung widerlegt wird, als Selbständige versicherungspflichtig. In diesem Fall beschränkt sich die Versicherungspflicht jedoch auf die Rentenversicherung.

Für arbeitnehmerähnliche Selbständige, die ab 1. Januar 1999 erstmals versicherungspflichtig werden, sind Befreiungsmöglichkeiten bis 30. Juni 1999 vorgesehen. [41] Diese Möglichkeiten gelten nur für die arbeitnehmerähnlichen Selbständigen, nicht für die scheinselbständigen ArbeitnehmerInnen.

Die Höhe des Rentenversicherungsbeitrages für arbeitnehmerähnliche Selbständige wird nach den gleichen Vorschriften berechnet, die heute allgemein für rentenversicherungspflichtige Selbständige gelten. Danach ist der Beitrag regelmäßig auf der Grundlage der Bezugsgröße, die dem Durchschnittsarbeitsentgelt aller Versicherten entspricht, zu berechnen. [42] Die Regelungen gelten entsprechend für Scheinselbständige, solange sie steuerlich als Selbständige eingestuft sind (vgl. http://www.bma.bund.de).

2.2.1.2 Arbeitslosenversicherungsrecht

In Deutschland müssen folgende Grundvoraussetzungen erfüllt werden, um als arbeitslos zu gelten und in der Folge Anspruch auf Unterstützung im Falle der Arbeitslosigkeit zu haben: Personen müssen arbeitslos sein, der Arbeitsvermittlung zur Verfügung stehen, die Anwartschaft erfüllen, sich persönlich beim Arbeitsamt als arbeitslos gemeldet und Arbeitslosengeld bzw. Arbeitslosenhilfe beantragt haben. Die Anwartschaftszeit für die Inanspruchnahme von Arbeitslosengeld erbringen ehemalige ArbeitnehmerInnen, die während der letzten drei Jahre mindestens zwölf Monate – mindestens 15 Stunden in der Woche – eine beitragspflichtige Beschäftigung ausgeübt haben (vgl. MISSOC 1996, S. 350 ff.).

Teilzeitbeschäftigung

In Deutschland besteht nur dann ein Anspruch auf Arbeitslosengeld, wenn ein entgeltliches Arbeitsverhältnis bestanden hatte, das eine gewisse Mindestdauer überstieg und in dem ein gewisses Einkommen erzielt wurde.

Sind die Grundvoraussetzungen erfüllt, so variiert die Dauer des Bezugs von Arbeitslosengeld für bezugsberechtigte Teilzeitbeschäftigte je nach Beschäftigungsdauer und Alter. Nach einer die Beitragspflicht begründenden Beschäftigung von insgesamt mindestens 360 Kalendertagen hat jemand während 156 Tagen Anspruch auf Arbeitslosengeld. Nach Vollendung des 42. Lebensjahres und bei einer Beschäftigungsdauer von 840 Tagen erhöht sich die Dauer der Leistung auf 364 Tage. Ab dem 54. Lebensjahr, bei einer Arbeitsperiode von 1.920 Tagen, kann Arbeitslosengeld für 832 Tage bezogen werden. Die Höhe des Arbeitslosengeldes wird einerseits nach dem bisherigen durchschnittlichen Arbeitsentgelt, welches der/die Arbeitslose im Bemessungszeitraum verdient hat, andererseits nach dem Familienstand bemessen. Diese Bemessungszeit umfaßt die letzten sechs Monate vor dem Eintreten der Arbeitslosigkeit. Da sich die Höhe des Anspruchs nach dem im Bemessungszeitraum verdienten Lohn richtet, erhalten Vollzeitbeschäftigte bei gleichem Stundenlohn ein anteilig höheres Arbeitslosengeld als Teilzeitbeschäftigte. Einem(r) Teilzeitbeschäftigten, der/die arbeitslos wird, kommen frühere Vollzeitbeschäftigungsphasen mit entsprechend höherem Einkommen bei der Berechnung der Höhe des Arbeitslosengeldes nur dann zugute, wenn sie in den Bemessungszeitraum fallen. Somit verlieren Beschäftigte selbst dann, wenn sie jahrzehntelang in einem Vollzeitarbeitsverhältnis standen und nur ein halbes Jahr (weniger als 15 Stunden) teilzeitbeschäftigt waren, ihren Anspruch auf Arbeitslosengeld. Der Familienstand des/der Arbeitslosen beeinflußt die Höhe der Leistungsbeiträge insofern, als Arbeitslose mit Kindern Anspruch auf 67 % des Nettolohns haben. Arbeitslose ohne Kinder können hingegen nur 60 % des Nettolohns beziehen (vgl. MISSOC 1996, S. 358 ff.).

Bei der Vermittlung eines neuen Arbeitsplatzes nimmt das Arbeitsamt nur in gewissem Umfang auf Teilzeitarbeitswünsche des/der Arbeitslosen Rücksicht. Der Arbeitsvermittlung steht grundsätzlich jemand zur Verfügung, der eine zumutbare, die Beitragspflicht begründende Beschäftigung unter den üblichen Bedingungen des allgemeinen Arbeitsmarkts ausüben kann und darf. In der Regel muß auch die Dauer der Arbeitszeit den üblichen Bedingungen des Arbeitsmarktes entsprechen. Für beitragspflichtige TeilzeitarbeitnehmerInnen ist dies problematisch, da sich hier die Frage stellt, ob sie der Arbeitsvermittlung auch dann zur Verfügung stehen, wenn sie nur wieder eine beitragspflichtige Teilzeitbeschäftigung aufnehmen können oder möchten. Verfügbarkeitsregelungen legen in § 103 AFG [43] fest, daß zumutbare Vollzeitarbeitsstellen angenommen werden müssen, wenn sie das Arbeitsamt anbietet. Hat der/die arbeitslose Teilzeitbeschäftigte innerhalb der letzten zwölf Monate vor Eintreten der Arbeitslosigkeit mindestens zehn Monate eine Teilzeitbeschäftigung ausgeübt, so kann ihm/ihr gemäß § 11 der Zumutbarkeitsanordnung [44] zumindest während der ersten vier Monate nach Ablauf der Phase der Erwerbslosigkeit eine längere durchschnittliche Arbeitszeit nicht zugemutet werden. Die Aufnahme einer Vollzeitbeschäftigung ist ebenfalls dann unzumutbar, wenn mindestens ein aufsichtsbedürftiges Kind unter 16 Jahren oder eine pflegebedürftige Person betreut werden muß. Dieses sogenannte „Teilzeitprivileg" erstreckt sich nur auf die Dauer, nicht aber auf die Verteilung der Arbeitszeit. Diese muß den üblichen Bedingungen des Arbeitsmarktes entsprechen, muß also mit Anfang oder Ende der üblichen Arbeitszeiten von Vollzeitbeschäftigten zusammenfallen (vgl. Schmidt 1995, S. 201 f.).

Eine zukunftsweisende Regelung zur Förderung der Teilzeitarbeit [45] wurde im Rahmen des Aktionsprogrammes der Bundesregierung für „Wachstum und Beschäftigung" zu Beginn des Jahres 1994 neu eingeführt. Im Rahmen dieser „Teilzeitoffensive" sollte das vorhandene Arbeitsvolumen umverteilt und die Einstellung von Arbeitslosen ermöglicht werden. So sind gemäß § 112 Abs. 4a AFG ArbeitnehmerInnen, die nicht nur vorübergehend von Vollzeit auf Teilzeit mit entsprechender Lohnreduzierung wechseln, für den Fall der Arbeitslosigkeit drei Jahre so gestellt, als hätten sie Lohn nach der regelmäßigen tariflichen Arbeitszeit bezogen.[46] Sie haben also trotz Teilzeitbeschäftigung im Falle der Arbeitslosigkeit vorübergehend Anspruch auf den Bezug von Vollarbeitslosengeld. Diese Regelung berücksichtigt den Tatbestand, daß ArbeitnehmerInnen zwar mit dem Einkommen aus der Teilzeitbeschäftigung auskommen, aber nicht mit dem Lohnersatz im Falle der Arbeitslosigkeit. Mit der Möglichkeit der Rückkehr auf einen Vollzeitarbeitsplatz – worauf allerdings kein Rechtsanspruch besteht –, ermöglicht diese Regelung, zeitlich begrenzt in Teilzeit zu arbeiten, ohne im Falle der Arbeitslosigkeit den Anspruch auf die volle Sicherung einer Vollzeitbeschäftigung zu verlieren (vgl. Lenze 1997, S. 83).

Geringfügige Beschäftigung

Bis Jänner 1997 waren ArbeitnehmerInnen, die weniger als 18 Stunden arbeiteten, ausdrücklich von der Beitragspflicht ausgenommen. Da gelegentliche Abweichungen von geringer Dauer hier unberücksichtigt blieben, fing der Versicherungsschutz somit erst bei einer Beschäftigung mit einem Umfang von 19 Stunden in der Woche an. Gemäß dem AFG wurde diese Bestimmung jedoch abgeändert: Entsprechend der Entwicklung der Flexibilisierung der Arbeitszeit werden künftig Beschäftigte, die mehr als 15 Wochenstunden arbeiten, in den Schutz der Arbeitslosenversicherung einbezogen. Die Zeitgrenze in der Arbeitslosenversicherung wurde also um drei Stunden herabgesetzt und so der Grenze im Renten-, Kranken- und Pflegeversicherungsrecht angepaßt. Die Verdienstgrenze war schon zuvor in allen Zweigen der Sozialversicherung gleich (vgl. inforMISEP 1996, Nr. 55, S. 8). Mehrere geringfügige Beschäftigungsverhältnisse wurden bis zum Frühjahr 1997 – anders als bei anderen Sozialversicherungsarten – nicht zusammengerechnet. Dieser Ausschluß erschwerte den Leistungsbezug für Teilzeitbeschäftigte. Sie hatten trotz mehrerer geringfügiger Tätigkeiten im Falle der Arbeitslosigkeit keinerlei Anspruch auf Unterstützung (vgl. Sonntag/Zich 1995, S. 73). Diese Regelung wurde nach den Bestimmungen des Arbeitsförderungs-Reformgesetzes (AFRG),[47] das am 1. April 1997 in der Arbeitslosenversicherung in Kraft getreten war, jedoch aufgehoben. Mehrere kurzzeitige Beschäftigungen können demnach auch innerhalb der Arbeitslosenversicherung zusammengezählt werden. Auf den ersten Blick scheint diese neue Bestimmung die Situation von geringfügig Beschäftigten zwar entscheidend zu verbessern, von seiten der Gewerkschaften werden, wie weiter unten ausgeführt, die angekündigten Wirkungen für Frauen doch sehr zurückhaltend beurteilt.

Der Schutz vor den wirtschaftlichen Folgen der Arbeitslosigkeit wird durch die Arbeitslosenhilfe ergänzt. Diese ist für Arbeitslose bestimmt, welche ihren Anspruch auf Arbeitslosengeld erschöpft oder die Bemessungsgrundlage nicht erreicht haben. Anschlußarbeitslosenhilfe wird jenen Personen gewährt, die während des letzten Jahres Arbeitslosengeld bezogen haben. Auf die (originäre) Arbeitslosenhilfe haben jene Personen Anspruch, die mindestens 150 Kalendertage in beitragspflichtiger Beschäftigung gestanden haben. Sie wird für den Zeitraum von 312 Tagen ausgezahlt (vgl. MISSOC 1995, S. 350 ff.). Seit Inkrafttreten des AFRG ist es wie beim Bezug von Arbeitslosengeld nicht mehr wie bisher notwendig, eine wöchentliche Arbeitszeit von durchschnittlich 18 Stunden vorzuweisen, sondern es genügt der Umfang von 15 Arbeitsstunden, um Anspruch auf Arbeitslosenhilfe zu haben.

2.2.1.3 Kranken- und Unfallsversicherungsrecht

Teilzeitbeschäftigung

In das gesetzliche System der Krankenversicherung werden Teilzeitbeschäftigte bis dato nur dann einbezogen, wenn sie die Zeit- und Verdienstgrenzen überschreiten.[48]

Das Krankengeld wird für eine Dauer bis zu 78 Wochen im Zeitraum von drei Jahren aufgrund ein und derselben Krankheit ausgezahlt. Im Krankheitsfalle hatten auch bisher alle Teilzeitbeschäftigten Anspruch auf Lohnfortzahlung. In diesem Bereich mußten keine Versicherungsgrenzen beachtet werden.

Im Zuge der Sparmaßnahmen der Bundesregierung wurde die Höhe des fortzuzahlenden Lohnes jedoch von bisher 100 % auf 80 % gekürzt. Zudem wurde der Kreis der Bezugsberechtigten eingeschränkt. So haben all jene, die nach dem 1. Oktober 1996 ein neues Beschäftigungsverhältnis eingehen, erst nach einer Wartezeit von vier Wochen, und nicht wie bisher ab Beginn der Beschäftigung, Anspruch auf Entgeltfortzahlung. Die Art der Beschäftigung, ob Ausbildung, Voll- oder Teilzeitarbeit, spielt in diesem Zusammenhang keine Rolle. Das Arbeitsverhältnis muß während eines Monats ununterbrochen bestanden haben, erst dann wird für sechs Wochen Entgelt fortgezahlt (vgl. §§ 3, 4 arbeitsrechtliches Beschäftigungsförderungsgesetz). Schwangere Frauen, die in Teilzeit arbeiten, unterliegen denselben Beschäftigungsverboten wie Vollzeitbeschäftigte und haben Anspruch auf Mutterschaftsgeld. Beim Mutterschaftsgeld wird danach unterschieden, ob bei der Arbeitnehmerin eine eigene Krankenversicherung besteht oder nicht. Teilzeitbeschäftigte Frauen, die Versicherungsgrenzen in der Krankenversicherung überschreiten und selbst krankenversichert sind, erhalten das Mutterschaftsgeld von der Krankenkasse. Abhängig von der Höhe des zuvor bezogenen Nettoentgelts beträgt das Mutterschaftsgeld maximal 25 DM (12,78 EUR) pro Kalendertag. Eine Mutter, die durchschnittlich mehr als 25 DM (12,78 EUR) netto verdient hat, hat ein Anrecht auf Zahlung eines Zuschusses zum Mutterschaftsgeld durch ihre(n) Arbeitgeber(in) in Höhe des Differenzbetrages zum durchschnittlichen Nettoverdienst (vgl. Sonntag/Zich 1995, S. 37).

Geringfügige Beschäftigung

Geringfügig Beschäftigte, die weniger als 15 Stunden pro Woche beschäftigt sind und deren monatliches Arbeitsentgelt unter der Verdienstgrenze liegt, hatten bis zum 1. April 1999 keinerlei Anspruch auf Leistungen der gesetzlichen Krankenversicherung.

Das Gesetz zur Neuregelung der geringfügigen Beschäftigungsverhältnisse vom 24. März 1999, welches am 1. April 1999 in Kraft trat, sieht nunmehr vor, daß für Beschäftigte, deren Arbeitsentgelt insgesamt 630 DM (322,11 EUR) im Monat nicht übersteigt, der/die Arbeitgeber(in) grundsätzlich 10 % vom Arbeitsentgelt an die gesetzliche Krankenversicherung abzuführen hat. Ausnahmen gelten allerdings für geringfügig Beschäftigte, die nicht Mitglied einer gesetzlichen Krankenversicherung sind und auch nicht als Familienmitglied in einer Krankenkasse mitversichert sind. Diese Ausnahmeregelungen finden insbesondere auf BeamtInnen, privat krankenversicherte Selbstständige oder ArbeitnehmerInnen sowie deren Familienangehörige, wenn sie nicht selbst Mitglied einer gesetzlichen Krankenkasse oder als Familienmitglied in einer Krankenkasse mitversichert sind, Anwendung. Für geringfügig

Beschäftigte, die diesem Personenkreis angehören, muß der/die Arbeitgeber(in) keine Krankenversicherungsbeiträge entrichten (vgl. http://www.bma.bund.de).

Mehrere geringfügige Beschäftigungsverhältnisse werden zusammengerechnet. Wird in der Folge die Stundenzahl und/oder die Verdienstgrenze überschritten, ist jedes Beschäftigungsverhältnis einzeln krankenversicherungspflichtig (vgl. Sonntag/Zich 1995, S. 71). Gemäß dem Entgeltfortzahlungsgesetz [49], das seit Sommer 1994 für alle ArbeitnehmerInnen gilt, haben auch geringfügig Beschäftigte im Krankheitsfalle für die Dauer von sechs Wochen Anspruch auf Lohnfortzahlung. Laut der bis 1994 gültigen Bestimmung von § 1 Abs. 3 Lohnfortzahlungsgesetz mußten ArbeitnehmerInnen, deren regelmäßige Arbeitszeit wöchentlich zehn oder monatlich 45 Stunden nicht überstieg, keine Vergütung erhalten. Diese Regelung wurde jedoch als Verstoß gegen das Verbot der *„mittelbaren Diskriminierung"* gemäß Art. 4 Abs. 1 der Richtlinie 79/7/EWG eingestuft. Der Europäische Gerichtshof hatte 1989 in einem Urteil die Ausnahmevorschrift für unwirksam erklärt, da hier Frauen indirekt benachteiligt wurden, weil sie in wesentlich höherem Ausmaß als Männer von dieser Regelung betroffen waren. Das BAG hatte daraufhin in seiner Entscheidung vom 9. Oktober 1991 [50] die Rechtsprechung des Europäischen Gerichtshofes bestätigt und anerkannt, daß der Ausschluß geringfügig Beschäftigter von der Lohnfortzahlung im Krankheitsfall eine *„mittelbare Frauendiskriminierung"* darstelle, weil weitaus mehr Frauen als Männer von dieser Maßnahme betroffen seien. Nach den Bestimmungen des Entgeltfortzahlungsgesetzes sind ArbeitgeberInnen verpflichtet, den Lohn im Krankheitsfall unabhängig von der erbrachten wöchentlichen oder monatlichen Arbeitszeit bis zu sechs Wochen aufgrund ein und derselben Krankheit an alle beschäftigten ArbeitnehmerInnen zu zahlen. Der Gesetzgeber hat § 1 Abs. 2 Lohnfortzahlungsgesetz jedoch bis jetzt noch nicht ersatzlos gestrichen. Geringfügig Beschäftigte, denen die Lohnfortzahlung bei Krankheit verweigert wird, müssen daher weiterhin ihre Ansprüche individuell gerichtlich einklagen. Im Falle einer Schwangerschaft finden die Beschäftigungsverbote des MuSchG auch auf geringfügig beschäftigte Frauen Anwendung. Sie sind diesbezüglich gegenüber vollzeitbeschäftigten Frauen nicht benachteiligt. Während der sechswöchigen Schutzfrist vor der Geburt und der achtwöchigen Frist nach der Geburt haben Frauen, die bisher einer geringfügigen Tätigkeit nachgingen, ferner Anspruch auf Mutterschaftsgeld nach § 13 Abs. 2 MuSchG. Das Mutterschaftsgeld wird auf Antrag der Arbeitnehmerin vom Bundesversicherungsamt gezahlt. Das Mutterschaftsgeld der Krankenkasse erhalten geringfügig Beschäftigte in der Regel nicht (außer sie sind als Familienmitglied mitversichert), da sie nicht Mitglied der Krankenkasse sind. Hier wird eine Versicherungsmitgliedschaft von zwölf Wochen im Zeitraum vom 10. bis zum 4. Monat vor der Entbindung vorausgesetzt. Einen Zuschuß zum Mutterschaftsgeld durch den/die Arbeitgeber(in) erhalten sie im Regelfall ebenfalls nicht, da der Zuschuß nur bei einem Lohn von mehr als 25 DM (12,78 EUR) pro Kalendertag gewährt wird. Durch ein geringfügiges Beschäftigungsverhältnis allein kann kein so hoher Nettoverdienst erzielt werden. Ein (anteiliger) Zuschuß zum Mutterschaftsgeld kommt somit nur dann in Frage, wenn jemand zusätzlich zu einem sozialversicherungspflichtigen Arbeitsverhältnis einer geringfügigen Beschäftigung nachging. Dies kann auch der Fall sein, wenn jemand in mehreren geringfügigen Beschäftigungsverhältnissen steht, da hier der Arbeitgeberzuschuß aus den zusammengenommenen Nettobezügen errechnet wird, die den Spitzenbetrag von 25 DM (12,78 EUR) pro Kalendertag überstiegen. In diesem Fall kann von jedem(r) Arbeitgeber(in) einzeln ein Zuschuß verlangt werden (vgl. Böttcher/ Buhr 1993, S. 15). Versicherte ohne Anspruch auf Mutterschaftsgeld haben jedoch zumindest Anspruch auf eine einmalige Zahlung (vgl. MISSOC 1996, S. 186).

Bei der Unfallversicherung besteht gemäß § 539 Abs. 1 Reichsversicherungsordnung (RVO) auch für geringfügig Beschäftigte Versicherungspflicht. Der gesetzliche Unfallversicherungsschutz gilt sowohl bei einem Arbeitsunfall als auch bei einem Wegeunfall, also einer auf dem Weg zum Arbeitsplatz erlittenen Verletzung. Im Gegensatz zu den übrigen Zweigen der gesetzlichen Sozialversicherung wird die gesetzliche Unfallversicherung im wesentlichen durch Beiträge der Unternehmer – also durch die ArbeitgeberInnen – finanziert. Die Beiträge werden überwiegend nach dem Verdienst der Beschäftigten, jedoch abgestuft nach Gefahrenklassen bemessen, in die die einzelnen Unternehmen eingestuft worden sind (vgl. Schmidt 1995, S. 199). Bei den medizinischen und ergänzenden Leistungen, die bei einem Arbeitsunfall erbracht werden müssen, handelt es sich zum Großteil um Sachleistungen. Muß jedoch eine finanzielle Unterstützung geleistet werden, so richtet sich die Höhe des Verletztengeldes nach jener des Krankengeldes. Auch hier wird an den vorherigen Verdienst des/der Betroffenen angeknüpft. TeilzeitarbeitnehmerInnen in flexiblen und geringfügigen Teilzeitarbeitsverhältnissen sind also beim Verletztengeld mit den gleichen Problemen wie beim Krankengeld konfrontiert.

Arbeit auf Abruf

Bei Arbeit auf Abruf bestand in der Krankenversicherung bis zum Inkrafttreten des Gesetzes zur sozialrechtlichen Absicherung flexibler Arbeitszeitregelungen vom 1. Jänner 1998 nur dann durchgehende Versicherungspflicht, wenn sich die Entlohnung gleichmäßig auf alle Monate verteilte und monatlich ausgezahlt wurde. Gemäß den Bestimmungen des neuen Gesetzes wird, wie unten geschildert, auch der Schutz der gesetzlichen Krankenversicherung auch dann gewährt, wenn der/die Betroffene von der Arbeitsleistung freigestellt wurde (vgl. http://www.ias-berlin.de/ersep).

Grundsätzlich sind ArbeitgeberInnen verpflichtet, vier Tage im voraus die Einteilung der Arbeitszeit mitzuteilen. Halten sie sich nicht an diese Frist, und der/die betroffene Arbeitnehmer(in) erkrankt, so hat er/sie Anspruch auf volle monatliche Vergütung (vgl. Böttcher/Buhr 1993, S. 12 f.).

Exkurs – Das Gesetz zur sozialrechtlichen Absicherung flexibler Arbeitszeitregelungen vom 1. Jänner 1998

Die gesetzlichen Rahmenbedingungen für die Vereinbarung von Arbeitszeitkonten sollen durch das Gesetz zur sozialrechtlichen Absicherung flexibler Arbeitszeitregelungen vom 1. Jänner 1998 verbessert werden. Nach den bisher gültigen gesetzlichen Bestimmungen war die Versicherungs- und Beitragspflicht von einem Beschäftigungsverhältnis abhängig, in dem tatsächlich eine Arbeitsleistung gegen Entgelt geleistet wurde. Verschiedene Arbeitszeitkonten-Modelle sehen jedoch vor, daß ArbeitnehmerInnen, die während eines gewissen Zeitraums nicht arbeiten, dennoch ein Arbeitsentgelt erhalten. Über diesen Rahmen hinaus soll durch das neue Gesetz der Schutz der gesetzlichen Kranken-, Pflege-, Renten- und Arbeitslosenversicherung nunmehr auch für die Beschäftigten in Phasen der Freistellung von der Arbeit gewährleistet werden. Für den Fall der Zahlungsunfähigkeit des(r) Arbeitgeberin(s) sind die Vertragspartner verpflichtet, Vorkehrungen zur Sicherung der Langzeitkonten zu treffen. Bei Todesfall oder bei Erwerbsminderung soll sicherge-stellt werden, daß offene Wertguthaben in der gesetzlichen Rentenversicherung renten-steigernd wirken. Auch in der Kranken- und Arbeitslosenversicherung sollen Nachteile für die Beschäftigten vermieden werden (vgl. http://www.ias-berlin.de/ersep).

2.2.2 Evaluierung

Atypische Beschäftigungsformen, insbesondere die Teilzeitbeschäftigung, sind – wie aus der Analyse des statistischen Datenmaterials hervorging – aus der Erwerbsbiographie von Frauen zwar nicht mehr wegzudenken, sozialrechtliche Regulierungsmaßnahmen knüpf-ten jedoch, zumindest bis zum Inkrafttreten des Gesetzes zur Neuregelung der geringfügi-gen Beschäftigung am 1. April 1999, weitgehend an das Normalarbeitsverhältnis an. Die-ser Trend manifestiert sich in allen Zweigen der Sozialversicherung.

So waren bis April 1999 im Pensionsversicherungsrecht geringfügig Beschäftigte, die weniger als 15 Stunden in der Woche arbeiteten und weniger als ca. 630 DM (322,11 EUR) (West) bzw. 530 DM (270,98 EUR) (Ost) monatlich verdienten, überhaupt von der Rentenversicherung ausgenommen. 1992 fiel eine Million der deutschen erwerbstätigen Frauen unter die Geringfügigkeitsgrenze, war somit schutzbedürftig und hatte prinzipiell keinen (eigenen) Anspruch auf Alterssicherung. Die fehlende Versicherungszeit führt zu Lücken in der Pensionsversicherung, die nie wieder aufgefüllt werden können.

Zudem kann die jahrelang versicherungsfreie Beschäftigung eventuell zum Verlust des Versicherungsschutzes im Fall der Erwerbsunfähigkeit führen. Während eines Zeitraumes von fünf Jahren vor Eintritt des Versicherungsfalles müssen mindestens für die Dauer von drei Jahren Pflichtbeiträge gezahlt werden. Die Tatsache, daß die geringfügigen Beschäfti-gungsverhältnisse zusammengerechnet werden können, wodurch jedes Beschäftigungs-verhältnis einzeln rentenversicherungspflichtig wird, ist zwar auf den ersten Blick positiv zu bewerten, kann aber in der Praxis negative Folgen auf die Beschäftigungssituation von Frauen haben. So hat sich gezeigt, daß ArbeitgeberInnen den Vorteil der Versicherungs-freiheit nicht einbüßen wollen, wenn geringfügig Beschäftigte ein zweites Arbeitsverhält-nis auf dieser Basis eingehen möchten. Die Folge ist der Verlust, die Kündigung des zwei-ten geringfügigen Arbeitsverhältnisses (vgl. Bothfeld 1997b, S. 1).

Scheinbar innovative Regelungen, wie die Einführung der Regelung der Altersteilzeitar-beit, sind in diesem Zusammenhang zwar grundsätzlich zu begrüßen, müssen jedoch wei-terentwickelt werden, wenn die sozialrechtliche Position von Frauen nachhaltig verbessert werden soll. Im Rahmen dieser Regelung wird derzeit der Wechsel älterer Arbeitnehme-rInnen von einer Teilzeit- zu einer Vollzeitbeschäftigung von der Bundesanstalt für Arbeit finanziell unterstützt, ein Rechtsanspruch gegen den/die Arbeitgeber(in) auf einen Teil-zeitarbeitsplatz fehlt jedoch.

Für ältere ArbeitnehmerInnen hing bis zum Inkrafttreten des Gesetzes zur sozialrechtli-chen Absicherung flexibler Arbeitszeitregelungen am 1. Jänner 1998 die Möglichkeit, in Teilzeit zu arbeiten, allein vom Abschluß tarifvertraglicher, betrieblicher oder einzelver-traglicher Vereinbarungen mit den ArbeitgeberInnen ab. Dies wurde durch die neue gesetzliche Regelung insofern verbessert, als in Bereichen, in denen tarifvertragliche

Regelungen zur Verteilung der Arbeitszeit nicht getroffen wurden oder üblicherweise nicht getroffen werden (freiberuflich Beschäftigte), Betriebs- oder Individualvereinbarungen über Altersteilzeit nunmehr zulässig sind. Somit steht es nunmehr einzelnen Beschäftigten offen, von der Regelung der Altersteilzeit Gebrauch zu machen. Interessant ist auch die Regelung, wonach für Kleinunternehmen mit bis zu 20 ArbeitnehmerInnen die Wiederbesetzung frei gewordener Arbeitsplätze auch durch die Einstellung von Auszubildenden möglich ist. Bis Mitte 1998 konnten mehr als 90 Tarifverträge zur Altersteilzeit abgeschlossen werden; in den hiervon erfaßten Bereichen waren mehr als 5,6 Mio. ArbeitnehmerInnen beschäftigt (vgl. http://www.ias.berlin.de/ ersep 1998).

Ein Beispiel ist der Tarifvertrag, der durch die Gewerkschaft IG-Bauen-Agrar-Umwelt und von Arbeitgeberseite im Juli 1998 abgeschlossen wurde. Dieser stipuliert, daß Beschäftigte im Alter von über 55 Jahren ihre Arbeitszeit auf 19,5 Stunden während der letzten 10 Jahre ihrer Erwerbsbiographien reduzieren können. Sie können auch, falls sie dies wünschen während der ersten fünf Jahre einer Vollzeitbeschäftigung nachgehen und dann gänzlich aufhören zu arbeiten. Die Betroffenen erhalten 70 % ihres bisherigen Lohnes und der/die Arbeitgeber(in) ist verpflichtet, Beiträge zur Rentenversicherung auf der Basis von 90 % des Vollzeitarbeitsentgelts zu entrichten (vgl. European Industrial Relations Review 1998b, S. 6).[51]

Ein anderes Beispiel ist die Vereinbarung zur Altersteilzeitarbeit beim Autohersteller Daimler-Benz, welche im Jänner 1998 abgeschlossen wurde. Diese sieht u. a. vor, daß Beschäftigte, die vor ihrer Pensionierung in Teilzeit arbeiten, 85 % ihres bisherigen Verdienstes erhalten können. Auch hier gibt es die Möglichkeit, Phasen der Vollzeitbeschäftigung mit Phasen der Freistellung abzuwechseln. Beschäftigte, die bereits mit 60 Jahren in Pension gehen, sollen einen Bonus in der Höhe von 8,5 % ihres Monatslohnes erhalten (vgl. European Industrial Relations Review 1998a S. 6). Die infolge der Altersteilzeit frei werdenden Arbeitsplätze sollen durch die Einstellung eines Arbeitslosen oder die Übernahme eines Ausgebildeten wiederbesetzt werden.

Problematisch an dem Gesetz zur Altersteilzeit ist die zeitliche Befristung des Zuschusses der BA an die ArbeitgeberInnen auf fünf Jahre, obwohl von dieser Maßnahme nach Vollendung des 55. Lebensjahres maximal für einen Zeitraum von zehn Jahren Gebrauch gemacht werden kann. In der Praxis könnte dies dazu führen, daß Beschäftigte vom 60. bis zum vollendeten 65. Lebensjahr Rentenabschläge in Höhe von 9 % auf sich nehmen müßten. Im Vergleich zur vollen Altersrente wegen Arbeitslosigkeit ab dem 60. Lebensjahr stellt diese Regelung nach geltendem Recht eine erhebliche Verschlechterung der finanziellen Situation der Betroffenen dar, obwohl diese noch zusätzlich in Teilzeit arbeiten!

Eine neben der Altersteilzeit grundsätzlich zu begrüßende Regelung innerhalb des Pensionsversicherungsrechts ist die Einführung der Teilrente. Demnach können sich Personen schrittweise aus dem Arbeitsleben zurückziehen und nebenbei in Teilzeit arbeiten. Die Möglichkeiten des Hinzuverdienens werden desto größer, je weniger Pension bezogen wird. Zu kritisieren ist hier allerdings, daß ältere ArbeitnehmerInnen keinen Rechtsanspruch auf die Einräumung eines Teilzeitarbeitsplatzes haben, sondern dieser individuell vereinbart werden muß. Wie beispielsweise auch bei der Einrichtung eines Teilzeitarbeitsplatzes für höher qualifizierte Posten handelt es sich also nur um eine unverbindliche Bestimmung, deren Umsetzung vom Gutdünken des Arbeitgebers abhängig ist (vgl. Lenze 1997, S. 79 ff.).

Die Rente nach Mindesteinkommen, die zu einer Erhöhung der Rentenbeiträge von Teil-zeitbeschäftigten führt, hat auf gering verdienende teilzeitbeschäftigte Frauen nur in begrenztem Maße positive Auswirkungen, da sie erst nach 35 Jahren einer pensionsversi-cherungspflichtigen Beschäftigung in Anspruch genommen werden kann. In der Regel erfüllen Frauen, besonders wenn sie Kinder erziehen oder sich um pflegebedürftige Angehörige kümmern und somit ihre Erwerbstätigkeit unterbrechen müssen, diese Vor-aussetzung nicht. An dieser Tatsache können die Möglichkeiten der Anrechnung von Pfle-gezeiten und von drei Jahren Kindererziehung pro Kind nur begrenzt etwas ändern.

Die gesetzliche Rentenversicherung ist darauf zugeschnitten, eine im Regelfall auskömm-liche Altersrente zu gewährleisten, wenn der/die Arbeitnehmer(in) sein/ihr ganzes Leben lang voll und ohne Unterbrechung erwerbstätig war. Im Regelfall sind dies Männer. Frau-en, die während ihres Erwerbslebens einer geringfügigen Teilzeitbeschäftigung nachge-hen, können wegen der Erwerbseinkommenszentrierung nur mit vergleichsweise geringen Renten rechnen (vgl. Rolf 1996, S. 538). Selbst verheiratete Frauen, die zeit ihres Lebens einer geringfügigen Teilzeitbeschäftigung nachgegangen sind, sind im Alter nicht ausrei-chend abgesichert. Die Ehegatten-Mitversorgung reicht häufig nicht aus, um Frauen vor Armut zu schützen. Ein hoher Prozentsatz der Frauen, die ohne eigene Sozialversiche-rungsansprüche gearbeitet haben, muß nach dem Tod des Ehepartners Sozialhilfe bezie-hen. Waren Mitte der neunziger Jahre rund 3,3 % aller Frauen im Alter von 50 bis 70 Jah-ren auf Sozialhilfe angewiesen, so stieg ihre Zahl bei den 70 bis 75jährigen auf 4,2 %; bei den über 75jährigen Frauen waren es 11 % (vgl. Sonntag/Zich 1995, S. 77).

Diese Situation soll zumindest ansatzweise durch das Gesetz zur Neuregelung der gering-fügigen Beschäftigungsverhältnisse geändert werden. Demnach müssen ArbeitgeberInnen vom 1. April 1999 an Pauschalbeiträge von 12 % des Arbeitsentgelts für dauerhaft gering-fügig Beschäftigte an die gesetzliche Krankenversicherung abführen. Die diesbezüglichen Ansprüche der Betroffenen sind allerdings gering. Jemand, der/die eine geringfügig ent-lohnte Beschäftigung mit einem Verdienst von 630 DM (322,11 EUR) ein Jahr lang aus-übt, erwirbt einen monatlichen Rentenanspruch von 4,17 DM (2,12 EUR). Für die Warte-zeit werden 1,4 Monate berücksichtigt. Mehrere Arbeitnehmer-Tätigkeiten werden – wie schon bisher – bei der Berechnung der Sozialversicherungsbeiträge zusammengefaßt. Wenn ein(e) Arbeitnehmer(in) mehrere geringfügige Beschäftigungen ausübt und das Arbeitsentgelt insgesamt die 630 DM-Grenze überschreitet, so unterliegt das gesamte Gehalt der normalen Beitragspflicht.

Eine Analyse der Regelungen im Bereich der Arbeitslosenversicherung aus der Sicht von Frauen ergibt eine unbefriedigende Situation. So werden die seit April 1997 geltenden Neuerungen, wonach mehrere versicherungsfreie Beschäftigungen zusammengerechnet werden können, seitens der Gewerkschaften zurückhaltend beurteilt. So sei zu erwarten, daß ArbeitgeberInnen auch weiterhin an ihrer Beitragsfreiheit festhalten wollten und somit kurzerhand Beschäftigte kündigen, die eine weitere geringfügige Beschäftigung ausüben wollten. Eine bessere Absicherung teilzeitbeschäftigter Frauen in der Sozialversi-cherung wird sich durch die bloße Addition von geringfügigen Beschäftigungsverhältnis-sen somit wohl kaum erreichen lassen. Auch innovative Neuerungen in der Arbeitslosen-versicherung, die die Misere auf dem Arbeitsmarkt mit dem Zauberwort Teilzeit bekämp-fen wollten, hatten nur begrenzt positive Auswirkungen. So wurde zwar eine Neuregelung eingeführt, mit der bewirkt werden sollte, daß eine Person, die von Vollzeit in Teilzeit gewechselt war und danach arbeitslos wurde, für die Dauer von drei Jahren ein Arbeitslosengeld erhalten sollte, als ob sie gemäß der regelmäßigen tariflichen Arbeitszeit gearbeitet hätte. Ob diese Maßnahme tatsächlich zu mehr Teilzeitjobs geführt habe, sei nach Angabe der Gewerkschaft Nahrung-Genuß-Gaststätten derzeit nicht abschätzbar. Ein linearer Zusammenhang zwischen dieser Maßnahme und dem Anstieg der Quoten (1994: 15,8 %, 1995: 16,3 %) sei nur schwer herstellbar. Da zudem ein Rechtsanspruch auf die Rückkehr auf einen Vollzeitarbeitsplatz fehle, also nicht gewährleistet sei, daß nach der Teilzeitbeschäftigung wieder „voll" gearbeitet werden könne, drohe die Gefahr, daß *„Frauen vielfach noch weiter an den Rand des Arbeitsmarktes gedrängt werden, als das schon heute der Fall ist"* (Gewerkschaft Nahrung-Genuß-Gaststätten 1996, S. 5). Mit negativen Auswirkungen ist zudem die Tatsache verbunden, daß sich die Höhe des Arbeitslosengeldes nach dem Verdienst richtet, der während des letzten halben Jahres des Bemessungszeitraumes verdient wurde. Frauen, die jahrelang vollzeitbeschäftigt waren und sechs Monate vor Eintreten der Arbeitslosigkeit eine Teilzeitbeschäftigung mit nur geringem Einkommen ausübten, haben dementsprechend nur Anspruch auf die niedrigen Leistungen der Teilzeittätigkeit oder gehen bei weniger als 15 Stunden Beschäftigung überhaupt verlustig.

Wie im Pensions- und Arbeitsrecht hatten bis dato geringfügig Beschäftigte auch in der gesetzlichen Krankenversicherung keinen Leistungsanspruch. Dies soll durch die Bestimmungen des Gesetzes zur Neuregelung der geringfügigen Beschäftigung vom 1. April 1999 zumindest ansatzweise geändert werden. Hier wird stipuliert, daß für Beschäftigte, deren Arbeitsentgelt insgesamt 630 DM (322,11 EUR) im Monat nicht übersteigt, der/die Arbeitgeber(in) in der Regel 10 % vom Arbeitsentgelt an die gesetzliche Krankenversicherung abzuführen hat. Ausnahmen gelten allerdings für geringfügig Beschäftigte, die nicht Mitglied einer gesetzlichen Krankenversicherung sind und auch nicht als Familienmitglied in einer Krankenkasse mitversichert sind. Für diese geringfügig Beschäftigten muß der/die Arbeitgeber(in) keine Krankenversicherungsbeiträge entrichten (vgl. http://www.bma. bund.de).

Seit Juni 1994 wird geringfügig Beschäftigten bei Krankheit für sechs Wochen ihr Lohn fortgezahlt. Der Europäische Gerichtshof hatte die Nichtfortzahlung im Krankheitsfalle als Verstoß gegen das Verbot der mittelbaren Diskriminierung gewertet, da von dieser Regelung größtenteils Frauen betroffen waren. Der Kreis der Bezugsberechtigten wurde jedoch im Zuge der Sparmaßnahmen eingeschränkt; nunmehr haben Personen erst nach einer Beschäftigungsdauer von einem Monat und nicht gleich nach Aufnahme des Arbeitsverhältnisses Anspruch auf Entgeltfortzahlung. Geringfügig beschäftigte Frauen, die schwanger wurden, haben zwar Anspruch auf Mutterschaftsgeld des Bundesversicherungsamtes, wegen fehlender Mitgliedschaft jedoch in der Regel keinen solchen auf Geld von der Krankenkasse.[52] Von der gesetzlichen Unfallversicherung werden jedoch alle Beschäftigten, also auch geringfügig Beschäftigte, erfaßt.

Als positiv sind die Regelungen zur Verbesserung der gesetzlichen Rahmenbedingungen für die Vereinbarung von Arbeitszeitkonten zu werten, die durch das Gesetz zur Absicherung flexibler Arbeitszeitregelungen im Jänner 1998 eingeführt wurden. Demnach ist vorgesehen, daß der Schutz der gesetzlichen Kranken-, Pflege-, Renten- und Arbeitslosenversicherung nunmehr auch für die Beschäftigten in Phasen der Freistellung von der Arbeit gelten soll.

Erwähnenswert ist auch, daß ab 1. Jänner 1999 scheinselbständige ArbeitnehmerInnen erstmals im Bereich der Sozialversicherung versicherungspflichtig sind. Bei Scheinselbständigen wird vermutet, daß eigentlich eine Arbeitnehmerbeschäftigung vorliegt. Der/die Betroffene bzw. sein/ihr Auftraggeber(in) hat die Möglichkeit, diese Vermutung zu widerlegen. Passiert dies nicht, wird er/sie als Arbeitnehmer(in) behandelt, das heißt, es besteht Versicherungspflicht in allen Zweigen der Sozialversicherung. In der Folge muß der/die Auftraggeber(in) den Sozialversicherungsbeitrag zur Hälfte zahlen.

Auch arbeitnehmerähnliche Selbständige, diejenigen Personen, die unzweifelhaft selbständig sind, sollen in die Rentenversicherung einbezogen werden: So sollen Personen, die keine versicherungspflichtigen ArbeitnehmerInnen beschäftigen und in der Regel nur eine(n) Auftraggeber(in) haben, als Selbständige versicherungspflichtig sein. In diesem Fall beschränkt sich die Versicherungspflicht allerdings auf die Pensionsversicherung. Für arbeitnehmerähnliche Selbständige, die ab 1. Jänner 1999 erstmals versicherungspflichtig werden, sind Befreiungsmöglichkeiten vorgesehen. Scheinselbständige können diese Möglichkeiten nicht in Anspruch nehmen.

3. Zusammenfassung und Ausblick

Die vorliegende Analyse hat gezeigt, daß atypisch Beschäftigte gegenüber Vollzeitbeschäftigten in sozial- und arbeitsrechtlicher Hinsicht Diskriminierungen ausgesetzt und vor den negativen Konsequenzen dieser Arbeitsverhältnisse nicht ausreichend geschützt sind.

Verträge befristet Beschäftigter etwa, die im Durchschnitt 10 % weniger als Beschäftigte mit normalen Arbeitsverträgen verdienen, können mittlerweile dreimal für die Gesamtdauer von zwei Jahren verlängert werden. Ein Kündigungsschutz besteht bei dieser Art von Arbeitsverhältnis nicht (vgl. Schömann/Rogowski/Kruppe 1995, S. 144).

Für LeiharbeitnehmerInnen bestehen keine besonderen sozialrechtlichen Bestimmungen, die die sozialen Nachteile dieser oftmals unsteten Beschäftigung finanziell kompensieren würden. Es gibt für sie (im Gegensatz zu Ländern wie Frankreich) keine Abfindung. Lediglich die Dauer für die Überlassung eines(r) Arbeitnehmers(in) an einen Entleiher ist mit sechs Monaten zeitlich begrenzt (Bode/Brose/Voswinkel 1995, S. 51 ff.).

Als besonders nachteilig erwies sich bisher der fehlende Sozialversicherungsschutz für geringfügig Beschäftigte. So standen Frauen, auch wenn sie jahrelang 15 Stunden pro Woche erwerbstätig waren, gänzlich ohne eigene Versicherungsansprüche da. Sie waren dann entweder auf die Unterstützung ihres Partners oder den Bezug der Sozialhilfe angewiesen. Die Subventionierung der Beschäftigung sozialversicherungspflichtiger Haushaltsangestellter im Rahmen eines Dienstleistungsscheckverfahrens konnte und kann in der derzeitigen Ausgestaltung wenig an diesen „Mißständen" ändern. Diese Regelung kann nur von wohlhabenden Familien in Anspruch genommen werden, da zuerst ein hoher Betrag für die Beschäftigung der Angestellten geleistet werden muß, bevor die Regelung ihre Wirkung entfaltet. Zudem ist es fraglich, ob gerade diese gering bezahlten und mit keinerlei Aufstiegschancen verbundenen Tätigkeiten gefördert werden sollen, die praktisch zur Gänze von Frauen erbracht werden. Die Spaltung des Arbeitsmarktes in minder qualifizierte Berufe für Frauen und höher qualifizierte Berufe für Männer wird mit der Umsetzung dieses Konzepts verstärkt vorangetrieben. Auch Ansätze zur Förderung der Teilzeitarbeit, wie die Regelung der Altersteilzeit und die Einführung des dreijährigen Bestandschutzes in der Arbeitslosenversicherung, wurden noch nicht so ausreichend ausgestaltet, daß ihre Inanspruchnahme für einen breiten Personenkreis attraktiv würde.

Es bleibt abzusehen, inwiefern das Gesetz zur Neuregelung der geringfügigen Beschäftigungsverhältnisse, welches am 1. April 1999 in Kraft trat, die Situation von Personen, die eine geringfügige Alleinbeschäftigung ausüben, verbessern wird. Als positiv ist zu werten, daß ArbeitgeberInnen für Beschäftigte, deren Arbeitsentgelt insgesamt regelmäßig einen gewissen Betrag nicht übersteigt, pauschale Versicherungsbeiträge in der Renten- und Krankenversicherung abführen müssen. Gewisse Personen – beispielsweise jene, die nicht Mitglied einer gesetzlichen Krankenversicherung sind – sind jedoch von den Regelungen ausgenommen.

Angesichts des Budgetdefizits und der damit in Zusammenhang stehenden Sparmaßnahmen sind – auf eine umfassende Verbesserung der Situation von atypisch Beschäftigten ausgerichtete – Konzepte, die eine Abfederung individuell reduzierter Arbeitszeiten durch eine generelle Einkommensumverteilung und einen Sozialausgleich erreichen wollen, wohl kaum durchführbar. Möglich wäre jedoch die Einführung von differenzierten Regelungen, die nach dem Grund der Ausübung atypischer Beschäftigungsformen unterscheiden. Frauen und Männer, die beispielsweise aus Gründen der Kinderbetreuung eine derartige Beschäftigung ausüben, könnten zur Linderung der Benachteiligung gezielt unterstützt werden.

Ein weiterer, in diesem Zusammenhang besonders aus frauenspezifischer Sicht wesentlicher Schritt wäre der Ausbau von Kinderbetreuungseinrichtungen. Derzeit ist hier ein eklatanter Mangel festzustellen. 1994 waren nur 2 % aller Kinder Westdeutschlands im Alter unter drei Jahren in einer öffentlichen Betreuungseinrichtung untergebracht. In Ostdeutschland befanden sich zwar noch 50 % der Kleinkinder in Betreuungseinrichtungen, die Versorgungsquote ist jedoch seit der Vereinigung Deutschlands rückläufig.

Schließlich müßte verstärkt darauf Rücksicht genommen werden, daß Formen der „atypischen" Beschäftigung für viele Frauen schon zur Norm geworden sind. Dies würde u. a. die Schaffung von Teilzeitarbeitsplätzen in qualifizierten Arbeitsbereichen erfordern.

Anmerkungen

1 Diese Prozentsätze beziehen sich auf 1997.

2 Gesetz über arbeitsrechtliche Vorschriften zur Beschäftigungsförderung vom 26. April 1985 (BGBl. I, S. 710; BGBl. III 800-23).

3 So lassen beispielsweise im Jahr 1994 vereinbarte Arbeitszeitregelungen (bei der Volkswagen AG und generell in der Metall- und Elektroindustrie) befristete Arbeitszeitverkürzungen auf 28,8 bzw. 30 Wochenstunden zu. Es wird davon ausgegangen, daß diese verkürzten Arbeitsverhältnisse nicht die Norm darstellen. Sie werden als (möglicherweise) vorübergehendes Phänomen zur Schaffung von Arbeitsplätzen gesehen (vgl. Kohler/Spitznagel 1995, S. 340).

4 Die Daten vor 1990 beziehen sich auf Westdeutschland, danach auf Gesamtdeutschland.

5 Auch 1994 waren in den neuen Bundesländern 50 % der Kinder im Alter von 0 bis drei Jahren in einer öffentlichen Kinderbetreuungseinrichtung untergebracht. In den alten Ländern war dies hingegen nur bei 2 % der Fall (vgl. Bulletin on Women and Employment in the EU, Oktober 1996, Nr. 9, S. 8).

6 Aufgrund der relativ geringen Zahl an Teilzeitbeschäftigten in den neuen Bundesländern werden die Ergebnisse der Arbeitskräfteerhebungen, die sich seit 1991 auf Gesamtdeutschland beziehen, sehr wesentlich durch die Verhältnisse in den alten Bundesländern mitbestimmt (vgl. Kohler/Spitznagel 1995, S. 345).

7 Als geringfügig nebenbeschäftigt wurden hier jene Personen bezeichnet, die zusätzlich zu einem Hauptberuf einer sozialversicherungsfreien Beschäftigung nachgingen.

8 Vgl. hierzu auch: http://www.ias-berlin.de/ersep (1998).

9 BAG AP Nr. 12 zu § 2 BeschFG 1985, AP Nr. 14 zu § 62 BAT.

10 Kündigungsschutzgesetz i. d. F. vom 25. August 1969 (BGBl. I, S. 1317; BGBl. III 800-2).

11 Vor Inkrafttreten des BeschFG war gemäß der Rechtsprechung des Bundesarbeitsgerichts ein „sachlicher Grund" erforderlich, der sich sowohl auf die Befristung selber als auch auf die Dauer der Befristung erstrecken mußte (vgl. Lenze 1997, S. 90).

12 Arbeitsrechtliches Gesetz zur Förderung von Wachstum und Beschäftigung vom 25. September 1996 (BGBl. Jahrgang 1996, Teil I, Nr. 48).

13 Gesetz zur Regelung der gewerbsmäßigen Arbeitnehmerüberlassung vom 7. August 1972 (BGBl. I, S. 1393; BGBl. III 810-3).

14 Arbeitsförderungsgesetz vom 25. Juni 1969 (BGBl. I, S. 582, S. 740; BGBl. III 810-1).

15 Die Tarifparteien der Chemieindustrie z. B. vereinbarten in der Tarifrunde 1993 eine Schwankungsbreite von +/−2 Stunden zur Wochenarbeitszeit von 37,5 Stunden. 1994 wurde dieser „Arbeitszeitkorridor" um jeweils eine halbe Stunde nach oben und unten ausgedehnt, sodaß im Einvernehmen zwischen ArbeitgeberInnen und Betriebsrat die regelmäßige Arbeitszeit für größere Betriebsteile und für ganze Betriebe zwischen 35 und 40 Stunden pro Woche festgelegt werden kann (vgl. Bispinck 1995, S. 416).

16 Arbeitszeitgesetz vom 6. Juni 1994, BGBl. I 1994, S. 1170. Das ArbZG hat die aus dem Jahre 1938 stammende Arbeitszeitordnung abgelöst.

17 Vgl. Arbeitsgericht Hamburg, Urteil vom 21. Oktober 1991, 21 Ca 173/91.

18 Neben dem FFG wurde das Gesetz zum Schutz Beschäftigter vor sexueller Belästigung am Arbeitsplatz (BeschäftigtenschutzG) und das Bundesgremienbesetzungsgesetz (BGremBG) neu eingeführt.

19 Gesetz über die Förderung von Frauen und der Vereinbarkeit von Familie und Beruf in der Bundesverwaltung und den Gerichten vom 29. Juni 1994 (BGBl. I, S. 1406).

20 Mindesturlaubsgesetz für Arbeitnehmer vom 8. Jänner 1963 (BGBl. I, S. 2).

21 BAG, Urteil vom 26. Mai 1993, 5 AZR 184/92, AP Nr. 42 zu Art. 119 EWG-Vertrag.

22 Gesetz über den Nachweis der für ein Arbeitsverhältnis geltenden Bedingungen vom 20. Juli 1995 (BGBl. I, S. 944).

23 Die Kündigungsfrist für Arbeitgeber liegt bei einer Beschäftigungsdauer von fünf Jahren bei zwei Monaten und erhöht sich bei einer Dauer von 20 Jahren auf sieben Monate (vgl. Sonntag/ Zich 1995, S. 65).

24 Gesetz zum Schutze der erwerbstätigen Mutter, i. d. F. vom 18. April 1968 (BGBl. I, S. 315).

25 Gemäß dem arbeitsrechtlichen Beschäftigungsförderungsgesetz von September 1996 können drei befristete Arbeitsverhältnisse hintereinander nunmehr für die Gesamtdauer von zwei Jahren (statt bisher 18 Monaten) abgeschlossen werden.

26 BAG, Urteil vom 28. November 1992, 10 AZR, 129/92, DB 1993, S. 591 = AP Nr. 66 zu § 112 BetrVG 1972.

27 Diese Umfrage wurde von der Industriegewerkschaft Bau-Steine-Erde im Jahre 1992 durchgeführt.

28 Sozialgesetzbuch, Buch VI (SGB VI) vom 18. Dezember 1989 (BGBl. I, S. 2261, ber. 1990, S. 1337; BGBl. III 860-6).

29 Gesetz zur Umsetzung des Programms für mehr Wachstum und Beschäftigung in den Bereichen der Rentenversicherung und Arbeitsförderung vom 27. September 1996 (BGBl. Teil I, Nr. 48).

30 RAF ist der Rentenartfaktor, ein je nach dem jeweiligen Sicherungsziel festgelegter Faktor. AR ist der aktuelle Rentenwert, der einer monatlichen Rente wegen Alters entspricht, die sich aus Beiträgen aufgrund eines Durchschnittsentgelts für ein Kalenderjahr ergibt.

31 Das versicherte Arbeitsentgelt wird mit dem Zugangsfaktor (ZF) multipliziert.

32 Bundesrat-Drucksache 428/96.

33 Das Altersteilzeitgesetz wurde bis 31. Juli 2004 verlängert.

34 Die Geringverdienstgrenze wurde bis April 1999 jährlich neu festgelegt. Am 1. Jänner 1999 lag sie bei 322,11 EUR (West) und 270,98 EUR (Ost). Ab 1. April 1999 gilt, gemäß dem Gesetz zur Neuregelung der geringfügigen Beschäftigungsverhältnisse vom 24. März 1999, eine einheitliche Geringfügigkeitsgrenze von 630 DM monatlichem Arbeitsentgelt (322,11 EUR), die künftig nicht mehr erhöht wird.

35 Gesetz zur Neuregelung der geringfügigen Beschäftigungsverhältnisse, 24. März 1999. Dieses Gesetz trat am 1. April 1999 in Kraft.

36 Hierzu zählen die Rentenversicherungs-, Kranken- und Pflegebeiträge sowie auch Beiträge zur Arbeitslosenversicherung.

37 Das volle Leistungsspektrum der Rentenversicherung umfaßt: Anspruch auf Rehabilitation, Rente wegen Berufs- und Erwerbsunfähigkeit, vorgezogene Altersrente, Rentenberechnung nach Mindesteinkommen.

38 Scheinselbständige ArbeitnehmerInnen sind Personen, bei denen zwei der folgenden Kriterien vorliegen:

■ Es werden außer Familienangehörigen keine versicherungspflichtigen ArbeitnehmerInnen beschäftigt;

■ In der Regel wird nur für eine(n) Auftraggeber(in) gearbeitet;

■ Es wird eine arbeitnehmertypische Beschäftigung ausgeübt, d.h. die Betroffenen unterliegen Weisungen des/der Auftraggeber(in) und sind in die Arbeitsorganisation eingegliedert;

■ Die Person tritt nicht unternehmerisch am Markt auf.

39 Für den Fall, daß vermutet wird, daß eine Arbeitnehmerbeschäftigung vorliegt, hat der/die Betroffene bzw. sein/ihre Auftraggeber(in) die Möglichkeit, diese Vermutung zu widerlegen.

40 HandelsvertreterInnen sind von der gesamten Regelung ausgenommen.

41 Befreiungsvoraussetzung ist entweder die Vollendung des 50. Lebensjahres beim Inkrafttreten des Gesetzes oder der Nachweis einer bereits bestehenden Lebensversicherung oder betrieblichen Versorgungszusage, wenn diese bis zum 30. Juni 1999 rentenversicherungsäquivalent ausgestaltet werden.

42 Dieser Satz liegt 1999 in den alten Bundesländern bei 4410 DM (2254,80 EUR) und in den neuen Bundesländern bei 3710 DM (1896,89 EUR). Hieraus ergibt sich ein Regelbeitrag von 860 DM (439,71 EUR) bzw. 723 DM (369,66 EUR).

43 Arbeitsförderungsgesetz vom 25. Juni 1969, BGBl. I, S. 582, S. 740; BGBl. III 810-1.

44 Anordnung des Verwaltungsrates der Bundesanstalt für Arbeit vom 16. März 1982 über die Beurteilung der Zumutbarkeit einer Beschäftigung, Amtliche Nachrichten der Bundesanstalt für Arbeit 1985, S. 523.

45 Für den früheren Bundesarbeitsminister Norbert Blüm hat der Gesetzgeber mit dieser Regelung „der Teilzeitarbeit alle Steine aus dem Weg geräumt" (vgl. Handelsblatt, 18. Juli 1994).

46 Die Teilzeitbeschäftigung muß weniger als 80 % der tariflichen regelmäßigen Arbeitszeit ausmachen.

47 Arbeitslosenreformgesetz vom 1. 4. 1997, BGBl I, S. 594, 696.

48 Ab 1. 4. 1999 gelten hier, gemäß der Bestimmungen des Gesetzes zur Neuregelung der geringfügigen Beschäftigungsverhältnisse vom 24. März 1999, z.T. neue Regelungen (siehe hierzu die Ausführungen zur geringfügigen Beschäftigung im Bereich des Krankenversicherungsrechts).

49 Gesetz über die Zahlung des Arbeitsentgelts an Feiertagen und im Krankheitsfall vom 26. Mai 1994 (BGBl. I., S. 1014, 1065; BGBl. III 800-19-3).

50 BAG, 9.Oktober 1991, 5 AZR 598/90, abgedruckt in: Arbeitsrecht im Betrieb 1992, S. 296..
51 Der Vertrag gilt vom 1. Juli 1998 bis zum 31. Juli 2004.
52 Frauen, die als Familienmitglied in einer Krankenkasse mitversichert sind, haben auf die Lei-
    stungen Anspruch.

Literatur

Afheldt, H. (1997): Die Zukunft der Arbeit, in: J. Gutmann (Hg.), Flexibilisierung der Arbeit. Chan-
    cen und Modelle für eine Mobilisierung der Arbeitsgesellschaft, Stuttgart, S. 19–36.

Anzinger, R. (1994): Arbeitszeitgesetz – erfolgreich zum Abschluß gebracht. Informationen für die
    Beratungs- und Vermittlungsdienste der Bundesanstalt für Arbeit, Nürnberg, 30/1994, S.
    2539–2547.

AOK – Die Gesundheitskasse (1996a): AOK & Betrieb. Sozialversicherungstips und -infos. Gering-
    fügig Beschäftigte – ein schwieriges Thema, 4/1996, Niedersachsen.

AOK – Die Gesundheitskasse (1996b): Kontakte. Seminar 96/97, Niedersachsen.

Aust, A./H. Bieling (1996): Arbeitsmarkt- und Beschäftigungspolitik in Westeuropa – zwischen
    strategischer Konvergenz und institutioneller Vielfalt, in: Zeitschrift für Sozialreform, Heft 3, S.
    141–166.

Auer, P. (1996): Erwerbs- und Beschäftigungsquoten in Europa: Konvergenz oder Divergenz?, in:
    inforMISEP, Nr. 56, Winter 1996, S. 29–39.

Bäcker, G. (Hg.) (1990): Kindererziehung, Arbeitszeiten und soziale Sicherung: Gestaltung von
    Teilzeitarbeit und Freistellungsregelungen im Zusammenhang von Tarif-, Familien- und Sozial-
    politik, WSI Arbeitsmaterialien, Düsseldorf.

Bäcker, G./B. Stolz-Willig (1991): Mehr Teilzeitarbeit – aber wie? Zur Diskussion über Förderung
    und soziale Absicherung optimaler Arbeitszeiten, in: Sozialer Fortschritt, S. 68–71.

Bäcker, G./B. Stolz-Willig (1993): Teilzeitarbeit – Probleme und Gestaltungschancen, in: WSI Mit-
    teilungen 9/1993, S. 545–552.

Bauer, F./H. Groß/G. Schilling (1997): Stand, Entwicklung und Perspektiven der Arbeitszeitflexibi-
    lisierung in West- und Ostdeutschland, in: J. Gutmann (Hg.), Flexibilisierung der Arbeit. Chan-
    cen und Modelle für eine Mobilisierung der Arbeitsgesellschaft, Stuttgart, S. 91–108.

Bielenski,H./B. Kohler/M. Schreiber-Kittl (1994): Befristete Beschäftigung und Arbeitsmarkt.
    Empirische Untersuchung über befristete Arbeitsverträge nach dem BeschFG (BeschFG
    1985/1990), Infratest Spezialforschung, München.

Bispinck, R. (1995): Stabil oder fragil? Die bundesdeutschen Arbeitsbeziehungen im Umbruch, in:
    M. Mesch (Hg.) (1995), Sozialpartnerschaft und Arbeitsbeziehungen in Europa, Wien, S.
    75–101.

Blossfeld, H./C. Hakim (Eds.) (1997): Between Equalization and Marginalization. Women Working
    Part-Time in Europe and in the United States of America, New York, S. 164-190.

Blossfeld, H/G. Rohwer (1997): Part-time Work in West Germany, in: H. Blossfeld/C. Hakim
    (Eds.), Between Equalization and Marginalization. Women Working Part-Time in Europe and in
    the United States of America, New York, S. 164-190.

Bode, I./H. Brose/S. Voswinkel (1994): Die Regulierung der Deregulierung. Zeitarbeit und Verbän-
    destrategien in Frankreich und Deutschland, Opladen.

Bothfeld, E. (1997a): Themenschwerpunkt: Atypische Beschäftigungsformen, unveröffentliches
    Schreiben (an Neuhold, C.) vom 29. April 1997, Köln.

Bothfeld, E. (1997b): Themenschwerpunkt: Atypische Beschäftigungsformen, unveröffentliches
    Schreiben (an Neuhold, C.) vom 20. Mai 1997, Köln.

Böttcher, I./K. Buhr (1993): Frauen und Teilzeitarbeit. Niedersächsisches Frauenministerium (Hg.),
    Hannover.

Büchtemann, C./A. Höland (1989): Befristete Arbeitsverträge nach dem Beschäftigungsförderungsgesetz, WZB, Berlin.

Büchtemann, C./H. Neumann. (Hg.) (1990): Mehr Arbeit durch weniger Recht? Berlin, S. 229–243.

Büchtemann, C. (1990): Deregulierung des Arbeitsmarktes: Begriffsbestimmung und sozialstaatliche Implikationen, in: C. Büchtemann/H. Neumann (Hg.), S. 229–243.

Buchholz-Will, W. (1995): Neue Arbeitszeitmodelle für Frauen und Männer, Kurzfassung zur Veranstaltung mit der Niedersächsischen Frauenministerin: „Das könnte mir so passen! Neue Arbeitszeitmodelle für Frauen und Männer", 21. September 1995, Hannover.

Bundesministerium für Familie, Senioren, Frauen und Jugend (1995): Das Gleichberechtigungsgesetz des Bundes. Ein Gesetz für Frauen und Männer, Bonn.

Bundesministerium für Wirtschaft (Hg.) (1996): Aktionsprogramm für Investitionen und Arbeitsplätze, verabschiedet vom Bundeskabinett am 30. Jänner 1996.

Bundesvereinigung der Deutschen Arbeitgeberverbände (1994): Sozialstaat vor dem Umbau. Leistungsfähigkeit und Finanzierbarkeit sichern, Köln.

Deutscher Gewerkschaftsbund (1988): Diskussionsentwurf für ein sozialpolitisches Programm des Deutschen Gewerkschaftsbundes, in: Soziale Sicherheit 11/1988, S. 328–346.

Eckhart, C. (1990): Der Preis der Zeit: Eine Untersuchung der Interessen von Frauen an Teilzeitarbeit, Frankfurt am Main.

Europäische Kommission, GD V (1995a): Beschäftigung in Europa 1995, Luxemburg.

Europäische Kommission, GD V (1995b): Soziales Europa, Flexibilität und Arbeitsorganisation Beiheft 1/95, Luxemburg.

Europäische Kommission, GD V (1996 a): Beschäftigung in Europa 1996, Luxemburg.

Europäische Kommission, GD V (1996b): Soziale Sicherheit in Europa 1995, Luxemburg.

Europäische Kommission (1996): Tableau de Bord 1995. Follow-up der Empfehlungen des Europäischen Rates von Essen zur Beschäftigungspolitik, Luxemburg.

European Industrial Relations Review (1998a): Part-time working for older workers at Daimler Benz, No. 289, 02/1998.

European Industrial Relations Review (1998b): Part-time working deal in construction, No. 295, 08/1998.

Eurostat (1998): Arbeitslosigkeit 7/1998, Luxemburg.

Fröhlich, K. (1997): Flexible Arbeitszeitgestaltung und Teilzeit bei Siemens, in: J. Guttmann (Hg.), Flexibilisierung der Arbeit. Chancen und Modelle für eine Mobilisierung der Arbeitsgesellschaft, Stuttgart, S. 200–213.

Gewerkschaft Nahrung-Genuß-Gaststätten (1996): Geringfügig beschäftigt. Informationen für Betroffene und Betriebsräte, Hamburg.

Gewerkschaft Handel, Banken und Versicherungen im DBG (1987): Teilzeitarbeit. Auch Teilzeitbeschäftigte haben Rechte! Gegen Kapovaz und Arbeit auf Abruf, Düsseldorf.

Gutmann, J. (1997): Flexibilisierung der Arbeit. Chancen und Modelle für eine Mobilisierung der Arbeitsgesellschaft, Stuttgart.

Hondelmann, D. (1997): Langzeitausgleich schafft hohe Flexibilität – auch Arbeitsplätze? in: J. Guttmann (Hg.), Flexibilisierung der Arbeit. Chancen und Modelle für eine Mobilisierung der Arbeitsgesellschaft, Stuttgart, S. 149–162.

IAB Kurzbericht (1996): Umfang, Struktur und Entwicklung der geringfügigen Beschäftigung. Eine Bestandsaufnahme. Institut für Arbeitsmarkt- und Berufsforschung der Bundesanstalt für Arbeit, Nr. 2/31. Jänner 1996, Nürnberg.

Institut für Sozialforschung und Gesellschaftspolitik (ISG) (1993): Geringfügige Beschäftigung. Standpunkte, Schriftenreihe der Bundesarbeitsgemeinschaft der Mittel- und Großbetriebe des Einzelhandels, Köln.

Keller, B/H. Seifert (Hg.) (1995): Atypische Beschäftigung. Verbieten oder gestalten?, Köln.

Kilz, G./D. Reh (1996): Innovative Arbeitszeitsysteme nach dem neuen Arbeitszeitrecht, Berlin.

Klein, M. (Hg.) (1993): Nicht immer, aber immer öfter: flexible Beschäftigung und ungeschützte Arbeitsverhältnisse, Marburg.

Klein, M. (1995): Gewerkschaften und Teilzeitarbeit in Deutschland. Eine vergleichende Untersuchung des Einzelhandels und der Gebäudeinnenreinigung, Baden-Baden.

Kraft, K. (1994): A Comparision of Employment Adjustment Patterns in France, Germany, Great Britain and Italy, WZB, Berlin.

Kohler, H./ E. Spitznagel (1995): Teilzeitarbeit in der Gesamtwirtschaft und aus der Sicht von Arbeitnehmern und Betrieben in der Bundesrepublik Deutschland, in: Mitteilungen aus der Arbeitsmarkt- und Berufsforschung, 3/1995, S. 339–364.

Lakies, Thomas (1999): Altes und Neues beim Kündigungsschutz seit dem 1. 1. 1999, in: Neue Justiz. Zeitschrift für Rechtsetzung und Rechtsanwendung, Februar 1999, Berlin.

Landenberger, M. (1990): Wirkungen des Erziehungsurlaubs auf Arbeitsmarktchancen und soziale Sicherung von Frauen, WZB, Berlin.

Lenze, A. (1997): Europäische Perspektiven einer Reform des Arbeitsförderungsrechts. Möglichkeiten der Umsetzung der im Weißbuch „Wachstum, Wettbewerb und Beschäftigung" vorgeschlagenen Maßnahmen ins bundesdeutsche Recht des Arbeitsförderungsgesetzes, Baden-Baden.

Linke, L. (1993): Kurzarbeit im Strukturwandel. Eine Analyse in der Bundesrepublik während der achtziger Jahre unter Einbeziehung erster Erfahrungen in den neuen Bundesländern, WZB, Berlin.

Lindena, B. (1995): Arbeits- und sozial- und versicherungsrechtliche Grundlagen der Teilzeitarbeit, in: Soziale Arbeit, Nr. 7, S. 236–242.

Lührig, M. (1991): Teilzeitarbeit – Notlösung oder Beschäftigungsmodell mit Zukunft? Zweiwochendienst, Frauen und Politik, Nr. 51, S. 3–9.

Löschau, M. (1996): Wichtige Neuregelungen im Rentenversicherungsrecht: Änderungsgesetz zum SGB VI seit 1. 1. 1996 in Kraft, in: Betrieb und Wirtschaft; Arbeits- und Sozialrecht, 5, S. 184–190.

Meyer, T. (1994): The German and British Welfare States as Employers: Emancipatory or Patriarchal? WZB, Berlin.

Mesch, M. (Hg.) (1995): Sozialpartnerschaft und Arbeitsbeziehungen in Europa, Wien.

MISEP (1994): Basisinformationsbericht. Bundesrepublik Deutschland. Institutionen, Verfahren, Maßnahmen, Luxemburg.

MISSOC (1996): Soziale Sicherheit in den Mitgliedsstaaten der Union – Stand am 1. Juli 1995 und Entwicklung, Luxemburg.

Mosely, H./T. Kruppe (1993): Employment Protection and Labor Force Adjustment. A Comparative Evaluation, WZB, Berlin.

Mosely, H./T. Kruppe/ S. Speckesser (1995): Flexible Adjustment through Short-time work: A Comparision of France, Germany, Italy and Spain, WZB, Berlin.

Nowatzki, J./R. Tautz (1995): Teilzeitbeschäftigung aus dem Blickwinkel der Rentenversicherung, in: Deutsche Rentenversicherung Nr. 10–11, S. 628–650.

OECD (1993): Employment Outlook 1993, Paris.

OECD (1998): Employment Outlook 1998, Paris.

Pfarr, H. (1995): Das Zweite Gleichberechtigungsgesetz, in: Recht der Arbeit, Heft 4, S. 204–210.

Quack, S. (1993): Dynamik der Teilzeitarbeit. Implikationen für die soziale Sicherheit von Frauen, Berlin.

Rolf, G. (1996): Zu Lasten von Frauen. Zur gegenwärtigen amtlichen Sozialpolitik und zu Reformperspektiven aus Frauensicht: Das Beispiel Alterssicherung, in: Gewerkschaftliche Monatshefte 9/1996, S. 537–549.

Riesenhuber, K. (1995): Anspruch auf Teilzeitbeschäftigung nach § 15 BAT, in: Neue Zeitschrift für Arbeitsrecht, Heft 2, S. 56–63.

Schmid, G. (1994): Übergänge in die Vollbeschäftigung. Formen und Finanzierung einer zukunftsgerechten Arbeitsmarktpolitik, WZB, Berlin.

Schmid, G./J. O'Reilly/K. Schömann (Eds.) (1996): International Handbook of Labour Market Policy and Evaluation, Cheltenham, Brookfield.

Schmidt, M. (1995): Teilzeitarbeit in Europa: Eine Analyse der gemeinschaftlichen Regelungsbestrebungen auf vergleichender Grundlage des englischen und des deutschen Rechts, Baden-Baden.

Schömann, K./ T. Kruppe (1993): Fixed-term Employment and Labour Market Flexibility – Theory and Longitudinal Evidence for East and West Germany, WZB, Berlin.

Schömann, K./R. Rogowski/T. Kruppe (Eds.) (1995): Fixed Term Contracts and Labour market Effiency in the European Union, WZB, Berlin.

Schroeder, W. (1996): Gewerkschaften und Arbeitgeberverbände, in: Gewerkschaftliche Monatshefte, 10/1996, S. 601–615.

Sonntag,R./ B. Zich (1995): Das ist mein gutes Recht! Ein Ratgeber zu geringfügigen Beschäftigungsverhältnissen und Teilzeitbeschäftigung, Niedersächsisches Frauenministerium (Hg.), Hannover.

Sowka, H. (1994): Teilzeitarbeit – ausgewählte Rechtsprobleme, in: Der Betriebsberater, Arbeits- und Sozialrecht, S. 1873–1879.

Stichler, R. (1995): Der Kündigungsschutz des Teilzeitarbeitsverhältnisses während des Erziehungsurlaubs, in: Der Betriebsberater, Arbeits- und Sozialrecht, S. 355–358.

Tálos, E. (1993): Umbau des Wohlfahrtsstaates: Konträre Begründungen und Optionen, in: Österreichische Zeitschrift für Politikwissenschaft, 1/1993, S. 37–57.

Teriet, B. (1994): Qualifizierte Teilzeitarbeit – eine Unmöglichkeit oder eine Notwendigkeit?, in Informationen für die Beratungs- und Vermittlungsdienste der Bundesanstalt für Arbeit, Nürnberg, 27. Juli 1994, 30/1994, S. 2547–2553.

Then, W. (1997): Die Strukturkrise als Innovationschance – Soziale und organisatorische Neuerungen im Arbeitssystem, in: J. Gutmann (Hg.), Flexibilisierung der Arbeit. Chancen und Modelle für eine Mobilisierung der Arbeitsgesellschaft, Stuttgart, S. 73–89.

Walwei, U. (1995): Wachstum atypischer Beschäftigungsformen in EU-Ländern: Bestimmungsfaktoren und Effekte, in: B. Keller/H. Seifert (Hg.), Atypische Beschäftigung. Verbieten oder gestalten?, Köln, S. 182–201.

Wirtschafts- und Sozialwissenschaftliches Institut in der Hans-Boeckler-Stiftung (WSI) (1996): Tarifhandbuch 1996, Köln.

Zmarzlik, J. (1994): Das neue Arbeitszeitgesetz, in: Informationen für die Beratungs- und Vermittlungsdienste der Bundesanstalt für Arbeit, Nürnberg, 27. Juli 1994, 30/1994, S. 2553–2563.

Zweiwochendienst, Frauen und Politik (1994): Teilzeit: Arbeitsumverteilung zu Lasten von Frauen, Nr. 87.

Atypische Beschäftigung in Dänemark

Marcel Fink

1. Arbeitsmarktentwicklung

1.1 Allgemeine Arbeitsmarktentwicklung

Die Einwohnerzahl Dänemarks beträgt aktuell etwa 5,2 Millionen (vgl. Eurostat 1998, S. 20).[1] Von diesen sind knapp 2,7 Millionen als Erwerbstätige zu titulieren. Dänemark erreicht damit trotz eines Rückgangs bzw. einer Stagnation in den letzten Jahren eine Erwerbsquote[2] von etwa 80 % der 15 bis 64jährigen, und damit eine der höchsten im gesamten OECD-Bereich (vgl. Abb. 2; OECD 1998, S. 191). Diese Zahl ist vor dem Hintergrund einer im internationalen Vergleich noch immer sehr hohen Erwerbsbeteiligung von Frauen zu verstehen, die von 43,5 % zu Beginn der 60er Jahre auf knapp 80 % zu Ende der 80er Jahre anstieg, seither aber rückläufig bzw. zuletzt stagnierend ist (vgl. OECD 1996c, S. 41; Abb. 2; allg. Siim 1993).

Zahlenmäßig nahm die Beschäftigung zwischen 1976 und 1990 in Summe um ca. 330.000 oder über 14 % zu, wobei zwischenzeitlich wiederholt Beschäftigungsrückgänge gegeben waren (vgl. Abb. 1). Zwischen 1990 und 1994 war ein Beschäftigungsminus von ca. 130.000 oder ca. 5 % zu verzeichnen. Seither hat sich die Lage am dänischen Arbeitsmarkt stabilisiert, die Beschäftigung wächst wieder (vgl. Abb. 1).

Während die Beschäftigung im industriellen und im landwirtschaftlichen Sektor seit den 70er Jahren bzw. bereits seit den 60er Jahren rückläufig ist, stellt der Dienstleistungssektor in bezug auf Beschäftigung den Wachstumssektor schlechthin dar. Dabei ist insbesondere der öffentliche Dienst von zentraler Bedeutung. Nachdem dieser zu Beginn der 50er Jahre noch kaum eine Rolle spielte, waren nach einem kontinuierlichen Anstieg[3] (vgl. OECD 1996e, S. 124) 1998 über 32 % aller Erwerbstätigen im öffentlichen Dienst beschäftigt.[4] Damit liegt Dänemark zusammen mit Norwegen und Schweden im internationalen Vergleich im absoluten Spitzenfeld (EU-15 Durchschnitt: 17,9 %; vgl. OECD 1996c, S. 44).

Abbildung 1: Allgemeine Arbeitsmarktentwicklung

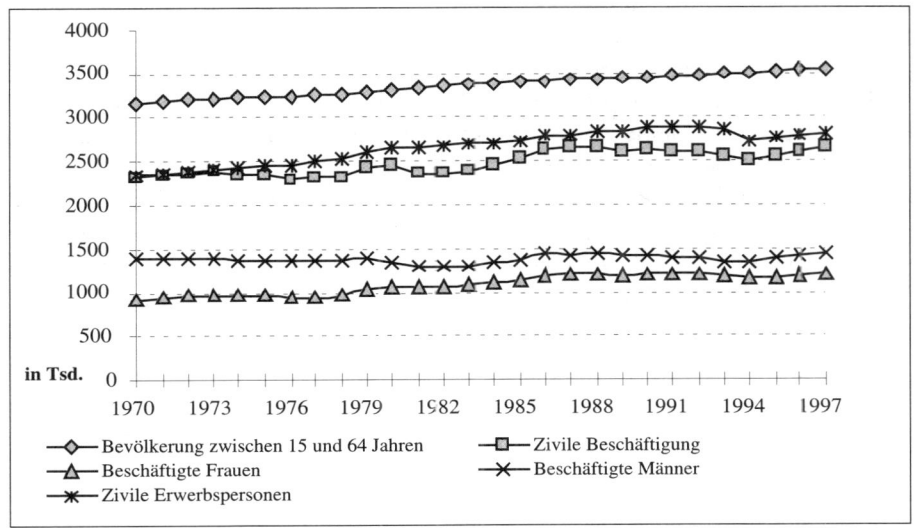

Quellen: OECD Labour Force Statistics; WIFO Datenbank.

Abbildung 2: Erwerbsquoten

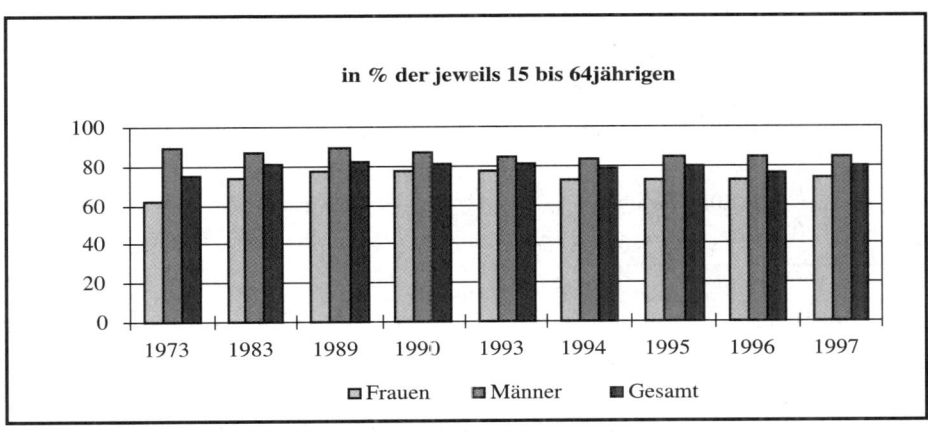

Quellen: OECD Labour Force Statistics; WIFO Datenbank.

Die wiederholten zwischenzeitlichen Beschäftigungsrückgänge, die sich mit Beschäftigungswachstumsphasen ablösten, führten in den letzten drei Dekaden zu relativ stark schwankenden Arbeitslosenzahlen.

Die Arbeitslosenquote[5] wuchs Mitte der 70er Jahre vor dem Hintergrund des ersten Ölpreisschocks und den damit einhergehenden wirtschaftlichen Problemen stark an. Nachdem für 1970 ein Wert von 0,7 % ausgewiesen wurde, war bis zum Jahr 1978 ein kontinuierlicher Anstieg auf über 8 % (OECD-Daten) zu verzeichnen. Nach einem kurzen Abnehmen der Arbeitslosigkeit in den Jahren 1979 bzw. 1980 wurde im Jahr 1983 ein weiterer Höchststand erreicht. Vor dem Hintergrund einer positiven Beschäftigungsbilanz Mitte der 80er Jahre war Dänemark dann erst ab 1989 wieder mit stark steigenden Arbeitslosenzahlen konfrontiert (vgl. Abb. 3). Die Konsolidierung in den 80er Jahren erfolgte nicht auf Basis einer fallenden Erwerbsquote, ganz im Gegenteil. Diese nahm von 80,9 % im Jahr 1983 auf über 83 % im Jahr 1989 zu (vgl. Abb. 2). Der Beschäftigungs-rückgang zu Beginn der 90er Jahre ließ die Beschäftigungsquote[6] von 75,4 % im Jahr 1990 auf 72,4 % im Jahr 1994 sinken (vgl. OECD 1998, S. 191). Im Gegenzug stieg die Arbeitslosigkeit von 6,5 % im Jahr 1988 auf 10,7 % im Jahr 1993 (vgl. OECD 1997, S. 551), die Erwerbsquote fiel.

Abbildung 3: Arbeitslosenquoten und Wirtschaftswachstum

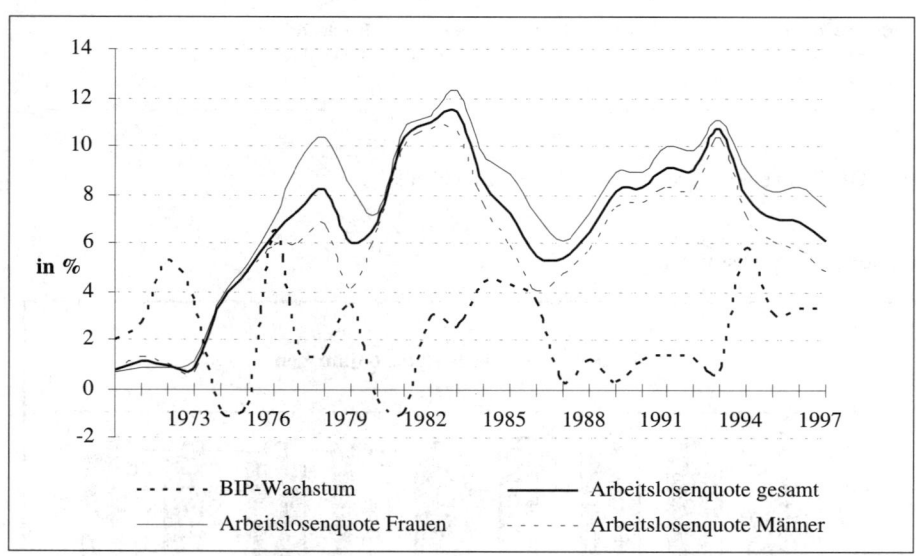

Quellen: OECD Labour Force Statistics, WIFO Datenbank; OECD National Accounts Vol. I Main Aggregates, WIFO Datenbank.

Die Arbeitslosenquote der Frauen liegt seit Mitte der 70er Jahre historisch durchgängig etwas über jener der Männer (vgl. Abb. 3). Zugleich stieg aber die Erwerbsquote der Frau-en von 1973 bis zum Beginn der 90er Jahre um über 12 % an, jene der Männer nahm um 2,5 % ab.

Seit 1993 hat sich die Arbeitsmarktsituation ansatzweise entspannt. Die Arbeitslosenquo-ten sind fallend – zuletzt betrugen sie für Frauen 7,5 % und 4,9 % für Männer[7] (vgl.

Abb. 3). Allerdings muß dabei berücksichtigt werden, daß im Verlauf der ersten Hälfte der 90er Jahre auch die Erwerbsquoten zurückgegangen sind und noch nicht wieder das Maß von 1990 erreicht haben (vgl. Abb. 2). Des weiteren ist darauf hinzuweisen, daß die Umsetzung der 1994 neu eingeführten sozialpolitischen Maßnahmen des Bildungs-, Erziehungs- und Langzeiturlaubs zu einer Entlastung des Arbeitsmarktes führten (vgl. MISEP 1996, S. 32–34; Loftager/Madsen 1997). Ende 1994 waren bereits mehr als 100.000 Personen in diese Systeme involviert und so außerhalb des Arbeitsmarktes bzw. außerhalb der Arbeitslosenversicherung versorgt (vgl. inforMISEP 45/1994, S. 18–19). Für die folgenden Jahre ist von Werten von 64.000 (1996) bzw. 82.500 (1995) beteiligten Personen auszugehen (vgl. Döhrn et al. 1998, S. 320).

Einschlägige Daten untermauern jedoch zugleich, daß auch die Zahl der tatsächlich Beschäftigten seit 1994/1995 wieder steigend ist (vgl. Abb. 1). Der größere Teil des insgesamt zwischen 1994 und 1997 gegebenen Beschäftigungszuwachses von ca. 140.000 entfällt dabei mit einem Plus von ca. 82.000 auf Männer.[8] Daß es sich dabei um eine echte positive Beschäftigungsentwicklung handelte, zeigt sich daran, daß die Gesamtbeschäftigung auch gemessen in Vollzeitäquivalenten zugenommen hat (vgl. Europäische Kommission, GD V 1997, S. 119; unten Punkt 1.2.1).

Tabelle 1: Langzeitarbeitslosigkeit

Jahr	Langzeitarbeits- losigkeit von 6 Monaten und mehr[1]			Langzeitarbeits- losigkeit von 12 Monaten und mehr[2]			Jahr	Langzeitarbeits- losigkeit von 6 Monaten und mehr[1]			Langzeitarbeits- losigkeit von 12 Monaten und mehr[2]		
	Ges.	Fr.	M.	Ges.	Fr.	M.		Ges.	Fr.	M.	Ges.	Fr.	M.
1983	59,1	65,3	53,5	32,2	37,4	27,3							
1984	62,5	65,8	58,8	36,9	39,6	33,9	1992	49,7	51,1	48,4	26,8	28,6	25,1
1985	64,1	66,9	60,5	38,5	40,4	36,1	1993	45,1	48,1	42,4	25,1	26,8	23,4
1986	52,1	54,7	48,1	31,5	35,6	25,2	1994	54,0	55,8	52,1	32,1	32,4	31,9
1988	51,7	54,9	48,2	28,7	29,2	28,2	1995	46,6	42,5	51,9	27,9	24,9	31,9
1990	59,9	64,4	55,7	33,7	37,6	30,9	1996	44,4	44,6	44,2	26,5	25,3	28,1
1991	53,3	57,3	49,1	31,2	34,3	27,9	1997	45,7	46,7	44,5	27,2	27,9	26,3

Quelle: OECD Employment Outlook. Diverse Jahrgänge.
Anmerkungen:
1 Langzeitarbeitslose mit einer Dauer der Arbeitslosigkeit von 6 Monaten und mehr als Anteil an allen Arbeitslosen der entsprechenden Gruppe.
2 Langzeitarbeitslose mit einer Dauer der Arbeitslosigkeit von 12 Monaten und mehr als Anteil an allen Arbeitslosen der entsprechenden Gruppe.

Langzeitarbeitslosigkeit spielt in Dänemark bei Frauen und Männern eine vergleichsweise geringere Rolle als in den meisten anderen EU-Mitgliedsländern (vgl. OECD 1998, S. 202). Dieses Phänomen ist vor dem Hintergrund eines relativ hohen Beschäftigungsumschlages von jährlich ca. 30 % bis zum Ende der 80er Jahre zu sehen (vgl. OECD 1996, S. 83). Zuletzt war die entsprechende Zahl leicht rückläufig, kommt aber noch immer über dem EU-europäischen Durchschnitt zu liegen (vgl. Schömann/Kruppe 1996, S. 39).

1997 waren nach Angaben von Eurostat fast 73 % aller Arbeitslosen in Dänemark noch kein Jahr lang arbeitslos und fast 36 % kürzer als zwei Monate (vgl. Eurostat 1998a, S. 226). Die Situation war für Frauen lange Zeit ungünstiger als für Männer. Zuletzt ist es aber zu einer weitgehenden Angleichung gekommen (vgl. Tab. 1).

1.2 Entwicklung atypischer Beschäftigungsverhältnisse

Unter den verschiedenen bekannten Formen atypischer Beschäftigungsverhältnisse spielt die *Teilzeitarbeit* in Dänemark zahlenmäßig die wichtigste Rolle. Teilzeitbeschäftigung ist in Dänemark nicht allgemein definiert. Generell gilt als Teilzeitbeschäftigte/r jede/r, der/die in einem zeitlichen Umfang arbeitet, welcher geringer ist als die Arbeitszeit, die in den Tarifverträgen als Regelarbeitszeit betrachtet wird (vgl. Europäische Kommission 1996, S. 72). *Geringfügige Beschäftigung* zeigt sich in Dänemark in sozial- und arbeitsrechtlicher Hinsicht. Personen, welche unter einer bestimmten Wochenstundenanzahl beschäftigt sind, werden durch bestimmte sozial- und arbeitsrechtliche Regelungen nicht erfaßt. Weder auf Basis von Zahlen aus dem Eurostat Labour Force Survey noch auf Basis von nationalen dänischen Zahlen lassen sich *befristete Beschäftigung* im weiteren Sinne (alle Arbeitsverhältnisse, die explizit auf bestimmte Dauer oder bis zur Erfüllung der Aufgabe abgeschlossen wurden) und *Leiharbeit* bzw. andere Formen der privaten Zeitarbeitsvermittlung trennscharf unterscheiden. Vielmehr wird zweitere Kategorie, wenn die Arbeitsverträge befristeter Dauer sind, statistisch bei ersterer mitgezählt. Im Hinblick auf befristete Beschäftigung allgemein kommt Dänemark im EU-europäischen Vergleich im Mittelfeld zu liegen. Zu *Job-Sharing* im engeren Sinne (Teilung eines Arbeitsplatzes zwischen zwei oder mehreren Personen) liegen keine genaueren Zahlen vor. *Arbeitnehmerähnliche Scheinselbständigkeit* spielt nach den vorliegenden Informationen bisher eine nur sehr geringe Rolle. Das gleiche Bild ergibt sich, obwohl die Arbeitszeiten in den letzten Jahren flexibilisiert wurden, im wesentlichen auch im Hinblick auf verschiedene Arbeitszeitarrangements, die mit dem Begriff *„Arbeit auf Abruf"* umschrieben werden könnten. In der Regel werden in Dänemark vertraglich Normalarbeitszeiten festgelegt.

1.2.1 Teilzeitbeschäftigung

Mit aktuell knapp über 22 % an allen Beschäftigten (vgl. Tab. 2) ist der Anteil von Teilzeitbeschäftigung im EU-europäischen Vergleich in Dänemark relativ hoch (vgl. Eurostat 1998a, S. 122–123). Bereits 1973 betrug die Teilzeitquote 17 % und von den heutigen EU-Ländern wies damals nur Schweden mit 18 % einen höheren Wert auf (vgl. OECD 1983, S. 44). Die damalige Quote von über 40 % bei den Frauen war im Vergleich mit den heutigen EU-Staaten die höchste überhaupt (vgl. a.a.O., S. 44).

Die Teilzeitquote wuchs in Dänemark im wesentlichen bis zum Jahr 1985, danach stagnierte sie weitgehend (vgl. Tab. 2). Die Zahl der insgesamt Teilzeitbeschäftigten stieg von etwa 400.000 im Jahr 1973 auf knapp 650.000 im Jahr 1987 und sank in der ersten Hälfte der 90er Jahre wieder auf knapp über 590.000 (1997) (vgl. Eurostat 1998a, S. 120).

Die Quote der teilzeitbeschäftigten Frauen an allen beschäftigten Frauen hatte zu Ende der 70er Jahre mit über 46 % ihren historischen Höchststand erreicht (vgl. Tab. 2). Seither ist sie beinahe durchgängig leicht rückläufig. Dies ist um so interessanter, wenn man bedenkt, daß die Erwerbsquote der Frauen vom Beginn der 80er Jahre bis zum Beginn der 90er Jahre um fast 10 % gestiegen ist (vgl. Abb. 2). Zwischen 1979 und 1990 hat vor diesem Hintergrund die Gesamtbeschäftigung von Frauen um ca. 170.000 zugenommen (vgl. OECD 1995, S. 172–173). Zugleich blieb die Summe aller teilzeitbeschäftigten Frauen bei einer Zahl von etwa 485.000 weitgehend konstant.

Tabelle 2: Teilzeitquoten in % der Beschäftigten

Jahr	1973	1975	1979	1981	1983	1984	1985	1986	1987
Gesamt	17,0	21,2	22,7	20,8	23,8	21,1	24,3	23,7	24,3
Frauen	40,3	45,1	46,3	43,6	44,7	36,7	43,9	41,9	42,2
Männer	1,9	4,7	5,2	3,0	6,6	8,3	8,4	8,7	9,3
*	93,4	86,8	86,9	92,0	84,7	78,4	81,0	79,8	79,1

Jahr	1988	1989	1990	1991	1992	1993	1994	1995	1996	1997
Gesamt	23,7	23,4	23,3	23,1	22,5	23,3	21,1	21,6	21,5	22,3
Frauen	41,5	40,1	38,4	37,8	36,7	37,4	34,4	35,5	34,6	34,5
Männer	8,9	9,4	10,4	10,5	10,1	11,0	10,0	10,4	10,8	12,1
*	79,5	78,0	75,7	75,5	75,8	74,9	74,6	73,4	72,4	70,3

Quellen: 1973, 1975, 1979 u. 1981: OECD (1984) Table 10 u. OECD (1983) Table 18; 1983–1997: Eurostat Labour Force Survey.
Zeichenerklärung: * =Frauenanteil an allen Teilzeitbeschäftigten.

Zu Beginn der 90er Jahre ging die Zahl der insgesamt beschäftigten Frauen zurück (vgl. Abb. 1), gleichzeitig sank auch die Quote der teilzeitbeschäftigten Frauen weiter ab (vgl. Tab. 2). Dieser Rückgang von 485.000 im Jahr 1990 auf 411.000 teilzeitbeschäftigte Frauen im Jahr 1995 deckt knapp 85 % des Beschäftigungsrückganges bei Frauen zwischen 1990 und 1995 ab. Zuletzt nahm bei einem insgesamt gegebenen Beschäftigungsanstieg Teilzeitarbeit wiederum überproportional zu. Insgesamt reagierte Teilzeitbeschäftigung in den letzten Jahren stärker auf konjunkturelle Einflüsse und hatte größeren Anteil an allgemeinen Beschäftigungsschwankungen, als dies für Vollzeitarbeit gilt.

Tabelle 3: Teilzeitquoten in % der Beschäftigten nach Sektoren

Jahr	Beschäftigte Landwirtschaft			Beschäftigte Industrie			Beschäftigte Dienstleistungen		
	Gesamt	Frauen	Männer	Gesamt	Frauen	Männer	Gesamt	Frauen	Männer
1986	19,0	44,7	11,8	10,0	27,8	3,7	30,3	44,7	12,0
1991	20,1	42,7	12,6	11,9	27,8	5,9	27,9	39,6	13,2
1995	19,4	32,4	14,9	8,3	21,7	3,9	27,0	38,1	14,1
1997	18,0	24,5	16,5	9,6	21,4	5,6	29,0	37,9	17,5

Quelle: Eurostat Labour Force Survey.

Aufgegliedert nach Sektoren ist Teilzeitarbeit dem internationalen Trend folgend (vgl. Eurostat 1998a, S. 126–127) insbesondere in den Dienstleistungen stark vertreten (vgl. Tab. 3). 1997 waren 29 % aller im Dienstleistungssektor Beschäftigten auf Teilzeitbasis tätig, der entsprechende Wert betrug für Frauen knapp 38 % und für Männer etwa 14 %.

Knapp 50 % aller in Dänemark auf Teilzeitbasis beschäftigten Personen geben laut Eurostat-Daten an, daß diese Art der Beschäftigung ihrem Wunsch entspricht. Der Wert liegt bei Männern mit etwa 22 % weit unter jenem der Frauen (über 60 %). Daß sie eine

Teilzeitstelle annahmen, weil kein Vollzeitarbeitsplatz zu finden war, gilt 1997 für 13,6 % aller Befragten. Insbesondere der Wert für Männer kommt mit 13,1 % weit unter dem EU-Durchschnitt (26,7 %) zu liegen. Zugleich stellen für sie eingeschränkte Zeitbudgets wegen Aus-, Fort- und Weiterbildung in weit höherem Ausmaß als bei Frauen zentrale Gründe für Teilzeitarbeit dar. Insgesamt kann für beide Geschlechter davon ausgegangen werden, daß die Akzeptanz von Teilzeitbeschäftigung auch auf Arbeitnehmer/innenseite im internationalen Vergleich relativ hoch ist.

Tabelle 4: Gründe für Teilzeitbeschäftigung in %

Jahr	1983		1987		1992			1995			1997		
Gründe	Fr.	M.	Fr.	M.	Ges.	Fr.	M.	Ges.	Fr.	M.	Ges.	Fr.	M.
Ausbildung	n.v.	n.v.	n.v.	n.v.	31,1	21,7	60,6	31,6	22,2	57,6	35,0	23,9	61,3
Krankheit	n.v.	n.v.	n.v.	n.v.	1,4	(1,0)	(2,8)	1,3	(0,7)	(2,8)	1,7	1,1	3,3
♦	10,1	15,0	6,4	9,7	16,0	17,5	11,1	17,1	18,1	14,1	13,6	13,9	13,1
Wunsch	n.v.	n.v.	n.v.	n.v.	51,4	59,8	25,3	49,9	58,8	25,5	49,4	60,9	22,3

Quellen: 1983 u. 1987: Eurostat Labour Force Survey, Sonderberechnung, in: Meulders et al. (1994) S. 30; 1992, 1995 u. 1997: Eurostat Labour Force Survey.

Zeichenerklärung: ♦ = Keine Vollzeittätigkeit zu finden.

1.2.2 Geringfügige Beschäftigung

Den Sachverhalt der Geringfügigkeit kennt in Dänemark sowohl das Sozial- als auch das Arbeitsrecht. Arbeitnehmer/innen und Selbständige, die normalerweise weniger als 15 Stunden in der Woche beschäftigt sind, können nicht Mitglied in einer Arbeitslosenversicherungskasse werden (vgl. MISEP 1996, S. 8; EFILWC 1994, S. 22). Für Geldleistungen aus der Krankenversicherung muß für Arbeitnehmer/innen eine Mindestarbeitszeit von 120 Stunden während der letzten 13 Wochen unmittelbar vor Krankheitsbeginn vorliegen. Auf Angestellte, die weniger als 15 Stunden in der Woche beschäftigt sind, ist der gesetzliche Kündigungsschutz[9] nicht anwendbar (vgl. Maier 1994, S. 167; inforMISEP 28/1989, Beilage; unten Punkt 2.1.1.1).

Die normalerweise von Teilzeittätigen geleisteten Arbeitsstunden betragen in Dänemark weit häufiger zwischen einer und zehn Wochenstunden als in allen anderen EU-Staaten. Nur Großbritannien und die Niederlande erreichen ähnlich hohe Werte (vgl. Eurostat 1998a, S. 178–179). Insgesamt arbeiteten 1997 knapp 30 % aller Teilzeitarbeitnehmer/innen normalerweise weniger als zehn Stunden pro Woche (vgl. Tab. 5). Diese Gruppe setzt sich aus ca. 84.000 Frauen und 81.000 Männern zusammen. 1986 betrugen die entsprechenden Werte noch ca. 67.000 (für Frauen) und ca. 58.000 (für Männer). Bei einem allgemeinen Rückgang der Teilzeitbeschäftigung ist also ein Anstieg von Teilzeitarbeitsverhältnissen mit geringen Wochenstundenzahlen zu konstatieren. Weitere 95.000 Frauen und 55.000 Männer, die den Arbeitnehmer/innen zuzurechnen sind, arbeiteten zuletzt zwischen 10 und 20 Stunden pro Woche.[10] Das entspricht knapp 26 % aller abhängig Teilzeitbeschäftigten (vgl. Tab. 5). Darüber, welcher Anteil dieser Gruppe unter die 16-Stunden-Grenze fällt und/oder der Gruppe der Angestellten zuzurechnen ist, liegen keine Daten vor.

Tabelle 5: Teilzeit (Arbeitnehmer/innen): Arbeitsstunden nach Größenklassen in %

Std.	Gesamt					Frauen					Männer				
	1–10	11–20	21–24	25–30	31&+	1–10	11–20	21–24	25–30	31&+	1–10	11–20	21–24	25–30	31&+
1986	21,4	35,4	7,4	27,9	7,4	14,4	35,1	8,5	32,7	9,3	50,8	36,5	(2,3)	8,1	–
1992	28,8	27,9	7,7	26,8	8,9	21,1	26,9	8,8	32,1	10,9	54,2	31,2	(3,4)	9,1	(2,2)
1995	29,2	25,7	5,8	27,6	11,7	21,2	24,5	6,4	33,6	14,4	52,6	29,1	4,0	10,4	4,0
1997	29,3	25,7	5,1	27,5	12,4	21,2	22,9	6,2	34,9	15,4	48,8	32,5	(2,4)	11,0	5,3

Quelle: Eurostat Labour Force Survey, Ergebnisse 1986, 1992, 1995 u. 1997.

1.2.4 Befristete Beschäftigung und Leiharbeit

Befristete Beschäftigung spielt seit dem Beginn der 80er Jahre eine etwa gleichbleibende Rolle. 10 bis 12 % aller abhängig Beschäftigten gehen einer solchen Erwerbstätigkeit nach (vgl. Eurostat Labour Force Survey: diverse Jahrgänge; Tab. 6). Mitgezählt sind dabei Arbeitnehmer/innen, welche einen direkten befristeten Vertrag mit einem Arbeitgeber haben und auch solche, die einen nicht unbefristeten Vertrag mit einer Arbeitsverleihfirma oder Zeitarbeitsagentur eingegangen sind (vgl. Meulders et al. 1994, S. 35–36).

Tabelle 6: Befristete Beschäftigung in % der jeweils abhängig Beschäftigten

Jahr	1983	1984	1985	1986	1987	1988	1989	1990	1991	1992	1993	1994	1995	1996	1997
Gesamt	11,3	12,5	12,3	11,3	11,1	11,5	10,0	10,8	12,0	11,0	10,7	11,9	12,1	11,2	11,1
Frauen	13,3	12,7	13,1	12,4	11,6	11,8	10,2	11,0	12,9	12,1	12,1	12,9	13,5	11,8	11,6
Männer	9,3	12,2	11,6	10,3	10,6	11,2	9,9	10,6	11,1	10,0	9,3	11,1	10,9	10,8	9,3
*	n.v.	48,0	49,8	51,5	49,6	48,9	48,3	48,8	52,0	54,6	56,7	52,6	51,8	49,5	49,4

Quelle: Eurostat Labour Force Survey.
Zeichenerklärung: *=Frauenanteil an allen befristet Beschäftigten.

Der angegebene Wert von 10 bis 12 % erscheint auf den ersten Blick im internationalen Vergleich relativ hoch (EU-15 Durchschnitt 1996: 11,8 %; vgl. Europäische Kommission, GD V 1997, S. 187). Die relativ weite Ausbreitung von befristeter Beschäftigung hängt aber mit dem dänischen Lehrlingssystem zusammen. Über 36 % aller in Dänemark befristet Beschäftigten arbeiteten zuletzt auf Basis eines Ausbildungsvertrages (vgl. Eurostat 1998a, S. 148). Nur Deutschland und Österreich weisen im EU-Vergleich diesbezüglich höhere Werte auf. Der EU-Durchschnitt beträgt knapp 20 %.

Bei beiden Geschlechtern hat bis 1995 der Anteil derjenigen befristet Beschäftigten, die angaben, einer solchen Tätigkeit nachzugehen, weil keine unbefristete Stelle zu finden sei, zugenommen. Der Wert betrug für Frauen über 50 % (nach knapp 37 % noch im Jahr 1987), für Männer knapp 36 % (nach 27 % im Jahr 1987) (vgl. Tab. 7). Bei einer sich allgemein entspannenden Arbeitsmarktlage sind die entsprechenden Werte zuletzt wieder etwas gesunken (vgl. Tab. 7). Befristete Beschäftigung entspricht dennoch noch immer nur selten, nämlich in etwa bei einem Viertel der Fälle, den Vorstellungen der Arbeitnehmer/innen.

Tabelle 7: Gründe für Befristung in %

Jahr	1987		1990		1992			1995			1997		
Gründe	Fr.	M.	Fr.	M.	Ges.	Fr.	M.	Ges.	Fr.	M.	Ges.	Fr.	M.
Ausbildung	31,4	46,9	34,6	43,5	33,7	30,2	37,7	31,2	25,7	37,1	36,4	28,3	44,5
Wunsch	n.v.	n.v.	n.v.	n.v.	23,6	22,3	25,1	24,9	23,0	26,9	25,3	27,0	23,6
♦	38,6	27,0	43,3	28,5	42,7	47,5	27,2	43,8	51,3	35,8	36,4	44,7	31,9

Quellen: 1987: Eurostat Labour Force Survey, Sonderberechnung, in: Meulders et al. (1994) S. 59, 61; 1992, 1995 u. 1997: Eurostat Labour Force Survey.

Zeichenerklärung: ♦ = Keine unbefristete Beschäftigung zu finden.

Zu *Leiharbeit* liegen bisher keine verläßlichen gesonderten Daten vor (vgl. Meulders et al. 1994, S. 66). Die wenigen verfügbaren Zahlen geben an, daß beispielsweise im Jahr 1995 nur 0,1 % der Beschäftigten als Leiharbeiter/innen tätig waren, durchschnittlich waren pro Tag nur 2.000 Personen (0,08 % der Beschäftigten insgesamt) als Leiharbeitnehmer/innen beschäftigt (vgl. Europäische Kommission 1997, S. 25–76). Diese Werte zählen im EU-weiten Vergleich zu den absolut niedrigsten überhaupt (vgl. a.a.O.).

1.2.5 Arbeitnehmerähnliche Scheinselbständigkeit

„Arbeitnehmerähnliche Scheinselbständigkeit" ist in Dänemark nicht als besonderer rechtlicher Status bekannt. Die folgenden Ausführungen zu Selbständigkeit im allgemeinen werden zeigen, daß davon auszugehen ist, daß Erwerbsformen in der Grauzone zwischen Selbständigkeit und abhängiger Erwerbsarbeit in Dänemark bisher wohl nur eine sehr geringe Rolle spielen.

Der Anteil der Selbständigen an allen Arbeitskräften war in Dänemark in den letzten 15 Jahren durchgängig rückläufig bzw. stagnierend (vgl. OECD 1996a, S. 226–227; Madsen 1998). Zu Ende der 70er Jahre gab es in Dänemark in den Dienstleistungen und im sekundären Sektor über 200.000 Selbständige. Diese Zahl ging auf 169.000 im Jahr 1985 zurück und pendelt seit damals zwischen 160.000 und 170.000 (eine Ausnahme: 1990: 179.000; vgl. OECD 1996a, S. 226–227; Madsen 1998, S. 15).

Selbst wenn man also den zahlenmäßigen und proportionalen Rückgang der selbständigen Beschäftigung im landwirtschaftlichen Sektor außer Betracht läßt, ergibt sich wie angeführt keine insgesamt steigende Selbständigkeit in den anderen beiden Sektoren. Zugleich sind die Selbständigenquoten für die meisten Branchen rückläufig. Eine Ausnahme stellen die Finanzdienstleistungen und Dienstleistungen für Unternehmen dar. Dort nahm der Anteil der selbständigen Erwerbstätigkeit an der Gesamterwerbstätigkeit von 1,7 % im Jahr 1970 über 9,7 % im Jahr 1985 auf 11,2 % im Jahr 1997 zu (vgl. Madsen 1997, S. 15). Gerade in diesem Bereich ist davon auszugehen, daß Unternehmen ihre Flexibilität durch Auftragsvergabe an Subunternehmer und durch Outsourcing steigern und zugleich ein gewisser Teil der Auftragnehmer eine dauerhafte Geschäftsbeziehung zu nur einem einzigen Unternehmen unterhält (vgl. a.a.O., S. 15, 16). Dennoch ist davon auszugehen, daß diese Art der Selbständigkeit in Dänemark eine geringere Rolle spielt, „als in den meisten anderen Ländern Europas" (a.a.O., S. 15).

Tabelle 8: Beschäftigungsstatus nach Geschlechtern für ausgewählte Jahre

Jahr	Arbeitgeber u. Selbständige		Arbeitnehmer		Mithelfende Familienangehörige	
	Frauen	Männer	Frauen	Männer	Frauen	Männer
1986	3,5	14,2	91,4	85,7	4,7	–
1991	3,3	14,0	92,9	86,0	3,8	–
1995	4,0	11,9	93,8	87,8	2,3	(0,3)
1997	3,8	12,1	94,1	87,6	2,2	(0,3)

Quelle: Eurostat Labour Force Survey.

Die insgesamt geringen Beschäftigungszahlen bei Selbständigen gewinnen im Hinblick auf arbeitnehmerähnliche Scheinselbständigkeit weiter an Gewicht, wenn man bedenkt, daß die dänische Wirtschaftsstruktur historisch durch Klein- und Mittelbetriebe geprägt ist (vgl. Kristensen 1994; Marceau 1994, S. 167–169; Scheuer 1998, S. 148–149), zugleich haben aber nur etwas mehr als die Hälfte aller dänischen Selbständigen keine Arbeitnehmer/innen angestellt haben. Diese Zahl gilt für Männer und für Frauen gleichermaßen. Nur wenige EU-europäische Länder erreichen vergleichbare Werte. In beinahe allen anderen EU-Ländern rangieren die Selbständigen ohne Angestellte weit vor jenen mit solchen. Ausnahmen stellen zu einem gewissen Grad Deutschland [11], die Niederlande und Luxemburg dar (vgl. Rubery et al. 1995, Appendix Table 1.11a, 1.11b). Zusammenfassend ist davon auszugehen, daß arbeitnehmerähnliche Scheinselbständigkeit in Dänemark im internationalen Vergleich noch kaum eine Rolle spielt. Dies hängt auch mit einschlägigen arbeits- und sozialrechtlichen Regelungen zusammen, worauf später noch näher eingegangen wird.

1.2.6 Arbeit auf Abruf

Arbeitszeitbelange sind in Dänemark primär durch tarifvertragliche Absprachen, welche aber einen sehr hohen Deckungsgrad aufweisen, geregelt. Daneben bestehen nur einige wenige gesetzliche Regelungen zu Ruhezeiten etc. (vgl. ILO 1995, S. 111–123). Es gibt keine Hinweise darauf, daß Arbeit auf Abruf im engeren Sinne in Dänemark von größerer Bedeutung wäre. Zwar kam es zuletzt zu einer Flexibilisierung der täglichen Arbeitszeiten. Indessen sind in diesem Zusammenhang auch weiterhin Rahmenarbeitszeiten festgelegt (vgl. a.a.O., S. 115; unten Punkt 2.1.1.2).

2. Politische Regelungen

2.1 Arbeitsrechtliche Regelungen

Im „Tableau de Bord" der Europäischen Kommission wird der dänische Arbeitsmarkt hinsichtlich arbeitsrechtlicher Regelungen mit jenem Großbritanniens als der am wenigsten regulierte in der EU eingeschätzt. Großbritannien erreicht auf einer zehnstelligen Skala den Wert 0, Dänemark den Wert 2 (vgl. Europäische Kommission 1996, S. 48–49). Diese Einschätzung geht wohl primär auf die liberalen dänischen Kündigungsbestimmungen zurück. In anderen Bereichen entspricht die arbeitsrechtliche Regulierung durchaus in etwa dem Standard anderer europäischer Länder, deren Arbeitsmarkt in der gleichen Quelle als stärker reguliert eingeschätzt wird.

Allerdings sind in Dänemark breite Teile des Arbeitsrechts rein tarifvertraglich geregelt (vgl. Scheuer 1998, S. 150–151; Meinertz 1993, S. 95; sowie z. B. auch Due et al. 1995, 1995a; Krarup 1994; Valbjorn 1996, S. 11–15). „(...) the collective agreement is a most important instrument in Danish labour law, and it is without any doubt by far the most important source of labour law (...)" (Jacobsen 1994, S. 37). Der Deckungsgrad der Tarifverträge ist trotz einer (allerdings kontrollierten) Dezentralisierung der Aushandlungsstrukturen relativ hoch geblieben ist (vgl. Mesch 1995, S. 133–134; Grillberger/Edlinger 1991, S. 298; Lange et al. 1995; Pichot 1995; Scheuer 1997). 72 % aller dänischen Arbeiter/innen des privatwirtschaftlichen Bereiches [12] wurden 1995 von einer Kollektivvereinbarung erfaßt (vgl. Scheuer 1998, S. 165). Bei Angestellten beträgt der entsprechende Wert lediglich 39 %. Für diese existieren jedoch weitergehende gesetzliche Regelungen der Arbeitsbedingungen als dies bei Arbeiter/innen der Fall ist. Hervorzuheben ist in diesem Zusammenhang der gesetzliche Kündigungsschutz auf Basis des FUL (Angestelltengesetz). Daneben bestehen parallel wichtige allgemeine gesetzliche Regelungen etwa in bezug auf Arbeitszeit, Ruhezeiten und Urlaub.

Kündigungsschutz und Abfindungen

Es ist zwischen Angestellten und Arbeiter/innen zu unterscheiden. Für erstere gelten wie angeführt in der Regel gesetzliche Rahmenbedingungen, für zweitere tarifvertragliche, wobei die gesetzlichen Regelungen die für Arbeitnehmer/innen günstigeren Konditionen enthalten. Der Kündigungsschutz ist in Dänemark im internationalen Vergleich für beide Gruppen relativ schwach ausgeprägt (vgl. Büchtemann/Walwei 1996, S. 669).

– Für Angestellte ist im Falle der Beendigung des Arbeitsverhältnisses (*ordentliche Kündigung*) innerhalb der ersten 6 Monate der Anstellung eine einmonatige Kündigungsfrist einzuhalten. Eine Probezeit, die für eine Dauer von maximal 3 Monaten vereinbart werden kann, führt zu einer Ausnahme von dieser Regelung. Nach 6 Monaten bestehendem Arbeitsverhältnis beträgt die Kündigungsfrist 3 Monate. Sie erhöht sich weiter jeweils um einen Monat pro drei Jahre Betriebszugehörigkeit bis zu maximal 6 Monaten (vgl. Jura Europae 1995, S. 70.10–32; Peijpe 1998, S. 112).

– Gegenüber Arbeitern wird im ersten Jahr der Beschäftigung normalerweise kein Kündigungsschutz gewährt (vgl. Jacobsen 1994, S. 148; Jura Europae 1995, S. 70.10–32). In manchen Tarifverträgen beträgt die Wartezeit 9 Monate (vgl. Peijpe 1998, S. 113). In dieser Zeit sind Arbeiter/innen ohne Kündigungsfrist und ohne Angabe von Gründen (vgl. Küchle 1990, S. 410) kündbar. Da keine Gründe angegeben werden müssen, ist auch kein Verfahren wegen „ungerechtfertigter" Kündigung möglich. Die Kündigungsfrist beträgt danach eine Woche und erhöht sich mit dem Dienstalter. Bei einer Betriebszugehörigkeit von 5 Jahren beträgt sie beispielsweise ca. 70 Tage (vgl. Peijpe 1998, S. 113). Mehrere Tarifverträge, insbesondere jene im Bausektor, sehen keine Kündigungsfristen zugunsten von Arbeiter/innen vor (vgl. Jura Europae 1995, S. 70.10–33).

Ein Vertrag kann daneben fristlos gekündigt werden, wenn die andere Partei eine schwere Vertragsverletzung begeht oder bei höherer Gewalt (Mangel an Rohstoffen, rechtswidriger Streik). Zweiter Punkt gilt nur für Arbeiter/innen (vgl. a.a.O., S. 70.10–34).

Wenn der Vertrag durch den Arbeitgeber in unbilliger Weise beendet wird (weder betriebsbedingte Anforderungen noch ungehöriges Verhalten der Arbeitnehmer/in, ohne Einhaltung der Kündigungsfrist etc.; vgl. Jacobsen 1994, S. 156), steht Angestellten und Arbeiter/innen ein Schadenersatz oder ein Recht auf Wiedereinstellung zu. Dieser Schadenersatz kann maximal 52 Wochenbezüge betragen (vgl. Mayer/Mozet 1996, S. 29; Jacobsen 1994, S. 155, 158). Normalerweise kommen aber kaum Zahlungen in Höhe von über einigen Wochenlöhnen vor (vgl. Europäische Kommission 1996, S. 58). Die Höhe wird vom Gericht festgesetzt und richtet sich nach Alter und Betriebszugehörigkeit der gekündigten Arbeitskraft. Im Fall einer rechtswidrigen fristlosen Kündigung beträgt der Schadenersatz jedenfalls drei Monatslöhne (vgl. Jura Europae, S. 70.10–40).

Eine *Abfindung* bei einer betriebsbedingten Vertragsbeendigung kennt das dänische Arbeitsrecht nur für Angestellte. In § 2a FUL (Angestelltengesetz) ist festgelegt, daß diese nach 12 Jahren Beschäftigungszeit im Betrieb einen Monatsgehalt ausmacht. Nach 15 Jahren erhöht sie sich auf zwei, nach 18 Jahren Beschäftigung in einem Betrieb auf drei Monatsgehälter (vgl. Jacobsen 1994, S. 154; Peijpe 1998, S. 120).

Für *schwangere Frauen* gelten besondere, über die oben beschriebenen hinausgehende Schutzbestimmungen. Gemäß dem Gesetz über die Gleichbehandlung von Frauen und Männern aus dem Jahr 1991 haben Frauen, die wegen Schwangerschaft gekündigt werden, entweder ein Recht auf Wiedereinstellung oder auf Schadenersatzanspruch in der Höhe des Gehalts von 78 Wochen (vgl. Mayer/Mozet 1996, S. 33). Die Kündigungsfrist beträgt für sie jedenfalls 14 Tage (vgl. Blanpain 1992, S. 76). Weiterhin gibt es spezielle gesetzliche und tarifvertragliche Regelungen für Saison- und einige Arten von Hilfsarbeiter/innen.

Arbeitszeit und Urlaub

In *gesetzlicher* Hinsicht sind für die Festlegung der höchstzulässigen täglichen und wöchentlichen Arbeitszeit die Regelungen zu Ruhezeiten im „Gesetz über Arbeitsbedingungen" von 1976, in der Fassung von 1991, von zentraler Bedeutung (vgl. Meinertz 1993, S. 99; ILO 1995, S. 117; Jura Europae 1995, S. 70.30–5). Durch das „Gesetz Nummer 681 bezüglich der Arbeitsbedingungen" aus dem Jahr 1975 bestehen des weiteren besondere Einschränkungen der Arbeitszeiten jugendlicher Arbeitnehmer/innen (vgl. Jura Europae 1995, S. 70.30–5; Zeijen 1992, S. 34; ILO 1995, S. 114). Es gibt neben diesen Gesetzen, die primär Ruhezeiten zum Inhalt haben, keine weiterführende gesetzliche Regelung der Arbeitszeit.

Die Normalarbeitszeit ist in Dänemark *tarifvertraglich* geregelt. In praktisch allen Branchen beträgt sie seit 1991 einheitlich 37 Stunden, wobei die seit 1987 vollzogene Arbeitszeitverkürzung für niedere und mittlere Einkommen bei vollem Lohnausgleich erfolgte. Zugleich mit dieser Arbeitszeitverkürzung wurden vermehrte Möglichkeiten der Flexibilisierung der Arbeitszeit vereinbart (vgl. Mesch 1995, S. 119; Meinertz 1993, S. 98; MISEP 1996, S. 14). In den Lohnrunden 1991 und 1993 wie auch 1995 wurden keine neuen Arbeitszeitverkürzungen, aber weitere Schritte in Richtung Arbeitszeitflexibilisierung beschlossen (vgl. Mesch 1995, S. 130–134; ILO 1995, S. 112).

Ursprünglich sahen die meisten dänischen Tarifverträge eine tägliche Höchstarbeitsdauer von 8 Stunden täglich vor (vgl. Jura Europae 1995, S. 70.30–3). Jene täglichen Arbeitsstunden, die die im Tarifvertrag bestimmten Stunden überschreiten, gelten normalerweise als Überstunden. Insbesondere seit 1987 enthält jedoch eine steigende Anzahl von Tarif-verträgen Bestimmungen, nach denen die Möglichkeit besteht, die wöchentliche und tägliche Arbeitszeit auszudehnen, wenn im Durchschnitt von mehreren Wochen die im Tarif-vertrag vorgesehene wöchentliche Arbeitszeit nicht überschritten wird (vgl. a.a.O., S. 70.30–3; ILO 1995, S. 112–115; Meinertz 1993, S. 99).

„Echte" Überstunden, die nicht durch ein solches Modell abgedeckt sind, werden übli-cherweise mit Zuschlägen zwischen 50 % und 100 % abgegolten (vgl. ILO 1995, S. 115; Meinertz 1993, S. 99). Angestellte in mittleren und gehobenen Positionen erhalten zumeist keine Überstundenzuschläge [13] (vgl. Jura Europae 1995, S. 70.30–5). Das gleiche gilt auch für Teilzeitarbeitnehmer/innen, es sei denn, ihre Arbeitszeit übersteigt die für Vollzeitbeschäftigte geltende reguläre Arbeitszeit (vgl. Zeijen 1992, S. 47).

Der *Urlaubsanspruch* ist in Dänemark seit 1970 gesetzlich geregelt. Arbeitnehmer/innen haben Anspruch auf einen bezahlten jährlichen Urlaub von 2 1/2 Urlaubstagen pro Arbeitsmonat. Das entspricht 30 Tage oder 5 Wochen bezahlten Urlaub pro Jahr (vgl. Meinertz 1993, S. 99; Jura Europae 1995, S. 70.30–8).

2.1.1 Arbeitsrechtliche Regelungen atypischer Beschäftigungsformen

In Dänemark bestehen für Personen, welche einer atypischen Beschäftigung nachgehen, nur sehr wenige besondere positive Rechte.[14] Vielmehr sind atypisch Beschäftigte von den dargestellten allgemeinen arbeitsrechtlichen Vorschriften unter Umständen ausge-nommen. Diese Problematik zeigt sich insbesondere im Hinblick auf den Kündigungs-schutz bei geringfügig beschäftigten Angestellten, bei Überstundenzuschlägen für Teil-zeitbeschäftigte sowie darin, daß der Kündigungsschutz für Arbeiter/innen zumeist erst nach einem Jahr Beschäftigung bei einem Unternehmen wirksam wird.

Für befristete Beschäftigung und Leiharbeit bestehen weitere besondere gesetzliche Auf-lagen.

2.1.1.1 Teilzeitbeschäftigung und geringfügige Beschäftigung

Bei einer grundsätzlichen Gleichstellung von Teilzeitarbeitsverträgen mit Vollzeitarbeits-verträgen (etwa im Hinblick auf tariflich festgelegte Löhne, den Urlaubsanspruch oder den tarifvertraglichen Kündigungsschutz) gelten für Teilzeitbeschäftigte in Einzelfragen des Arbeitsrechtes doch andere Voraussetzungen als für Vollzeitbeschäftigte.

Für Teilzeitbeschäftigte gelten erstens besondere Arbeitszeitregelungen bzw. Regelungen zu Überstundenzuschlägen. Teilzeitarbeitnehmer/innen wird in der Regel kein Überstun-denzuschlag gewährt, es sei denn, ihre Arbeitszeit übersteigt die für Vollzeitbeschäftigte geltende reguläre Arbeitszeit (vgl. Zeijen 1992, S. 47).

Angestellte, welche in der Regel weniger als 15 Stunden pro Woche beschäftigt sind, fal-len nicht unter das Gesetz über das Rechtsverhältnis zwischen Arbeitgebern und Arbeit-nehmern (FUL). Mit der Konsequenz, daß gesetzliche Kündigungsvorschriften auf sie nicht anwendbar werden (vgl. inforMISEP 28/1989, Beilage; Jacobsen 1994, S. 51–52; Maier 1994, S. 167; Peijpe 1998, S. 108). Die tarifvertraglichen Kündigungsschutzrege-lungen für Arbeiter/innen gelten dagegen für alle Arbeiter/innen. Stundengrenzen oder andere besondere Ausschlußgründe, die eine für Teilzeitbeschäftigte von Vollzeitarbeitnehmer/innen abweichende Situation schaffen würden, spielen hier keine Rolle (vgl. z. B. Thurman/Trah 1990, S. 36–37; Küchle 1990, S. 409). Angestellte fallen unter Umständen ebenfalls unter diesen tarifvertraglichen Kündigungsschutz. Dies ist dann der Fall, wenn sie selbst und ihre Arbeitsstätte von einem Kollektivvertrag erfaßt werden (vgl. Peijpe 1998, S. 109). Wie oben bereits angeführt, ist dies jedoch nur für 39 % der Angestellten im privatwirtschaftlichen Sektor der Fall [15] (vgl. Scheuer 1998, S. 165).

Es stellt daneben ein Spezifikum der in Dänemark vorherrschenden Praxis der Teilzeitbeschäftigung dar, daß, wenn nicht in einem anzuwendenden Tarifvertrag eine Ausnahme vorgesehen ist, die Neueinstellung von Teilzeitbeschäftigten in einem Betrieb sowie auch die Umwandlung von Vollzeit- in Teilzeitarbeitsverhältnisse von der Zustimmung der betrieblichen Arbeitnehmervertretung abhängig sind (vgl. Jacobsen 1994, S. 98).[16] Diese Regelung ist vor dem Hintergrund der Tatsache zu verstehen, daß tarifvertraglich festgelegte Normalarbeitszeiten in der Regel nicht nur nach oben hin, sondern auch hinsichtlich einer Verkürzung der täglichen Normalarbeitszeit wirksam werden. Darauf wird im nächsten Punkt näher eingegangen.

2.1.1.2 Arbeit auf Abruf

Es liegen bisher keine Anzeichen dafür vor, daß Arbeit auf Abruf im engen Sinn [17] in Dänemark in größerem Umfang praktiziert würde. Vielmehr stehen solchen Arbeitsformen diverse vor allem tarifvertragliche Regelungen im Wege.

Es ist diesbezüglich erstens in Erinnerung zu rufen, daß die meisten dänischen Tarifverträge zumindest Rahmenarbeitszeiten vorsehen (vgl. oben; Jacobsen 1994, S. 98). Zugleich ist davon auszugehen, daß bei einer tarifvertraglichen Bindung eines Arbeitgebers dieser nicht berechtigt ist, ohne die Zustimmung der an dem Tarifvertrag beteiligten Gewerkschaften eine Verkürzung der in dem Tarifvertrag vorgesehenen Arbeitszeit zu beschließen, es sei denn, daß die Arbeitnehmer/innen für die weggefallenen Arbeitsstunden entlohnt werden (vgl. Jura Europae 1995, S. 70.30–3; Jacobsen 1994, S. 97–98). Zahlreiche Tarifverträge sehen für Teilzeitarbeitnehmer/innen eine kürzere – aber auch hier nur in begrenztem Ausmaß variable – Arbeitszeit vor. Es ist jedoch nicht auszuschließen, daß es im tarifvertragsfreien Raum zu solchen Beschäftigungsverhältnissen ohne jedenfalls zu entlohnender Mindestarbeitszeit kommt.

Daneben kennt das dänische Arbeitsrecht eine Art vorübergehende Freistellung („lay off") von der Arbeit. Dies wird mit dem Begriff „hjemsendelse" umschrieben, der soviel wie „nach Hause schicken" bedeutet (vgl. Peijpe 1998, S. 120–121). Bei Arbeitern und Arbeiterinnen kann ein solcher Schritt auf Basis eines Tarifvertrages oder des Fallrechtes erfolgen. Die entsprechenden Personen haben dann kein Anrecht auf eine Weiterbezahlung des Lohnes. In der Regel kann aber nach einer Karenzzeit von zwei Tagen Arbeitslosengeld bezogen werden (vgl. a.a.O., S. 121). Es ist davon auszugehen, daß solche Personen einen beträchtlichen Teil der in Dänemark Arbeitslosengeld beziehenden Personen darstellen (vgl. a.a.O.). Daraus erklärt sich teilweise der in Dänemark relativ hohe Beschäftigungsumschlag und die kurze Dauer durchschnittlicher Arbeitslosigkeitsepisoden. Für Angestellte ist im Gegensatz zu Arbeitern eine solche Freistellung ohne Entlohnung nicht zulässig.

2.1.1.3 Befristete Beschäftigung

Generell kann gelten, daß befristet Beschäftigte, was allgemeine arbeitsrechtliche Standards betrifft, anderen Arbeitnehmer/innen gleichgestellt sind. Gleiches gilt für tarifvertragliche Regelungen (vgl. Schömann et al. 1998, S. 31).

Gleichzeitig gibt es in Dänemark nur einige wenige besondere spezifisch auf befristete Beschäftigungsverhältnisse anzuwendende Regelungen. Weder tarifvertragliche noch gesetzliche Regeln kennen für befristete Beschäftigung eine Begründungspflicht und/oder maximale Laufzeiten (vgl. Schömann et al. 1994, S. 34; 1998, S. 31–32; Delsen 1995, S. 140). Allerdings sind nach dem Angestelltengesetz und nach Meinung der dänischen Gerichte Verlängerungen von befristeten Arbeitsverträgen null und nichtig, wenn das Gericht zu der Überzeugung gelangt, daß mit der befristeten Verlängerung eines befristeten Vertrages der Kündigungsschutz oder Senioritätsrechte aus dem Tarifvertrag oder dem FUL (Angestelltengesetz) umgangen werden sollen (vgl. Jacobsen 1994, S. 68; Schömann et al. 1998, S. 31). In solchen Fällen wandelt sich der befristete Vertrag in einen unbefristeten um. Das Dienstalter des Arbeitnehmers berechnet sich in diesem Fall ab dem ersten Arbeitstag des ursprünglich befristeten oder für eine bestimmte Tätigkeit geschlossenen Vertrages. Damit beginnt die Wartezeit zur Gewährung eines Kündigungsschutzes, welche wie beschrieben für Arbeiter/innen zumeist ein Jahr bzw. für Angestellte drei Monate (Probezeit) beträgt, bereits mit dem Beginn des ursprünglich befristeten Arbeitsvertrages (vgl. Jacobsen 1994, S. 67). Auch Arbeitsverträge, die nach dem eigentlich festgesetzten Auslaufen des Vertrages stillschweigend von beiden Seiten fortgesetzt werden, gelten als unbefristete Arbeitsverträge.

Angestellte mit befristeten Verträgen von bis zu drei Monaten Dauer sind daneben von den oben dargestellten kündigungsrechtlichen Vorschriften teilweise ausgenommen. Die Kündigungsfrist beträgt für sie, wenn keine Probezeit vereinbart wurde, 14 Tage statt eines Monats (vgl. Blanpain 1992, S. 76).

Neben Verträgen auf Zeit sind in Dänemark auch Verträge üblich, die durch den Eintritt eines bestimmten Ereignisses auslaufen. Die zwei Vertragsparteien schließen dabei einen unbefristeten Arbeitsvertrag, jedoch auf „Zeitbasis". Ein solcher Vertrag hat zur Folge, daß die Parteien den Vertrag ohne Kündigungsfrist oder mit kürzerer Kündigungsfrist als sonst vorgesehen auflösen können (vgl. Jura Europae 1995, S. 70.10–11). Solche Arbeitsverträge kommen in erster Linie in Fällen vor, wenn ein/e andere/r Arbeitnehmer/in etwa im Fall der Schwangerschaft, längerfristiger Krankheit oder bei anderen Gründen der Abwesenheit ersetzt werden muß. Das dänische Arbeitsrecht enthält keine allgemeinen Vorschriften, die solche Verträge verbieten. Nur für Angestellte gilt nach dem Angestelltengesetz (Art. 2 Abs. 4) die Einschränkung, daß ein solches befristetes Arbeitsverhältnis nicht länger als drei Monate andauern darf, ansonsten wandelt es sich in ein unbefristetes um.

Nachdem wie angeführt bei Arbeiter/innen zumeist erst nach einem Jahr ununterbrochener Beschäftigung bei ein und demselben Arbeitgeber ein Kündigungsschutz gewährt wird (bei Angestellten, wenn eine Probezeit vereinbart wird, nach drei Monaten), unterschätzen die oben wiedergegebenen Zahlen das Ausmaß der in Dänemark „de facto" gegebenen befristeten Beschäftigung. Vom arbeitsrechtlichen Standpunkt aus können alle Arbeiter/innen mit einer Beschäftigungsdauer von weniger als einem Jahr als nicht dauerhaft Beschäftigte angesehen werden, ohne daß dies im Arbeitsvertrag explizit so angeführt wird.

2.1.1.4 Leiharbeit

Bei einer allgemeinen arbeitsrechtlichen Gleichstellung von Leiharbeitnehmer/innen mit anderen Arbeitnehmer kommen in Dänemark für diese Beschäftigungsform besondere Regelungen zur Anwendung.

Erstens dürfen nur spezifisch behördlich genehmigte Unternehmen als Leiharbeitsfirmen tätig werden. Für Leiharbeitsverträge ist in Dänemark zweitens eine maximale Dauer von drei Monaten festgesetzt. Zwischen solchen Verträgen bei ein und demselben Entleiher müssen Pausen liegen. Der Vertrag ist zwischen dem Leiharbeitnehmer und der Verleihfirma in Schriftform abzufassen (vgl. Blanpain 1992, S. 24) und die jeweilige betriebliche Gewerkschaftsvertretung zu informieren. Fernerhin ist die Ausübung von Leiharbeit nur für Büro- und Handelsberufe zulässig, über eine diesbezügliche Liberalisierung wird jedoch diskutiert (vgl. Delsen 1995, S. 136–137). Anders als in vielen anderen westeuropäischen Ländern sind keine anderen besonderen Auflagen – etwa eine besondere Begründungspflicht – zu erfüllen (vgl. a.a.O., S. 136–137). Vertreten werden die Leiharbeitnehmer/innen nicht mittels des Betriebsrates des entleihenden Unternehmens, sondern durch jenen des Verleihers. Da Leiharbeitnehmer/innen zumeist befristet beschäftigt sind, haben die allgemeinen obigen Ausführungen zu befristeter Beschäftigung auch für sie Geltung.

2.1.1.5 Arbeitnehmerähnliche Scheinselbständigkeit

Das dänische Arbeitsrecht kennt den Begriff des „arbeitnehmerähnlichen Scheinselbständigen" nicht. Zugleich ist der Begriff des „Arbeitnehmers" nirgends definiert. Eine solche Definition ist nur aus unterschiedlichen Rechtsquellen ableitbar. Es wird davon ausgegangen, daß ein Arbeitnehmer eine Person ist, die gegenüber einer anderen Person Dienste erbringt, in bezug auf die Arbeit deren Anweisungen unterliegt und eine Vergütung in Form eines Arbeitslohns erhält (vgl. Jura Europae 1995, S. 70.30–16; Jacobsen 1994, S. 49). Nachdem aber sowohl der Leistungs- als auch der Arbeitslohn eine für Arbeitnehmer/innen praktikable Vergütungsform darstellt, stellt sich eine Abgrenzung wiederum schwierig dar. Besondere Regelungen, welche solche Grenzfälle gezielt zum Inhalt haben, gibt es nicht.

Nachdem das dänische Arbeitsrecht daneben den Status des „arbeitnehmerähnlicher Selbständigen" oder ähnliches nicht kennt, werden solche Selbständige in arbeitsrechtlicher Hinsicht wie andere Selbständige behandelt. Arbeitsrechtliche Schutznormen, wie sie für Arbeitnehmer/innen gegeben sind, kommen demnach nicht zur Anwendung.

2.2 Sozialrechtliche Regelungen

Das dänische System sozialer Sicherung kann jenem des sozialdemokratischen Modells (vgl. Esping-Anderson 1990) zugerechnet werden.[18] Das impliziert, daß ein Gutteil der Leistungen durch ein relativ hohes Niveau und zugleich die Zugangsbedingungen in hohem Maße von Universalität gekennzeichnet sind (vgl. Kvist 1997).

Diskutiert und durchgeführt wurden in den letzten Jahren vornehmlich Reformen bezüglich der Arbeitslosenversicherung, die die dort anfallenden Kosten senken sollen (vgl. Scheuer 1992, S. 178–180; Peijpe 1998, S. 122–124).

Abbildung 4.: Soziale Sicherungssysteme in Dänemark

Risiko	Art der Leistung	Anspruchsvoraussetzung	Art/Höhe der Leistung
Krankheit	Sachleistung bei Krankheit	Wohnbürgerschaft	Alle Sachleistungen; Selbstbehalte bei Zahnbehandlung und für Medikamente.
Krankheit	Krankengeld	Wartezeiten für Arbeitnehmer und Selbständige; AN: Geringfügigkeitsgrenze!	Am vorherigen Einkommen orientiert; Höchstsätze.
längerfristige (Teil)erwerbsunfähigkeit	Invaliditätspension	Erwerbsunfähigkeit von mindestens 50 %; 3 Jahre Wohnbürgerschaft.	Errechnet als Pauschalbetrag; abhängig von Alter und Grad der Erwerbsunfähigkeit.
Berufskrankheiten, Arbeitsunfälle	Arbeitsunfähigkeitspension	i. d. Regel nur für Arbeitnehmer; Leistung aus gesetzlicher privater Unfallversicherung.	Berechnet am Einkommen des Vorjahres entsprechend dem Grad der Erwerbsunfähigkeit.
Arbeitslosigkeit	Arbeitslosengeld	Gewisses Maß an Erwerbstätigkeit und SV-Beiträgen. Mitgliedschaft freiwillig.	Berechnet am vorigen Einkommen; Maximalrate.
Armut/soziale Mindestsicherung	Social Bistand	Bedürftigkeit	Errechnet als Pauschalbetrag; Zuschläge je nach Alter und Familiensituation.
Alter	Grundrente	Alter; mind. 3 Jahre Wohnsitz in Dänemark.	Errechnet als Pauschalbetrag je nach Dauer der Wohnzeit in Dänemark.
Alter	ATP-Zusatzrente	Arbeitnehmer ab gewisser Arbeitszeit; u. U. auch Selbständige; Versicherungszeiten.	Am vorherigen Einkommen orientiert.
Mutterschaft	Mutterschaftsgeld	vgl. Krankengeld	vgl. Krankengeld

Einzelne Sicherungssysteme

Die in Dänemark im Sicherungsfall beziehbaren Sozialleistungen orientieren sich an unterschiedlichen Kriterien der Anspruchsvoraussetzung.

Erstens bestehen universell ausgerichtete Teilsysteme, die in der Regel am Status der Wohnbürgerschaft anknüpfen. Zu diesen zählen Sachleistungen bei Krankheit, die Grundrente im Alter, die Invaliditätspension bei längerfristiger (Teil)erwerbsunfähigkeit sowie die Sozialhilfe („Social Bistand"), deren Bezug zusätzlich an die Bedingung der Bedürftigkeit gebunden ist.

Das universelle System der Versorgung mit *Sachleistungen* im Fall von *Krankheit* wurde 1973 geschaffen. Die bis dahin bestehenden Krankenkassen wurden abgeschafft.

Anspruch auf die weitgehend steuerfinanzierte staatliche *Grundrente* im Alter („folkrpension") haben alle Einwohner/innen dänischer Nationalität ab dem Rentenanfallsalter (67 Jahre), die im Alter zwischen 15 und 67 Jahren zumindest 3 Jahre lang ihren Wohnsitz in Dänemark hatten. Die dänische Altersversorgung ist damit, auch im internationalen Vergleich, sehr universalistisch ausgerichtet (vgl. z. B. Schmid 1996, S. 184f; Lodemel/ Pedersen 1993; Ginn/Arber 1998). Die volle Grundrente wird gewährt, wenn eine Person zwischen dem 15. und dem 67. Lebensjahr zumindest 40 Jahre ihren Hauptwohnsitz in Dänemark hatte. Dieser Höchstsatz betrug 1996 3.798 DKR (510 Euro) pro Monat. Zusätzlich zu dieser Grundrente können je nach familiären Verhältnissen und Einkommensverhältnissen Zuschläge in beträchtlicher Höhe (bis zu ca. 90 % der normalen Grundrente) bezogen werden. Die garantierte monatliche Grundrente betrug 1996 für Alleinstehende 7.563 DKR (1.018 Euro), für jeden Partner einer Lebensgemeinschaft (gleich ob verheiratet oder nicht) 5.466 DKR (735 Euro) (vgl. Kvist 1997, S. 25).

Sollen bei *längerfristiger (Teil)erwerbsunfähigkeit* Leistungen gewährt werden, muß eine Erwerbsunfähigkeit von mindestens 50 % vorliegen. Unter die entsprechenden Regelungen fallen alle dänischen Staatsangehörigen, die zwischen 15 und 67 Jahre alt sind und seit mindestens drei Jahren ihren Wohnsitz in Dänemark haben. Die Höhe des ausgezahlten Betrages hängt primär vom Alter und vom Grad der Arbeitsunfähigkeit ab (vgl. MIS-SOC 1996, S. 204; Pieters 1990, S. 47–49). Wichtig ist im hier vorliegenden Forschungszusammenhang, daß diese Rente auf Basis eines Pauschalbetrages kalkuliert wird und nicht wie das Krankengeld von der vorherigen Einkommenshöhe oder etwa von Versicherungszeiten abhängt. Die maximale (bei 100%iger Erwerbsunfähigkeit) monatliche Rente ist mit 9.865 DKR monatlich (1996; entspricht ca. 1.327 Euro) im internationalen Vergleich gegenüber anderen pauschalierten Renten relativ hoch angesetzt.

Ebenfalls universalistisch ausgerichtet ist das System der sozialen Mindestsicherung. Bedürftige Personen haben die Möglichkeit, um eine Art *Sozialhilfe*, den „Social Bistand", anzusuchen (vgl. dazu MISSOC 1997, S. 386–414). Die Höhe der Leistung für Alleinstehende liegt bei 60 % des Höchstbetrages der Leistungen bei Arbeitslosigkeit, bei Personen mit Kindern bei 2x80 % dieses Betrages und für ein kinderloses Paar bei 2x60 % des Höchstbeitrages. Letzterer belief sich 1997 auf 2.630 DKR (353 Euro) pro Woche bzw. 526 DKR (71 Euro) pro Tag. Daneben gibt es Staffelungen nach dem Alter und dem Wohnsitz, je nachdem, ob man bei den Eltern wohnhaft ist oder nicht. Die aus beitragsunabhängigen Grundsicherungssystemen beziehbaren Leistungen sind, zusammen mit jenen, die in Luxemburg gewährt werden, die höchsten in EU-Europa überhaupt.

Andere zentrale Zweige des Systems sozialer Sicherung knüpfen am vorherigen Erwerbsstatus an. Das gilt für Mutterschafts- und Krankengeld, für das Arbeitslosengeld, für Geldleistungen infolge von Berufskrankheiten und Arbeitsunfällen sowie für die ATP-Zusatzrente.

Geldleistungen im Falle von Krankheit können grundsätzlich alle Arbeitnehmer/innen und Selbständige wie auch mithelfende Ehepartner beziehen (vgl. Europäische Kommission, GD V 1996a, S. 29, 120; Euroatlas 1996, S. 40). Der Bezug solcher Leistungen ist an gewisse Bedingungen gebunden. Arbeitnehmer/innen müssen während der letzten 13 Wochen mindestens 120 Stunden gearbeitet haben, ungeachtet dessen, daß die Geldleistungen im Krankheitsfall nicht primär durch Beiträge, sondern weitgehend durch das allgemeine Steueraufkommen finanziert werden.[19] Unter gewissen Umständen können auch Selbständige Krankengeld beziehen (vgl. unten Punkt 2.2.1.4).

Die Höhe des Krankengeldes bemißt sich auf Basis des tatsächlichen Stundenlohnes bzw. des Lohnes in den letzten vier Wochen bis zu einer Obergrenze von wöchentlich DKR 2.617 (352 Euro) bzw. stündlich 70,73 DKR (9,5 Euro) (Zahlen von 1996).

Was *Mutterschaftsgeld* betrifft sind grundsätzlich alle Arbeitnehmerinnen sowie alle selbständigen Frauen einschließlich mithelfender Ehefrauen abgedeckt. Regelungen zu Mindestbeschäftigung etc. in der Zeit vor der Entbindung entsprechen den Voraussetzungen zum Bezug von Geldleistungen im Krankheitsfall. Die Höhe der Leistungen wird ebenfalls gleich berechnet wie jene des Krankengeldes. Sie hängt also wesentlich von vorherigen Verdienst ab. Der Bezugszeitraum erstreckt sich über vier Wochen vor dem voraussichtlichen Datum der Entbindung und 24 Wochen nach dieser. Die letzten 10 Wochen dieser 24 Wochen können dem Vater zufallen.

Im Falle von *Arbeitsunfällen* und *Berufskrankheiten* kommt in Dänemark die beitragsfinanzierte private Unfallversicherung zur Anwendung, welche sich verpflichtend auf alle Arbeitnehmer/innen, nicht jedoch auf Selbständige erstreckt (vgl. MISSOC 1996, S. 270). Anders als die oben beschriebenen längerfristigen Renten aus „allgemeiner" Krankheit berechnen sich die Renten nach Arbeitsunfällen und Berufskrankheiten primär aus dem Vorjahreseinkommen bis zu einem Höchstbetrag von 303.000 DKR (40.756 Euro) und an Hand eines Mindestbetrages von 113.000 DKR (15.200 Euro) (vgl. MISSOC 1997, S. 292).

Gleich wie die spezifischen Leistungen bei Arbeitsunfällen und Berufskrankheiten ist auch die soziale Sicherung im Fall von *Arbeitslosigkeit* (vgl. im Überblick Schmid/Reissert 1996, S. 239) in Dänemark primär in einem Beitragsystem[20] organisiert (vgl. allg. OECD 1995a, S. 93–130). Die Mitgliedschaft in einer der momentan 37 staatlich anerkannten und nach Berufszweigen organisierten Arbeitslosenversicherungskassen erfolgt auf freiwilliger Basis[21] (vgl. MISEP 1996, S. 8).

Eine Mitgliedschaft steht Arbeitnehmer/innen, Selbständigen, mithelfenden Familienangehörigen, den Militärdienst Leistenden, Personen in öffentlichen Ämtern (Politiker/innen) sowie Personen, deren Abschluß einer Berufsausbildung nicht länger als zwei Wochen zurückliegt, offen (vgl. a.a.O., S. 8). Besondere Voraussetzungen bestehen für Teilzeitbeschäftigte (Arbeitszeit unter 30 Stunden wöchentlich) (vgl. unten Punkt 2.2.1.1).

Erstens wird als Bezugsvoraussetzung für das Arbeitslosengeld im Normalfall eine mindestens zwölfmonatige Mitgliedschaft in der Arbeitslosenversicherungskasse verlangt. Bis Ende 1992 galt daneben die Voraussetzung, daß in den letzten drei Jahren eine Beschäftigung von mindestens 26 Wochen auf einem nicht subventionierten Arbeitsplatz gegeben sein mußte (vgl. MISEP 1996, S. 9). Mit Wirkung vom 1. Januar 1997 wurde die Frist auf 52 Wochen für Vollzeitbeschäftigte und auf 34 Wochen für Teilzeitbeschäftigte ausgedehnt (Peijpe 1998, S. 122). Haben die entsprechenden Personen jedoch schon einmal Arbeitslosengeld bezogen, genügt eine Beschäftigungsdauer von 26 bzw. 17 Wochen in den letzten drei Jahren.

Arbeitslosengeld kann aktuell maximal fünf Jahre lang bezogen werden, wobei in den letzten drei Jahren für Leistungsbezieher eine weitergehende Verpflichtung besteht, an angebotenen Trainingsmaßnahmen teilzunehmen bzw. angebotene Jobs anzunehmen und auszuüben (vgl. trends 28/1997, S. 18; Peijpe 1998, S. 123). Zwischen 1994 und 1997 wurde Arbeitslosengeld für maximal sieben Jahre ausbezahlt. Davor lag die Maximalbezugsdauer bei 2 Jahren (vgl. OECD 1995a, S. 98; Schmid 1996, S. 44–45; MISSOC 1996, S. 358; Schmid/Reissert 1996, S. 239).

Die Höhe des Arbeitslosengeldes errechnet sich primär aus dem letzten Bezugslohn. Die Lohnersatzrate beträgt aktuell 90 %. Allerdings ist eine Höchstgrenze für die wöchentlich maximal auszahlbare Leistung eingezogen. Diese Grenze beträgt (Stand 1997) 2.630 DKR (354 Euro) pro Woche bzw. 526 DKR (71 Euro) pro Tag.

Ebenfalls an vorheriger Erwerbstätigkeit und am vorherigen Einkommen orientiert ist das *ATP Zusatzrentensystem*, das als Ergänzung des Volksrentensystems gedacht ist. Alle

Arbeitnehmer/innen im Alter zwischen 18 und 66 Jahren werden bei einer wöchentlichen Arbeitszeit von 9 Stunden und mehr von dem System erfaßt (vgl. Dürkop 1993, S. 83; MISSOC 1997, S. 228; Ginn/Arber 1998, S. 161). Für Selbständige und Teilzeitbeschäftigte gelten besondere Bedingungen (vgl. unten Punkt 2.2.1.4). Seit 1993 entrichten in der Regel auch Personen, die nicht berufstätig sind, zugleich aber Sozialversicherungsleistungen beziehen, Beiträge zur ATP-Zusatzrente. Die entsprechenden Zugangsmöglichkeiten wurden 1997/98 nochmals ausgedehnt (vgl. Kvist 1997, S. 29). Wenn sich ein/e Leistungsbezieher/in für diese Option entscheidet, trägt der Staat zwei Drittel der Beitragskosten (vgl. Ginn/Arber 1998, S. 161; Kvist 1997, S. 28).

Die ATP-Zusatzrente errechnet sich aus den Versicherungszeiten[22], welche die Leistungsbezieher/innen nachweisen können, und aus der Höhe der Beiträge. Dennoch ist die ATP-Zusatzrente, wie später (Punkt 2.2.1.1) gezeigt werden wird, nicht im strikten Sinn von Einkommen während des Erwerbslebens abhängig, da die Beiträge zur Versicherung pauschaliert sind (vgl. auch Ginn/Arber 1998, S. 161). Die volle ATP-Zusatzrente kann an Personen ausbezahlt werden, welche „40 Jahre und mehr" versichert waren (vgl. Dürkop 1993, S. 80). Für jeweils 44 Versicherungswochen vor und jeweils 36 Versicherungswochen nach dem 60. Lebensjahr wird dem Versicherten ein „Versicherungsjahr" gutgeschrieben. Die maximal erreichbare Rentenhöhe belief sich 1996 auf 14.628 DKR jährlich (= ca. 1.968 Euro; vgl. MISSOC 1997, S. 236).

Neben der Grundpension und der ATP-Zusatzrente bestehen in Dänemark sogenannte Arbeitsmarktpensionen (*arbejdsmarkedspensioner*), welche beitragsfinanziert sind und auf tarifvertraglichen oder betrieblichen Abmachungen fußen sowie Privatpensionen (vgl. Kvist 1997, S. 28–29). Anders als etwa in Großbritannien aus dem SERPS ist aber ein „Opting Out" aus der staatlichen ATP-Zusatzrente nicht möglich.

2.2.1 Sozialrechtliche Regelungen atypischer Beschäftigungsformen

In Dänemark bestehen gegenüber atypisch Beschäftigten im wesentlichen keine besonderen positiven sozialrechtlichen Regelungen. Vielmehr sind atypisch Beschäftigte je nach Beschäftigungsform und spezifischen Umständen teilweise von der Mitgliedschaft in den einzelnen Sicherungssystemen bzw. teilweise vom Bezug der jeweiligen Leistungen ausgeschlossen oder erhalten ein niedrigeres Niveau an Leistungen. Andere Teilsysteme wiederum garantieren aufgrund ihrer universellen Ausrichtung und wegen des relativ hohen Sicherungsniveaus auch (ehemals) atypisch Beschäftigten im Sicherungsfall eine relativ umfassende und weitreichende soziale Sicherung.

2.2.1.1 *Teilzeitbeschäftigung und geringfügige Beschäftigung*

In sozialrechtlicher Hinsicht sind in Dänemark gegenüber Teilzeitarbeit drei Stundengrenzen eingefügt, welche Beschäftigung unter diesen Stundengrenzen zu „geringfügiger" Beschäftigung machen, d. h. die so Beschäftigten grundsätzlich vom System bzw. von Leistungen aus diesem ausschließen (vgl. Delsen 1995, S. 119).

– Als „Teilzeitmitglieder" können in der Arbeitslosenversicherung nur Personen aufgenommen werden, deren Wochenarbeitszeit in den letzten 10 Wochen unmittelbar vor Beantragung der Mitgliedschaft mindestens 15 Stunden betrug. Personen mit geringren Arbeitsstunden sind von der Arbeitslosenversicherung ausgeschlossen (vgl. auch Maier 1994, S. 171; Delsen 1995, S. 118; O'Reilly 1996, S. 577f; Grimshaw/Rubery 1998, S. 324). Ab einer wöchentlichen Arbeitszeit von 30 Stunden werden die entsprechenden Personen als „Vollzeitmitglieder" der Arbeitslosenkassen angesehen. Teilzeitmitglieder, also Personen, welche zwischen 15 und 30 Stunden wöchentlich beschäftigt sind, können höchstens 2/3 des normalen Arbeitslosengeldsatzes beziehen, gleichzeitig wird die pauschale Versicherungsprämie entsprechend gekürzt. Mit der Reform von 1995 ist die zum Bezug von Arbeitslosengeld erforderliche Beschäftigungszeit für Teilzeitbeschäftigte nicht im gleichen Maß ausgedehnt worden, wie dies für Vollzeitarbeitnehmer/innen der Fall ist. Von Teilzeitbeschäftigten werden zum erstmaligen Arbeitslosengeldbezug 34 Wochen Beschäftigung in den letzten drei Jahren verlangt (52 Wochen von Vollzeitbeschäftigten). Wenn Arbeitslose nach zwei Jahren Arbeitslosigkeit im Rahmen eines öffentlichen Arbeitsmarktprogrammes einen „Pool-Job" (eine Art Trainingsstelle) oder auch einen auf Eigeninitiative gefundenen Arbeitsplatz mit geringem Arbeitseinkommen annehmen, wird das Einkommen in der Regel um die Differenz zum Arbeitslosengeld aufgestockt. Vorher bestehende Regelungen, die dies schon vor einer zweijährigen Arbeitslosigkeitsdauer möglich machten, begannen 1996 auszulaufen (vgl. Peijpe 1998, S. 123).

– Bei einer Wochenarbeitszeit von unter 9 Stunden werden keine Beiträge an die ATP-Zusatzrente fällig. Zugleich entstehen aber auch keine anrechenbaren Versicherungszeiten. Für Teilzeitarbeitnehmer, die über dieser Stundengrenze zu liegen kommen, gelten besondere Beitragsvoraussetzungen. Zwischen 9 und 17 Stunden wöchentlicher Arbeitszeit fällt nur ein Drittel der für Vollzeitarbeitnehmer vorgesehenen Sozialversicherungsbeiträge an, für solche mit einer Arbeitszeit zwischen 18 und 26 Stunden zwei Drittel derselben. Ab 27 Wochenstunden ist der volle Satz zu entrichten. Zugleich verringern Beitragszeiten mit weniger als 27 Stunden wöchentlicher Beschäftigung die später auszuzahlende Pension, „(...) but the banding of contributions ensures a more redistributive structure than an earnings-related pension scheme" (Ginn/Arber 1998, S. 161).

– Krankengeld und Geldleistungen bei Mutterschaft werden gegenüber Arbeitnehmer/innen im wesentlichen nur zahlbar, wenn unmittelbar vor Krankheitsbeginn innerhalb von 13 Wochen 120 Stunden gearbeitet wurde. Das bedeutet, daß Personen mit unter 10 Stunden wöchentlicher Beschäftigung keine entsprechenden Leistungen erhalten können.

Einkommensbezogen berechnet werden in Dänemark das Krankengeld bei vorübergehender Erwerbsunfähigkeit, Geldleistungen bei Mutterschaft, das Arbeitslosengeld sowie die Invaliditätsrente wegen Arbeitsunfällen und/oder Berufskrankheiten. Bedingt gilt dies auch für die ATP-Zusatzrente. Die dort die Berechnungsgrundlage bildenden Versicherungsbeiträge werden jedoch wie beschrieben anhand von Pauschalsätzen, welche an der wöchentlichen Arbeitszeit orientiert sind, eingehoben.

Die Volkspension, das Krankengeld bei andauernder Erwerbsunfähigkeit sowie der „Social Bistand" werden hingegen auf Basis von Pauschalbeträgen kalkuliert.

Leistungssystemen, die das vorherige Einkommen als primären Anknüpfungspunkt zur Leistungsberechnung haben, zeitigen für (ehemalige) Teilzeitarbeitnehmer/innen bzw. allgemein Arbeitnehmer/innen mit geringen Einkommen dahingehend ungünstige Wirkungen, als die auf Basis einer solchen Erwerbstätigkeit kalkulierten Leistungen in Summe unter Umständen relativ mäßig ausfallen. Es sind in den einkommensbezogenen Systemen Dänemarks in der Regel auch keine pauschalierten Mindestleistungen festgesetzt. Ausnahmen stellen Leistungen bei Arbeitsunfall oder Berufskrankheiten und das Arbeitslosengeld dar. Bei letzterem kommt ein Mindestsatz von 429 DKR (58 Euro) täglich jedoch nur zur Anwendung, wenn ein/e Arbeitnehmer/in unmittelbar vor Eintritt der Arbeitslosigkeit drei Jahre lang ununterbrochen als Vollzeitarbeitnehmer/in beschäftigt war. Teilzeitbeschäftigte sind von dieser Regelung ausgeschlossen.

Allerdings weisen die parallel dazu bestehenden nicht beitragsbezogenen Leistungen bei relativ hoher Universalität des Zuganges ein im internationalen Vergleich relativ hohes Niveau auf (vgl. Ginn/Arber 1998). Der Social Bistand kann jedoch nur bei Bedürftigkeit bezogen werden.

Explizit gefördert wird Teilzeitbeschäftigung in Dänemark seit 1994 im Rahmen des sogenannten Teilzeit-Vorruhestandsgeldes (Delefterløn). Arbeitnehmer/innen im Alter zwischen 60 und 66 Jahren können dabei unter besonderen Voraussetzungen, wenn sie ihre Arbeitszeit um mindestens durchschnittlich 12 Stunden je Woche verkürzen, ein vermindertes Arbeitslosengeld beziehen. Selbständige müssen nachweisen, daß ihre Arbeitszeit als Selbständige auf 18,5 Stunden je Woche verkürzt wurde. Teilzeit-Vorruhestandsgeld wird mit einem festen Satz von etwa 58 DKR (7,8 Euro) je Stunde der Arbeitszeitverkürzung gezahlt.

2.2.1.2 Job-Sharing

Seit 1994 wird aus Mitteln der Arbeitslosenversicherungskassen ein Programm zur Arbeitsteilung („Arbjedsforderling") finanziert. Ein Mitglied einer Arbeitslosenversicherungskasse, das mit verkürzter Arbeitszeit arbeitet, hat unter bestimmten Voraussetzungen Anspruch auf ein verringertes (ergänzendes) Arbeitslosengeld (vgl. MISEP 1996, S. 38). Die Arbeitsteilungsvereinbarung muß aufgrund einer Tarifvereinbarung oder aufgrund einer Vereinbarung über vorübergehende Arbeitszeitverkürzung, mit dem Ziel, Entlassungen zu vermeiden, eingeführt sein und zumindest eine gesamte Betriebseinheit oder Abteilung betreffen (vgl. MISEP 1996, S. 38). Die Arbeitszeit muß dabei um ganze Tage gekürzt werden und die Kürzung mindestens zwei Tage pro Woche betragen. Der maximale Bezugszeitraum beträgt 52 Wochen in einem Zeitraum von 70 Wochen. Streng genommen handelt es sich also um eine Art Programm zur Kurzarbeit und weniger um Arbeitsplatzteilung im klassischen Sinn.[23]

Daneben können die 1994 neu eingeführten Maßnahmen Berufsbildungs-, Erziehungs- und Langzeiturlaub ebenfalls zu einer Umverteilung der Arbeit führen. Jedenfalls ist es ein erklärtes Ziel der Maßnahmen, die „Arbeitsplatzrotation" (MISEP 1996, S. 34) am Arbeitsmarkt zu erhöhen. Das trifft insbesondere auf den Langzeiturlaub („Sabbatorlov") zu. Der Langzeiturlaub ist für Beschäftigte über 25 Jahren zugänglich und kann zwischen 13 Wochen und einem Jahr betragen. Während des Langzeiturlaubs wird durch die Arbeitslosenversicherungskasse ein „Urlaubsgeld" von bis zu 60 % des Höchstsatzes des Arbeitslosengeldes gewährt (bis 1.4.1997 lag der Satz bei 70 % des Höchstsatzes). Zugleich muß der frei gewordene Arbeitsplatz mit einer Person besetzt werden, die seit mindestens einem Jahr arbeitslos ist (vgl. MISEP 1996, S. 34). Dieses Programm ist im März 1999 ausgelaufen und nicht mehr verlängert worden (vgl. Peijpe 1998, S. 124). Beim Berufsbildungs- und Erziehungsurlaub, die ebenfalls bis zu einem Jahr Dauer haben können, gibt es keine Verpflichtung zur Nachbesetzung der Arbeitsstelle (vgl. MISEP 1996, S. 32–33).

2.2.1.3 Befristete Beschäftigung und Leiharbeit

Befristet Beschäftigte und Leiharbeiter/innen können grundsätzlich zu allen Systemen der sozialen Sicherung Zugang haben. Verschiedene Teilsysteme verlangen zum Leistungsbezug aber ein bestimmtes Maß an Kontinuität in der Erwerbsbiographie, wobei die jeweiligen Hürden allerdings nicht allzu hoch gesteckt sind. So werden für das gesetzliche Krankengeld bei vorübergehender Erwerbsunfähigkeit sowie für Leistungen bei Mutterschaft lediglich 120 Stunden Beschäftigung in den letzten 13 Wochen verlangt. Hinsichtlich des Krankengeldes bei dauernder Erwerbsunfähigkeit ergibt sich für die angesprochenen Gruppen von Beschäftigten kein besonderes Problem: Die Invaliditätsrente ist wohnaufenthaltsabhängig und wird auf Basis eines allgemeinen Pauschalbetrages berechnet.

Der Anspruch in der Arbeitslosenversicherung ist wie angeführt an eine mindestens zwölfmonatige Mitgliedschaft gebunden. Außerdem muß ein Vollzeitmitglied während der letzten drei Jahre mindestens 52 Wochen (bis 1995 26 Wochen; vgl. Peijpe 1998, S. 122) auf einem nicht subventionierten Arbeitsplatz beschäftigt gewesen sein. Ausscheiden aus der Arbeitslosenkasse müssen nur Personen, deren Haupttätigkeit keine Erwerbstätigkeit darstellt und die nicht als Bewerber für eine reguläre Beschäftigung anzusehen sind. Das bedeutet, daß auch in einer Phase der Arbeitslosigkeit die Mitgliedschaft in der Arbeitslosenversicherungskasse grundsätzlich erhalten bleiben kann und für den nächsten Bezug von Arbeitslosengeld nicht wiederum eine neue zwölfmonatige Mitgliedschaft verlangt wird (vgl. MISEP 1996, S. 8). Dies ist nur der Fall, wenn der Anspruch auf Arbeitslosengeld erschöpft wurde.[24] Für Leiharbeitnehmer/innen oder befristete Beschäftigte, die häufiger mit kurzfristigen Perioden der Arbeitslosigkeit konfrontiert sind, ergeben sich so bezüglich der Leistungen aus den Arbeitslosenversicherungskassen (mit Ausnahme der Konsequenzen aus der Regelung zum Mindestarbeitslosengeld, welche wie ausgeführt eine dreijährige ununterbrochene Vollzeitbeschäftigung verlangt) im Vergleich mit Normalarbeitnehmer/innen keine besonderen Probleme. Anzumerken ist allerdings, daß bei befristeten Beschäftigungsverhältnissen, Leiharbeitsverhältnissen und bei Freistellungen von der Arbeit („hjemsendelse"; vgl. oben 2.1.1.2) nach Beendigung des Arbeitsverhältnisses bzw. ab der Freistellung bis zum Bezug von Arbeitslosengeld eine Wartezeit von drei Tagen besteht. Für zwei dieser drei Tage ist der Arbeitgeber zur Lohnfortzahlung verpflichtet. Dies jedoch mit der Einschränkung, daß der Arbeitnehmer in den letzten vier Wochen in einem Ausmaß beschäftigt war, das 2 Wochen Vollzeitbeschäftigung entspricht. Aufgrund der bei diskontinuierlicher Beschäftigung relativ häufigeren Arbeitslosigkeitsepisoden kommt daneben die hohe Lohnersatzquote des Arbeitslosengeldes (90 %) insbesondere derart beschäftigten Personen entgegen.

Die Grundrente ist in Dänemark, wie erwähnt, wohnbürgerschaftsabhängig (vgl. Hauser 1995, S. 143–147). Die ATP-Zusatzrente orientiert sich dagegen an Versicherungszeiten. Allerdings werden „Versicherungsjahre" durch die bloße Addition von Versicherungswochen gutgeschrieben, so daß für die Gutschrift eines Versicherungsjahres nicht eine gewisse Zahl an Versicherungswochen (oder wie in Großbritannien ein gewisses Niveau an abgeführten Versicherungsbeiträgen) in einem Kalenderjahr gegeben sein muß. Das dänische System kommt demgemäß diskontinuierlich Beschäftigten auch in diesem Punkt der Tendenz nach entgegen. Ebenfalls positiv wirkt sich für diskontinuierlich Beschäftigte aus, daß seit 1993 etwa auch in Phasen des Arbeitslosengeldbezuges (oder während einem anderen Bezug von Sozialversicherungsleistungen) Beiträge zur ATP-Zusatzrente entrichtet werden können und diese zugleich zu zwei Dritteln vom Staat getragen werden (vgl. Ginn/Arber 1998, S. 161).

2.2.1.4 Arbeitnehmerähnliche Scheinselbständigkeit

Es gibt in Dänemark keine spezifische sozialrechtliche Regulierung für „arbeitnehmerähnliche Scheinselbständige". In der Folge werden die allgemein für Selbständige anzuwendenden Regelungen kurz zusammengefaßt.

Selbständige haben in Dänemark zu den meisten Systemen der sozialen Sicherung Zugang (vgl. Europäische Kommission, GD V 1996a, S. 120; Meulders et al. 1994, S. 127). Die einzigen Ausnahmen stellen die ATP-Zusatzrente und die Absicherung bei Arbeitsunfällen dar, in welche nur eine Minderheit der Selbständigen (solche, die im Fischereiwesen und in der Seefahrt tätig sind) integriert sind. Zur ATP-Zusatzrente sind daneben Selbständige, welche als Arbeitnehmer/innen mindestens 3 Jahre Mitglied des Systems waren und danach selbständig wurden, auf freiwilliger Basis zugelassen.

Im EU-Vergleich weist damit im Hinblick auf soziale Sicherheit bei Selbständigen nur Schweden eine ähnlich hohe Regelungsdichte auf wie Dänemark (vgl. Europäische Kommission, GD V 1996a, S. 120).

Daneben gibt es aber für Selbständige in einigen Teilsystemen von jenen der Arbeitnehmer/innen abweichende Leistungszugangsvoraussetzungen. Dies betrifft einerseits Geldleistungen bei vorübergehender Erwerbsunfähigkeit als Folge von Krankheit. Selbständige müssen diesbezüglich in den letzten 12 Monaten mindestens 6 Monate, davon einen Monat direkt vor dem Krankheitsfall, berufstätig gewesen sein. Für Arbeitnehmer/innen sind die Zugangsvoraussetzungen weniger streng (vgl. oben). Zugleich besteht für Selbständige ohne Zusatzversicherung, anders als für Arbeitnehmer/innen, eine Karenzzeit von 3 Wochen.

Nachdem die meisten Selbständigen keinen Zugang zum System der sozialen Sicherung im Bereich von Arbeitsunfällen und Berufskrankheiten haben, bleibt als Ausweichmöglichkeit (neben der Sozialhilfe) nur das System der Geldleistungen bei dauernder Erwerbsunfähigkeit. Allerdings werden in diesem System erst ab einer Erwerbsunfähigkeit von mindestens 50 % Gelder ausgeschüttet, in jenem, welches spezifisch auf Arbeitsunfälle und Berufskrankheiten zugeschnitten ist, bereits ab einer Erwerbsunfähigkeit von 15 %.

Selbständige haben in Dänemark daneben Zugang zum allgemeinen Arbeitslosenversicherungssystem. Im EU-europäischen Vergleich ist das auch noch in Schweden und Luxemburg bzw. eingeschränkt in Finnland der Fall (vgl. Europäische Kommission, GD V 1996a, S. 120).

Allerdings sind auch hier die Zugangsvoraussetzungen für Selbständige strenger als für Arbeitnehmer/innen, und die Leistungsberechnung folgt abweichenden Prinzipien. Damit überhaupt ein Arbeitslosengeld bezogen werden kann, muß eine selbständige Erwerbstätigkeit in der Dauer von mindestens drei Jahren gegeben sein. Die Höhe des Arbeitslosengeldes errechnet sich aus den im Hinblick auf des Geschäftsergebnis besten zwei Jahren der

letzten fünf Jahre. War unmittelbar vor dem Eintritt der Arbeitslosigkeit eine ununterbroche-
ne selbständige Geschäftstätigkeit gegeben, so hat der/die Arbeitslose Anrecht auf einen
Mindestsatz von (1996) 429 DKR (57,7 Euro) pro Tag. Eine Versicherung im Modus einer
Teilzeitbeschäftigung ist für Selbständige nicht möglich. Sie haben also jedenfalls die vollen
Mitgliedsbeiträge abzuführen. Diese sind für Selbständige höher als für Arbeitnehmer/innen
und belaufen sich auf 4.100 DKR (552 Euro; Wert von 1996) pro Jahr.

3. Zusammenfassung und Ausblick

Dänemark ist ein Land, in dem insbesondere eine als „atypisch" bezeichnete Beschäftigungsform eine lange Tradition hat: die Teilzeitbeschäftigung. Heute sind über 22 % aller
in Dänemark Beschäftigten teilzeitbeschäftigt, bereits im Jahr 1973 traf dies für 17 % zu.
Andere atypische Erwerbsverhältnisse sind weit weniger weit verbreitet. Das gilt insbesondere für befristete Beschäftigung, Leiharbeit und arbeitnehmerähnliche Scheinselbständigkeit. Diese Tatsache ist vor dem Hintergrund zu verstehen, daß die Regelungen zu
betriebsexterner Flexibilität in Dänemark relativ liberal ausgestaltet sind und ein Gutteil
des Aufkommens für Sozialleistungen über Steuern und nicht über Sozialversicherungsbeiträge abzuführen ist. Im Hinblick auf „Einsparungsmöglichkeiten" etwa durch die
Deklaration von Erwerbsverhältnissen als selbständige Erwerbstätigkeit ergeben sich für
Unternehmer in Dänemark dadurch wesentlich geringere Potentiale als bei Bestehen rein
beitragsfinanzierter Systeme oder bei hohen Kündigungskosten (vgl. die gleiche Einschätzung bei Madsen 1998, S. 15–16). Allerdings zeigen sich in den letzten Jahren verstärkte
Tendenzen zur Beitragsfinanzierung (etwa in der Arbeitslosen- und Krankenversicherung), die diesen Befund mittelfristig konterkarieren könnten.

Das dänische Arbeitsrecht weist, was gesetzliche Regulierungen betrifft, grundsätzlich
eine relativ geringe Regelungsdichte auf. Dort wo Regelungen bestehen sind diese relativ
liberal ausgestaltet (wie etwa beim Kündigungsschutz) oder geben nur bestimmte Rahmen vor. Dies trifft etwa für Arbeitszeitregelungen, die primär Vorschriften zu Ruhezeiten
beinhalten, zu. Auch besondere arbeitsrechtliche Regelungen zu atypischen Beschäftigungsverhältnissen finden sich nur sporadisch. So ist etwa der Abschluß befristeter
Beschäftigungsverhältnisse nicht an besondere Bedingungen wie vorgeschriebene mögliche Abschlußgründe oder Maximallaufzeiten gebunden. Bei einem zugleich relativ hohen
Deckungsgrad tarifvertraglicher Vereinbarungen und einer damit einhergehenden kontrollierten Flexibilisierung der betriebsinternen Arbeitszeitanpassung korrespondieren die
grundsätzlich relativ liberalen Regelungen zu betriebsexterner Flexibilität jedoch positiv
mit einer relativ hohen Universalität sozialstaatlicher Leistungen.

Diese äußert sich erstens darin, daß ein Gutteil der sozialstaatlichen Leistungen nicht am
vorherigen Erwerbsstatus und nicht am vorher lukrierten Einkommen anknüpft. Hervorzuheben ist in diesem Zusammenhang die im internationalen Vergleich sehr breite Palette
der auch Selbständigen zugänglichen Leistungssysteme.

Auf die Problematik von dennoch bestehenden Zugangsbarrieren zu verschiedenen Teilsystemen der sozialen Sicherung in Form von Stundengrenzen wurde oben eingegangen.
Insbesondere sind Frauen von diesen Regelungen nachteilig betroffen. Sie stellen zahlenmäßig die weitaus überwiegende Gruppe an geringfügig Beschäftigten. Zugleich fällt mit
der tendenziellen Erosion der subsidiären Netze (Familie) eine wichtige ursprüngliche

Begründung für die Existenz solcher Schwellen verstärkt weg. „Deshalb muß auch im Falle neuer Beschäftigungsformen vom existenzsichernden Charakter der Tätigkeit(en) ausgegangen werden. Damit sind zumindest persönliche Schwellenwerte wahrscheinlich strukturell unvereinbar" (Mückenberger 1995, S. 225).

Allerdings ist hervorzuheben, daß grundlegende Versorgungsbedürfnisse wie Sachleistungen bei Krankheit, Geldleistungen bei längerer Erwerbsunfähigkeit sowie die soziale Sicherung im Alter (Volkspension) unabhängig von (vorheriger) Erwerbstätigkeit sowie deren Art, Dauer und dem daraus lukrierten Einkommen (ohne Bedürfnisprüfung) auf relativ hohem Niveau gewährt werden.

Dennoch könnte das dänische System sozialer Sicherung erst nach einer Öffnung des Zugangs zur Arbeitslosenversicherung, zum Krankengeld und zu Geldleistungen bei Mutterschaft für geringfügige Beschäftigte als eines beschrieben werden, das zumindest den grundsätzlichen Leistungszugang betreffend, Ungleichheitsverhältnisse am Arbeitsmarkt tendenziell beseitigt oder abschwächt. Nicht behoben wäre damit freilich das Problem, daß (kurzfristige) Geldleistungen bei Krankheit, Geldleistungen aus der Arbeitslosenversicherung und Geldleistungen bei Berufskrankheiten und Arbeitsunfällen in ihrer Höhe primär am vorherigen Einkommen orientiert sind. Allerdings wird dieses Problem – wie beschrieben – dadurch zum Teil behoben, daß der Social Bistand ein relativ hohes Niveau an sozialer Mindestsicherung garantiert. Dies allerdings erst nach einer Bedarfsprüfung.

Anmerkungen

1 Vgl. zur Bevölkerungsentwicklung auch OECD 1996c, S. 28.
2 Definiert als Anteil aller Erwerbstätigen an der Wohnbevölkerung im Alter zwischen 15 und 64 Jahren.
3 Dieser war insbesondere bis zum Ende der 70er Jahre stark ausgeprägt (vgl. OECD 1996b, S. 125–126).
4 Nach Angaben von Danmarks Statistik.
5 Definiert als der Anteil der Arbeitslosen an allen Erwerbspersonen.
6 Definiert als Anteil der Beschäftigten an aller Erwerbspersonen.
7 Daten der OECD. Eurostat weist für 1997 eine Gesamtquote von 5,5 % (4,6 % für Männer und 6,6 % für Frauen) aus (vgl. Eurostat 1998, S. 11).
8 Daten der OECD. Quelle: Labour Force Statistics, WIFO-Datenbank.
9 Einen solchen gibt es nur für Angestellte, nicht für Arbeiter/innen.
10 Die entsprechenden Werte betrugen 1986 164.000 (Frauen) und 42.000 (Männer).
11 In Deutschland stellen männliche Selbständige mit Arbeitnehmerinnen einen größeren Teil an den Selbständigen, als jene ohne.
12 Im öffentlichen Sektor beträgt der Deckungsgrad für Arbeiter/innen und Angestellte 100% (vgl. Scheuer 1998, S. 166).
13 Statt dessen beziehen sie in der Regel pauschal einen zusätzlichen Monatslohn pro Jahr.
14 Vgl. in international vergleichender Perspektive z. B. Walwei 1995, S. 186–188; 193–195.
15 Im öffentlichen Sektor beträgt der Deckungsgrad 100 % (vgl. Scheuer 1998, S. 166).
16 Es wird etwa von Bielenski (1993, S. 379) in diesem Zusammenhang davon ausgegangen, daß die Bewertung von Teilzeitarbeit durch Manager/innen wie auch Arbeitnehmervertreter/innen auch deshalb weitgehend übereinstimmend positiv ausfällt, weil arbeitspolitische Regelungen

auch im Hinblick auf Teilzeitarbeit auf Basis tarifvertraglicher Regelungsmuster von beiden Seiten der Arbeitsmarktakteure (Anbieter und Nachfrager) getragen werden.

17 Gemeint sind damit Arbeitsverhältnisse, die keine Normalarbeitszeit kennen. Die wöchentliche Arbeitszeit könnte in einem solchen Arbeitsverhältnis je nach Arbeitsanfall theoretisch beliebig viele bzw. wenige Stunden betragen. Eine Entlohnung würde nur entsprechend der tatsächlich geleisteten Arbeitszeit erfolgen.

18 Vgl. zur Entwicklung z. B. Schmid 1996, S. 64; Einhorn/Logue 1989.

19 Seit 1.1.1994 werden neben Steuern auch die von allen Arbeitnehmer/innen und Selbständigen zu entrichtenden Beiträge an die Arbeitsmarktfonds zur Deckung der Kosten herangezogen. Der „Arbeitsmarktbeitrag" wurde am 1. Jänner 1994 neu eingeführt. Er belief sich 1995 auf 6 % des Einkommens und ist von Arbeitnehmer/innen und Selbständigen, auch wenn diese nicht versichert sind, in die sog. „Arbeitsmarktfonds" (vgl. MISSOC 1996, S. 92) einzuzahlen. Diese Gelder fließen der Arbeitslosenversicherungskasse, der Krankenkasse und der Kasse für aktive arbeitsmarktpolitische Maßnahmen (Aktivierungskasse) zu (vgl. MISEP 1996, S. 11).

20 Arbeitnehmer/innen entrichten in die *Arbeitslosenversicherungskassen* einen jährlich festgesetzten Pauschalbetrag (Mitgliedsbeitrag). Dieser berechnet sich auf Grundlage des gesetzlichen Höchstsatzes des Tagegeldes. Zuletzt (1997) betrug der Beitrag das 7,24fache dieses Satzes oder DKR 3.804 (512 Euro) pro Jahr. Selbständige zahlen DKR 4.032 (542 Euro). Seit 1997 leisten auch die Arbeitgeber mit 0,3 % der Lohnsumme ihren Beitrag zur Arbeitslosenversicherungskasse. Zusätzlich zu dem auf Lohnsummenbasis berechneten Arbeitsmarktbeitrag zahlen die Arbeitgeber einen Arbeitgeberbeitrag, der in der seit 1.1.1992 an die Stelle des Arbeitsmarktbeitrages getretenen Mehrwertsteuer von 3 % enthalten ist.

21 Im September 1996 gab es 2.382.789 Mitglieder. Die Kassen sind zumeist gewerkschaftlich organisiert und verwaltet.

22 Der monatliche Versicherungsbeitrag zur ATP betrug 1996 für Vollzeitarbeitnehmer pauschal 194,4 DKR oder ca. 26 Euro (vgl. MISSOC 1997, S. 110). Ein Drittel dieses Beitrages wird von den Arbeitnehmer/innen getragen, zwei Drittel sind von den Arbeitgeber/innen zu entrichten. Für Teilzeitbeschäftigte gelten besondere Beitragsbedingungen (vgl. unten Punkt 2.2.1.1).

23 Bei Job Sharing im klassischen Sinn teilen sich zwei oder mehr Arbeitnehmer/innen einen Arbeitsplatz und die damit verbundenen Aufgaben und Leistungen des Arbeitgebers auf Dauer.

24 Nachdem das Arbeitslosengeld zumindest fünf Jahre lang bezogen werden kann, sollte sich bei allgemein geringer Langzeitarbeitslosigkeit daraus allerdings kein besonderes Problem ergeben.

Literatur

Bielenski, H. (1993): Betriebliche Erfahrungen mit atypischen Arbeitsformen. Ergebnisse einer Repräsentativerhebung in acht europäischen Ländern, in: Mitteilungen aus der Arbeitsmarkt- und Berufsforschung, 3/1993, S. 375–385.

Blanpain, R. (1992): Teil II. Beendigung des Arbeitsvertrages, in: Amt für amtliche Veröffentlichungen der Europäischen Gemeinschaften (Hg.), Die Regelung der Arbeitsbedingungen in den Mitgliedstaaten der Europäischen Gemeinschaft. Band 1. Vergleichendes Arbeitsrecht der Mitgliedstaaten, in: Soziales Europa, Beiheft 4/92, S. 75–96.

Büchtemann, C. F./U. Walwei (1996): Employment Security and Dismissal Protection, in: G. Schmid/J. O'Reilly/K. Schömann (Eds.), International Handbook of Labour Market Policy and Evaluation, Celtenham, Brookfield, S. 652–693.

Delsen, L. (1995): Atypical Employment: an International Perspective. Causes, Consequences and Policy, Groningen.

Döhrn, R./U. Heilemann/G. Schäfer (1998): Ein dänisches „Beschäftigungswunder"?, in: Mitt-AB2/98, S. 312–323.

Due, J./J. S. Madsen/C. S. Jensen (1995): Die Arbeitsbeziehungen in Dänemark, in: Zeitschrift für ausländisches und internationales Arbeits- und Sozialrecht, 1/1995, S. 80–93.

Due, J./J. S. Madsen/C. S. Jensen (1995a): Major Developements in Danish Industrial Relations since 1980, in: M. Mesch (Hg.) (1995a), Sozialpartnerschaft und Arbeitsbeziehungen in Europa, Wien, S. 101–126.

Dürkop, H. (1993): Alterssicherung in der EG. Eine kritische Bestandsaufnahme der Alterssicherungssysteme für Arbeitnehmer in der Europäischen Gemeinschaft, Frankfurt/Main et al..

EFILWC European Foundation for the Improvement of Living and Working Conditions (1994): New Forms of Work and Activity. Survey of Experience at Establishment Level in Eight European Countries, Dublin, Luxemburg.

Einhorn, E./Logue, J. (1989): Modern Welfare States. Politics and Policies in Social Democratic Scandinavia, New York.

Esping-Anderson,, G. (1990): Three worlds of Welfare Capitalism, Cambridge.

Euroatlas (1996): Soziale Sicherheit im Vergleich. Hg. vom Bundesministerium für Arbeit und Sozialordnung, Bonn.

Europäische Kommission (1996): Tableau de Bord 1995. Follow-up der Empfehlungen des Europäischen Rates von Essen zur Beschäftigungspolitik, Brüssel, Luxemburg.

Europäische Kommission (1997): Panorama der EU-Industrie, 2 Bände, Luxemburg.

Europäische Kommission, GD V (diverse Jahrgänge): Beschäftigung in Europa, Brüssel, Luxemburg.

Europäische Kommission , GD V (1996a): Soziale Sicherheit in Europa, Luxemburg, Brüssel.

Eurostat (1997): eurostatistik, Daten zur Konjunkturanalyse, Luxemburg, Brüssel.

Eurostat (1998): Arbeitslosigkeit 10/1998, Luxemburg.

Eurostat (1998a): Erhebung über Arbeitskräfte, Ergebnisse 1997, Luxemburg.

Ginn, J,/S. Arber (1998): Part-Time Work and Pension Income, in: in: J. O'Reilly/C. Fagan (Eds.), Part-Time Prospects. An international comparison of part-time work in Europe, North America and the Pacific Rim, London, New York, S. 156–173.

Grillberger, K./C. Edlinger (1991): Zum Stand der Arbeitszeitflexibilisierung in der EG und in Österreich, in: K. Firlei (Hg.), Soziales Risiko EG?, Salzburg, S. 290–308.

Grimshaw, D./J. Rubery ((1998): Arbeitslosenschutz bei atypischen Beschäftigungsverhältnissen: das verachlässigte Thema, in: A. Bosco/M. Hutsebaut (Hg.), Sozialer Schutz in Europa: Veränderungen und Herausforderungen, Marburg, S. 312–336.

Hauser, R. (1995): Stand der Entwicklungstendenzen der Annäherung der sozialen Sicherung in der Europäischen Union: Das Beispiel Alterssicherung, in: W. Schmähl/H. Rische (Hg.), Internationalisierung von Wirtschaft und Politik – Handlungsspielräume der nationalen Sozialpolitik, Baden-Baden, S. 139–172.

ILO (International Labour Office) (1995): Working Time, Employment and Protection; Conditions of Work Digest, Vol 14, 1995.

Jacobsen, P. (1994): Denmark. ELL – Suppl. 155 (January 1994), Deventer, Boston.

Jura Europae (1995): Arbeitsrecht, Teil III, München, Paris.

Köhler, P. A. (1994): Die Patientenversicherung in Dänemark, Finnland, Norwegen und Schweden, in: Zeitschrift für ausländisches und internationales Arbeits- und Sozialrecht, Juli – September 1994.

Krarup, O. (1994): Free Bargaining or State Coercion? Labour Conciliation in Denmark, in: R. Rogowski/T. Wilthagen (Eds.), Reflexive Labour Law. Studies in Industrial Relations and Employment Regulation, Deventer, Boston, S: 301–316.

Kristensen, P. H. (1994): Strategies against Structure: Institutions and Economic Organisation in Denmark, in: E. Whitley (Ed.), European business systems: firms and markets in their national contexts, London et al., S. 117–136.

Küchle, H. (1990). Kündigungsschutzvorschriften im europäischen Vergleich, in WSI Mitteilungen, 6/1990, S. 407–414.

Kvist, J. (1997): Retrenchment or restructuring? The emergence of a multitiered welfare state in Denmark, in: J. Clasen (Ed.): Social Insurance in Europe, Bristol, S. 14–39.

Lange, P./M. Wallerstein/M. Golden (1995): The End of Corporatism? Wage Setting in Nordic and Germanic Countries, in: S. M. Jacoby (Ed.), The Workers Nations. Industrial Relations in a Global Economy, New York, Oxford, S. 76–100.

Lodemel, I/A. W. Pedersen (1993): Erfahrungen mit Regelungen zur Mindestsicherung im Alter in Skandinavien, in: W. Schmähl (Hg.), Mindestsicherung im Alter. Erfahrungen, Herausforderungen, Strategien, Frankfurt/M., New York, S. 158–171.

Loftager, J./P. K. Madsen (1997): Denmark, in: H. Compston (Ed.), The New Politics of Unemployment, Radical policy initiatives in Western Europe, London, New York, S. 123–145.

Madsen, P. K. (1998): Dänemark, in: Sysdem trends Nr. 31, S. 13–17.

Maier, F. (1994): Institutional Regimes of Part-Time Working, in: G. Schmid (Ed.), Labor Market Institutions in Europe. A Socioeconomic Evaluation of Performance, New York, S. 151–182.

Marceau, J. (1994): Small Country Business System: Australia, Denmark and Finland Compared, in: E. Whitley (Ed.), European business systems: firms and markets in their national contexts, London et al., S. 155–176.

Mayer, K./P. Mozet (1996): Der Kündigungsschutz in den Mitgliedsstaaten der Europäischen Union. WISO Sonderband Nr. 9, November 1996, Linz.

Meinertz, I. (1993): Dänemark, in: R. Bispinck./W. Lecher (Hg.), Tarifpolitik und Tarifsystem in Europa: ein Handbuch über 14 europäische Länder, Köln, S. 80–104

Mesch, M. (1995): Tarifsystem, Lohn- und Stabilisierungspolitik in Dänemark. Ein Beispiel für kontrollierte Dezentralisierung der Lohnverhandlungen, in: Wirtschaft und Gesellschaft, 1/1995, S. 103–136.

Meulders, D./O. Plasman/R. Plasman (1994): Atypical Employment in the EC. Aldershot, Brookfield USA, Hong Kong, Singapore, Sydney.

MISEP (1996): Basisinformationsbericht. Dänemark. Institutionen, Verfahren und Maßnahmen, Berlin.

MISSOC (1996): Soziale Sicherheit in den Mitgliedstaaten der Europäischen Gemeinschaft. Stand am 1. Juli 1995 und Entwicklung, Brüssel, Luxemburg.

MISSOC (1997): Soziale Sicherheit in den Mitgliedstaaten der Europäischen Gemeinschaft. Stand am 1. Juli 1996 und Entwicklung, Brüssel, Luxemburg.

Mosley, H. (1997): Marktanteil und Marktsegment der Arbeitsvermittlung in der EU: Erkenntnisse aus der Europäischen Arbeitskräfteerhebung, in: inforMISEP 57/1997, S. 29–39.

OECD (1983): Employment Outlook 1983, Paris.

OECD (1984): Employment Outlook 1984, Paris.

OECD (1991): Employment Outlook 1991, Paris.

OECD (1995): Labour Force Statistics, 1973–1993, Paris.

OECD (1995a): The Public Employment Service in Denmark, Finland and Italy, Paris.

OECD (1996): Economic Surveys. Denmark 1996, Paris.

OECD (1996a): Labour Force Statistics 1974–1994, Paris.

OECD (1996b): Services. Statistics on Value Added Employment, Paris.

OECD (1996a): Historical Statistics 1960–1994, Paris.

OECD (1997): Labour Force Statistics 1976–1996, Paris.

OECD (1998): Employment Outlook 1998, Paris.

O'Reilly, J. (1996): Labour Adjustements through Part-time Work, in: G. Schmid./J. O'Reilly/K. Schömann (Eds.), International Handbook of Labour Market Policy and Evaluation, Celtenham, Brookfield, S. 566–593.

Peijpe, T. v. (1998): Employment protection under strain: Sweden, Denmark, The Netherlands, The Hague et al..

Pichot, E. (1995): Arbeitnehmervertreter und ihre Befugnisse in Unternehmen. Studie im Auftrag der Europäischen Kommission, o. O..

Pieters, D. (1990): Introduction into the Social Security Law of the Member States of the European Community, Brüssel, Antwerpen, Appeldoorn.

Rubery, J.,/M. Smith/C. Fagan (1995): Changing patterns of work and working-time in the European Union an the impact on gender divisions. Network of experts on the situation of women in the labour market, Report for the Equal Opportunities Unit, DG V, Brüssel.

Scheuer, S. (1992): Denmark: Return to Decentralization, in: A. Ferner/R. Hyman (Eds.), Industrial Relations in the New Europe, Oxford/Cambridge (Mas.), S. 168–197.

Scheuer, S. (1997): Collective Bargaining Coverage and the Status Divide: Denmark, Norway and the United Kingdom Compared, in: European Journal of industrial Relations, Volume 3, Number 1, S. 39–57.

Scheuer, S. (1998): Denmark: A Less Regulated Model, in: A. Ferner/R. Hyman (Eds.), Changing Industrial Relations in Europe, Second Edition, Oxford et al., S. 146–170.

Schmid, G./B. Reissert (1996): Unemployment Compensation and Labour Market Transitions, in: G. Schmid/J. O'Reilly/K. Schömann (Eds.), International Handbook of Labour Market Policy and Evaluation, Celtenham, Brookfield, S. 235–276.

Schmid, J. (1996): Wohlfahrts-Staaten im Vergleich. Soziale Sicherungssysteme in Europa: Organisation, Finanzierung, Leistungen und Probleme, Opladen.

Schömann, K./R. Rogowsky/T. Kruppe (1994): Befristete Beschäftigung in der Europäischen Union, in: inforMISEP: Maßnahmen, Herbst 1994, S. 33–43.

Schömann, K./T. Kruppe (1996): Die Beschäftigungsdynamik in der Europäischen Union, in: inforMISEP: Maßnahmen, Herbst 1996, S. 37–47.

Schömann, K./R. Rogowsky/T. Kruppe (1998): Labour Market Efficiency in the European Union. Employment Protection and Fixed-Term Contracts, London, New York.

Schulte, B. (1993): Praktizierte Formen der Mindestsicherung im Alter – ein rechtsvergleichender Überblick, in: W. Schmähl (Hg.), Mindestsicherung im Alter: Erfahrungen, Herausforderungen, Strategien , Frankfurt/Main et al., S. 27–75.

Siim, B. (1993): The gendered Scandinavian Welfare States: The interplay between women's roles as mothers, workers and citizens in Denmark, in: J. Lewis (Ed.), Women and Social Policies in Europe, Work, Family and the State, Aldershot, Brookfield, S. 25–48.

Thurman, J. E./G. Trah (1990): Part-time work in international perspektive, in: International Labour Review, 1/1990, S. 23–40.

Valbjorn, L. (1996): Equal opportunities and collective bargaining in the EU exploring the national situation in Denmark. EFILWC Working Paper No.: WP/96/48/EN, Dublin.

Walwei, U. (1993): Atypische Beschäftigungsformen in EG-Ländern, in: WSI Mitteilungen. 9/1993, S. 584–593.

Walwei, U. (1995): Wachstum atypischer Beschäftigungsformen in EU-Ländern: Bestimmungsfaktoren und Effekte, in: B. Keller/H. Seifert (Hg.), Atypische Beschäftigung. Verbieten oder gestalten?, Köln, S. 182–201.

Weber, A./V. Leienbach (1989): Soziale Sicherung in Europa. Die Sozialversicherung in den Mitgliedstaaten der Europäischen Gemeinschaft, Baden-Baden.

Zeijen, H. (1992): Teil I. Regelung der Einzelvertragsbeziehungen, in: Amt für amtliche Veröffentlichungen der Europäischen Gemeinschaften (Hg.), Die Regelung der Arbeitsbedingungen in den Mitgliedstaaten der Europäischen Gemeinschaft, Band 1. Vergleichendes Arbeitsrecht der Mitgliedstaaten, in: Soziales Europa, Beiheft 4/92, S. 1–74.

Regelung atypischer Beschäftigungsverhältnisse auf EU-Gemeinschaftsebene

Marcel Fink

1. Vorbemerkung

Auf EU-Gemeinschaftsebene gab es in den letzten 15 Jahren wiederholt Anläufe zu einer gemeinschaftsrechtlichen Regulierung sogenannter atypischer Beschäftigungsverhältnisse. Hinsichtlich einer breiteren Beteiligung am Thema durch unterschiedliche Institutionen können drei Phasen gesteigerte Aufmerksamkeit beanspruchen: die Entwicklung zu Beginn der 80er Jahre zum einen, die Ende der 80er bzw. Anfang der 90er Jahre zum anderen. Zuletzt unterzeichneten die europäischen Sozialpartner zwei einschlägige Rahmenabkommen, wovon bisher eines in eine Richtlinie umgesetzt wurde.

Zu Anfang der 80er Jahre wurden auf Betreiben verschiedener Institutionen (insb. Parlament, Ausschuß für Wirtschafts- und Sozialfragen) von der EG-Kommission mehrere Richtlinienvorschläge zu atypischen Beschäftigungsverhältnissen vorgelegt. Nach damaligem Gemeinschaftsrecht wären die entsprechenden Richtlinien im Rat nur einstimmig zu beschließen gewesen. Eine solche Einstimmigkeit kam nicht zustande, auch wurden vor dem Hintergrund der geringen Erfolgschancen nicht alle Vorschläge im Rat behandelt.

Nachdem darauf eine Phase der weitgehenden Untätigkeit in einschlägigen Fragen folgte, übte erst die Gemeinschaftcharta der sozialen Grundrechte der Arbeitnehmer vom 9. Dezember 1989 sowie das Aktionsprogramm zu deren Anwendung einen starken Impuls zu neuerlichen Versuchen einer gemeinschaftlichen Regulierung atypischer Beschäftigungsverhältnisse aus. Von den drei diesbezüglich durch die Kommission erarbeiteten Richtlinienvorschlägen wurde nur eine durch den Rat umgesetzt, obwohl entsprechend den Änderungen durch die Einheitliche Europäische Akte nunmehr für die Verabschiedung eines der beiden verbleibenden Richtlinienvorschläge eine qualifizierte Mehrheit im Rat genügt hätte. Auch ein Vermittlungsversuch seitens Belgien im Jahr 1993 sowie Deutschlands 1994 fruchteten nicht. Entsprechend dem Protokoll über die Sozialpolitik des Maastricht-Vertrages vom 7.2.1992 leitete die Kommission daraufhin das Konsultationsverfahren der Sozialpartner entsprechend Art. 3 des Protokolls ein. Dieses führte 1997 zu einem zwischen den Sozialpartnern abgeschlossenen Europäischen Rahmenabkommen über Teilzeitarbeit, welches auf Basis Art. 4 Abs. 2 des Protokolls über die Sozialpolitik auf Vorschlag der Kommission im Rat behandelt und dort am 15.12.1997 verabschiedet wurde.

Jüngst (am 18. 3. 1999) einigten sich EGB, UNICE und CEEP auf ein Rahmenabkommen zu befristeter Beschäftigung, welches, wie zu erwarten ist, wie jenes zur Teilzeitarbeit in eine einschlägige Richtlinie Eingang finden wird.

Im folgenden geht es darum, die Genese der Gemeinschaftsrichtlinien(vorschläge) und deren Inhalt näher zu erläutern.

Davor sollen jedoch die Folgen, welche der Art. 119 EWG-V (bzw. nunmehr EGV) (Entgeltgleichheit zwischen den Geschlechtern) für atypische Beschäftigungsverhältnisse impliziert, kurz dargestellt werden. Durch verschiedene Urteile bzw. Vorabentscheidungen des EuGH wurde der Art. 119 EWG-V (bzw. nunmehr EGV) abseits der oben beschriebenen Bemühungen um eine Regulierung atypischer Beschäftigungsverhältnisse insbesondere im Hinblick auf Teilzeitarbeit zu einer wichtigen einschlägigen Rechtsquelle.

2. Optionen und Maßnahmen

2.1 Artikel 119 EWG-V (bzw. nunmehr EGV)

Der Artikel 119 des EWG-Vertrages von 1957 schreibt fest, daß Männer und Frauen bei gleicher Arbeit jeweils Anrecht auf gleiches Entgelt haben. Folgender Wortlaut findet sich im EWG-Vertrag:

„Jeder Mitgliedstaat wird während der ersten Stufe den Grundsatz des gleichen Entgelts für Männer und Frauen bei gleicher Arbeit anwenden und in der Folge beibehalten. Unter 'Entgelt' im Sinne dieses Artikels sind die üblichen Grund- oder Mindestlöhne und -gehälter sowie alle sonstigen Vergütungen zu verstehen, die der Arbeitgeber auf Grund des Dienstverhältnisses dem Arbeitnehmer mittelbar oder unmittelbar in bar oder Sachleistungen zahlt.

Gleichheit des Arbeitsentgelts ohne Diskriminierung auf Grund des Geschlechts bedeutet:

a) daß das Entgelt für eine gleiche nach Akkord bezahlte Arbeit auf Grund der gleichen Maßeinheit festgesetzt wird;

b) daß für eine nach Zeit bezahlte Arbeit das Entgelt bei gleichem Arbeitsplatz gleich ist."

Diese Festschreibung des gleichen Lohnes für gleiche Arbeit hatte ursprünglich keinen sozialpolitischen Hintergrund, sondern war wettbewerbspolitisch motiviert (vgl. Döse 1993, S. 236). Die französische Industrie hatte vor dem Hintergrund der in Frankreich bereits geltenden Lohngleichheit für Männer und Frauen Befürchtungen geäußert, daß das im Vergleich zu den Männern niedrigere Lohnniveau der Frauen in anderen Gründungsmitgliedern der EG zu Wettbewerbsverzerrungen führen könnte (vgl. zu den Vertragsverhandlungen weiterführend Falkner 1991, S. 68ff; Langenfeld 1990, S. 36–40).

Es war 1957 festgelegt worden, daß der Artikel 119 EWG-V in den einzelnen Mitgliedstaaten bis zum 31.12.1961 zu implementieren sei. Am 30.12.1961 wurde durch eine

Erklärung der Mitgliedstaaten als neuer Zeitpunkt der Umsetzung der Gleichheit der Entgeltlichkeit der 31.12.1964 vereinbart. Zwischen 1961 und 1964 sollte diese Umsetzung mit Hilfe eines Stufenplanes gewährleistet werden (vgl. Falkner 1991, S. 91). Dennoch stellte bis Mitte der 70er Jahre de facto keines der Mitgliedsländer die angestrebte Gleichbehandlung sicher (vgl. Falkner 1998, S. 61).

Die nationale Umsetzung wurde erst vor dem Hintergrund einschlägiger Urteile und Vorabentscheidungen des EuGH forciert. Diese Urteile beseitigten bis dahin bestehende Interpretationsprobleme und -spielräume und wurden zu einer wichtigen Rechtsquelle auch im Hinblick auf atypische Beschäftigungsverhältnisse, insbesondere was Teilzeitbeschäftigung betrifft.

Es sind dabei die Kategorien der „unmittelbaren" bzw. „mittelbaren" Diskriminierung, welche der einschlägigen Rechtsprechung des EuGH entspringen, von zentraler Bedeutung (vgl. Bieback 1994, S. 30–31).

Folgende Unterscheidung wurde diesbezüglich im Fall Defrenne II getroffen:

„Für die Anwendungen dieser Bestimmungen (des Art. 119 EWG-V; M. F.) ist innerhalb des gesamten Anwendungsbereichs von Artikel 119 ein Unterschied zu machen zwischen einerseits den unmittelbaren, offenen Diskriminierungen, die sich an Hand der in der Vorschrift verwendeten Merkmale gleiche Arbeit und gleiches Entgelt allein feststellen lassen, und andererseits den mittelbaren, versteckten Diskriminierungen, die nur nach Maßgabe eingehender gemeinschaftlicher oder innerstaatlicher Durchführungsvorschriften festgestellt werden können" (Rs. 43/75; Defrenne./. Sabena; Slg. 1979-3, S. 474).

Eine unmittelbare Diskriminierung liegt demnach vor, wenn Frauen und Männer *formal* beim „Zugang zu den Systemen und bei den Leistungen der Systeme" (Hörburger/Rath-Hörburger 1983, S. 161) nicht gleich behandelt werden. Unmittelbare Diskriminierungen ergeben sich also direkt aus staatlichem Recht oder Kollektivverträgen bzw. sind direkt in diesen festgeschrieben.

Im Hinblick auf atypische Erwerbsverhältnisse besonders interessant sind die Urteile des EuGH auf Basis des Artikel 119 EWG-V zur *mittelbaren* Diskriminierung.

Eine relativ griffige Definition der mittelbaren Diskriminierung findet sich in einem Richtlinienvorschlag der Kommission an den Rat: Es „(...) liegt eine mittelbare Diskriminierung vor, wenn eine ihrem Wortlaut nach neutrale Vorschrift ein Kriterium oder ein Verfahren enthält, das für die Person eines Geschlechts, insbesondere wegen des Bezugs auf den Ehe- oder Familienstand, tatsächlich eine unverhältnismäßige nachteilige Wirkung hat, die nicht durch zwingende Gründe oder Umstände gerechtfertigt ist, die in keinem Zusammenhang mit dem Geschlecht der betroffenen Personen stehen".[1]

Die im folgenden kurz dargestellten vom EuGH vertretenen Rechtsmeinungen zeigen beispielhaft auf, in welchen Fällen dieser Sachverhalt im Sinne des Art. 119 EWG-V vorliegen kann:

– Die Rechtsakte Jenkins gegen Kingsgate Ltd. beschäftigte sich mit der unterschiedlichen Entlohnung von Vollzeit- und Teilzeitarbeitskräften in einem Textilbetrieb. In dem Unternehmen arbeiteten 35 Männer und 54 Frauen, wobei ein Mann und fünf Frauen Teilzeitarbeit leisteten. Die Firma legte für Teilzeit- bzw. Vollzeitbeschäftigte unterschiedliche Stundenlöhne fest. Der Satz für Teilzeitarbeit war um 10 % niedriger als jener für Vollzeitarbeit. Nach Angaben des Unternehmens geschah dies mit der Absicht, einen Anreiz zur Vollzeitbeschäftigung zu schaffen. Eine Teilzeitbeschäftigte klagte gegen diese Regelung. Die Angelegenheit wurde dem EuGH zur Vorabentscheidung vorgelegt, mit der Frage, ob die entsprechende Regelung gegen den Artikel 119 EWG-V verstoße.

Der EuGH entschied im Sinne der Klägerin. Es wurde davon ausgegangen, daß ein Anreiz zur Vollzeitarbeit durch eine angemessene Vergütung der Überstunden zu erreichen sei nicht durch eine Herabsetzung des Entgelts von Teilzeitarbeitnehmerinnen.

Das Urteil hielt fest, daß die überwiegende Zahl der Teilzeitarbeitnehmer/innen Frauen sind und diese aufgrund ihrer spezifischen Lebenszusammenhänge oft nur eine Teilzeitarbeit annehmen können. Zugleich wurde angenommen, daß im vorliegenden Fall die Bezahlung eines unterschiedlichen Entgelts für Vollzeitarbeitnehmer und Teilzeitarbeitnehmer „in Wirklichkeit nur ein indirektes Mittel dafür ist, das Lohnniveau der Teilzeitarbeitnehmer aus dem Grund zu senken, weil diese Arbeitnehmergruppe ausschließlich oder überwiegend aus weiblichen Personen besteht" (Rs. 96/80, Jenkins./. Kingsgate Ltd.; Slg. 1981-3: 928).

– Eine andere Vorabentscheidung des EuGH hatte die Lohnfortzahlung im Krankheitsfall zum Inhalt. Gemäß § 1 Abs. 3 Nr. 2 des deutschen Lohnfortzahlungsgesetzes in der 1989 geltenden Fassung setzte der Anspruch gewerblicher Arbeitnehmer/innen auf Lohnfortzahlung im Krankheitsfall eine Arbeitszeit von mehr als zehn Wochenstunden oder 45 Stunden im Monat voraus (vgl. Siemens 1993, S. 299).[2]

Das Arbeitsgericht Oldenburg holte in der Rechtssache „Rinner-Kühn gegen FWW Spezial-Gebäudereinigung GmbH&Co. Kg." eine Vorabentscheidung über die Frage ein, ob diese Regelung gegen Art. 119 EWG-V (und die Richtlinie 75/117/EWG) verstößt.

Der EuGH entschied, daß eine Regelung wie die des deutschen Gesetzes über die Lohnfortzahlung im Krankheitsfall „im Ergebnis die weiblichen gegenüber den männlichen Arbeitnehmern diskriminiert und grundsätzlich im Widerspruch zur Zielsetzung des Artikels 119 EWG-V steht" (Rs 177/81, Rinner-Kühn./.FWW; Slg. 1989: 2753, 2761).

Den Hintergrund für das Urteil bildet die Tatsache, daß hauptsächlich Frauen einer solchen „geringfügigen" Beschäftigung nachgehen. Wie unten gezeigt werden wird, ist die Kommission der Europäischen Gemeinschaften bei der Ausarbeitung verschiedener Richtlinienvorschläge diesem Urteil nicht gefolgt (vgl. Siemens 1993, S. 302).

– Artikel 119 EWG-V regelt jedoch nur die Gleichheit des Entgelts bzw. anderer lohnähnlicher betrieblicher Sach- und Geldleistungen, nicht die der Arbeitsbedingungen. Diese Sachlage wurde im Fall Defrenne gegen Sabena (Rs. 149/77; Slg 1878-6: 1380) geklärt.

Dort wurde vom EuGH geurteilt daß „Artikel 119 EWG-Vertrag (...) nicht dahin ausgelegt werden (kann), daß er über die Gleichheit des Arbeitsentgelts hinaus auch die Gleichheit der sonstigen Arbeitsbedingungen für männliche und weibliche Arbeitnehmer gebiete" (Rs 149/77; Defrenne./. Sabena; Slg. 1978-6: 1380).

Ähnlich hat der EuGH im Hinblick auf Leistungen aus staatlichen Altersrentensystemen entschieden, wie dies im Fall Defrenne gegen den belgischen Staat (Rs. 80/70) zum Ausdruck kommt. Leistungen aus staatlichen Altersrentensystemen bzw. die zu leistenden (Arbeitgeber)Beiträge fallen entsprechend diesem Urteil nicht unter das Gebot der Entgeltgleichheit nach Art. 119 EWG-V. Dementsprechend stellen etwa Geringfügigkeitsgrenzen in staatlichen Sozialversicherungssystemen, wie sie international häufig anzutreffen sind (vgl. Tálos i. d. B.), keinen Verstoß gegen Art. 119 EWG-V bzw. EGV dar.

Relativ weitreichende und zum Teil verwirrende Urteile gab es im Zeitverlauf im Gegensatz dazu im Hinblick auf betriebliche Rentensysteme (vgl. Watson-Olivier 1991, S. 63). „Einige Rentensysteme befanden sich im Geltungsbereich des Artikels 199, andere wiederum nicht" (a.a.O., S. 63). Insgesamt wurde aber davon ausgegangen, daß ein betriebliches Rentensystem dann entsprechend Artikel 119 EWG-V Entgeltgleichheit zu gewährleisten hat, wenn diese Leistung im Rahmen vertraglicher Vereinbarungen und nicht gesetzlicher Vorschriften geleistet wird. Das Rentensystem muß entsprechend den einschlägigen Urteilen also als wesentlicher Bestandteil des Arbeitsvertrages zwischen Arbeitgeber/in und Arbeitnehmer/in angesehen werden und darf keinen Bezug zu allgemeinen, durch öffentliches Recht konstituierten, Systemen der sozialen Sicherheit haben (vgl. a.a.O., S. 64). Die im letzten Halbsatz gemachte Einschränkung wurde allerdings durch das 1988 im Fall Barber gegen Guardian Royal Exchange Group (Rs. C262/88) ergangene Urteil relativiert.

Dort heißt es:

„Drittens ist darauf hinzuweisen, daß die Anwendung des Artikels 119 nicht aufgrund der Tatsache ausgeschlossen werden kann, daß die für solche Systeme gezahlten Beiträge und die Leistungen, die sie bieten, teilweise einen Ersatz für jene des allgemeinen gesetzlichen Systems darstellen" (zitiert in: Watson/Olivier 1991, S. 64).

Wie dargestellt, konstituiert Art. 119 EGV für Frauen das Recht, im Hinblick auf Entgeltlichkeit, wobei der Begriff breit auszulegen ist, nicht schlechtergestellt zu werden als Männer. Der EuGH beurteilte die diesbezügliche unterschiedliche Behandlung von Voll- und Teilzeitarbeitskräften, wenn hauptsächlich Frauen Teilzeitarbeitskräfte stellen, wiederholt als Geschlechterdiskriminierung[3] im Sinne des Art. 119 EGV. Hervorgehoben werden muß in diesem Zusammenhang allerdings, daß diese Urteile bzw. Vorabentscheidungen nicht primär die Diskriminierung atypisch Beschäftigter, sondern geschlechtsspezifische Diskriminierung zum Inhalt hatten. Daneben erstreckt sich, wie dargestellt wurde, der Art. 119 EGV entsprechend den einschlägigen EuGH-Entscheiden nicht auf über das Entgelt hinausgehende Arbeitsbedingungen, auf die soziale Sicherung nur insoweit, wie diese betrieblich organisiert ist und die entsprechenden Leistungen als Lohnbestandteil anzusehen sind.

Es wurde auf Gemeinschaftsebene wiederholt versucht, diese Regulierungsdefizite zu schließen. Hervorzuheben sind in diesem Zusammenhang die Richtlinienvorschläge von Anfang der 80er wie auch von Anfang der 90er Jahre, auf welche in der Folge eingegangen wird.

2.2 Einschlägige Richtlinienvorschläge und Richtlinien

2.2.1 Die Richtlinienvorschläge der 80er Jahre

2.2.1.1 Richtlinienvorschlag zur Regelung der freiwilligen Teilzeitarbeit 1982 bzw. 1983

Am 4. Jänner 1982 wurde von der Kommission ein Richtlinienvorschlag zur Teilzeitarbeit vorgelegt (vgl. ABl. Nr. C 62/7 vom 12.03.1982), eine Überarbeitung desselben am 5. Jänner 1983 (vgl. ABl. Nr. C 18/5 vom 22.01.1983 mit einer Synopse). Die überarbeitete Version wurde im Rat diskutiert und dann abgelehnt (vgl. Holmstedt 1991, S. 129).

Die diesbezüglichen Initiativen gingen auf schon Ende der 70er Jahre geführte Diskussionen bezüglich einer arbeits- und sozialrechtlichen Absicherung von Teilzeitarbeit zurück, wobei die ersten wichtigen Impulse zur Regulierung von Teilzeitarbeit im wesentlichen beschäftigungspolitisch motiviert waren (vgl. Schmidt 1995, S. 271). Vor dem Hintergrund wachsender Arbeitslosigkeit wurde über Möglichkeiten einer verstärkten Teilung von Arbeitsplätzen bzw. über Maßnahmen, solche Arbeitsplätze auf dem Weg eines einheitlichen sozial- und arbeitsrechtlichen Mindestschutzes für potentielle Teilzeitarbeitnehmer/innen interessant zu machen, nachgedacht.[4] So forderte der Wirtschafts- und Sozialausschuß 1978 auf dem Weg einer Initiativstellungnahme[5] gemeinschaftsrechtliche Maßnahmen, welche Teilzeitarbeitnehmer/innen einen mit den Vollzeitarbeitnehmern vergleichbaren sozialen Schutz gewährleisten sollten (vgl. ABl. 1978, Nr. C 269/56). Der Katalog beinhaltete ein breites Bündel an Forderungen nach Maßnahmen im Bereich Entlohnung, Urlaubsanspruch, Sicherheit und Hygiene am Arbeitsplatz, betriebliche Sozialleistungen, Aus- und Weiterbildung, Gleichwertigkeit des Kündigungsschutzes, Einbindung in die betrieblichen und überbetrieblichen Vertretungsstrukturen sowie die Forderung nach Maßnahmen zur „Angliederung der interessierten Personen an das System der Sozialen Sicherheit" (Schmidt 1995, S. 272).

1979 wurde von der Kommission nach Beauftragung durch den Rat eine Mitteilung über die sozialen und wirtschaftlichen Auswirkungen einer aufeinander abgestimmten Neugestaltung der Arbeitszeit vorgelegt (vgl. Mitteilung vom 13. Mai 1979, KOM (79) 188 endg.). In dieser Mitteilung wurden Maßnahmen zur Arbeitsumverteilung befürwortet, zugleich aber betont, daß den Beschäftigungsimpulsen, die aus vermehrter Teilzeitarbeit resultierten, Risiken der Diskriminierung und des sozialen Rückschritts gegenüberstünden. Die Kommission ging davon aus, daß zum Ausgleich beider Aspekte eine arbeitsrechtliche und anteilige sozialrechtliche Gleichstellung nötig sei (vgl. Schmidt 1995, S. 274).

Der Rat befürwortete in einer Entschließung vom 18.12.1979 ein gemeinschaftliches Vorgehen zur Anpassung der Arbeitszeit nicht nur aus beschäftigungspolitischen Gründen, sondern ausdrücklich auch im Interesse der Verbesserung der Lebens- und Arbeitsbedingungen (vgl. ABl. 1980, Nr. C 2/1). Der Rat verabschiedete dabei verschiedene Grundsätze, an welchen sich das gemeinschaftliche Vorgehen orientieren sollte. Zu diesen gehörten jener der Freiwilligkeit von Teilzeitbeschäftigung, der Grundsatz der Gleichbehandlung mit den Vollzeitbeschäftigten (unter Berücksichtigung der besonderen Merkmale der Tätigkeit), der Grundsatz der Flexibilisierung (nicht ausschließlich Halbtagsbeschäftigung) sowie die Option, daß zu prüfen sei, inwieweit Teilzeitarbeit bestimmten Arbeitnehmergruppen und insbesondere Eltern von Kleinkindern und älteren Arbeitnehmern in größerem Ausmaß zugänglich gemacht werden könne.

Schließlich beauftragte der Rat daneben die Kommission, ihm eine „spezifische Mitteilung" über Teilzeitbeschäftigung vorzulegen.

Bevor diese Mitteilung ausgearbeitet war und daraufhin der angesprochene Richtlinienvorschlag erstellt wurde, vertrat das Parlament in einer Entschließung zur Stellung der Frau in der Europäischen Gemeinschaft vom 11. Februar 1981 die Auffassung, daß die Integration von Frauen in den Arbeitsmarkt durch eine größere Auswahl an Teilzeitbeschäftigung für männliche *und* weibliche Arbeitnehmer wesentlich verbessert werden könne (vgl. ABl. 1981 Nr. C 50/35 (40)). Diese Entschließung forderte „einerseits alle sozialen und finanziellen Benachteiligungen der Teilzeitbeschäftigung zu beseitigen und andererseits den Teilzeitarbeitnehmern die gleichen Rechte wie den anderen Arbeitnehmern im Bezug auf Arbeitsbedingungen, Sozialleistungen, Fach- und Betriebsausbildungen sowie Beförderungschancen zuzugestehen" (vgl. Schmidt 1995, S. 275).

Das Parlament appellierte an die Kommission, entsprechende Richtlinienvorschläge zu erarbeiten. Am 17. September 1981 bekräftigte das Parlament in seiner „Entschließung zur Beschäftigung und Neugestaltung der Arbeitszeit" die obigen Forderungen und übernahm zugleich die vom Ministerrat in dessen Entschließung am 17. September 1980 aufgestellten Grundsätze.

Die Kommission kam dem Auftrag des Ministerrates, eine spezielle Mitteilung über Teilzeitarbeit vorzulegen, im Juli 1980 nach (vgl. Mitteilung über freiwillige Teilzeitarbeit vom 17. Juli 1980, KOM (80) 405 endg.) und legte im Dezember 1981 entsprechend der Aufforderung des Parlamentes einen Richtlinienvorschlag zur Regelung der freiwilligen Teilzeitarbeit vor.[6]

In der Begründung für diesen Richtlinienvorschlag wurde ausgeführt, daß die Richtlinie die geltenden Rechtsvorschriften zur Verwirklichung der Gleichbehandlung zwischen Frauen und Männern ergänzen solle, indem sie langfristig dazu beitrage, daß Teilzeitarbeit nicht mehr wie bisher als nahezu ausschließlich von Frauen praktizierte Arbeitsform angesehen werde. Zweitens argumentierte die Kommission, daß die erheblichen in bezug auf Gleichstellung von Voll- und Teilzeitarbeit in den einzelnen Mitgliedsländern bestehenden Unterschiede zu einer Verzerrung des Wettbewerbs führten und damit das Funktionieren des gemeinsamen Marktes negativ beeinflussen könnten. Daraus wurde gefolgert, daß es einer gemeinschaftsrechtlichen Regelung bedürfe.

Der Inhalt des Richtlinienvorschlags erfaßte alle Teilzeitarbeitsverhältnisse. Unter dem Begriff „Teilzeitarbeitsverhältnisse" wurden all jene Arbeitsverhältnisse subsumiert, bei welchen sich Arbeitgeber/innen und Arbeitnehmer/innen auf eine kürzere als die normale (gesetzliche oder tarifvertragliche) Arbeitszeit einigen. Besondere in den Mitgliedstaaten geltende Bestimmungen zu Saison-, Gelegenheits- und Kurzarbeit sollten von der Richtlinie allerdings nicht tangiert werden.

Inhaltlich lassen sich in dem angesprochenen Richtlinienentwurf arbeits- und sozialrechtliche Elemente unterscheiden.

In *arbeitsrechtlicher* Hinsicht wurde der Grundsatz der Nichtdiskriminierung ausgesprochen. Entsprechend diesem Grundsatz sollten Teilzeitarbeitnehmer/innen gegenüber Vollzeitarbeitnehmer/innen im Hinblick auf ihre Arbeitsbedingungen nicht diskriminiert werden dürfen (absolutes Gleichheitsgebot) (vgl. Schmidt 1995, S. 277). Genannt wurden in diesem Zusammenhang insbesondere Entlassungsbedingungen, die aktive und passive Beteiligung an den Organen der Arbeitnehmervertretungen, Urlaubsanspruch (Dauer), Zugang zur Berufsbildung, der berufliche Aufstieg sowie der Zugang zu betrieblichen sozialen und arbeitsmedizinischen Einrichtungen.

Diese weitgehend (mit Ausnahme des Urlaubsanspruches) unteilbaren Rechte sind in Artikel 2 aufgelistet. In Artikel 4 des Richtlinienentwurfes werden Bereiche behandelt, in welchen zumindest das Proportionalitätsprinzip Anwendung finden sollte. Angeführt sind an dieser Stelle die Entlohnung, das Urlaubsgeld sowie Abfindungen bei Entlassungen oder Ausscheiden aus dem Erwerbsleben.

Artikel 5 des Entwurfes bestimmte darüber hinaus, daß die Art der Teilzeitarbeit, die Arbeitszeit und die genaue zeitliche Arbeitszeitverteilung zwischen Arbeitgeber und Arbeitnehmer schriftlich vereinbart werden sollte. Des weiteren sollte bereits in einem Betrieb angestellten Voll- bzw. Teilzeitarbeitnehmer/innen jeweils bei Neuausschreibung bzw. Neubesetzung einer Teilzeit- oder Vollzeitstelle bei entsprechender Qualifikation Vorrang gegenüber externen Bewerber/innen gewährt werden. Daneben war vorgesehen, daß Teilzeitarbeitnehmer/innen bei der Berechnung der Belegschaftsstärke in einem Betrieb wenigstens proportional herangezogen werden müssen.

In *sozialrechtlicher* Hinsicht wurde in Artikel 4 des Entwurfes die Auflage ausgesprochen, daß Teilzeitarbeitnehmer/innen nicht von den gesetzlichen und betrieblichen Systemen der sozialen Sicherheit ausgeschlossen werden dürfen. Allerdings sollten Schwellenwerte (die den Status geringfügiger Beschäftigung nach sich ziehen) weiterhin möglich bleiben. „Hinsichtlich des Zugangs zu den gesetzlichen und betrieblichen Systemen der sozialen Sicherheit wäre es folglich beim Status quo ante geblieben" (Schmidt 1995, S. 278).

Der beschriebene Richtlinienentwurf wurde entsprechend den geltenden Verfahrensvorschriften (vgl. dazu Schmidt 1995, S. 280, Fn. 280) dem Europäischen Parlament sowie dem Wirtschafts- und Sozialausschuß zur Stellungnahme vorgelegt. Insbesondere das Parlament urgierte in seiner Entschließung vom 16. September 1982 (vgl. ABl. 1982, Nr. C 267/72 (77ff)) wesentliche Änderungen, während die Änderungswünsche des Wirtschafts- und Sozialausschusses weniger weitreichend waren (vgl. Stellungnahme vom 28./29. April 1982; ABl. 1982, Nr. C 178/18).

In Reaktion auf diese Stellungnahmen erarbeitete die Kommission einen geänderten Richtlinienvorschlag (vgl. ABl. 1983, Nr. C 18/5), welcher der überwiegenden Mehrzahl der durch das Parlament und den Wirtschafts- und Sozialausschuß geäußerten Anregungen Rechnung trug und dem Rat am 5. Jänner 1983 unterbreitet wurde.

Im Rahmen der Überarbeitung wurde in Art. 2 Abs. 1 ein allgemeiner Gleichheitsgrundsatz aufgenommen. Dementsprechend sollten Teilzeitbeschäftigte grundsätzlich gleich behandelt werden wie Vollzeitbeschäftigte, die sich in der selben Lage befinden, es sei denn, die unterschiedliche Behandlung sei durch ihre unterschiedliche Arbeitszeit objektiv gerechtfertigt.

Durch Art. 2 Abs. 2 wurden jene Inhalte näher bestimmt, bezüglich welcher die Ausübung einer Teilzeitbeschäftigung eine unterschiedliche Behandlung grundsätzlich nicht rechtfertigen können sollte. Dies sind im wesentlichen jene Punkte, welche im ersten Entwurf als „unteilbare Rechte" angeführt waren. Regelungen zu Arbeitsentgelten sowie Abfindungen finden sich im überarbeiteten Entwurf in Art. 2 Abs. 3 und 4. Diese sollten auf gleicher Grundlage und proportional zu den Vollzeitbeschäftigten berechnet werden (vgl. Schmidt 1992, S. 140). Erweitert wurde dabei der Geltungsbereich indirekt über die Verwendung des Begriffes „Arbeitsentgelt" in Anlehnung an den Wortlaut von Art. 119 Abs. 2 EWG-V (vgl. Schmidt 1995, S. 282). Im Sinne der dort gewählten Definition bzw. der entsprechenden Entscheidungen des EuGH ist der Begriff „Arbeitsentgelt", wie oben beschrieben, weit zu verstehen. Damit wird im Vergleich zum ursprünglichen Entwurf der Geltungsbereich des Gleichbehandlungsgrundsatzes erweitert, gleichzeitig wurde allerdings das für die entsprechenden Bereiche vorher (im ersten Richtlinienentwurf) zum Teil geltende absolute Gleichbehandlungsprinzip aufgegeben (vgl. Schmidt 1995, S. 282). Dies gilt insbesondere hinsichtlich betrieblicher Sozialleistungen, die im Sinne des Art. 119 EWG-V als Entgeltbestandteil anzusehen sind.

Nicht Rechnung getragen wurde der Forderung des Parlaments nach einer Beschränkung der Gültigkeit der Richtlinie auf Arbeitnehmer/innen, welche mehr als 12 Stunden wöchentlich arbeiten (vgl. Schmidt 1995, S. 283). Allerdings blieb entsprechend Art. 3 Abs. 2 der Passus bestehen, daß nationale Geringfügigkeitsgrenzen der Richtlinie nicht widersprechen. Artikel 5 wurde dahingehend modifiziert, daß die Modalitäten der Teilzeitarbeit jedenfalls auf Verlangen des Arbeitnehmers schriftlich fixiert werden müssen (vgl. Schmidt 1992, S. 140).

Wie oben bereits angeführt, wurde der hier beschriebene Richtlinienvorschlag vom Rat nicht verabschiedet. Gegen den Beschluß des Entwurfes traten insbesondere Großbritannien, Dänemark und die Bundesrepublik Deutschland ein, wobei die Einwände insbesondere Großbritanniens grundsätzlicher Natur waren. Von seiten Deutschlands wurden dagegen Abänderungen in einigen spezifischen Punkten gefordert (vgl. Schmidt 1995, S. 283). Die Verabschiedung der hier beschriebenen und auf Art. 100 EWG-V gestützten Richtlinie hätte der Einstimmigkeit im Rat bedurft. Die Kontroverse zwischen der Kommission, welche für eine regulierte Flexibilisierung eintrat und der britischen Regierung, deren Bestreben es war, jede Form der Regulierung am Arbeitsmarkt abzubauen (vgl. z.B. Foden 1996), „führte Anfang der 80er Jahre zu einem völligen Stillstand nicht nur der Verhandlungen über den Richtlinienentwurf zur Regelung der freiwilligen Teilzeitarbeit, sondern der gesamten europäischen Sozialpolitik" (Schmidt 1995, S. 285).

2.2.1.2 Richtlinienvorschlag zur Zeitarbeit 1982 bzw. 1984

Die Kommission der Europäischen Gemeinschaften hat am 7. Mai 1982 dem Rat einen Vorschlag betreffend eine Richtlinie des Rates zur Regelung der Zeitarbeit vorgelegt, nachdem bereits 1974 im Sozialen Aktionsprogramm das Bestreben ausgesprochen worden war, den Sozialen Schutz für Zeitarbeitnehmer zu vereinheitlichen bzw. zu verbessern (vgl. Holmstedt 1991, S. 129).

Es sei hier vorausgeschickt, daß der in der Folge dargestellte Richtlinienvorschlag vor dem Hintergrund der oben kurz angeschnittenen unterschiedlichen Zugänge zum Thema arbeits- und sozialrechtlicher Regelung atypischer Beschäftigungsformen nie im Rat in Verhandlung genommen wurde (vgl. a.a.O., 129). Offensichtlich war eine erfolgreiche Verabschiedung der Richtlinie nicht absehbar.

Der Entwurf umfaßte Regelungen für die Bereiche Arbeitnehmer/innenüberlassung sowie für befristete Arbeitsverträge (vgl. Schmidt 1992, S. 41). Diese beiden Vertragstypen wurden unter dem Begriff „Zeitarbeit" subsumiert. Entsprechend der Präambel sollte es das Ziel der Richtlinie sein, vor dem Hintergrund der wachsenden Bedeutung solcher Beschäftigungsverhältnisse in allen Gemeinschaftsländern Mindestvorschriften im Hinblick auf Arbeitsbedingungen und sozialen Schutz zu gewährleisten. Die Kommission ging dabei davon aus, daß die entsprechenden Arbeitskräfte hinreichend geschützt seien, wenn sie Dauerarbeitnehmern gleichgestellt würden. Es war nicht vorgesehen, Zeitarbeitnehmer/innen besondere Rechte zuzugestehen. Sie sollten also keine „'privilegierte'

Arbeitnehmergruppe" (Schmidt 1992, S. 42) bilden und nicht mit Prekaritätsprämien oder ähnlichem ausgestattet werden.

Artikel 1 des Richtlinienvorschlags enthält primär Definitionen unterschiedlicher Vertragstypen. Wichtig ist, daß die Geltung der Richtlinie auf Arbeitnehmer/innen beschränkt bleiben sollte. Dem Umstand, daß in manchen europäischen Staaten wie etwa Großbritannien sogenannte „agency workers" häufig als Selbständige angesehen werden, wurde nicht Rechnung getragen.

Erstens sah der Richtlinienvorschlag im Hinblick auf *Leiharbeit* eine Erlaubnispflicht sowie eine Pflicht der Beaufsichtigung von Arbeitsverleihtätigkeiten vor und legte die Haftungspflicht des Entleihers fest (Art. 2). Zweitens wurden Zulässigkeitsvoraussetzungen für die Überlassung von Leiharbeitnehmer/innen formuliert (Art. 3): eine zeitweilige Verringerung der Beschäftigungszahlen oder ein zeitweilig erhöhter Arbeitsanfall. Ersteres meint trotz der etwas widersprüchlichen Formulierung vorübergehende Abwesenheit von Stammbelegschaftsmitgliedern wegen Krankheit, Urlaub etc. (vgl. Schmidt 1992, S. 85). Weiters wurde die Dauer der Arbeitsleistung im Falle eines zeitweiligen oder außergewöhnlich erhöhten Arbeitsanfalles auf 3 Monate beschränkt, wobei mit behördlicher Genehmigung eine Verlängerung hätte möglich sein sollen.

Nach Art. 3 Abs. 4 wäre ein Abweichen der in den Mitgliedstaaten geltenden Regelungen von den in Artikel 3 Abs. 1 geltenden Voraussetzungen (Begründungspflicht) unter der Voraussetzung möglich gewesen, daß Leiharbeitnehmer/innen dieselben sozialen Vergünstigungen gewährt werden, wie Normalarbeitnehmer/innen. Wie Schmidt (1992, S. 91–92) eingehend ausführt, läßt diese Regelung viele Unklarheiten offen. Dies insbesondere vor dem Hintergrund, daß der Begriff „soziale Vergünstigungen" an keiner Stelle näher definiert wurde.

Auch für *befristete Beschäftigung* war eine Begründungspflicht vorgesehen. Artikel 14 Abs. 1 RV nennt fünf Gründe, die eine Befristung hätten rechtfertigen können. Diese sind die Vertretung zeitweilig abwesender Beschäftigter, ein außergewöhnlich erhöhter oder saisonaler Beschäftigungsanfall, der Anfall einer genau festgelegten und zeitlich nicht fortdauernden Gelegenheitsarbeit, die Ausübung besonderer Arten der Tätigkeit, bei denen es allgemein üblich ist, befristete Verträge abzuschließen (künstlerische Berufe, Berufsfußballspieler, Ausbildungsverträge etc.) sowie der Umstand des Anlaufens einer neuen Geschäftstätigkeit von ungewisser Dauer.

Grundsätzlich war angeführt, daß die Mitgliedsländer nach Art. 15 Abs. 4 ähnlich wie bei der Leiharbeit von den angegebenen Befristungsgründen abweichen können, wenn befristet beschäftigte Arbeitnehmer/innen die gleichen sozialen Vergünstigungen erhalten, wie sie den Dauerarbeitnehmern zustehen. Was mit „sozialen Vergünstigungen" gemeint ist, bleibt auch hier wiederum unklar (vgl. Schmidt 1992, S. 118). Zugleich wurde vorgeschlagen, daß die Mitgliedstaaten bestimmte Arbeitsverhältnisse grundsätzlich von den für befristete Beschäftigung vorgesehenen besonderen Bedingungen ausschließen können, „wenn besondere Tätigkeiten oder die spezifischen Erfordernisse bestimmter Wirtschaftszweige" dies verlangen. Dem Richtlinienvorschlag ist in der Anlage eine Liste beigefügt, die jene Berufe anführt, gegenüber denen eine solche Ausnahme möglich sein sollte.[7]

Des weiteren finden sich besondere Regelungen zu Vertragsform und -inhalt bei befristeten Leiharbeitsverträgen sowie eine Vorschrift zur Weiterzahlung des Lohnes bei einer vorzeitigen Vertragsauflösung bis zum Zeitpunkt des ursprünglich vereinbarten Auslaufens des Vertrages (Art. 5 und 7). Artikel 16 und 18 enthielten entsprechende Regelungen für befristet beschäftigte (Normal)arbeitnehmer/innen.

Im Hinblick auf das Entgelt von Leiharbeitnehmer/innen und befristet Beschäftigten war vorgesehen, daß Leiharbeitnehmer/innen für den Fall, daß auf sie kein gesonderter Tarifvertrag zur Anwendung kommt, ein „angemessener Lohn" zusteht. Dies sollte dadurch garantiert werden, daß das Entgelt entweder jenem vergleichbarer vollzeitig Beschäftigter des Entleihers oder dem Tarifvertrag des jeweiligen Sektors hätte entsprechen müssen (Art. 6 RV). Für befristet beschäftigte Arbeitnehmer/innen findet sich eine ähnliche Regelung in Art. 17 RV, welcher das Gebot der Gleichbehandlung bei der Entgeltzahlung von Dauerbeschäftigten und befristet Beschäftigten ausspricht.

Neben diesen primär arbeitsrechtlichen Anknüpfungspunkten hatte der Richtlinienvorschlag zur Zeitarbeit auch sozialrechtliche Fragen zum Inhalt. So verlangte Artikel 4 des RV, daß Leiharbeitnehmer/innen prinzipiell nicht vom System der sozialen Sicherheit ausgeschlossen und/oder nicht ohne Grund diesbezüglich anders als Dauerbeschäftigte behandelt werden sollten.

Daneben wurden die Rechte der Arbeitnehmervertretung sowie Fragen der Vertretung einschlägig Beschäftigter, die Berücksichtigung der befristet Beschäftigten hinsichtlich sozialer Auflagen, welche von der Belegschaftsstärke abhängen, sowie ein Einsatzverbot befristet Beschäftigter bzw. von Leiharbeitnehmer/innen bei Streiks behandelt.

Der hier beschriebene Richtlinienvorschlag wurde vom Rat nicht verabschiedet bzw. nicht einmal in Verhandlung genommen, worauf die Kommission dem Rat am 6. April 1984 eine Überarbeitung des Richtlinienvorschlages von 1982 vorlegte (vgl. ABl. Nr. C 133/1). Der neue Vorschlag entsprach im wesentlichen dem im Jahr 1982 vorgelegten. Es kam zu einer sprachlichen Überarbeitung und zu inhaltlichen Änderungen in einigen wenigen Punkten.

Insbesondere von Bedeutung ist, daß einerseits die Ausführungen in Art. 3 Abs. 4 geändert wurden. Wenn der/die Leiharbeitnehmer/in mit der Verleihfirma einen unbefristeten Vertrag hat oder wenn in den Mitgliedstaaten die Leiharbeitsverhältnisse den geltenden Bestimmungen im Falle von Einzel- bzw. Massenentlassungen unterliegen, sollte im Hinblick auf Leiharbeitsverhältnisse keine Begründungspflicht mehr nötig sein (vgl. Schmidt 1982, S. 128). Damit wurde der Begriff der „gleichen sozialen Vergünstigungen" konkretisiert und auf die gleiche Geltung des Kündigungsschutzes reduziert. Dementsprechend wurde auch Art. 15 Abs. 4 des Richtlinienvorschlages geändert. Demnach kann im überarbeiteten Entwurf die Begründungspflicht für befristete Arbeitsverhältnisse entfallen, wenn die gegenüber unbefristeten Arbeitsverträgen geltenden Bestimmungen über die Einzel- und Massenentlassungen anwendbar sind.

Zugleich finden sich im Entwurf von 1984 im Hinblick auf den Abschluß befristeter Beschäftigungsverhältnisse nur mehr zwei zulässige Gründe. Erstens ist (wie bereits laut der vorherigen Fassung) die Vertretung zeitweilig abwesender Beschäftigter möglich. Den zweiten Grund bildet die Besorgung von Gelegenheitsarbeiten, die ihrem Wesen nach oder aus sonstigen berechtigten Gründen nicht dauerhaft sind und so eine Befristung des Vertrages rechtfertigen.

Zweitere Formulierung ist breit auslegbar. Es stellt sich die Frage, ob mit einer so gewählten Formulierung nicht die Begründungspflicht selbst ad absurdum geführt worden wäre. Jedenfalls hätte sich im Vergleich zur ersten Fassung des Richtlinienvorschlages die Rechtssicherheit für potentiell einschlägig betroffene Arbeitnehmer/innen verringert. Die entsprechenden Unschärfen hätten, um Klarheit zu gewinnen, wohl vor dem EuGH ausjudiziert werden müssen.

Auch der 1984 vorgeschlagene Richtlinienentwurf, welcher sich im Vergleich zu jenem von 1982 wie beschrieben in verschiedenen Punkten stark „verwässert" darstellt, wurde nicht verabschiedet (vgl. Mückenberger 1995, S. 208).

2.2.2 Die Richtlinienvorschläge bzw. Richtlinien der 90er Jahre

Mückenberger (1995, S. 211) führt an, daß mit der den Europäischen Binnenmarkt vorbereitenden Einheitlichen Europäischen Akte vom 17. Februar 1986 ein Neuanfang auch der Diskussion um atypische Beschäftigung zu verzeichnen war (vgl. dazu z. B. Blanpain 1991).

Einerseits fanden atypische Beschäftigungsverhältnisse in einschlägigen Gemeinschaftsdokumenten wiederholt Erwähnung. Im Hinblick auf Rechtsetzungsverfahren sollte von Bedeutung werden, daß durch die Einheitliche Europäische Akte für Verabschiedungen bezüglich des Art. 118a EWG-V („Verbesserung der Arbeitsumwelt") auf Basis des neu eingeführten Art. 100a EWG-V letztendlich Entscheidungen des Rates mit qualifizierter Mehrheit genügen (vgl. Mills 1996).

Den inhaltlich wichtigsten Anstoß zu einem neuen Anlauf der Regulierung atypischer Beschäftigungsverhältnisse auf Gemeinschaftsebene gab die Gemeinschaftscharta der Grundrechte der Arbeitnehmer (in Folge „EG-Charta").

Der erste Entwurf der EG-Charta vom 30. Mai 1989 (vgl. z. B. Ruland 1989, S. 618) forderte für atypische Beschäftigungsverhältnisse einen „gerechten Bezugslohn" (vgl. Mückenberger 1995, S. 212; allgemein Krimphove 1996, S. 20–22). Zweitens wurde angeführt, daß es der übernationalen Regelung atypischer Erwerbsverhältnisse bedürfe. Neben Teilzeitarbeit, Saisonarbeit, befristeter Beschäftigung und Leiharbeit wurden in diesem Zusammenhang auch Wochenend-, Nacht- und Schichtarbeit angeführt. Drittens wurde für alle Beschäftigten unabhängig von deren Stellung und der Betriebsgröße ein entsprechend zur Beschäftigungsdauer, Bezahlung und geleisteten Beiträgen zumindest proportionaler Einbezug in die soziale Sicherung gefordert (vgl. Mückenberger 1995, S. 212).

Am 21. September 1989 wurde ein zweiter überarbeiteter Entwurf der Gemeinschaftscharta der sozialen Grundrechte der Arbeitnehmer präsentiert. Schicht-, Abend-, und Nachtarbeit wurden dabei strukturell von den anderen Formen atypischer Beschäftigung getrennt und zugleich ließ der Entwurf auf arbeitsrechtlicher Ebene einen Mindestlohn und auf sozialrechtlicher Ebene ein Mindesteinkommen anklingen (vgl. Mückenberger 1995, S. 213).

In der EG-Charta selbst war ein Gutteil der beschriebenen Regulierungsvorschläge nicht mehr zu finden. Ein supranationaler Regelungsbedarf für Schicht-, Abend- und Nachtarbeit sowie für die im zweiten Entwurf hinzugefügten Überstunden kommt nicht mehr vor. Gleiches gilt für beide Formen der „Mindestsicherung".

In der Endfassung war schließlich erstens nur mehr die Forderung nach einem gerechten Bezugslohn für atypisch Beschäftigte enthalten. Was darunter zu verstehen ist, wurde nicht näher ausgeführt. Zweitens findet sich eine allgemeine Aufforderung zur Regulierung atypischer Beschäftigung sowie für eine „tendenzielle Abkoppelung der sozialen Sicherung vom betrieblichen Status Beschäftigter" (vgl. Mückenberger 1995, S. 213). Das folgende „Aktionsprogramm zur Anwendung der Gemeinschaftscharta der sozialen Grundrechte" (vgl. Krimphove 1996, S. 22–23) sieht den Entwurf einer „Richtlinie über Arbeitsverträge und Arbeitsverhältnisse außer den vollzeitlichen und unbefristeten Arbeitsverträgen und -verhältnissen" vor.

Die Kommission legte im Sommer des Jahres 1990 drei unterschiedlichen Durchsetzungsbedingungen unterliegende Richtlinienentwürfe vor. Es wurde also keine im Aktionsprogramm geforderte einheitliche Richtlinie zu atypischen Beschäftigungsformen erarbeitet (vgl. Falkner 1998, S. 130–131).

Es handelte sich bei diesen Entwürfen nicht um je einen Entwurf zu Teilzeitarbeit, befristeter Beschäftigung und Leiharbeitsverhältnissen, „sondern um drei Richtlinienentwürfe, die nach keinem auf den ersten Blick erkennbaren und nachvollziehbaren Konzept unterschiedliche Aspekte von Zeitarbeit (Anm.: also befristeter Beschäftigung und Leiharbeit; M. F.) und Teilzeitarbeit regeln" (Blanpain et al. 1996, S. 218).

Die Kommission ließ sich bei der Ausarbeitung der Richtlinienvorschläge nicht so sehr von inhaltlichen Strukturen, sondern primär von abstimmungstaktischen Gesichtspunkten leiten. Auf diesem Weg konnte ein Einstimmigkeitserfordernis für zwei der drei Richtlinienvorschläge quasi „umgangen" werden.

Der Richtlinienvorschlag über bestimmte Arbeitsverhältnisse hinsichtlich der Arbeitsbedingungen basierte auf Art. 100 und Art. 117 EGV und erforderte demgemäß Einstimmigkeit im Ministerrat. Der Vorschlag für eine Richtlinie über bestimmte Arbeitsverhältnisse im Hinblick auf Wettbewerbsverzerrungen war dagegen auf Art. 100a EGV (Vollendung des Binnenmarktes) gestützt und hätte vom Ministerrat mit qualifizierter Mehrheit beschlossen werden können. Gleiches gilt für den dritten auf Art. 118a EGV fußenden Vorschlag für eine Richtlinie zur Ergänzung von Maßnahmen zur Verbesserung der Sicherheit und des Gesundheitsschutzes von Zeitarbeitnehmern. Hier kommen die Verfahrensänderungen der Einheitlichen Europäischen Akte von 1986 zu tragen.

Nur der letzte hier genannte Richtlinienvorschlag mündete in der Verabschiedung einer einschlägigen Richtlinie.

2.2.2.1 Vorschlag der Kommission vom 26.9.1990 für eine Richtlinie des Rates über bestimmte Arbeitsverhältnisse hinsichtlich der Arbeitsbedingungen (KOM(90) 228 endg.) [8]

Dieser Richtlinienvorschlag hatte die Angleichung von Arbeitsbedingungen von atypischen Beschäftigten an jene von Normalarbeitnehmer/innen zum Inhalt. Das Anwendungsgebiet erstreckt sich auf Teilzeitarbeits-, Saisonarbeits- und Leiharbeitskräfte. Allerdings werden in Art. 1 Abs. 3 Teilzeitarbeitnehmer/innen mit weniger als acht Wochenstunden normaler wöchentlicher Arbeitszeit von vornherein von der Geltung der Richtlinie ausgenommen. Die Richtlinienvorschläge der 80er Jahre kannten keine solchen explizit genannten Schwellenwerte. Wie oben dargestellt wurde, sah der EuGH daneben in einschlägigen Entscheiden in der Anwendung solcher Schwellenwerte eine Geschlechterdiskriminierung im Sinne des Art. 119 EGV.

Es wurde eine Vielzahl von Angleichungsmaßnahmen bezüglich atypischer Beschäftigungsverhältnissen an Normalarbeitsverhältnisse vorgeschlagen. Dies betraf den gleichen Zugang zu Berufsbildungsmaßnahmen (Art. 2 Abs. 1 RV), die Mitberücksichtigung von Teilzeit-, Zeit-, Saison- und Leiharbeitnehmern bei jener Zahl der Arbeitnehmer, welche die Wahl und die Größe betrieblicher Arbeitnehmervertretungen bestimmt (Art. 2 Abs. 2 RV), die Gewährleistung des gleichen Zuganges zu sozialen Sicherungssystemen (Sozialhilfe und nicht beitragsfinanzierte Sozialleistungen) (Art. 3 RV) sowie den gleichberechtigten Zugang zu sämtlichen betrieblichen Sozialleistungen (Art. 4 RV).

Insbesondere Art. 2 Abs. 4 RV sollte daneben gewährleisten, daß atypische Erwerbsverhältnisse nicht rechtsmißbräuchlich vereinbart werden (vgl. Krimphove 1996, S. 198). Es sollte davon ausgegangen werden, daß ein solcher Rechtsmißbrauch insbesondere dann vorliegt, wenn der Arbeitgeber die Vereinbarung atypischer Beschäftigungsverhältnisse zu Lasten der nicht atypisch Beschäftigten einsetzt bzw. solche als Druckmittel gegenüber letzteren genutzt werden. „Ziel des Abschlusses eines 'atypischen Beschäftigungsverhältnisses'" sollte des weiteren „(...) nicht vordergründig die Ersparnis sozialer Kosten sein" (Krimphove 1996, S. 198). Demgemäß war fixiert, daß der Arbeitgeber bei einem Zeitarbeitsvertrag die Wahl dieser Art des Beschäftigungsverhältnisses im Arbeitsvertrag begründen muß.

Daneben sollten atypisch Beschäftigten die gleichen beruflichen Aufstiegschancen offenstehen wie Normalarbeitnehmer/innen. Demgemäß sah Art. 5 des Entwurfes vor, daß atypisch beschäftigte Arbeitnehmer/innen von der beabsichtigten Einstellung eines/einer unbefristeten Vollzeitarbeitnehmer/in rechtzeitig informiert werden sollten. Nach Art. 2 Abs. 3 RV hätte darüber hinaus eine Unterrichtungspflicht bei der Einstellung atypisch Beschäftigter gegenüber der Arbeitnehmer/innenvertretung im Betrieb bestanden.

Artikel 6 und 7 RV hätte speziell für Leiharbeitnehmer/innen Geltung gehabt. Dort wurde festgeschrieben, daß der/die Leiharbeitnehmer/in auch vom entleihenden Unternehmen eingestellt werden darf, so daß ein Verbot der Übernahme unrechtmäßig ist. Weiters hätten in den Mitgliedstaaten Maßnahmen getroffen werden müssen, welche die Entlohnung einer Leiharbeitskraft und die Abführung der Sozialversicherungsbeiträge auch in dem Fall sicherstellen, in dem das verleihende Unternehmen hierzu nicht in der Lage ist (vgl. Krimphove 1996, S. 200; Mückenberger 1995, S. 215). Damit wäre die Wirkung der Richtlinie (80/987/EWG) des Rates vom 20.10.1980 zur Angleichung der Rechtsvorschriften der Mitgliedstaaten über den Schutz der Arbeitnehmer bei Zahlungsunfähigkeit des Arbeitgebers (vgl. ABl. 1980, Nr. L 283, S. 23) auf Leiharbeitnehmer/innen erstreckt worden.

Die in den Vorschlägen der 80er Jahre enthaltene Auflage, daß befristete Arbeitsverhältnisse bzw. Leiharbeitsverhältnisse nur in bestimmten inhaltlich festgeschriebenen Fällen abgeschlossen werden dürfen, findet sich weder im hier angesprochenen Richtlinienentwurf noch in dem unten behandelten zu „Wettbewerbsverzerrungen".

2.2.2.2 Vorschlag der Kommission vom 7.11.1990 für eine Richtlinie des Rates über bestimmte Arbeitsverhältnisse im Hinblick auf Wettbewerbsverzerrungen (KOM (90) 533 endg. – Syn 280 (vgl. ABl. 1990, Nr. C 305, S. 8)

Dieser Richtlinienvorschlag beschäftigt sich mit der Vereinheitlichung arbeitsrechtlicher und sozialrechtlicher Regulierungen, deren unterschiedliche nationale Ausgestaltung zu unterschiedlichen „indirekten Kosten" des Sozialschutzes der Arbeitnehmer/innen führen können (vgl. Krimphove 1996, S. 200). In der Begründungserwägung zum Richtlinienvorschlag wurde ausgeführt, daß solche unterschiedlichen Ausgestaltungen insbesondere in den Grenzgebieten der Mitgliedsländer zu Wettbewerbsverzerrungen führen könnten (vgl. auch Falkner 1998, S. 130–131).

Auf Teilzeitbeschäftigte mit weniger als 8 Stunden wöchentlicher Arbeitszeit sollten die unten angeführten Regelungen wiederum keine Anwendung finden, ohne daß dazu ein „wettbewerblich plausibles Argument" (Mückenberger 1995, S. 216) angeführt worden wäre.

Gemäß Art. 2 war vorgesehen, daß sich die Mitgliedsländer dazu verpflichten, Teilzeitbeschäftigte (mit mehr als 8 Stunden wöchentlicher Arbeitszeit) jedenfalls pro rata in die Systeme sozialer Sicherung einzubeziehen. Des weiteren war für solche Teilzeitbeschäftigte ein proportionales Anrecht auf Jahresurlaub, Kündigungsabfindung und Dienstalterszulagen vorgesehen.

Nach Art. 4 Abs. a hätten sich die Mitgliedstaaten verpflichten sollen, dafür gesetzlich Sorge zu tragen, daß mit der Vereinbarung eines Zeitarbeitsverhältnisses nicht der Zweck verfolgt werden darf, ein Normalarbeitsverhältnis zu ersetzen. Für aufeinanderfolgende kurzfristige Zeitarbeitsverhältnisse (Ketten-Zeitarbeitsverhältnisse) sollte eine Höchstdauer von 36 Monaten festgeschrieben werden. Artikel 4 Abs. c sah vor, daß die Mitgliedstaaten Entschädigungsmodalitäten zu entwickeln haben, die bei einer vorzeitigen Beendigung eines Zeitarbeitsverhältnisses zur Anwendung kommen.

Der Art. 4 Abs. a war in der ursprünglichen Fassung vom August 1990 nicht enthalten und wurde erst in die hier dargestellte überarbeitete Fassung vom November eingefügt.

2.2.2.3 Vorschlag der Kommission vom 29.6.1990 zur Ergänzung von Maßnahmen zur Verbesserung der Sicherheit und des Gesundheitsschutzes von Zeitarbeitnehmern (KOM (90) 228 endg. – SYN 281.

Im Gegensatz zu den beiden oben behandelten Richtlinienvorschlägen führte der in der Folge beschriebene zur Beschlußfassung einer entsprechenden Richtlinie. Auf die Gründe für das Scheitern obiger Vorschläge wird weiter unten eingegangen.

Es wurde von der Kommission bezüglich des Richtlinienvorschlages „Sicherheit und Gesundheitsschutz von Zeitarbeitnehmern" davon ausgegangen, daß Zeitarbeitnehmer/innen einem höheren Arbeitsunfalls- und Berufskrankheitsrisiko ausgesetzt sind als dies bei Normalarbeitnehmer/innen der Fall ist (vgl. Vorbemerkung zum Vorschlag der Kommission... ABl. 1990, Nr. C 305, S. 12; Abs. 5; vgl. auch Schmidt 1992, S.171). Unter „Zeitarbeitnehmer/innen" werden wiederum befristet Beschäftigte und Leiharbeitnehmer/innen subsumiert. Die entsprechenden Regelungen sind nur auf Arbeitnehmer/innen anwendbar.

Artikel 2–5 des Richtlinienvorschlages beschäftigen sich ausschließlich mit *Leiharbei:-nehmer/innen*. Dabei wird ausgeführt, daß Leiharbeitnehmer/innen im Hinblick au? Arbeitssicherheit und Gesundheitsschutz keinesfalls schlechtergestellt werden dürfen, als Normalarbeitnehmer/innen des Entleihbetriebes. Weiters sollte der Überlassungsvertrag bestimmte Angaben über die Tätigkeit enthalten, „die den Arbeitnehmer in die Lage versetzen, sich über seine Geeignetheit für den Arbeitsplatz ein Bild zu verschaffen" (Schmidt 1992, S.173). Folgende Inhalte sollten dabei jedenfalls angeführt werden: die erforderliche berufliche Qualifikation der Arbeitskraft, der Arbeitsort, die Arbeitszeit, die besonderen Merkmale des zu besetzenden Arbeitsplatzes sowie Hinweise auf besondere Risiken des Arbeitsplatzes.

Artikel 4 fordert eine Verantwortung des Entleihers bezüglich der Einhaltung der anwendbaren Regelungen der Arbeitsbedingungen, und zwar ungeachtet der spezifischen vertraglichen Konstellation.

Weiters war eine Sondervorschrift für Tätigkeiten, welche eine besondere medizinische Überwachung über einen längeren Zeitraum hinweg verlangen, Teil des Richtlinienvorschlages (Art. 6). Solche Tätigkeiten sollten grundsätzlich nicht von Zeitarbeitnehmer/innen ausgeführt werden dürfen. Ausnahmen sollten nur dann gemacht werden, wenn eine längerfristige medizinische Überwachung über die Vertragsdauer hinaus gesichert ist.

Der zuletzt dargestellte Vorschlag führte zur Richtlinie 91/383/EWG des Rates vom 25.7.1991 zur Ergänzung der Maßnahmen zur Verbesserung der Sicherheit und des Gesundheitsschutzes von Arbeitnehmern mit befristeten Arbeitsverhältnis oder Leiharbeitsverhältnis (ABl. 1991, Nr. L 206, S. 19).

Inhaltlich blieb die Richtlinie allerdings weit hinter dem oben beschriebenen Vorschlag der Kommission zurück. Die Aufklärungspflicht bezieht sich nunmehr nur noch auf die Angabe der Gefahren der Arbeit (Art. 3, 4 und 7). Die Festsetzung eines weitgehenden Beschäftigungsverbotes für Tätigkeiten, bei denen eine längerfristige medizinische Beobachtung nötig ist, bleibt nunmehr allein den Mitgliedstaaten vorbehalten.

2.2.2.4 Stellungnahmen, Reaktionen und Gründe für das Scheitern der Richtlinienvorschläge „Arbeitsbedingungen" und „Wettbewerbsverzerrungen"

Die drei oben angeführten Richtlinienvorschläge wurden dem Wirtschafts- und Sozialausschuß vom Rat gemäß Art. 100 Abs. 2, Art. 100a Abs. 1 und Art. 118a Abs. 2 EGV mit der Bitte um Stellungnahme zugeleitet. Dieser begrüßte die Vorschläge (Stellungnahme vom 20. September 1990[9]). Von der Mehrheit des Wirtschafts- und Sozialausschusses wurde die Meinung vertreten, daß auch der Richtlinienvorschlag „Arbeitsbedingungen" auf Art. 118a oder Art. 100a EGV (Mehrheitsprinzip im Rat) zu stützen sei. Daneben wurden die jeweiligen individualarbeitsrechtlichen und sozialrechtlichen Regelungen befürwortet. Änderungsvorschläge wurden primär im Hinblick auf betriebsverfassungsrechtliche Regelungen vorgeschlagen (vgl. Schmidt 1995, S. 300). Daneben wurde angeregt, in Art. 3 des Entwurfs „Wettbewerbsverzerrungen", Regelungen zu täglichen und wöchentlichen Ruhezeiten aufzunehmen.

Die Gruppe der Arbeitgeber, die gegen die Stellungnahme votiert hatte, gab im Anschluß an die Abstimmung eine eigene Erklärung ab. Darin wurde festgehalten, daß einerseits die Richtlinienvorschläge der Kommission insgesamt abgelehnt würden, daß man andhererseits der Meinung war, daß Art. 100a EGV – mangels Erheblichkeit der Unterschiede bei den Arbeitskosten – nicht als Rechtsgrundlage für den Entwurf „Wettbewerbsverzerrungen" dienen könne. Es wurde moniert, daß die Umsetzung der Richtlinienvorschläge die Wettbewerbsfähigkeit der Wirtschaft der Gemeinschaft ernsthaft gefährden könne und auf dem Weg eines Abbaus der Arbeitsmöglichkeiten für atypisch Beschäftigte eine tendenzielle Erhöhung der Arbeitslosigkeit zu erwarten sei (vgl. auch Falkner 1998, S.131).

Das Parlament lehnte den Entwurf „Arbeitsbedingungen" ohne inhaltliche Auseinandersetzung ab. Dies deshalb, weil dieser auf Art. 100 EGV gestützt war und das Parlament die Meinung vertrat, daß Art. 100a und Art. 118a EGV für die Materie ausreichende Rechtsgrundlagen (Mehrheitsprinzip im Rat) darstellten. Die zuständige Kommissarin Papandreou lehnte jedoch die Rücknahme des Kommissionsentwurfes ab. Er wurde daher an den zuständigen Ausschuß zurückverwiesen. „Da die Kommission nicht bereit war, ihre Auffassung bezüglich der Rechtsgrundlage zu ändern, beschloß das Parlament sodann am 20. November 1990 erneut, den Vorschlag der Kommission abzulehnen" (Schmidt 1995, S. 302).

Der Richtlinienvorschlag „Wettbewerbsbedingungen", welcher sich auf Art. 100a EGV stützte, wurde vom Parlament dagegen inhaltlich behandelt (ABl. 1990, Nr. C. 195/97). Hinsichtlich des Art. 1 Abs. 3 sollte es zu einer Änderung dahingehend kommen, daß für die Absicherung im Falle von Arbeitslosigkeit und Rente eine durchschnittliche Mindestwochenstundenzahl von 13 Stunden zugrundegelegt wird. Zur Absicherung jener Arbeitnehmer/innen, welche unter die 8- bzw. 13-Stunden-Grenze fallen, sollten die Mitgliedsländer im Gegenzug dazu verpflichtet werden, für diese ein angemessenes System des sozialen Schutzes einzuführen (vgl. Schmidt 1995, S. 302).

Zugleich wurde eine Erweiterung bezüglich jener Sachverhalte gefordert, bei welchen eine Ungleichbehandlung atypischer Arbeitnehmer/innen verpflichtend nicht erfolgen sollte. Alle Arbeitnehmer/innen im Sinne des Richtlinienvorschlages sollten demnach bezüglich den Voraussetzungen zum aktiven und passiven Wahlrecht zu den Personalvertretungen, bei Kündigungsvorschriften und beim sozialen Schutz während Krankheitszeiten (Lohnfortzahlung) den Normalarbeitnehmer/innen gleichgestellt werden. Das Parlament befürwortete weiters eine anteilige Entlohnung für atypisch Beschäftigte. Weiters wurde gefordert, daß die Höhe des Arbeitsentgelts im voraus überschaubar sein sollte. Diese Abänderungsvorschläge gingen nicht in die Überarbeitung des Entwurfes „Wettbewerbsverzerrungen" ein.

Die Änderungsanträge entsprechen im wesentlichen den Bestimmungen eines vom Parlament selbst erarbeiteten Richtlinienentwurfes vom 10. Juli 1990 (ABl. 1990, Nr. C 231/32). Dieser wurde vom Parlament erstellt, „weil sowohl die Kommission als auch der Ministerrat aus der Sicht des Parlaments nur sehr zögerlich darangingen, die im Aktionsprogramm (Anm.: der Gemeinschaftscharta der sozialen Grundrechte, M. F.) genannten Vorhaben zu verwirklichen (...)" (Schmidt 1995, S. 289). Der Entwurf des Parlaments ging inhaltlich wie auch hinsichtlich des Deckungsgrades bezüglich unterschiedlicher atypischer Beschäftigungsverhältnisse über die Richtlinienvorschläge der Kommission hinaus (vgl. Schmidt 1995, S. 289–292).

Die Verabschiedung der Richtlinien „Arbeitsbedingungen" und „Wettbewerbsverzerrungen" gelang auch nach wiederholten Anläufen im Ministerrat nicht (vgl. Blanpain et al.

1996, S. 224), wobei es von verschiedenen Ländern Widerstand gab, nicht nur von Seite der Briten. Dies zeigt sich bereits darin, daß die Richtlinie „Wettbewerbsverzerrungen" mit qualifizierter Mehrheit beschlußfähig gewesen wäre.

2.3 Aktuelle Entwicklung und Sozialpartnerübereinkommen

2.3.1 Deutscher Kompromißvorschlag 1994

Nachdem die beiden Richtlinienvorschläge, wie oben angeführt, im Rat nicht verabschiedet wurden, versuchte die BRD während ihrer Präsidentschaft, nach einem gescheiterten Versuch der belgischen Präsidentschaft im Jahr 1993 (vgl. Falkner 1998, S.131), im zweiten Halbjahr 1994 durch Vorlage eines neuen Kompromißvorschlages eine Einigung zu erzielen (vgl. Eichbauer 1995, S. 70). Der deutsche Vorschlag war in verschiedenen Punkten wesentlich weniger weitreichend, als die vorher von der Kommission vorgelegten Entwürfe. Leiharbeit und Saisonarbeit, die in den früheren Kommissionsvorschlägen explizit angeführt waren, wurden ausgeklammert. Der Vorschlag beschäftigte sich also nur mit Teilzeitarbeit und befristeter Beschäftigung – „weiters sollte die Frage der sozialen Sicherheit in Form einer politischen Entschließung im Rat behandelt werden" (Eichbauer 1995, S. 71) – und war demnach nicht Gegenstand des Richtlinienvorschlages.

Zentrale Elemente des Präsidentschaftsvorschlages stellten der Gleichbehandlungsgrundsatz für verschiedene arbeitsrechtliche Belange, von dem ein Abweichen nur aus „sachlichen Gründen" möglich sein sollte, die Unterrichtungspflicht auf Arbeitgeber/innenseite, die Berücksichtigung von Teilzeitarbeitnehmer/innen und befristet Beschäftigten bei der Belegschaftsstärke hinsichtlich der Bildung eines Betriebsrates sowie die Verpflichtung der Mitgliedstaaten zur (inhaltlichen und/oder zeitlichen) Begrenzung befristeter Arbeitsverträge dar.

Nachdem sich in der Diskussion zeigte, daß insbesondere Irland und Großbritannien einer weitergehenden Begrenzung befristeter Verträge negativ gegenüberstanden und hier keine Einigung zu erwarten war, schlankte die Ratspräsidentschaft den Vorschlag nochmals ab, so daß er sich nur noch auf Teilzeitarbeitsverhältnisse bezog. Großbritannien stimmte auch diesem Vorschlag nicht zu und am 6.12.1994 mußte der Vorsitzende des Rates „das Scheitern seiner Anstrengungen eingestehen" (Eichbauer 1995, S. 71).

2.3.2 Sozialpartnerübereinkommen 1997 zu Teilzeitbeschäftigung

Nachdem also eine Beschlußfassung im Rat nicht zustande kam, leitete die Kommission das Verfahren gemäß Artikel 3 des Maastrichter Abkommens zur Sozialpolitik ein (vgl. Blanpain et al. 1996, S. 224), in dem die Konsultation der Sozialpartner durch die Kommission geregelt ist (vgl. Europa-Recht 1995, S. 335). Im Gegensatz zu den Vorschlägen aus den 80er Jahren wie auch noch aus dem Jahr 1990 argumentierte die Kommission nunmehr primär beschäftigungspolitisch. Es wurde im Konsultationspapier ausgeführt, daß mittels atypischer Beschäftigungsformen eine Flexibilisierung der Arbeitszeit möglich sei und diese ein geeignetes Mittel darstellten, um die Beschäftigungslage zu verbessern. „Gleichwohl ist auch in diesem Dokument erkennbar, daß die Kommission bestrebt ist, diese Beschäftigungsverhältnisse in bezug auf die Arbeitsbedingungen und Sozialleistungen den unbefristeten Arbeitsverhältnissen anzugleichen" (Blanpain et al. 1996, S. 224).

Nach relativ langwierigen Verhandlungen (vgl. dazu eingehend Falkner 1998, S. 132–138) wurde am 6. Juni 1997 durch die Präsidenten und Generalsekretäre von EGB, UNICE und der CEEP[10] das Europäische Rahmenabkommen über Teilzeitarbeit unterzeichnet.

Der EGB mußte dabei für den Preis, daß überhaupt eine Einigung zustande kam, ihre ursprünglich relativ weitreichenden Vorstellungen schrittweise zurückschrauben (vgl. a.a.O.). Die Arbeitnehmerseite trat nämlich ursprünglich für ein Rahmenabkommen ein, das befristete Beschäftigungsverhältnisse, Leiharbeit, Gelegenheitsarbeit, arbeitnehmerähnliche Scheinselbständigkeit und Teilzeitbeschäftigung zum Inhalt hat. Neben Lohn- und Arbeitsbedingungen sollten nach den Vorstellungen der ETUC auch Fragen der sozialen Sicherheit einer einheitlichen Regelung zugeführt werden (vgl. Falkner 1998, S. 135).

Schlußendlich deckte das Abkommen, wie der Name schon sagt, nur Teilzeitarbeitsverhältnisse ab. Entsprechend der Präambel wurde aber die Absicht festgehalten, ähnliche Übereinkommen auch für andere „flexible Arbeitsformen" abzuschließen.

Entsprechend Artikel 1 des Übereinkommens ist es dessen Zweck, erstens Diskriminierungen gegenüber Teilzeitbeschäftigten abzubauen und die Qualität von Teilzeitarbeit zu heben und zweitens die Entwicklung von Teilzeitarbeit im Sinne einer flexiblen Arbeitsform, die Vorteile für Arbeitnehmer/innen und Arbeitgeber/innen mit sich bringt, zu erleichtern.

Nicht von diesem Übereinkommen erfaßt werden je nach nationalen Regelungen Teilzeitarbeitskräfte, die als „Gelegenheitsarbeitskräfte" angesehen werden können (Art. 2 Abs. 2). Was unter „Gelegenheitsarbeitskräften" zu verstehen ist, wird nicht definiert. Jedenfalls erlaubt die Übereinkunft, daß diese durch nationale Regelungen von der Geltung der Übereinkunft ausgenommen werden können. Das gilt entsprechend Absatz 4 auch für Arbeitnehmer/innen, die unterschiedlichen nationalen Geringfügigkeitsgrenzen entlang von Lohn- und Arbeitszeitkriterien wie auch auf Basis einer entsprechenden Kontinuität der Beschäftigung nicht gerecht werden. Allerdings „soll" diesbezüglich eine periodische Überprüfung der Auswirkungen stattfinden.

Quasi den Kern des Übereinkommens stellt das in Artikel 4 festgeschriebene Prinzip der „Nicht-Diskriminierung" zwischen Voll- und Teilzeitbeschäftigten dar. Absatz 1 führt aus, daß Teilzeitbeschäftigte in ihren Beschäftigungsbedingungen nicht anders behandelt werden dürfen als vergleichbare Vollzeitarbeitnehmer/innen, nur weil sie eben Teilzeitarbeitnehmer/innen sind. Ungleichbehandlungen, welche auf „gerechtfertigten objektiven Gründen" fußen, sollen aber möglich sein.

Dies ist einerseits der einzige (!) Artikel des gesamten Übereinkommens, der nicht nur „Soll-Bestimmungen" enthält. Andererseits bleibt er in seinem Inhalt relativ vage. Es wird nämlich an keiner Stelle definiert, was unter „Beschäftigungsbedingungen" näherhin zu verstehen ist. Es wird, wie bereits im Zusammenhang mit dem Auslegungsspielraum beim Art. 119 EWG-V bzw. EGV, dem EuGH zufallen, in dieser Frage Klarheit zu schaffen. Zugleich fanden Regelungen zur sozialen Sicherheit auf Betreiben der Arbeitgeberseite nicht explizit Eingang in das Übereinkommen. Es ist diesbezüglich nur in der Präambel angeführt, daß die Sozialpartner der Ansicht sind, daß die dahingehende Erklärung des

Rates von Dublin im Dezember 1996, daß „Systeme der sozialen Sicherheit beschäftigungsfreundlicher gestaltet werden sollten, indem ‚Systeme der sozialen Sicherheit entwickelt werden, die sich an neue Arbeitsstrukturen anpassen lassen und die jedem, der im Rahmen solcher Strukturen arbeitet, auch einen angemessenen Sozialen Schutz bieten'" in die Praxis umgesetzt werden sollte. Zugleich wurde aber festgehalten, „daß Fragen der gesetzlichen Regelung der sozialen Sicherheit der Entscheidung der Mitgliedsstaaten unterliegen".

Nach Art. 2 Abs. 2 soll des weiteren dort, wo es in arbeitsrechtlicher Hinsicht um teilbare Rechte geht, nach dem pro rata Prinzip vorgegangen werden.

Der restliche Inhalt des Sozialpartnerübereinkommens beschäftigt sich primär mit der Weiterentwicklung von Teilzeitarbeit bzw. mit dem Wechsel von Voll- in Teilzeitarbeit und umgekehrt (Artikel 5) sowie mit der Implementierung des Abkommens (Artikel 6).

Entsprechend Art. 4 Abs. 2 des Protokolls über Sozialpolitik des Maastrichter Vertrages wurde das Übereinkommen der Kommission übergeben. Diese hat es ohne Überarbeitung an den Rat weitergeleitet, wo es am 15. Dezember 1997 wortgleich als Richtlinie verabschiedet wurde.[11] Der Geltungsbereich der Richtlinie erstreckte sich anfangs auf alle Mitgliedsländer mit Ausnahme Großbritanniens, da sie auf Basis des von Großbritannien ursprünglich nicht unterzeichneten Abkommens über Sozialpolitik zustande kam. Nachdem in Amsterdam (Tagung des Europäischen Rates vom 16. und 17. Juni 1997) das Abkommen über Sozialpolitik in den EG-Vertrag eingefügt worden war und Großbritannien Bereitschaft bekundete, den Richtlinien, die bereits auf Basis des Abkommens über Sozialpolitik verabschiedet worden waren, auch in Großbritannien Rechtswirksamkeit zu verleihen, wurde der Geltungsbereich der Teilzeitrichtlinie am 7. April 1998 auf Großbritannien ausgedehnt.[12] Dort ist diese bis spätestens zum 7. April des Jahres 2000 zu implementieren, in allen anderen Mitgliedstaaten bis zum 20. Januar desselben Jahres.

2.3.3 Sozialpartnerübereinkommen 1999 zu befristeter Beschäftigung

Im Rahmen des oben angesprochenen im Jahr 1995 durch die Kommission gestarteten Konsultationsverfahrens bezüglich atypischer Erwerbsverhältnisse wurde ab März 1998 auf Sozialpartnerebene weiterverhandelt. Die UNICE hatte im Gegensatz zu der Position, welche sie im Rahmen der Verhandlungen einnahm, die schließlich zum Rahmenabkommen über Teilzeitarbeit geführt hatten, signalisiert, daß auch auf Arbeitgeberseite nunmehr Bereitschaft bestehe, offizielle Gespräche über eine Regelung befristeter Beschäftigung zu führen (vgl. EIRR 290, March 1998, S. 2–3). Angestrebt wurde von der Arbeitgeberseite nach eigenen Angaben eine Balance zwischen einer fairen Behandlung solcher Arbeitnehmer/innen sowie einer Neuregelung, die Hindernisse gesteigerter Flexibilität abbauen sollte. Die Arbeitnehmer/innen betonten dagegen das europaweite tendenzielle Wachstum befristeter Beschäftigung und die sich daraus ihrer Meinung nach ergebende Notwendigkeit einer weitergehenden und einheitlichen Regelung der entsprechenden Rahmenbedingungen (vgl. EIRR 292, May 1998, S. 3).

Nach einer knapp einjährigen Verhandlungsdauer wurde das „Rahmenabkommen über befristete Beschäftigung" am 18. März 1999 unterzeichnet. Dieses lehnt sich inhaltlich wie auch hinsichtlich seiner Reichweite stark an das Teilzeitübereinkommen aus 1997 an.

Geregelt wird erstens wiederum nur eine spezifische atypische Beschäftigungsform, nämlich befristete Beschäftigung im engeren Sinne. Leiharbeit ist nicht Gegenstand der Vereinbarung. Entsprechend der Präambel erkennen beide Vertragsparteien jedoch an, daß
auch in diesem Bereich Handlungsbedarf besteht. Zugleich soll das Übereinkommen nur
auf Arbeitnehmer/innen zur Anwendung kommen. Nicht erfaßt werden daneben unter
bestimmten Umständen auch Lehr- und andere Ausbildungsverträge sowie besondere Verträge, die im Rahmen arbeitsmarktpolitischer Maßnahmen abgeschlossen werden.

Ausgeklammert sind inhaltlich wiederum Fragen der sozialen Sicherheit, insofern diese
dem Bereich der gesetzlichen Sozialversicherungssysteme zuzuordnen sind: „The agreement relates to the employment conditions of fixed-term workers, recognising that matters
relating to statutory social security are for decision by the Member States" (Präambel des
Rahmenabkommens). Verwiesen wird in diesem Zusammenhang, wie bereits beim Teilzeitübereinkommen, auf die Dubliner Deklaration zur Beschäftigung (vgl. oben).

Als Ziele deklariert das Übereinkommen zum einen die Verhinderung einer Diskriminierung befristet Beschäftigter, zum anderen den Ausschluß von Mißbrauch durch sukzessiven Abschluß befristeter Beschäftigungsverhältnisse (Artikel 1).

Das Prinzip der „Nicht-Diskriminierung" ist in Artikel 4 des Rahmenabkommens festgeschrieben. Dort wird ausgeführt, daß befristet Beschäftigte im Hinblick auf die
Beschäftigungskonditionen nicht ausschließlich aus jenem Grund schlechter behandelt
werden dürfen als vergleichbare unbefristet Beschäftigte, weil sie befristet beschäftigt
sind. Aus „gerechtfertigten objektiven Gründen" kann, so sieht es die Vereinbarung vor,
von diesem Diskriminierungsverbot jedoch abgerückt werden. Der Artikel 4 ist somit
den einschlägigen Regelungen im Teilzeitübereinkommen nachgebildet. Die diesbezüglich oben angesprochenen definitorischen Probleme und Unschärfen treten auch an dieser Stelle wieder auf.

Im Unterschied zum Teilzeitübereinkommen ist in jenem zu befristeter Beschäftigung ein
Artikel enthalten, der den „Mißbrauch" der entsprechenden atypischen Beschäftigungsform, also der befristeten Beschäftigung, verhindern soll (Artikel 5). Es werden diesbezüglich drei unterschiedliche Maßnahmen angeführt. Erstens eine Begründungspflicht für
die Erneuerung solcher Verträge, zweitens eine Maximallaufzeit und drittens eine Einschränkung hinsichtlich der erlaubten Anzahl von Verlängerungen eines befristeten
Arbeitsvertrages. Wenn in einem Mitgliedsland keine anderen entsprechenden rechtlichen
Maßnahmen bestehen, die einem Mißbrauch vorbeugen, ist mindestens eines der drei
oben genannten Mittel zu ergreifen. Die spezifische Ausgestaltung bleibt jedoch der nationalen Ebene überlassen.

Weiters soll auf nationaler Ebene, „wo dies angebracht erscheint" (Art. 5 Abs. 2), definiert
werden, wann von einem fortdauernden Abschluß befristeter Verträge auszugehen ist (was
von der Rahmenvereinbarung als Mißbrauch interpretiert wird) und in welchen Fällen
sich befristete Arbeitsverträge in unbefristete umwandeln.

Daneben enthält das Rahmenübereinkommen Ausführungen zur Information befristet
Beschäftigter bezüglich im Betrieb neu geschaffener unbefristeter Arbeitsverhältnisse,
„Soll-Bestimmungen" über den Zugang zu betrieblichen Bildungssystemen und Qualifi-
kation sowie zur Information bestehender Arbeitnehmervertretungen. Des weiteren ist

vorgesehen, daß befristet Beschäftigte bei der zur Bildung eines Betriebsrates ausschlaggebenden Beschäftigungszahl mitberücksichtigt werden.

Das Rahmenübereinkommen wird der Kommission zugeleitet, die dieses aller Wahrscheinlichkeit nach analog dem zur Teilzeitarbeit als Richtlinienvorschlag im Rat einbringen wird.

3. Einschätzung und Ausblick

Mückenberger äußerte 1995 die Einschätzung, daß „von der Euphorie, die das Aktionsprogramm Ende 1989 ausstrahlte, (...) auf europäischer Ebene wenig zurückgeblieben" sei, und es „ein 'Projekt' europäischer Re-Regulierung atypischer Beschäftigung derzeit nicht" gebe (Mückenberger 1995, S. 221). Inzwischen sind zwar einerseits – im Rahmen der Sozialpartnerübereinkommen – verstärkte einschlägige Aktivitäten zu konstatieren, andererseits fallen die Ergebnisse der jeweiligen Abstimmungsprozesse inhaltlich äußerst mager aus.

Verfolgt man die in den letzten 15 Jahren auf Gemeinschaftsebene ventilierten Vorschläge zur Regulierung atypischer Beschäftigungsverhältnisse, so wird klar, daß von verschiedenen maßgeblichen Institutionen unterschiedliche Positionen eingenommen wurden. Es läßt sich festhalten, daß die durch die Kommission erarbeiteten Vorschläge schon zu Beginn der 80er Jahre eine Kompromißvariante darstellten. Diese bildete sich aus den relativ weitreichenderen Vorstellungen des Parlaments und des Wirtschafts- und Sozialausschusses (nicht jedoch der dortigen Arbeitgebervertreter/innen) und dem, was nach Einschätzung der Kommission gegebenenfalls im Rat „durchzubringen" war. An dieser „Aufgabenverteilung" änderte sich auch zu Beginn der 90er Jahre wenig.

Als weiterer Akteur wurden nach 1994 die Sozialpartner an den Bemühungen zu einer allgemeinen Regelung atypischer Beschäftigungsverhältnisse auf *breiter Basis* beteiligt. Mückenberger führt an, daß in diesem Zusammenhang die Initiative an Akteure abgetreten wird, „die – gerade auf dem Gebiet der atypischen Beschäftigung – in der Gefahr stehen, Produktivitäts- und Diskriminierungskoalitionen zu Lasten Dritter einzugehen" (Mückenberger 1995, S. 219). Das 1997 durch die Sozialpartner vorgelegte Rahmenabkommen zur Teilzeitarbeit wird denn auch im Hinblick auf seine Unverbindlichkeit, die Festschreibung von möglichen Ausnahmeregelungen wie auch die geringe allgemeine inhaltliche Reichweite der vorgeschlagenen Regelungen von keinem anderen in den letzten 15 Jahren auf EU-Gemeinschaftsebene gemachten Vorschlag zur Regulierung atypischer Erwerbsverhältnisse „überboten".[13] Gleiches gilt für das Abkommen zu befristeten Beschäftigungsverhältnissen.

Jedoch haben auch schon frühere Richtlinienvorschläge, bei einer im Vergleich zu den Sozialpartnerübereinkommen sonst vergleichsweise höheren angestrebten Regelungsdichte, kaum Ansätze enthalten, strukturelle Diskriminierungen atypisch beschäftigter Personen aufzuheben. Angestrebt wird in den verschiedenen Entwürfen zumeist nur eine Gleichstellung mit Normalarbeitnehmer/innen entsprechend den jeweiligen nationalen Regelungen. Damit ist erstens noch nichts über die Qualität des sozialen Schutzes gesagt. Zweitens kommt es dort, wo eine Angleichung auf der Basis der Teilbarkeit der entsprechenden Rechte vollzogen wird, nicht zu einer Aufhebung der strukturellen Diskriminierung der jeweils atypisch beschäftigten Personen. Daneben wurde in den einschlägigen Entwürfen auch nicht auf die Ausbreitung arbeitnehmerähnlicher Scheinselbständigkeit reagiert, noch kam es zu einer Thematisierung des Problems, es wird offenbar schlicht-weg ignoriert. Eine Re-Regulierung im Sinne einer selektiven Besserstellung atypisch Beschäftigter (etwa durch spezielle Abfindungszahlungen beim Auslaufen befristeter Beschäftigungsverhältnisse etc.) klingt insbesondere in den Vorschlägen der 90er Jahre nicht einmal mehr in Ansätzen an. Nicht Gegenstand bisheriger gemeinschaftsrechtlicher Regulierungen sind bis heute auch weitergehende verbindliche sozialrechtliche Mindest-standards. Gesetzliche Regelungen, die im Sozialrechtsbereich Frauen indirekt diskrimi-nieren und die es etwa in Form von Geringfügigkeitsgrenzen in vielen europäischen Staa-ten gibt, sind deshalb nach wie vor EU-rechtskonform.

Zugleich ergibt sich, nicht nur vor dem Hintergrund der Sozialpartnerübereinkommen, der Eindruck, daß die Vorschläge der Regulierung in den letzten 15 Jahren der Tendenz nach an Reichweite und Tiefe verloren haben. Die Kommission verfolgte in den 80er Jahren primär Ziele des sozialen Schutzes atypisch Beschäftigter bzw. einer Einschränkung der Praxis sol-cher Erwerbsformen (vgl. Falkner 1998, S. 129). Dies gilt insbesondere für die damaligen Vorschläge zu befristeter Beschäftigung und Leiharbeit. Ab dem Beginn der 90er Jahre ist eine dahingehende Veränderung auszumachen, daß die Kommission atypischen Beschäfti-gungsverhältnissen mit deutlich weniger Skepsis begegnete und ihre Argumentation nun-mehr primär an Wettbewerbsfragen bzw. beschäftigungspolitisch orientiert war. Letzteres dergestalt, daß nunmehr verstärkt davon ausgegangen wurde, daß flexible Beschäftigungs-verhältnisse positive Beschäftigungseffekte mit sich bringen könnten.

Für atypisch Beschäftigte brachten die wenigen einschlägigen bisher auf Gemeinschafts-ebene im Bereich getätigten Schritte relativ wenig. Es wurden zwar etwa durch die Arbeits-zeitrichtlinie von 1993, die gewisse Ruhezeiten etc. und einen allgemeinen Urlaubsanspruch garantierte, in einigen wenigen Ländern wie Großbritannien Fortschritte erzielt. Zugleich werden auch die Teilzeitrichtlinie und das Rahmenabkommen über befristete Beschäftigung nach deren Umsetzung, soweit dies gegenwärtig vor dem Hintergrund weit auslegbarer Begrifflichkeiten abschätzbar ist, nur in der absoluten Minderheit der Mitgliedsländer Ver-änderungen herbeiführen. Der Wert dieser Vereinbarungen ist demnach für den EGB auch primär ein anderer: „The major benefit from the ETUC's viewpoint is, however, at the pro-cedural rather than the substantive level" (Falkner 1998, S. 142).

In der gegenwärtigen Situation scheint eine relativ *umfassende* Regelung atypischer Erwerbsverhältnisse auf Gemeinschaftsebene unwahrscheinlicher als noch vor zehn Jah-ren. Vielmehr wurde das Thema, wie beschrieben wurde, den Sozialpartnern „zugescho-ben" – und diese präsentierten zwei kaum in die Tiefe gehende und zudem nur arbeits-rechtliche Belange betreffende Papiere. Dies hat seine Ursache darin, daß die UNICE weitergehenden Regelungen bisher immer strikt ablehnend gegenüberstand.

Nachdem es auch auch von seiten der Sozialpartner zu keinem Ergebnis einer umfassen-den und inhaltlich breiten Regelung atypischer Beschäftigungsverhältnisse auf Gemein-schaftsebene gekommen ist und ein solches aus dieser Richtung auch hinkünftig relativ unwahrscheinlich erscheint, wobei sich die Sozialpartner in ihren Übereinkommen darauf einigten, daß sozialrechtliche Fragen auch weiterhin Gegenstand nur nationalstaatlicher Regelung sein sollten, verdichtet sich bei gleichzeitiger Untätigkeit der Kommission der Eindruck, daß die „historische Agenda (nach wie vor; M. F.) anderweitig besetzt" (Mückenberger 1995, S. 221) ist.

Anmerkungen

1 Vorschlag für eine Richtlinie zur Beweislast im Bereich des gleichen Entgelts und der Gleichbe-handlung von Frauen und Männern. KOM (88) 269 endg., Art 5, Abs. 1. Diese Richtlinie wurde vom Rat nicht verabschiedet.

2 Vgl. zu einer ähnlichen Problematik betreffend das britische Recht Edwards 1994.

3 Vgl. dazu allg. weiterführend Langenfeld 1990.

4 Vgl. dazu die Präambel der unten angeführten Initiativstellungnahme, ABl. 1978, Nr. C 269/56 (57).

5 Vgl. zu den rechtlichen Grundlagen des Wirtschafts- und Sozialausschusses vor den Vertragsän-derungen 1993 (Art. 198 EGV) Schmidt 1995, S. 271, Fn. 5.

6 Vgl. Vorschlag für eine Richtlinie des Rates zur Regelung der freiwilligen Teilzeitarbeit von 4. Januar 1982, ABl. 1982, Nr. C 62/7; KOM (81) 775 endg. vom 22.12.1981.

7 Angeführt werden wissenschaftliche Mitarbeiter, Lektoren, Lehrer, Assistenzärzte, Ausbildungs-verträge und besondere Vertragsformen zur Arbeitsmarkteingliederung Jugendlicher und Be-hinderter.

8 ABl. 1990, Nr. C224, S. 4.

9 ABl. 1990, Nr. C 332/167.

10 Vgl. zu diesen Organisationen eingehender z. B. Hassel 1995.

11 Richtlinie des Rates vom 15. Dezember 1997 zu der von UNICE, CEEP und EGB geschlosse-nen Rahmenvereinbarung über Teilzeitarbeit – Anhang: Rahmenvereinbarung über Teilzeit-arbeit; Amtsblatt Nr. L 014 vom 20/02/1998, S. 9–14.

12 Richtlinie 98/23/EG des Rates vom 7. April 1998 zur Ausdehnung der Richtlinie 97/81/EG zu der von UNICE, CEEP und EGB geschlossenen Rahmenvereinbarung über Teilzeitarbeit auf das Vereinigte Königreich Großbritannien und Nordirland; Amtsblatt Nr. L I 31 vom 5.5.1998, S. 10–10.

13 Wobei jedoch wie beschrieben auf Arbeitnehmerseite ursprünglich der Wille zu einer weitgehen-den Regulierung atypischer Beschäftigungsformen gegeben war.

Literatur

Bieback, K.-J. (1994): EG-Sozialrecht: Grundlagen und Geltung sowie die Wirkungen des EG-Gleichbehandlungsrechts auf das nationale Sozialrecht, in: Deutsche Rentenversicherung 1/94, S. 20–39.

Blanpian, R. (1991): Die Auswirkungen des Europäischen Gemeinschaftsrechts auf die Arbeits-rechtssysteme der Mitgliedstaaten der Gemeinschaft, in: Zeitschrift für ausländisches und inter-nationales Arbeits- und Sozialrecht, Januar – März 1991, S. 95–103.

Blanpain, R./M. Schmidt/U. Schweibert (1996): Europäisches Arbeitsrecht. 2. Auflage, Baden-Baden.

Döse, A. (1993): Zur Umsetzung des EG-Rechts zur Gleichbehandlung von Frauen und Männern in Europa. Eine vergleichende Darstellung am Beispiel der EG-Staaten Bundesrepublik Deutsch-land und Griechenland, in: Zeitschrift für ausländisches und internationales Arbeits- und Sozial-recht, Juli – September 1993, S. 234–247.

Edwards, M. (1994): Employment Rights of part-Time Workers, in: European Business Law Review, 8-9/1996, S. 204–206.

Egger, J. (1993): Das Arbeits- und Sozialrecht der EG. Schnittstellen mit der österreichischen Rechtsordnung, Wien.

Eichbauer, P. (1995): Neue Formen von Beschäftigungsverhältnissen – Aspekte eines unvollendeten Kapitels der EU-Sozialpolitik, in: WISO, 1/1995, S. 63–74.

Eichenhofer, E. (1996): Europäisches Sozialrecht – eine Einführung, in: Recht der Arbeit, 2/1995, S. 172–178.

Europa-Recht (1995): Europäische Union, EG-Vertrag, Gerichtsbarkeit, Wirtschaftsraum, Europarat-Satzung, Menschenrechtskonvention. 13. Auflage, München.

Falkner, G. (1991): Entscheidungsfindung in der EG: Einstimmigkeitserfordernis, Politikverflechtung und Vetomacht in sozialgestaltenden Politikbereichen, Dissertation. Wien.

Falkner, G. (1998): EU Social Policy in the 1990s. Towards a corporatist policy community, London, New York.

Foden, D. (1996): Europe's Employment Crisis: Is Deregulation the Answer?, in: Mehr Wettbewerb, mehr Arbeit – Ist Vollbeschäftigung eine Illusion. Dokumentation des X. Malenter Symposiums, Baden-Baden, S. 245–254.

Hassel, A. (1995): Supranationale Arbeitsbeziehungen in der EU. Perspektiven einer europäischen Tarifunion, in: A. Bieszcz-Kaiser/R.-E. Lungwitz, E. Preusche (Hg.), Industrielle Beziehungen in Ost und West unter Veränderungsdruck, München, Mering, S. 21–42.

Holmstedt, M. (1991): Employment Policy (Spicers European policy reports), London, New York.

Hörburger, H./F. Rath-Hörburger (1983): Europas Frauen – gleichberechtigt? Die Politik der EG-Länder zur Gleichberechtigung der Frau im Arbeitsleben, Düsseldorf.

ILO (International Labour Office) (1995): Working Time, Employment and Protection; Conditions of Work Digest, Vol 14, Genf.

Krimphove, D. (1996): Europäisches Arbeitsrecht, München.

Langenfeld, C. (1990): Die Gleichbehandlung von Mann und Frau im Europäischen Gemeinschaftsrecht, Baden-Baden.

Mückenberger, U. (1995): Ist der „Sozialraum Europa" noch auf der historischen Agenda? Neue Beschäftigungsformen und deren europäische Regulierung, in: B. Keller/H. Seifert (Hg.), Atypische Beschäftigung. Verbieten oder gestalten?, Köln, S. 202–230.

Mills, S (1996): The EC Legal Base Debate: Working Time and Worker Protections – A Matter of Health and Safety or the Rights of Employed Persons?, in: European Business Law Review Juni 1996, S. 137–140.

Oetker, H./U. Preis (Hg.) (1995): Europäische Rechtsvorschriften zum Arbeitsrecht. Kurzausgabe aus Europäisches Arbeits- und Sozialrecht (EAS), Heidelberg.

Ruland, F. (1989): Der Europäische Binnenmarkt und die sozialen Alterssicherungssysteme, in: Deutsche Rentenversicherung 10-11/89, S. 605–629.

Schmidt, M. (1992): Die Richtlinienvorschläge der Kommission der Europäischen Gemeinschaften zu den atypischen Arbeitsverhältnissen, Baden-Baden.

Schmidt, M. (1995): Teilzeitarbeit in Europa. Eine Analyse der gemeinschaftlichen Regelungsbestrebungen auf vergleichender Grundlage des englischen und des deutschen Rechts, Baden-Baden.

Siemens, C. (1993): Gesetzliche Stundengrenzen im deutschen und irischen Arbeitsrecht – Europäische Entwicklungen auf dem Weg zum Konflikt, in: Zeitschrift für ausländisches und internationales Arbeits- und Sozialrecht, Oktober–Dezember 1993, S. 298–308.

Watson-Olivier, P. (1991): Europäische Gemeinschaft und Soziale Sicherheit. Eine Bestandsaufnahme, in: Zeitschrift für ausländisches und internationales Arbeits- und Sozialrecht, Januar – März 1991, S. 41–71.

Weiß, D. (1997): Das europäische Gemeinschaftsrecht im Kontext von Gleichbehandlungspolitik und Flexibilisierung, in: Effekte des Binnenmarktes auf die Erwerbssituation von Frauen. Projektbericht. Band I/IV, Wien, S. 59–147.

Atypische Beschäftigung in Frankreich

Christine Neuhold

1. Arbeitsmarktentwicklung

1.1 Allgemeine Arbeitsmarktentwicklung

Im Vergleich zum europäischen Durchschnitt ist die Erwerbsquote in Frankreich niedriger und die Arbeitslosigkeit höher. Allerdings liegt die Langzeitarbeitslosigkeit leicht unter dem EU-Durchschnitt. Die Erwerbsquote sank von 61,4 % im Jahr 1992 auf 60,1 % im Jahr 1997 (vgl. Europäische Kommission 1998, S. 27).

Die Erwerbsquote [1] der Männer lag 1975 mit 80,7 % noch 30(!) Prozentpunkte über jener der Frauen, ging jedoch Mitte der neunziger Jahre auf 75,6 % zurück. Die Frauenerwerbs-quote stieg hingegen um etwas mehr als 10 % von 50,9 % auf 61,2 %. 1997 waren 74,3 % der Männer und 67,1 % der Frauen erwerbstätig.

Eine Betrachtung der Beschäftigungsquote [2] verdeutlicht die unterschiedliche Erwerbsbe-teilung von Männern und Frauen. Die Beschäftigungsquote der Männer (78,4 %) war Mitte der siebziger Jahre fast doppelt so hoch wie jene der Frauen (47,9 %), ging 1997 zwar auf 66,2 % zurück, bewegte sich jedoch immer noch deutlich über jener der Frauen (51,5 %). Rund die Hälfte der männlichen Erwerbstätigen ging einer Tätigkeit im Dienst-leistungssektor nach: 1985 49,4 %, 1995 57,8 %. Die Erwerbsquote der Männer im indu-striellen Sektor sank um 5 Prozentpunkte von 41,7 % im Jahr 1985 auf 36,4 % im Jahr 1995. Vergleichsweise gering nahm sich der Prozentsatz jener Männer aus, die eine Beschäftigung im landwirtschaftlichen Bereich ausübten: Dieser fiel im selben Zeitraum von 8,9 % auf 5,8 %.

Graphik 1: Erwerbsquoten, Frauen und Männer (in %)

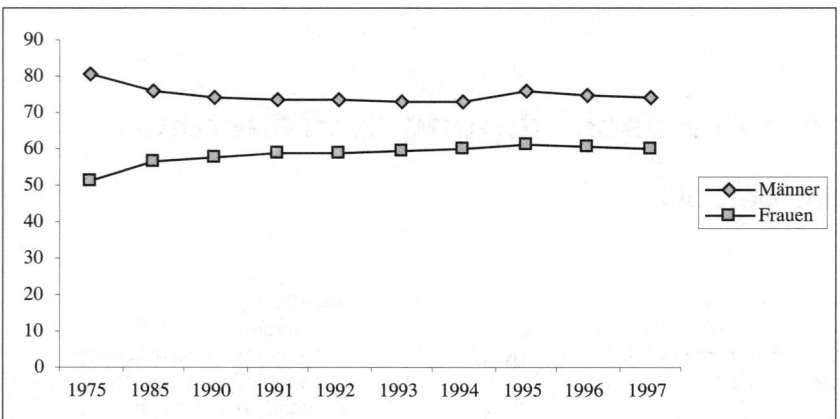

Quelle: Europäische Kommission GD V 1995a; 1996a; Eurostat 1998.

Untersucht man die Erwerbstätigkeit der Frauen aufgliedert nach Sektoren, so ergibt sich ein ähnliches Bild: Bei den weiblichen Arbeitskräften konnte innerhalb des Dienstleistungssektors eine außerordentlich hohe Beschäftigungsquote mit steigender Tendenz vermerkt werden: Sie wuchs von 73,6 % im Jahr 1985 auf 81,2 % im Jahr 1995 an. Die Zahl der weiblichen Erwerbstätigen in der Industrie sank hingegen in derselben Periode von 19,3 % auf 15,1 %. Auch im Bereich der Landwirtschaft ging die (ohnehin schon niedrige) weibliche Erwerbsquote von 7,1 % auf 3,7 % zurück.

Graphik 2: Arbeitslosenquoten, Frauen und Männer (in %)

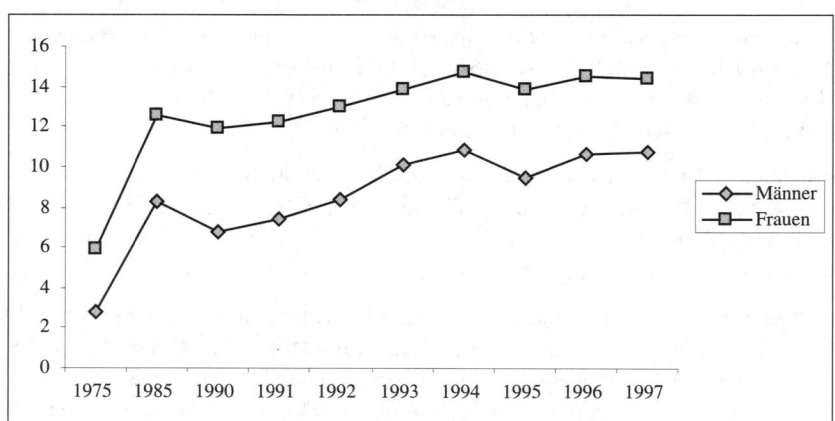

Quelle: Europäische Kommission GD V 1995a; 1996a; Eurostat 1998.

Die Arbeitslosenquote ist in den letzten zwei Jahrzehnten sehr stark gestiegen: 1975 lag sie noch bei 3,9 %, erreichte 1985 dann einen Höchststand von 12,6 % und ging 1995 um einen Prozentpunkt auf 11,5 % zurück. 1997 stieg sie allerdings wieder auf 12,4 % an.

Frauen waren in höherem Ausmaß als Männer von Erwerbslosigkeit betroffen. Die weibliche Arbeitslosenquote stieg von 5,9 % im Jahr 1975 auf 14,4 % im Jahr 1997, die der Männer stieg im Zeitraum von 1975 bis 1997 von 2,8 % auf 10,7 % (vgl. Eurostat 1998).

Weniger als die Hälfte der Arbeitslosen fand auch nach mehr als einem Jahr keine Arbeit, fiel somit in die Kategorie der Langzeitarbeitslosen. 1985 waren 38,5 % der arbeitslosen Männer und 46,2 % der arbeitslosen Frauen mehr als ein Jahr ohne Beschäftigung, 1995 waren es 39,2 % der arbeitslosen Männer und 41,1 % der Frauen (Europäische Kommission GD V 1996, S. 153). Im Zeitraum von Juni 1997 bis Juni 1998 stieg der Anteil der Langzeitarbeitslosen unter den Arbeitsuchenden von 37 % auf 40 % (vgl. Europäische Kommission 1998, S. 28).

1.2 Entwicklung atypischer Beschäftigungsverhältnisse

In Frankreich ist Teilzeitbeschäftigung die weitest verbreitete Form der atypischen Beschäftigung, knapp gefolgt von befristeten Beschäftigungsverhältnissen. Dem Arbeitsverhältnis der Leiharbeit kommt im Vergleich dazu ein eher geringerer Stellenwert zu.

Bevor auf die Entwicklung dieser Beschäftigungsformen jedoch im einzelnen eingegangen wird, sollen – zur Vermeidung von Begriffsverwirrungen – einige Definitionen vorangestellt werden.

Definition der Teilzeitbeschäftigung

„Travail partiel" meint die Teilzeitarbeit. Als Teilzeitbeschäftigungen werden, gemäß Artikel L 212-4-2 Arbeitsgesetzbuch, jene Beschäftigungen betrachtet, deren Stundenzahl um mindestens ein Fünftel geringer als die gesetzliche (oder die für den Wirtschaftszweig oder den Betrieb tarifvertraglich festgelegte) Arbeitszeit ist.

Ebenso gilt als Teilzeitbeschäftigte(r), wer im Laufe eines Jahres einen Wechsel von Beschäftigungs- und Ruhezeiten praktiziert und dessen jährliche Arbeitszeit um mindestens ein Fünftel unter der gesetzlichen wöchentlichen Arbeitszeit in demselben Jahreszeitraum liegt (vgl. MISEP 1996, S. 20).

Definition der befristeten Beschäftigung

Zeitarbeitsverhältnisse, also Formen der befristeten Beschäftigung im allgemeinen, werden unter dem Begriff *„travail temporaire"* subsumiert. Befristete Arbeitsverträge – *„contrats à durée déterminée"* (CDD) können, gemäß der Definition des Art. L 122 -1ff. Arbeitsgesetzbuch, nur für die Ausführung einer bestimmten Aufgabe[3] abgeschlossen werden. Sie dürfen nicht Gegenstand eines Vertrages sein, der eigentlich für einen dauerhaften Arbeitsplatz abgeschlossen werden sollte und der auf der normalen, ständigen Aktivität des Betriebes begründet ist. Der Ablauftermin des befristeten Vertrags muß bereits bei der Vertragsunterzeichnung genau festgelegt sein, außer in drei Fällen:

- ■ Wenn ein(e) Arbeitnehmer(in) ersetzt werden muß, der/die vorübergehend abwesend ist oder dessen/deren Arbeitsvertrag suspendiert ist,
- ■ bei saisonbedingten Beschäftigungen,

- bei Beschäftigungen, für die es in bestimmten Wirtschaftszweigen üblich ist, aufgrund der Art der ausgeübten Tätigkeit und der natürlichen zeitlichen Begrenzung der Beschäftigung keine unbefristeten Arbeitsverträge zu schließen (vgl. MISEP 1996, S. 18).

Die Bezeichnung „*travail intérimaire*" umschreibt die Leiharbeit (vgl. Bode/Brose/Voswinkel 1994, S. 17).

Die Entwicklung der Teilzeitbeschäftigung

Teilzeitbeschäftigungsverhältnisse nehmen seit Anfang der siebziger Jahre einen immer wichtigeren Stellenwert ein. Die Teilzeitquote hat sich im Zeitraum von 1973 bis 1997 fast verdreifacht: Sie ist von 5,9 % auf 16,8 % gestiegen. Frauen nahmen, unabhängig von Familienstand oder Ausbildung, an diesem Trend in weit höherem Ausmaß teil als Männer. Die weibliche Teilzeitquote wuchs von 12,9 % auf 30,9 %.[4]

„*For all women, young or old, skilled or unskilled, married or single with or without children, part-time work is the fastest growing form of employment*" (Coutrot et al. 1997, S. 140).

Graphik 3: Teilzeitquoten, Frauen und Männer (in %)

Quelle: OECD 1993; Europäische Kommission GD V 1995a; 1996a; Eurostat 1998.

Im Bereich der Landwirtschaft ist der Anteil teilzeitbeschäftigter Frauen besonders hoch. Mitte der neunziger Jahre gingen 34,9 % der weiblichen Teilzeitbeschäftigten in diesem Sektor einer Tätigkeit nach. Ähnlich hoch nahm sich auch die weibliche Teilzeitquote im Dienstleistungsbereich aus: sie lag bei 30,9 %; in der Industrie bewegte sie sich bei 17,0 %. Die männliche Teilzeitrate im Dienstleistungsgewerbe und im Agrarsektor lag bei 6,7 % bzw. bei 8,3 %.

Coutrot et al. argumentieren, daß Teilzeitbeschäftigung in Frankreich zwar für Frauen ein Weg ist, Zugang zum Arbeitsmarkt zu finden, daß sie hier jedoch in schlecht bezahlte Berufe, beispielsweise im Dienstleistungssektor oder im Einzelhandel, abgedrängt werden: „*Part-time employment contributes to 'work-sharing' between men and women, but it forces women into disadvantaged jobs. Acess to paid work is relatively recent for women, and for a long time a woman's salary was considered as a supplement to her partner's. This may explain women's willingness to choose these new jobs"* (Coutrot et al. 1997, S. 145).

Fast die Hälfte der Teilzeitbeschäftigten gab im Zuge der Eurostat-Erhebung über die Arbeitskräfte im Jahr 1997 an, zwischen 11 und 20 Stunden zu arbeiten. 1997 übten 48,9 % der teilzeitbeschäftigten Männer und 39,1 % der Frauen eine Tätigkeit mit diesem Arbeitsstundenumfang aus. Nur 9,8 % der männlichen bzw. 10,1 % der weiblichen Teilzeitkräfte ging einer sehr geringfügigen Teilzeitbeschäftigung mit einem Umfang von unter 10 Stunden pro Woche nach. Wie beispielsweise auch in Deutschland ist die Zahl der Teilzeitbeschäftigten, die keine Vollzeittätigkeit wünschten, sehr hoch. 1997 wählten 61,1 % der Frauen und 47,1 % der Männer diese Form der Beschäftigung, weil sie nicht in Vollzeit arbeiten wollten (vgl. Eurostat 1998). Die Wahrscheinlichkeit, daß in Teilzeit arbeitende Frauen zumindest ein Kind haben, ist größer als bei vollzeitbeschäftigten Frauen: 60 % der teilzeitbeschäftigten Frauen haben Kinder (unter 18 Jahren) im Vergleich zu 50 % der vollzeitbeschäftigten Frauen (vgl. Coutrot et al. 1997, S. 156).

Trotz der Tatsache, daß in der Eurostat-Umfrage ein hoher Prozentsatz der Befragten angegeben hatte, daß sie keine Vollzeittätigkeit wünschten, ist darauf hinzuweisen, daß der Anteil der unfreiwillig in Teilzeit arbeitenden Beschäftigten seit Anfang der neunziger Jahre stark gestiegen ist. Arbeiteten 1991 noch 29 % der Teilzeitbeschäftigten unfreiwillig in Teilzeit (28 % der weiblichen Teilzeitkräfte), so belief sich der Prozentsatz 1994 bereits auf 37 % (35 % der weiblichen Teilzeitzeitbeschäftigen) (vgl. Coutrot et al. 1997, S. 142).

Tabelle 1: Personen mit Teilzeittätigkeit: Gründe für die Teilzeittätigkeit, 1997 (in %)

Grund	Frauen u. Männer	Männer	Frauen
Schulbildung/berufl. Aus-/Fortbildung	n.a.	n.a.	n.a.
Krankheit/Arbeitsunfähigkeit	n.a.	n.a.	n.a.
Konnte keine Vollzeittätigkeit finden	39,4	52,9	38,8
Wünscht keine Vollzeittätigkeit	60,4	47,1	61,1
Sonstige Gründe	n.a.	n.a.	n.a.
Keine Begründung/keine Antwort	n.a.	n.a.	n.a.
Insgesamt	100,0	100,0	100,0

Quelle: Eurostat 1998.

Entwicklung der befristeten Beschäftigung

Neben steigenden Teilzeitraten ist ein deutlicher Zuwachs der befristeten Beschäftigungsverhältnisse zu beobachten. Der Prozentsatz jener Frauen, die nicht in einem dauerhaften Arbeitsverhältnis standen, ist im Zeitraum von 1983 bis 1997 um mehr als zehn Prozentpunkte (von 3,4 % auf 14,2 %) gestiegen. Außerordentlich hoch nimmt sich auch der Anteil der männlichen Erwerbstätigen mit befristetem Arbeitsvertrag aus: Dieser stieg von 3,3 % auf 12,5 % (vgl. Europäische Kommission GD V 1995a, S. 193; 1996a, S. 153; Eurostat 1998).

Graphik 4: Befristet Beschäftigte, Frauen und Männer (in %)

Quelle: Eurostat 1996, Eurostat 1998.

Tabelle 2: ArbeitnehmerInnen mit befristeter Tätigkeit: Gründe für die Befristung, 1997 (in %)

	Frauen	Männer
Ausbildungsvertrag	12,2	7,8
Probearbeitsvertrag	5,6	6,6
ohne Angabe	82,2	75,7
insgesamt	100	100

Quelle: Eurostat 1998.

Als Begründung für die Befristung ihrer Tätigkeit gaben über 7 % der im Rahmen der Eurostat-Erhebung 1997 befragten Männer bzw. 12 % der Frauen an, diese Beschäftigung im Zuge ihrer Ausbildung auszuüben. 6,6 % der Männer bzw. 5,6 % der Frauen verfügten über einen Probezeitarbeitsvertrag. Die Daten sind jedoch nicht sehr aussagekräftig, da ein Großteil der Befragten keine Angabe gab (75,7 % der Männer bzw. 82,2 % der Frauen) (vgl. Eurostat 1998, S.138).

Diese befristeten Verträge werden in hohem Maße für einen relativ kurzen Zeitraum abgeschlossen. Im Jahr 1993 hatten 44 % der Beschäftigungsverhältnisse eine Laufzeit von 6 Monaten oder weniger. Nur 6 % der befristet Beschäftigten konnten im selben Jahr Verträge mit einer Dauer von mehr als zwei Jahren aufweisen (vgl. Europäische Kommission GD V 1995a, S. 176).

Die Entwicklung der Leiharbeit

Im Vergleich zur befristeten Beschäftigung und Teilzeitarbeit spielt Leiharbeit eine untergeordnete Rolle. Sie gewinnt jedoch seit Anfang der achtziger Jahre an bescheidener Bedeutung. Standen 1982 noch 0,7 % aller Beschäftigten in einem Leiharbeitsverhältnis, so waren es 1993 1,25 %. Das Ministerium für Arbeit und Sozialen Dialog und Mitwirkung[5] erklärt den Anstieg von Leiharbeitsverhältnissen damit, daß Firmen vor dem Hintergrund der unsicheren konjunkturellen Lage seit Anfang der achtziger Jahre verstärkt auf den Einsatz von befristet Beschäftigten und LeiharbeitnehmerInnen zurückgreifen, um flexibel auf verstärkte Arbeitsanfälle reagieren zu können.[6] Die Leiharbeitsverträge werden in der Regel für einen kurzen Zeitraum abgeschlossen. Die Durchschnittsdauer liegt bei zwei Wochen (vgl. Belloc/Lagarenne 1996, S. 126).[7]

2. Politische Regulierung

2.1 Arbeitsrechtliche Regulierung

2.1.1 Arbeitsrechtliche Regulierung atypischer Beschäftigungsformen

In Frankreich finden Gesetze und Verordnungen aus dem Bereich des Arbeitsrechts, nach Veröffentlichung im Amtsblatt, Eingang in das Arbeitsgesetzbuch. Dieses Gesetzbuch ist eigentlich keine Rechtsgrundlage an sich, sondern eine in drei Teile gegliederte Sammlung von Gesetzes- und Verordnungstexten. Der erste Teil „L" umfaßt grundlegende gesetzgeberische Texte, der zweite, „R", beinhaltet allgemeine Anordnungen, der dritte, „D", betrifft die Verfügungen aus einfachen Dekreten. Die Artikel werden durch einen Buchstaben (L, R oder D) und eine Zahl bezeichnet (vgl. MISEP 1996, S. 16).

Atypische Beschäftigungsformen wie Teilzeitbeschäftigung und Formen der Zeitarbeit (befristete Beschäftigung und Leiharbeit) sind im französischen Arbeitsrecht fest verankert. Während generelle Arbeitszeit- und urlaubsrechtliche Regelungen für Teilzeitbeschäftigte gelten, können sich ArbeitnehmerInnen mit befristeten und Leiharbeitsverträgen auf ausgefeilte arbeitsvertragsrechtliche Regelungen berufen und haben ein Anrecht auf die Auszahlung einer Abfertigung.

Regulierung der Teilzeitbeschäftigung

Teilzeitbeschäftigung wird in den Artikeln L 212-4-2, L 212-4-3 Arbeitsgesetzbuch geregelt. Demzufolge sind als Teilzeitbeschäftigte jene ArbeitnehmerInnen zu betrachten, deren Stundenzahl um mindestens ein Fünftel geringer ist als die gesetzliche Arbeitszeit oder die für den Betrieb oder den Wirtschaftszweig tarifvertraglich festgelegte Arbeitszeit. Gemäß dieser Regelung ist in der Regel eine Beschäftigung mit einem Umfang von 32 Stunden pro Woche als Teilzeitbeschäftigung einzustufen.

Wichtig ist, daß Teilzeitbeschäftigte im Rahmen des Gesetzes und der Tarifverträge über die gleichen Rechte wie Vollzeitbeschäftigte verfügen, allerdings vorbehaltlich spezieller, in Tarifverträgen vorgesehener Regelungen. Ein Diskriminierungsverbot für Teilzeitkräfte gegenüber VollzeitarbeitnehmerInnen ist in Frankreich, ähnlich wie in Deutschland, ausdrücklich gesetzlich festgelegt[8]: *„The principle that there should be no discrimination between full-timers and part-timers is clearly specified."*(O'Reilly 1994, S.10)

Regulierung der befristeten Beschäftigung

Die Regulierung befristeter Beschäftigungsverhältnisse wurde meist zeitgleich mit derjenigen der Leiharbeit angegangen. Nur das eigens für die befristeten Beschäftigungsverhältnisse verabschiedete Gesetz von 1979 fällt aus diesem Rahmen. Dieses Gesetz bedeutete insofern eine Erleichterung des Abschlusses von befristeten Arbeitsverträgen, als zuvor ein regulierungsfreier Zustand herrschte, innerhalb dessen die Eingriffe der Arbeitsrechtsprechung (zumindest aus der Sicht der damaligen Regierung) zu gewissen Unsicherheiten bei der Nutzung von befristeten Arbeitsverträgen führten.

Regulierung der Leiharbeit

Leiharbeit, die bis dahin nur durch richterliche Beschlüsse geregelt wurde, wurde erstmals durch das Gesetz vom 3. Jänner 1972 reguliert. Anschließend wurden mehrere Tarifverträge zwischen den Gewerkschaften und den zwei Arbeitgeberverbänden geschlossen, die sich mit Fragen wie Freistellung im Krankheitsfalle, Karenzurlaub, Urlaubsentgelt etc. befaßten. Gesetzliche Regelungen zur Leiharbeit und zur befristeten Beschäftigung wurden in den Jahren 1982, 1985, 1986 verabschiedet, wobei die jeweiligen Bestimmungen zu einem großen Teil in das derzeit gültige Gesetz zur Zeitarbeit vom 12. Juli 1990 übernommen wurden. Im Rahmen dieses Gesetzes wurden die Reglements zu den befristeten Arbeitsverträgen und zur Leiharbeit einander angeglichen (vgl. Rojot 1993, S. 93).

2.1.1.1 Arbeitszeitregelungen

Die gesetzliche Arbeitszeit in Frankreich beträgt derzeit noch 39 Wochenstunden. Abweichungen sind je nach Wirtschaftsbereich möglich. Mitte Juni 1998 wurde ein Gesetz zur allmählichen Reduzierung der Wochenarbeitszeit auf 35 Stunden bis zum Jahr 2000 (2002 für Klein- und Mittlere Unternehmen) verabschiedet.[9]

Teilzeitbeschäftigung

Vereinbarungen zur Arbeitszeit werden (gemäß Artikel 212-4-2 Arbeitsgesetzbuch) im Arbeitsvertrag des Teilzeitbeschäftigten festgehalten. Hier wird nicht nur die Aufteilung der Arbeitszeit auf Wochentage oder bestimmte Wochen im Monat geregelt, sondern es wird gegebenenfalls auch angegeben, in welchen Perioden über das Jahr verteilt gearbeitet bzw. nicht gearbeitet wird und wie die Arbeitsstunden innerhalb dieses Zeitraums verteilt sind. Weiters werden die Bedingungen für eine mögliche Modifizierung dieser Aufteilung verankert. Diese Veränderungen müssen dem/der Arbeitnehmer(in) mindestens eine Woche im voraus mitgeteilt werden. Der Arbeitsvertrag bestimmt auch – innerhalb eines möglicherweise von einem Tarifvertrag[10] oder einer Betriebsvereinbarung gesetzten Rahmens – die Grenzen, innerhalb derer Überstunden geleistet werden können (vgl. MISEP 1996, S. 20).

Die Regelung der Arbeitszeit kann, wie bereits erwähnt, auch per Tarifvertrag erfolgen. So wurde beispielsweise in der Nahrungsmittelindustrie eine Vereinbarung getroffen, wonach Teilzeitbeschäftigten eine Garantie eingeräumt wird, daß ihre Arbeitsstunden derart organisiert werden, daß sie daneben noch die Möglichkeit haben, eine zweite Teilzeitbeschäftigung auszuüben. Von dieser Regelung sind 600.000 Beschäftigte betroffen, wobei mehr als die Hälfte in Supermärkten oder noch größeren Nahrungsmittelgeschäften[11] beschäftigt sind (vgl. EIRR, Oktober 1996, Nr. 273, S.15).

Ein anderes Beispiel ist der französische Autohersteller Renault, der mit den Gewerkschaften im November 1997 eine Vereinbarung zur Einführung von freiwilliger Teilzeitbeschäftigung schloß. Die Arbeitsstunden der Teilzeitbeschäftigten werden auf wöchentlicher, monatlicher oder jährlicher Basis berechnet. Aus der Vereinbarung geht hervor, daß Beschäftigte, die von Voll- auf Teilzeit wechseln, mindestens 16 Stunden pro Woche arbeiten müssen. Die maximale Zahl an Arbeitsstunden darf 80 % der jährlichen Arbeitszeit von Vollzeitbeschäftigten nicht überschreiten. Beschäftigte, die von dieser Regelung Gebrauch machen, müssen zwar proportional zur geleisteten Arbeitszeit Kürzungen ihres Einkommens hinnehmen, erhalten jedoch nach dem ersten Jahr eine Bonusprämie.[12]

2.1.1.2 Urlaubsrecht

Teilzeitbeschäftigung

Teilzeitbeschäftigte, die, wie gesagt, gemäß den Bestimmungen des Arbeitsgesetzbuches, über die gleichen Rechte wie Vollzeitbeschäftigte verfügen, haben Anspruch auf 30 Tage Regelurlaub. Abweichungen per Tarifvertrag sind zulässig (vgl. Europäische Kommission 1996, S. 66). Ein Beispiel ist das Abkommen zur Einführung der freiwilligen Teilzeitbeschäftigung bei Renault, welches vorsieht, daß der Urlaubsanspruch von Vollzeitbeschäftigten, die zu einer Teilzeitbeschäftigung wechseln, in Relation zu Vollzeitbeschäftigten in einer ähnlichen Position berechnet wird.

Im Bereich des Erziehungsurlaubs wurden durch ein Gesetz vom 25. Juli 1994 bessere Voraussetzungen für Eltern geschaffen, die einer Teilzeitbeschäftigung nachgehen. Sie haben erstmals Anspruch auf die Elternerziehungsbeihilfe [13], wenn sie für die Betreuung von mindestens zwei Kindern [14] ihre berufliche Tätigkeit reduzieren. Gehen beide Elternteile einer Teilzeitbeschäftigung nach, so wird die Beihilfe zweimal ausgezahlt. Die Höhe des Pauschalbetrags (von rund 450 EUR [15] pro Monat für das zweite Kind) wird je nach Umfang der Teilzeitbeschäftigung anteilmäßig reduziert und ausbezahlt, bis das Kind drei Jahre alt ist. Der bezahlte Erziehungsurlaub kann allerdings nur in Anspruch genommen werden, wenn der/die Betreffende in den letzten fünf Jahren mindestens zwei Jahren lang einer Beschäftigung nachging. Nicht immer besteht Kündigungsschutz (vgl. Europäische Kommission GD V 1996b, S.137).

Befristete Beschäftigung und Leiharbeit

LeiharbeitnehmerInnen und befristet Beschäftigte haben ein Recht auf eine finanzielle Entschädigung für den Ausfall von Urlaubsrechten aufgrund der kurzen Beschäftigungsdauer. Diese Urlaubsprämie beträgt ein Zehntel des ansonsten geschuldeten Gesamtbetrags: Sie wird allerdings erst nach einer Beschäftigungsdauer von einem Monat ausbezahlt und wird bei Arbeitslosigkeit mit der Arbeitslosenunterstützung verrechnet (vgl. Bode/Brose/Voswinkel 1994, S. 51)

2.1.1.3 Kündigungsschutz inklusive Vertragserrichtung und Probezeit

Der Arbeitsvertrag kann in verschiedenen Formen abgefaßt werden. Er kann von unbegrenzter Dauer oder zeitlich befristet sein; er kann als Leiharbeits-, Ausbildungs- oder Teilzeitarbeitsvertrag abgeschlossen werden.

Teilzeitbeschäftigung

Der Teilzeitarbeitsvertrag ist ein schriftlicher Vertrag, der Informationen über die Qualifikation des/der Arbeitnehmers(in), die Höhe seines/ihres Lohnes und die wöchentliche Arbeitszeit enthält. Teilzeitarbeitsverträge können nach Stellungnahme des Betriebsrats oder der Vertrauensleute im Betrieb abgeschlossen werden. Diese Position muß innerhalb von 14 Tagen der Arbeitsaufsichtsbehörde vorgelegt werden. Verfügt die Belegschaft über keine Vertretung, können ebenfalls Teilzeitarbeitsverträge geschlossen werden, unter der Bedingung, daß die Arbeitsaufsichtsbehörde davon in Kenntnis gesetzt wurde.

Gemeinsam mit Spanien, Italien und Belgien gilt Frankreich als ein Land mit einem hohem Schutzstandard beim Kündigungsschutz. Die Kündigungsfristen von Verträgen mit einer Vertragsdauer von weniger als 6 Monaten können von den Vertragsparteien beliebig geregelt werden oder sind tarifvertraglich abzusichern. Bei Beschäftigungsverhältnissen, die zwischen 6 und 24 Monaten bestehen, ist gesetzlich ein Monat, für Betriebszugehörigkeiten von über 2 Jahren eine 2 monatige Kündigungsfrist vorgesehen. Falls es sich nicht um eine Entlassung von mehr als 10 Beschäftigten handelt und der/die Beschäftigte weniger als 6 Monate in dem Betrieb arbeitet, muß mit ihm/ihr auf jeden Fall ein Gespräch vor dem Ausspruch der Kündigung stattfinden. Der Kündigungsbescheid kann erst 7 Tage nach dem Gespräch zugesandt werden. Außerdem muß dem/der Gekündigten eine Wiedereinstellungspriorität innerhalb der nächsten 12 Monate eingeräumt werden.

Sind mehr als 10 Beschäftigte gleichzeitig innerhalb eines Monates von der Kündigung betroffen, so gelten weitreichendere prozedurale Vorschriften.

In den Geltungsbereich dieser Regelungen fallen alle Beschäftigten; auch jene, die nur in Teilzeit arbeiten. Teilzeitbeschäftigte, die in Betrieben mit einer höheren Beschäftigtenzahl arbeiten, sind besser vor Kündigung abgesichert als Arbeitskräfte kleinerer Betriebe. So muß der Betriebsrat beispielsweise in einem Betrieb, der 50 ArbeitnehmerInnen beschäftigt, zwei Sitzungen abhalten, die maximal sieben Tage auseinander liegen. Bei einer möglichen Kündigung von 100 Beschäftigten vergrößert sich der Abstand zwischen den Sitzungen auf 14 Tage und bei 250 Personen auf 21 Tage. Auch die Frist, binnen derer die ArbeitnehmerInnen über die Kündigung benachrichtigt werden sollen, wird, je nachdem wieviele Beschäftigte betroffen sind, verlängert. Sie beträgt mindestens 30 Tage, wenn die Zahl der Entlassungen unter 100 liegt, und wird bei mehr als 200 Betroffenen auf 60 Tage verlängert. Ein verstärkter Kündigungsschutz besteht für bestimmte Arbeitnehmergruppen aufgrund ihrer Berufstätigkeit (z.B. Betriebsärzte) oder aufgrund ihres Zustandes (z.B. schwangere Frauen).

Bei Zweifeln über die Berechtigung ihrer Entlassung haben die Betroffenen die Möglichkeit, das Arbeitsgericht anzurufen (vgl. MISEP 1996, S. 21f.).

Befristete Beschäftigung

Gemäß dem Gesetz vom 12. Juli 1990 gilt der Abschluß eines befristeten Arbeitsvertrags als Ausnahme:

„The Law of 12. July 1990 reiterates the general principle that under French law, temporary employment and fixed-term contracts remain the exception to the rule that the normal

contract of employment is the contract for an indefinite period" (Schömann/Rogowski/Kruppe 1995, S. 32).

Das Gesetz listet jene (Ausnahme-) Fälle auf, in denen der Abschluß eines befristeten Arbeitsvertrages als legal zu betrachten ist:

- zur Vertretung eines(r) abwesenden Arbeitnehmers(in): die maximale Vertretungsdauer beträgt 18 Monate,
- zur Vertretung eines(r) Beschäftigten, der/die vorzeitig entlassen wird: die maximale Vertretungsdauer beläuft sich auf 24 Monate,
- zur Vertretung eines(r) Beschäftigten, der/die nach Ablauf des befristeten Arbeitsvertrags zu arbeiten beginnt: die maximale Vertretungsdauer liegt bei 9 Monaten,
- im Falle eines vorübergehenden Arbeitsanfalls: der Vertrag läuft nach (höchstens) 18 Monaten aus,
- im Falle eines unvorhersehbaren, spezifischen, zeitlich befristeten Ereignisses: die maximale Dauer des Arbeitsvertrags ist mit 18 Monaten befristet,
- im Falle einer außerordentlichen Zunahme an Bestellungen aus dem Ausland: der/die Betreffende darf dieser Tätigkeit nur für höchstens 2 Jahre nachgehen,
- im Falle einer dringend notwendigen Aufgabe, die aus Sicherheitsgründen durchgeführt werden muß: die maximale Dauer des Vertrags beläuft sich auf 9 Monate,
- im Falle einer saisonbedingten Beschäftigung: die maximale Dauer des Vertrags liegt bei 18 Monaten.

Wichtig ist, daß in allen oben genannten Fällen – außer bei saisonbedingten Beschäftigungen – die Betroffenen nach Ablauf ihres befristeten Arbeitsvertrags eine Abfertigung erhalten müssen. Ein befristeter Arbeitsvertrag kann zweimal für eine Periode, die mindestens so lang ist wie jene des Ursprungsvertrages, verlängert werden. Die Dauer von 2 Jahren darf nicht überschritten werden (vgl. Schömann/Rogowski/Kruppe 1995, S. 33).

Ein weitere Form von befristeten Arbeitsverträgen wurde durch das Gesetz von 20. Dezember 1993 eingeführt. Personengruppen mit besonderen Schwierigkeiten – wie Behinderte und Langzeitarbeitslose – sollen Zugang zum Arbeitsmarkt finden, indem sie befristete Verträge erhalten [16] und es ihnen ermöglicht wird, in Teilzeit zu arbeiten.

Leiharbeit

Gemäß Artikel L 124-2 Arbeitsgesetzbuch können ArbeitgeberInnen Angestellte einer Leiharbeitsfirma zur Ausführung einer nicht dauerhaften Beschäftigung heranziehen. Der Leiharbeitsvertrag kann (wie auch der befristete Arbeitsvertrag) nicht zum Ziel haben, einen dauerhaften Arbeitsplatz zu schaffen, sondern sollte nur in Ausnahmefällen abgeschlossen werden. Das Ablaufdatum des Vertrags muß bereits bei Vertragsabschluß festgelegt werden. In den drei Ausnahmefällen, die auch für befristete Beschäftigungsverhältnisse gelten, kann eine Abweichung von dieser Regelung genehmigt werden.

Der Leiharbeitsvertrag kann zwar wie der befristete Vertrag um die gleiche Dauer wie der ursprüngliche Vertrag verlängert werden, jedoch kann dies nur einmal erfolgen. Die Bedingungen der Verlängerung müssen bereits zu Vertragsabschluß feststehen, können aber auch in einer Zusatzvereinbarung geregelt werden. Die Gesamtdauer des Vertrages (inklusive Verlängerung) darf nicht mehr als 24 Monate betragen (vgl. MISEP 1996, S. 18f.).

2.1.1.4 Abfertigung

Leiharbeit

LeiharbeitnehmerInnen erhalten, gemäß einer Ordonnanz aus dem Jahre 1972, nach Ende jedes Kurzeinsatzes eine *Prekaritätsentschädigung*, die ihnen über ihre ungewisse Situation hinweghelfen soll. Zunächst war die Rate noch niedrig; sie lag anfangs bei 4 % des Referenzlohnes. 1982 wurde sie deutlich erhöht; bis auf 15 % für die Fälle, bei denen den LeiharbeitnehmerInnen keine neue Beschäftigung angeboten wurde.[17] Während eine Ordonnanz von 1986 an dieser Bestimmung nichts änderte, wurde in der Regulierungsetappe 1990 dieser Sozialstandard leicht reduziert, indem die 15 %-Klausel auf 10 % gesenkt wurde. Dieser Betrag muß dem/der Leiharbeitnehmer(in) zusätzlich zum Gesamtlohn und zur Urlaubsprämie ausbezahlt werden, es sei denn, er/sie wird von der Leiharbeitsfirma in ein unbefristetes Arbeitsverhältnis übernommen. Keinen Anspruch auf diese Zahlungen haben Beschäftigte, die ihre Stelle durch eigenes Vergehen verloren haben; die einen Kurs zur Aus- und Weiterbildung beginnen oder eine saisonbedingte Beschäftigung ausübten (vgl. Rojot 1993, S. 110).

Befristete Beschäftigung

Nachdem das Gesetz von 1979 besondere arbeitsrechtliche Bestimmungen ausgeklammert hatte, wurde 1982 die Regelung der Prekaritätsentschädigung von der Leiharbeit übernommen und auf die befristeten Beschäftigungsverhältnisse übertragen. Zu Beginn lag die Rate noch bei 4 % der Lohnschuld, wurde 1990 jedoch auf 6 % angehoben. Die Abfertigung wird nicht ausbezahlt, wenn die Beschäftigung naturgemäß nur befristet sein konnte oder eine Übernahme seitens des Nutzerunternehmens erfolgt (vgl. Bode/Brose/Voswinkel 1994, S. 256).

2.1.2 Evaluierung

In Frankreich bestehen seit Anfang der achtziger Jahre weitreichende arbeitsrechtliche Regelungen im Bereich der Zeit- und Teilzeitarbeit. Für beide atypische Beschäftigungsformen müssen schriftliche Arbeitsverträge abgeschlossen werden, die wesentliche Informationen über das Arbeitsverhältnis (wie die Zahl der Arbeitsstunden oder den Ablauftermin des Vertrages) enthalten. Für Frauen, die in steigendem Maße sowohl von dem Phänomen der Teilzeit- als auch der befristeten Beschäftigung betroffen sind[18], bedeutet diese Regelung ein erhöhtes Maß an arbeitsrechtlicher Sicherheit: Sie verfügen im Falle eines Rechtsstreits über ein schriftliches Beweismittel vor Gericht.

Der Abschluß von befristeten- und Leiharbeitsverträgen ist in Frankreich nur in einigen, genau per Gesetz festgelegten Fällen zugelassen. Diese Bestimmungen werden von Arbeitgeberseite jedoch derart weit ausgelegt, daß befristete Verträge selbst in jenen Fällen abgeschlossen werden, in denen eigentlich ein dauerhafter Vertrag angebracht wäre. Zudem wurden befristete Arbeitsverträge unter dem „*Deckmantel*" der saisonbedingten Beschäftigung abgeschlossen, um die Auszahlung einer Abfertigung zu umgehen: „*The Act of 12 July 1990 did not contribute significantly to the transformation of precarious employment into stable, permanent jobs. (...) The reason of 'temporary increase in the company's workload' was used in order to conclude fixed-term contracts in a number of cases in which there was ample scope for a permanent contract. Furthermore, employees were recruited on seasonal work contracts in order to avoid 'end-of-contract' compensation, as is required with other fixed-term contracts.*" (Schömann/Rogowski/Kruppe 1995, S. 34)

Die Vertragsdauer von befristeten Arbeitsverträgen, die per Gesetz zwei Jahre nicht überschreiten darf, wird in der Praxis durchwegs weit unterschritten. Wie aus einer Studie des Arbeitsministeriums hervorgeht, lag die durchschnittliche Dauer von befristeten Arbeitsverträgen im Dienstleistungssektor im Jahr 1992 (einem Bereich, in dem ein Großteil der weiblichen Erwerbstätigen beschäftigt sind) [19] bei 9 Wochen. Für die Betroffenen bedeutet diese extreme zeitliche Befristung ein hohes Maß an Unsicherheit, da nach Ablauf ihres Arbeitsverhältnisses ihre berufliche Zukunft meist ungewiß ist und sie nach einer gewissen „*Eingewöhnungsphase*" in ihrem Beruf wieder gekündigt werden können. Als Entschädigung für diese Ungewißheit und Unsicherheit legte der Gesetzgeber bereits zu Beginn der siebziger Jahre fest, daß LeiharbeitnehmerInnen nach Ende ihres Arbeitsauftrages eine Abfertigung ausbezahlt werden muß. Für Beschäftigte mit befristeten Arbeitsverträgen wurde diese Regelung der Prekaritätsentschädigung erst zehn Jahre später eingeführt, wobei der Betrag deutlich unter dem der LeiharbeitnehmerInnen lag.[20] Im Jahr 1990 wurden die Regelungen einander zumindest ansatzweise angepaßt – die Entschädigung liegt mittlerweile bei 10 % bzw. 6 % für Personen mit Leiharbeits- bzw. befristeten Verträgen (vgl. INSEE/Liaisons Sociales/DARES 1995, S. 62).

Für teilzeitbeschäftigte Frauen, die in Frankreich, den Eurostat-Umfragen zufolge, diese Beschäftigungsform zu einem großen Teil gewählt haben, da sie keine Vollzeitbeschäftigung wünschten, wirkt sich die Tatsache positiv aus, daß die Verteilung ihrer Arbeitszeit genau in ihrem Arbeitsvertrag festgelegt ist. Sie können sich ihre arbeitsfreie Zeit im voraus einteilen und sich somit gegebenenfalls für einen ununterbrochenen Zeitraum ihren Kindern oder ihrer Familie widmen. Jede Veränderung in der Verteilung der Arbeitszeit muß der Betroffenen eine Woche im voraus mitgeteilt werden. Arbeitszeitregelungen können auch per Tarifvertrag festgelegt werden. So kann beispielsweise in der Nahrungsmittelindustrie die Verteilung der Arbeitsstunden derart festgelegt werden, daß daneben noch Zeit für eine zweite Teilzeitbeschäftigung oder auch für Kinderbetreuung bleibt. Von dieser Regelung sind mehr als eine halbe Million Menschen betroffen. Mehr als die Hälfte arbeiten in Supermärkten, die einen hohen Anteil an weiblichem Personal aufweisen. Diese Teilzeitjobs sind jedoch in der Regel schlecht entlohnt und mit so gut wie keinen Aufstiegschancen verbunden; ein Charakteristikum, welches wie u.a. Maruani argumentiert, einen Großteil der Teilzeitberufe für Frauen kennzeichnet: „*Part-time jobs which are now taking hold in some feminised and unskilled sectors, do not only change the hours worked: they also affect the job status and the value of the work.*" (Maruani 1997, S. 79)

Teilzeitbeschäftigte Mütter (und Väter) können sich auf spezielle Regelungen im Urlaubsrecht stützen. Seit dem Gesetz von Juli 1994 verlieren sie ihren Anspruch auf die Elternerziehungsbeihilfe nicht, wenn sie zwei Kinder betreuen und daneben noch in Teilzeit arbeiten. Im Gegensatz zu Deutschland wird die Beihilfe nicht nur an eine Erziehungsperson (in der Regel an die Mutter) ausgezahlt: In Frankreich können beide Eltern ihre Arbeitszeit reduzieren, sich ihren Kindern widmen und die Beihilfe beziehen. Hierbei handelt es sich somit um eine partnerschaftliche Lösung, wo (zumindest von der Konzeption her) die Möglichkeit besteht, familiäre und berufliche Pflichten auf beide Geschlechter gleichermaßen zu verteilen. Einschränkend muß hier allerdings bemerkt werden, daß von dieser Regelung nur Gebrauch gemacht werden kann, wenn der/die Betroffene innerhalb von fünf Jahren mindestens zwei Jahre lang erwerbstätig war.

Ähnlich wie beispielsweise in Belgien wird in Frankreich die Verkürzung der Arbeitszeit als ein Weg der Schaffung von neuen Arbeitsplätzen gesehen. Im Juni 1998 wurde ein Gesetz zur allmählichen Reduzierung der Wochenarbeitszeit auf 35 Stunden bis zum Jahr 2000 verabschiedet.[21] Bis Mitte Juli 1998 wurden 80 Vereinbarungen für 27.700 ArbeiterInnen unterzeichnet, mit denen die Schaffung von 1.300 bezuschußten Arbeitsplätzen verbunden ist (vgl. Europäische Kommission 1998, S. 29).

Teilzeitbeschäftigte, die zumindest per Gesetz über die gleichen Rechte verfügen wie VollzeitarbeitnehmerInnen, sind vor Kündigung gleichermaßen geschützt. Die weitreichenden Kündigungsschutzbestimmungen, die in Frankreich besonders in Unternehmen mit mehr als 50 ArbeitnehmerInnen bestehen, gelten somit auch für Teilzeitbeschäftigte.

2.2　Sozialrechtliche Regulierung

2.2.1　Sozialrechtliche Regulierung atypischer Beschäftigungsformen

2.2.1.1 Pensionsversicherungsrecht

Teilzeitbeschäftigung

In Frankreich ist der Anspruch auf den Bezug von Altersrente an die Erfüllung der „Wartezeit" von einem Versicherungsquartal per Jahr gebunden. Ein Quartal wird dann erreicht, wenn die ansuchende Person 200 Arbeitsstunden mit einer Bezahlung in Höhe des gesetzlichen Mindestlohns absolviert hat. Teilzeitbeschäftigte haben somit Zugang zu den Leistungen der Pensionsversicherung, wenn sie innerhalb eines Jahres eine Erwerbstätigkeit ausübten, deren Umfang durchschnittlich 4 Stunden pro Woche ausmachte (vgl. MISSOC 1996, S. 227).

Seit Beginn der neunziger Jahre hat der Gesetzgeber in der Rentenversicherung Schritte gesetzt, die einen Beitrag zur Einstellung zusätzlicher Arbeitskräfte und zur Umverteilung der Arbeit leisten sollen. Zielgruppe dieser „Vereinbarung über Teilzeitvorruhestand"[22] sind Personen im Alter zwischen 55 und 65 Jahren, deren Arbeitsplatz von Vollzeit- auf Teilzeit umgestellt werden soll. Sie müssen den Vertrag befürworten und (mindestens) 10 Jahre lang Mitglied in einer zur Sozialversicherung gehörenden Versicherung für abhängig Beschäftigte gewesen sein. Sie müssen bereit sein, ihre Arbeitszeit derart zu reduzieren, daß diese um 50 % unter der durchschnittlichen Arbeitszeitdauer liegt.[23] Der durch den/die Arbeitgeber(in) ausbezahlte Teilzeitlohn wird durch eine (vom Staat geleistete) Sonderbeihilfe ergänzt.[24] Bei Krankheit oder Unfall hat der/die Betroffene Anspruch auf finanzielle Unterstützung. Diese Leistung wird auf der Grundlage des Teilzeitlohnes und der Sonderbeihilfe berechnet. Der betroffene Betrieb muß die Vorruhestandsberechtigten innerhalb von drei Monaten ersetzen, indem er so viele Arbeitslose (mit unbefristetem Arbeitsvertrag) einstellt wie Arbeitsplätze freigeworden sind (vgl. MISEP 1996, S. 146f.)

Folgende Maßnahme, die ebenfalls im Bereich der Pensionsversicherung zur Förderung der Teilzeitarbeit ergriffen wurde, ist gleichzeitig mit positiven Auswirkungen für betreuende Eltern verbunden: Bei Umwandlung einer Vollzeit- in eine Teilzeitbeschäftigung können Personen – nach Vereinbarung mit dem/der Arbeitgeber(in) – die Rentenbeiträge weiterhin so berechnen lassen, als würden diese auf dem Vollzeitlohn während eines Zeitraums von fünf Jahren beruhen (vgl. Europäische Kommission GD V 1996b, S. 147).

Geringfügige Beschäftigung

Geringfügig Teilzeitbeschäftigte haben keinen Zugang zu den Leistungen der Pensionsversicherung, wenn der Umfang ihrer Tätigkeit nicht mehr als 4 Wochenstunden beträgt und ihre Bezahlung unter dem Mindestlohn liegt.

Die Tatsache, daß die Betreuung von Kindern auf die Pension angerechnet werden kann, auch wenn eine Nebenbeschäftigung ausgeübt wird, kommt geringfügig (Teilzeit-) Beschäftigten jedoch zugute. Einem Elternteil, der zur Betreuung eines Kindes im Alter von unter drei Jahren zu Hause bleibt und daneben geringfügig erwerbstätig ist, wird ein Rentenversicherungsanspruch im „*Régime général*" auf der Grundlage eines angenommenen Einkommens in Höhe des monatlichen Mindestlohnes gesichert.[25] Außerdem besteht Anspruch auf zwei Jahre unentgeltliche Rentenversicherung für jedes betreute Kind während neun Jahren vor seinem 16. Geburtstag. ArbeiterInnen, die drei Kinder erzogen haben, haben nach dreißigjähriger Versicherungszeit Anspruch auf eine volle Rente (vgl. Europäische Kommission GD V 1996b, S. 147).

Befristete Beschäftigung und Leiharbeit

ArbeitnehmerInnen mit befristeten oder Leiharbeitsverträgen haben wie Vollzeitbeschäftigte Zugang zur Pensionsversicherung, vorausgesetzt sie erfüllen die Wartezeit: „*Under the general conditions of the retirement system, temporary employees benefit from the pension system provided by the social security*" (vgl. Rojot 1993, S. 112).

2.2.1.2 Arbeitslosenversicherungsrecht

Teilzeitbeschäftigung

Teilzeitbeschäftigte müssen die selben Grundvoraussetzungen wie Vollzeitbeschäftigte erfüllen, um vom System der Arbeitslosenversicherung erfaßt zu werden: die Aufgabe des Arbeitsplatzes nur mit gesetzlich anerkanntem Grund; der Nachweis über aktive Arbeitsuche und der Arbeitsfähigkeit sowie die Meldung als Arbeitsuchende(r). Für den Bezug von Arbeitslosenunterstützung muß zudem zumindest eine viermonatige Mitgliedschaft in dem System der Arbeitslosenversicherung während der letzten 8 Monate vor Eintritt der Arbeitslosigkeit vorliegen. Beträgt die Beitragsdauer der Betroffenen nur etwas mehr als 4 Monate, erhalten sie 4 Monate lang eine Ausnahmehilfe, die um 25 % unter den Standardsätzen liegt. Bis August 1992 bestanden noch etwas günstigere Regelungen, so eröffnete bereits eine dreimonatige Beschäftigung ein Anrecht auf die Sonderunterstützung (Bode/Brose/Voswinkel 1994, S. 53). Die Bezugsdauer hängt von Mitgliedsdauer und dem Alter des/der Betroffenen ab. Als Bezugslohn für das Arbeitslosengeld wird das beitragspflichtige Entgelt während des letzten Jahres vor Eintritt der Erwerbslosigkeit herangezogen. Zu Beginn der Phase der Arbeitslosigkeit werden 57,2 % des durchschnittlichen Tageslohnes, nach 2 Jahren nur mehr 23 % ausgezahlt (vgl. MISSOC 1996, S. 359).

Seit 1993 wird innerhalb der Arbeitslosenversicherung die Besetzung von Teilzeitarbeitsplätzen direkt gefördert. Gemäß Art. L 322-12 Arbeitsgesetzbuch werden ArbeitgeberInnen, die der Arbeitslosenversicherungspflicht unterliegen, teilweise von ihrem
Arbeitgeberanteil zur Sozialversicherung befreit. Voraussetzung für diesen Nachlaß [26] ist,
daß Teilzeitkräfte neu eingestellt bzw. Vollzeitbeschäftigte motiviert werden, zur Teilzeitbeschäftigung zu wechseln. Durch die Schaffung von Teilzeitarbeitsplätzen müssen
entweder Neueinstellungen mit unbefristeten Teilzeitverträgen entstehen oder Vollzeitarbeitsplätze (mit der ausdrücklichen Zustimmung der betroffenen ArbeitgeberInnen) in
Teilzeitarbeitsplätze umgewandelt werden. Die Arbeitszeit der Betroffenen muß mindestens 16 Wochenstunden und höchstens 32 Wochenstunden ausmachen. Der Abschlag
auf die Arbeitgeberbeiträge zur Sozialversicherung (Arbeitsunfallversicherung, Kindergeldkasse) wird ArbeitgeberInnen ohne zeitliche Begrenzung gewährt, solange die an die
Ausführung des Arbeitsvertrags und der Zusatzvereinbarung gebundenen Bedingungen
erfüllt sind (vgl. MISEP 1996, S. 151f.).

Befristete Beschäftigung und Leiharbeit

Die Anwartschaftszeit im Bereich der Arbeitslosenversicherung ist für befristet Beschäftigte und LeiharbeitnehmerInnen gleich hoch angesetzt:

- 4056 Arbeitsstunden während der letzen 36 Monate oder
- 2028 Arbeitsstunden während der letzten 24 Monate oder
- 1040 Arbeitsstunden während der letzten 12 Monate; vorausgesetzt die Betroffenen
  können eine Mitgliedschaft von 10 Jahren (während der letzten 15 Jahre) im System
  der Arbeitslosenversicherung vorweisen (vgl. Rojot 1993, S. 113).

Im Gegensatz zu befristet Beschäftigten können sich *LeiharbeitnehmerInnen* zudem auf
Sonderregelungen im Arbeitslosenversicherungsrecht stützen. So wird ihnen, vorausgesetzt sie waren vier Monate lang erwerbstätig, eine Ausnahmehilfe gewährt. Anders als
bei zuvor unbefristet angestellten Arbeitskräften wird die der Anspruchsberechtigung für
die Ausnahmehilfe zugrundeliegende Tätigkeitsperiode vor der letzten Aufnahme einer
(Kurzzeit-) Beschäftigung bei erneuter Arbeitslosigkeit angerechnet. Somit verringert sich
die Wartezeit auf den Normaltransfer. Auf das erhöhte Arbeitslosenrisiko von LeiharbeitnehmerInnen wird auch insofern Rücksicht genommen, als diese bei einer Langzeiterkrankung, die über den Überlassungszeitraum hinausgeht, ein deutlich höheres Krankengeld als andere Arbeitslose erhalten. Diese Leistungen werden bis zum 85. Krankheitstag
ausgezahlt, auch wenn dieser im Zeitraum nach dem Vertragsende liegt (vgl. Bode/Brose/
Voswinkel 1994, S. 53).

Seit Mai 1991 besteht für Langzeitarbeitslose die Möglichkeit, über einen Leiharbeitsvertrag Zugang zum Erwerbsleben zu finden. Die Dauer des Arbeitsvertrages, der zwischen
Menschen mit besonderen Eingliederungsproblemen und einer Leiharbeitsfirma [27]
geschlossen wird, beträgt maximal 2 Jahre. Das Verleihunternehmen ist zudem verpflichtet, mit dem betroffenen Betrieb einen Vertrag über die Bereitstellung einer Arbeitskraft
abzuschließen.[28] Das Ministerium für Arbeit leistet je Betreuungsstelle eine Pauschalbei-
hilfe in der Höhe von 180.000 FF (27.440 EUR). Die übrigen Ministerien, insbesondere
das Justizministerium, sind verpflichtet, jenen Leiharbeitsfirmen, die sich um Angehörige
einer Zielgruppe kümmern, die in ihren Zuständigkeitsbereich fällt, Hilfe jeder Art

zukommen zu lassen. Den eingliedernden Unternehmen und den Leiharbeitsfirmen wird ein 50prozentiger Abschlag auf die Arbeitgeberbeiträge zur Sozialversicherung, zur Kindergeldkasse und zur gesetzlichen Unfallversicherung gewährt.

2.2.1.3 Kranken- und Unfallversicherungsrecht

In Frankreich haben nur zwei Gruppen auf jeden Fall Anspruch auf Krankenversicherung: Solche mit zwei oder mehr Kindern, die Leistungen im Rahmen des Erziehungsurlaubs erhalten und so versicherungsberechtigt sind, und Personen, die Erwachsene pflegen, die vom Pflegebedürftigen aus dessen Erwerbsunfähigkeitsunterstützung entlohnt werden und so versicherungsberechtigt sind. Alle anderen Personen müssen in einem Monatszeitraum mindestens 60 Stunden erwerbstätig gewesen sein oder das Sechzigfache des Mindeststundenlohnes verdient haben.

Teilzeitbeschäftigung

Teilzeitbeschäftigte sind innerhalb des Systems der Krankenversicherung (ausgenommen Unfallrecht) VollzeitarbeitnehmerInnen gleichgestellt: *„Sick pay, maternity, sickness insurances are paid at the same rate as for full-timers."* (O'Reilly 1994, S. 10)

Demzufolge müssen Teilzeitkräfte die gleichen Voraussetzungen wie Vollzeitbeschäftigte erfüllen, um Anspruch auf Krankenversicherung zu haben: Damit ihre Krankenversicherungsansprüche gewahrt bleiben, müssen sie mehr als 15 Stunden in der Woche gearbeitet oder das Sechzigfache des Mindeststundenlohnes verdient haben.

Sie haben auch ein Anrecht auf Lohnfortzahlung im Krankheitsfall. Die Höhe des Krankengeldes wird auf Basis der Lohnschuld im letzten Jahr vor Eintritt der Krankheit berechnet. Tage der Arbeitslosigkeit werden nicht berücksichtigt (vgl. Europäische Kommission GD V 1996b, S. 143).

Teilzeitkräfte waren bis zum Jahr 1993 auch im Falle eines Arbeitsunfalles mit Vollzeitbeschäftigten gleichgestellt. Sie hatten einen Leistungsanspruch in der Höhe von 60 % des Grundlohns, der für 28 Tage der Arbeitsunfähigkeit ausgezahlt wurde. Bei fortwährender Arbeitsunfähigkeit wurde der Betrag auf 80 % des Einkommens erhöht und bis zur Heilung oder Konsolidierung der Krankheit bzw. Verletzung ausgezahlt. Mit Inkrafttreten des Gesetzes vom 22. Februar 1993 wurden diese Leistungen jedoch um 50 % gekürzt. Von seiten des Gesetzgebers wurde argumentiert, daß ArbeitgeberInnen für die Belastungen, die ihnen durch die Verteilung des Arbeitsvolumens auf mehrere Teilzeitbeschäftigte erwachsen, entschädigt werden sollten: *„This law was designed to compensate employers for the increased costs resulting from the fact that the same volume of work is divided among a number of part-time workers"* (O'Reilly 1994, S. 10).

Der Bezug von Geld- und Sachleistungen im Falle einer Schwangerschaft ist an eine Mitgliedschaft in der Krankenversicherung von wenigstens 10 Monaten vor dem voraussichtlichen Datum der Entbindung gebunden. Die Höhe der auszuzahlenden Geldleistungen liegt bei 84 % des Basiseinkommens (vgl. MISSOC 1996, S. 183ff.).

Leiharbeit

Ohne gesonderte Regelung in der Leiharbeitsbranche erhielten LeiharbeitnehmerInnen vor 1986 grundsätzlich 50 % ihres vorherigen (Tages-) Verdienstes. Auch konnte der Anspruch darauf entfallen, wenn eine Mindestmitgliedschaftsdauer in der Krankenversicherung (von einem Jahr) und eine Mindestbeschäftigungsdauer (von 5–6 Monaten im vorangegangenen Jahr) nicht nachgewiesen werden konnte.

Der Gesetzgeber forderte von den Sozialpartnern die Festlegung einer Branchenvereinbarung für die Krankenversicherung der LeiharbeitnehmerInnen, welche eine tendenzielle Angleichung der Regelungen an die diesbezüglichen Bestimmungen des Normalarbeitsverhältnisses mit sich bringen sollte.

Der von den Sozialpartnern vereinbarte Kollektivvertrag enthält ein recht kompliziertes Regelungsgebilde: Es wurde ein Zusatzunterstützungssystem vereinbart, welches erst nach dem 11. Tag der Krankmeldung (Karenzzeit) greift. Hier erhalten Betroffene eine Zusatzleistung zum Krankengeld, wobei deren Bezugsvoraussetzungen den Bedürfnissen von atypischen Beschäftigten angepaßt werden sollten. So wurde einerseits die Betriebszugehörigkeitsdauer, die notwendig ist, um diese Leistungen zu erhalten, deutlich abgesenkt (auf 2–3 Monate). Bezugsrechte bestehen auch, wenn eine (allerdings etwas längere, etwa 4 bis 5 Monate dauernde) Beschäftigung in der *Branche* nachgewiesen werden kann. Zum anderen erhalten LeiharbeitnehmerInnen ein (reduziertes) Krankengeld im Falle einer Langzeiterkrankung von mindestens drei Wochen, auch wenn sie nach Ende der letzten Beschäftigung immer noch arbeitsunfähig sind. Diese Zahlungen werden nach Ende des Vertragsverhältnisses von einer auf Branchenebene geschaffenen Organisation, „der Sozialkasse für Versorgungsansprüche", geleistet.

Für die soziale Absicherung bei Arbeitsunfällen und Berufskrankheiten gelten ähnliche Regelungen, allerdings ohne Karenzzeit bei Ausfällen von mehr als 28 Tagen (vgl. Bode/ Brose/Voswinkel 1994, S. 52).

Zudem müssen LeiharbeiterInnen die Möglichkeit haben, an den gleichen Trainingskursen zur Verhütung von Unfällen und zur Sicherheit am Arbeitsplatz teilzunehmen wie Vollzeitbeschäftigte. Gemäß Art. L 231-3-1 des Gesetzes vom 12. Juli 1990 müssen Personen mit Leiharbeitsvertrag, die besonderen Gesundheitsrisiken ausgesetzt sind, außerdem noch zusätzliche Schulungen erhalten. Im Fall, daß diese Kurse nicht abgehalten wurden und der/die Betroffene Opfer eines Arbeitsunfalles wurde, kann die Leihfirma eines unentschuldbaren Vergehens bezichtigt werden.

Schwangere Leiharbeitnehmerinnen haben einen Anspruch auf den Bezug von Mutterschaftsgeld, wenn sie mindestens 1.600 Stunden während der letzten zwei Jahre oder 670 Stunden im letzten Jahr erwerbstätig waren. Die Leistung wird für die Dauer von 6 Wochen vor und 10 Wochen nach der Geburt des Kindes ausgezahlt und beträgt bis zu 84 % des zuvor erreichten Gesamtlohnes (vgl. Rojot 1993, S. 111f.).

Befristete Beschäftigung

Für ArbeitnehmerInnen mit befristetem Arbeitsvertrag ist die Lohnfortzahlung im Krankheitsfall in vielen Fällen durch Standardtarifverträge abgesichert, da dort keine Betriebszugehörigkeiten für den Bezug dieser Sozialleistung notwendig ist. Diese tarifpolitische

Praxis gilt jedoch nicht generell. Anders als bei der Leiharbeit kann sich diese Arbeitnehmergruppe zudem auf keine Sonderregelungen in der Krankenversicherung stützen.

Für Frauen mit befristeten Arbeitsverträgen gelten im Falle einer Schwangerschaft die gleichen Bedingungen wie für Leiharbeitnehmerinnen.

2.2.2 Evaluierung

Die Tatsache, daß in Frankreich Geringfügigkeitsgrenzen in allen wesentlichen Bereichen des Sozialversicherungsrechts bestehen, ist realiter mit negativen Auswirkungen auf die Situation vor allem von atypisch beschäftigten Frauen verbunden, da auch in Frankreich atypische Beschäftigung geschlechtsspezifisch segmentiert. So müssen Teilzeitbeschäftigte zumindest die Wartezeit von einem Versicherungsquartal (200 Arbeitsstunden per Jahr) mit einer Bezahlung in der Höhe des gesetzlichen Mindestlohnes erfüllen, um Zugang zu den Leistungen der Pensionsversicherung zu haben.

Auch die Konstruktion des Arbeitslosenversicherungssystems orientiert sich in Frankreich weitgehend am klassischen Fall des Eintritts der Erwerbslosigkeit nach längerer Beschäftigung. Für Personen, die in den vorangegangenen 8 Monaten weniger als 4 Monate gearbeitet haben, bestehen keinerlei Ansprüche; liegt ihre Beitragsdauer nur leicht darüber, erhalten sie für 4 Monate eine Ausnahmehilfe.

Geringfügigkeitsgrenzen sind ebenfalls im Krankenversicherungsrecht wirksam. Personen, die eine Teilzeitbeschäftigung mit einem Umfang von unter 60 Stunden pro Monat ausüben oder weniger als das Sechzigfache des Mindeststundenlohnes verdient haben, verlieren ihren Anspruch auf Krankenversicherung.

Im Falle einer Schwangerschaft müssen Teilzeitarbeitnehmerinnen die gleichen Voraussetzungen wie Vollzeitbeschäftigte erfüllen: Sie müssen vor der voraussichtlichen Entbindung mindestens 10 Monate Mitglied in der Krankenversicherung gewesen sein.

Teilzeitbeschäftigte, die einen Unfall am Arbeitsplatz erleiden, sind seit 1993 gegenüber VollzeitarbeitnehmerInnen benachteiligt. Die Höhe der Leistungen wurde um 50 % gekürzt. Als Begründung für diesen Schritt wurde von seiten des Gesetzgebers angegeben, daß ArbeitgeberInnen für die Nachteile, die sie aufgrund der Verteilung des Arbeitsvolumens eines Vollzeitbeschäftigten auf mehrere Teilzeitkräfte zu tragen hätten, entschädigt werden sollten. Gleichzeitig sollte diese Maßnahme einen Anreiz für Unternehmen bieten, mehr Teilzeitkräfte anzustellen. Inwiefern diese Initiative zu mehr Teilzeitbeschäftigung geführt hat, ist derzeit nicht abzusehen. In der Vergangenheit hatten vergleichbare Initiativen jedoch nur marginale Auswirkungen (vgl. O'Reilly 1994, S. 10).

Gezielte Schritte zur *Förderung der Teilzeitarbeit* wurden im Bereich des Arbeitslosen- und des Pensionsversicherungsrechts gesetzt – mit durchaus positiven Auswirkungen auf die Situation von atypisch beschäftigten Frauen.

So wurde im Bereich der Rentenversicherung im Jahre 1992 eine „Vereinbarung über den Teilzeitvorruhestand" geschlossen, wonach Personen im Alter von 55 bis 65 Jahren die Möglichkeit haben, ihre Arbeitszeit zu reduzieren und neben ihrem Teilzeitlohn eine vom Staat ausbezahlte Sonderbeihilfe zu beziehen. Die freigewordenen Arbeitsstellen müssen durch Arbeitslose besetzt werden. Im Jahr 1994 machten 15.900 Personen von dieser Maßnahme Gebrauch.

Eine weitere Maßnahme, die eigentlich zur Förderung der Teilzeitarbeit ergriffen wurde, ist gleichzeitig mit positiven Auswirkungen auf die Situation von Müttern verbunden. Diese haben die Möglichkeit – unter der Voraussetzung der Zustimmung des/der Arbeitgebers(in) – fünf Jahre lang in Teilzeit zu arbeiten, sich in ihrer freien Zeit ihren Kindern zu widmen und dennoch die Rentenansprüche weiterhin so berechnen zu lassen, als hätten sie eine Vollzeitbeschäftigung ausgeübt.

Im Bereich des Arbeitslosenversicherungsrechts werden ArbeitgeberInnen, die Teilzeitkräfte neu einstellen (bzw. Vollzeitbeschäftigte motivieren, künftig in Teilzeit zu arbeiten), zu 30 % von ihrem Arbeitgeberanteil zur Sozialversicherung befreit.

Die Bestimmungen zur Regelung der Leiharbeit in Frankreich sind bemerkenswert detailliert. Erwerbslose, die zuvor per Leiharbeitsverträge beschäftigt waren, können sich beispielsweise auf eigene Sonderregelungen stützen. So können sie, vorausgesetzt sie standen 4 Monate lang in einem Beschäftigungsverhältnis, eine Ausnahmehilfe beziehen. Bei einer Langzeiterkrankung wird ihnen ein deutlich höheres Arbeitslosengeld als anderen ArbeitnehmerInnen ausbezahlt, auch wenn ihr Leiharbeitsverhältnis eigentlich schon beendet ist. Wie auch im Bereich der Teilzeitbeschäftigung, sollen (Langzeit-) Arbeitslose im Rahmen eines Leiharbeitsvertrages Zugang zum Erwerbsleben finden. Diese Regelung vom Jahr 1991 unterscheidet sich einigen Punkten von jener der Teilzeitarbeit: Die Leiharbeitsverträge sind für maximal zwei Jahre befristet, während Neueinstellungen mit *unbefristeten Teilzeitverträgen* entstehen sollen. Der Abschlag, der den betroffenen Unternehmen und Verleiherfirmen gewährt wird, liegt 20 % über jenem Nachlaß, der für die Schaffung von Teilzeitstellen zugestanden wird. Dieser Unterschied kann vielleicht damit erklärt werden, daß es sich bei den LeiharbeitnehmerInnen um eine Gruppe von Personen handelt, die mit besonderen Eingliederungsproblemen in das Erwerbsleben zu kämpfen haben.

Personen, die einen Leiharbeitsvertrag abgeschlossen haben, können sich nicht nur im Falle der Arbeitslosigkeit, sondern auch bei Krankheit auf eigene Regelungen berufen, die auf ihre spezifische Arbeitssituation Rücksicht nehmen. Sie haben ab einer Betriebszugehörigkeit von 2 bis 3 Monaten Anspruch auf eine Zusatzleistung zum Krankengeld. Auch bei einer Langzeiterkrankung, die über das Ende der letzten Mission hinausgeht, besteht die Möglichkeit, ein (reduziertes) Krankengeld von einer eigens auf Branchenebene eingerichteten Organisation zu beziehen. In diesem Zusammenhang sollte auch der im Jahr 1992 eingerichtete „Sozialfonds" auf Branchenebene nicht unerwähnt bleiben. Er speist sich aus Abgaben der Zeitarbeitsagenturen und leistet z.B. Mietkautionen für LeiharbeitnehmerInnen und bürgt für Kredite.

Personen mit befristeten Arbeitsverträgen sind gegenüber LeiharbeitnehmerInnen insofern benachteiligt, als für sie weder Sonderregelungen im Bereich des Arbeitslosen-, noch im Krankenversicherungsrecht gelten. Sie haben jedoch Anspruch auf eine Sozialabgabe, mit deren Hilfe eine (zusätzliche) soziale Absicherung gewährt werden soll. Ihre Nutzerunternehmen müssen hier 0,5 % der Lohnsumme abführen.

Im Falle einer Schwangerschaft sind Frauen mit Leiharbeits- und befristeten Arbeitsverträgen, sowohl bei den Anspruchsvoraussetzungen als auch bei der Leistungshöhe, gleichgestellt.

3. Zusammenfassung und Ausblick

In Frankreich wurden seit Mitte der siebziger Jahre sowohl im Arbeits- als auch im Sozialrecht Regelungen eingeführt, die an die spezifische Situation von atypisch Beschäftigten angepaßt sein und Anreize für eine verstärkte Aufnahme dieser Beschäftigungsformen bieten sollen. In Frankreich haben Leih-, Teilzeit- und befristete Beschäftigungsverhältnisse im Gegensatz zu anderen Ländern, wie beispielsweise Deutschland, eher den „*Charakter eines Beschäftigungssegments neben dem Normalarbeitsverhältnis*", während sie in der Bundesrepublik häufig als Vorphase eines Normalbeschäftigungsverhältnisses dienen. Diese unterschiedliche Betrachtungsweise spiegelt sich in der Regulierung wider: „*In Frankreich werden atypische Beschäftigungsformen institutionalisiert, in Deutschland weitgehend als Normalarbeitsverhältnisse behandelt.*" (vgl. Bode/Brose/Voswinkel 1994, S. 392)

In diesem Zusammenhang ist das Gesetz zur allmählichen Reduzierung der Wochenarbeitszeit von 39 auf 35 Stunden im Jahr 2000 erwähnenswert. Durch diese Reduktion von Arbeitsstunden sollen – mit Hilfe von staatlichen Zuschüssen – neue Arbeitsplätze geschaffen werden.

Ähnlich wie in Belgien entsteht auch in Frankreich der Eindruck, daß hier nicht versucht wurde, atypische Beschäftigungsformen einzuschränken, sondern daß die Verbände und der Gesetzgeber auf ihre Verbreitung durch Regulierung reagierten. Besonders die Regelungen im Bereich der Leiharbeit stechen als bemerkenswert detailliert hervor.

Im Auftrag der französischen Regierung wurden innovative Vorschläge zur Verbesserung der sozial- und arbeitsrechtlichen Absicherung atypischer Beschäftigungsformen und zur Umverteilung der Arbeit ausgearbeitet: „*It is not so much that jobs are in short supply as that work itself is changing. Unless our institutions and our mode of behaviour adjust to those changes, there is no chance of absorbing unemployment. This was the fact guiding the Working Group which the French Government entrusted with the task of examining the likely evolution of employment and work over the next 20 years.*" (Boissonnat 1996, S. 6)

So wird beispielsweise vorgeschlagen, eine neue Form des Arbeitsvertrages – einen „Aktivitätsvertrag"[29] – einzuführen. Dieser Vertrag würde es ArbeitnehmerInnen ermöglichen, Arbeitsplätze oder Arbeitsstatus zu wechseln, ohne gänzlich vom Arbeitsmarkt zu verschwinden. Müßte heute eine Firma bei der Entlassung von Arbeitskräften deren Schicksal dem Staat, der öffentlichen Hand, überlassen, so würden mit Abschluß eines Aktivitätsvertrags die Grenzen zwischen verschiedenen Tätigkeiten und Arbeitsformen (z.B. Voll- und Teilzeitbeschäftigung, Gründung einer Firma, Kindererziehung) verschwimmen. Trotz eines Berufs- oder Karrierewechsels wären ArbeitnehmerInnen durch soziale Schutzmaßnahmen abgesichert. Der Vertrag würde zwischen einem Netzwerk aus Firmen, Ausbildungsstätten, lokalen, regionalen, industriellen und kommerziellen Einrichtungen und den betroffenen ArbeitnehmerInnen für die Dauer von mehreren Jahren geschlossen werden. Die Bezahlung könnte durch ein gegenseitiges Arrangement erfolgen, wonach die involvierten Firmen einen Teil der Gelder, die sie normalerweise für

Arbeitslosenzahlungen oder für Ausbildungsmaßnahmen abführen, in einen gemeinsamen Fonds einzahlen würden. Dieses Modell würde insofern ausschließend wirken, als nicht jede(r) automatisch einen derartigen Aktivitätsvertrag abschließen könnte, sondern bereit sein müßte, gewisse Rechte und Pflichten zu übernehmen. Die neue Vertragsform könnte somit als ein Kompromiß zwischen der Flexibilität, die von seiten des Marktes verlangt wird, und der Notwendigkeit, Menschen in gewisser Weise sozialrechtlich abzusichern, gesehen werden: *„Viewed objectively, the activity contract can be seen as another way of enabling a compromise to develop between the flexibility needed by the market and the legitimate social protection of people."* (Boissonnat 1996, S. 15)

Anmerkungen

1 In die Erwerbsquote sind Beschäftigte *und* Arbeitslose im erwerbsfähigen Alter eingerechnet.
2 Die Beschäftigungsquote spiegelt nur den Anteil der Beschäftigten an der Bevölkerung im erwerbsfähigen Alter wider, d.h. sie ist um die Zahl der Arbeitslosen bereinigt.
3 Im Original: *„tâche précise et temporaire".*
4 Die Quote der Männer stieg in diesem Zeitraum von 1,7 % auf 5,5 %.
5 Im Original: *„Ministère du Travail et des Affaires sociales."*
6 Im Original: *„La récession du début des années quatre-vingt-dix a conduit les entreprises à accélérer la recomposition de leur main-d'oeuvre. Tout en conservant un novau dur d'emplois stables, elles font de plus en plus souvent appel à des compétences extérieures."* (Belloc/Lagarenne 1996, S. 126)
7 Zur Leiharbeit in Frankreich ist die Datenlage sehr begrenzt.
8 Im Original: *„(...) assure aux salariés qui la pratiquent des guaranties collectives et individuelles comparables à celles des salariés à temps complet, à fin de mieux les insérer dans la collectivité du travail."* (Ordonannce No. 82-271, 26. März 1982, zit. nach O'Reilly 1994, S.10)
9 Diese neuen rechtlichen Bestimmungen umfassen: das *„Loi Aubry"* (Gesetz no. 98-461 vom 13. Juni 1998); fünf Dekrete zur Zulassung der Anwendung der gesetzlichen Bestimmungen und ein ministerielles Rundschreiben, demzufolge die Anwendung der Dekrete und der rechtlichen Bestimmungen zugelassen ist (datiert mit 24. Juni 1998 und unterschrieben von der Ministerin für Beschäftigung und Solidarität, Martine Aubry) (vgl. European Industrial Relations Review 1998, S. 5).
10 Tarifvertraglich gilt, daß die Zahl der Überstunden 1/10 bzw. 1/3 der vereinbarten Arbeitszeit nicht übersteigen darf (vgl. Europäische Kommission 1996, S. 72).
11 Im Original: *„hypermarché".*
12 Dieser Bonus beträgt 40 % der Differenz zwischen dem Einkommen, welches im Rahmen der Vollzeit- und derzeit in der Teilzeitbeschäftigung erzielt wurde (vgl. EIRR Oktober 1996, No. 273, S.15).
13 Im Original: *„allocation parentale d'éducation".*
14 Vor dem Inkrafttreten des Familiengesetzes vom 25. Juli 1994 mußten mindestens drei Kinder betreut werden, um die Elternerziehungsbeihilfe in Anspruch nehmen zu können. Nun wird das Erziehungsgeld auch Familien mit einem zweiten, nach dem 1. Juli 1994 geborenen Kind gewährt.
15 2.951 FF.
16 Hierbei handelt es sich um *„Contrats emploi-solidarité."*
17 Hier wurde danach unterschieden, ob der/die Leiharbeiternehmer(in) nach Ablauf seiner/ihrer Mission innerhalb von drei Tagen einen neuen, mindestens halb so langen Einsatz mit etwa gleichen Konditionen angeboten bekam oder nicht. Im ersten Fall betrug die Rate 10 %, im zweiten 15 %.

18 1995 arbeiteten 28,9 % der Französinnen in Teilzeit. 13,4 % hatten einen befristeten Arbeitsvertrag.

19 1995 übten 81,2 % der berufstätigen Frauen eine Tätigkeit im tertiären Sektor aus. In der Industrie lag die Dauer der befristeten Verträge bei 3 Monaten, im landwirtschaftlichen Bereich bei 3,6 Monaten (INSEE/Liaisions Sociales/DARES 1995, S. 35ff.).

20 Die Abfindung für LeiharbeitnehmerInnen lag bei 15 % des Lohnes. Für befristet Beschäftigte betrug sie 4 %.

21 Bis zum Jahr 2000 für Klein- und Mittlere Unternehmen.

22 Im Original: „Convention de préretraite progressive".

23 Die jährliche Arbeitszeitdauer ist nach „oben" auf 80 % der früheren Arbeitszeitdauer auf Vollzeitbasis und nach „unten" auf 20 % der früheren Arbeitszeit begrenzt.

24 Die Sonderbeihilfe liegt bei 30 % des Tagesreferenzlohnes (vgl. MISEP 1996, S. 147).

25 Die Höhe des Mindestlohns (im Original: „salaire minimum de croissance") wird jedes Jahr nach Befragung des Nationalen Ausschusses für Tarifverhandlungen von der Regierung neu festgelegt."

26 Der Nachlaß beträgt seit dem 8. 4. 1994 30 %.

27 Betroffen sind Leiharbeitsfirmen, deren Tätigkeit ausschließlich darin besteht, die Eingliederung in Schwierigkeiten befindlicher Personen durch Ausübung einer beruflichen Tätigkeit in einem Wirtschaftsunternehmen zu erleichtern.

28 In diesem Vertrag werden die Bedingungen der Zurverfügungstellung des/der Leiharbeitnehmer(in) (Höhe des Lohnes, Prämien usw.) erläutert.

29 Im Englischen: „activity contract."

Literatur

Auer, P. (1996): Erwerbs- und Beschäftigungsquoten in Europa: Konvergenz oder Divergenz?, in: inforMISEP, Nr. 56, Winter 1996, S. 29–39.

Blanpain, R. (Ed.) (1993): Temporary Work and Labour Law of the European Community and Member States, Brüssel.

Blossfeld, H./C. Hakim (Eds.) (1997): Between Equalization and Marginalization. Women Working Part-Time in Europe and the United States of America, New York.

Belloc, B./C. Lagarenne (1996): Emplois temporaires et emplois aidés, in: Données Sociales, INSEE, Ministère de l'Economie, Paris.

Bode, I./H. Brose/S. Voswinkel (1994): Die Regulierung der Deregulierung. Zeitarbeit und Verbändestrategien in Frankreich und Deutschland, Opladen.

Boissonnat, J. (1996): Combating unemployment, restructring work: Reflections on a french study, in: International Labour Review,1996, S. 5–15.

Coutrot, L./I. Fournier/A. Kieffer/E. Lelièvre (1997): The Family Cycle and the Growth of Part-Time Female Employment in France: Boom or Doom, in: H. Blossfeld/C. Hakim (Eds.), Between Equalization and Marginalization. Women Working Part-Time in Europe and the United States of America, New York, S. 133–163.

Europäische Kommission, GD V (1995a): Beschäftigung in Europa 1995, Luxemburg.

Europäische Kommission, GD V (1995b) Soziales Europa, Flexibilität und Arbeitsorganisation, Beiheft 1/95, Luxemburg.

Europäische Kommission, GD V (1996a): Beschäftigung in Europa 1996, Luxemburg.

Europäische Kommission, GD V (1996b): Soziale Sicherheit in Europa 1995, Luxemburg.

Europäische Kommission (1996): Tableau de Bord 1995. Follow-up der Empfehlungen des Europäischen Rates von Essen zur Beschäftigungspolitik, Luxemburg.

Europäische Kommission (1998): Gemeinsamer Beschäftigungsbericht, Teil II. Länderüberblick. Frankreich, Luxemburg, S. 27–31.

European Industrial Relations Review (1998): France: 35-hour week campaign gathers pace, No. 295, 04/1998.

Eurostat (1996): Erhebung über Arbeitskräfte. Ergebnisse 1995, Luxemburg.

Eurostat (1998): Arbeitslosigkeit 7/1998, Luxemburg.

Hanckeé, B. (1996): The Political Economy of Organizational Change. Industrial Restructuring and Industrial Relations in France: Le Cas Renault, WZB, Berlin.

INSEE/Liaisons Sociales/DARES (1995): Le travail à durée limitée, Les dossiers thématiques, No. 1, Paris.

INSEE (1995): Emploi et chômage en mars 1995, Premiers résultats de l'enquête sur l'emploi, Nr. 389, Paris.

Klein, M. (Ed.) (1997): Part-Time Work in Europe. Gender, Jobs and Opportunities, Frankfurt/New York.

Kraft, K. (1994): A Comparison of Employment Adjustment Patterns in France, Germany, Great Britain and Italy, WZB, Berlin.

Maruani, M. (1997): France, in: M. Klein (Ed.), Part-Time Work in Europe. Gender, Jobs and Opportunities, Frankfurt/New York, S. 70–80.

Michon, F./C. Ramaux (1993): Temporary Employment in France: A Decade Statement, in: Labour 7(3), S. 93–116.

Ministère du Travail et de la Formation Professionelle (1991): Evolution recente du travail précaire, Rapport au Parlement, Paris.

MISEP (1994): Basisinformationsbericht. Bundesrepublik Deutschland. Institutionen, Verfahren, Maßnahmen, Luxemburg.

MISEP (1996): Basisinformationsbericht Frankreich. Institutionen, Verfahren und Maßnahmen, Luxemburg.

MISSOC (1996): Soziale Sicherheit in den Mitgliedsstaaten der Union – Stand am 1. Juli 1995 und Entwicklung, Luxemburg.

Mosely, H./T. Kruppe (1993): Employment Protection and Labor Force Adjustment. A Comparative Evaluation, WZB, Berlin.

Mosely, H./T. Kruppe/S. Speckesser (1995): Flexible Adjustment through Short-time Work: A Comparison of France, Germany, Italy and Spain, WZB, Berlin.

O'Reilly, J. (1994): Part-time Work and Employment Regulation: A Comparison of Britain and France in the Context of Europe, WZB, Berlin.

OECD (1993): Employment Outlook 1993, Paris.

OECD (1998): Employment Outlook 1998, Paris.

Rojot, J. (1993): France, in: R. Blanpain (Ed.), Temporary Work and Labour Law of the European Community and Member States, Brüssel, S. 91–121.

Schmid, G./J. O'Reilly/ K. Schömann (Eds.), International Handbook of Labour Market Policy and Evaluation, Brookfield.

Schmid, G./B. Reissert (1996): Unemployment Compensation and Labour Market Transitions, in: G. Schmid et al. (Eds.), International Handbook of Labour Market Policy and Evaluation, Brookfield, S. 235–273.

Schömann, K./R. Rogowski/T. Kruppe (Eds.) (1995): Fixed Term Contracts and Labour market Effiency in the European Union, WZB, Berlin.

Schömann, K./R. Rogowski/T. Kruppe (1995): France, in: Schömann, K. et al. (Eds.), Fixed Term Contracts and Labour market Effiency in the European Union, S. 28–34.

Schömann, K./R. Rogowski/T. Kruppe (1998): Labour Market Efficiency in the European Union. Employment Protection and Fixed-Term Contracts, London/New York.

Atypische Beschäftigung in Großbritannien

Marcel Fink

1. Arbeitsmarktentwicklung

1.1 Allgemeine Arbeitsmarktentwicklung

Es gibt in Großbritannien aktuell ca. 28,7 Mio. Erwerbspersonen. Dies entspricht bei einer Bevölkerung von ca. 37,8 Millionen Personen im erwerbsfähigen Alter einer Gesamterwerbsquote [1] von ca. 76 % (vgl. Abb. 2). Seit dem Beginn der 70er Jahre ist die Erwerbsquote der Frauen um ca. 16 Prozentpunkte auf über 67 % (1997) gestiegen, jene der Männer von 94 % auf zuletzt ca. 84 % gefallen. Bei beiden Werten kommt Großbritannien im Vergleich mit anderen OECD-Mitgliedsländern gegenwärtig im vordersten Drittel zu liegen (vgl. OECD 1998, S. 192–193).

Die Entwicklung der Beschäftigungszahlen spiegelt die phasenweise relativ massiven wirtschaftlichen Probleme der letzten 20 Jahre wider.[2] Erst 1987 wurde, nach Einbrüchen Mitte der 70er Jahre und insbesondere zu Beginn der 80er Jahre, welche auf schweren wirtschaftlichen Krisen fußten, wieder der Beschäftigungsstand von knapp 25 Millionen von Anfang der 70er Jahre erreicht. Wie bereits 1980 und 1981 wies die britische Wirtschaft auch Anfang der 90er Jahre ein Minuswachstum auf (vgl. Abb. 3). Vor dem Hintergrund dieser Probleme ging die Beschäftigung zwischen 1990 und 1993 um über 1.250.000 oder etwa 4,7 % zurück. Danach hat sich die Situation bei leicht steigenden Beschäftigungszahlen stabilisiert.

Den Hintergrund für diese Arbeitsmarktentwicklung bildet erstens eine sich in Großbritannien vollziehende massive Deindustrialisierung.[3] Im Verlauf der 70er Jahre fiel der Anteil der in der Industrie und im produzierenden Gewerbe Beschäftigten als Anteil an allen Beschäftigten um ca. 5 %, in den 80er Jahren um weitere 5 %. Dieser Trend setzte sich bis 1995 – danach war ein leichter Anstieg bzw. eine Stagnation der in diesem Sektor Tätigen zu verzeichnen – beschleunigt fort. Das bedeutet, daß zwischen 1970 und 1995 im sekundären Sektor über 3,8 Mio. Jobs, das entspricht etwa einem Drittel aller 1970 in diesem Sektor vorhandenen Arbeitsplätze, abgebaut wurden. Von diesem Rückgang waren Frauen proportional stärker betroffen als Männer. Mit dieser im internationalen Vergleich hinsichtlich Reichweite und Geschwindigkeit weitgehend einzigartigen De-industrialisierung (vgl. OECD 1996b, S. 42) ging zugleich ein massiver Anstieg der Beschäftigtenzahlen im Dienstleistungsbereich einher.

Abbildung 1: Allgemeine Arbeitsmarktentwicklung

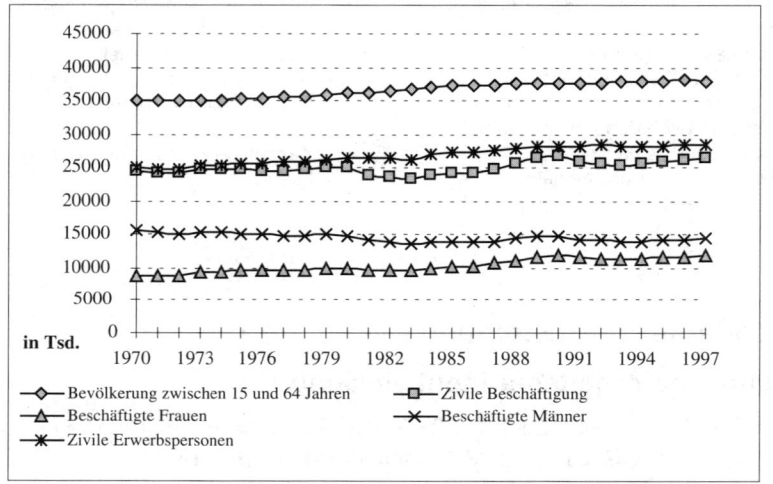

Quellen: OECD Labour Force Statistics, WIFO Datenbank

Abbildung 2: Erwerbsquoten

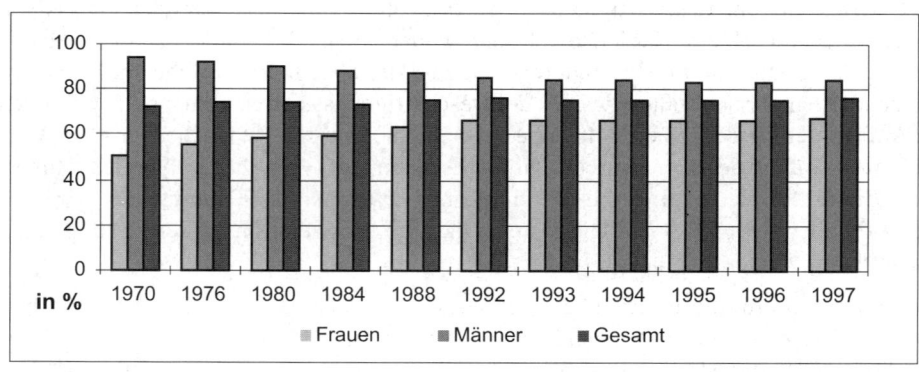

Quellen: OECD Labour Force Statistics, WIFO Datenbank; eigene Berechnungen.

In Summe wurden dort zwischen 1970 und 1997 ca. 6,2 Mio. zusätzliche Arbeitsplätze geschaffen. Wie später gezeigt werden wird, sind allerdings viele dieser Arbeitsplätze keine Vollzeitarbeitsplätze, sondern Teilzeitarbeitsplätze mit zum Teil sehr geringen Wochenarbeitsstunden (vgl. Eurostat 1998, S. 179 und Tab. 5).

Das ist auch im Hinblick auf die in der Folge wiedergegebenen Arbeitslosenzahlen im Auge zu behalten. Die Arbeitslosenquote[4] wuchs in Großbritannien im Verlauf der 70er Jahre von 2 % auf über 5 %. Ab dem Beginn der 80er Jahre schnellte sie geradezu explosionsartig in die Höhe (vgl. Burnett 1994, S. 265–279) und betrug von 1983 bis 1986 über 11 % (vgl. Abb. 3). Diese hohen Werte gehen auf den Verlust von ca. 1,7 Millionen oder fast 7 % aller Arbeitsplätze in bzw. nach der Rezession von 1980–1981 zurück. Die Arbeitslosenquote der Frauen war wie schon zuvor auch in dieser Phase niedriger als jene der Männer. Die Beschäftigungsquote der Frauen sank weniger stark als jene des anderen Geschlechtes.

Abbildung 3: Arbeitslosenquoten und Wirtschaftswachstum

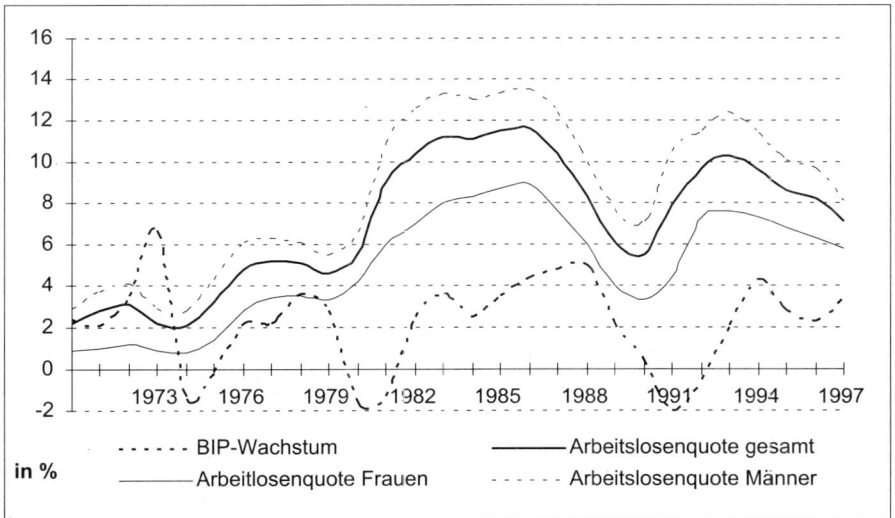

Quellen: OECD Labour Force Statistics, WIFO Datenbank; OECD National Accounts Vol. I Main Aggregates, WIFO Datenbank.

Nachdem 1993 nach einem starken Anstieg zu Beginn der 90er Jahre ca. 10,3 % aller Erwerbstätigen arbeitslos waren, hat sich die Situation zuletzt leicht entspannt. Neben der steigenden Beschäftigung war dafür aber auch eine bis 1996 leicht fallende Erwerbsquote verantwortlich (vgl. Abb. 2). Die Beschäftigungsquote lag zuletzt noch unter dem Niveau von Beginn der 90er Jahre (vgl. OECD 1998, S. 191).

Langzeitarbeitslosigkeit entwickelte sich in Großbritannien ab den 70er Jahren, davor gab es sie kaum (vgl. Burnett 1994, S. 266; Barrow/Newell 1992, S. 116–118). Die steigende Arbeitslosigkeit zu Beginn der 90er Jahre schlug nicht mehr so stark auf die Entwicklung der Langzeitarbeitslosigkeit durch, wie dies etwa zu Beginn der 80er Jahre der Fall war (vgl. OECD 1996, S. 87). Im internationalen Vergleich sind die Werte allerdings noch immer als relativ hoch anzusehen (vgl. OECD 1996a, S. 202; Eurostat 1996, S. 227). Die für Frauen ausgewiesenen Zahlen liegen auch hier günstiger als jene für Männer (vgl. Tab. 1).

Tabelle 1: Langzeitarbeitslosigkeit

Jahr	Langzeitarbeits-losigkeit von 6 Monaten und mehr[1]			Langzeitarbeits-losigkeit von 12 Monaten und mehr[2]			Jahr	Langzeitarbeits-losigkeit von 6 Monaten und mehr[1]			Langzeitarbeits-losigkeit von 12 Monaten und mehr[2]		
	Ges.	Fr.	M.	Ges.	Fr.	M.		Ges.	Fr.	M.	Ges.	Fr.	M.
1983	67,3	59,2	71,7	46,6	36,0	52,3							
1984	66,6	57,0	72,3	48,1	36,4	55,0	1992	57,2	48,5	61,4	35,4	26,6	39,6
1985	65,9	56,3	71,6	48,1	36,0	55,2	1993	62,9	55,0	66,7	42,5	32,5	47,3
1986	63,1	53,6	68,8	48,1	32,7	52,3	1994	63,4	53,3	68,6	45,4	33,9	51,2
1988	61,5	49,1	69,9	44,7	29,5	54,8	1995	60,8	50,6	66,2	43,6	32,2	49,6
1990	52,2	41,7	59,5	36,0	23,4	44,6	1996	58,1	47,7	63,5	39,8	28,0	45,9
1991	46,3	38,7	50,8	28,1	21,1	32,3	1997	54,8	45,3	60,2	38,6	27,8	44,9

Quelle: OECD Employment Outlook. Diverse Jahrgänge.

Anmerkungen:

1 Langzeitarbeitslose mit einer Dauer der Arbeitslosigkeit von 6 Monaten und mehr als Anteil an allen Arbeitslosen der entsprechenden Gruppe.

2 Langzeitarbeitslose mit einer Dauer der Arbeitslosigkeit von 12 Monaten und mehr als Anteil an allen Arbeitslosen der entsprechenden Gruppe.

1.2 Entwicklung atypischer Beschäftigungsverhältnisse

In Großbritannien wird eine breite Palette atypischer Erwerbsverhältnisse praktiziert.

Bei einer im EU-europäischen Vergleich relativ hohen Teilzeitquote von zuletzt ca. 25 % stellt *Teilzeitbeschäftigung* die in Großbritannien am stärksten verbreitete atypische Beschäftigungsform dar.

Im Hinblick auf *geringfügige Beschäftigung* waren bis zuletzt Mindeststundengrenzen der wöchentlichen Arbeitszeit von Bedeutung. Diese wurden mit Wirkung 1995 jedoch aufgehoben. In der Sozialversicherung bestehen nach wie vor Geringfügigkeitsgrenzen, hier in Form von Einkommensgrenzen.

Befristete Beschäftigung, welche an sich sehr liberal geregelt ist, spielt vor dem Hintergrund des in Großbritannien schwach ausgeprägten Kündigungsschutzes eine im internationalen Vergleich geringe Rolle. Trotz schlechter Datenlage ist davon auszugehen, daß *Leiharbeit* in den letzten Jahren stark an Bedeutung gewonnen hat.

Auch bei *arbeitnehmerähnlicher Scheinselbständigkeit* ist, insbesondere für die 80er Jahre und die Männer betreffend, von beträchtlichen Wachstumszahlen auszugehen. Häufig werden auch *Leiharbeiter/innen* als Selbständige eingestuft. Daneben werden verschiedene Arbeitszeitarrangements praktiziert, die als *Arbeit auf Abruf* interpretiert werden können. Allerdings bestehen, anders als etwa in Deutschland (KAPOVAZ), keine einschlägigen besonderen Regelungen und/oder Definitionen. Erfahrungen liegen auch zu *Job-Sharing* vor.

1.2.1 Teilzeitbeschäftigung

Mit einem Anteil von aktuell ca. 25 % Teilzeitbeschäftigten an allen Beschäftigten liegt Großbritannien im EU-europäischen Vergleich im oberen Drittel (vgl. Eurostat 1998, S. 122–123). Nachdem die Teilzeitbeschäftigungsquote im Verlauf der 70er Jahre nur langsam angestiegen ist (vgl. Tab. 2; OECD 1983, S. 43–44), hat diese insbesondere zu Beginn der 80er Jahre und in der ersten Hälfte der 90er Jahre zugenommen.

Zwischen 1983 und 1991 ist die Zahl der abhängig Beschäftigten um etwa 1,7 Millionen gewachsen (+1,6 Millionen Frauen und + 100.000 Männer; vgl. Eurostat 1993, S. 68). Im gleichen Zeitraum stieg die Zahl der auf Teilzeitbasis abhängig Beschäftigten um 1,2 Millionen. Der Großteil dieses Zuwachses entfällt mit 900.000 zusätzlichen teilzeitbeschäftigten Arbeitnehmerinnen auf Frauen (vgl. Eurostat 1993, S. 76). Zugleich nahm bei den Männern die Teilzeitbeschäftigung unter abhängig Erwerbstätigen stärker zu, als die Zahl der Arbeitnehmer insgesamt.

Ein ähnliches Bild ergibt sich für die erste Hälfte der 90er Jahre. Zwischen 1991 und 1995 schrumpfte die Zahl der Arbeitnehmer/innen um fast 200.000. Nach Geschlechtern aufgeschlüsselt war bei den Arbeitnehmern ein Minus von etwa 300.000 zu verzeichnen, bei den Arbeitnehmerinnen dagegen ein Plus von etwa 100.000 (vgl. Eurostat 1993, S. 68; Eurostat 1996, S. 121). Trotz dieses Rückgangs bei den abhängig Beschäftigten stieg die Zahl der auf Teilzeitbasis beschäftigten Personen um etwa 275.000 an. Nach Geschlechtern aufgeschlüsselt betragen die entsprechenden Zahlen bei den Männern ein Plus von etwa 200.000, für Frauen eines von 75.000 (vgl. Eurostat 1993, S. 76; Eurostat 1996, S. 121). Auch zuletzt stieg bei einem allgemeinen Beschäftigungsanstieg die Zahl der Teilzeitarbeitsplätze stärker als jene der Vollzeitjobs. Bei einem insgesamt zwischen 1995 und 1997 gegebenen Beschäftigungsplus von ca. 680.000 entfallen über 400.000 dieser zusätzlichen Stellen auf Teilzeitarbeitsplätze.

Tabelle 2: Teilzeitquoten in % der Beschäftigten

Jahr	1973	1979	1981**	1983	1984	1985	1986	1987	1988
Gesamt	16,0	16,4	15,4	19,1	20,9	21,2	21,6	22,0	22,0
Frauen	39,1	39,0	37,1	42,1	44,3	44,8	45,0	44,7	44,2
Männer	2,3	1,9	1,4	3,3	4,3	4,4	4,6	5,3	5,5
*	90,9	92,8	94,3	89,6	88,0	88,0	87,6	86,2	85,7
Jahr	1989	1990	1991	1992	1993	1994	1995	1996	1997
Gesamt	21,6	21,7	21,9	23,2	23,9	23,8	24,1	24,6	24,9
Frauen	43,6	43,2	43,7	45,0	45,1	44,3	44,3	44,8	44,9
Männer	5,0	5,3	5,5	6,3	6,6	7,1	7,7	8,1	8,8
*	87,0	86,2	86,1	85,2	84,9	83,5	82,3	81,2	80,6

Quellen: 1973, 1979 u. 1983: OECD (1983) Table 18, 1981: OECD (1984) Table 10; 1983–1997 Eurostat Labour Force Survey und eigene Berechnungen.

Zeichenerklärung:

*   = Frauenanteil an allen Teilzeitbeschäftigten.

** = Die Daten für und vor 1981 sind mit den anderen aufgrund einer abweichenden Berechnungsmethode nur bedingt vergleichbar.

Nach Sektoren verteilt zeigt sich, daß der Anteil der Teilzeitbeschäftigten im Dienstleistungssektor insgesamt wesentlich höher ist, als in den anderen beiden (vgl. Tab. 3). Das gilt für Männer und für Frauen. Relativ gering ist die Teilzeitbeschäftigungsquote in Summe insbesondere im sekundären Sektor.

Tabelle 3: Teilzeitquoten in % der Beschäftigten nach Sektoren

Jahr	Beschäftigte Landwirtschaft			Beschäftigte Industrie			Beschäftigte Dienstleistungen		
	Gesamt	Frauen	Männer	Gesamt	Frauen	Männer	Gesamt	Frauen	Männer
1986	19,0	44,7	11,8	10,0	27,8	3,7	30,3	44,7	12,0
1986	15,7	56,1	9,5	7,7	27,4	1,7	29,3	49,0	7,1
1991	19,7	58,1	6,6	7,6	24,6	1,7	30,4	47,5	8,2
1995	20,1	45,0	11,1	7,9	25,9	2,6	30,5	47,4	10,9
1997	18,8	49,3	8,5	8,1	27,2	2,7	31,5	47,5	12,6

Quelle: Eurostat Labour Force Survey.

Was die Arbeitszeitpräferenzen von Teilzeitbeschäftigten betrifft, zeigen die Daten in Tab. 4, daß Frauen (ca. 79 %) wesentlich häufiger als Männer (zuletzt 38 %) angeben, daß die Teilzeitbeschäftigung ihrem „Wunsch" entspreche. Solche Aussagen sind naturgemäß mit Vorsicht zu behandeln. Es stellt sich die Frage, auf welchen Rahmenbedingungen dieser „Wunsch" basiert (vgl. Rubery et al. 1995, S. 111).

Tabelle 4: Gründe für Teilzeitbeschäftigung in %

Jahr	1983		1987		1992			1995			1997		
Gründe	Fr.	M.	Fr.	M.	Ges.	Fr.	M.	Ges.	Fr.	M.	Ges.	Fr.	M.
Aus- u. Fort-bildung	n.v.	n.v.	n.v.	n.v.	10,8	7,0	32,4	12,2	8,1	31,7	14,4	9,9	32,8
Krankheit usw.	n.v.	n.v.	n.v.	n.v.	1,6	1,3	3,4	1,5	1,2	3,1	1,4	0,9	3,5
♦	7,9	18,2	7,3	27,9	10,8	8,8	22,5	13,4	10,6	26,4	12,2	9,5	23,8
Wunsch	n.v.	n.v.	n.v.	n.v.	76,5	82,7	40,9	71,7	79,4	36,0	70,9	78,8	37,8
Keine Antwort	n.v.	n.v.	n.v.	n.v.	0,3	0,2	(0,8)	1,2	0,8	2,8	1,1	0,9	2,2

Quellen: 1983 u. 1987: Eurostat Labour Force Survey, Sonderberechnung, in: Meulders et al. (1994) S. 30; 1992, 1995 u. 1997: Eurostat Labour Force Survey.
Zeichenerklärung: ♦ = Keine Vollzeittätigkeit zu finden.

Es läßt sich in diesem Zusammenhang etwa festhalten, daß Frauen im Alter zwischen 20 und 39 Jahren mit Kindern wesentlich weniger oft vollzeitbeschäftigt sind als Frauen ohne Kinder. Großbritannien ist, was diese Differenz betrifft, im EU-europäischen Vergleich Spitzenreiter. Die diesbezüglichen Unterschiede sind etwa in Dänemark nicht einmal halb so groß (vgl. a.a.O., Appendix Table 1.9.). Daneben ist in den letzten Jahren in Großbritannien ein genereller Anstieg bzw. zuletzt aber auch eine Stagnation von „unfreiwilliger" Teilzeitbeschäftigung zu konstatieren (vgl. Tab. 4).

1.2.2 Geringfügige Beschäftigung

Wie später eingehender beschrieben werden wird, galten bis vor kurzem spezifische arbeitsrechtliche Vorschriften in Großbritannien erst ab einer spezifischen Mindestanzahl an gearbeiteten Wochenstunden. Diese Grenzen betrugen bis vor kurzem je nach Betriebszugehörigkeitsdauer 8 bzw. 16 Wochenstunden (vgl. unten Punkt 2.1.1.1). Großbritannien weist im internationalen Vergleich zugleich eine Häufung von Teilzeitbeschäftigungsverhältnissen mit einer Arbeitszeit von üblicherweise unter 10 bzw. unter 20 Stunden pro Woche auf (vgl. Tab. 5; Eurostat 1998, S. 179).

Tabelle 5: Teilzeit (Arbeitnehmer/innen): Arbeitsstunden nach Größenklassen in %

	Gesamt					Frauen					Männer				
Std.	1–10	11–20	21–24	25–30	31&+	1–10	11–20	21–24	25–30	31&+	1–10	11–20	21–24	25–30	31&+
1986	24,9	41,4	12,0	15,6	6,1	23,8	42,4	11,8	16,1	6,0	34,5	33,5	13,7	11,5	6,8
1992	24,9	42,3	11,9	15,4	5,3	23,2	43,4	12,4	15,7	5,3	37,5	34,8	8,9	13,4	5,4
1995	24,2	40,6	12,0	16,8	6,3	22,5	41,3	12,4	17,2	6,5	33,8	36,7	9,6	14,5	5,5
1997	22,7	41,3	12,3	17,3	6,3	21,2	41,7	12,9	17,9	6,2	30,0	39,1	9,7	14,6	6,7

Quelle: Eurostat Labour Force Survey.

In natürlichen Zahlen ausgedrückt bedeuten die in Tab. 5 angeführten Werte, daß Mitte der 90er Jahre über 1,04 Millionen Frauen und „nur" etwa 285.000 Männer in einem Teilzeitjob mit weniger als 10 Stunden wöchentlicher Arbeitszeit abhängig beschäftigt waren.

Von diesen waren damals die meisten in arbeitsrechtlicher Hinsicht „geringfügig" beschäftigt. 1994 wurde diese Stundengrenze durch ein Gerichtsurteil (mit Wirkung ab 1995) aufgehoben (vgl. Burchell et al. 1997, S. 218). In sozialrechtlicher Hinsicht ist bis heute eine Verdienst- und nicht eine Stundengrenze eingezogen. Bei einem wöchentlichen Einkommen von unter 66 Pfund (96 Euro) (bzw. monatlichen Einkommen unter 286 Pfund bzw. 416 Euro) entsteht gegenwärtig keine Sozialversicherungspflicht. Unterschiedliche Quellen gehen davon aus, daß etwa 30 % aller Teilzeitbeschäftigungsverhältnisse nicht durch die sozialen Sicherungssysteme erfaßt werden (vgl. z. B. Burchell et al. 1997, S. 218). Dieser Satz entspricht über 1,8 Millionen Arbeitnehmer/innen, zum Großteil Frauen. An anderer Stelle wurde für Mitte der 90er Jahre alleine für Frauen eine Zahl von über 2 Millionen sozialversicherungsmäßig nicht Erfaßten angeführt.[5] Ginn/Arber geben eine Zahl von 2,5 Millionen in sozialrechtlicher Hinsicht geringfügig beschäftigten Frauen an (1998, S. 163).

1.2.3 Job Sharing

Job-Sharing meint, daß alle in bzw. aus einem Arbeitsverhältnis entstehenden Rechte und Pflichten zwischen mindestens zwei Arbeitnehmern/innen geteilt werden. Job-Sharing wird in Großbritannien von etwa 250.000 Arbeitnehmer/innen, hauptsächlich in Großunternehmen und im öffentlichen Dienst, betrieben (vgl. Zeijen 1992, S. 28; Europäische Kommission 1996, S. 71; trends 22/1995, S. 44). Solche Arbeitszeitarrangements wurden ab 1983 in Form von finanziellen Zuschüssen an Arbeitgeber/innen gefördert (vgl. inforMISEP 1/1983, S. 9–10; inforMISEP 19/1987, S. 9–10). Nachdem das entsprechende Programm im Jahr 1989 noch in Kraft war (vgl. inforMISEP 28/1989, Beilage; vgl. auch Meulders et al. 1994, S. 23), scheint es in aktuellen Berichten zur aktiven Arbeitsmarktpolitik nicht mehr auf (vgl. MISEP 1996).

1.2.4 Befristete Beschäftigung und Agency Working bzw. Leiharbeit

Mitgezählt werden in untenstehender Aufstellung (Eurostat-Daten) erstens Personen, die einen direkten befristeten Arbeitsvertrag als abhängige Erwerbstätige mit einem Arbeitgeber haben (fixed-term contracts), sowie auch solche, die durch eine Zeitarbeitsvermittlungsagentur oder eine Verleihfirma an ein anderes Unternehmen vermittelt werden (außer, wenn ein unbefristeter Vertrag mit der Vermittlungsagentur oder Verleihfirma gegeben ist) (vgl. OECD 1993, S. 21; Meulders et al. 1994, S. 35–37). Auch das nationale britische Labour Force Survey weist die unterschiedlichen Formen der befristeten Beschäftigung nicht getrennt aus (vgl. EIRR 8/1990, S. 15), es gibt diesbezüglich nur auf Schätzungen beruhende Zahlen, auf welche weiter unten kurz eingegangen wird.

Tabelle 6: Befristete Beschäftigung in % der jeweils abhängig Beschäftigten

Jahr	1975*	1983	1984	1985	1986	1987	1988	1989
Gesamt	7,0	5,5	6,1	7,0	7,0	6,2	5,9	5,3
Frauen	n.v.	7,3	7,9	8,7	8,7	7,9	7,5	7,3
Männer	n.v.	4,1	4,8	5,6	5,6	4,9	4,7	3,7
*	n.v.	56,8	56,1	54,8	55,3	57,0	56,9	63,0
Jahr	1990	1991	1992	1993	1994	1995	1996	1997
Gesamt	5,2	5,3	5,5	5,9	6,5	7,0	7,1	7,3
Frauen	7,0	7,0	6,7	6,8	7,5	7,8	8,2	8,3
Männer	3,7	3,9	4,5	5,0	5,5	6,2	6,0	6,4
*	62,2	61,3	57,8	55,1	56,0	53,5	55,5	54,1

Quellen: 1975: Nationale Erhebung, nach: Meulders et al. (1994) S. 52; andere Werte: Eurostat Labour Force Survey und eigene Berechnungen.
Zeichenerklärung: * =Frauenanteil an allen befristet Beschäftigten.

Gemessen als Anteil an allen abhängig Beschäftigten ist das Ausmaß der befristeten Beschäftigung, welche explizit im Arbeitsvertrag als solche bezeichnet wird, in Großbritannien im internationalen Vergleich für den Beobachtungszeitraum historisch durchgängig relativ gering (vgl. Eurostat 1993, S. 79; Eurostat 1996, S. 148; Schömann et al. 1994, S. 33). Die Zahl der „de facto" befristet Beschäftigten ist aufgrund der im Vereinigten Königreich gegebenen Ausgestaltung des Kündigungsschutzrechtes allerdings wesentlich höher (vgl. z. B., S. Mosley 1994, S. 65). Darauf wird unten in den Ausführungen zum britischen Arbeitsrecht genauer eingegangen.

Die Zahl der explizit befristet Beschäftigten bewegt sich seit dem Beginn der 80er Jahre zwischen 5,2 % und knapp über 7 % aller abhängig Beschäftigten. Historisch durchgängig entfallen mehr als 50 % aller befristet Beschäftigten auf Frauen (vgl. Tab. 6). Die wenigen vorliegenden Daten zu der Zeit vor 1980 legen nahe, daß das Niveau in den 70er Jahren in etwa jenem zu Mitte der 80er Jahre entsprochen hat (ca. 7 %; vgl. Rubery 1989, S. 50).

1997 erreichte die befristete Beschäftigung in Großbritannien ein historisches Höchstmaß von knapp 1,7 Millionen (773.000 Männer und 910.000 Frauen) auf diese Weise beschäftigten Personen (vgl. Eurostat 1998, S. 149). Die Zahl der männlichen befristet Beschäftigten stieg seit 1990 überproportional stark an. Diese Entwicklung gewinnt vor dem Hintergrund der allgemeinen Arbeitsmarktentwicklung verstärkt an Bedeutung. Während die Zahl der befristet beschäftigten Männer im angesprochenen Zeitraum nämlich um über

320.000 zunahm, ging die Gesamtbeschäftigung bei den Männern nach Eurostat-Daten um ca. 520.000 zurück. Bei Frauen stieg befristete Beschäftigung im gleichen Zeitraum bei einem allgemeinen Beschäftigungszuwachs von 351.000 um 182.000.

Nach Angaben des Eurostat Labour Force Survey war insbesondere zwischen 1990 und 1995 von einem relativ starken Anstieg befristeter Beschäftigung auszugehen, welche nicht dem Arbeitnehmer/innenwunsch entspricht bzw. darin begründet ist, daß keine unbefristete Stelle zu finden ist (vgl. Tab. 7). Zuletzt hat sich die Situation stabilisiert.

Tabelle 7: Gründe für Befristung in %

Jahr	1983		1987		1992			1995			1997		
Gründe	Fr.	M.	Fr.	M.	Ges.	Fr.	M.	Ges.	Fr.	M.	Ges.	Fr.	M.
Ausbildung	4,5	9,8	2,9	5,6	5,0	4,2	6,1	5,3	4,1	6,8	5,2	4,3	6,3
Wunsch	n.v.	n.v.	n.v.	n.v.	27,4	35,0	17,2	27,3	24,3	19,2	29,6	35,0	23,2
♦	30,7	43,9	25,2	52,7	37,0	31,4	44,7	44,5	38,0	52,0	39,4	34,4	45,2
Ohne Angabe	n.v.	n.v.	n.v.	n.v.	30,5	29,4	32,0	22,9	23,6	22,0	25,8	26,3	25,2

Quellen: 1983 u. 1987: Eurostat Labour Force Survey, Sonderberechnung, in: Meulders et al. (1994) S. 59, 61; andere Werte: Eurostat Labour Force Survey.

Zeichenerklärung: ♦ =Keine unbefristete Beschäftigung zu finden.

Umgerechnet in Vollzeitäquivalente wurden in der ersten Hälfte der 80er Jahre ca. 1,4 % aller Arbeitsstunden von *Leiharbeiter/innen* bzw. von Personen, die *agency working* betreiben, erbracht (vgl. Walwei 1995, S. 191). Schon damals lagen die Werte damit höher, als in vielen anderen EU-Staaten (vgl. Bronstein 1991). Auch andere Daten weisen darauf hin, daß sich Leih/Zeitarbeit in Großbritannien überdurchschnittlich häufig findet. So wird für 1995 von einem Anteil der Leiharbeitnehmer/innen von 3,3 % an allen Beschäftigten ausgegangen (vgl. Europäische Kommission 1997, S. 25–76). Großbritannien kommt damit weit vor allen anderen EU-Mitgliedsländern zu liegen.

1.2.5 Arbeitnehmerähnliche Scheinselbständigkeit

Arbeitnehmerähnliche Scheinselbständigkeit ist in Großbritannien nicht gesondert arbeits- oder sozialrechtlich geregelt und auf Basis der vorliegenden statistischen Daten nicht eindeutig von traditionellen Formen der Selbständigkeit zu unterscheiden (vgl. Carley/Suri 1993, S. 607–608; Meager 1994, S. 187; Meager 1998, S. 77).

Als Hilfsindikator kann aber erstens die Entwicklung der Selbständigkeit insgesamt dienen. Wie aus Tab. 9 hervorgeht, ist die Zahl der selbständig Beschäftigten in Großbritannien relativ zu allen Beschäftigten in den letzten 15 Jahren angestiegen. Dieser Anstieg ist der mit Abstand stärkste in allen EU-Ländern im angegebenen Zeitraum (vgl. Meager 1994, S. 183).

1997 waren knapp 13 % aller Erwerbstätigen Selbständige (vgl. Eurostat 1998, S. 91). Großbritannien liegt damit weit über dem Wert anderer westlicher hochentwickelter kapitalistischer Staaten wie etwa Frankreich oder Deutschland.

Tabelle 8: Beschäftigungsstatus nach Geschlechtern für ausgewählte Jahre

Jahr	Arbeitgeber u. Selbständige		Arbeitnehmer		Mithelfende Familienangehörige	
	Frauen	Männer	Frauen	Männer	Frauen	Männer
1973	4,2	10,7	95,8	89,3	–	–
1980	3,9	10,9	96,1	89,1	–	–
1986	6,8	15,0	93,2	85,0	–	–
1991	7,2	17,7	92,8	82,3	–	–
1995	7,0	17,8	92,1	81,9	0,8	0,3
1997	7,2	16,9	92,1	82,9	0,7	0,3

Quellen: 1973 u. 1980: OECD 1995; folgende Jahre: Eurostat Labour Force Survey.

Interessant ist in diesem Zusammenhang, daß Großbritannien zugleich mit einer Quote von etwa 5,5 % Arbeitgebern und 2,1 % Arbeitgeberinnen an allen Erwerbstätigen des jeweiligen Geschlechtes geringere Werte aufweist als die beiden genannten Vergleichsländer. Dagegen waren zu Beginn der 90er Jahre über 12 % aller männlichen Erwerbstätigen und über 5 % aller weiblichen Erwerbspersonen Selbständige, die nicht zugleich Arbeitgeber/innen sind (vgl. Rubery et al. 1995, Appendix Table 1.11.c, 1.11.d.).

Auf Basis der vorliegenden Daten kann trotz dieser Hinweise nicht endgültig geklärt werden, welchen Anteil sogenannte arbeitnehmerähnliche Scheinselbständige an diesen Selbständigen stellen. Die Frage ist in der einschlägigen Literatur strittig (vgl. z. B. Carley/Suri 1993, S. 609). Jedenfalls ist im internationalen Vergleich auf Basis einschlägiger Studien davon auszugehen, daß das (in den 80er Jahren bewußt durch Politik stimulierte) Wachstum der Selbständigkeit in Großbritannien Jobs hervorbrachte, die in ihrer Qualität oft hinter jener der selbständigen Beschäftigung in anderen westeuropäischen Staaten nachhinken. Gestiegen ist in Großbritannien im Verlauf des Anstiegs der Selbständigkeit insbesondere der Anteil der Selbständigen mit extrem niedrigen Einkommen und ohne angestellte Arbeitnehmer/innen (vgl. Meager 1996, S. 510, 515; 1998, S. 81). Zugleich sind die Überlebenschancen für neu gegründete Klein- und Kleinstunternehmen im internationalen Vergleich sehr gering [7] (vgl. Meager 1996, S. 508), und die Selbständigen weisen oft ein relativ niedrigeres Qualifikationsniveau auf (vgl. Meager 1994, S. 189).

Insbesondere der Anstieg selbständiger Erwerbstätigkeit in den 80er Jahren betraf „eine große Anzahl von Personen, die nicht in das Bild des traditionellen selbständigen Unternehmers oder Inhabers eines Kleinunternehmens paßten. Die 'neuen Selbständigen' waren eher jünger, weiblich und stammten eher aus den Reihen der Arbeitslosen als ihre Vorgänger" (Meager 1998, S. 81). Bei Männern spielen insbesondere „'lediglich ihre Arbeitskraft zur Verfügung stellende Subunternehmer'" (Meager 1998, S. 80) im Baugewerbe eine zentrale Rolle. „Dadurch wurde ein wachsendes Potential an 'selbständiger Arbeit' geschaffen, die viele Merkmale abhängiger Beschäftigung aufwies (aber keinen vertraglichen Beschäftigungsschutz bot)" (a.a.O., S. 80).

1.2.6 Arbeit auf Abruf

In Großbritannien gab es bis vor kurzem nur sehr wenige gesetzliche Rahmenbedingungen zur Regelung von Arbeitszeiten (vgl. ILO 1995, S. 243ff). In Umsetzung der Europäischen „Richtlinie über bestimmte Aspekte der Arbeitszeitgestaltung 93/104/EG" (vgl.

Official Journal, Vol. 36, No. L307, 13 December 1993, S. 18–24) fanden zuletzt einige einschlägige Regelungen Eingang ins britische Arbeitsrecht, ohne daß damit Arbeit auf Abruf spezifisch geregelt würde.

Der Begriff „Arbeit auf Abruf" oder „work on call" spielt im Gegensatz etwa zu Deutschland oder den Niederlanden weder im britischen Arbeitsrecht noch in den zugehörigen Diskussionen eine wichtige Rolle (vgl. Meulders et al. 1994, S. 80, 102; Rubery 1989; Carley/Suri 1993). Allerdings kommen „zero hours" contracts vornehmlich im Dienstleistungssektor jüngst vermehrt zur Anwendung (vgl. Rubery 1994, S. 116–117). Als Arbeitszeit gilt dabei nach britischer Rechtsauffassung nur jene Zeit, in welcher de facto gearbeitet wurde. Bereitschaftszeiten etc. werden in der Regel nicht vergütet.

Insgesamt ist in Großbritannien von einem relativ hohen Maß an Arbeitszeitflexibilität auszugehen. In der Berichtswoche des Eurostat Labour Force Survey 1997 haben knapp 15 % aller Beschäftigten angegeben, wegen „variabler Arbeitszeit" weniger als die normale Arbeitszeit gearbeitet zu haben, ca. 10 % gaben an, daß sie wegen „variabler Arbeitszeit" länger arbeiteten (vgl. Eurostat 1998, S. 201). Zugleich ist nach nationalen britischen Erhebungen davon auszugehen, daß höchstens 12 % aller Arbeitnehmer/innen auf Basis von Gleitzeit arbeiten (vgl. trends 22/1995, S. 44; Rubery et al. 1995, S. 205). Über 31 % der Männer und über 21 % der Frauen haben aber zugleich variable Tagesarbeitszeiten (vgl. Rubery et al. 1995, S. 203; Rubery 1994, S. 108). Das bedeutet, daß die Arbeitszeiten in diesen Fällen zumeist von den Arbeitgeber/innen bestimmt werden.

2. Politische Regelungen

2.1 Arbeitsrechtliche Regelungen

Orientiert man sich an dem in einer Publikation der Europäischen Kommission (vgl. Europäische Kommission 1996, S. 48–49) veröffentlichten „Indikator zur Reglementierung des Arbeitsmarktes", welcher eine Bandbreite von 0 (niedrige Reglementierung) bis 10 (hohe Reglementierung) aufweist, so wird Großbritannien mit einem Wert von „0" der mit Abstand niedrigste Wert in der EU zugewiesen.

Es kam unter der konservativen Regierung im Verlauf der 80er Jahre und zu Beginn der 90er Jahre erstens zu einem Abbau bzw. einer Aufweichung jener wenigen gesetzlichen arbeitsrechtlichen Bestimmungen, welche hauptsächlich in den 70er Jahren geschaffen worden sind (vgl. Edwards et al. 1992, S. 12–17; Tonge 1997, S. 91; Beharell 1992). Zweitens sollten nach Ansicht der konservativen Regierung „das System kollektiver Verhandlungen austrocknen und die Arbeitsbedingungen künftig auf der Basis von Verhandlungen zwischen Arbeitgebern und einzelnen Arbeitnehmer/innen festgelegt werden" (Coats 1995, S. 153).[8] Viele der „positiven" Rechte der Gewerkschaften, welche von der Labour-Regierung (1974–1979) eingeführt worden waren, wurden durch die „Employment Acts" der 80er und frühen 90er Jahre bzw. den Trade Union Act von 1984 und die Trade Union Reform and Employment Rights Bill von 1992 rückgängig gemacht.[9] Vor diesem Hintergrund sank die Reichweite tarifvertraglicher Regulierungen beträchtlich. Auf Branchenebene werden heute kaum noch Tarifverträge abgeschlossen. Die Verhandlungen werden nunmehr, wenn überhaupt, vornehmlich auf Betriebsebene geführt (vgl. z.B. Purcell 1991; Burgess 1993, S. 167; Edwards et al. 1992, S. 23; Edwards et al. 1998,

S. 20). In großen Unternehmen werden die Verhandlungen weiters vermehrt in Subeinheiten getätigt. Zu Beginn der 90er Jahre wurde davon ausgegangen, daß in etwa in 50 % der Unternehmen bzw. wirtschaftlichen Einheiten Tarifverträge gelten (vgl. Blyton 1995, S. 87). Die Reichweite tarifvertraglicher Regelungen ist in den letzten Jahren weiter gesunken (vgl. Coats 1995, S. 153; Mesch 1995, S. 40; ILO 1995, S. 246; Scheuer 1997). Das bedeutet, daß insbesondere in kleineren Unternehmen die Arbeitsbedingungen von zunehmend mehr Personen individuell ausgehandelt bzw. normalerweise einseitig von Arbeitgeberseite festgelegt werden (vgl. ILO 1995, S. 246; Pichot 1995, S. 31–35).

Drittens wurden die Kompetenzen der „Wages Councils", die arbeitsrechtliche Mindeststandards für Branchen mit keinem oder nur geringem tarifvertraglichen Deckungsgrad festlegten, im Laufe der 80er Jahre zusehends beschnitten, bis sie zu Beginn der 90er Jahre endgültig abgeschafft wurden. Dadurch verloren ca. 2,5 Millionen Arbeitnehmer/innen in zuletzt ca 376.000 Betrieben diese arbeitsrechtlichen Mindeststandards (vgl. dazu insgesamt Salowsky 1992, S. 471; ILO 1995, S. 243; inforMISEP 12/1985, S. 22; Burgess 1993, S. 165; Edwards et al. 1998, S. 14–15).

Die Tarifparteien haben in der Debatte über den Abbau des arbeitsrechtlichen Schutzes bzw. über die Flexibilität der Arbeitsverhältnisse „eine traditionelle Haltung eingenommen" (trends 22/1995, S. 43). Von Arbeitgeber/innen dominierte Organisationen haben sich als eifrige Befürworter flexibler Arbeitsbedingungen erwiesen (vgl. Bastian 1994, S. 206–210). Der Dachverband der britischen Gewerkschaften, die Gewerkschaften selbst und auch die repräsentativen Berufsverbände standen Tendenzen der Deregulierung dagegen kritisch gegenüber (vgl. trends 22/1995, S. 43; Burgess 1993, S. 153; Coats 1995, S. 153; Bastian 1994, S. 208–210).

Die zuletzt erfolgte Einbeziehung der Teilzeitbeschäftigten in den arbeitsrechtlichen Schutz geht nicht auf eine politische Initiative, sondern auf die Rechtsprechung bzw. die Umsetzung einer EG-Richtlinie, die gegen die Stimme der damaligen britischen Regierung beschlossen wurde, zurück. Die entsprechenden Maßnahmen wurden von der früheren Regierung nur widerwillig durchgeführt, von den Gewerkschaften dagegen begrüßt.

Kündigungsschutz und Abfindungen

Die Kündigungsschutzvorschriften wurden in Großbritannien im Verlauf der 80er Jahre mehrmals und zuletzt 1994 geändert. Traditionell ist der gesetzliche Kündigungsschutz in Großbritannien vergleichsweise schwach ausgebildet (vgl. Küchle 1990, S. 408; vgl. auch die verschiedenen Rankings bei Büchtemann/Walwei 1996, S. 669). Bis in die 60er Jahre fehlten gesetzliche Vorschriften zur Kündigung vollständig (vgl. Freedland 1991, S. 440; Schömann et al. 1998, S. 65).

– Der „Redundancy Payments Act" (RPA) aus dem Jahr 1965 räumte Arbeitnehmer/innen erstmals auf gesetzlicher Basis dann, wenn sie mindestens zwei Jahre im Betrieb beschäftigt waren, bei betriebsbedingter Kündigung den Anspruch auf eine nach Alter, Betriebszugehörigkeit und Lohn variierende Abfindung ein.

– 1971 wurde durch den Industrial Relations Act der Sachverhalt des „unfair dismissal" definiert und damit der erste gesetzliche Kündigungsschutz in Großbritannien eingeführt. Kern des Gesetzes ist, daß ein/e Arbeitnehmer/in, welche/r ohne eigenes Verschulden bzw. ohne betriebsbedingten Wegfall des Arbeitsplatzes gekündigt wird, ein

Recht auf Wiedereinstellung oder eine Entschädigung hat (vgl. Blanpain 1992, S. 73; Mayer/Mozet 1996, S. 123; Schömann et al. 1998, S. 67).

Die Kündigungsfrist beträgt bei einer Betriebszugehörigkeit zwischen einem Monat und zwei Jahren eine Woche, danach steigt sie um eine Woche für jedes Betriebszugehörigkeitsjahr, jedoch höchstens bis auf 12 Wochen (vgl. Blanpain 1992, S. 80; Mayer/Mozet 1996, S. 124; Schömann et al. 1998, S. 66).

Es werden nicht alle Arbeitnehmer/innen von dem auf den Industrial Relations Act zurückgehenden Kündigungsschutz („unfair dismissal") erfaßt. Im Zeitverlauf gab es nämlich unterschiedliche Mindestbedingungen, an welche dieser gebunden war/ist. Ursprünglich mußte ein/e Arbeitnehmer/in 6 Monate beim gleichen Arbeitgeber beschäftigt sein, um in den Genuß des Kündigungsschutzes zu kommen. Diese Frist wurde 1979 auf ein Jahr und 1985 auf zwei Jahre angehoben (Rogowsky/Schömann 1996, S. 640). Entsprechend dem „Fairness at Work" White Paper der britischen Regierung soll diese Frist nunmehr auf ein Jahr gekürzt werden (vgl. EIRR June 1998/293, S. 13). Auf die spezifischen Bedingungen, welche für Teilzeitbeschäftigte galten bzw. gelten, wird unten näher eingegangen.

Im Hinblick auf das Recht auf bezahlten *Urlaub* und *Arbeitszeitbelange*, welche in Großbritannien bisher nur sehr lückenhaft bzw. vor dem Hintergrund rückgängiger Deckungsgrade der Tarifverträge und der Auflösung der Wages Councils immer öfter individuell ausverhandelt wurden, spielt die EU-gemeinschaftsrechtliche Gesetzgebung in der jüngeren Vergangenheit eine wichtiger werdende Rolle:

Die *„Richtlinie über bestimmte Aspekte der Arbeitszeitgestaltung 93/104/EG"* (vgl. Official Journal, Vol. 36, No. L307, 13 December 1993, S. 18–24) stützt sich auf Artikel 118a (2) des EGV, und unterliegt entsprechend dem dort festgelegten Verfahren (Artikel 189c) nicht dem Einstimmigkeitsprinzip. Die Richtlinie wurde gegen die Stimme des Vereinigten Königreiches angenommen. Die entsprechenden Regelungen sind an sich bis 23. November 1996 in staatliches Recht oder auf Basis von Tarifverträgen umzusetzen. Großbritannien wurde aber zum Teil längere Implementierungszeiträume zuerkannt als den anderen Mitgliedsländern. Die Umsetzung erfolgte demnach in Großbritannien erst Ende 1998.

Zentrale Inhalte der Richtlinie sind eine wöchentliche Höchstarbeitszeit von 48 Stunden [10], Mindestruhezeiten, Höchstarbeitszeiten bei Nachtarbeit sowie die Festlegung des Rechtes auf vier Wochen bezahlten Urlaub (vgl. ILO 1995, S. 245; Mills 1996, S. 137; EIRR May 1998/292, S. 13).

Insbesondere die Regelung der Ruhezeiten sowie des Rechts auf bezahlten Urlaub bedeuten für Arbeitnehmer/innen an Arbeitsplätzen ohne gewerkschaftliche Vertretung bzw. ohne Tarifvertrag unter Umständen eine wesentliche Verbesserung ihrer Arbeitssituation.

Insbesondere für Teilzeitbeschäftigte ist – vor dem Hintergrund der in Großbritannien vorfindlichen Lohnstruktur (vgl. unten 2.2.2.1) – daneben der ab April 1999 neu eingeführte nationale Mindestlohn („National Minimum Wage – NMW) von Bedeutung. Dieser allgemein anzuwendende Mindestlohn wird für 18 bis 21jährige Arbeitnehmer/innen eine Höhe von 3 Pfund (ca. 4,4 Euro) pro Stunde und 3,6 Pfund (5,2 Euro) für jene im Alter von über 22 Jahren haben.

2.1.1 Arbeitsrechtliche Regelungen atypischer Beschäftigungsformen

Der besondere Status atypischer Erwerbsverhältnisse manifestiert sich in Großbritannien in arbeitsrechtlicher Hinsicht primär darin, daß atypische Erwerbsverhältnisse zum Teil von den, wie dargestellt, insgesamt nicht weitreichenden Reglementierungen von Normalarbeitsverhältnissen (Arbeitnehmer/innenstatus + vollzeitbeschäftigt + unbefristeter Arbeitsvertrag) ausgenommen sind. Besondere positive Rechte bestehen dagegen für in Großbritannien atypisch Beschäftigte in arbeitsrechtlicher Hinsicht nicht.[11]

Zahlenmäßig sind bzw. waren lange Zeit im Hinblick auf die Ausschließung von arbeitsrechtlichen Regelungsmustern insbesondere zwei Gruppen von Erwerbstätigen von zentraler Bedeutung. Das sind erstens die arbeitnehmerähnlichen Scheinselbständigen, zu welchen auch Teile der befristet Beschäftigten und/oder Leiharbeitnehmer/innen zu zählen sind. Bis 1995 war daneben auch in arbeitsrechtlicher Hinsicht der Sachverhalt einer geringfügigen Beschäftigung möglich.

2.1.1.1 Teilzeitbeschäftigung und geringfügige Beschäftigung

Seit 1995 werden Teilzeitbeschäftigte bezüglich zentraler arbeitsrechtlicher Belange wie Kündigungsschutz, Abfindungen und Mutterschaftsurlaub gleich behandelt wie Vollzeitarbeitnehmer/innen (vgl. Burchell et al. 1997, S. 218).

Bis zu diesem Zeitpunkt wurden nicht alle Arbeitnehmer/innen von dem auf den Industrial Relations Act zurückgehenden Kündigungsschutz erfaßt (vgl. Delsen 1995, S. 113; Edwards 1994). Zusätzlich zur seit 1985 verlangten zweijährigen Beschäftigung beim selben Arbeitgeber (vgl. Rogowsky/Schömann 1995, S. 640) waren daneben Stundengrenzen bezüglich der zu leistenden Arbeitszeit eingezogen. Bis 1995 schlossen das Kündigungsschutzrecht („unfair dismissals") wie auch das Recht auf eine Abfindung bei betriebsbedingten Kündigungen („redundancy pay") demnach von ihren Anwendungsbereichen all jene Arbeitnehmer/innen aus, die nicht wenigstens 16 Wochenstunden arbeiteten und zwei Jahre in einem Betrieb beschäftigt waren oder 8 Stunden arbeiteten und 5 Jahre in einem Betrieb beschäftigt waren. In den 80er Jahren plante die Britische Regierung eine Anhebung dieser Grenzen auf 20 Wochenstunden bei zweijähriger Beschäftigung (vgl. Freedland 1991, S. 455). Dieser Plan wurde nicht umgesetzt. Vielmehr mußte vor dem Hintergrund eines Urteils des House of Lords, dessen Umsetzung 1995 in Kraft trat, die entsprechenden Stundengrenzen gestrichen werden. Diese Zeitgrenzen galten nicht nur im Hinblick auf kündigungsrechtliche Bestimmungen, sondern auch für den Mutterschaftsurlaub und die entsprechenden Geldleistungen (vgl. Blanpain 1992, S. 91).

Hinsichtlich von Arbeitszeitbelangen und Fragen des Lohnes werden in Großbritannien Teilzeitarbeitnehmer/innen noch immer anders behandelt, als Vollzeitarbeitnehmer/innen. Das manifestiert sich einerseits primär bei der Abgeltung zusätzlicher Arbeitsstunden bzw. bei Zulagen für Arbeit zu unüblichen Arbeitszeiten. Es ist davon auszugehen, daß mindestens drei Viertel aller Arbeitgeber/innen an Teilzeitarbeitskräfte so lange keine Überstundenzuschläge bezahlen, bis die „normale" Wochenarbeitszeit einer vergleichbaren Vollzeitarbeitskraft erreicht ist (vgl. Fagan et al. 1995, S. 24). Auch Abend-, Nacht- oder Wochenendarbeit wird wesentlich seltener mit Zuschlägen belohnt, als dies bei Vollzeitarbeitnehmer/innen der Fall ist [12] (vgl. Rubery 1994, S. 133). Daneben ist grundsätzlich davon auszugehen, daß auch vollzeitbeschäftigte Frauen bei einem Verhältnis von etwa 7,5 zu 10 pro Stunde wesentlich geringer entlohnt werden als vollzeitbeschäftigte Männer. Die Spanne öffnet sich weiter, wenn man die durchschnittlichen stündlichen Einkommen von teilzeitbeschäftigten Frauen mit jenen von vollzeitbeschäftigten Männern vergleicht. Das Verhältnis beträgt hier in etwa 6 zu 10 (vgl. Burchell et al. 1997, S. 216). In diese Spannen sind Effekte durch ungleiche Überstundenzuschläge noch nicht eingerechnet. Bei gleicher Qualifikation und gleichem Geschlecht sind daneben bei einem Vergleich durchschnittlicher Stundeneinkommen noch immer Lohnunterschiede zwischen 8 und 17 % zuungunsten von Teilzeitbeschäftigten zu konstatieren (vgl. a.a.O., S. 217f). Gewerkschaften bzw. die Arbeitnehmer/innenvertreter auf Betriebsebene gehen zum Teil nicht gezielt gegen diese Diskriminierungen vor. Selbst dort, wo kollektive Vereinbarungen bestehen, werden in diesen häufig Unterschiede zwischen Voll- und Teilzeitarbeitskräften zu den Regelungen für Bonuszahlungen für Überstunden und Prämien für unübliche Arbeitsstunden (z. B. Abend-, Nacht- und Wochenendarbeit) festgeschrieben (vgl. Fagan et al. 1995, S. 25; Rubery 1998, S. 140–144).

Der ab April 1999 neu eingeführte nationale stündliche Mindestlohn wird insbesondere Frauen in Teilzeitbeschäftigungsverhältnissen zugute kommen (vgl. EIRR March 1998, S. 14ff). Sie stellten entsprechend einer Erhebung des Office for National Statistics [13] zuletzt 52 % der Personen, welche stündliche Einkommen unter den oben angeführten Limits (3 Pfund = 4,5 Euro bzw. 3,6 Pfund = 5,3 Euro für über 22jährige) bezogen. 18 % der Personen mit Einkommen unter diesen Limits waren vollzeitbeschäftigte Frauen, 19 % vollzeitbeschäftigte Männer und 11 % teilzeitbeschäftigte Männer.

Noch in der ersten Hälfte der 90er Jahre wurde in Großbritannien insgesamt ca. 10 % aller Arbeitnehmer/innen kein bezahlter Urlaub zuerkannt (vgl. ILO 1995, S. 254). Diese Gruppe setzte sich aus 3 % aller Vollzeitarbeitnehmer/innen und 33 % aller Teilzeitarbeitnehmer/innen, und dabei insbesondere aus solchen mit geringen Arbeitswochenstunden, zusammen (vgl. auch Rubery 1998, S. 146). Durch die Umsetzung der Richtlinie 93/104/EG wird sich diese Situation allerdings ändern.

2.1.1.2 Befristete Beschäftigung und Leiharbeit

In Großbritannien bestehen, anders als in den meisten anderen EU-Mitgliedsländern, keine inhaltlich spezifischen arbeitsrechtlichen Regelungen für befristete Beschäftigung. Das bedeutet, daß befristete Arbeitsverträge etwa im Hinblick auf Maximal- oder Minimallaufzeiten, Verlängerungen, bestimmte Zwecke, für welche diese abgeschlossen werden dürfen etc., nicht gesondert reglementiert sind (vgl. Rogowsky/Schömann 1996, S. 633, 640–642; Schömann et al. 1998, S. 69).

Allerdings führt ein ursprünglich für weniger als einen Monat abgeschlossener Vertrag nach einer tatsächlichen Laufzeit von drei Monaten zu einer Umwandlung in einen unbefristeten Vertrag (vgl. Schömann et al. 1994, S. 43; 1998, S. 69). Entsprechend den obigen Ausführungen hat dies bis zu einer Beschäftigungsdauer von 2 Jahren bei ein und demselben Arbeitgeber nur einen Einfluß auf die Kündigungsfrist, nicht aber auf Entschädigungen etc. im Falle einer ungerechtfertigten Kündigung („unfair dismissal").

Es ist bei allen befristeten Verträgen daneben anders als bei Dauerverträgen grundsätzlich möglich, durch eine ausdrückliche schriftliche Vereinbarung zwischen den beiden Rechtsparteien das Recht auf Abfindungszahlungen bzw. das Recht auf Klage gegen eine ungerechtfertigte Kündigung von vornherein vertraglich auszuschließen (vgl. Schömann et al. 1994, S. 38; 1998, S. 69). Dies gilt auch für jene Fälle, in welchen der Vertrag für eine längere Zeit als zwei Jahre (derzeitige Qualifizierungsperiode für Kündigungsschutz/ Abfindung[14]) abgeschlossen wird. Dadurch wird jene Regelung weitgehend unwirksam, die vorsieht, daß auch eine Vertragsbeendigung durch Zeitablauf vom britischen Kündigungsschutz abgedeckt wird (vgl. Freedland 1991, S. 443).

Gelegenheitsarbeiter, also Personen mit extrem kurzfristigen – oft nur mündlichen – Arbeitsverträgen, werden in Großbritannien nicht als Arbeitnehmer/innen betrachtet, weil es ihnen nach britischer Rechtsauffassung freisteht, die Arbeit aus eigenem Willen fristlos niederzulegen (vgl. Schömann et al. 1998, S. 69). Damit erfüllen sie entsprechend dem „Mutuality of Obligation"-Test (vgl. unten 2.1.1.3) nicht die Voraussetzungen, die einen Arbeitnehmer/innenstatus begründen.

Die einzigen Auflagen, welche es bezüglich *Leiharbeit* bzw. anderen Formen der *temporären Arbeitsvermittlung* bis vor kurzem gab, waren solche, welche die Lizensierung der entsprechenden Vermittlungsfirmen betrafen (vgl. Employment Agencies Act 1973; inforMISEP 51/1995, S. 15; Delsen 1995, S. 136f, 141). Aufgrund des Gesetzes über Deregulierung und externe Auftragsvergabe von 1994 wurde dieser Zulassungszwang mit 3.1.1995 aufgehoben. Daneben ist bis heute nur festgelegt, daß die Verleihagentur verpflichtet ist, die näheren Umstände des jeweiligen Vertrages schriftlich zu spezifizieren (vgl. Schömann et al. 1998, S. 68).

Das zentrale arbeitsrechtliche Problem, das sich im Zusammenhang mit Leiharbeit stellt, ist jenes, ob ein Arbeitnehmer/innenstatus zuerkannt wird bzw. zu wem (Entleiher oder Verleiher) ein Arbeitsverhältnis besteht (vgl. a.a.O., S. 67f). Auf dieses Problem der Unterscheidung abhängiger und selbständiger Tätigkeit wird im nächsten Punkt näher eingegangen.

2.1.1.3 Arbeitnehmerähnliche Scheinselbständigkeit

Im Hinblick auf die Beziehung zwischen Arbeit- bzw. Auftraggeber/in und Arbeit- bzw. Auftragnehmer/in wird in Großbritannien davon ausgegangen, daß den Vertragsparteien prinzipiell die Wahl zwischen zwei Vertragsmodellen zusteht (d.h. dem Arbeitsvertrag und dem Vertrag zwischen einem Auftraggeber und einem unabhängigen Selbständigen) (vgl. Döse 1994, S. 153).

Es wurden im Rahmen des Common Law verschiedene „Tests" entwickelt, um im Falle von Rechtsstreitigkeiten eine Grenzlinie zwischen Arbeitnehmer- und Selbständigenstatus ziehen zu können (vgl. a.a.O., S. 154f). Als zentrales Element der Arbeitgeber-Arbeitnehmerbeziehung wird heute in Sichtweise des „Mutuality of Obligation"-Tests die Tatsache angesehen, „'daß eine Verpflichtung besteht, für den Arbeitgeber Arbeit anzubieten oder für den Arbeitnehmer, solche Arbeit anzunehmen'" (Carley/Suri 1993, S. 606). Indem das Hauptaugenmerk auf diese „wechselseitige Verbindlichkeit" gelenkt wird, wobei nicht nur eine Verbindlichkeit zur Ausführung der Arbeit sondern auch eine zum Angebot einer solchen gegeben sein muß, ist der Selbständigkeitsbegriff in Großbritannien sehr weit auslegbar (vgl. a.a.O.). Zugleich scheinen die Ergebnisse anhand der genannten Unterscheidungskategorien nicht immer eindeutig, bzw. die Unterscheidungskategorien erscheinen vor dem Hintergrund sich verstärkt und zum Teil neu herausbildender atypischer

Beschäftigungsformen wie Leiharbeit, Heimarbeit oder Gelegenheits- und Saisonarbeit nicht mehr zeitgemäß (vgl. Döse 1994, S. 155). Erwerbspersonen, welche diesen Gruppen zuzuordnen sind, unterliegen vermehrt dem Risiko, gegen ihren Willen als Selbständige qualifiziert zu werden, obwohl sie faktisch im Hinblick auf organisatorische Belange, Kontrolle der Arbeit, Einteilung der Arbeitszeiten, Wahl des Arbeitsortes etc. abhängig beschäftigt sind (vgl. Döse 1994, S. 154f; Carley/Suri 1993, S. 606; EFILWC 1988, S. 68; Zeijen 1992, S. 13, 29; Hepple/Fredman 1992, S. 87f; Bronstein 1991, S. 306; Schömann et al. 1998, S. 69).

2.2 Sozialrechtliche Regelungen

Wie in vielen anderen europäischen Staaten auch, bildeten sich Ansätze „kollektivistischer" Wohlfahrtsvorstellungen bzw. deren Institutionalisierung durch staatliches Recht nach der Armenfürsorge des 19. Jahrhunderts (vgl. zum Poor Law von 1834 etc. etwa Jones 1991, S. 13–68) auch in Großbritannien vor allem zu Ende des 19. bzw. zu Anfang des 20. Jahrhunderts heraus (vgl. Jones 1991, S. 82–103; Schmid 1996, S. 93).

Trotz der von der Regierung Thatcher zu Beginn der 80er Jahre betriebenen Ankündigungspolitik fand ein so prolongierter umfassender Rückzug des Staates in Sachen Sozialpolitik nicht statt (vgl. z. B. Tálos/Falkner 1993, S. 260–262; Glennerster 1995, S. 167–190; Schulte 1997, S. 32). Vielmehr wurden manche Systeme umgebaut bzw. bestehende Leistungen durch andere ersetzt (vgl. Schmucker 1997, S. 72–83; Jones 1991, S. 189–208; Clarke/Langan 1993). Jüngst kam es in verschiedenen Leistungssystemen (Invalidität, Arbeitslosigkeit) aber zu relativ weitreichenden Umgestaltungen (vgl. Schulte 1997, S. 32f), die sich zum Teil insbesondere im Hinblick auf atypische Beschäftigungsverhältnisse ungünstig auswirken.

Einzelne Sicherungssysteme

Die unten angeführte Aufstellung zu zentralen Sozialleistungen in Großbritannien macht deutlich, daß diese nach unterschiedlichen Prinzipien gewährt und berechnet werden.

Unabhängig von Kriterien, wie jenen eines (früheren) Arbeitnehmerstatus, der (vorangegangenen) Einkommenshöhe und der Entrichtung von Sozialversicherungsbeiträgen, sind folgende Teilsysteme allgemein zugänglich: Sachleistungen bei Krankheit, die bedarfsgeprüfte Variante der Job Seekers Allowance (JSA; Arbeitslosenhilfe) sowie der Income Support (eine Art Sozialhilfe vgl. Peter 1998), welcher ebenfalls bedarfsgeprüft ist und dessen Bezug im Unterschied zur JSA nicht mit der Verpflichtung verbunden ist, aktiv Arbeit zu suchen.

Die anderen hier angeführten Leistungen knüpfen erstens zum Teil am Arbeitnehmerstatus an. Das gilt für das Statutory Sick Pay (Lohnfortzahlung im Krankheitsfall), das Statutory Maternity Pay (Lohnfortzahlung bei Mutterschaft), das Disablement Benefit (Leistungen bei Arbeitsunfällen und Berufskrankheiten), die von Versicherungsbeiträgen abhängige Variante des Arbeitslosengeldes (JSA ohne Bedarfsprüfung) und das SERPS (einkommensabhängige Zusatzrente). Auch für Selbständige zugänglich sind theoretisch das Incapacity Benefit (Leistung bei Krankheit und länger andauernder Arbeitsunfähigkeit), die bedarfsgeprüfte JSA und der Income Support, die Basic Pension (staatliche Grundrente) sowie die Maternity Allowance (Mutterschaftsgeld).

Risiko	Art der Leistung	Anspruchsvoraussetzung	Art/Höhe der Leistung
Krankheit	National Health Service	Wohnbürgerschaft	Alle Sachleistungen
Krankheit	Statutory Sick Pay (SSP)	Arbeitnehmerstatus; Überschreiten der Einkommensgrenze zur Sozialversicherung	pauschal 55,7 Pfund[1]/Woche; max. 28 Wochen
Krankheit, länger andauernde Arbeitsunfähigkeit	Incapacity Benefit (IB)	Ausreichend SV-Zeiten und -Beiträge in den letzten beiden Jahren	pauschal 47,1 bis 62,45 Pfund/Woche je nach Dauer der Arbeitsunfähigkeit; Zuschläge je nach Familienstatus
Arbeitsunfälle, Berufskrankheiten	Disablement Benefit (DB)	Arbeitnehmerstatus; mindestens 14%ige Minderung der Erwerbsfähigkeit	Je nach Erwerbsfähigkeitsminderung bis zu 104,7 Pfund/Woche
Arbeitslosigkeit	Job Seekers Allowance (contribution based) (JSA)	Arbeitnehmerstatus; Ausreichend SV-Zeiten und -Beiträge in den letzten beiden Jahren; keine Anrechnung des Partnereinkommens	Pauschalsätze je nach Alter zwischen 30,3 und 50,35 Pfund/Woche; max. für 6 Monate
Arbeitslosigkeit	Job Seekers Allowance (income based) (JSA)	Soziale Bedürftigkeit; Anrechnung von Partnereinkommen etc.	Pauschalsätze wie oben; plus Zuschläge für Familienangehörige
Armut / Soziale Mindestsicherung	Income Support (IS)	Soziale Bedürftigkeit; Anrechnung von Partnereinkommen etc.; besonderer Status: Alleinerzieher, Rentner, Erwerbsunfähigkeit etc. = keine Verpflichtung Arbeit zu suchen	Pauschalsätze wie oben; plus Zuschläge für Familienangehörige
Alter	Basic Pension	Anrechenbare Erwerbs-/Ersatzzeiten; Überschreiten der jährlichen Einkommensgrenze; Dauer/Kontinuität	Pauschalsätze je nach Dauer der früheren Erwerbstätigkeit bzw. des Nachweises von Ersatzzeiten; max. 64,7 Pfund; Zuschläge für Familienangehörige
Alter	States Earning Related Pension (SERPS)	Arbeitnehmerstatus; Überschreiten der jährlichen unteren Einkommensgrenze; SV-Beiträge	Am vorigen Einkommen berechnet: pro anrechenbarem Jahr 1 % des Einkommens zwischen oberer und unterer Verdienstgrenze
Mutterschaft	Statutory Maternity Pay (SMP)	Arbeitnehmerstatus; 26 Wochen ununterbrochene Beschäftigung bei einem Arbeitgeber; Einkommen über unterer Verdienstgrenze	6 Wochen: 90 % des vorherigen Einkommens; danach 12 Wochen pauschal 55,7 Pfund
Mutterschaft	Maternity Allowance (MA)	26 Versicherungswochen innerhalb von 66 Wochen vor der Entbindung	18 Wochen: pauschal 55,7 Pfund; Selbständige und Arbeitslose/nicht Erwerbstätige: 50,1 Pfund

[1] Der Wechselkurs des Pfund zum Euro betrug im Februar 1999 1 Euro=0,6869 Pfund.

Neben dem Status als Arbeitnehmer spielen im britischen System sozialer Sicherung Kriterien der Leistung von Sozialversicherungsbeiträgen und der Höhe bzw. Kontinuität derselben eine zentrale Rolle. Wie aus obiger Aufstellung hervorgeht, knüpfen alle dort angeführten Geldleistungen mit Ausnahme der bedarfsgeprüften JSA, des Income Support und des Disablement Benefit daran an.

So müssen zum Bezug eines nicht bedarfsgeprüften Arbeitslosengeldes [15] in einem der beiden vorangegangenen Jahre Beiträge in 25facher Höhe des Mindestbeitrages [16] erbracht werden, in beiden Steuerjahren zusammen mindestens Beiträge in Höhe des 50fachen Mindestbeitrages, wobei Krankheits-, Pflege- und Arbeitslosenzeiten nur auf die zweite, nicht aber auf die erste Voraussetzung angerechnet werden (vgl. Bieback 1993, S. 31; Schmid/Reissert 1996, S. 241). Exakt die gleichen Voraussetzungen gelten für den Bezug eines Incapacity Benefit.

Damit die volle wöchentliche pauschalierte Altersgrundrente [17] ausbezahlt werden kann, muß die versicherte Person Sozialversicherungsbeiträge oder Ersatzzeiten für zumindest 90 % der potentiellen Erwerbsjahre (working years) nachweisen. Das erwerbsfähige Alter wird zwischen dem 16. Lebensjahr und dem Erreichen des Rentenalters (Frauen 60; Männer 65) angenommen (vgl. Schulte 1991, S. 513; Budd/Campbell 1996, S. 2) [18]. Wenn „sonstige" Zeiten, die also weder Zeiten mit Versicherung noch Ersatzzeiten sind, das Maß von ca. 10 % [19] der Erwerbsjahre übersteigen, kommt es zu Abschlägen, wobei sich die Rente aus dem Verhältnis der anrechenbaren auf die theoretisch anrechenbaren Jahre ergibt (vgl. Schulte 1991, S. 514). Seit 1978 (nicht rückwirkend) werden im Rahmen der Regelungen der „Home Responsibilities Protection" Kindererziehungszeiten und Zeiten der Pflege kranker oder behinderter Verwandter im Ausmaß von maximal 20 Jahren angerechnet (vgl. Ginn/Arber 1998, S. 163).

Anspruch auf eine einkommensorientierte Zusatzpension (SERPS) kann man nur durch Beitragsjahre erlangen, in welchen die Sozialversicherungsbeiträge für ein Gehalt bezahlt werden, welches oberhalb der 52fachen unteren Verdienstgrenze liegt. Daß eine Zusatzrente ausbezahlt werden kann, ist zumindest ein entsprechendes Beitragsjahr nach dem April 1978 (Einführung des Systems) notwendig. Die Zusatzrente beträgt 1,25 % des je Steuerjahr erzielten Jahresverdienstes, welcher nach Abzug der laufenden Verdienste, die der Verdienstgrenze zur Sozialversicherungspflicht entsprechen, übrig bleibt. Insgesamt werden auf Jahresbasis so jene Einkommen zur Berechnung der Zusatzrente herangezogen, welche nicht zur Ermittlung der qualifizierten Jahre zur Grundpension benötigt werden [20] (vgl. Dürkop 1993, S. 47). Nach der ursprünglichen Konzeption der SERPS zu Mitte der 70er Jahre sollten Bezieher/innen nach 20 Versicherungsjahren, in welchen Beiträge für Einkommen über der unteren Verdienstgrenze geleistet wurden, 25 % der durchschnittlichen Differenz des tatsächlichen Verdienstes zur jeweiligen Verdienstgrenze als Zusatzpension erhalten (1,25 x jährliche Bemessungsgrundlage), wobei bei längeren relevanten Versicherungszeiten die besten 20 Jahre herangezogen werden sollten (vgl. Pieters 1990, S. 122f). Für jedes Jahr, das zum Erreichen der oben angeführten 20 Jahre fehlt, wird die Pensionsrate von den angeführten 25 % um 1 % vermindert. Entsprechend der Reform des SERPS im Jahr 1986 können nur mehr 20 % der Einkommensdifferenz zwischen unterer Verdienstgrenze und tatsächlichem Verdienst bzw. oberer Verdienstgrenze als Zusatzpension lukriert werden (vgl. Atkinson 1995, S. 157). Ab 1988 wird so pro Jahr statt 1,25 % nur mehr 1 % der jährlichen Berechnungsgrundlage zur Pensionsberechnung herangezogen. Für jene, die zwischen 1999 und 2009 in Pension gehen, gelten Übergangsbestimmungen, bis 1998 der 1,25 %-Satz (vgl. a.a.O.). Zugleich werden nunmehr, wenn eine mehr als zwanzigjährige entsprechende Beschäftigungszeit vorliegt, nicht mehr

nur die besten 20 Jahre, sondern alle entsprechenden Einkommensjahre zur Pensionsberechnung herangezogen.

Daß die Geringfügigkeitsgrenze zur Sozialversicherung überschritten wurde und einen
gewisse Kontinuität an Beiträgen vorliegt, ist daneben auch für Geldleistungen bei Mutterschaft Anspruchsvoraussetzung. Zum Bezug von Lohnfortzahlung im Krankheitsfall ist
das Überschreiten der Versicherungsgrenze – nicht aber eine gewisse Kontinuität (Ausnahme: befristet Beschäftigte; vgl. unten Punkt 2.2.1.2) gefordert.

Die Leistungshöhe orientiert sich in Großbritannien häufig an Pauschalbeträgen. Dies gilt
für alle oben angeführten Geldleistungen mit Ausnahme des SERPS und des SMP. Die
jeweils beziehbaren individuellen Sätze werden in der Regel je nach Familienstatus durch
Zuschläge erhöht (gilt nicht für SSP, SMP und MA). Insgesamt sind die entsprechenden
Pauschalsätze mit gegenwärtig 50 bis 60 Pfund (72 bis 87 Euro) pro Woche (ohne
Zuschläge) relativ gering bemessen.

2.2.1 Sozialrechtliche Regelungen atypischer Beschäftigungsformen

Grundsätzlich ist davon auszugehen, daß im britischen Sozialsystem im Hinblick auf verschiedene Formen der atypischen Beschäftigung Trennlinien wesentlich entlang von drei
Kategorien gezogen werden.

Erstens wird wie oben angeführt, beim Zugang zu den verschiedenen Teilsystemen unter
Umständen zwischen Arbeitnehmer/innen und Selbständigen unterschieden. Zweitens
werden Personen, deren Einkommen eine bestimmte Verdienstgrenze nicht übersteigt,
von der Pflichtversicherung ausgeschlossen. Als dritte Schwelle, mit welchen atypisch
Beschäftigte unter Umständen verstärkt konfrontiert sind, können Auflagen zur nötigen
Dauerhaftigkeit und Angemessenheit der Beiträge gelten.

In diesem Zusammenhang spielte beim gesetzlichen Mutterschaftsgeld bis 1995 neben
der Einkommensgrenze auch die angeführte Arbeitsstundengrenze eine Rolle (vgl. zusammenfassend Bieback 1993, S. 23).

2.2.1.1 Teilzeitbeschäftigung und geringfügige Beschäftigung

Die Teilbereiche des sozialen Sicherungssystems, in welchen das Ausmaß des Verdienstes
beim Zugang zum System keine Rolle spielt, sind jene der Sachleistungen im Fall von
Krankheit sowie von Geldleistungen bei Arbeitsunfällen und Berufskrankheiten, wenn es
sich bei der betroffenen Person um eine/n Arbeitnehmer/in handelt. Beide Leistungen sind
nicht durch das allgemeine Sozialversicherungssystem abgedeckt.

In den meisten anderen Teilbereichen (Krankheit, Arbeitslosigkeit, Invalidität) haben Teilzeitbeschäftigte, welche unter einem bestimmten Einkommensniveau zu liegen kommen
(1998: 64 Pfund pro Woche, ca. 93 Euro; ab 1999 66 Pfund, ca. 96 Euro), keinen Zugang
zum System, was für Arbeitgeber/innen erhebliche Einsparungspotentiale bringt (vgl.
Rubery 1998, S. 141). Ab April 1999 wird der Arbeitgeberanteil zur Sozialversicherung
daneben nur mehr für Einkommen über 83 Pfund pro Woche eingehoben.[21] Dies ist offensichtlich als „Begleitmaßnahme" zum oben angesprochenen Mindestlohn gedacht. Eine
selbständige Erlangung von Versicherungszeiten (Selbstversicherung) ist zugleich nur im
Hinblick auf Leistungen im Fall von Alter und Tod möglich. Wenn bereits der Zugang

zum System verwehrt ist, bleibt im Sicherungsfall nur mehr die Option, bedarfsgeprüfte Leistungen wie den Income Support zu beziehen. Dabei kommt es allerdings zu einer relativ strengen Anrechnung eigener Einkommen bzw. auch der Einkommen von unterhaltspflichtigen Personen. Etwa in der bedarfsgeprüften JSA oder beim Income Support darf der Bezieher selbst höchstens 16 Stunden in der Woche arbeiten, der Partner höchstens 24 Stunden. Zugleich werden Einkommen in der Regel ab einer Grenze von 5 Pfund (7,2 Euro) wöchentlich voll auf IS und JSA angerechnet. In besonderen Situationen (Alleinerzieher/innen etc.) werden Einkünfte „erst" ab 15 Pfund (21,8 Euro) wöchentlich berücksichtigt. Für Paare besteht eine Anrechnungsgrenze von 10 Pfund (14,5 Euro) wöchentlich. Die so einbehaltenen Sozialleistungen sind für den Bezieher zu 50 % endgültig „verloren", 50 % werden dagegen quasi „angespart". Nach 91 Tagen Arbeitslosigkeit können Personen, die neuerlich einer Beschäftigung nachgehen, die dazu führt, daß sie wegen längerer Arbeitsstunden oder höherer Einkommen kein Anrecht mehr auf JSA oder IS haben, die so angesparten 50 % als sogenannten „Back to Work Bonus" erhalten. Die Höhe kann je nach einbehaltenen Sozialleistungen maximal 1.000 Pfund (1.455 Euro) betragen. Es ist in diesem Zusammenhang anzumerken, daß zum Bezug von Arbeitslosengeld oder -hilfe grundsätzlich vorausgesetzt wird, daß die entsprechende Person nach einem Vollzeitarbeitsplatz sucht. Nur in Ausnahmefällen kann eine Leistung bezogen werden, wenn „lediglich" nach einer Teilzeitarbeit gesucht wird und zugleich Pflegeleistungen erbracht werden. Es gibt in diesem Fall keinen Rechtsanspruch auf Arbeitslosengeld oder -hilfe. Eine „wohlwollende Behandlung" des Falles liegt ausschließlich im Ermessen der Arbeitsverwaltungen (vgl. Grimshaw/Rubery 1998, S. 323).

Insgesamt ergibt sich bei Teilzeittätigkeit, auch wenn das untere Lohnlimit zur Sozialversicherung überschritten wird, aufgrund der tendenziell niedrigeren Einkommen die Problematik des Erreichens von jährlichen Versicherungsbeiträgen in einer bestimmten Höhe (etwa bei Arbeitslosigkeit, für die Rentenversicherungen und bei den IB's) (vgl. Ginn/Arber 1998, S. 163). Das bedeutet, daß sich im britischen System der Berechnung von Versicherungswochen Diskontinuität für Teilzeitbeschäftigte wesentlich ungünstiger auswirkt als für Vollzeitbeschäftigte bzw. als für Bezieher mit höheren Einkommen.

Wenn die entsprechenden Grenzen erreicht werden, ergibt sich im Falle des Sicherungsfalles das Problem, daß die entsprechenden meist pauschalierten Leistungen von ihrer Höhe her nicht wirklich als existenzsichernd bezeichnet werden können. Die volle staatliche Grundpension bewegt sich so bei nur 20 % des durchschnittlichen Arbeitereinkommens (vgl. Ginn/Arber 1998, S. 164).

Probleme ergeben sich für Teilzeitbeschäftigte auch bezüglich betrieblicher Pensionssysteme. 1994 waren nur 19 % der Teilzeitarbeitnehmer/innen in einem solchen organisiert. Für Vollzeitarbeitnehmer/innen beträgt der entsprechende Anteil über zwei Drittel (vgl. OPCS 1995). Im öffentlichen Dienst war dies primär dadurch geschuldet, daß Teilzeitarbeitnehmer/innen in solche Systeme häufig nicht aufgenommen werden (vgl. Ginn/Arber 1998, S. 165). Im privaten Bereich betreiben dagegen die Unternehmen, in denen Teilzeitkräfte häufig beschäftigt sind, oft keine betrieblichen Pensionssysteme [22]. Auch ein Opting-Out aus dem SERPS rechnet sich für Teilzeitbeschäftigte wesentlich weniger als für Vollzeitarbeitnehmer/innen. Das hat mit den relativ hohen Mindestverwaltungsgebühren der privaten Pensionskassen zu tun (vgl. Ward 1996, S. 43f). Demgemäß kommt es zu einer Konzentration von Beziehern relativ niedriger Einkommen im SERPS.

2.2.1.2 Befristete Beschäftigung und Leiharbeit

Obige Ausführungen zur Problematik der Kontinuität und Höhe von Sozialversicherungsbeiträgen als Anspruchsvoraussetzung gelten auch für befristet Beschäftigte, und insbesondere dann, wenn sie nur geringe Einkommen beziehen. Das wird vor allem bei einem
Zusammenfallen von Teilzeitarbeit und befristeter Beschäftigung der Fall sein. Umgekehrt ist das britische System für befristet bzw. diskontinuierlich Beschäftigte mit höheren
Einkommen relativ günstig, da sich Beitragsvoraussetzungen in verschiedenen Teilsystemen (Arbeitslosigkeit, Alter, Geldleistungen bei Krankheit (IB), Mutterschaft) an der
Höhe der Beiträge im Rahmen eines gewissen Zeitraumes orientieren, ohne daß dahingehend weitergehende Einschränkungen gegeben sind, wie lange die tatsächliche Beschäftigung gedauert haben muß. Das heißt, daß z. B. ein zur Alterspension anrechenbares Versicherungsjahr eines ist, in dem mindestens für die Summe an Einkommen Beiträge gezahlt
worden sind, die sich aus der Mindestgrenze zur Versicherung mal 52 ergibt. Gegenwärtig
müssen also von einem Arbeitnehmer bzw. einer Arbeitnehmer/in insgesamt ein Einkommen von 66 Pfund mal 52 (=3432 Pfund; 4996 Euro) bezogen und dafür Beiträge bezahlt
oder entsprechende Beiträge (Ersatzzeiten) angerechnet werden, um ein anrechenbares
Jahr zur Pensionsversicherung zu erlangen. Ob diese Beiträge aus einer Beschäftigung
mit 3 Monaten Dauer oder 11 Monaten Dauer stammen, spielt keine Rolle.

Diese Bedingungen gelten auch für Leiharbeiter/innen, denen ein Arbeitnehmer/innensta-
tus zuerkannt wird. Allerdings werden durch Leiharbeitunternehmen bzw. andere private
Vermittlungsbüros kurzfristig vermittelte Arbeitskräfte unter Umständen und zuletzt
immer häufiger als Selbständige deklariert (vgl. Hepple/Fredmann 1992, S. 87f; Schömann et al. 1998, S. 68f). In diesem Fall stellt sich die Situation problematischer dar (vgl.
unten 2.2.1.3).

Eine besondere Sachlage ergab sich bis vor kurzem darüberhinaus für befristet Beschäftigte und Leiharbeitnehmer/innen bezüglich des Anrechts auf Krankengeld. Es wurde
davon ausgegangen, daß sie kein Anrecht auf dieses haben. Seit 1997/98 ist folgende
Änderung eingetreten: befristet Beschäftigte und Leiharbeitnehmer/innen (gilt nicht für
Selbständige!) haben nunmehr Anrecht auf SSP, wenn sie über einen befristeten Arbeitsvertrag mit Dauer von mindestens drei Monaten verfügen. Kommt es zu mehreren kurzfristigen Arbeitsverträgen mit einem Arbeitgeber, dann haben Arbeitnehmer in jenen Fällen Anspruch auf SSP, wenn sie insgesamt schon 13 Wochen beim gleichen Arbeitgeber
beschäftigt waren und die einzelnen Arbeitsverhältnisse nicht durch länger als 8 Wochen
dauernde Pausen unterbrochen wurden.

2.2.1.3 Arbeitnehmerähnliche Scheinselbständigkeit

Für diese Gruppe von Erwerbstätigen kommen die allgemein für Selbständige geltenden
Regelungen zur Anwendung. Es gibt keine spezifisch für arbeitnehmerähnliche Scheinselbständigkeit geschaffene sozialrechtliche Bedingungen.

Im Vergleich zu Arbeitnehmer/innen stehen Selbständigen wesentlich weniger Leistungssysteme offen. Nicht möglich ist der Bezug von JSA ohne Bedürfnisprüfung. Bei Arbeitsunfällen und Berufskrankheiten sind Selbständige nicht gesondert abgesichert. Selbständige haben keinen Zugang zum SERPS. Hinsichtlich Geldleistungen im Krankheitsfall
gibt es keinen besonderen Ersatz für das SSP. Das bedeutet, daß Selbständige, welche bei

kurzfristiger Erwerbsunfähigkeit nur Gelder entsprechend dem IB erhalten können, Versicherungszeiten nachweisen müssen (welche für das SSP i.d.R. nicht nötig sind).

Geldleistungen bei Mutterschaft können Selbständige mit entsprechenden Versicherungszeiten nur in Form der MA und nicht in Form des höheren SMP bekommen. Zugleich wird an sie eine niedrigere MA ausgezahlt, als an Arbeitnehmer/innen.

Auch bei Selbständigen gibt es für alle theoretisch zugänglichen Teilsysteme der Sozialversicherung eine Einkommensgrenze, unter welcher keine Sozialversicherungsbeiträge entrichtet werden müssen. Diese liegt gegenwärtig (1999) bei 3.770 Pfund (5.488 Euro) im Jahr. Bei einem Unterschreiten dieser Grenze können sich Selbständige von der Sozialversicherungspflicht befreien lassen (Opting-Out). Der Sozialversicherungsbeitrag beträgt pauschal 6,55 Pfund (9,5 Euro) pro Woche. Für Einkommen über 7.530 (10.962 Euro) und unter 26.000 Pfund (37.851 Euro) im Jahr sind von Selbständigen zusätzlich zu diesem Pauschalsatz Sozialversicherungsbeiträge in Höhe von 6 % zu leisten, ohne daß damit ein höheres Sicherungsniveau verbunden wäre. Bei einer selbständig erwerbstätigen Person, welche im Jahr beispielsweise 10.000 Pfund Einkommen hat, fallen somit jährlich Sozialversicherungsausgaben in Höhe von insgesamt 930,2 Pfund oder 9,3 % an.

Insgesamt ergibt sich für Selbständige eine im internationalen Vergleich nur sehr lückenhafte staatliche soziale Sicherung.

3. Zusammenfassung und Ausblick

Wie gezeigt wurde, kann davon ausgegangen werden, daß Teilzeitarbeit und Scheinselbständigkeit, flexible Zeitarrangements und auch befristete Beschäftigung bei einer im internationalen Vergleich relativ weiten Verbreitung atypischer Beschäftigungsformen (gilt nicht für befristete Beschäftigung) in den letzten Jahren zum Teil massiv an Bedeutung gewonnen haben. Die Beschäftigungszuwächse seit 1993 gehen weitgehend auf das Anwachsen solcher Beschäftigungsformen zurück. Bei Männern nehmen solche Beschäftigungsformen zu, während abhängige Vollzeitarbeit im Sinken begriffen ist. Bei Frauen machen atypische Beschäftigungsverhältnisse mehr als die Hälfte des seit 1993 gegebenen Beschäftigungswachstums aus. Das heißt, daß zwar mittelfristig weiterhin der überwiegende Teil der Arbeitsplätze den Normalarbeitnehmern zuzurechnen sein wird, daß aber zugleich bei einem heute im internationalen Vergleich schon relativ hohen Niveau der Verbreitung atypischer Beschäftigungsformen durchaus mit einem weiteren Wachstum zu rechnen ist.

Diese Situation ist vor dem Hintergrund einer auch für Normalarbeitnehmer/innen sehr „zurückhaltenden" arbeitsrechtlichen Regulierung zu verstehen. Einerseits weisen nämlich die durch staatliches Recht gesetzten arbeitsrechtlichen Rahmenbedingungen eine sehr geringe Regelungsdichte und -tiefe auf. Auf der anderen Seite ging in den letzten Jahren laufend auch der Deckungsgrad tarifvertraglicher Vereinbarungen zurück. Zu der sich zeigenden Situation verminderter Reichweite allgemein gültiger Mindestbestimmungen hat daneben auch die Auflösung der Wages Councils beigetragen. Arbeitsbedingungen werden bei traditionellen Arbeitnehmern *und* atypisch Beschäftigten vermehrt nur mehr in Einzelarbeitsverträgen geregelt.

Noch weiter aufgefächert wird die Ausgestaltung der Arbeitsbedingungen in Großbritannien durch die Existenz bzw. sehr zurückhaltende Regulierung atypischer Beschäftigungsformen.

So bestanden bis 1995 den Kündigungsschutz und den Mutterschaftsurlaub betreffende Geringfügigkeitsgrenzen. Diese Problematik wurde 1995 entschärft, die Stundengrenze abgeschafft.

Weiterhin von zentraler Bedeutung ist in diesem Zusammenhang, ob überhaupt ein Arbeitnehmer/innenstatus zuerkannt wird und andererseits der Sachverhalt der genügenden Kontinuität der Beschäftigung. Von ersterer Problematik sind bisher insbesondere Männer, in wachsendem Ausmaß aber auch Frauen, betroffen. Auf Basis der gegebenen Unterscheidungskriterien können diskontinuierlich Beschäftigte relativ problemlos auf einen Selbständigenstatus verwiesen werden und gehen damit aller bestehenden arbeitsrechtlichen Schutzvorschriften verlustig. Auch befristete Beschäftigung ist in Großbritannien relativ massiv im Wachsen begriffen. Auf Basis der diesbezüglichen extrem liberalen Bestimmungen und der angespannten Arbeitsmarktsituation werden bei Männern Normalarbeitsplätze durch befristete Jobs substituiert. Bei Frauen machten befristete Jobs in den letzten 5 Jahren zwei Drittel des insgesamt gegebenen Beschäftigungszuwachses aus, obwohl das Kündigungsrecht, wie beschrieben, ohnehin sehr liberal ausgestaltet ist. Es zeigen sich bisher keine Ansätze, in diesem Bereich gegenzusteuern und etwa die Risiken diskontinuierlicher Beschäftigung durch Prekaritätsprämien etc. ansatzweise auszugleichen. Gleichzeitig ist davon auszugehen, daß die angestrebte Verkürzung der Wartezeit zum Kündigungsschutz auf ein Jahr, wenn sie ohne flankierende Maßnahmen für befristete Beschäftigung vollzogen wird, das Wachstum befristeter Beschäftigung weiter beschleunigen wird.

Für Teilzeitarbeit kann gelten, daß sich Hinweise darauf finden lassen, daß die entsprechend beschäftigten Personen bei einer inzwischen weitgehenden gesetzlichen Gleichstellung faktisch in mehrerer Hinsicht zu ungünstigeren Konditionen beschäftigt werden, als ihre vollzeitbeschäftigten Kollegen und Kolleginnen. Das gilt für Einkommen im allgemeinen, im Hinblick auf Überstundenzuschläge wie auch bezüglich der höheren Abgeltung unüblicher Arbeitsstunden (etwa bei Schicht-, Abend-, Nacht- oder Wochenendarbeit).

Die sich am Arbeitsmarkt vollziehende Aufspaltung in Normalarbeitnehmer/innen mit sich ebenfalls verstärkt unterscheidenden Arbeitsbedingungen einerseits und atypisch Beschäftigte andererseits, setzt sich in Großbritannien in verschiedenen Teilbereichen des Sozialrechts fort. Dies hat seine Ursache darin, daß ein Gutteil der zu Verfügung stehenden Sozialleistungen am Status der vorherigen Erwerbstätigkeit, dem daraus lukrierten Einkommen und/oder der Kontinuität der Erwerbstätigkeit orientiert ist (vgl. allgemein zum Problem der Erwerbszentriertheit von Sozialsystemen z.B. Reissert 1998; Grimshaw/Rubery 1998; Ginn/Arber 1998; Klammer 1998).

Zwar sind Sachleistungen bei Krankheit allgemein zugänglich und viele Geldleistungen (bei zugleich sehr niedrigem Niveau; vgl. Kohl 1993) pauschaliert. Zugleich sind aber Selbständigen und geringfügig Beschäftigten verschiedene Zweige der sozialen Sicherung nicht zugänglich und der Leistungsanspruch fußt bei grundsätzlicher Zugänglichkeit meistens auf einer gewissen Kontinuität der Beitragsleistungen.

Es ist ein Spezifikum des britischen Sozialsystems, daß Bezieher/innen höherer Einkom-men der Barriere der Wartezeit (bzw. richtiger der Mindestsozialversicherungsbeiträge in einem gewissen Zeitraum) leichter gerecht werden als Personen mit geringen Erwerbsen-kommen. Als „Beitragswoche" wird nämlich nicht nur eine Woche gerechnet, in der tatsächlich einer versicherungspflichtigen Tätigkeit nachgegangen wird. Vielmehr werden als „Beitragswoche" Versicherungsbeiträge für ein Einkommen der Mindestverdienst-grenze zur Sozialversicherung (1999: 66 Pfund) angerechnet. Bezieht also eine Person ein Einkommen in der Höhe von 128 Pfund und entrichtet sie dafür Beiträge, so werden zwei Versicherungswochen gutgeschrieben. Diese Regelungen „benachteiligen die unregel-mäßige, schlechtbezahlte Teilzeitarbeit" (Bieback 1993, S. 31). Obwohl die meisten Ver-sicherungsleistungen pauschaliert sind, und so zu einem gewissen Grad eine Umvertei-lung der Mittel an die atypische und hauptsächlich von Frauen ausgeübte Niedriglohnar-beit stattfindet, ist in das britische System der Sozialversicherung, sozusagen auf Umwe-gen, ein insbesondere für Niedriglohnempfänger ungünstig wirkender Einkommenseffekt eingebaut.

Da das grundsätzlich niedrige Leistungsniveau bei Arbeitslosigkeit, Alter oder Erwerbs-unfähigkeit daneben ein Auskommen oberhalb der Armutsgrenze kaum zuläßt, kommt privater Vorsorge ein zentraler Stellenwert bei (vgl. z. B. Schulte 1997, S. 31). Die Wahr-nehmbarkeit dieser Option hängt aber wiederum von Erwerbseinkommen ab, wobei ins-besondere Frauen auf Basis relativ weit verbreiteter Teilzeitarbeit, diskontinuierlicher Erwerbsbiographien und verhältnismäßig geringerer Löhne tendenziell wiederum ver-stärkt Problemen ausgesetzt sind, Erwerbseinkommen zu lukrieren, die eine solche Strate-gie zulassen.

Anmerkungen

1 Definiert als Anteil aller Erwerbspersonen an der 15 bis 64jährigen Wohnbevölkerung.
2 Vgl. dazu weiterführend z. B. Huckemann/Suntum 1994, S. 137–142; Schmucker 1997; Bar-row/Newell 1992, S. 118–121.
3 Die folgenden Zahlen zur Beschäftigung nach Wirtschaftssektoren stammen aus der OECD Labour Force Survey Datenbank; bezogen über die WIFO Datenbank.
4 Definiert als Anteil aller Arbeitslosen an allen Erwerbspersonen (inkl. Selbständige und Arbeits-lose).
5 Vgl. Employment Gazette 1994, Vol. 102, Nr. 3, S. 75.
6 Vermittlung auf zeitlich begrenzte Dauer durch ein Zeitarbeitsbüro.
7 Etwa 40 % geförderter neuer Unternehmen schließen vor dem Ablauf von zwei Jahren. Die ent-sprechenden Werte betragen z. B. in Frankreich und Dänemark etwa 25 % (vgl. Meager 1996, S. 508).
8 Dieses Zitat stellt die Meinung des Gewerkschaftsdachverbandes TUC dar.
9 Vgl. dazu Bielstein/Kaiser 1990, S. 106–114; Sisson 1995, S. 37–38; Edwards et al. 1992, S. 13–15; Kaiser 1995; Wendt 1990; informMISEP 23/1988, S. 19–20; informMISEP 29/1989, S. 4; informMISEP 33/1991, S. 6–7; informMISEP 41/1993, S. 23; Edwards et al. 1998. Das jüngst publizierte „Fairness at Work" White Paper der britischen Regierung stellt jedoch wiederum eine Ausweitung gewerkschaftlicher Rechte in Aussicht (vgl. EIRR June 1998. S. 13).
10 Großbritannien wurde dabei eine Ausnahme im Hinblick auf die Implementierungsart zuer-kannt. „Freiwillige" Arbeit von über 48 Stunden in der Woche bleibt in Großbritannien erlaubt.
11 Vgl. in international vergleichender Perspektive z. B.: Walwei 1995, S. 186–188; 193–195.

12 Keine Mehrzahlungen wegen unüblicher Arbeitszeit gibt es daneben bei einer Arbeitszeit zwischen 17.00 und 22.00 Uhr (vgl. ILO 1995, S. 259). Etwa zwei Drittel solcher Arbeit wird von Frauen verrichtet.

13 Vgl. http://www.eiro.eurofound.ie/servlet/ptconvert?UK9812167N; 1.3.1999.

14 Diese soll entsprechend dem „Fairness at Work" White Paper der britischen Regierung auf ein Jahr verkürzt werden (vgl. EIRR June 1998/293, S. 13)

15 Vgl. zu Veränderungen insbesondere im Bereich der aktiven Arbeitsmarktpolitik im Rahmen des „New Deal" Programmes z. B. OECD 1998a.

16 Der Begriff „Mindestbeitrag" meint Sozialversicherungsbeiträge in jener Höhe, wie sie für das untere wöchentliche Einkommenslimit (Geringfügigkeitsgrenze) abzuführen sind. Dieses Limit betrug ab April 1999 66 Pfund (96 Euro) wöchentlich.

17 Vgl. zum System der Alterssicherung allgemein vgl. z. B. Schmid 1996, S. 97f; Dürkop 1993, S. 43–48; Rechmann, 1995; Budd/Campbell 1996.

18 Bis zum Jahr 2020 soll das Pensionsalter für Frauen auf 65 Jahre angehoben werden (vgl. Ginn/Arber 1998, S. 163).

19 z. B. bei 31 bis 40 Jahren der Erwerbstätigkeit vier sonstige Jahre; bei 21 bis 30 Jahren der Erwerbstätigkeit drei sonstige Jahre etc.

20 Gegenwärtig Einkommen über 66 Pfund (96 Euro) wöchentlich bzw. 3.432 Pfund (4.996 Euro) jährlich., bis zur Höchstbemessungsgrundlage von 500 Pfund (728 Euro) wöchentlich bzw. 26.000 Pfund (37.851 Euro) jährlich.

21 Zugleich wurde sowohl ein einheitlicher Arbeitgeber- (12,2 %) wie auch ein einheitlicher Arbeitnehmersozialversicherungsbeitrag (10 %) eingeführt. Damit erhöhen sich der Tendenz nach die Lohnnebenkosten für alle Arbeitnehmer/innen – insbesondere aber für solche mit geringen Einkommen, da früher abgestufte Sätze zur Anwendung kamen.

22 Im privaten Bereich finden sich betriebliche Pensionssysteme primär in Großunternehmen.

Literatur

Atkinson, A. B. (1995): Incomes and the Welfare State. Essays on Britain and Europe, Cambridge.

Barrow, M./A. Newell (1992): United Kingdom, in: D. A. Dyker (Ed.), The national Economies of Europe, London, New York, S. 97–125.

Bastian, J. (1994): A Matter of Time. From work sharing to temporal Flexibility in Belgium, France and Britain, Aldershot et al..

Beharell, A. (1992): Unemployment and Job Creation, London.

Bieback, K.-J. (1993): Der Schutz der atypischen Arbeit in den australischen, britischen und deutschen Systemen der sozialen Sicherheit, in: Internationale Revue für soziale Sicherheit 2/93, S. 25–49.

Bielstein, K./A. Kaiser (1990): Zwischen Katalysmus und Kalkül. Arbeitsbeziehungen und Gewerkschaften in der Ära Thatcher, in: R. Sturm (Hg.), Thatcherismus – eine Bilanz nach zehn Jahren. Veröffentlichung 15 des Arbeitskreises Deutsche England-Forschung, Bochum, S. 97–128.

Blanpain, R. (1992): Teil II. Beendigung des Arbeitsvertrages, in: Amt für amtliche Veröffentlichungen der Europäischen Gemeinschaften (Hg.), Die Regelung der Arbeitsbedingungen in den Mitgliedstaaten der Europäischen Gemeinschaft. Band 1. Vergleichendes Arbeitsrecht der Mitgliedstaaten, in: Soziales Europa, Beiheft 4/92, S. 75–96.

Blyton, P. (1995): United Kingdom: The Case of the Metal Manufacturing Industry, in: OECD (Ed.), Flexible Working Time. Collective Bargaining and Governement Intervention, Paris, S. 83–101.

Bronstein, A. S. (1991): Temporary Work in Western Europe. Threat or complement to permanent employment?, in: International Labour Review, 3/1991, S. 291–310.

Budd, A./N. Campbell (1996): The role of the public and private sectors in the UK pension system, Ms., o. O..

Burchell, B. J./A. Dale/H. Joshi (1997): Part-Time Work among British Women, in: H. P. Blossfeld/C. Hakim (Eds.), Between Equalization and marginalization. Women Working Part-Time in Europe an the United States of America, New York et al., S. 210–246.

Burgess, P. (1993): Großbritannien, in: R. Bispinck/W. Lecher (Hg.), Tarifpolitik und Tarifsystem in Europa: ein Handbuch über 14 europäische Länder, Köln, S. 153–180.

Burnett, J. (1994): Idle Hands: The Experience of Unemployment, 1790–1990, London, New York.

Büchtemann, C. F./U. Walwei (1996): Employment Security and Dismissal Protection, in: G. Schmid/J. O'Reilly/K. Schömann (Eds.): International Handbook of Labour Market Policy and Evaluation, Celtenham, Brookfield, S. 652–693.

Carley, M./O. Suri (1993): Atypische Beschäftigung in Großbritannien, in: WSI Mitteilungen, 9/1993, S. 600–609.

Clarke, J./M. Langan (1993); Restructuring Welfare: The britisch welfare regime in the 1980s, in: A. Cochrane/J. Clarke (Eds.), Comparing Welfare States: Britain in international context, London, S. 49–76.

Coats, D. (1995): Vereinigtes Königreich, in: Europäisches Gewerkschaftsinstitut (EGI) (Hg.), Tarifverhandlungen in Westeuropa 1994–1995, Brüssel.

Delsen, L. (1995): Atypical Employment: an International Perspective. Causes, Consequences and Policy, Groningen.

Döse, A. (1994): Selbständigkeit im Schnittpunkt neuer Bedingungen der Erwerbsarbeit, in: A. Döse/A. Höland/P. Gallhöfer/T. Roethe.(Hg.), Neue Formen der Erwerbsarbeit in Europa: Eine rechtssoziologische Untersuchung, Baden-Baden, S. 47–182.

Dürkop, H. (1993): Alterssicherung in der EG. Eine kritische Bestandsaufnahme der Alterssicherungssysteme für Arbeitnehmer in der Europäischen Gemeinschaft, Frankfurt/Main, Berlin et al..

Edwards, M. (1994): Employment Rights of part-time Workers, in: European Business Law Review, 8–9/1996, S. 204–206.

Edwards, P./M. Hall/R. Hyman/P. Marginson/K. Sisson/J. Wadington/D. Winchester (1992): Great Britain: Still Muddling Through, in: A. Ferner/R. Hyman (Eds.) (1992), Industrial Relations in the New Europe, Oxford/Cambridge (Mas.), S. 1–68.

Edwards, P. et al. (1998): Great Britain: From Partial Collectivism to Neo-Liberalism to Where?, in: A. Ferner/R. Hyman (Eds.): Changing Industrial Relations in Europe, Second Edition, Oxford et al., S. 1–54.

EFILWC European Foundation for the Improvement of Living and Working Conditions (1988): New Forms of Work. Labour Law and Social Security Aspects in the European Community, Dublin, Luxemburg.

Europäische Kommission (1996): Tableau de Bord 1995. Follow-up der Empfehlungen des Europäischen Rates von Essen zur Beschäftigungspolitik, Luxemburg.

Europäische Kommission (1997): Panorama der EU-Industrie, 2 Bände, Luxemburg.

Eurostat (1993): Erhebung über Arbeitskräfte 1983–1991, Luxemburg.

Eurostat (1996): Erhebung über Arbeitskräfte. Ergebnisse 1995, Luxemburg.

Eurostat (1998): Erhebung über Arbeitskräfte. Ergebnisse 1997, Luxemburg.

Fagan, C./J. Plantenga/J. Rubery (1995): Does Part-Time Work Promote Sex Equality? A Comparative Analysis of the Netherlands and the UK, WZB discussion paper, FS I 95–203.

Freedland, M. R. (1991): Der Kündigungsschutz im Vereinigten Königreich, in: Zeitschrift für ausländisches und internationales Arbeits- und Sozialrecht, Oktober – Dezember 1991, S. 440–457.

Ginn, J,/S. Arber: Part-Time Work and Pension Income, in: J. O'Reilly/C. Fagan (Eds.): Part-Time Prospects. An international comparison of part-time work in Europe, North America and the Pacific Rim, London, New York, S. 156–173.

Glennerster, H. (1995): British Social Policy since 1945, Oxford, Cambridge (Mas.).

Gregory, A./J. O'Reilly (1996): Checking out and cashing up. The prospects and paradoxes of regulating part-time work in Europe, in: R. Crompton/D. Gallie/K. Purcell (Eds.): Changing forms of employment. Organisations, skills and gender, London, New York, S. 207–234.

Hepple, B./S. Fredman (1992): Great Britain. ELL Suppl. 134 (1992), Deventer, Boston.

Huckemann, S./U. v. Suntum (1994): Beschäftigungspolitik im internationalen Vergleich: Länder ranking 1980–1993, Gütersloh.

ILO (International Labour Office) (1995): Working Time, Employment and Protection; Conditions of Work Digest, Vol 14, Genf.

Jones, K. (1991): The Making of Social Policy in Britain 1830–1990, London.

Kaiser, A. (1995): Staatshandeln ohne Staatsverständnis. Die Entwicklung des Politikfeldes Arbeitsbeziehungen in Großbritannien 1965–1990, Bochum.

Klammer, U. (1998): Reformbedarf und Reformoptionen der sozialen Sicherung vor dem Hintergrund der „Erosion des Normalarbeitsverhältnisses", in: K. Eicker-Wolf et al. (Hg.), Die arbeitslose Gesellschaft und ihr Wohlfahrtsstaat., Marburg, S. 249-288.

Kohl, J. (1993): Minimum Standards in Old Age Security and the Problem of Poverty in Old Age, in: A. B. Atkinson/M. Rein (Eds.), Age, Work and Social Security, Hampshire, London, New York, S. 224–254.

Küchle, H. (1990): Kündigungsschutzvorschriften im europäischen Vergleich, in: WSI Mitteilungen 6/1990. S. 407–414.

Mayer, K./P. Mozet (1996): Der Kündigungsschutz in den Mitgliedstaaten der Europäischen Union. WISO Sonderband Nr. 9, November 1996, Linz.

Meager, N. (1994): Self-Employment Schemes for the Unemployed in the European Community: The Emergence of a new Institution and Its Evaluation, in: G. Schmid (Ed.), Labor Market Institutions in Europe. A Socioeconomic Evaluation of Performance, New York, S. 183–242.

Meager, N. (1996): From Unemployment to Self-Employment: Labour Market Policies and Business Start-up, in: G. Schmid/J. O'Reilly/K. Schömann (Eds.): International Handbook of Labour Market Policy and Evaluation, Celtenham, Brookfield, S 489–519.

Meager, N. (1998): Vereinigtes Königreich, in: Sysdem Trends Nr. 31/Winter 1998, S. 77–83.

Mesch, M. (1995): Tendenz der Angleichung? Wichtige Veränderungen in den nationalen Arbeitsbeziehungen in Westeuropa seit 1980, in: Zeitschrift für Gemeinwirtschaft 1–2/1995, S. 37–48.

Meulders, D./O. Plasman/R. Plasman (1994): Atypical Employment in the EC, Aldershot et al.

Mills, S (1996): The EC Legal Base Debate: Working Time and Worker Protections – A Matter of Health and Safety or the Rights of Employed Persons?, in: European Business Law Review Juni 1996, S. 137–140.

MISEP (1996): Basisinformationsbericht. Großbritannien. Institutionen, Verfahren und Maßnahmen, Berlin.

MISSOC (1996): Soziale Sicherheit in den Mitgliedstaaten der Europäischen Gemeinschaft. Stand am 1. Juli 1995 und Entwicklung, Brüssel, Luxemburg.

MISSOC (1997): Soziale Sicherheit in den Mitgliedstaaten der Europäischen Gemeinschaft. Stand am 1. Juli 1996 und Entwicklung, Brüssel, Luxemburg.

Mosley, H. (1994): Employment Protection and Labor Force Adjustment in EC Countries, in: G. Schmid (Ed.), Labor Market Institutions in Europe. A Socioeconomic Evaluation of Performance, New York, S. 59–82.

Neubauer, E. (1993): Vereinigtes Königreich, in: E. Neubauer/C. Dienel/M. Lohkamp-Himmighofen (Hg.), Zwölf Wege der Familienpolitik in der Europäischen Gemeinschaft. Eigenständige Systeme und vergleichbare Qualitäten? Länderberichte. Studie im Auftrag des Bundesministeriums für Familie und Senioren, Stuttgart, Berlin, Köln, S. 399–435.

OECD (1983): Employment Outlook 1983, Paris.

OECD (1984): Employment Outlook 1984, Paris.

OECD (1993): Employment Outlook 1993, Paris.

OECD 1995: Labour Force Statistics. 1973–1993, Paris.

OECD (1996): Economic Surveys. United Kingdom 1996, Paris

OECD (1996a): Employment Outlook 1996, Paris.

OECD (1996b): Historical Statistics 1960–1994, Paris.

OECD (1998): Employment Outlook 1998, Paris.

OECD (1998a): Economic Surveys. United Kingdom 1998, Paris

OPCS (1995): General Household Survey 1995. London.

Peter, W. (1998): Sozialhilfe und Arbeitsanreize im deutsch-britisch-amerikanischen Vergleich, n: wi-trends 3/98, S. 37–51.

Pichot, E. (1995): Arbeitnehmervertreter und ihre Befugnisse in Unternehmen. Studie im Auftrag der Europäischen Kommission, o. O.

Pieters, D. (1990): Introduction into the Social Security Law of the Member States of the European Community, Brüssel, Antwerpen, Appeldoorn.

Purcell, J. (1991): The rediscovery of the management prerogative: The management of labour relations in the 1980s, in: Oxford Review of Economic Policy Vol. 7, 1/1991, S. 33–43.

Rechmann, S. (1995): Das Beitrags-Leistungsverhältnis in ausgewählten Alterssicherungssystemen der Europäischen Union, in: Sozialer Fortschritt 11/95, S. 266–274.

Reissert, B. (1998): Wie bewältigen Arbeitslosenunterstützungssysteme den Wandel auf den Arbeitsmärkten?, in: A. Bosco/M. Hutsebaut (Hg.), Sozialer Schutz in Europa: Veränderungen und Herausforderungen, Maarburg.

Rogowsky, R./K. Schömann (1996): Legal Regulation and Flexibility of Employment Contracts, in: G. Schmid/J. O'Reilly/K. Schömann (Eds.): International Handbook of Labour Market Policy and Evaluation, Celtenham, Brookfield, S. 623–651.

Rubery, J. (1989): Precarious forms of work in the United Kingdom, in: G. Rodgers/J. Rodgers (Eds.), Precarious Jobs in Labour Market Regulation: The Growth of Atypical Employment in Western Europe, Genf, S. 49–74.

Rubery, J. (1994): Changing patterns of work and working time: towards the Integration or the Segmentation of the Labour market. Working paper for the Commission of the European Union. Available from the Network of Experts on the Situation of Women in the labour market: Manchester School of Management, UMIST, UK.

Rubery, J. (1998): Part-time work: a threat to labour standards?, in: J. O'Reilly/C. Fagan (Eds.), Part-Time Prospects. An international comparison of part-time work in Europe, North America and the Pacific Rim, London, New York, S. 137–155.

Rubery, J./M. Smith/C. Fagan (1995): Changing patterns of work and working-time in the European Union and the impact on gender divisions. Network of experts on the situation of women in the labour market. Report for the Equal Opportunities Unit, DG V, Commission of the European Communities, Brüssel.

Salowsky, H. (1992): Sozialraum Europa, in: Personal 10/92, S. 466–471.

Scheuer, S. (1997): Collective Bargaining Coverage and the Status Divide: Denmark, Norway and the United Kingdom Compared, in: European Journal of industrial Relations, Volume 3, Number 1, S. 39–57.

Schmid, G./B. Reissert (1996): Unemployment Compensation and Labour Market Transitions, in: G. Schmid/J. O'Reilly/K. Schömann (Eds.), International Handbook of Labour Market Policy and Evaluation, Celtenham, Brookfield,.S. 235–276.

Schmid, J. (1996): Wohlfahrts-Staaten im Vergleich. Soziale Sicherungssysteme in Europa: Organisation, Finanzierung, Leistungen und Probleme, Opladen.

Schmucker, R. (1997): Großbritannien: Das Ende der „konservativen Revolution"?, in: H.-J. Bieling/F. Deppe (Hg.) (1997), Arbeitslosigkeit und Wohlfahrtsstaat in Westeuropa. Neun Länder im Vergleich, Opladen, S. 55–88.

Schömann, K./R. Rogowsky/T. Kruppe (1994): Befristete Beschäftigung in der Europäischen Union, in: inforMISEP: Maßnahmen, Herbst 1994, S. 33–43.

Schömann, K./T. Kruppe (1996): Die Beschäftigungsdynamik in der Europäischen Union, in: inforMISEP: Maßnahmen, Herbst 1996, S. 37–47.

Schömann, K./R. Rogowsky/T. Kruppe (1998): Labour Market Efficiency in the European Union. Employment Protection and Fixed-Term Contracts, London, New York.

Schömann, K./R. Rogowsky/T. Kruppe (1994): Befristete Beschäftigung in der Europäischen Union, in: inforMISEP: Maßnahmen, Herbst 1994, S. 33–43.

Schulte, B. (1991): Vereinigtes Königreich, in: F. Zacher (Hg.), Alterssicherung im Rechtvergleich. Baden-Baden.

Schulte, B. (1997): Großbritannien – das Ende des Wohlfahrtsstaats?, in: Sozialer Fortschritt 1–2/1997. S. 30–33.

Sisson, K. (1995): Change and Continuity in British Industrial Relations: „Strategic Choice" or „Muddling Trough"?, in: Locke, R./T. Kochen/M. Piore (Eds), Employment Relations in a Changing World Economy, Cambridge/Mass., London, S. 33–58.

Tálos, E./G. Falkner (1994): Sozialpolitik auf dem Rückzug? Tendenzen in westeuropäischen Sozialstaaten, in: Wirtschaft und Gesellschaft, 2/1994, S. 247–280.

Tonge, J. (1997): Britain, in: H. Compston (Ed.), The New Politics of Unemployment. Radical policy initiatives in Western Europe, London, New York, S. 87–102.

Walwei, U. (1995): Wachstum atypischer Beschäftigungsformen in EU-Ländern: Bestimmungsfaktoren und Effekte, in: B. Keller/H. Seifert (Hg.), Atypische Beschäftigung. Verbieten oder gestalten?, Köln, S. 182–201.

Ward, P. (1996): The Great British Pensions Robbery, Preston.

Wendt, B. J. (1990): Die britischen Gewerkschaften heute: Strukturen und Strategien, Rheinfelden, Berlin.

Zeijen, H. (1992): Teil I. Regelung der Einzelvertragsbeziehungen, in: Amt für amtliche Veröffentlichungen der Europäischen Gemeinschaften (Hg.), Die Regelung der Arbeitsbedingungen in den Mitgliedstaaten der Europäischen Gemeinschaft. Band 1. Vergleichendes Arbeitsrecht der Mitgliedstaaten, in: Soziales Europa, Beiheft 4/92, S. 1–74.

Atypische Beschäftigung in Italien

Ingrid Mairhuber

1. Arbeitsmarktentwicklung

1.1 Allgemeine Arbeitsmarktentwicklung

Italien weist im internationalen Vergleich seit jeher unterdurchschnittliche Erwerbs- und Beschäftigungsquoten auf. Hingegen sind die Erwerbslosenquoten höher, und auch die Langzeiterwerbslosigkeit liegt über dem europäischen Durchschnitt.

1.1.1 Erwerbstätigkeit

Laut OECD-Statistik (1996a, 1998) stieg die Erwerbsquote zwischen 1995 und 1997 insgesamt kaum merklich von 57,3 % auf 57,7 % an. Die Beschäftigungsquote betrug sowohl 1995 als auch 1997 50,5 %. Die Beschäftigungsquote der Frauen nahm zwischen 1974 und 1992 kontinuierlich von 29,7 % auf 37,2 % zu. Zwischen 1993 und 1995 sank sie aber von 37 % auf 35,6 % ab, um bis 1997 wieder auf 36,2 % anzusteigen. Die Beschäftigungsquote der Männer sank im Vergleichszeitraum zunächst von 71,6 % (1974) auf 64,1 % (1991), stieg bis 1995 wieder auf 65,7% an und ging bis 1997 auf 65 % zurück.

1.1.2 Erwerbslosigkeit

Trotz eines beträchtlichen Wirtschaftswachstums in der zweiten Hälfte der 80er Jahre veränderte sich die negative Tendenz am italienischen Erwerbsarbeitsmarkt nicht. Zwischen 1980 und 1989 betrug, laut OECD (1996a, 1998), die durchschnittliche Erwerbslosenquote 9,9 %, im Zeitraum 1990 bis 1994 11,1 %, und zwischen 1995 und 1997 ist sie von 11,9 % auf 12,1% angestiegen.[1] Das Problem der anhaltend hohen Erwerbslosigkeit trotz Wirtschaftswachstum läßt sich unter anderem auf die verstärkten Umstrukturierungsprozesse in der Industrie zurückführen, denn „infolge der Modernisierungs- und Rationalisierungsmaßnahmen produzierten die Unternehmer immer kapitalintensiver, griffen nicht auf entlassenes Personal zurück und beschäftigten kaum neues" (Huckemann/van Suntum 1994, S. 156). Verstärkt wurde dieser Druck auf den Arbeitsmarkt noch durch die im Zuge der Haushaltskonsolidierung entlassenen Arbeitskräfte aus den privatisierten Staatsbetrieben (vgl. a.a.O., S. 160).

Frauen sind trotz der Zunahme der Erwerbs- und Beschäftigungsquoten und der steigenden Tendenz zur „Hausfrauisierung"[2] ganz besonders stark von Erwerbslosigkeit betroffen, denn parallel zum Anstieg der Beschäftigung wuchs auch die Frauenerwerbslosigkeit (vgl. Bettio 1991, S. 96). Die weibliche Erwerbslosenquote ist, laut OECD-Statistiken (1996a, 1998), zwischen 1974 und 1994 von 9,4 % auf 15,9 % angestiegen. Die männliche Erwerbslosigkeit hat sich im Vergleichszeitraum zwar verdreifacht, lag aber 1994 noch immer unter dem Wert der Frauen von 1974, nämlich bei 9 %. 1995 betrug die Frauenerwerbslosigkeit 16,4 % und 1997 16,6 %. Die Männererwerbslosigkeit lag in diesen beiden Jahren bei 9,2 % bzw. bei 9,3 %.

Die hohen Erwerbslosenquoten – ausgenommen im Süden *(mezzogiorno)* – wurden in Italien lange Zeit nicht wirklich als soziales Problem erachtet, weil in erster Linie Jugendliche[3] und Frauen davon betroffen waren. Die vergebliche Erwerbsarbeitssuche von „Söhnen/Töchtern und Müttern" wurde und wird noch immer nicht als Erwerbslosigkeit wahrgenommen. Die ökonomischen und psychologischen Kosten ihrer Erwerbslosigkeit gehen zu Lasten der Familie. Laut Chiara Saraceno (1991, S. 112f.) liegt eine ähnliche Strategie vielen Arbeitsmarktprogrammen zugrunde: befristete Beschäftigungen bzw. Ausbildungsbeschäftigungsverhältnisse sowie Teilzeitarbeit basieren implizit auf der Annahme der Familienzugehörigkeit der betroffenen Personen, da das erzielbare Einkommen keinesfalls existenzsichernd ist.

1.1.3 Geschlechtsspezifische Lohnschere

Die geschlechtsspezifischen Lohnunterschiede waren in Italien im internationalen Vergleich immer relativ gering. Das durchschnittliche unselbständige Erwerbseinkommen der Frauen betrug 1981 79,4 %, 1986 76,8 % und 1992 72,1 % der Männer (vgl. Bergamaschi 1996, S. 13f.). In der Industrie lag 1984 die Differenz zwischen Frauen- und Männerlöhnen „nur" bei 12,7 % (vgl. Bettio 1991, S. 94f.). Die automatische Lohngleitskala *(scala mobile)* zog bis zu ihrer Reform Mitte der 80er Jahre sozusagen als „Nebenprodukt" der generellen Tendenz der Angleichung der Löhne auch die Lohnangleichung zwischen Frauen und Männer nach sich (vgl. a.a.O., S. 104). In einem Abkommen zwischen den Gewerkschaften und der Regierung Amato im Juli 1992 wurde dann der endgültige und vollständige Verzicht auf die automatische Indexbindung vereinbart (vgl. Rieser 1995, S. 105). Lohnerhöhungen sind den kollektivvertraglichen Verhandlungen seither überantwortet. Dies wird längerfristig ein Auseinanderdriften der Löhne entlang der Segmentierungslinien des Arbeitsmarktes mit sich bringen. Somit wird sich die Lohnschere zwischen Frauen und Männer weiter öffnen (vgl. Mingione 1996, S. 68).

Laut Bergamaschi (1996, S. 13) wird eine differenzierte Analyse der italienischen Situation grundsätzlich durch den Mangel an geschlechtsspezifischen Untersuchungen zur Einkommenssituation erschwert bzw. durch die weite Verbreitung informeller Erwerbsarbeit verzerrt.

1.2 Entwicklung atypischer Beschäftigungsverhältnisse

1.2.1 Formen atypischer Beschäftigung

Der Begriff der „atypischen Beschäftigung" war bis vor wenigen Jahren weder in der italienischen sozialwissenschaftlichen Literatur noch im Bereich der politischen Diskussion gebräuchlich. Für „Sonderformen" bzw. Abweichungen vom „Normalarbeitsverhältnis" (unbefristetes Vollzeitarbeitsverhältnis) wurde eine Vielzahl von Begriffen verwendet. Sie reichten von Teilzeitarbeit bis zu „Halb-Selbständigkeit" *(semi-autonomo)* und waren unter dem Oberbegriff „Flexibilisierung" thematisiert worden.

Einschlägige sozialwissenschaftliche Untersuchungen beschränken sich – nach wie vor – auf einige Formen der „atypischen Beschäftigung": horizontale, vertikale, zyklische und periodische Teilzeitarbeit, „Kurzarbeit", befristete Arbeitsverhältnisse, „kombinierte Ausbildungs- und Arbeitsverträge" *(contratti di formazione lavoro)*, Leiharbeit und die „gemeinnützigen Tätigkeiten" ohne Dienstverhältnis *(lavori socialmente utili)*.

1.2.2 Verbreitung atypischer Beschäftigungsformen

Die Starrheit des italienischen Arbeitsmarktes [4] bzw. der Mangel an legalen Beschäftigungsformen jenseits des „Normalarbeitsverhältnisses" wurde einerseits lange Zeit durch die Existenz einer breiten Schicht von familiären Kleinstunternehmen, selbständigen und halb-selbständigen „Arbeitskräften" *(lavoratori autonomi e semi-autonomi)* ausgeglichen (vgl. Di Nicola 1995, S. 21). Andererseits dehnt sich seit Beginn der De-Industrialisierung und des Niedergangs des fordistischen Modells der informelle Sektor immer weiter aus. Zum offiziell vermuteten Anwachsen der Scheinselbständigkeit, Arbeit auf Honorarbasis, Schatten- und Schwarzarbeit gibt es jedoch keine quantitativen Angaben. Da sich die italienische Beschäftigungspolitik traditionell am Modell des Familienerhalters orientiert, stellt, laut Mingione (1996, S. 66), die informelle Erwerbsarbeit (im privaten Dienstleistungsbereich) für Frauen oft die einzige Einkommensmöglichkeit dar.

Seit Mitte der 80er Jahre nehmen Teilzeitarbeit, befristete Beschäftigungsverhältnisse und Beschäftigungsverhältnisse auf Basis von „Kurzarbeitsverträgen" *(contratti di solidarietà)* sowie „kombinierten Ausbildungs- und Arbeitsverträgen" *(contratti di formazione lavoro – CFL)* kontinuierlich zu. Ihr Anteil ist im europäischen Vergleich aber immer noch sehr niedrig. Laut OECD (1997) ist die Teilzeitquote der Erwerbstätigen zwischen 1980 und 1994 von ca. 6 % auf über 7 % angestiegen. Auch 1997 betrug, laut Eurostat (1998), die Teilzeitquote nur 7,1 %. Jedoch differiert sie stark nach Wirtschaftssektor und Geschlecht. 29,8 % der Frauen und 12,1 % der Männer, die 1995 im landwirtschaftlichen Sektor unselbständig beschäftigt waren, gingen einer Teilzeittätigkeit nach. Im Dienstleistungsbereich waren es 12,1 % der Frauen und 2,5% der Männer, im industriellen Sektor

9,3 % der Frauen und 1,6 % der Männer. Insgesamt waren 1995 70,6 % der Teilzeitbeschäftigten Frauen (vgl. Eurostat 1996).

Die Motive für die Annahme einer Teilzeitbeschäftigung können sehr unterschiedlich sein. Nach Angaben der Arbeitskräfteerhebung 1997 wurden in erster Linie folgende zwei Gründe angeführt: (1) konnte keine Vollzeittätigkeit finden (Frauen 34,5 %, Männer 46 %) und (2) wünschte keine Vollzeittätigkeit (Frauen 27,3 %, Männer 20 %) (vgl. Eurostat 1998). Laut Tindara Addabbo (1997, S. 118, 126) spielt bei Frauen vor allem die Anzahl der minderjährigen Kinder bzw. die „Familiensituation" eine große Rolle, wenn es darum geht, für eine Vollzeit- oder Teilzeitbeschäftigung zu optieren.

Die Anzahl der befristeten Beschäftigungsverhältnisse ist nach Angaben der OECD (1996) zwischen 1983 und 1993 von 6,6 % auf 7,3 % angestiegen, wobei sich die Frauenquote von 9,4 % auf 9,3 % gesenkt und die Männerquote von 5,2 % auf 6,1 % erhöht hat. Obwohl die Beschäftigung zwischen 1993 und 1994 insgesamt um 1,5 % zurückgegangen ist, stiegen die befristeten Beschäftigungsverhältnisse um 0,8 % an (vgl. OECD 1996). Zwischen 1995 und 1997 sind, laut Eurostat (1998), die befristeten Beschäftigungsverhältnisse insgesamt von 7,2 % auf 8,2 %, die der Frauen von 9,1 % auf 9,7 % und die der Männer von 6 % auf 7,3 % angestiegen.

Als überwiegende Gründe für die Annahme einer befristeten Tätigkeit gaben die ArbeitnehmerInnen nach Aufstellung der Arbeitskräfteerhebung 1997 an: (1) keine Dauerstelle zu finden (Männer 51,9 %, Frauen 48,7 %) und (2) es handelt sich um einen Ausbildungsvertrag (Männer 25,6 %, Frauen 24,6 %) (vgl. Eurostat 1998).

2. Politische Regelungen

2.1 „Flexibilisierungsstrategien"

Die politische Diskussion über Regelungen betreffend atypische Beschäftigungsformen ist in Italien kaum dokumentiert. Grundsätzlich kann jedoch festgehalten werden, daß sowohl die Diskussion als auch die Umsetzung verschiedener Maßnahmen seit Mitte der 80er Jahre im Zeichen der „Flexibilisierung des Arbeitsmarktes" standen bzw. stehen, und diese wiederum der Beschäftigungssicherung bzw. der Schaffung von zusätzlichen Arbeitsplätzen dienen soll. Die gesetzliche Regelung bzw. die finanzielle Förderung von Teilzeitarbeit war u. a. zur Verbesserung der Beschäftigungssituation und Bekämpfung der Erwerbslosigkeit von Frauen gedacht. Die Ausdehnung der Anwendungsmöglichkeiten befristeter Beschäftigungsverhältnisse und die Schaffung „kombinierter Ausbildungs- und Arbeitsverträge" galten hingegen als politische Antwort auf das Problem der Jugenderwerbslosigkeit (vgl. Bettio 1991, S. 105). „Kurzarbeitsverträge" *(contratti di solidarietà)* stellten allgemein ein wichtiges Instrument der Wirtschafts- und Arbeitsmarktpolitik dar (vgl. Ciravenga/Matto 1993, S. 325).

Die Gewerkschaften nahmen vor der gesetzlichen Regelung eine sehr ablehnende Haltung gegenüber der Teilzeitarbeit ein. Sie waren der Meinung, daß diese zur Dequalifizierung führe und sich vor allem an Frauen der untersten Einkommensschicht richte, die Arbeitsintensität dadurch steige und keine zusätzliche Beschäftigung schaffe, sondern dazu führe, daß Vollzeit- in Teilzeitarbeitsplätze umgewandelt werden (vgl. Addabbo 1997, S. 119). Da Teilzeitarbeit de facto aber bereits existierte, wurde eine gesetzliche Regelung als notwendig erachtet. Zudem sollte dadurch der erleichterte Zugang zur Erwerbstätigkeit von Müttern[5] ermöglicht werden (vgl. Filandoro 1995, S. XII).

Neo-liberale und konservative politische Kräfte forderten seit Mitte der 80er Jahre eine umfassende „Flexibilisierung". Die angesprochenen gesetzlichen Regelungen schienen aus ArbeitgeberInnensicht unzureichend. Aber erst die enormen Beschäftigungsprobleme seit Anfang der 90er Jahre (der Rückgang der Gesamtbeschäftigung traf die Männer stärker als die Frauen) und die ständig steigende Erwerbslosigkeit veranlaßten die Gewerkschaften zu vermehrten Kompromissen hinsichtlich einer stärkeren „Flexibilisierung" in Form einer flexibleren Arbeitszeitregelung und einer größeren Arbeitsplatzmobilität.

Auf Regierungsebene wurden in den letzten Jahren neben der verstärkten (finanziellen) Förderung der bereits erwähnten atypischen Beschäftigungsformen zusätzliche Flexibilisierungsstrategien diskutiert und deren Umsetzung bereits teilweise in Angriff genommen. Dazu zählen u. a.: die Ermöglichung „experimenteller" lokaler Sozialpartnerabkommen *(contratti d'aria)*, die Regelung der Leiharbeit *(lavoro interinale)* und die Förderung der „gemeinnützigen Tätigkeiten" ohne Dienstverhältnis *(lavori socialmente utili)* (vgl. Vita italiana 1996/7-8, S. 99ff.). Diese Vorhaben spiegeln sich auch in der am 24. September 1996 zwischen Gewerkschaften und Regierung geschlossenen „Vereinbarung für die Arbeit" *(Accordo per il lavoro)* wider.[6] Hinsichtlich der „experimentellen" lokalen Sozialpartnerabkommen wurden zunächst die Rahmenbedingungen festgeschrieben. Diese speziellen Sozialpartnerabkommen werden zwischen den zentralen und lokalen Verwaltungsbehörden, den VertreterInnen der ArbeitnehmerInnen und ArbeitgeberInnen sowie den Banken einzelner Gebiete abgeschlossen. Die in Frage kommenden Gebiete werden vom Komitee für die Koordinierung der Beschäftigungsinitiativen *(comitato per il coordinamento delle iniziative per l'occupazione)*, das direkt im Amt des Ministerpräsidenten angesiedelt ist, bestimmt. Die Abkommen beinhalten Vereinbarungen im Hinblick auf die Schaffung von besonders günstigen Arbeitsbeziehungen[7] und die Garantie, daß der Gewinn in die technologische Entwicklung des Projektes re-investiert wird. Zur Förderung von Betriebsansiedelungen bzw. Betriebserweiterungen werden von seiten der Regierung spezielle Infrastrukturmaßnahmen, Steuererleichterungen und besondere Vertrags- und Kreditkonditionen mit den ortsansässigen Banken in Aussicht gestellt (vgl. Vita italiana 1996/9-12, S. 53).

Bereits vor der „Vereinbarung für die Arbeit" gab es Vorstöße zur Regelung der Leiharbeit. Seit Beginn der 90er Jahre forcierten nahezu alle politischen Parteien (ausgenommen RC[8]) die Errichtung von Leiharbeitsfirmen. Allein in der 12. Legislaturperiode (zwischen 15. 4. 1994 und 26. 6. 1995) wurden diesbezüglich acht verschiedene Gesetzesentwürfe ins Parlament eingebracht (vgl. Bonardi, 1996, S. 191). Aber erst im März 1997 kam es im Rahmen des von Sozial- und Arbeitsminister Tiziano Treu vorgelegten beschäftigungspolitischen Maßnahmenpaketes (*„pacchetto Treu"*) zur gesetzlichen Beschlußfassung.

Dieses Maßnahmenpaket enthält außerdem die Verlängerung der „kombinierten Ausbildungs- und Arbeitsverträge" (in Süditalien auf 3 Jahre), die Reduzierung der legalen Arbeitszeit auf 40 Wochenstunden, die finanzielle Förderung der Teilzeitarbeit und auf Druck der RC die Schaffung von 100.000 „Arbeitsmöglichkeiten" für Erwerbslose in Süditalien. Diese „Arbeitsmöglichkeiten" sollen durch „Arbeitsstipendien" *(borsa di lavoro)* und durch die finanzielle Unterstützung von „gemeinnützigen Projekten" geschaffen werden (vgl. la Repubblica 20. 3. 1997, S. 6). Für „Jugendliche" zwischen dem 19. und 32. bzw. 35. (sofern es sich um Langzeiterwerbslose handelt) Lebensjahr sollte in Form von „stages" in der Privatwirtschaft der Berufs(wieder)einstieg ermöglicht werden. Die Dauer der „stages" beträgt höchstens ein halbes Jahr. Für eine „Anwesenheitszeit" von täglich drei Stunden, in denen die „Jugendlichen" mit bestimmten Arbeitsvorgängen vertraut gemacht werden sollten, bezahlt die öffentliche Hand ein „Arbeitsstipendium" zwischen 600.000 Lire (309,89 Euro) und 800.000 Lire (413,17 Euro) monatlich (vgl. la Repubblica 6. 3. 1997, S. 3 und 20. 3. 1997, S. 6).

Die Gewerkschaften, eine Minderheit der RC und auch Teile der *Confindustria* sind diesen „Arbeitsmöglichkeiten" gegenüber eher kritisch eingestellt. Ihrer Meinung nach werden dadurch zusätzlich prekäre „Arbeitsmodelle" institutionalisiert, die zudem über die Form der Fürsorge *(assistenzialismo)* nicht hinausgehen (vgl. la Repubblica 15. 3. 1997, S. 6f.).

Bereits in der Vergangenheit bestand von seiten der öffentlichen Verwaltung die Möglichkeit, Personen, die Lohnausgleichszahlungen erhalten, für „Arbeiten im öffentlichen Interesse" einzusetzen (vgl. Ricciardi et al. 1996, S. 232). Aber erst mit Beginn der 90er Jahre werden die „gemeinnützigen Tätigkeiten" auf breiterer Ebene diskutiert bzw. seit 1994 als beschäftigungspolitisches Instrument eingesetzt. Durch die Vermittlung von „gemeinnützigen Tätigkeiten" sollte einerseits die Jugenderwerbslosigkeit bekämpft und andererseits der Wiedereinstieg von Langzeiterwerbslosen (BezieherInnen von Lohnausgleichszahlungen und Mobilitätsentschädigungen) in den Arbeitsmarkt forciert werden (vgl. Passarelli 1996, S. 94f.).

Es scheinen aber nicht nur beschäftigungspolitische Interessen hinter dem verstärkten Einsatz von „gemeinnützigen Projekten"[9] zu stehen, sondern auch die Etablierung eines billigen „prekären Arbeitsmarktes" im öffentlichen und halb-öffentlichen Raum (vgl. a.a.O., S. 95). Die Zielsetzung der „gemeinnützigen Tätigkeiten" liegt, laut Daniele Ciravenga und Mario Matto (1993, S. 335) darin, den „Beschäftigten" gewisse Fähigkeiten zu vermitteln, die einen (Wieder)Einstieg ins Erwerbsleben oder eine selbständige Tätigkeit ermöglichen, und gleichzeitig gesellschaftliche Bedürfnisse zu befriedigen, die unter den Bedingungen des Marktes nicht berücksichtigt werden könnten.

2.2 Arbeitsrechtliche Regelungen

2.2.1 Tradition der arbeitsrechtlichen Regelungen

2.2.1.1 Arbeitszeitregelungen

Wochenarbeitszeit

Ende März 1997 wurde die gesetzliche Arbeitszeit in Italien auf 40 Stunden reduziert. Ausgenommen vom Arbeitszeitgesetz sind nach wie vor Hausangestellte, HeimarbeiterInnen und leitende Angestellte (vgl. Liguori 1995, S. 210). Seit Beginn der 70er Jahre beträgt die kollektivvertraglich geregelte Wochenarbeitszeit in der Privatwirtschaft 40 Stunden, im öffentlichen Dienst 36 Stunden. Weitere Versuche der Gewerkschaften, die vertragliche Wochenarbeitszeit zu reduzieren, blieben lange Zeit ohne nennenswerten

Erfolg. Erst durch die nachdrückliche Forderung nach einer gesetzlichen 35 Stundenwoche durch RC-Parteichef Fausto Bertinotti konnte Anfang 1998 ein weiterer Schritt in Richtung Arbeitszeitverkürzung gesetzt werden.[10] So präsentierte die italienische Regierung im Mai 1998 einen Rahmengesetzesvorschlag zur Einführung der 35 Stundenwoche ab dem Jahr 2001 für Betriebe mit mehr als 15 ArbeitnehmerInnen. Den Sozialpartnern sollte jedoch nach wie vor ein besonderer Stellenwert bei der konkreten Arbeitszeitgestaltung zukommen (vgl. EIRR, Mai 1998/292, S. 9).

Von seiten der Unternehmen konzentrierten sich die Bestrebungen in den letzten Jahren eher auf eine flexible Gestaltung der Jahresarbeitszeit und einen vermehrten Einsatz von Überstunden.[11] Jedoch kann auch bei sozialpartnerschaftlich vereinbarten Jahresarbeitszeitmodellen die gesetzlich festgelegte (und verfassungsrechtlich garantierte) tägliche Maximalarbeitszeit von 10 Stunden nicht überschritten werden (vgl. Ricciardi et al. 1996, S. 136f.).

Überstunden

Als Überstunden gelten jene Stunden, die über das gesetzlich festgelegte Arbeitszeitausmaß hinaus erbracht werden. Arbeit, die zwischen dem kollektivvertraglich geregelten Stundenausmaß und der gesetzlich festgelegten „Normalarbeitszeit" geleistet wird, gilt nicht als Überstundenarbeit, sondern als „zusätzliche" Arbeit *(lavoro supplementare)* (vgl. Liguori 1995, S. 214). Überstunden werden getrennt berechnet und mit einem Zuschlag von mindestens 10 % auf den Stundensatz der „normalen" Arbeitszeit vergütet. Das konkrete Ausmaß des Zuschlages wird kollektivvertraglich unter Berücksichtigung der Lage der Überstunden (Tag-, Nacht-, Feiertagsüberstunden usw.) festgelegt. Unkontrollierte Überstunden sind grundsätzlich verboten. In nicht-industriellen Betrieben dürfen täglich höchstens 2 und wöchentlich höchstens 12 Überstunden geleistet werden. Ein Gesetz aus dem Jahr 1955 (bereits damals mit beschäftigungspolitischer Intention) verbietet in Industrieunternehmen, vorbehaltlich produktionstechnisch bedingter Ausnahmefälle, den Einsatz von Überstunden. Die gesetzliche Regelung erwies sich jedoch als zuwenig wirksam. Daher wurde in vielen Fällen die zulässige Höchstzahl der Jahresüberstunden und auch der mögliche Einsatz von Überstunden kollektivvertragsrechtlich geregelt. In den letzten Jahren wurden diese Vereinbarungen auf Wunsch der Unternehmen etwas gelockert. Nun können bis zu einem gewissen Höchstausmaß Überstunden auch einseitig vom Unternehmer angeordnet werden (vgl. Ricciardi et al. 1996, S. 139f.). Überstunden müssen dem Arbeitsaufsichtsamt, der diese auch begrenzen oder untersagen kann, gemeldet werden (vgl. MISEP 1996, S. 108).

Frauennachtarbeitsverbot

Das grundsätzliche noch immer bestehende Frauennachtarbeitsverbot zwischen 24 und 6 Uhr (ausgenommen davon sind Frauen in leitenden Funktionen und im Gesundheitsbereich) wurde in Italien 1977 im „Gleichbehandlungsgesetz" geregelt. Gleichzeitig mit dem „Verbot" wurde damals jedoch auch die Möglichkeit geschaffen, mittels betrieblicher oder branchenbezogener Kollektivverträge abweichende Regelungen zu treffen bzw. das Frauennachtarbeitsverbot aufzuheben. Ausnahmen müssen jedoch unter genauer Angabe der produktionstechnischen Gründe und der Anzahl der betroffenen Frauen innerhalb von 15 Tagen dem Arbeitsinspektorat gemeldet werden (vgl. Tatarelli 1994, S. 59f.). Ein absolutes Nachtarbeitsverbot besteht jedoch ab Beginn der Schwangerschaft bis zum Ende des siebten Lebensmonates des Kindes (vgl. Liguori 1995, S. 184).

Wöchentliche Ruhepause/Samstagsarbeit

Artikel 36 der italienischen Verfassung garantiert eine tägliche, wöchentliche und jährliche Ruhezeit. Die wöchentliche Ruhezeit muß laut Gesetz (aus dem Jahre 1934) mindestens 24 Stunden betragen, von Mitternacht bis Mitternacht dauern und normalerweise den Sonntag einschließen. Anspruch auf diesen wöchentlichen Ruhetag haben alle unselbständig Erwerbstätigen – ausgenommen Hausangestellte, HeimarbeiterInnen und leitende Angestellte (vgl. Liguori 1995, S. 225). In vielen Wirtschaftssektoren wurde durch Kollektivverträge die wöchentliche Ruhephase auf den Samstag ausgedehnt. Normalerweise gebührt für den Samstagsruhetag kein Feiertagszuschlag und im Falle der Arbeit keine Feiertagszulage (vgl. Ricciardi et al. 1996, S. 147).

Sonn- und Feiertagsarbeit

Sonn- und Feiertagsarbeit wird mit einem kollektivvertraglich vereinbarten Zuschlag zwischen 10 % und 50 % abgegolten. Bei „regulärer" Sonntagsarbeit (zum Beispiel in der Industrie mit durchgehender Produktion) mit ersatzweisem Anspruch auf einen freien Werktag kann die Abgeltung für den entfallenen Sonntag auch in Form von anderen Vergünstigungen (z.B. Zeitausgleich) erfolgen (vgl. Ricciardi et al. 1996, S. 148f.).

Für Feiertage, die bei der Reform 1977 auf einen Sonntag verlegt wurden (z.B. der Tag der Gründung der Republik oder der Nationalfeiertag), gebühren in manchen Branchen (z. B. eisenverarbeitende Industrie) besondere Zuschläge (vgl. Liguori 1995, S. 229).

2.2.1.2 Urlaubsrecht

Jahresurlaub

Der Zeitpunkt des bezahlten Urlaubsanspruches wird von den ArbeitgeberInnen unter Berücksichtigung der Bedürfnisse der ArbeitnehmerInnen festgelegt. Auch im Falle eines Probearbeitsverhältnisses gebührt bezahlter Urlaub. Verzicht auf Urlaub ist nicht möglich. Bei HeimarbeiterInnen wird der Urlaubsanspruch finanziell abgegolten (vgl. Liguori 1995, S. 233ff.). Die Dauer des bezahlten Urlaubsanspruches ist in Italien kollektivvertraglich geregelt. Nur für Jugendliche und Lehrlinge ist das Mindestmaß gesetzlich festgelegt (vgl. a.a.O., S. 234). Der Urlaubsanspruch bezieht sich immer auf ein Dienstjahr. Liegt das Arbeitsverhältnis unter einem Jahr, gebührt der Anspruch aliquot. Bei Kündigung oder Entlassung entsteht aliquoter Anspruch auf Urlaubsgeld. Als Dienstzeit werden auch Zeiten gerechnet, in denen Kranken- oder Wochengeld bezogen wurde. Zeiten des fakultativen Elternurlaubes werden nicht angerechnet (vgl. Ricciardi et al. 1996, S. 151).

Anspruch auf „Bildungsurlaub"

Die meisten Kollektivverträge sehen einen Anspruch auf 150 Stunden bezahlten Bildungsurlaub für jeweils drei Jahre vor. Diese 150 Stunden können auch innerhalb eines einzigen Jahres aufgebraucht werden. Voraussetzung für den Anspruch ist, daß der Aus-, Fort- bzw. Weiterbildungskurs mindestens das doppelte Stundenausmaß in Anspruch nimmt (das heißt, die ArbeitnehmerInnen müssen zusätzlich einen Teil ihrer Freizeit in die Bildung investieren). Maximal können 2 % bis 3 % der Beschäftigten eines Unternehmens gleichzeitig diesen Anspruch ausschöpfen. Die Kurse müssen von öffentlichen bzw. anerkannten Ausbildungsinstituten angeboten werden. Für Alphabetisierungskurse oder Nachholen des Pflichtschulabschlusses sind weitere Erleichterungen vorgesehen (vgl. Ricciardi et al. 1996, S. 167).

2.2.1.3 Kündigungsregelungen

Kündigungsschutz

Die gesetzlichen Regelungen betreffend Kündigungsschutz gelten in Italien nahezu für alle ArbeitnehmerInnen. Ausgenommen vom Kündigungsschutz sind Hausangestellte, leitende Angestellte und ArbeitnehmerInnen während der Probezeit bzw. über dem sechzigsten Lebensjahr mit Pensionsanspruch (vgl. Ricciardi et al. 1996, S. 267). Besonderer Kündigungsschutz besteht für Mütter ab Beginn der Schwangerschaft bis zum ersten Geburtstag des Kindes.

Die Kündigung eines unbefristeten bzw. die vorzeitige Kündigung eines befristeten Beschäftigungsverhältnisses oder eine Kündigung trotz Vorliegen eines besonderen Kündigungsschutzes ist nur aus einem „triftigen Grund" *(giusta causa)* und unter Einhaltung einer Kündigungsfrist *(preavviso)* möglich. Die Kündigungsfristen sind kollektivvertragsrechtlich geregelt. Sie hängen von der Qualifikation und dem Dienstalter der ArbeitnehmerInnen ab. Ein „triftiger Grund" liegt bei grober Verletzung der Dienstpflicht, Diebstahl, Schädigung des Unternehmens, unentschuldigtem Fernbleiben, schwerwiegenden betrieblich-organisatorischen Notwendigkeiten etc. vor. Die Kündigung muß schriftlich erfolgen (vgl. Ricciardi et al. 1996, S. 256ff.).

Massenentlassungen

Der gesamte Bereich der Massenentlassungen wurde 1991 neu geregelt. ArbeitnehmerInnen, die aufgrund einer sogenannten „Kollektivkündigung wegen Personalabbau" *(licenziamento collettivo per riduzione del personale)* entlassen werden, haben Anspruch auf die Eintragung in eine „Mobilitätsliste" und zumeist Anspruch auf „Mobilitätsentschädigung"[12]. Diese Vorschriften finden auf ArbeitgeberInnen Anwendung, die mehr als 15 Beschäftigte haben und innerhalb von 120 Tagen mehr als fünf ArbeitnehmerInnen einer Produktionseinheit aufgrund von Personalabbau kündigen. Das Verfahren sieht vor, daß die Kündigung, die technischen, organisatorischen und produktionsbedingten Gründe sowie die Anzahl und das Profil der betroffenen ArbeitnehmerInnen zuvor den VertreterInnen der Gewerkschaften mitgeteilt werden müssen. Die ArbeitgeberInnen haben sich bei der „Auswahl" der Personen neben den produktionstechnischen und organisatorischen Betriebsbedingungen nach bestimmten Kriterien (zum Beispiel familiäre und altersbedingte Umstände) zu orientieren (vgl. Hofmann/Coslovich 1996, S. 68f.).

Probezeit

Bei Abschluß eines Arbeitsvertrages (befristet, unbefristet oder auch eines Teilzeitarbeitsvertrages) kann zwischen ArbeitgeberInnen und ArbeitnehmerInnen schriftlich eine Probezeit vereinbart werden. Die Festlegung einer Probezeit ist für alle ArbeitnehmerInnen, d.h. auch für jene, die sich in Ausbildung befinden, möglich. Während der Probezeit können beide Vertragsparteien ohne Angabe von Gründen und ohne Kündigungsfrist das Arbeitsverhältnis beenden. Im Krankheitsfall kann die Kündigung erst nach Beendigung dieser erfolgen (vgl. Liguori 1995, S. 158). Ansonst gelten dieselben Rechte und Pflichten, wie sie in einem endgültigen Arbeitsverhältnis bestehen. Die Dauer der Probezeit wird für die einzelnen Branchen kollektivvertraglich festgelegt, kann aber in keinem Fall die gesetzliche Höchstdauer von sechs Monaten überschreiten und nicht verlängert werden. Wird das Arbeitsverhältnis während oder nach Abschluß der Probezeit beendet, haben die ArbeitnehmerInnen aliquoten Anspruch auf Abfertigung, Urlaubs- und Weihnachtsgeld (vgl. Ricciardi et al. 1996, S. 70).

2.2.1.4 Abfertigung

Anspruch auf Abfertigung *(trattamento di fine rapporto – TFR)* haben im Falle der Beendigung des Arbeitsverhältnisses alle italienischen ArbeitnehmerInnen (ArbeiterInnen und Angestellte) der Privatwirtschaft – unabhängig davon, ob es sich um befristete, unbefristete oder Probearbeitsverhältnisse handelt. Auch der Grund der Beendigung des Arbeitsverhältnisses (Kündigung, Entlassung oder Tod) ist für den Anspruch unwesentlich.

Die Abfertigung wird berechnet, indem für jedes Dienstjahr die gesamte Entlohnung *(retribuzione)* durch 13,5 geteilt und jährlich mit einem fixen (1,5 %) und einem vom Italienischen Statistischen Zentralamt *(ISTAT)* variablen Faktor (75 % Erhöhung des Verbraucherpreisindex) aufgewertet wird. Teil der Entlohnung sind auch die in Geldwerte umgerechneten Naturalleistungen. Bruchteile eines Jahres werden aliquot gerechnet, wobei Monate ab 15 Arbeitstagen als volle Monate gelten (vgl. Ricciardi et al. 1996, S, 282f.). Für Zeiten, in denen Geldleistungen aus der Unfall- oder Krankenversicherung (einschließlich der Leistungen für Mutterschaft) sowie Lohnausgleichszahlungen bezogen wurden, berechnet sich der Abfertigungsanspruch auf Basis jener Entlohnung, die die ArbeitnehmerInnen bei gewöhnlichem Verlauf des Arbeitsverhältnisses erhalten hätten (vgl. Hofmann/Coslovich 1996, S. 123).

2.2.2 Arbeitsrechtliche Regelungen der atypischen Beschäftigungsformen

2.2.2.1 Teilzeitarbeit

Teilzeitarbeit wurde in Italien im Bereich der Privatwirtschaft erstmals 1984 geregelt. 1988 folgte ein entsprechendes Gesetz im Hinblick auf den öffentlichen Dienst (vgl. Martinelli/Cazzaniga 1997, S. 113). Unter Teilzeitarbeit ist grundsätzlich eine Erwerbsarbeit zu verstehen, deren Stundenausmaß unter der kollektivvertraglich festgelegten „Normalarbeitszeit" liegt. Grundsätzlich wird zwischen horizontaler, vertikaler und zyklischer Teilzeitarbeit unterschieden. Horizontale Teilzeit bedeutet die Verkürzung der täglichen Arbeitszeit, vertikale Teilzeit die Verkürzung der Arbeitswoche. Als zyklische oder auch periodische Teilzeit gilt die Saisonarbeit (vgl. Ricciardi et al. 1996, S. 142). Teilzeitarbeitsverträge bedürfen der schriftlichen Form, müssen die zugewiesenen Aufgaben *(mansioni)* und die Arbeitszeiteinteilung (je Tag, Woche, Monat und Jahr) ausweisen. Aufgrund eines Erkenntnis des Verfassungsgerichtshofes aus dem Jahr 1992 ist Arbeit auf Abruf bzw. Kapovaz explizit gesetzwidrig (vgl. Filandoro 1995, S. 12). Teilzeitarbeitsverträge müssen innerhalb von 30 Tagen dem zuständigen Provinzarbeitsinspektorat übermittelt werden.

Bei Einstellung von Vollzeitarbeitskräften haben Personen, die bereits auf Teilzeitbasis im Unternehmen gearbeitet haben, Vorrang. Der Anteil der Teilzeitbeschäftigten in einem Betrieb bzw. in einer Branche kann kollektivvertragsrechtlich im Verhältnis zu den Vollzeitarbeitskräften festgelegt werden (vgl. dazu Liguori 1995, S. 216f.).

Teilzeitbeschäftigte sind arbeitsrechtlich den „Normalarbeitskräften" gleichgestellt. Die Probezeit entspricht jener der kollektivvertraglich festgelegten Vollzeitarbeit. Teilzeitbeschäftigte erhalten entsprechend ihrer Entlohnung bei Kündigung, Entlassung oder Pensionierung eine Abfertigung, die sich auf Basis der tatsächlichen Entlohnung berechnet (vgl. a.a.O., S. 221).

Der Einsatz von Teilzeitkräften über das vertraglich vereinbarte Stundenausmaß hinaus *(tempo supplementare)* ist grundsätzlich verboten. Ausnahmeregelungen können nur aus produktionstechnischen Gründen durch Kollektivverträge vereinbart werden (vgl. Filandoro 1995, S. 10).

2.2.2.2 „Kurzarbeitsverträge"

Der Abschluß von „Kurzarbeitsverträgen" *(contratti di solidarietà)* ist seit 1984 gesetzlich geregelt. Die Rechtsvorschriften gelten für alle Wirtschaftssektoren, die in den Anwendungsbereich der „außerordentlichen" Lohnausgleichskassen bzw. der „Mobilitätsentschädigungen" fallen.[13] „Kurzarbeitsverträge" müssen zwischen den Sozialpartnern geschlossen werden, eine einseitige Erklärung von seiten der ArbeitgeberInnen ist nicht möglich (vgl. Passarelli 1996, S. 47). „Defensive" Kurzarbeitsverträge werden zur Sicherung von bestehenden Arbeitsplätzen, „expansive" zur Schaffung neuer Arbeitsplätze geschlossen. Ausgenommen von Kurzarbeitsregelungen sind leitende Angestellte, Lehrlinge, HeimarbeiterInnen, ArbeitnehmerInnen mit „kombinierten Ausbildungs- und Arbeitsverträgen" sowie befristet Beschäftigte. Im Fall von bereits bestehenden Teilzeitarbeitsverträgen können gegebenenfalls weitere Stundenreduzierungen erfolgen (vgl. Liguori 1995, S. 108). In den entsprechenden Kollektivverträgen wird das Ausmaß der Arbeitszeitverkürzung (mindestens 20 Stunden) und der Entgeltreduzierung festgelegt. Die Arbeitszeitverkürzungen können sehr flexibel – von täglich bis jährlich – gestaltet werden. Arbeitsrechtlich sind die „Kurzarbeitsverträge" den „normalen" Teilzeitarbeitsverträgen gleichgestellt.

Zur Förderung von „Kurzarbeitsverträgen" erhalten die ArbeitgeberInnen staatliche Unterstützung in Form einer teilweisen Übernahme der Sozialversicherungsbeiträge durch die öffentliche Hand, ArbeitnehmerInnen beziehen Ausgleichszahlungen. Dabei wird zwischen „defensiven" und „expansiven" Verträgen unterschieden:

a) „defensive" Kurzarbeitsverträge: handelt es sich um Unternehmen, die in den Anwendungsbereich der *CIGS*[14] fallen, werden Lohnausgleichszahlungen in der Höhe der Hälfte des Verdienstentganges gezahlt. Gewährt werden diese Zahlungen grundsätzlich für zwei Jahre, eine Verlängerung auf vier Jahre ist möglich. Ursprünglich kam es kaum zur Beantragung dieser „Kurzarbeitsverträge". Erst seitdem 1993 die finanziellen Unterstützungen für die ArbeitgeberInnen erhöht wurden, besteht ein enormer Antrag.

Seither genießen die ArbeitgeberInnen bei einer Arbeitszeitverkürzung von mehr als 20 % bzw. 30 % einen Nachlaß der Sozialversicherungsbeiträge von 25 % bzw. 35 % (für alle davon betroffenen ArbeitnehmerInnen). Zusätzlich erhält das Unternehmen dreimal jährlich eine direkte Subventionszahlung. Die Lohnausgleichszahlungen für die betroffenen ArbeitnehmerInnen wurden für maximal zwei Jahre auf 75 % des Verdienstentganges angehoben (vgl. Filandoro 1995, S. XVI). 1996 wurden die Lohnausgleichszahlungen wieder auf 60 % reduziert und die direkten Subventionszahlungen an die Unternehmen eingestellt (vgl. Passarelli 1996, S. 7).

Handelt es sich um Unternehmen, die nicht in den Anwendungsbereich der *CIGS* fallen, beträgt die staatliche Unterstützung 50 % der entfallenen Lohnsumme. Dieser Geldbetrag, der dreimal jährlich ausbezahlt wird, muß zu gleichen Teilen zwischen Unternehmen und betroffenen ArbeitnehmerInnen aufgeteilt werden.

b) "expansive" Kurzarbeitsverträge: für jene ArbeitnehmerInnen, die aufgrund dieser Verträge unbefristet aufgenommen wurden, erhält das Unternehmen staatliche Lohnsubventionierungen in der Höhe von 15 % des Bruttoentgelts für das erste, 10 % für das zweite und 5 % für das dritte Beschäftigungsjahr (vgl. Ricciardi et al. 1996, S. 216).

2.2.2.3 Befristete Beschäftigungsverhältnisse

Befristete Arbeitsverträge waren nach dem Gesetz aus dem Jahre 1962 besonders streng geregelt, nur in bestimmten Branchen, für bestimmte Arbeitsbereiche *(mansioni)* und in folgenden vom Gesetz ausdrücklich angeführten Fällen möglich:

– zur Durchführung bestimmter (taxativ aufgezählter) saisonaler Tätigkeiten,

– als Ersatz abwesender ArbeitnehmerInnen mit Anspruch auf Arbeitsplatzrückkehr (ausgenommen bei Krankheit),

– für die Durchführung einer im voraus definierten, begrenzten Tätigkeit und

– im Handel sowie Fremdenverkehr zu bestimmten, begrenzten Zeiten mit hoher Arbeitsintensität (zum Beispiel Saisonspitzen) (vgl. Miele 1995, S. 20).

1987 erfolgte die flexible Erweiterung der befristeten Beschäftigungsverhältnisse im Rahmen des kollektivvertraglichen Arbeitsrechtes. Die italienische Gesetzgebung verzichtete auf eine Novellierung des Gesetzes und überließ die flexible Handhabung den Sozialpartnern. Seither besteht – unter bestimmten Voraussetzungen – die Möglichkeit, in nationalen, branchenspezifischen oder betrieblichen Kollektivverträgen einen bestimmten Prozentsatz von Arbeitskräften festzulegen, der im Verhältnis zur Gesamtzahl der Beschäftigten befristet eingestellt werden kann (vgl. Hofmann/Coslovich 1996, S. 78). Ein Jahr später wurde zwischen *Confindustria* und den Gewerkschaften *(CGIL, CISL* und *UIL)* eine Vereinbarung bezüglich befristeter Beschäftigungsverhältnisse getroffen. Aufgrund dieser Vereinbarung, die 1993 erneuert wurde, können befristete Arbeitsverträge ohne besonderen Grund abgeschlossen werden, sofern die festgelegten Prozentsätze nicht überschritten werden (vgl. Ricciardi et al. 1996, S. 79).

Seit 1991 besteht im Falle der Beschäftigung von „freigesetzten" ArbeitnehmerInnen *(lavoratori in lista di mobilità)* die Möglichkeit der Befristung auf ein Jahr (inklusive der Fiskalisierung der Lohnnebenkosten). Seit 1996 können auch technische Büros *(studii professionali)* und Dienstleistungsgesellschaften *(società di servizi)* diplomierte oder promovierte Arbeitskräfte befristet einstellen. Befristete Arbeitsverträge müssen im Gegensatz zu unbefristeten schriftlich abgefaßt sein, um Rechtswirksamkeit zu erlangen. Befristet beschäftigte Saisonkräfte genießen bei der Besetzung von Posten mit gleichen Qualifikationsanforderungen innerhalb eines Unternehmens Vorrang.

Insgesamt unterscheiden sich befristete Beschäftigungsverhältnisse in der arbeitsrechtlichen Behandlung nicht wesentlich von den Beschäftigungsverhältnissen auf unbestimmte Dauer. Ansprüche auf Urlaub, Weihnachtsgeld und Abfertigung werden jedoch proportional zur Dauer des Arbeitsvertrages berechnet. Befristete Arbeitsverträge können vor Zeitablauf nur bei Vorliegen eines triftigen Grundes gekündigt werden. Sie können vorbehaltlich bestimmter Bedingungen für die selbe Tätigkeit *(mansioni)* nur einmal und nur für eine Zeitspanne, die die Dauer der vorangegangenen Befristung nicht überschreitet, verlängert werden. Üben ArbeitnehmerInnen ihre Tätigkeit nach Ablauf der vertraglich festgelegten Befristung weiterhin aus, oder werden innerhalb von 30 Tagen ehemals befristet Beschäftigte erneut eingestellt, handelt es sich automatisch um unbefristete Beschäftigungsverhältnisse (vgl. Ricciardi et al. 1996, S. 81).

Ausgenommen von diesen arbeitsrechtlichen Bestimmungen sind leitende Angestellte. Der Abschluß eines befristeten Arbeitsvertrages ist hier immer dann rechtlich möglich, wenn dies von beiden Vertragsparteien gewünscht wird. Die Höchstdauer der Befristung ist auf maximal fünf Jahre festgelegt (vgl. Hofmann/Coslovich 1996, S. 79).

2.2.2.4 „Kombinierte Ausbildungs- und Arbeitsverträge"

1984 wurde eine „Sonderform" des befristeten Beschäftigungsverhältnisses geschaffen. Die sogenannten „kombinierten Ausbildungs- und Arbeitsverträge" *(contratti di formazion lavoro – CFL)* sollten jungen Menschen zwischen 16 und 32 Jahren die Eingliederung in das Erwerbsleben bei gleichzeitiger Berufs(aus)bildung ermöglichen (vgl. Liguori, 1995, S. 64). Seit 1996 besteht im *mezzogiorno* die zusätzliche Möglichkeit der Anhebung der Altersgrenze. Bei den „kombinierten Ausbildungs- und Arbeitsverträgen" kann es sich sowohl um Vollzeit- als auch Teilzeitarbeitsverhältnisse handeln. Die Entlohnung ist relativ niedrig, da bei dieser Art von Verträgen eine Einstufung in eine niedrigere Lohnstufe möglich ist (vgl. Zoppoli 1990, S. 140).

1994 wurde das Anwendungsgebiet dieses Instruments der staatlich geförderten Beschäftigungspolitik stark ausgedehnt. Folgende ArbeitgeberInnen können seither „kombinierte Ausbildungs- und Arbeitsverträge" anbieten: Unternehmen(sgruppen) und Konzerne sofern sie keine ArbeitnehmerInnen beschäftigen, die Lohnausgleichszahlungen erhalten, Genossenschaften, ArbeitgeberInnen, die in ein Berufsregister eingetragen sind, öffentlich-rechtliche Wirtschaftsunternehmen, Stiftungen sowie berufliche, kulturelle, sportliche und gewerkschaftliche Vereinigungen. Sie alle dürfen in den letzten 12 Monaten vor Vertragsabschluß keine Entlassungen in den entsprechenden Tätigkeitsbereichen vorgenommen haben und zumindest 60 % der Arbeitskräfte, deren Ausbildungs- und Arbeitsvertrag in den letzten zwei Jahren endete, unbefristet eingestellt haben (vgl. Miele 1995, S. 1ff.). Seit der Reform 1994 werden zwei Formen von Ausbildungs- und Arbeitsverträgen unterschieden:

a) zum Erwerb von mittlerer und gehobener beruflicher Qualifikation *(professionalità intermedie ed elevate)*: dieser Vertrag darf maximal 24 Monate dauern, wobei die

ArbeitgeberInnen eine berufliche Ausbildung durchführen müssen, die insgesamt mindestens 80 bzw. 130 Stunden beträgt;

b) zur beruflichen Eingliederung: es erfolgt eine Anpassung der beruflichen Fähigkeiten an den Organisations- und Produktionsprozeß. Dieser Vertragstyp kann für maximal 12 Monate abgeschlossen werden. Die „Berufsausbildungszeit" muß insgesamt mindestens 20 Stunden betragen.

ArbeitgeberInnen, die „kombinierte Ausbildungs- und Arbeitsverträge" abschließen wollen, müssen detaillierte Ausbildungs- und Arbeitspläne erstellen, die vom Regionalen oder Zentralen Beschäftigungsausschuß entsprechend den gültigen Rechtsvorschriften und den mit den Gewerkschaften getroffenen Vereinbarungen genehmigt werden (vgl. MISEP 1996, S. 97). Werden die Ausbildungspläne nicht eingehalten, verwandelt sich das Ausbildungs- und Arbeitsverhältnis rückwirkend in ein unbefristetes Beschäftigungsverhältnis.

Die Projektkosten werden von den ArbeitgeberInnen selbst getragen oder vom Europäischen Sozialfonds finanziert. Die Höhe der staatlichen „Subventionierung" für „kombinierte Ausbildungs- und Arbeitsverträge" differiert nach Region und Wirtschaftssektor. In Mittel- und Norditalien beträgt die Ermäßigung der Sozialversicherungsbeiträge für die ArbeitgeberInnen 25 %, in Fremdenverkehrs- und Handelsunternehmen mit weniger als 15 Beschäftigten 40 %, für den *mezzogiorno* und Gebiete mit überdurchschnittlichen Erwerbslosenraten sowie Handwerksbetrieben gelten die pauschalierten Beitragssätze für Lehrlinge (1995: wöchentlicher Beitrag 4.772 Lire bzw. 2,46 Euro). Für Ausbildungs- und Arbeitsverträge vom Typ b werden die Beitragsermäßigungen erst im nachhinein nach Umwandlung in ein unbefristetes Beschäftigungsverhältnis wirksam (vgl. Miele 1995, S. 198ff.).

Die Laufzeit eines „kombinierten Ausbildungs- und Arbeitsvertrages" verlängert sich nach einem Urteil des Verfassungsgerichtshofes (1993) für die Dauer der Abwesenheit aufgrund von Krankheit, Schwangerschaft und Wochenbett sowie Militärdienst. Arbeitsrechtlich sind „kombinierte Ausbildungs- und Arbeitsverträge" den befristeten Beschäftigungsverhältnissen nahezu gleichgestellt. Obwohl vom Gesetz nicht explizit vorgesehen, kann kollektivvertragsrechtlich auch eine bestimmte Probezeit festgelegt werden (vgl. Ricciardi et al. 1996, S. 60f.). Da es sich um einen befristen Arbeitsvertrag handelt, ist eine Kündigung nur bei Vorliegen eines triftigen Grundes möglich (vgl. Hofmann/Coslovich 1996, S. 83). Wird ein „kombinierter Ausbildungs- und Arbeitsvertrag" nach Ablauf in ein unbefristetes Beschäftigungsverhältnis umgewandelt, werden die Jahre als „echte" Dienstjahre angerechnet (vgl. Liguori, 1995, S. 66),

2.2.2.5 „Selbständige Tätigkeit"

Eine „Selbständige Tätigkeit" *(lavoro autonomo)* liegt im Unterschied zu einer „unselbständigen Tätigkeit" *(lavoro subordinato)* dann vor, „wenn sich eine Person gegen Entgelt verpflichtet, mit überwiegend eigener Arbeit *(con lavoro prevalentemente proprio)*, ohne zum Besteller in ein Verhältnis der Unterordnung *(senza vincolo di subordinazione)* zu treten, ein Werk zu erstellen oder einen Dienst zu leisten" (Hofmann/Coslovich 1996, S. 20). Die selbständigen „Arbeitskräfte" sind sowohl hinsichtlich der Zeiteinteilung als auch der Art und Weise der Auftragserfüllung unabhängig. Entscheidend ist lediglich, daß ein Werk zu einem bestimmten Zeitpunkt auftragsgemäß erstellt wird. Sie sind nicht vom italienischen „Arbeiterstatut" *(Satuto dei Lavoratori)* erfaßt.

2.2.2.6 Heimarbeit

Nach italienischem Arbeitsrecht handelt es sich bei Heimarbeit um eine Form der unselbständigen Erwerbsarbeit. Die HeimarbeiterInnen befinden sich jedoch nicht unmittelbar im Betrieb, die ArbeitgeberInnen üben aber Direktions-, Wach-, Disziplinar- und Kontrollbefugnisse aus. „Wesentliches Kennzeichen ist also die Trennung der unmittelbaren, direkten Zusammengehörigkeit von Arbeitsplatz und Aufenthaltsort des Arbeitgebers" (Hofmann/Coslovich 1996, S. 79).

Die zwingend vorgeschriebene Akkordentlohnung sowie die Höhe der Zulagen für Sonn- und Feiertagsarbeit, des Weihnachtsgeldes und der Abfertigungsbeträge erfolgt nach den entsprechenden Kollektivverträgen. Fehlt eine derartige Vereinbarung, findet die Festlegung von hierzu eingesetzten regionalen Kommissionen (bestehend aus jeweils vier VertreterInnen der ArbeitgeberInnen- und ArbeitnehmerInnenseite) statt. Die gesetzlichen Regelungen betreffend Arbeitszeit und Sonntagsruhe sind auf HeimarbeiterInnen nicht anzuwenden, jedoch muß Sonn- und Feiertagsarbeit entsprechend entlohnt werden (vgl. Liguori 1995, S. 9f.).

2.2.2.7 Tele(heim)arbeit

Tele(heim)arbeit war bis vor kurzer Zeit weder gesetzlich noch kollektivvertraglich geregelt. Eine Vorreiterrolle im Hinblick auf die Einführung und Regelung von Tele(heim)-arbeit kommt der *Telecom Italia* zu. Nach einer ersten Betriebsvereinbarung im August 1995 erklärten sich 200 MitarbeiterInnen auf freiwilliger Basis zur Tele(heim)arbeit bereit (vgl. EIRR 1996/271, S. 18). Die Tele(heim)arbeiterInnen, die ihre Arbeit via Terminal zu Hause verrichteten, behielten in jedem Fall ihren Status als „unselbständig Erwerbstätige". Die Bezahlung erfolgte auf Grundlage des vorangegangenen Einkommens im Betrieb und der effektiven Produktivität der Tele(heim)arbeiterInnen.

Im Rahmen einer weiteren Vereinbarung im September 1996 einigten sich *Telecom Italia* und die Gewerkschaften auf die Unterscheidung von drei Formen der Telearbeit: erstens Teleheimarbeit für gering qualifizierte Arbeitskräfte (z. B. TelefonistInnen), zweitens mobile Telearbeit für höher qualifizierte Arbeitskräfte (z. B. Computerfachkräfte) und Telearbeit in sogenannten „Telecottages" (vgl. EIRR 1996/273, S. 8).

Im September 1998 unterzeichneten *Telecom Italia* und die Gewerkschaften schließlich einen Rahmenvertrag betreffend die Tele(heim)arbeit. Der Rahmenvertrag sieht vor, daß Tele(heim)arbeit weiterhin auf Freiwilligkeit beruht, die entsprechenden kollektivvertraglichen Regelungen auch auf Tele(heim)arbeiterInnen Anwendung finden, die Entlohnung im Falle von Tele(heim)arbeiterInnen durch einen etwaigen Unkostenbeitrag (z.B. anteilige Stromkosten) ergänzt wird und TelearbeiterInnen auch weiterhin in die Aus- und Weiterbildungsmaßnahmen des Betriebes eingebunden sind (vgl. EIRR 1998/296, S. 32f.).

2.2.2.8 „Gemeinnützige Tätigkeiten"

Diese Art der „Beschäftigung" steht – maximal für ein Jahr – Personen offen, die seit mehr als zwei Jahren in eine Arbeitsvermittlungsliste eingetragen sind, eine Mobilitäts-entschädigung oder Lohnausgleichszahlung erhalten oder deren Anspruch auf Unterstüt-zung ausgelaufen ist. Erwerbslose, die „gemeinnützige Tätigkeiten" ausüben, werden nicht aus den Arbeitsvermittlungslisten gestrichen und behalten damit ihren Listenrang.

Trotz des weitgehend beschäftigungspolitischen Einsatzes (budgetfinanziert) begründet die Ausübung einer „gemeinnützigen Tätigkeit" kein Dienstverhältnis. Obwohl sich der italienische Verfassungsgerichtshof bereits 1993 für die Anerkennung von „gemeinnützi-gen Tätigkeiten" als „unselbständige Erwerbsarbeit" aussprach, kam es bislang zu keiner gesetzlichen Regelung (vgl. Passarelli 1996, S. 97). Die arbeitsrechtliche Situation ist nach wie vor ungeklärt.

Für eine „Teilzeitbeschäftigung" (maximal 100 Stunden pro Monat) erhalten die betroffe-nen Personen eine monatliche Unterstützung *(assegno)* von 800.000 Lire (413,17 Euro) oder 64 % der Lohnausgleichszahlung bzw. der „Mobilitätsentschädigung".

2.2.2.9 Leiharbeit

Die Arbeitsvermittlung war in Italien bis zu Beginn der 90er Jahre sehr streng geregelt. Einstellungen in der Privatwirtschaft waren grundsätzlich nur über die Vermittlung des Bezirksarbeitsamtes möglich. 1991 wurde das Einstellungsverfahren insofern neu gere-gelt, als nun an Stelle der „numerischen" Einstellung die Möglichkeit der „namentlichen" Einstellung [15] auf alle privaten ArbeitgeberInnen ausgedehnt wurde. Grundprinzipien der Arbeitsvermittlung blieben jedoch der öffentliche Charakter, das Verbot der privaten Arbeitsvermittlung und die Pflicht der ArbeitgeberInnen, sich für die Einstellung von ArbeitnehmerInnen an die Arbeitsämter zu wenden, sowie der Arbeitsuchenden, sich in die Arbeitsvermittlungslisten einzutragen (vgl. MISEP 1996, S. 27). 1995 wurde – um eine Effizienzsteigerung bei der Arbeitsvermittlung zu erreichen – die direkte Einstellung eingeführt. Die ArbeitnehmerInnen müssen zwar nach wie vor in eine der Vermittlungsli-sten eingeschrieben sein, die Mitteilung an das Arbeitsamt kann aber auch erst nach Ein-stellung erfolgen (vgl. Torsello 1996, S. 240).

Auf der Grundlage des *„pacchetto Treu"* ist seit Juni 1997 die private Vermittlung von unselbständiger Erwerbsarbeit *(lavoro interinale)* gesetzlich geregelt. Leiharbeitsfirmen können aber nur von Kapitalgesellschaften gründet werden. Sie müssen in mindestens 6 Provinzen tätig sein und ein Gesellschaftskapital von 1 Milliarde Lire (516.460 Euro) als Sicherstellung hinterlegen (vgl. Bonardi 1996, S. 196; la Repubblica 20. 3. 1997, S. 6). Im April 1998 belief sich die Zahl der vom Arbeitsministerium anerkannten und daher in ein entsprechendes Verzeichnis eingetragenen Leiharbeitsfirmen auf 26.

Die mit Leiharbeitsfirmen abgeschlossen Verträge sind innerhalb von 5 Tagen vor Arbeits-antritt der „LeiharbeitnehmerIn" und innerhalb von 10 Tagen dem Arbeitsinspektorat zu übermitteln. Leiharbeitsverträge bedürfen der schriftlichen Form und müssen die End-ArbeitgeberInnen, Dauer, Tätigkeit *(mansioni)*, Arbeitsplatz und Entlohnung beinhalten (vgl. Bonardi 1995, S. 198ff.).

Der Einsatz von Leiharbeitskräften ist ähnlich geregelt wie der von „befristeten Arbeitskräften". Eine Verlängerung des Leiharbeitsvertrages ist bei gleichzeitiger Lohnerhöhung von 30 % nur für 10 Tage möglich. Geht die Verlängerung darüber hinaus, wandelt sich das „Leiharbeitsverhältnis" automatisch in ein unbefristetes Beschäftigungsverhältnis um. Die Bezahlung muß jener Entlohnung entsprechen, auf die eine gleichwertige Arbeitskraft im Betrieb der ArbeitgeberIn Anspruch hat (vgl. Bonardi 1996, S. 203ff.).

In einer Rahmenvereinbarung zwischen den VertreterInnen der Leiharbeitsfirmen (*Assointerim*) und den Gewerkschaften wurden im April 1998 folgende zusätzliche Übereinkünfte getroffen: Die Leiharbeitsfirmen sind verpflichtet, 5 % des Tageslohnes der LeiharbeitnehmerInnen in einen Fonds zur Finanzierung von Weiterbildungsmaßnahmen einzuzahlen; besteht eine exklusiver Vertrag zwischen einer Leiharbeitsfirma und einer LeiharbeiterIn, muß die Leiharbeitsfirma während der Zeit der „Erwerbslosigkeit" einen sogenannten „Verfügbarkeits-Bonus" bezahlen (Mindestausmaß 500.000 Lire bzw. 258,23 Euro), und ein Leiharbeitsvertrag darf mit demselben Arbeitgeber nicht öfter als vier mal verlängert werden und insgesamt nicht länger als 24 Monate dauern (vgl. EIRR 1998/293, S. 9).

2.2.2.10 „Experimentelle" lokale Sozialpartnerabkommen

Als Beispiele für „experimentelle" lokale Sozialpartnerabkommen (*contratti d'aria*) können die Abkommen mit dem Fiat-Montagewerk in Melfi (bei Neapel) und dem Fiat-Motorenwerk in Pratola Serra (Kampanien) angeführt werden (vgl. dazu näher: Cattero 1996). Bereits Ende 1990 wurden in einem ersten Abkommen die grundsätzlichen Bedingungen für die Errichtung der neuen Werke in Süditalien festgelegt. Im Hinblick auf die Arbeitszeit bedeutet dies eine sechstägige Produktion zu je drei Schichten, jede dritte Woche vier durchgehend freie Tage, sonntags nur Wartungs- und Reparaturarbeiten. „Darüber hinaus wurde eine Abweichung vom gesetzlichen Verbot der Nachtarbeit für Frauen vereinbart, um ihre 'Gleichstellung bei Beschäftigungschancen und beruflicher Entwicklung' sicherzustellen" (a.a.O., S. 461). Kurz nach Abschluß der Vereinbarung gründete Fiat zwei neue Betriebsgesellschaften, die „kein rechtlicher Bestandteil von Fiat-Auto und als solche nicht an die entsprechenden Tarifverträge gebunden" sind (a.a.O.). Zwei weitere Melfi-Abkommen aus den Jahren 1993 und 1994 vergrößerten den Spielraum des Arbeitgebers betreffend Arbeitszeit und Arbeitsorganisation und brachten zudem eine Verschlechterung hinsichtlich der Entlohnung (vgl. a.a.O., S. 463ff.).

2.2.2.11 „Job-sharing"

Das „Job-sharing" ist in Italien bisher weder gesetzlich noch kollektivvertragsrechtlich geregelt. Anfang 1998 hat die damalige Regierung unter Arbeitsminister Treu jedoch einen Vorschlag zur arbeits- und sozialrechtlichen Regelung präsentiert. Demnach sollte ein Job-sharing-Arbeitsvertrag (*contratto di lavoro ripartito*) nicht zwei Teilzeitarbeitsverträgen, sondern einem Äquivalent eines Vollarbeitsvertrages entsprechen. Die zwei beteiligten ArbeitnehmerInnen wären jeweils für die gesamte Arbeitsleistung des „Vollzeitarbeitsplatzes" verantwortlich und müßten gegebenenfalls für den verhinderten Partner einspringen. Die Arbeits(zeit)aufteilung wäre daher zwischen den beiden ArbeitnehmerInnen im Einvernehmen mit dem Arbeitgeber vertraglich festzulegen und die einzelnen ArbeitnehmerInnen müßten pro rata für ihre Arbeitsleistung entlohnt werden (vgl. EIRR 1998/293, S. 10).

2.2.3 Evaluierung

Die „traditionellen" atypischen Beschäftigungsformen, wie Teilzeitarbeit, „Kurzarbeitsverträge", befristete Beschäftigungsverhältnisse, „kombinierte Ausbildungs- und Arbeitsverträge", aber auch Heimarbeit sind arbeitsrechtlich stark reguliert. Diese Beschäftigungsformen sind dem „Normalarbeitsverhältnis" nahezu gleichgestellt. Im Fall von befristeten Beschäftigungsverhältnissen und „kombinierten Ausbildungs- und Arbeitsverträgen" berechnen sich Urlaub, Weihnachtsgeld und Abfertigung jedoch proportional zur Dauer des Arbeitsvertrages. Ein gewisser Unsicherheitsfaktor bei der Beurteilung des arbeitsrechtlichen Schutzes ergibt sich aus dem hohen Grad der kollektivvertraglichen Regelungen. Aufgrund der bisherigen Praxis der italienischen Kollektivvertragspolitik ist ein hohes Schutzniveau anzunehmen. Was insbesondere die Situation von Frauen betrifft, ist diese positive Einschätzung nicht unbedingt berechtigt, denn auch die italienischen (überwiegend männlichen) Kollektivvertragspartner sind frauenpolitischen Anliegen gegenüber eher blind. Besondere Bedeutung erhält dieser Umstand durch die Tatsache, daß neue Formen der atypischen Beschäftigung, wie „gemeinnützige Tätigkeiten" und auch Tele(heim)arbeit, wenn überhaupt, nur über das kollektivvertragliche Arbeitsrecht geschützt sind. Erste Erfahrungen mit „experimentellen" lokalen Sozialpartnerabkommen zeigen aber auch, daß die italienischen Gewerkschaften unter dem Druck großer beschäftigungspolitischer Probleme bereit sind, Vereinbarungen zu treffen, die den arbeitsrechtlichen Schutz stetig aushöhlen.

2.3   Sozialrechtliche Regelungen [16]

2.3.1 Tradition der sozialrechtlichen Regelungen

2.3.1.1 Pensionsversicherung

Grundprinzipen

1995 wurde das italienische Pensionsversicherungssystem grundlegend reformiert. Durch die sehr langen Übergangsfristen bestehen in den nächsten Jahrzehnten zwei Alterssicherungssysteme nebeneinander. Nachfolgend soll jedoch nur das „neue" Pensionssystem kurz dargestellt werden.[17]

Das „neue" Pensionsversicherungssystem trat mit 1. 1. 1996 in Kraft. Es bringt eine nahezu völlige Harmonisierung der Alterssicherungssysteme, verstärkt die Erwerbszentriertheit und bestätigt ungeachtet der Wiederbelebung der „Hausfrauenpension" die Ehezentriertheit. Die Aufhebung der „Mindestpensionsregelungen" und die Umwandlung der Sozialpension in eine „Sozialhilfeleistung" *(assegno sociale)* bedeuten de facto ein Abgehen vom Grundsicherungsgedanken. Die Lebensstandardsicherung, die durch die neue „beitragsbezogene" Leistungsberechnung nicht mehr erreicht werden kann, soll durch ein Zusatzpensionssystem ermöglicht werden.

Personenkreis und Finanzierung

Von der italienischen Pensionsversicherung sind alle unselbständig und selbständig Erwerbstätigen sowie öffentlich Bediensteten ab dem 14. Lebensjahr erfaßt.

Die Finanzierung erfolgt über erwerbsabhängige Beitragszahlungen nach dem Umlage-verfahren. Die Beitragssätze liegen für unselbständig Erwerbstätige bei 31 % und für Selbständige bei 15 % ihres Einkommens. Die Höchstbeitrags- und Höchstbemessungs-grundlage liegt bei einem Jahresverdienst von 132 Millionen Lire (68.170 Euro).

Pensionsleistungen

Das italienische Pensionsversicherungssystem gewährt Alters-, Hinterbliebenen- und Erwerbsunfähigkeitspensionen sowie Invalidengeld. Als Voraussetzung für den Bezug einer Alterspension gilt für Frauen und Männer gleichermaßen die Vollendung des 57. Lebensjahres. Jedoch müssen, um einen Anspruch auf Alterspension bereits mit Vollendung des 57. Lebensjahres geltend machen zu können, mindestens fünf „effektive" Beitragsjahre vorliegen, die zu einer Pensionsleistung führen, die nicht unter dem 1,2fachen Betrag des *assegno sociale*[18] liegt. Ab einer Versicherungszeit von 40 Jahren wird die Alterspension unabhängig vom Lebensalter und ab dem 65. Lebensjahr unabhängig von der Höhe der angesammelten Beiträge gewährt. Durch diese Verknüpfung von Pensionsalter, Mindestbeitragszeit und Eigenpensionsleistung wurde das Pensionsanfallsalter rein rechtlich flexibel zwischen dem 57. und 65. Lebensjahr ausgestaltet.

Für Frauen sinkt das Pensionsanfallsalter – bis zu einem Höchstausmaß von einem Jahr – pro Kind um 4 Monate. Dies unabhängig davon, ob die Mutter zum Zeitpunkt der Geburt des Kindes versicherungspflichtig beschäftigt war. Anstatt eines „vorzeitigen" Pensionsantritts können auch höhere Transformationskoeffizienten[19] gewählt werden.

Anspruch auf Erwerbsunfähigkeitspension bzw. Invalidengeld besteht nach einer Wartezeit von fünf Jahren, wenn eine 100prozentige bzw. über 66prozentige Erwerbsunfähigkeit vorliegt.

Hinterbliebenenleistungen werden im allgemeinen Witwen, Witwern und minderjährigen Kindern gewährt. Schuldig geschiedene Ehegatten haben kein Anrecht auf eine Hinterbliebenenpension. Anspruchsvoraussetzung ist die Erfüllung der Wartezeit für die Erwerbsunfähigkeitspension.

„Figurative" Beitragszeiten

Ähnlich den Ersatzzeiten im österreichischen Pensionsversicherungssystem werden in Italien sogenannte „figurative Beitragszeiten" angerechnet. Seit 1. 1. 1997 werden für Zeiten, in denen eine Geldleistung aus der Kranken- oder Unfallversicherung bezogen wurde, insgesamt 24 Monate angerechnet (vgl. Ricciardi et al. 1996, S. 46). Im Zusammenhang mit Schwangerschaft und Geburt gelten fünf Monate obligatorischer Mutterschutz und sechs Monate fakultativer Elternurlaub (bis zu einem Höchstausmaß von fünf Jahren) als „figurative" Beitragszeiten. Seit 1994 erfolgt die Anrechnung der Mutterschutzzeiten auch unabhängig davon, ob die Mutter zum Zeitpunkt der Geburt des Kindes versicherungspflichtig beschäftigt war. Zeiten, in denen Geldleistungen aus der „regulären" Erwerbslosenversicherung oder Lohnausgleichszahlungen bezogen wurden, sowie Zeiten des Militärdienstes werden ohne zeitliche Limitierung berücksichtigt.

Für Zeiten der Aus- und Weiterbildung, der Forschung, der Einbindung in Arbeitsmarktbereiche ohne Versicherungspflicht sowie für Zeiten, in denen durch die Ausübung unregelmäßiger, prekärer und saisonaler Beschäftigung kein Versicherungsschutz gegeben ist, sollten laut Reformgesetz 1995 insgesamt maximal für 3 Jahre „figurative Beitragszeiten" geschaffen werden, „ohne jedoch dadurch zusätzliche Kosten für den Staat zu verursachen" (Gazzetta Ufficiale 16. 8. 1995, S. 10). Jedoch erfolgte bisher keine entsprechende gesetzliche Regelung.

Pensionsberechnung

Die „beitragsbezogene" Pensionsleistung berechnet sich auf Basis der geleisteten Beiträge inklusive der „fiktiven" Beiträge für „figurative" Beitragszeiten. Diese (simulativ) angesammelten Beitragsleistungen werden jährlich mit einem vom BIP abhängigen Aufwertungsfaktor multipliziert. Die so berechnete „individuelle Beitragssumme" wird bei Pensionsantritt mit dem „Transformationskoeffizienten", der altersabhängig zwischen 4,72 % (57. Lebensjahr) und 6,136 % (65. Lebensjahr) variiert, multipliziert. Das Ergebnis dieser Operation ergibt die individuelle jährliche Pensionsleistung.

Im Fall von Invaliditäts- oder Hinterbliebenenleistungen beträgt der „Transformationskoeffizient" mindestens 4,57 %. Für die Berechnung der Erwerbsunfähigkeitspension werden nicht nur die vorhandenen Versicherungs- und Ersatzzeiten zugrunde gelegt, sondern auch noch jene Zeiten als Beitragszeiten zugerechnet, die zwischen der Zuerkennung der Pension und dem 60. Lebensjahr liegen. Auf das zeitlich begrenzte Invalidengeld wird Einkommen aus unselbständiger oder selbständiger Erwerbstätigkeit proportional angerechnet Die Hinterbliebenenleistung beträgt grundsätzlich 60 %, für unterhaltsberechtigte Kinder oder erwerbsunfähige Personen 70 % des Pensionsanspruchs der Verstorbenen. Eigenständiges Einkommen der Hinterbliebenen ohne Betreuungs- und Unterhaltpflichten wird auf die Pensionsleistung angerechnet.

„Sozialhilfeleistung" und „Hausfrauenpension"

Anstelle der Sozialpension wird an bedürftige italienische StaatsbürgerInnen, die in Italien leben und das 65. Lebensjahr vollendet haben, ein *assegno sociale* („Sozialhilfeleistung") ausbezahlt. Diese machte 1996 netto 6.240.000 Lire (3.222,36 Euro) jährlich aus und wird gänzlich aus Steuermitteln finanziert. Bei zusätzlichem Einkommen (zum Beispiel Eigenpension) kommt es zu Kürzungen bishin zum gänzlichen Wegfall der Leistung.

Durch das Reformgesetz 1995 wurde die Regierung beauftragt, innerhalb von 12 Monaten nach Inkrafttreten der Pensionsreform gesetzliche Maßnahmen zur „Re-Aktivierung" der bereits 1963 geschaffenen „Hausfrauenpension" zu setzen. Seit August 1996 gibt es fünf verschiedene Beitragsklassen für Personen, die unbezahlte, private Hausarbeit leisten (vgl. Vita italiana 1996/7-8, S. 70).

Zusatzpensionssystem

Die Zusatzversicherung für unselbständig und selbständig Erwerbstätige sowie für den öffentlichen Dienst beruht nach wie vor auf freiwilliger Basis (vgl. Mairhuber 1998, S. 147f.).

2.3.1.2 Erwerbslosenversicherung

Die Absicherung im Fall von Erwerbslosigkeit ist in Italien zweigeteilt. In die „reguläre" Erwerbslosenversicherung sind alle unselbständig Erwerbstätigen eingebunden. Die sogenannten „ordentlichen" und „außerordentlichen" Lohnausgleichskassen sowie die „Mobilitätsentschädigungen" bieten im Fall von Arbeitszeitreduzierung oder Massenentlassung für die Bereiche der Industrie, des Baugewerbes und der Landwirtschaft spezielle Leistungen.

„Reguläre" Erwerbslosenversicherung

Die Finanzierung der Leistungen erfolgt nur über ArbeitgeberInnenbeiträge, die Verwaltungskosten trägt der Staat. Als Voraussetzung für die Inanspruchnahme einer Geldleistung aus der „regulären" Erwerbslosenversicherung müssen mindestens zwei Jahre einer versicherungspflichtigen Beschäftigung vorliegen. Bei prekärer Beschäftigung (z. B. TagelöhnerInnen im Bereich der Landwirtschaft) genügen 78 Beschäftigungstage in einem Jahr. Eine vorangegangene Versicherung oder Beitragszahlung ist in diesem Falle nicht erforderlich.

Eine Besonderheit der „regulären" Erwerbslosenversicherung besteht darin, daß keine „absolute" Erwerbslosigkeit erforderlich ist. Wird die „Hauptbeschäftigung", aber nicht die „Nebenbeschäftigung" verloren, besteht Anspruch auf eine Teil-Transferleistung. Das „reguläre" Erwerbslosengeld – 25 % des Bruttoentgeltes – wird bei Kündigung durch die ArbeitgeberInnen nach einer Karenzzeit von 7 Tagen, bei Kündigung durch die ArbeitnehmerInnen nach einer Karenzzeit von 37 Tagen, für die Dauer von 180 Tagen gezahlt. Anspruchsberechtigte erhalten generell Familienbeihilfe, die Zeiten der Erwerbslosigkeit gelten als „figurative" Beitragszeiten in der Pensionsversicherung.

Lohnausgleichskassen

Es wird zwischen „ordentlichen" und „außerordentlichen" Lohnausgleichszahlungen unterschieden. Sowohl die „ordentlichen" als auch die „außerordentlichen" Lohnausgleichskassen *(Cassa integrazione guadagni straordinaria – CIGS)* werden durch reine ArbeitgeberInnenbeiträge finanziert. Anspruch auf „ordentliche" Lohnausgleichszahlungen haben ArbeitnehmerInnen der Industrie, des Bausektors und der Landwirtschaft. Explizit ausgenommen sind Lehrlinge, HeimarbeiterInnen, Führungskräfte und Familienangehörige. „Ordentliche" Lohnausgleichszahlungen können bei kurzzeitiger Stillegung oder Reduktion der Produktion (Arbeitszeit) aus betrieblichen oder vorübergehend marktwirtschaftlichen Gründen beantragt werden. „Außerordentliche" Ausgleichszahlungen werden bei Stillegung oder Reduktion der Produktion im Falle der Umstrukturierung und bei Betriebsumstellungen geleistet.

Die Ausgleichszahlungen für jene Stunden – bis zu einem Höchstausmaß von 40 Wochenstunden –, die nicht gearbeitet werden, betragen 80 % des Nettolohnes bis zu einem Höchstausmaß von 1.500.000 Lire (774,69 Euro) monatlich. Die Dauer der „ordentlichen" bzw. der „außerordentlichen" Ausgleichszahlungen ist beschränkt. Die Zeiten werden als „figurative" Beitragszeiten in der Pensionsversicherung gewertet, LohnausgleichsbezieherInnen erhalten Familienbeihilfe (vgl. Ricciardi et al. 1996, S. 212).

„Mobilitätsentschädigung" (indennità di mobilità)

Die „Mobilitätsentschädigung" kommt im Falle einer Stillegung oder Restrukturierung des Unternehmens jenen Beschäftigten zugute, die nach einer Periode der „außerordentlichen" Lohnausgleichszahlungen im Zuge einer Massenentlassung ihren Arbeitsplatz verlieren.[20] Anspruch auf „Mobilitätsentschädigung" haben unbefristet beschäftigte ArbeiterInnen und Angestellte sowie HeimarbeiterInnen. Explizit ausgenommen sind leitende Angestellte, SaisonarbeiterInnen, im Rahmen von „kombinierten Ausbildungs- und Arbeitsverträgen" beschäftigte ArbeitnehmerInnen, Lehrlinge und befristet beschäftigte ArbeitnehmerInnen (vgl. MISEP 1996, S. 63).

Als Anspruchsvoraussetzung gilt eine mindestens 12monatige Betriebszugehörigkeit. Die „Mobilitätsentschädigung" entspricht der „außerordentlichen" Lohnausgleichszahlung, verringert sich jedoch nach 12 Monaten auf 80 % der vorangegangenen Zahlung und ist zeitlich beschränkt. Die Anspruchsberechtigten erhalten Familienbeihilfe, und die Zeiten des Leistungsbezuges werden als „figurative" Beitragszeiten in der Pensionsversicherung angerechnet (vgl. Ricciardi et al. 1996, S. 226).

2.3.1.3 Nationaler Gesundheitsdienst

Organisation und Finanzierung

Anfang der 80er Jahre wurde die italienische Krankenversicherung in einen nationalen Gesundheitsdienst umgewandelt. Dieser bietet allen EinwohnerInnen Italiens – wenn auch auf höchst unterschiedlichem Qualitätsniveau – eine medizinische Vorsorge und Grundversorgung. Die Finanzierung beruht auf Krankenversicherungsbeiträgen und allgemeinen Steuermitteln.

Sach- und Geldleistungen

Die Sachleistungen umfassen ambulante und stationäre Behandlung sowie die Versorgung mit Heil- und Hilfsmitteln. Alle Frauen haben Anspruch auf kostenlose medizinische Versorgung bei Schwangerschaft und Entbindung. Angestellte erhalten je nach Betriebszugehörigkeit mindestens drei Monate gesetzliche Gehaltsfortzahlung. ArbeiterInnen erhalten für maximal 180 Tage Krankengeld. Für befristet Beschäftigte gibt es aliquote Einschränkungen. Das Krankengeld beträgt bis zum 21. Tag 50 % und für die weiteren Tage 2/3 des Nettolohnes. In den meisten Kollektivverträgen ist eine Erhöhung des Krankengeldes durch die ArbeitgeberInnen auf 100 % vorgesehen (vgl. Liguori 1995, S. 204).

Wochengeld und Elternurlaub

Arbeitnehmerinnen, die in einem Dienst- oder Ausbildungsverhältnis stehen (einschließlich Heimarbeiterinnen und Hausangestellte), haben (ohne weitere versicherungs- bzw. beitragsmäßige Voraussetzungen) zwei Monate vor und drei Monate nach der Entbindung (Zeit des absoluten Beschäftigungsverbotes) Anspruch auf Wochengeld. Dies gilt auch für erwerbslose Frauen, falls die Schutzfrist nicht später als 180 Tage nach dem Verlust der Arbeit einsetzt. Danach kann von der Mutter, bzw. wenn diese verzichtet vom Vater, während des ersten Lebensjahres des Kindes ein sechsmonatiger Elternurlaub (nicht zwangsläufig durchgehend) beantragt werden. Keinen Anspruch auf Elternurlaub haben

HeimarbeiterInnen und HausgehilfInnen. Der Elternurlaub kann (einschließlich des Leistungsbezuges) im Falle eines behinderten Kindes bis zum dritten Lebensjahr ausgedehnt werden. Das Wochengeld beträgt 80 % des letzten Bruttoeinkommens, das Elternurlaubsgeld 30 % des Nettoeinkommens. In den meisten Kollektivverträgen ist eine Erhöhung des Wochengeldes durch die ArbeitgeberInnen auf 100 % vorgesehen (vgl. a.a.O., S. 205).

2.3.1.4 Unfallversicherung

Die Unfallversicherung *(assicurazione obbligatoria contro gli infortuni sul lavoro e le malattie professionali)* wird allein durch ArbeitgeberInnenbeiträge finanziert. Anspruch auf Leistung aus der Unfallversicherung gebührt unmittelbar nach einem Arbeitsunfall (Wegunfälle werden nur bedingt erfaßt) oder aufgrund einer nachgewiesenen Berufskrankheit (vgl. dazu näher: a.a.O., S. 272ff.).

Bis zur Heilung bzw. bis zum Eintritt des Dauerzustandes der Arbeitsunfähigkeit erhalten verunglückte ArbeitnehmerInnen ab dem 4. Tag nach dem Unfall eine Geldleistung in der Höhe von 60 % des Entgelts, nach 90 Tagen in der Höhe von 75 %. In der Regel zahlen die ArbeitgeberInnen aufgrund von kollektivvertraglichen Vereinbarungen während der ersten drei Karenztage das volle Entgelt weiter und während der restlichen Tage eine Ausgleichszahlung bis zu 40 % des Entgelts. Dauer und Höhe der Geldleistungen aufgrund einer Berufskrankheit sind kollektivvertraglich geregelt. Tritt der Dauerzustand der Arbeitsunfähigkeit ein, wird eine Unfallrente bezahlt (vgl. a.a.O., S. 270ff.).

2.3.2 Sozialrechtliche Regelungen der atypischen Beschäftigungsformen

2.3.2.1 Teilzeitarbeit

Das italienische Sozialversicherungsrecht kennt keine Geringfügigkeitsgrenze (vgl. Walwei 1995, S. 186). Die Sozialversicherungsbeiträge für Teilzeitbeschäftigte werden aliquot berechnet, wobei Untergrenzen (Mindestbeitrag) bestehen, die auf Basis des 1983 gesetzlich festgelegten täglichen Mindestentgeltes (1994: 57.223 Lire bzw. 29,55 Euro) berechnet werden (vgl. Filandoro 1995, S. 13f.).

In einzelnen Branchen, in denen in Österreich häufig „geringfügige Beschäftigungsverhältnisse" vorkommen, gelten besondere Bestimmungen. Für Arbeitskräfte, die weniger als 4 Stunden täglich beschäftigt sind, wird der tägliche Mindestlohn mit 4 % der jährlich angepaßten monatlichen Mindestpensionsleistung für unselbständig Erwerbstätige festgelegt. 1994 ergab dies einen täglichen Mindestlohn von 24.084 Lire (12,44 Euro) (vgl. a.a.O., S 30). Anwendung findet diese gesetzliche Regelung auf nicht-staatliche Aus- und Weiterbildungsinstitutionen, Sozialdienste, „soziale Kooperativen", Aushilfspersonal im Bankenbereich sowie Reinigungsbetriebe und Putzfirmen. Die taxativ aufgezählten Anwendungsgebiete können durch Ministerialdekret erweitert werden (vgl. a.a.O., S. 29f.). Der Mindestlohn bildet auch die Basis für die Berechnung der Sozialversicherungsbeiträge.

Grundsätzlich werden Entlohnung (einschließlich Abfertigung) und gesetzliche Sozialleistungen entsprechend der Zeitreduzierung aliquot berechnet. Da es keine echte Mindestsicherung gibt, sind diese kaum – im Falle des „regulären" Erwerbslosengeldes keinesfalls – existenzsichernd. Für Vollzeitarbeitsverhältnisse, die nach dem 6. Jänner 1985 in ein Teilzeitarbeitsverhältnis umgewandelt wurden, werden für die Pensionsberechnung die Vollzeitjahre als ganze Versicherungsjahre und die Teilzeitjahre entsprechend der geleisteten Arbeitsstunden angerechnet (vgl. a.a.O., S. 23f.).

Kollektivvertragsrechtliche Leistungen wie Essensmarken, Transportvergütung und Anzahl der Urlaubstage stehen in vollem Ausmaß zu (vgl. Ricciardi et al. 1996, S. 144). Familienbeihilfe gebührt in vollem Umfang, sofern die Arbeitszeit mindestens 24 Wochenstunden beträgt, wobei die Arbeitsstunden aus verschiedenen Beschäftigungsverhältnissen zusammengezählt werden. Liegt das Arbeitsausmaß darunter, erhalten die ArbeitnehmerInnen für jeden Tag, den sie – unabhängig vom Stundenausmaß – gearbeitet haben, Familienbeihilfe.

In der Unfallversicherung werden für die Berechnung der Beiträge die kollektivvertraglich festgelegten Löhne und Gehälter der entsprechenden Vollzeittätigkeiten herangezogen (vgl. Liguori 1995, S. 218). Dies kann bei vorübergehender Arbeitsunfähigkeit dazu führen, daß die Leistungen höher sind als das vorangegangene Einkommen (vgl. Filandoro 1995, S. 20f.).

2.3.2.2 „Kurzarbeitsverträge"

Bei den „Kurzarbeitsverträgen" muß zwischen zwei Gruppen von ArbeitnehmerInnen unterschieden werden. Für ArbeitnehmerInnen, die in Unternehmen beschäftigt sind, die im Anwendungsbereich der *Cigs* liegen, werden die aufgrund der Arbeitszeitreduzierung entfallenen Stunden als „figurative Beitragszeiten" in der Pensionsversicherung angerechnet. Für alle anderen ArbeitnehmerInnen ist die finanzielle „Beihilfe" nicht Teil des Einkommens, es müssen keine Sozialabgaben dafür geleistet werden, die „Beihilfe" wird nicht für die Berechnung der Sozialleistungen (zum Beispiel Alterspension) herangezogen (vgl. Passarelli, 1996, S. 50f.).

2.3.2.3 Befristete Beschäftigungsverhältnisse

Befristet Beschäftigte sind sozialversicherungsrechtlich den unbefristet beschäftigten Arbeitskräften nahezu gleichgestellt. Anspruch auf Krankengeld gebührt für befristete Arbeitskräfte innerhalb der gesetzlich festgelegten Höchstdauer von 180 Tagen, jedoch maximal für eine Zeitspanne, die den geleisteten Arbeitstagen entspricht. Zeiten, in denen Lohnausgleichszahlungen oder Wochengeld bezogen wurden, gelten dabei als aktive Arbeitszeiten (vgl. Miele 1995, S. 209f.). Konnten vor dem Krankheitsfall nicht mehr als 30 Arbeitstage angesammelt werden, erhalten sie für maximal 30 Tage Krankengeld, sofern mindestens ein aktiver Arbeitstag vorliegt. Befristet beschäftigte Arbeitskräfte haben gleichermaßen Anspruch auf Wochen- und Elternurlaubsgeld, Familienbeihilfe sowie Leistungen aus der Unfallversicherung. Sofern die entsprechenden versicherungsmäßigen Voraussetzungen erfüllt sind, erhalten sie „reguläres" Erwerbslosengeld und „ordentliche" Lohnausgleichszahlungen, vom Bezug der „außerordentlichen" Lohnausgleichszahlungen und der „Mobilitätsentschädigung" sind sie jedoch ausgeschlossen (vgl. a.a.O., S. 212ff.).

2.3.2.4 „Kombinierte Ausbildungs- und Arbeitsverträge"

Für ArbeitnehmerInnen mit einem „kombinierten Ausbildungs- und Arbeitsvertrag" errechnen sich die Sozialversicherungsbeiträge prozentuell zur (relativ niedrigen) Entlohnung, betragen aber in jedem Fall den kollektivvertraglich festgelegten „Mindestbeitragssatz". Die sozialversicherungsrechtlichen Ansprüche entsprechen grundsätzlich denen der befristet beschäftigten Arbeitskräfte (vgl. a.a.O., S. 199ff.), sind jedoch aufgrund der niedrigen Einkommen bzw. Beitragssätze keinesfalls existenzsichernd (vgl. Zoppoli 1990, S. 140).

2.3.2.5 „Selbständige Tätigkeit"

„Die Arbeitnehmer von autonomer Arbeit erhalten das Recht zur freiwilligen Beitragszahlung ab dem Monat der Antragstellung. Diesen wird eine Beitragsklasse aufgrund der durchschnittlichen Entlohnung während der vorhergehenden 156 Arbeitswochen zugewiesen, wobei eine Mindestgrenze beachtet werden muß. Die Beitragszahlungen, welche für eine niedrigere als die zugewiesene Klasse erfolgt sind, bringen die verhältnismäßige Reduzierung der zugunsten des Versicherten anerkannten Anzahl von Arbeitswochen mit sich" (Hofmann/Coslovich 1996, S. 111). Diese Pensionsversicherungsbeiträge müssen in einem Dreimonatsrhythmus bezahlt werden. Die Sachleistungen des Nationalen Gesundheitsdienstes stehen auch den „selbständig Tätigen" offen, bei einem entsprechenden Verdienst müssen jedoch Krankenversicherungsbeiträge geleistet werden. „Selbständig Tätige" im Landwirtschaftssektor können unter bestimmten Umständen „ordentliche" Lohnausgleichszahlungen beziehen (vgl. Cinelli 1994, S. 189).

2.3.2.6 Heimarbeit

Betreffend Sozialversicherung und Familienbeihilfe gelten für HeimarbeiterInnen die Regelungen der unselbständig Erwerbstätigen. Eine Ausnahme bildet die Möglichkeit des Bezugs von „ordentlichen" Lohnausgleichszahlungen. Auch betreffend den obligatorischen Mutterschutz und die Mutterschutzleistungen sind sie den unselbständig Erwerbstätigen im Betrieb gleichgestellt. Fakultativer Elternurlaub ist gesetzlich nicht vorgesehen (vgl. Liguori 1995, S. 9f.). HeimarbeiterInnen erhalten aus der „regulären" Erwerbslosenversicherung „Ausgleichszahlung", wenn die Arbeitstage innerhalb eines Jahres bzw. das Einkommen unter ein bestimmtes Minimum gefallen sind (vgl. Cinelli 1994, S. 241).

2.3.2.7 „Gemeinnützige Tätigkeiten"

Bei „gemeinnützigen Tätigkeiten" wird sozialversicherungsrechtlich nur die Unfallversicherung in vollem Umfang gewährleistet. Laut einem Rundschreiben des *INPS* vom 11. 4. 1996 haben BezieherInnen von „Unterstützungszahlungen" gegebenenfalls auch Anspruch auf Familienbeihilfe. Im Bereich der Pensionsversicherung werden die Zeiten der „Beschäftigung" nur auf die Wartezeit angerechnet. Sie sind nicht für die Pensionsberechnung wirksam (vgl. De Vincenzi 1996, S. 248).

2.3.2.8 Leiharbeit

Laut gesetzlicher Regelung vom März 1997 obliegt die Verpflichtung zur Entrichtung der Sozialversicherungsbeiträge sowohl den Leiharbeitsfirmen als auch den ArbeitgeberInnen. Die Ausarbeitung der entsprechenden sozialversicherungsrechtlichen Regelungen wurde den nationalen Kollektivverträgen überantwortet (la Repubblica 20. 3. 97, S. 6).

2.3.2.9 *„Job-sharing"*

Entsprechend den Regierungsvorschlägen Anfang 1998 würden ArbeitnehmerInnen, die einen „Job-sharing-Arbeitsvertrag" abschließen wollten, aliquote Sozialversicherungs-beiträge zahlen und dementsprechend anteilige Versicherungsleistungen erhalten (vgl. EIRR, 1998/293, S. 10).

2.3.2.10 *„Halb-unselbständige Erwerbsarbeit"*

Seit 1995 fallen sogenannte „halb-unselbständig Erwerbstätige" *(lavoratori para-subordinati)* in die Pflichtversicherung der *INPS*. ArbeitgeberInnen und ArbeitnehmerInnen müssen gemeinsam einen 10%igen bzw. seit 1997 einen 12%igen Pensionsversicherungsbei-trag leisten, der sich auf Basis des jeweiligen Arbeitsentgeltes errechnet. Unter „halb-unselbständiger Erwerbsarbeit" sind all jene beruflichen Tätigkeit zu verstehen, bei denen es sich weder eindeutig um eine unselbständige Erwerbstätigkeit noch um eine selbständi-ge Erwerbstätigkeit handelt, jedoch eine kontinuierliche Arbeitsbeziehung mit einem Arbeitgeber besteht (vgl. homepages von *CISL* und *CGIL* 1996).

Anfang 1999 nahm die italienische Regierung eine Erhöhung des Versicherungsbeitrages auf 19 % und die Einführung von kollektivvertragsrechtlich geregelten Geldleistungen im Falle von Krankheit und bei Beendigung der Arbeitsbeziehung in Aussicht (vgl. la Repubblica, 5. 2. 1999, S. 28).

2.3.3 Evaluierung

Hinsichtlich des sozialen Schutzes im Falle von Krankheit gibt es in Italien auf Ebene der Sachleistungen für atypische Beschäftigungsformen keine offensichtlichen Lücken, da der Nationale Gesundheitsdienst allen EinwohnerInnen eine Grundversorgung bietet. Die Geldleistungen im Bereich des obligatorischen Mutterschutzes und des fakultativen Elternurlaubes werden einkommensabhängig nahezu allen Arbeitskräften gewährt. Da es im italienischen Sozialversicherungsrecht keine Geringfügigkeitsgrenze, aber auf Basis eines gesetzlichen Mindestentgelts einen erwerbsabhängigen Mindestversicherungsbei-trag gibt, sind alle Teilzeitbeschäftigten sozialversichert. Gesetzliche Transferleistungen werden aliquot auf Basis des Einkommens bzw. der Sozialversicherungsbeiträge berech-net. Da das italienische Sozialversicherungsrecht keine echte Mindestsicherung kennt, sind die Transferleistungen bei niedrigem Einkommen jedoch kaum existenzsichernd. Kollektivvertragliche Leistungen gebühren meist in vollem Umfang. Befristete Beschäfti-gungsverhältnisse (einschließlich der „kombinierten Ausbildungs- und Arbeitsverträge") sind abgesehen von den „außerordentlichen" Lohnausgleichszahlungen und der „Mobi-litätsentschädigung" gleichgestellt, HeimarbeiterInnen sind hingegen vom Bezug der „ordentlichen" Lohnausgleichszahlungen und des fakultativen Elternurlaubs ausgeschlos-sen. Die Transferleistungen der „kombinierten Ausbildungs- und Arbeitsverhältnisse" sind aufgrund der niedrigen Einkommen keinesfalls existenzsichernd.

Im Bereich der „selbständigen Tätigkeiten", der „gemeinnützigen Tätigkeiten", der Leiharbeit und der „halb-unselbständigen Erwerbsarbeit" ist der sozialversicherungsrechtliche
Schutz ungenügend bzw. nicht ausreichend geklärt. Im Zusammenhang mit dem auf Kollektivvertragsebene regulierten, sozialrechtlichen Schutz gelten die im Hinblick auf die
arbeitsrechtlichen Regelungen angeführten Überlegungen.

3. Zusammenfassung

Die arbeits- und sozialrechtliche Regelung von atypischen Beschäftigungsformen setzte
in Italien erst Mitte der 80er Jahre ein und steht seither im Zeichen der „Flexibilisierung"
des Arbeitsmarktes. Nur die befristeten Beschäftigungsverhältnisse wurden bereits zu
Beginn der 60er Jahre, aber dafür um so strenger, gesetzlich geregelt. Seit Anfang der
90er Jahre werden unter dem Druck enormer beschäftigungspolitischer Probleme die „traditionellen" atypischen Beschäftigungsformen finanziell besonders gefördert und durch
eine Reihe neuer „Beschäftigungsfelder" ergänzt. Die Qualität des arbeits- und sozialversicherungsrechtlichen Schutzes verläuft – mit Ausnahme des alle EinwohnerInnen erfas-
senden Nationalen Gesundheitsdienstes – entlang dieser Trennlinie. Teilzeitarbeit, „Kurzarbeitsverträge", befristete Beschäftigungsverhältnisse, „kombinierte Ausbildungs- und
Arbeitsverträge" und Heimarbeit weisen einen hohen Regelungsgrad auf. Im Bereich der
Teilzeitarbeit und der „kombinierten Ausbildungs- und Arbeitsverträge" können sich aufgrund niedriger Entlohnung sozialrechtliche Versorgungsprobleme ergeben, da die Leistungen kaum bzw. keinesfalls existenzsichernd sind. Teleheimarbeit, „gemeinnützige
Tätigkeiten", Leiharbeit, „selbständige Tätigkeiten", „Job-sharing" aber auch „halb-
unselbständige Erwerbsarbeit" sind unzureichend geschützt bzw. deren arbeits- und sozialrechtliche Regelung (noch) nicht geklärt.

Die konstatierbare Tendenz, sowohl die arbeits- als auch die sozialrechtliche Regelung
den (nationalen, lokalen, branchenbezogenen und betrieblichen) Kollektivvertragspartnern
zu überantworten, schafft einerseits unterschiedliche Schutzniveaus, die eine allgemeine
Beurteilung erschweren. Andererseits birgt es die Gefahr, daß frauenrelevante Maßnahmen, ohne eine breitere öffentliche Diskussion und Kenntnisnahme zur Folge zu haben,
von den durchwegs männlich dominierten Interessenvertretungen vernachlässigt werden.
Obwohl über die geschlechtsspezifische Verteilung der atypischen Beschäftigungsformen
– mit Ausnahme der „typisch" weiblichen Teilzeitarbeit – kaum zuverlässige, statistische
Aussagen getroffen werden können, haben laut Bettio (1991, S. 105) die italienischen
„Flexibilisierungsstrategien" grundsätzlich eine weitere Marginalisierung der Frauenerwerbstätigkeit zur Folge.

Anmerkungen

1   Die Erwerbslosenquote gibt den Anteil der Erwerbslosen an den Erwerbsbevölkerung wieder.

2   Nach einer langen Zeit der Erwerbslosigkeit bzw. Arbeitssuche kehren viele Frauen zur Haus-
    frauentätigkeit zurück und werden statistisch als „Hausfrauen" gezählt (vgl. Mingione 1993, S.
    164ff.; 1996, S. 71).

3 Der Anteil der Jugenderwerbslosigkeit (15 bis 29 Jahre) betrug Anfang der 90er Jahre im Süden 70,8 % und im Norden 67,1 % (vgl. Mingione 1993, S. 162). Zur weiteren Differenzierung von Erwerbslosigkeit betreffend Nord-Süd-Gefälle vgl. Mingione 1993 und 1996.

4 Laut Tito Boeri (1996, S. 64ff.) ist diese Einschätzung nur für den Bereich der Mittelbetriebe (zwischen 20 und 500 Beschäftigten) zulässig. 1994 lag die italienische job-turn-over Quote für die restlichen Bereiche bei 60% und somit höher als in vielen europäischen Ländern und knapp unter der Quote der USA.

5 Auch in Italien werden Flexibilisierungsstrategien mit den „speziellen Bedürfnissen" der doppelbelasteten Frau propagiert (vgl. Saraceno 1991, S. 115).

6 Betreffend das Geschlechterverhältnis wurde in der Vereinbarung nur von „der Notwendigkeit der vollständigen Verwirklichung der Gleichbehandlung von Mann und Frau, jenseits jeglicher Fürsorgelogik" gesprochen (Vita italiana, 1996/9-12, S. 52).

7 Seit Ende Juli 1996 können im Süden und in anderen benachteiligten Gebieten „experimentelle" lokale Sozialpartnerabkommen abgeschlossen werden, die eine „differenzierte Entlohnung" (livelli retributivi differenziati) vorsehen (vgl. Vita italiana 1996/7-8, S. 41).

8 Rifondazione Comunista (1991 neugegründete Kommunistische Partei).

9 „Gemeinnützige Projekte" können von öffentlichen und halb-öffentlichen Einrichtungen (zum Beispiel im Bereich des Gesundheitsdienstes) und anderen durch Ministerialdekret festgelegten juristischen Personen initiiert werden (vgl. Passarelli 1996, S. 95). Trotz des massiven Einsparungskurses der italienischen Regierungen auf Kosten der Sozialausgaben werden seit 1994 für die Finanzierung dieser Projekte vermehrt Budgetmittel zur Verfügung gestellt (vgl. dazu Vita italiana 1996/9-12, S. 47).

10 Er machte Ende 1997 die weitere Unterstützung der damaligen Regierung unter Ministerpräsident Romano Prodi von der sukzessiven Einführung der 35 Stundenwoche abhängig.

11 1995 haben die Gewerkschaften die Errichtung eines „Nationalen Arbeitsstundenfonds" (fondo nazionale orari) vorgeschlagen. In diesen Fonds sollten Unternehmen für jede geleistete Überstunde einen bestimmten prozentuellen Beitrag einzahlen. Mit den Mitteln des Fonds könnten dann „Kurzarbeitsverträge" und andere Maßnahmen der aktiven Beschäftigungspolitik finanziert werden (vgl. Filandoro 1995, S. XVIII).

12 Vgl. dazu: Kapitel 2. 3. 1. 2.

13 Vgl. dazu: a.a.O.

14 Vgl. dazu: a.a.O.

15 Unter numerischer Einstellung wird die Arbeitsvermittlung durch das Arbeitsamt verstanden, die auf Basis der Listenplätze der ArbeitnehmerInnen in den entsprechenden Vermittlungslisten erfolgt. Bei der namentlichen Einstellung können die ArbeitgeberInnen hingegen selbst entscheiden, welche der in die Listen eingeschriebenen ArbeitnehmerInnen sie einstellen möchten (vgl. Torsello 1996, S. 239).

16 Die inhaltlichen Ausführungen dieses Abschnitts stammen, sofern nicht anders ausgewiesen, aus: Mairhuber 1998.

17 Vgl. näher zum parallel auslaufenden „alten" Pensionsversicherungssystem: Mairhuber 1998. 130ff.

18 Dieses betrug für das Jahr 1996 6.240.000 Lire (3.222,69 Euro). Um zwischen dem 57. und 65. Lebensjahr einen Anspruch auf Alterspension stellen zu können, muß demnach eine Eigenpensionsleistung in der Höhe von 7.488.000 Lire (Euro 3.867,23) jährlich erreicht werden.

19 Vgl. dazu: Pensionsberechnung.

20 Unternehmen dürfen nicht mehr weibliches Personal „freisetzen", als der prozentuale Anteil der weiblichen Arbeitskräfte insgesamt ausmacht (vgl. Ricciardi et al. 1996, S. 219).

Literatur

Addabbo, Tindara (1997): Part-Time Work in Italy, in: Hans-Peter Blossfeld/Catherine Hakim (eds.) Between Equalisation and Marginalisation, Women Working Part-Time in Europe and the United States of America, New York, S. 113–132.

Associazione italiana della produzione (1991): Atti di convegno, Flessibilità del lavoro: strumento di competititvità per gli anni '90, Milano.

Bergamaschi, Myriam (1996): Pari opportunità e contrattizione collettiva, Analisi della situaticne nazionale in Italia, Dublin.

Bettio, Francesca (1991): Occupazione femminile: tendenza del mercato e orientamenti nella ricerca, in: Maruani, M. et al. (Hg.) La flessibilità del lavoro in Italia, Milano, S. 94–111.

Boeri, Tito (1996): La „rigidità flessibile" del mercato del lavoro italiano, in: lavoro e relazioni industriali, 3/96, Roma, S. 61–75.

Bonardi, Olivia (1996): I progetti di legge sul lavoro interinale nella XII Legislatura, in: Rivista italiana di diritto del lavoro, III/96, Milano, S. 191–220.

Cattero, Bruno (1996): Fehlende Regulierung. Lean production und Gewerkschaften bei Fiat Auto, in: WSI Mitteilungen 7/96, S. 459–466.

Cinelli, Maurizio (1994): Diritto della previdenza sociale, Milano.

Ciravenga, Daniele/Mario Matto (1993): Politiche per l'occupazione: le politiche attive del lavoro, in: Politiche del Lavoro, 22-23/93, Milano, S. 317–359.

De Vincenzi, Roberto (1996): Le recenti circolati Inps riguardanti la mobilità e i lavori socialmente utili, in: Osservatorio ISFOL, 5-6/96, Roma, S. 245–249.

Di Nicola, Patrizio (1995): Quale flessibilità? Lavoro atipico e part-time in Italia e in Europa, in: Economia & Lavoro, 7-9/95 Roma, S. 21–38.

Eurostat (1996): Erhebung über Arbeitskräfte 1995, Luxemburg.

Eurostat (1998): Arbeitslosigkeit 7/98, Luxemburg.

Filandoro, Camillo (1995): Il part-time, Costituzione ed estinzione del rapporto, Diritti e obblighi delle parti, Previdenza ed assistenza, La contrattizione collettiva, Milano.

Hofmann, Michael/Antonella Coslovich (1996): Arbeitsrecht in Italien, München.

Huckemann, Stefan/Ulrich van Suntum (1994): Beschäftigungspolitik im internationalen Vergleich, Gütersloh.

Martinelli, Paola/Pinuccia Cazzaniga (1997): Part-Time Work in Italy, in: Klein, Martina (ed.) Part-Time Work in Europe, Gender, Jobs and Opportunities, Frankfurt/New York, S. 112–120.

Liguori, Vittorio (1995): Trattamento del personale, Roma.

Mairhuber, Ingrid (1998): Soziale Sicherung in Italien, in: Tálos, Emmerich (Hg.) Soziale Sicherung im Wandel, Österreich und seine Nachbarn, Wien, S. 103–170.

Miele, Luigi (1995): Piano straordinario per l'occupazione giovanile, Milano.

Mingione, Enzo (1993) Disoccupazione, sottoccupazione e lavoro informale nel mezzogiorno, in: Politiche del lavoro, 22-23/93, Milano, S. 157–190.

Mingione, Enzo (1996): Disoccupazione giovanile e lavoro informale: esiste un modello dell'Europa meridionale? in: Inchiesta, 7-9/96, Roma, S. 65–73.

MISEP (1996): Basisinformationsbericht über beschäftigungspolitische Maßnahmen in Europa. Italien. Institutionen, Verfahren und Maßnahmen, Berlin.

OECD (1996): Employment Outlook 1996. Paris.

OECD (1996a): Historical Statistics 1996, Paris.

OECD (1997): The OECD Jobs Strategy, Technology, Productivity and Job Creation, Paris

OECD (1997a): Working Party on Employment, Chapter 4: Working Time: Trends and Policy Issues, Paris.

OECD (1998): Employment Outlook 1998, Paris.

Passarelli, G. S. (1996): Flessibilità e diritto del lavoro I, Torino.

Ricciardi, Livia, et al. (1996): Guida pratica del lavoratore 1997, Roma.

Rieser, Vittorio (1995): Die italienischen Gewerkschaften – eine Bestandsaufnahme von den 70er Jahren bis heute, in: PROKLA. Zeitschrift für kritische Sozialwissenschaft, 1/95, S. 97–110.

Saraceno, Chiara (1991): Strategie familiari e modalità dell'offerta di lavoro, in: Maruani, M, et al. (Hg.) La flessibilità del lavoro in Italia, Milano, S. 112–120.

Tatarelli, Maurizio (1994): La donna nel rapporto di lavoro, Padova.

Torsello, Anna Maria (1996): L'attuazione dei dispositivi legislativi per l'occupazione, in: Osservatorio ISFOL 5-6/96, Roma, S. 233–244.

Vita italiana (1996):Documenti e Informazioni, Roma.

Walwei, Ulrich (1995): Wachstum atypischer Beschäftigungsformen in EU-Ländern: Bestimmungsfaktoren und Effekte, in: Keller, B./H. Seifert (Hg.) Atypische Beschäftigung. Verbieten oder gestalten?, Köln, S. 182–201.

Zoppoli, Lorenzo (1990): Lavoro flessibile e lavoro precario: le garanzie del trattamento economico come discrimine, in: D'Antonio, Massimo (Hg.) Politiche di flessibilità e mutamenti del diritto del lavoro. Italia e Spagna, Napoli/Roma, S. 133–145.

Atypische Beschäftigung in den Niederlanden

Franz Molitor

1. Allgemeine Arbeitsmarktentwicklung

In internationalen Vergleichen sind die außerordentlich hohe Erwerbsunfähigkeitsrate, die hohe (Langzeit-)Arbeitslosenrate und die rasch gestiegene Arbeitsmarktpartizipation von Frauen (ausgehend von einem extrem niedrigen Niveau) die ins Auge springenden Charakteristika des niederländischen Arbeitsmarktes.

Die Tabelle 1 bietet eine Übersicht über die Entwicklung der Berufsbevölkerung, der Beschäftigung und der Arbeitslosigkeit in den letzten 25 Jahren. In Vollzeitarbeitsjahren gerechnet hat sich die Beschäftigung von 1970 bis Mitte der 80er Jahre kaum verändert, jedoch ist durch den Anstieg der Teilzeitarbeit die Anzahl der arbeitenden Personen bis 1980 leicht gestiegen. Ab 1981 nahm die Beschäftigung stark ab und gleichzeitig die Arbeitslosigkeit explosiv zu: von weniger als 200.000 im Jahre 1980 auf beinahe 500.000 Mitte der 80er Jahre. In der zweiten Hälfte der 80er Jahre setzte eine bemerkenswerte Beschäftigungsentwicklung ein. Innerhalb von fünf Jahren kamen 800.000 Arbeitsplätze hinzu. Da in derselben Periode auch die Berufsbevölkerung anstieg, v.a. durch die hohe Zahl an Frauen, die in den Arbeitsmarkt eintraten, sank die Arbeitslosigkeit nur wenig. In der ersten Hälfte der 90er Jahre verlangsamte sich das Beschäftigungswachstum. Obwohl die Berufsbevölkerung weniger schnell wuchs, stieg die Arbeitslosigkeit erneut auf ein Niveau von über einer halben Million Personen. In der Tabelle werden die Zahlen für zwei verschiedene Definitionen von Arbeitslosigkeit angegeben. Die *arbeitslose Berufsbevölkerung* besteht aus allen Personen, die nicht bzw. weniger als zwölf Stunden/Woche arbeiten, aber zwölf oder mehr Stunden/Woche arbeiten wollen, dafür verfügbar sind und Aktivitäten setzen, um einen solchen Job zu finden. Zur *registrierten Arbeitslosigkeit* werden Personen gezählt, die nicht oder weniger als zwölf Stunden/Woche arbeiten, beim Arbeitsamt gemeldet sind und für Arbeit von zumindest zwölf Stunden/Woche verfügbar sind. Um zur arbeitslosen Berufsbevölkerung gezählt zu werden, muß man nicht beim Arbeitsamt gemeldet sein, dafür aber aktiv auf Arbeitsuche sein. Für die registrierte

Arbeitslosigkeit gilt das umgekehrte: man muß beim Arbeitsamt gemeldet sein, aber muß nicht (unbedingt) aktiv auf Arbeitsuche sein (siehe SCP 1996).

Tabelle 1: Arbeitsmarktdaten 1970–1995

Gesamt (in Tausend)	1970	1975	1980	1985	1990	1995
Bevölkerung 15–64jährig	8.156	8.728	9.362	9.923	10.228	10.498
Berufsbevölkerung	4.711	4.883	5.075	5.293	6.063	6.596
arbeitende Berufsbevölkerung	4.681	4.744	4.881	4.811	5.644	6.063
arbeitslose Berufsbevölkerung	31	139	194	482	419	533
registr. Arbeitslosigkeit	44	195	217	511	358	464
Beschäftigung in Arbeitsjahren	4.772	4.772	4.955	4.764	5.257	5.503
Männer (in Tausend)	**1970**	**1975**	**1980**	**1985**	**1990**	**1995**
Bevölkerung 15–64jährig	4.104	4.406	4.735	5.023	5.182	5.329
Berufsbevölkerung	3.518	3.572	3.603	3.625	3.865	4.067
arbeitende Berufsbevölkerung	3.496	3.481	3.508	3.342	3.686	3.814
arbeitslose Berufsbevölkerung	22	91	95	283	179	253
Frauen (in Tausend)	**1970**	**1975**	**1980**	**1985**	**1990**	**1995**
Bevölkerung 15–64jährig	4.051	4.322	4.627	4.900	5.046	5.169
Berufsbevölkerung	1.194	1.311	1.472	1.668	2.198	2.529
arbeitende Berufsbevölkerung	1.184	1.263	1.372	1.469	1.958	2.249
arbeitslose Berufsbevölkerung	9	48	99	199	240	281
Erwerbsquoten (in Prozenten)	**1970**	**1975**	**1980**	**1985**	**1990**	**1995**
Gesamt	57	54	52	48	59	63
Männer	86	81	76	72	75	76
Frauen	29	30	32	34	44	49
Arbeitslosigkeit (in Prozenten)	**1970**	**1975**	**1980**	**1985**	**1990**	**1995**
Gesamt	0,7	2,9	4,0	10,0	6,9	8,1
Männer	0,6	2,5	2,6	7,8	4,6	6,3
Frauen	0,8	3,7	6,7	11,9	10,9	11,1
Index (1970=100)	**1970**	**1975**	**1980**	**1985**	**1990**	**1995**
Berufsbevölkerung	100	103,7	107,7	112,4	128,7	140,0
arbeitende Berufsbevölkerung	100	101,3	104,3	102,8	120,6	129,5
Beschäftigung in Arbeitsjahren	100	100,0	103,8	99,8	110,2	115,3

Quelle: Sociaal en cultureel rapport 1996

1.1 The Dutch job miracle [1]

In den Niederlanden ist seit 1995 ein enormer Anstieg der Beschäftigung konstatierbar, nachdem in den beiden vorhergehenden Jahren kaum ein Zuwachs verzeichnet wurde. Innerhalb von drei Jahren nahm die *arbeitende Berufsbevölkerung* [2] um annähernd eine halbe Million Menschen zu (1995: 143.000 Personen; 1996: 124.000 Personen; 1997: 213.000 Personen). In allen drei Jahren stieg die Anzahl von flexiblen Arbeitskräften (Leiharbeitskräfte, Arbeitskräfte auf Abruf, Heimarbeitskräfte, Free-lancer, Zeitarbeitskräfte) sehr stark, und die Arbeitsmarktpartizipation von Frauen nahm weiter zu. Für Allochtone [3] und Menschen mit niedriger Ausbildung bleibt die Arbeitsmarktsituation ungünstig (siehe CBS 1997 und 1998).

Die Erwerbsquote von Frauen erhöhte sich von 29 % (1970) auf 52 % (1997) spektakulär. Im Jahre 1996 stieg die Anzahl der Frauen mit einem Job von zwölf Stunden-oder-mehr/Woche um 66.000. Da aber auch die Anzahl der 15–64jährigen Frauen um 15.000

zunahm, machte sich dies bei der Frauenerwerbsquote nur um +1,1 % bemerkbar (1995: 49 %; 1996: 50 %). Die Erwerbsquote von Frauen ist noch immer viel niedriger als die der Männer (1970: 86 %; 1997: 77 %) (ebd.).

Die Anzahl der Niedriglohnjobs wächst stark. Nach den Angaben der Steuerbehörde bestanden 1996 cirka 900.000 Arbeitsplätze mit Löhnen bis zu 115 % des gesetzlichen Mindestlohns. Damit hat sich ihre Anzahl seit 1994 verdoppelt. Die Steuerbehörde hat gegenwärtig einen guten Einblick in das quantitative Ausmaß von Jobs auf Mindestlohn-niveau. Arbeitgeber bekommen seit 1996 eine Abgabenkürzung (für Lohnsteuer und Sozialversicherungsbeiträge) für jeden Arbeitnehmer, der nicht über 115 % des gesetzlichen Mindestlohns verdient. Diese Regelung ist populär. Schätzungen vor Einführung dieser Maßnahme gingen davon aus, daß für 700 Mio. Gulden (cirka 318 Mio. Euro) steuerliche Kürzungen angefragt werden. Tatsächlich wurde die Angelegenheit kostspieliger (1996 waren es bereits 800 Mio. Gulden bzw. 363 Mio. Euro). Dieser Betrag entspricht cirka 600.000 Steuerprämien. Da diese auch aliquot für Teilzeitverträge (relevante Bezugsgröße ist hiebei der Mindeststundenlohn) gewährt wird, werden tatsächlich viel mehr Jobs auf diese Weise durch den Fiskus subventioniert. Eine globale Schätzung kommt auf die Zahl von 900.000. Die Regierung sieht die Zunahme der Niedriglohnjobs als Erfolg ihrer Politik, die Langzeitarbeitslosigkeit zu reduzieren. Außerdem setzt die Regierung seit 1994 Arbeitgeberorganisationen und Gewerkschaften unter Druck, um in Kollektivverträgen niedrigere Lohnskalen aufzunehmen (siehe *de Volkskrant*, 5. April 1997).

Die Tabelle 2 gibt Auskunft über die Arbeitsmarktdaten im Jahre 1997 und die Veränderungen hinsichtlich der vorangegangenen Jahre:

Tabelle 2: Arbeitende Berufsbevölkerung 15–64 Jahre, 1992 und 1997 (in Tausend)

	1992	1997	Veränderungen gegenüber dem Vorjahr				
			1993	1994	1995	1996	1997
Gesamt	**5 885**	**6 400**	**40**	**-6**	**143**	**124**	**213**
Arbeitnehmer	5 258	5 644	3	-39	135	101	185
fest	4 859	5 077	9	-71	83	40	157
flexibel	399	566	-6	32	52	61	25
Selbständige	627	757	38	33	8	23	25

Quelle: CBS 1998

Im Jahre 1997 arbeiteten 5,6 Millionen Arbeitnehmer/innen 12 Stunden-oder-mehr/Woche. Rund 5 Millionen von ihnen hatten ein festes Arbeitsverhältnis, und cirka jeder Zehnte hatte ein flexibles Arbeitsverhältnis. Im Vergleich zu 1996 wuchs 1997 die *arbeitende Berufsbevölkerung* um 213.000 Personen. Die Anzahl der Personen mit einem festen Arbeitsverhältnis von 12 Stunden-oder-mehr/Woche ist um 157.000 gestiegen, damit besteht der Beschäftigungsanstieg zu drei Viertel aus Personen mit einem festen Arbeits-verhältnis. Die Anzahl der flexiblen Arbeitskräfte nahm um cirka 30.000 Personen zu (1995: 52.000; 1996: 61.000). Der Beschäftigungsanstieg (in Personen gerechnet) im Jahre 1997 überstieg die (international betrachtet überdurchschnittlichen) Werte der beiden vorangegangenen Jahre. Diese Zahlen beruhen auf Stichprobenuntersuchungen und haben daher eine gewisse Ungenauigkeitsmarge (siehe CBS 1998).

Die Anzahl der Personen, die weniger als 12 Stunden/Woche arbeiteten, lag im Jahre 1997 bei 794.000 (1996: 784.000 Personen; 1995: 771.000 Personen; 1988: 632.000 Personen).

Diese Gruppe (u.a. Zeitungsausträger und „Regalschlichter") werden nicht zu der Berufsbevölkerung gerechnet. Über zweimal so viel Frauen als Männer hatten 1996 einen Job
mit wenigen Stunden (siehe CBS 1997 und 1998).

Die Anzahl der Arbeitslosen betrug 6,4 %. Die Arbeitslosenrate ist damit ungefähr gleich
hoch wie im Jahre 1991, trotz des Anstiegs der Arbeitslosen im Jahre 1997, der aus dem
Anstieg der Erwerbsbevölkerung resultiert (siehe CBS 1998).

Tabelle 3: Erwerbsquoten (nach Angaben von CBS und OECD), 1995–97 (in Prozent)

CBS (OECD)	1995	1996	1997
Gesamt	63 (69,2)	63 (69,9)	65 (71,5)
Männer	76 (79,9)	77 (80,0)	77 (81,4)
Frauen	49 (58,3)	50 (59,6)	52 (61,3)

Quellen: CBS 1998 und OECD 1998

In internationalen Statistiken (OECD, Eurostat) weichen die Angaben über die niederländischen Erwerbsquoten von den heimischen Berechnungen des *Centraal bureau voor de
statistiek* ab. Dies kommt dadurch zustande, da in den Niederlanden Personen, die weniger als 12 Stunden/Woche arbeiten, nicht zur sogenannten *arbeitenden Berufsbevölkerung*
gezählt werden.

1.2 Entwicklung atypischer Beschäftigungsverhältnisse

Abweichungen vom sogenannten Standardvollzeitarbeitsverhältnis bzw. Normalarbeitsverhältnis (hinsichtlich der Art und Dauer der Anstellung sowie der Höhe der Arbeitszeit)
werden in der deutschsprachigen sozialwissenschaftlichen Literatur unter dem Begriff
atypische Arbeitsverhältnisse zusammengefaßt.

Am niederländischen Arbeitsmarkt ist eine Zweiteilung in sogenannte reguläre und nicht-
reguläre Arbeitsverhältnisse konstatierbar. Letztere umfassen *Teilzeitarbeitsverhältnisse*
ebenso wie verschiedene Formen von *flexibler Arbeit* (Leiharbeit, Heimarbeit, Arbeit auf
Abruf, Arbeit mit zeitlich befristetem Arbeitsvertrag, Arbeit ohne Vertrag). Teilzeit- und
flexible Arbeit sind an sich keine neuen Erscheinungen (in der Landwirtschaft werden seit
jeher Saisonarbeiter eingesetzt), sie gewinnen aber seit den 80er Jahren stark an Popula-
rität und Verbreitung (siehe FNV 1993, SCP 1993).

Flexibilisierung – nicht zuletzt hinsichtlich des Einsatzes des Faktors Arbeit – ist nach
Meinung der Arbeitgeber eine Überlebensbedingung für Unternehmen. Die Flexibilisie-
rung von festen Arbeitsverhältnissen verlangt von Arbeitskräften die Bereitschaft, mehr
Stunden in Folge bzw. zu ungewöhnlichen Zeiten zu arbeiten. Flexible Arbeitsverhältnis-
se hingegen haben nach Albers (1987) nachteilige Folgen sowohl für die individuelle
Arbeitskraft als auch für gesellschaftliche Entwicklungen:

■ zunehmend mehr wird der Arbeitsmarkt zweigeteilt: einerseits in Arbeitkräfte, die zum
   festen Kern gehören (mit *lifetime fulltime* Beschäftigung und der damit verbundenen
   relativ guten sozialen Absicherung), und andererseits in Arbeitskräfte der Peripherie
   (mit großer Einkommens- und Rechtsunsicherheit);

- das Unternehmerrisiko wird auf individuelle Arbeitskräfte und die Fonds zur sozialen Sicherheit abgewälzt;

- flexible Arbeitsverhältnisse stehen, insofern sie nicht für Beschäftigungswachstum sorgen, Emanzipationsbestrebungen entgegen, da vor allem Frauen notgedrungen bzw. mangels an Alternativen derartige Verhältnisse akzeptieren;

Albers führt seinen Gedankengang zum letztgenannten Punkt nicht näher aus, daher bleibt es unklar, ob sich dem Primat des Beschäftigungswachstums alle anderen politischen Zielsetzungen (etwa Gleichbehandlung, arbeits- und sozialrechtliche Sicherung) bedingungslos unterzuordnen haben.

Unter dem Begriff Teilzeitarbeit wird nicht immer dasselbe verstanden. Teilzeitarbeit kann eine kürzere Arbeitszeit pro Tag, Woche, Monat oder Jahr bedeuten, wobei eine kürzere Arbeitzeit pro Tag oder Woche am häufigsten vorkommt. Es folgt eine kurze Typologie:

- regelmäßige Arbeit in einem festen oder befristeten Dienstverhältnis mit fester Wochenstundenanzahl, die geringer ist als die vereinbarte und gebräuchliche Betriebs- bzw. Branchen-"Normalarbeitszeit" (dies ist die am häufigsten vorkommende Variante);

- kurze Schichtdienste zusätzlich zu bestehenden (Schicht-)Dienstplänen, z.B. die sogenannten *mini-shifts*, wobei nach einer Vollzeit-Tagschicht eine Teilzeit-Abendschicht eingesetzt wird, oder Teilzeitbeschäftigte, die ausschließlich am Donnerstag- und Samstagabend (*do-za's*) arbeiten;

- *min-max-system*: die Stundenanzahl, die pro Woche oder Monat gearbeitet wird, fluktuiert zwischen einem von vornherein festgesetzten Minimum und Maximum;

- Arbeit auf Abruf erfolgt unregelmäßig, meistens für eine wechselnde Anzahl von Stunden;

- Saisonarbeit ist ebenso eine spezifische Form von Teilzeitarbeit;

- Leiharbeit ist aus arbeitsrechtlicher Perspektive eine komplizierte Dreiecksbeziehung und kann sowohl in Voll- als auch in Teilzeit verrichtet werden. Da wenige Arbeitskräfte das gesamte Arbeitsjahr ohne Unterbrechung Vollzeit-Leiharbeit verrichten, kann Leiharbeit de facto auch als spezifische Form der Teilzeitarbeit betrachtet werden.

Die ILO hat 1963 folgende Definition eingeführt: „*Teilzeitarbeit ist bezahlte Arbeit, die freiwillig gewählt und regelmäßig verrichtet wird, mit einer Anzahl Arbeitsstunden, die bedeutend geringer als normal ist.*" (FNV 1993) Diese Definition dient häufig als Anknüpfungspunkt. Das niederländische Sozialministerium verwendet folgende Begriffsbestimmung: „*Ein Arbeitnehmer hat einen Teilzeitjob, wenn ein festes Arbeitsverhältnis mit einer fest vereinbarten Stundenanzahl besteht, wobei die Anzahl vereinbarter Stunden niedriger ist als die Stundenanzahl einer vollständigen Tages- und Wochenarbeit.*" (SZW 1996) Der Aspekt der Wahlfreiheit (*freiwillig gewählt*) ist in der Definition des Sozialministeriums ebensowenig zu finden, wie die *bedeutend* geringere Stundenhöhe.

In den Niederlanden neigt man dazu, Teilzeitarbeit, die in einem regelmäßigen Arbeitsmuster, mit einer festen Arbeitszeit und in einem festen Arbeitsverhältnis stattfindet, nicht zu flexibler Arbeit zu rechnen. Umgekehrt ist aber ein beträchtlicher Teil der flexiblen Arbeit Teilzeitarbeit. Grob gesprochen gibt es für Teilzeitarbeit zwei Arten von Definitionen: eine juristische (zur Klärung der Frage, ob bestimmte Gruppen von Arbeitskräften in den Vorzug von arbeits- und sozialrechtlichen Regelungen fallen – oder eben nicht) und eine statistische (zur Benennung und Beschreibung von Gruppen innerhalb der Berufsbevölkerung). Vor allem die statistischen Definitionen scheinen sich zu differenzieren, die Unvergleichbarkeit von Zahlen ist die praktische Konsequenz davon (siehe FNV 1993).

In diesem Beitrag übernehme ich die in den Niederlanden übliche begriffliche Unterscheidung in Teilzeitarbeit (ausschließlich für feste Arbeitsverhältnisse mit fester Arbeitszeit in einem festen Arbeitsmuster) und flexible Arbeit. Nur im folgenden kurzen Abschnitt habe ich zur Darstellung der globalen Entwicklung auf eine spezifische Unterscheidung verzichtet.

1.2.1 Teilzeitarbeit

Im Jahre 1997 erreichte der Anteil der Teilzeitarbeit an der Gesamtbeschäftigung 38 % (1979: 17 %). Von allen erwerbstätigen Frauen hatten 68 % (1979: 44 %) einen Teilzeitjob, jedoch nur 17 % aller erwerbstätigen Männer (1979: 6%). Der Frauenanteil an allen Teilzeitarbeitskräften beträgt 74 % (1979: 76 %) (siehe OECD 1996, Eurostat 1998).

Tabelle 4: Entwicklung der Teilzeitarbeit 1977–1997 (in Prozent aller unselbständig und selbständig Erwerbstätigen)

		Teilzeit (weniger als 35 Stunden/Woche)*				Vollzeit
		Gesamt	weniger als 15 Stunden	15–24 Stunden	25–34 Stunden	
Frauen						
AKT	1977	44	14	19	11	57
	1981	44	15	19	10	55
	1985	54	19	22	13	47
EBB	1988	61	25	22	14	39
	1990	61	24	22	15	39
	1995	67	26	24	17	33
	1997	68	–	–	–	32
Männer						
AKT	1977	5	0	2	3	95
	1981	7	2	2	4	93
	1985	9	2	3	5	92
EBB	1988	1	7	3	5	86
	1990	15	7	3	5	85
	1995	16	7	3	6	84
	1997	17	–	–	–	83

*   Zu dieser Gruppe, die weniger als 35 Stunden/Woche arbeiten, gehören nicht nur Teilzeitarbeitskräfte, sondern auch z.B. Arbeitskräfte im Schichtdienst, die weniger als 35 Stunden/Woche arbeiten.

Quellen: Sociale atlas van de vrouw 1993, Enquête beroepsbevolking 1995, Eurostat 1998;

In den Statistiken des *Centraal Bureau voor de Statistiek* (CBS) werden verschiedene Definitionen neben- und durcheinander verwendet. Mitunter kann dies zu Verwirrungen und Unübersichtlichkeiten führen. Zur Gruppe der (abhängigen) Berufsbevölkerung wurden bis 1983 ausschließlich Arbeitskräfte gerechnet, die durchschnittlich mehr als 25 Stunden/Woche arbeiteten oder einen Arbeitsplatz von mindestens 25 Stunden/Woche suchten. Danach wurde die Grenze vorerst auf 20 Stunden gesenkt. Seit 1992 verwendet das CBS in seinen Befragungen die Grenze von zwölf Stunden (international ist die Elf-Stundengrenze gebräuchlich). Ab 1987 ging das CBS von den *Arbeitskräftezählungen* (AKT) zur *Enquête Berufsbevölkerung* (EBB, ebenfalls auf Umfragebasis[4]) über, bei der Jobs von null bis fünf Stunden exakter mitgerechnet werden.

Die Arbeitsmarktpartizipation von verheirateten Frauen hat sich zwischen 1975 (15 %) und 1994 (42 %) beinahe verdreifacht. Obwohl die Anzahl verheirateter Frauen zwischen 15 und 64 Jahren in dieser Periode mit rund 100.000 abnahm, wuchs die Anzahl verheirateter Frauen, die für den Arbeitsmarkt verfügbar waren (d.h. die zumindest zwölf Stunden/ Woche arbeiteten oder dies wollten) um über 800.000. Der Erwerbsquote von nicht verheirateten Frauen stieg (mit cirka 600.000) weniger stark von 43 auf 55 %. Als Folge dieser Entwicklung ist der Anteil traditionell männlicher *breadwinner* – zugunsten der Anzahl Doppelverdiener – gesunken. Ungefähr 85 % der verheirateten Männer (15–64jährige) waren 1975 Alleinverdiener, 1994 waren dies nur mehr die Hälfte. Der Begriff Doppelverdiener ist übrigens irreführend, da es sich in der Regel um Eineinhalbverdienerpaare (Mann mit Vollzeit- und Frau mit Teilzeitjob) handelt. Etwas weniger als ein Drittel (31 Prozent) der verheirateten oder zusammenwohnenden Frauen (15–64jährige) hatten 1992 einen Vollzeitjob (mit 35 Stunden-oder-mehr/Woche). Nichtsdestotrotz ist auch in Zweiverdienerhaushalten i.d.R. von einer symmetrischen Rollenverteilung keine Rede (siehe SCP 1996).

Teilzeitarbeit ist Frauenarbeit

„*Die Nichtpartizipation von Frauen wurde auf nationalem Niveau als so normal empfunden, daß die sozial-institutionelle Ordnung hierauf eng abgestimmt wurde. Dies galt für die Gestaltung des Steuersystems, für Arrangements und Einrichtungen betreffend Krankheit, Invalidität, Alter, kurzum für die Einrichtung des sozialen Sicherheitssystems und des Wohlfahrtsstaates. Frauen wurden weniger als Männer stimuliert, eine gute Ausbildung zu machen. Die Karriereperspektiven für Frauen waren im allgemeinen geringer als die für Männer. Einrichtungen zur Kombination von Elternschaft und Berufsarbeit bestanden nicht. Sowohl Männer als auch Frauen waren hierin auch kaum interessiert*" (WRR 1990, S. 45). Die Arbeitsteilung zwischen Männern und Frauen wurde auf vielen Gebieten, wie z.B. der Kinder- und Altenbetreuung, der Haus- und der Lohnarbeit, institutionalisiert.

Seit den 60er Jahren ist die Orientierung von Frauen am Arbeitsmarkt ebenso wie die Anzahl und der relative Anteil von Teilzeitarbeitsverhältnissen stark gestiegen. Es kommt nicht von ungefähr, daß zwischen diesen beiden Erscheinungen ein Zusammenhang besteht. Die „neuen Frauen", die ihre Arbeitskraft im Arbeitsmarkt anboten, waren verheiratet und an einem Job interessiert, der mit dem Haushalt kombiniert werden konnte. Teilzeitarbeit war zu Beginn dieser Entwicklung hauptsächlich Frauen vorbehalten, weil sie den Job mit ihrer traditionellen Rolle (Sorge um Haushalt und Familie) vereinbaren mußten bzw. konnten. Der relative Anteil von Frauen in Teilzeitarbeitsverhältnissen nimmt heute zwar ab, dennoch ist die Verteilung von Männern und Frauen in Teilzeit- und Vollzeitjobs sehr schief. Der Teilzeitarbeitsmarkt ist noch immer ein „Frauenmarkt" und der Vollzeitarbeitsmarkt ein „Männermarkt" (siehe SCP 1993).

Teilzeitjobs können von einigen Stunden/Woche bis zu einer 35-Stundenwoche variieren. International gesehen ist die große Anzahl der Teilzeitjobs mit wenigen Stunden (weniger als zwölf Stunden/Woche) auffallend. Es ist nicht ersichtlich, ob beim Wachstum der Teilzeitjobs einige Kategorien (in puncto Stundenhöhe) eine Sonderentwicklung zu verzeichnen hatten, z.B. ob die Anzahl der „kleinen" Teilzeitjobs außerordentlich schnell zunahm. Gerade in dieser Kategorie können auch Verschiebungen vom informellen zum formellen Sektor aufgetreten sein. Ein genauer Einblick wird vor allem durch fehlende Daten behindert, denn Teilzeitjobs mit wenigen Stunden wurden bis 1987 kaum registriert. Ende der 80er Jahre war das Anwachsen der Anzahl der Teilzeitarbeitskräfte ziemlich gleichmäßig über die verschiedenen Stundenkategorien hin verteilt. Der Anteil von Personen, die zwischen null und 15 Stunden arbeiteten, betrug zwischen 1988 und 1991 rund 41 %, der der Teilzeitarbeitskräfte mit Jobs von 20 Stunden-oder-mehr cirka 45 % (siehe FNV 1993).

Das *Sociaal en cultureel Planbureau* (SCP 1994) stellte fest, daß der Anstieg der Anzahl von Teilzeitarbeitsverhältnissen – anders als oft unterstellt wird – nicht ausschließlich die kleinen Jobs mit weniger als 20 Wochenstunden betrifft. Obwohl sich auch die Kategorie der kleinen Teilzeitarbeitsplätze ausgeweitet hat (mit 187.000 zwischen 1987 und 1993), sind letztendlich jedoch mehr Teilzeitarbeitsplätze mit 20 Wochenstunden-oder-mehr dazugekommen (263.000 zwischen 1987 und 1993).

Beinahe ein Viertel aller arbeitenden Frauen und weniger als ein Zehntel der arbeitenden Männer hatten 1991 ein Arbeitsverhältnis mit einer Arbeitszeit, die nicht über 15 Stunden/Woche lag. Selten bieten diese Jobs genug Einkommen, um ökonomisch eigenständig zu sein. Sowohl bei den Frauen als auch bei den Männern arbeitet eine große Gruppe in Teilzeit, weil sie nur eine derartige Beschäftigung finden konnten (siehe SCP 1993).

1.2.2 Flexible Arbeit

Flexible Arbeit ist ein Sammelbegriff für eine bunte Ansammlung von Arbeitsformen mit einer befristeten Vertragsdauer oder variablen Arbeitszeiten. Meistens werden die folgenden Typen unterschieden (siehe SCP 1993):

- *Arbeitskräfte auf Abruf*, die bei plötzlich auftretendem Hochbetrieb eingesetzt werden (z.B. in Krankenhäusern und Großhandelsbetrieben);

- *Leiharbeitskräfte*, die für die Dauer ihrer Arbeit im Dienst des Leiharbeitsbüros sind;

- *Zeitarbeitskräfte*, die für eine bestimmte Periode angenommen werden;

- *Alfahulpen* sind Personen, die weniger als drei Tage/Woche haushälterische Arbeit für Familien oder Alleinstehende via Vermittlung von subventionierten Einrichtungen zur Familienversorgung verrichten. Sie sind nicht bei der Einrichtung, sondern beim Klienten in Dienst;

- *Heimarbeitskräfte*, die zu Hause als Selbständige oder im Dienst eines Betriebes meistens einfache Arbeit auf Stücklohnbasis verrichten;

- *Free-lancer*, die meistens Arbeit mit relativ hohem Niveau gegen einen von vornherein festgelegten Preis verrichten.

Über die exakte Anzahl flexibler Arbeitsverhältnisse gibt es keine verläßlichen Daten. Auf Basis von verschiedenen Quellen schätzten die Autoren des Berichts *Flexibele inzet van arbeidskrachten* (herausgegeben vom Sozialministerium im Jahre 1987), daß in den Niederlanden 500.000–600.000 Personen flexibel arbeiteten. Dies entsprach cirka 12 % der „Arbeitenden" (unselbständig und selbständig Erwerbstätige) (siehe SCP 1993). Nach den Angaben des *Centraal bureau voor de statistiek* hatte im Jahre 1997 cirka jede zehnte Arbeitskraft ein flexibles Arbeitsverhältnis (siehe CBS 1998). Aus einem Bericht des *Inspectiedienst* des Sozialministeriums geht hervor, daß bereits einer von sechs Arbeitnehmern ein flexibles Arbeitsverhältnis (1993 war es noch einer von 13) hat. Hierbei sind Zeitarbeitsverträge (7 % der Arbeitnehmer/innen) und Arbeit auf Abruf (6 %) am verbreitetsten. Cirka 3 % der Arbeitnehmer/innen sind Leiharbeitskräfte (siehe *Algemeen Dagblad*, 25. Mai 1996). Das KPMG *Bureau voor Economische Argumentatie* hat im Jahre 1995 (Mai bis September) die bisher am breitesten angelegte Untersuchung in den folgenden Branchen durchgeführt: Gewächshauskultur, Einzelhandel, Hotel- und Gastgewerbe, Kultur- und Leiharbeitsbranche; In den ersten vier Sektoren arbeiteten rund 1,2 Millionen Personen (ein Fünftel aller abhängig Beschäftigten) und bei den Leiharbeitsfirmen wurden rund 1,5 Millionen Dienstverhältnisse gezählt. Da jede Leiharbeitskraft durchschnittlich 2,7 Aufträge/Jahr hat, wird die Zahl der Arbeitnehmer/innen mit 550.000 beziffert (das entspricht 10 % aller abhängig Beschäftigten – viel mehr als bisher angenommen). Da ein Teil der Leiharbeitskräfte auch in den ersten vier genannten Branchen arbeitet, wurde die Leiharbeitsbranche nicht miteinbezogen, wenn es um allgemeine Schlußfolgerungen geht. Nur 27 % aller arbeitenden Personen in den untersuchten vier Branchen hatten einen Vollzeitarbeitsvertrag für unbegrenzte Zeit. Von allen Arbeitnehmer/innen hatten 59 Prozent einen Arbeitsvertrag für unbeschränkte Dauer und 10 % waren Zeitarbeitskräfte. Die restlichen 31 % setzten sich aus Gelegenheitsarbeitern, Schülern/Studenten, Arbeitskräften auf Abruf und Leiharbeitskräften zusammen. In beiden Kategorien überwiegen Arbeitsverhältnisse mit weniger als 35 Stunden/Woche. In der Leiharbeitsbranche sind 47 Prozent der Dienstverhältnisse kürzer als zwei Wochen und nur drei Prozent übersteigen die Dauer von elf Monaten (siehe Empel 1996, Baenen/ Bosch 1997).

Das *Sociaal en cultureel Planbureau* (siehe SCP 1996) kommt zu der Schlußfolgerung, daß es in den letzten Jahren keinen starken Anstieg von flexibler Arbeit gab. Der traditionelle, feste Vollzeitarbeitsplatz (*full-time lifetime* employment) verliert an Boden, u.a. angesichts der starken Zunahme von Teilzeitbeschäftigung. Vorerst haben nach Ansicht des *Sociaal en cultureel Planbureau* noch ungefähr acht von zehn Arbeitenden ein (relativ) festes Arbeitsverhältnis.

Die sozialdemokratische Gewerkschaftsverband FNV (1993) kritisiert, daß die genaue Anzahl der Personen mit flexiblen Arbeitsverhältnissen unklar ist, nicht zuletzt, weil bei der Registrierung mit Jahresdurchschnitten gerechnet wird (wenn in einem Jahr z.B 200.000 Personen einen zeitlichen Vertrag von durchschnittlich einem halben Jahr haben, dann beträgt der Jahresdurchschnitt 100.000). Die FNV versteht die in Umlauf gebrachten Zahlen daher auch als Mindestangaben.

Der Anteil von Frauen mit flexiblen Arbeitsverhältnissen betrug 1996 durchschnittlich 14 %, der Anteil von Männern liegt – beträchtlich darunter – bei 7 %. 26 % der Jugendlichen (15 bis 24 Jahre) arbeiten in einem flexiblen Arbeitsverhältnis (gegenüber 10 % der gesamten Berufsbevölkerung) (siehe CBS 1997). Wer flexibel arbeitet, tut dies häufiger zu unregelmäßigen Arbeitszeiten als jemand mit einem festen Arbeitsvertrag (48 % gegenüber 40 %) (siehe de Haan et al. 1994).

Befristete Beschäftigung

Im Jahre 1997 wurden zu der Gruppe der temporären Arbeitsverhältnisse mit 12 Stunden-oder-mehr/Woche 556.000 Personen gezählt (dies sind cirka 10 % aller abhängig Beschäftigten mit einer Wochenarbeitszeit von 12 Stunden-oder-mehr), davon sind 314.000 Frauen. Darunter fallen Leiharbeitskräfte (207.000), Arbeitskräfte auf Abruf (121.000), Aushilfsarbeitskräfte (43.000) und übrige (195.000). Letztgenannte wurden nicht näher spezifiziert (siehe CBS 1998). Nach Angaben von Eurostat (1998) waren im selben Zeitraum unter Einbeziehung jener Personen, die weniger als 12 Stunden/Woche arbeiteten, 717.000 Arbeitnehmer/innen befristet beschäftigt. Dies entspricht 11,4 % aller abhängig Beschäftigten.

Arbeit auf Abruf

Vor allem bei Abruf- und Aushilfsarbeitskräften sind Frauen überrepräsentiert, 6 % von allen weiblichen gegenüber 1 % von allen männlichen Arbeitnehmern. In dieser Kategorie arbeitet etwa die Hälfte der Arbeitskräfte weniger als zwölf Stunden (siehe FNV 1993).

Leiharbeit

Die Tabelle 5 mit CBS-Zahlen (*Statistieken werkzame personen*) zeigt, daß von den Leiharbeitskräften seit 1975 etwas weniger als die Hälfte weiblich sind und der Frauenanteil leicht gestiegen ist.

Tabelle 5: Umfang der Leiharbeit nach Geschlecht (in 1000 Personen) und Frauenanteil unter Leiharbeitskräften (in Prozent) 1975–1990

	Frauen	Männer	Frauenanteil
1975	17	21	44
1978	17	23	43
1983	15	18	44
1988	54	69	44
1990	70	73	49

Quelle: Sociale atlas van de vrouw 1993

Ein starker Anstieg ist für die 90er Jahre zu verzeichnen. Das *Sociaal en cultureel Planbureau* (1996) interpretiert diesen als konjunkturelle Erscheinung einer wachsenden Ökonomie, wiewohl die Anzahl von Leiharbeitskräften viel schneller zunimmt als in der vergleichbaren Konjunkturphase Anfang der 80er Jahre. Zwischen 1982 und 1986 wuchs die durchschnittliche Anzahl von Leiharbeitskräften/Tag von 31.000 auf 95.000 (siehe SCP 1996). Im Jahre 1997 arbeiteten durchschnittlich cirka 207.000 Personen als Leiharbeitskraft (siehe CBS 1998).

Free-lance

In den letzten Jahren gab es einen auffallenden Anstieg bei den Selbständigen. Jahrelang bewegte sich die Anzahl dieser Gruppe auf einem stabilen Niveau bei etwas über 600.000

Personen. Diese Gruppe umfaßt Personen mit einem eigenen Unternehmen, Mitarbeiten-
de im Unternehmen des Partners oder der Eltern sowie Free-lancer. Im Jahre 1996 erhöhte
sich ihre Anzahl um 22.000 Personen (zwischen 1992 und 1996 betrug das Wachstum
durchschnittlich 25.000 Personen/Jahr). Inzwischen sind es insgesamt über 750.000
(1997). Es ist keineswegs ausgeschlossen, daß sich hinter diesem Wachstum zumindest
ein Teil der Flexibilisierung von Arbeitsverhältnissen verbirgt. Über den Umfang der
Gruppe der „Schein-Selbständigen" sind keine Zahlen bekannt (siehe SCP 1996, CBS
1998).

Zum Abschluß bietet die Tabelle 6 interessante Details in puncto Arbeitsstundenverteilung
bei den oben besprochenen Beschäftigungsformen:

**Tabelle 6: Arbeitende Berufsbevölkerung (15–64 Jahre) nach Geschlecht, Wochenarbeitszeit
und Art des Arbeitsverhältnisses, 1997 (in Tausend)**

	Total	Arbeitnehmer			Selbständige			
		Gesamt	festes Arbeits-verh.	flexible Arbeits-verh.	Gesamt	im eigenen Betrieb	mitar-beitend	übrige
Mann u. Frau								
12–19 Stunden	455	411	288	123	45	27	8	10
20–34 Stunden	1 396	1 263	1 080	183	133	97	26	11
> = 35 Stunden	4 549	3 970	3 710	260	579	529	30	20
Gesamt	6 400	5 644	5 077	566	757	652	63	41
Männer								
12–19 Stunden	72	62	30	32	10	8	–	–
20–34 Stunden	344	303	250	53	41	35	–	5
> = 35 Stunden	3 535	3 062	2 895	167	473	446	11	16
Gesamt	3 951	3 427	3 175	252	523	489	12	23
Frauen								
12–19 Stunden	384	349	258	91	35	19	8	8
20–34 Stunden	1 052	960	829	130	93	61	25	7
> = 35 Stunden	1 014	908	815	93	106	83	19	–
Gesamt	2 450	2 216	1 092	314	233	163	52	18

Quelle: CBS 1998

Zu der Gesamtbeschäftigung von 6,4 Millionen sind die 794.000 Personen, die weniger
als 12 Stunden/Woche arbeiten, noch hinzuzuählen.

2. Politische Regelungen

2.1 Arbeitsrechtliche Regelungen

In der Tradition des niederländischen Arbeitsrechts gab es bis vor kurzem keine spezifischen Regelungen für Teilzeit- und flexible Arbeit. Seit November 1996 besteht ein
gesetzliches Gleichstellungsgebot für Vollzeit- und Teilzeitarbeitskräfte. Per 1. Juli
1998 trat das Gesetz „Allokation von Arbeitskräften durch Vermittler" in Kraft, ein halbes Jahr später folgte das Gesetz „Flexibilität und Sicherheit". Beide Gesetze sind auf
den sozialpartnerschaftlichen *Flex-akkoord* zurückzuführen, der in der Folge ausführlich beschrieben wird.

Im März 1996 hatte die Zweite Kammer des Parlaments die Gesetzesinitiative (von Grün-Links) zum Recht auf Teilzeit behandelt. Arbeitnehmer sollten von ihrem Arbeitgeber fordern können, ihre Arbeitszeit um 50 % (bei anteiliger Lohnreduktion) zu vermindern. Die FNV betrachtete diesen Entwurf kritisch, da nicht ausschließlich individuelle Wünsche honoriert werden, sondern auch fundamentale Veränderungen in Arbeitsorganisationen stattfinden müßten (siehe Bijleveld 1996). Die Zweite Kammer hat die Gesetzesinitiative „Recht-auf-Teilzeit" mit der Abänderung, daß die individuelle Arbeitszeit um maximal 20 Prozent vermindert werden kann, angenommen. Die Erste Kammer muß den Gesetzesvorschlag noch behandeln. Es ist zur Zeit noch offen, ob es tatsächlich zu einem „Recht-auf-Teilzeit"-Gesetz kommen wird.

Nachdem auf Regierungsebene keine Einigung hinsichtlich der Flexibilisierung von Arbeitsverhältnissen und der arbeitsrechtlichen Absicherung von flexiblen Arbeitskräften erreicht werden konnte, versprach der Sozialminister den Sozialpartnern, wenn es zwischen ihnen zu einem einstimmigen Kompromiß komme, diesen in ein Gesetz umzusetzen. Nach über dreimonatigen Verhandlungen in der *Stichting van de arbeid* zwischen Vertretern von Arbeitgeber- und Arbeitnehmerorganisationen sowie von Leiharbeitsfirmen wurde im März 1996 der sogenannte *Flex-akkoord* präsentiert. Die getroffenen Vereinbarungen umfassen den Kündigungsschutz (dies betrifft feste Arbeitsverhältnisse), die Probezeit (diese betrifft feste und befristete Arbeitsverhältnisse), Kettenverträge (betrifft befristete Arbeitsverhältnisse, also auch Leiharbeit und Arbeit auf Abruf), die Lohnfortzahlung (betrifft vor allem Leiharbeitskräfte) sowie die Konzessionspflicht und das Streikbrecherverbot für Leiharbeitsfirmen.

a) Kündigungsschutz

Die gesetzliche Kündigungsfrist war abhängig von der Dauer des Dienstverhältnisses und dem Alter des Arbeitnehmers und betrug maximal sechs Monate. Es war jedoch möglich, in Kollektivverträgen sowohl längere als auch kürzere Kündigungsfristen zu vereinbaren. Im *Flex-akkoord* wurden die Vorschläge des Sozialministeriums übernommen: Die Kündigungsfrist eines Dienstverhältnisses beträgt während der ersten fünf Jahre einen Monat, ab dem 5. Jahr zwei Monate, ab dem 10. Jahr drei Monate und schließlich vier Monate bei mehr als 15 Dienstjahren. Die Kündigungsfrist für den Arbeitnehmer beträgt ein Monat. Es ist möglich, in Kollektivverträgen andere Absprachen zu vereinbaren (siehe FNV 1996).

Mit Inkrafttreten des Gesetzes „Flexibilität und Sicherheit" per 1. Jänner 1999 finden die oben genannten neuen Kündigungsfristen ihre Anwendung. Diese können zwischen individuellen Arbeitgebern und -nehmern auf Basis schriftlicher Vereinbarungen verlängert werden. Verkürzungen können nur in Kollektivverträgen vereinbart werden, außer der Arbeitgeber hat eine Kündigungserlaubnis vom Arbeitsamt. In diesem Fall kann er die Kündigungsfrist um einen Monat reduzieren, es muß jedoch zumindest eine 1monatige Frist bestehen bleiben. Für Arbeitnehmer, die per 1.1.1999 45 Jahre oder älter sind und zu diesem Zeitpunkt schon einen längeren Kündigungsschutz aufgebaut haben, bleibt dieser bestehen (siehe SZW 1999).

b) Probezeit

Die gesetzlich erlaubte Probezeit beträgt zwei Monate. Sie kann in jedem Vertrag (in festen als auch temporären) abgesprochen werden. Das Sozialministerium findet dies zu kurz und schlug zwei mögliche Regelungen vor: entweder eine gesetzliche Probezeit von zwei Monaten, die in Kollektivverträgen auf sechs Monate verlängert werden kann, oder eine gesetzlich festgelegte Probezeit von sechs Monaten, die in Kollektivverträgen auf zwei Monate gekürzt werden kann. Im *Flex-akkoord* wurde für das Handhaben der bisher üblichen Regelung von zwei Monaten optiert (siehe FNV 1996). Im Gesetz „Flexibilität und Sicherheit" wurde festgelegt, daß der Arbeitgeber eine Probezeit schriftlich festlegen muß, und daß die Probezeit für den Arbeitnehmer ebensolang sein muß als für den Arbeitgeber. Die Probezeit darf maximal einen Monat betragen, wenn der zeitliche Arbeitsvertrag kürzer als zwei Jahre dauert bzw. kein Enddatum vereinbart wurde (z.B. bei Projekten). Ausschließlich in Kollektivverträgen kann eine längere Probezeit vereinbart werden, jedoch niemals länger als zwei Monate. Im Falle, daß es sich um zeitliche Arbeitsverträge, die länger als zwei Jahre dauern, oder um feste Dienstverhältnisse handelt, darf die Probezeit maximal zwei Monate dauern (siehe SZW 1999).

c) Kettenverträge

Das niederländische Arbeitsrecht kennt keine Beschränkungen für Arbeitsverträge auf bestimmte Zeit, die ohne Angabe von Gründen abgeschlossen werden können. Da der Vertrag mit dem Verstreichen der vereinbarten Zeit endet, besitzt der Arbeitnehmer keinen Schutz gegen den Verlust seiner Arbeit. Für das Beendigen eines fortgesetzten Dienstverhältnisses auf bestimmte Zeit ist jedoch eine Kündigung Voraussetzung (siehe Albers 1987).

Mit Inkrafttreten des Gesetzes „Flexibilität und Sicherheit" per 1. Jänner 1999 haben Arbeitgeber die Möglichkeit, mehrere aufeinanderfolgende zeitliche Arbeitsverträge mit einem Arbeitnehmer abzuschließen. Dies kann jedoch nicht unbeschränkt erfolgen. In den folgenden Fällen verändert sich ein zeitlicher Arbeitsvertrag automatisch in ein festes Dienstverhältnis:

Im Falle von drei aufeinanderfolgenden zeitlichen Arbeitsverträgen, die stets direkt oder innerhalb von drei Monaten nacheinander abgeschlossen werden, besteht ab dem 4. Arbeitsvertrag automatisch ein festes Dienstverhältnis.

Wenn die aufeinanderfolgenden zeitlichen Arbeitsverträge zusammen länger als 36 Monate (inklusive etwaiger dazwischenliegender Perioden von maximal drei Monaten) dauern, wird aus dem zeitlichen Arbeitsvertrag automatisch ein festes Dienstverhältnis. Dies gilt auch, wenn die Periode von 36 Monaten während eines laufenden zeitlichen Arbeitsvertrages überschritten wird. Jedoch, wenn der erste zeitliche Arbeitsvertrag länger als 36 Monate (z.B. vier Jahre) dauert, dann besteht erst ab Beginn einer eventuellen Verlängerung (*falls* dieser neue zeitliche Arbeitsvertrag die Dauer von drei Monaten übersteigt) ein festes Dienstverhältnis. Dies gilt auch für Arbeitgeber, die berechtigterweise als Nachfolger betrachtet werden können, z.B. wenn eine Leiharbeitskraft erst über eine Leiharbeitsfirma bei einem Arbeitgeber arbeitet und dieser die Leiharbeitskraft infolge selbst in Dienst nimmt. Absprachen zwischen individuellen Arbeitgebern und -nehmern können nur zugunsten der Arbeitnehmer getroffen werden. In Kollektivverträgen kann jedoch abgesprochen werden, daß die gesetzlichen Bestimmungen ausgedehnt werden, z.B. daß erst nach 6 statt 3 zeitlichen Arbeitsverträgen oder nach 42 statt 36 Monaten ein festes Dienstverhältnis besteht (siehe SZW 1999).

d) Lohnfortzahlung

Die Artikel 1638b-d Buch 7A BW (Bürgerliches Gesetzbuch) regeln die Lohnfortzahlungsverpflichtungen des Arbeitgebers für den Fall, daß der Arbeitnehmer keine Arbeit verrichtet. Arbeitnehmer behalten ihren Anspruch auf Lohn für kurze Zeit, falls sie aufgrund von Krankheit, wegen Entbindung der Ehegattin, wegen Ablebens eines Mitbewohners oder wegen Erfüllung einer gesetzlichen Pflicht nicht arbeiten. Umstände, die zum normalen Betriebsrisiko gerechnet werden können, liegen in der Risikosphäre des Arbeitgebers. Darunter fällt auch Flaute im Betrieb. Um dem zu entkommen, machen Arbeitgeber Gebrauch von flexiblen Arbeitskräften, auf die die Lohnfortzahlungsverpflichtung keine Anwendung findet (siehe Albers 1987).

Sowohl in individuellen als auch in Kollektivverträgen kann abgesprochen werden, daß der Arbeitgeber keinen Lohn bezahlen muß, wenn es keine Arbeit für den Arbeitnehmer gibt. Der Arbeitgeber kann also ohne Einschränkung das Leerlaufrisiko auf den Arbeitnehmer abwälzen. Das Kabinett schlug vor, die Möglichkeit der Außerkraftsetzung der Lohnfortzahlungsverpflichtung (Art. 1638d BW) in einem Arbeitsvertrag zu beschränken: nach sechs Monaten kann die Lohnfortzahlungsverpflichtung ausschließlich über kollektivvertragliche Regelungen umgangen werden. Der *Flex-akkoord* hat diesen Vorschlag übernommen: in individuellen Verträgen kann ausschließlich während der ersten sechs Monate die Lohnfortzahlungsverpflichtung „wegvereinbart" werden (siehe FNV 1996).

Mit Inkrafttreten des Gesetzes „Flexibilität und Sicherheit" kann der Arbeitgeber maximal für die ersten sechs Monate, in denen der Arbeitnehmer bei ihm in Dienst ist, vereinbaren, daß er keinen Lohn bezahlt, wenn es keine Arbeit gibt. Nach sechs Monaten besteht eine Lohnfortzahlungsverpflichtung, außer im Kollektivvertrag wurde eine längere Frist vereinbart. (siehe SZW 1999).

2.1.1 Arbeitsrechtliche Regelungen atypischer Beschäftigungsformen

2.1.1.1 Teilzeitarbeit

Im Prinzip sind alle Bestimmungen aus dem Bürgerlichen Gesetzbuch sowie den arbeits- und sozialrechtlichen Gesetzen für Teilzeitarbeitskräfte mit Arbeitsvertrag anwendbar. Mit einer Ausnahme: Teilzeitarbeitskräfte, die weniger als ein Drittel der Standardarbeitszeit arbeiteten, hatten kein Recht auf den gesetzlichen Mindestlohn (auf Stundenbasis) und das Mindesturlaubsgeld (siehe SCP 1993). Seit 1. Jänner 1993 haben alle Arbeitnehmer, unabhängig vom Umfang ihrer Arbeitszeit, zumindest Recht auf den gesetzlichen Mindest(stunden)lohn. Die gesetzlichen Arbeitsschutzbestimmungen gelten für alle Arbeitskräfte mit Arbeitsvertrag, auch bei einer geringen Wochenarbeitszeit.

Im Jahre 1990 wurden 77 Kollektivverträge (die für cirka 2,2 Millionen Arbeitnehmer gültig waren) nach Regelungen hinsichtlich der Rechtsposition von Teilzeitarbeitskräften untersucht. Nur in einem Fünftel der untersuchten Kollektivverträge hatten die Arbeitsbedingungen nach Verhältnismäßigkeit auch für Teilzeitarbeitskräfte Geltung. In relativ vielen Kollektivverträgen war die Belohnung von Teilzeitarbeitskräften unklar geregelt. Ferner konnten sie weder eine verhältnismäßige Anzahl turnusfreier Tage nehmen, noch haben sie mitunter das Recht auf regelmäßig stattfindende Gehaltserhöhungen. Häufig sind sie von Regelungen der vorzeitigen Alterspension ausgeschlossen (siehe SCP 1993).

Seit November 1996 bestimmt ein neues Gesetz, daß Teilzeit- und Vollzeitarbeitskräfte die gleichen Rechte und Pflichten haben, wovon der Arbeitgeber nur abweichen kann, wenn es dafür eine „objektive Rechtfertigung" gibt (in der Literatur werden hierbei Beispiele wie Zahnarztbesuche während der Arbeitszeit genannt). Die Probezeit ist für alle Arbeitnehmer gleich (maximal zwei Monate). In puncto sozialer Sicherheit ist jeder Arbeitnehmer versichert gegen Arbeitslosigkeit, Krankheit und Erwerbsunfähigkeit, ungeachtet des Ausmaßes der Arbeitszeit und der Höhe des Lohns. Arbeitnehmer, die dieselbe Arbeit verrichten, müssen, unabhängig vom Ausmaß ihrer Arbeitszeit, denselben Bruttostundenlohn erhalten. Ebenso sind Unregelmäßigkeits-, Urlaubsgeld- und Erschwerniszuschläge für alle Arbeitnehmer gleich. Eine Teilzeitarbeitskraft hat Recht auf dieselbe Anzahl Urlaubstage wie eine Vollzeitarbeitskraft. Wenn eine Vollzeitarbeitskraft 20 (ganze) Urlaubstage/Jahr hat, dann hat ein Arbeitnehmer der halbtags arbeitet, Recht auf 20 halbe Urlaubstage. Der Kündigungschutz ist für alle Arbeitnehmer gleich. Jemand, der weniger Stunden arbeitet, kann nicht schneller oder einfacher gekündigt werden. Auch die Regelungen zur Verlängerung von Arbeitsverträgen für bestimmte Zeit sind für alle gleich. Allerdings haben Teilzeitarbeitskräfte mit z.B. einem 20 Stundenvertrag im Fall zusätzlicher Arbeitsstunden für die 21. Arbeitsstunde keinen Anspruch auf einen Überstundenzuschlag (siehe SZW 1997, CG-Brief 1997).

In Kollektivverträgen können zusätzliche Urlaubsansprüche, die über das gesetzliche Minimum hinausgehen, vereinbart werden.

Pensionsfonds

Ein Kapitel für sich sind die Pensionsfonds. Ähnlich wie in Großbritannien, Dänemark und Schweden bekommen alle (legale) Einwohner ab dem 65. Lebensjahr eine Pension aus der Altersvolksversicherung. Ein Großteil der Arbeitnehmer hat eine zusätzliche Pensionsregelung bei den Betriebs- und Branchenpensionsfonds, letztere sind häufig in Kollektivverträgen geregelt und somit für allgemeinverbindlich erklärt (siehe Einerhand et al. 1995). Die zusätzlichen Alterspensionssysteme in den Niederlanden und in Dänemark sind übrigens ebenso wie die Pensionssysteme der Freiberufler in Italien und Luxemburg die einzigen Systeme zur sozialen Sicherheit in Europa, die nach dem Kapitaldeckungsverfahren organisiert sind (siehe Delsen 1996). Die Niederlande haben auf diesem Gebiet lange Erfahrung, während in Dänemark die zusätzliche Pensionsregelung erst Ende der 80er Jahre eingeführt wurde. Sie ist daher für Ältere heute noch nicht von Bedeutung, da die Höhe der Pension von den Beitragsjahren abhängig ist (siehe Einerhand et al. 1995).

Im Jahre 1991 untersuchte der Emanzipationsrat 70 Pensionsregelungen, die cirka drei Viertel aller Teilnehmer an Pensionsregelungen umfassen. In 45 der untersuchten Regelungen (mit beinahe 2 Mio. Teilnehmern) galt eine vollkommene bzw. teilweise Ausschließung von Teilzeitarbeitskräften, die weniger als eine bestimmte Stundenanzahl arbeiten. Häufig verbreitete Grenzen sind 50 und 35 % der „Normalarbeitszeit". An sich sind die Ausschlußbestimmungen geschlechtsneutral formuliert. Da die meisten Teilzeit-arbeitskräfte jedoch Frauen sind, fallen die Regelungen vor allem für Frauen nachteilig aus. Dies kann durchaus als indirekte Diskriminierung aufgefaßt werden (siehe SCP 1993). Der Europäische Gerichtshof hat im September 1994 geurteilt, daß Frauen rück-wirkend (bis 8. April 1976) das Recht auf Teilnahme an Pensionsfonds haben, wenn sie nach diesem Datum in einem Betrieb (bzw. in einer Branche) mit einem Pensionsfonds gearbeitet haben, und sie als (verheiratete) Frauen oder als Teilzeitarbeitskräfte von diesen Regelungen ausgeschlossen waren. Letzteres gilt selbstverständlich auch für Männer (siehe Instituut Vrouw & Arbeid 1995).

2.1.1.2 Leiharbeit

Leiharbeitskräfte hatten eine sehr schlechte Rechtsposition. Bekamen sie keine Arbeit angeboten, erhielten sie keinen Lohn. Sie konnten jahrelang arbeiten, ohne einen echten Arbeitsvertrag zu bekommen, und sie bauen u.a. keine Ansprüche auf (Betriebs- und/oder Branchen-)Pensionen auf. Der FNV-Dienstleistungsverband schließt mit dem „Allgemei-nen Verband von Leiharbeitsbüros" (ABU) den ABU- bzw. Leiharbeitskollektivvertrag ab. Dieser ist für alle Leiharbeitskräfte gültig. Mitunter fallen Leiharbeitskräfte in den Wirkungsbereich von Betriebs- (bzw. Branchen-)kollektivverträgen.

Leiharbeitsfirmen mußten um eine Konzession ansuchen, deren Vergabe an bestimmte Bedingungen geknüpft wurde. In der Praxis wurde jedoch allen Anträgen entsprochen. Der *Flex-akkoord* unterstützte die Abschaffung der Konzessionspflicht für Leiharbeitsfir-men und forderte die gesetzliche Regelung des Streikbrecherverbots (Verbot des Einsat-zes von Leiharbeitskräften während Streiks) und der sogenannten Lohnverhältnismäßig-keitsvorschrift (Leiharbeitskräfte sollen „entsprechende Löhne" wie feste Arbeitskräfte erhalten) (siehe FNV 1996). Per 1. Juli 1998 ist das Gesetz „Allokation von Arbeitskräf-ten durch Vermittler" in Kraft getreten. Damit ist die Konzessionspflicht für Leiharbeits-firmen gefallen. Weiters ist nicht mehr verboten, daß eine Leiharbeitskraft länger als sechs Monate an ein Unternehmen verliehen wird. In der Praxis war bereits eine (vom Sozialmi-nisterium gebilligte) Verleihdauer von einem Jahr üblich. Leiharbeitsfirmen dürfen keine Leiharbeitskräfte in (Teile von) Unternehmen senden, wo es Streiks oder Besetzungen gibt. Die Bezahlung von Leiharbeitskräften richtet sich entweder nach dem Leiharbeits-kollektivvertrag oder nach dem Kollektivvertrag für den Betrieb, wo sie arbeiten. Falls dieser keine Bestimmungen über die Entlohnung von Leiharbeitskräften hat, verdienen diese den gleichen Lohn wie reguläre Arbeitnehmer, die dieselbe Arbeit verrichten (siehe SZW 1999).

Mit dem ABU wurde eine Pensionsregelung für Langzeitleiharbeitskräfte vereinbart, die nach 26 Wochen zu laufen beginnt. Weiters wurde ein Schulungsfonds für Leiharbeits-kräfte geplant, wobei diese nach 26 Wochen ein „Schulungsbedürfnisgespräch" angeboten bekommen (siehe FNV 1996).

Weiters wird seit 1. Juli 1998 eine Leiharbeitsbeziehung als Arbeitsvertrag zwischen Leiharbeitnehmer und Leiharbeitgeber betrachtet, jedoch gelten für die ersten 26 Wochen (bzw. länger, wenn dies im Leiharbeitskollektivvertrag vereinbart wurde) abweichende Bestimmungen. Diese 26 Wochen müssen übrigens nicht direkt aufeinander folgen, zwischen jeder Woche kann eine Periode von weniger als einem Jahr liegen. Für Leiharbeitsverhältnisse, die nach dem 1. Juli 1998 abgeschlossen wurden, kann zur Ermittlung der 26 Wochen-(oder-mehr)Frist der Zeitraum bis zum 1. Jänner 1996 herangezogen werden. Nachdem ein Leiharbeitnehmer 26 Wochen (oder mehr, wenn dies im ABU-Kollektivvertrag vereinbart wurde) für einen Leiharbeitgeber (oder dessen Nachfolger) gearbeitet hat, gelten die Regeln für zeitliche Arbeitsverträge wie diese für „normale" Arbeitgeber-Arbeitnehmer-Beziehungen bestehen (siehe oben 2.1 c Kettenverträge). Dies bedeutet u.a., daß der Leiharbeitgeber dem Leiharbeitnehmer für die Dauer des Leiharbeitsvertrages auch Lohn bezahlen muß, wenn es keine Arbeit gibt (außer im Leiharbeitskollektivvertrag[5] wurde etwas anderes vereinbart). Weiters kann der Leiharbeitnehmer nach „Verlauf der Zeit" (siehe 2.1 c Kettenverträge) ein festes Arbeitsverhältnis bekommen (siehe SZW 1999).

Leiharbeitskräfte haben Recht auf bezahlten Urlaub und Urlaubsgeldzuschlag. Bei einem Fulltime-Job besteht Anspruch auf 16,67 Stunden Urlaub/Monat (das sind 25 Tage/Jahr). Bei Teilzeitleiharbeitskräften wird dies nach Verhältnismäßigkeit ihrer Arbeitszeit berechnet. Zusätzlich besteht Anspruch auf Urlaubsgeldzuschlag. Dieser beträgt 8 % des (Grund-)Lohns jeder gearbeiteten Stunde. Sobald genügend Urlaubstage aufgebaut wurden, können diese in Anspruch genommen werden, und gleichzeitig müssen Arbeitgeber für diese Tage bezahlen. Wenn die Leiharbeitskraft ihre Tätigkeit für die Leiharbeitsfirma beendet, müssen sowohl der Urlaubsgeldzuschlag als auch die gesparten Urlaubstage ausbezahlt werden.

Leiharbeitskräfte werden meistens für die „Dauer eines Auftrags" verliehen. Manchmal ist von vornherein fix, wie lange das sein wird. Aber oft wird keine exakte Dauer abgesprochen. Wenn der leihende Betrieb will, daß die Leiharbeitskraft ihre Tätigkeit beendet, dann muß er sich an die Kündigungsfristen im ABU-Kollektivvertrag halten. Während der Kündigungsfrist muß die Leiharbeitskraft von der Leiharbeitsfirma eine Lohnfortzahlung erhalten. Sie kann die Leiharbeitskraft auch beauftragen, eine andere temporäre Arbeit zu verrichten. Ab dem zweiten Monat besteht eine Kündigungsfrist von vier Tagen, ab dem vierten Monat von sechs Tagen, ab dem fünften von acht Tagen. Dies geht bis zu 22 Tage nach zwölf Monaten (siehe FNV 1997a).

2.1.1.3 Arbeit auf Abruf

Bei Arbeit auf Abruf schließen die Parteien einen Vertrag mit der Bestimmung, daß Lohn nur für gearbeitete Stunden bezahlt werden muß. Der Vertrag enthält entweder keine Mindeststundenanzahl (Null-Stundenvertrag) oder eine Mindeststundenanzahl, häufig in Kombination mit einer Maximalstundenanzahl (min-max contract). Die Null-Stundenverträge bieten dem Arbeitnehmer nicht die geringste Einkommenssicherheit, jedoch besteht die Verpflichtung, einem Abruf Folge zu leisten. Der min-max-Kontrakt bietet eine beschränkte Einkommenssicherheit, jedoch eine beträchtlich größere Verpflichtung zur Verfügbarkeit. Kollektivverträge finden in vielen Fällen keine Anwendung, sodaß die Arbeitskräfte keine Ansprüche auf Transferzahlungen (die über gesetzliche Bestimmungen hinausgehen) und Pensionsregelungen haben. Die Einkommensunsicherheit dieser Arbeitskräfte ist jedoch nicht allein die Folge der Nicht-Fortsetzung einer Anzahl ausbedungener Arbeitsstunden, sondern auch der Diskrepanz zwischen der ausbedungenen Stundenanzahl und der Stundenanzahl, die sie verfügbar sein müssen (siehe Albers 1997).

Mit Inkrafttreten des Gesetzes „Flexibilität und Sicherheit" per 1. Jänner 1999 wurden die Vereinbarungen des *Flex-akkoords* umgesetzt. Arbeitskräfte auf Abruf haben unter folgenden Bedingungen nunmehr pro Abruf das Recht auf Lohn für zumindest drei Stunden:

- es besteht ein Vertrag mit weniger als 15 Wochenstunden, und es ist nicht bekannt, zu welchen Zeiten der Arbeitgeber die Arbeitskraft abruft, oder

- es besteht ein Vertrag, aber es ist nicht deutlich wieviele Stunden/Woche gearbeitet werden soll;

Die Regelung findet keine Anwendung, wenn ein Vertrag von 15 oder mehr Wochenstunden besteht, auch wenn die Arbeitszeiten nicht deutlich abgesprochen sind (siehe SZW 1999).

Flexible Arbeitskräfte müssen selber nachweisen, daß sie bei ihrem Arbeitgeber in Dienst sind. In der Praxis können Arbeitskräfte auf Abruf und Arbeitskräfte mit Null-Stunden-Verträgen schwer nachweisen, daß sie einen Arbeitsvertrag haben und eine bestimmte Anzahl Stunden pro Woche (bzw. pro Monat) arbeiten. Im *Flex-akkoord* wurde der Vorschlag des Sozialministeriums unterstützt, nämlich die Umkehr der Beweislast durch die Einführung einer Rechtsvermutung hinsichtlich der Existenz eines Arbeitsvertrags. Zusätzlich wurde die sogenannte „Rechtsvermutung Arbeitszeit" vereinbart: der Umfang des Vertrags wird bestimmt durch die durchschnittliche Anzahl an Arbeitsstunden in den letzten drei Monaten (siehe FNV 1996). Per 1. Jänner 1999 gilt folgende Regel: Wenn drei Monate lang jede Woche bzw. mindestens 20 Stunden/Monat für denselben Arbeitgeber gearbeitet wird, dann wird vermutet, daß ein Arbeitsvertrag besteht. Zur Feststellung der Stundenhöhe des Arbeitsvertrags wird die Anzahl der durchschnittlich gearbeiteten Stunden in den letzten drei Monaten herangezogen. Es handelt sich hierbei um eine Rechtsvermutung, wobei der Arbeitgeber (im Fall des Falles) beweisen muß, daß es sich um keinen Arbeitsvertrag handelt (siehe SZW 1999).

Jeder Arbeitnehmer hat Recht auf bezahlten Urlaub. Per Gesetz sind es vier Arbeitswochen, also bei einer 38 Stundenwoche sind es 4 x 38 bezahlte Stunden, bei einer 20 Stundenwoche sind es 4 x 20 bezahlte Stunden. Bei Abruf- und min-max-Arbeitskräften muß die durchschnittliche Anzahl der gearbeiteten Stunden herangezogen werden. Meistens ist das nicht so einfach. Zusätzlich besteht auch Anspruch auf Urlaubsgeldzuschlag (siehe FNV 1997b).

Abruf- und min-max-Arbeitskräfte haben auch einen Kündigungsschutz, letztere auch einen Schutz vor einer Teilkündigung, d.h. wenn die Betroffenen nur mehr für einen *min*-Vertrag eingesetzt werden und für gewöhnlich weitaus mehr Stunden gearbeitet wurde (siehe a.a.O.).

2.1.1.4 Heimarbeit

Unsicherheit besteht hinsichtlich der Frage, ob ein Heimarbeitsvertrag ein Arbeitsvertrag ist. Heimarbeiter haben ebenso wie Arbeitskräfte auf Abruf keine Einkommenssicherheit. Falls es sich um einen Arbeitsvertrag handelt, ergeben sich dieselben Probleme wie bei Abrufarbeitsverträgen. Die Einführung einer Rechtsvermutung, daß es sich bei dem Vertrag um einen Arbeitsvertrag handelt, würde die Probleme nur in einer Reihe von Fällen lösen. Die Erweiterung des Wirkungsradius einer Anzahl von Gesetzen, z.B. das Gesetz über Mindestlohn und -urlaubsgeld, die Urlaubsgesetzgebung, verdient daher den Vorzug (siehe Albers 1987).

Flexible Arbeitskräfte mit einem Arbeitsverhältnis, bei dem nicht sicher ist, daß ein Arbeitsvertrag vorliegt (z.B. bei Heimarbeitskräften), haben unter bestimmten Voraussetzungen per 1. Jänner 1997 Recht auf den gesetzlichen Mindestlohn. Zu den Voraussetzungen zählen, daß ein Arbeitsverhältnis zumindest drei Monate dauert und nicht mehr als 31 Tage zwischen zwei Aufträgen liegen. Weiters darf es nicht mehr als zwei Auftraggeber geben, und es muß die Arbeit allein oder höchstens mit Hilfe von Familienmitgliedern erledigt werden. Außerdem muß die Arbeit mindestens fünf Stunden/Woche dauern (siehe FNV 1997b).

2.1.1.5 Free-lance

Der Free-lance Vertrag ist – zumindest in der Absicht der abschließenden Parteien – kein Arbeitsvertrag. Das ist jedoch nur der Fall, wenn eines der Kennzeichen des Arbeitsvertrages (in diesem Fall die Unterordnung) nicht vorhanden ist. Zu Unrecht wird oft angenommen, daß als Folge der Namensgebung „Free-lance Vertrag" kein Arbeitsvertrag zustande gekommen ist. Die Klärung der Frage, ob den Kennzeichen eines Arbeitsvertrages entsprochen wird, liegt beim Arbeitsrichter.

Die Einführung einer Rechtsvermutung, daß Arbeit auf Basis eines Arbeitsvertrages verrichtet wird, ist vor allem für diese Art von Verträgen wichtig. Auch hier kann die Ausweitung des Wirkungsbereiches einer Reihe arbeitsrechtlicher Gesetze die Rechtsposition dieser Gruppe von Arbeitnehmern verbessern (siehe Albers 1987).

2.1.2 Evaluierung

In ihrer Teilzeitnote aus dem Jahr 1989 hat die *Stichting van de arbeid* den Wunsch geäußert, Teilzeitarbeitskräfte weder gänzlich noch teilweise aus Kollektivverträgen auszuschließen. Es mußte jedoch festgestellt werden, daß noch in einer großen Anzahl von Kollektivverträgen Schwellenbestimmungen v.a. für kleine Teilzeitjobs (z.B. bei weniger als einem Drittel der Normalarbeitszeit) bestehen. Daher empfahl sie, diese Schwellenbestimmungen sorgfältig zu betrachten und, wo möglich, eine Anpassung bzw. Änderung vorzunehmen. Kollektivvertragsverhandlungsparteien sollen weiters vereinbaren, daß Arbeitnehmer Recht haben auf:

- die Anpassung der Höhe der Arbeitsstunden (also das Recht auf weniger Stunden bzw. bei kleinen Teilzeitjobs mehr Stunden zu arbeiten),

- die Gleichbehandlung von Voll- und Teilzeitjobs,

- die Verbesserung der Qualität der Teilzeitjobs (siehe Stichting van de Arbeid 1993).

In den Kollektivvertrags-Bestimmungen läuft es meistens darauf hinaus, daß der Arbeitnehmer auf die Anpassung seiner Arbeitszeiten ein Recht hat, außer wenn „schwerwiegende Betriebsinteressen" dies nicht zulassen (siehe FNV 1993b). Das Gesetz zum „Recht auf Teilzeit" hat zwar die Zweite Kammer, aber noch nicht die Erste Kammer des Parlaments passiert. Die Gleichbehandlung von Voll- und Teilzeitjobs wurde gesetzlich geregelt. Maßnahmen zur Verbesserung der Qualität der Teilzeitjobs sind jedoch nicht feststellbar. Inwiefern sich das Gleichstellungsgebot (November 1996) auch auf kollektiv-vertragliche Regelungen auswirken wird, ist nicht absehbar.

Für Arbeitnehmer ist es wichtig zu wissen, ob sie auf Basis eines Arbeitsvertrages arbeiten, denn der Arbeitsvertrag ist die Eintrittskarte in das Arbeits- und Sozialversicherungs-recht. Die verschiedenen Typen von flexiblen Arbeitsverhältnissen, wie Abruf-, Heimar-beits- und Free-lance Übereinkünfte werden im Bürgerlichen Gesetzbuch nicht wörtlich genannt. Für diejenigen, die auf Basis eines solchen Vertrages arbeiten, ist es oft unklar, ob es sich um einen Arbeitsvertrag (mit den daran verbundenen Rechten und Pflichten) handelt. Wenn flexible Arbeitskräfte mit ihrem Arbeitgeber in dieser Frage eine Mei-nungsverschiedenheit haben, dann ist eine juristische Prozedur notwendig, um darüber Klarheit zu erlangen. Das Problem der Unklarheit in bezug auf das Bestehen bzw. Nicht-Bestehen eines Arbeitsvertrags wurde vom Gesetzgeber erkannt. Aus diesem Grunde wurde per 1. Jänner 1994 für den Arbeitgeber eine gesetzliche Verpflichtung eingeführt, daß eine Anzahl von Angaben über das Arbeitsverhältnis schriftlich festgelegt werden müssen. Das heißt, daß der Arbeitgeber oder die Leiharbeitsfirma ab diesem Zeitpunkt schriftlich angeben muß, ob von einem Arbeitsvertrag die Rede ist (siehe Baenen/Bosch 1997). Neben dieser Informationsverpflichtung wurde für Arbeitskräfte auf Abruf im *Flex-akkoord* die Umkehr der Beweislast durch die Einführung der „Rechtsvermutung" über das Bestehen eines Arbeitsvertrags verankert.

Dennoch ist die Rechtsposition von flexiblen Arbeitskräften in einer Reihe von Punkten nach wie vor unklar bzw. nicht geregelt. Die Unklarheit oder die Nicht-Regelung bezieht sich auf folgende Punkte (siehe Baenen/Bosch 1997):

- das Vorliegen eines Arbeitsvertrages,

- die Dauer des Arbeitsvertrages,

- den Mangel an Kündigungsschutz,

- das Versichertsein für die Arbeitnehmerversicherungen (siehe Abschnitt 2.2),

- das Recht auf zusätzliche Versicherungen, z.B. in den Pensionsfonds.

Für Arbeitskräfte auf Abruf bestehen die Unklarheiten hinsichtlich ihrer Rechtsposition in einem stärkeren Ausmaß als für die gesamte Gruppe der flexiblen Arbeitskräfte. Unklar-heit in der Rechtsposition von Arbeitskräften auf Abruf verursacht vor allem die Frage, ob ein Arbeitsvertrag vorliegt (und wenn ja, für welche Dauer). Für Arbeitskräfte auf Abruf und Heimarbeitskräfte besteht in einem starken Ausmaß Unklarheit über ihr Recht auf Kündigungsschutz. Es ist unklar, unter welchen Umständen sie Kündigungsschutz haben und wann nicht. Für die übrigen Formen von flexibler Arbeit ist dies in einem geringeren Maße der Fall (siehe Baenen/Bosch 1997). Flexible Arbeitskräfte fallen mit Ausnahme von Leiharbeitskräften in der Regel nicht in den Wirkungsbereich von kollektivvertragli-chen Regelungen. Flexible Arbeitsverhältnisse, die sich durch eine schlechte Rechtsposi-tion kennzeichnen, betreffen vor allem Frauen.

Arbeitgeber bekommen durch die auf dem *Flex-akkoord* basierenden neuen Gesetze („Flexibilität und Sicherheit" und „Allokation von Arbeitskräften durch Vermittler") beträchtlich mehr Möglichkeiten, um Verträge auf bestimmte Zeit abzuschließen. Sie kön-nen z.B. dreimal nacheinander einen Vertrag für ein Jahr abschließen, ohne daß dies ein festes Arbeitsverhältnis darstellt. Ein einmaliger Vertrag für die bestimmte Zeit von drei

Jahren kann einmal mit höchstens drei Monaten verlängert werden. „Arbeitgeber können drei Jahre auf dem Arbeitsmarkt einkaufen, bevor die Regeln des Kündigungsschutzes zu gelten beginnen", kommentiert der Amsterdamer Professor für Arbeitsrecht *Paul van der Heijden* (siehe NRC Handelsblad 4. April 1996).

2.2 Sozialrechtliche Regelungen

Das System der sozialen Sicherheit ist in geringerem Maße lohnarbeitszentriert als etwa in Österreich oder Deutschland. Es besteht aus „zwei harten Kernen" (Krätke 1995): den *Arbeitnehmerversicherungen* (gegen Arbeitslosigkeit (WW, 1952), Krankheit (ZW), Erwerbsunfähigkeit (WAO, 1967) und für medizinische Behandlung (ZFW, 1966)) und den *Volksversicherungen* (Alters- (AOW, 1957), Witwen- und Waisenversicherung (1959), Kinderbeihilfe (1963), besondere Krankenbehandlung (1968) und Allgemeine Erwerbsunfähigkeitsversicherung (AAW, 1976). Zusätzlich existiert der *Bijstand* (ABW, 1965), das System der staatlichen Sozialhilfe (siehe Braakman et al. 1984). Die Volksversicherungen sind für alle Einwohner (Bürger und Gleichgestellte) bestimmt. Die Höhe der Transferzahlungen liegt auf dem Niveau des „sozialen Minimums" (siehe Krätke 1995)

Periodenregeln und Aufbaurechte

Das System der sozialen Sicherheit kennt eine große Anzahl von Periodenregeln [6], um die Transferrechte und Versicherungspflicht festzustellen. Im allgemeinen kann festgestellt werden, daß Friktionen im Sozialversicherungsrecht, die bei flexiblen Arbeitskräften auftreten, zu einem großen Teil damit zusammenhängen, daß stets bestimmte Perioden betrachtet werden, um Rechte (und Versicherungspflicht) festzustellen. Als Folge dieser Periodenregeln können geringe Unterschiede in puncto gearbeiteter Zeit mit großen Unterschieden hinsichtlich der Höhe und Dauer von Transferzahlungen einhergehen. Es kann einen großen Unterschied ausmachen, ob die Beurteilung und Anwendung dieser Regeln pro Tag, pro Woche oder auf andere Weise geschieht (siehe Baenen/Bosch 1997).

Der sozialdemokratische Gewerkschaftsverband FNV (1995) hat vorgeschlagen, daß für das Arbeitslosigkeitsrisiko eine eigene Versicherung (neben der herkömmlichen Arbeitslosenversicherung) ins Leben gerufen werden sollte. Diese soll flexiblen Arbeitskräften die Möglichkeit geben, ein (bescheidenes) Recht auf Transferzahlung aufzubauen, ohne der Wochen- und der Jahreserfordernis entsprechen zu müssen. Die Höhe und die Dauer soll von der Anzahl der gearbeiteten Wochen abhängig sein. Für die sogenannte Aufbau-Arbeitslosenversicherung bekommt jeder Arbeitnehmer eine Art Sparsaldo, der durch Arbeit angespart wird. In der Aufbau-Arbeitslosenversicherung soll jede gearbeitete Woche einem bestimmten Aufbauwert entsprechen. Wird die Arbeitskraft arbeitslos, dann können die aufgebauten Rechte verbraucht werden. Die vorgeschlagene Aufbau-Arbeitslosenversicherung soll die bestehende Arbeitslosenversicherung unangetastet lassen, es kommt ausschließlich eine Art „Vorhalle" dazu. Die Aufbau-Arbeitslosenversicherung bedarf einer gesetzlichen Basis ebensowie der Möglichkeit für kollektivvertragliche Absprachen hinsichtlich des Aufbaus von Rechten, die wiederum an Beitragszahlungen gekoppelt werden müssen. Sollte es zu einem „Basistransfer" (und nicht Basiseinkommen) für alle, die sich dem Arbeitsmarkt zur Verfügung stellen, kommen, dann kann die Aufbau-Arbeitslosigkeitsversicherung in einen Zuschlag für diesen verändert werden. Die

Höhe des Basistransfers gemäß FNV-Vorschlag beläuft sich auf 50 % des gesetzlichen Mindestlohns (cirka 900 Gulden bzw. 408 Euro/Monat), und es würde ohne Vermögensprüfung und Einkommensprüfung des Partners gewährt werden. Die FNV weiß, daß dies nicht genug ist zum Leben. Für Alleinstehende betrug das soziale Minimum 70 % des gesetzlichen Mindestlohns (seit 1. Jänner 1996 nur mehr 50 %), für Alleinerziehende 90 % (seit 1. Jänner 1996 nur mehr 70 Prozent). Die FNV erachtete bereits die 70 und 90 % als absolutes Minimum, darum wäre auch ein Zuschlägesystem für den „Basistransfer" nötig (siehe FNV, Dezember 1995).

2.2.1 Sozialrechtliche Regelungen atypischer Beschäftigungsformen

In Artikel 3 der Arbeitnehmerversicherungen steht geschrieben, daß jeder, der in einem privat- oder öffentlich-rechtlichen Arbeitsverhältnis arbeitet und jünger als 65 Jahre ist, versichert ist. Von einem privatrechtlichem Arbeitsverhältnis ist die Rede, wenn eine Person auf Basis eines Arbeitsvertrags nach Bürgerlichem Recht arbeitet. Für das Bestehen eines Arbeitsvertrages sind drei Kriterien (Unterordnung, Lohnbezahlung und persönliche Arbeitsverrichtung) entscheidend, unabhängig davon ob ein Arbeitsvertrag auf Papier vorliegt oder nicht. Falls es sich um keinen Arbeitsvertrag handelt, kann es dennoch nach Artikel 4 und 5 der Arbeitnehmerversicherungen ein Recht auf Versicherung für eine Reihe anderer Arbeitsverhältnisse und angewiesener Gruppen (sogenannte „fiktive Arbeitsverhältnisse") geben. In Artikel 4 betrifft das u.a. Leiharbeitskräfte, Lehrlinge/Praktikanten (nicht für WW) und Verwalter von kooperativen Vereinigungen mit Arbeitnehmerselbstverwaltung. In Artikel 5 betrifft dies Heimarbeitskräfte, Musiker und Künstler, Berufssportler und sogenannte „gesellschaftlich Gleichgestellte". Ausschließlich für die Gruppe der gesellschaftlich Gleichgestellten, dies sind Arbeitskräfte ohne Arbeitsvertrag, existiert eine Schwellenbestimmung. Sie müssen zumindest seit 30 Tagen, an durchgehend zwei Tagen/Woche, für mindestens 40 Prozent des gesetzlichen Mindestlohns gearbeitet haben. Ist dies der Fall, dann sind sie versichert (siehe Albers 1987). Wenn kein Arbeitsvertrag vorliegt, dann sind Arbeitskräfte auf Abruf, Heimarbeitskräfte und Selbständige, die die genannten Kriterien nicht erfüllen, nicht versichert.

Der Artikel 6 im ZW, WAO und WW beinhaltet die Einschränkung des Wirkungsbereiches der Arbeitnehmerversicherungen. Hauptsächlich betrifft dies den größten Teil der öffentlich Bediensteten und die sogenannten „gesellschaftlich Gleichgestellten". Im ZW und WAO sind die Einschränkungen weitreichender. Gemäß Artikel 6 Absatz 2 ZW und WAO ist der Arbeitnehmer nicht versichert an Tagen, an denen keine Arbeit verrichtet wird und vom Arbeitgeber keine Transferleistung bzw. eine Transferleistung geringer als die Hälfte des normalen Lohns empfangen wird. Jedoch gibt es eine Reihe von Ausnahmen, wie z.B. wegen einer „normalen Arbeitsunterbrechung" oder eines Bildungsurlaubes (nicht länger als ein Monat). Wenn es das Arbeitsverhältnis erfordert, entweder durch die Art des Arbeitsverhältnisses oder durch die Absicht der Parteien, daß nur während eines Teils der Woche gearbeitet wird, dann ist die Versicherung durchgehend. Wenn allerdings nicht regelmäßig in jeder Kalenderwoche Arbeit verrichtet wird, ist der Arbeitnehmer nur an Wochen, in denen er arbeitet, versichert.[7] Vor allem dieser Artikel kann für flexible Arbeitsverhältnisse weitreichende Konsequenzen haben. Bei Arbeitskräften auf Abruf wird darüberhinaus zwischen einer Wochen- und einer Tagesversicherung unterschieden.

Für Leiharbeitskräfte gibt es diese Unterscheidung nicht. Der Artikel 6 ZW hat auch Konsequenzen für die Anwendung der Bestimmungen des ZFW, also der Krankenbehandlung[8] (siehe Albers/Konijn 1987).

2.2.1.1 Teilzeitarbeit

Teilzeitarbeitskräfte sind für alle Arbeitnehmerversicherungen versichert. Der Arbeitgeber ist verpflichtet, seinen Arbeitnehmern mit Arbeitsvertrag bei Krankheit maximal ein Jahr zumindest 70 % des Lohns fortzuzahlen. Liegt dieser Betrag unter dem gesetzlichen Mindestlohn, dann muß der Mindestlohn ausbezahlt werden. Für Teilzeitarbeitskräfte gilt dies nach Verhältnismäßigkeit. Endet der Arbeitsvertrag während der Krankheit, dann gilt das Krankenversicherungsgesetz (ZW), und die Lohnfortzahlung erfolgt durch die Branchenvereinigung (ausführende Institution). Ein Arbeitgeber kann sich der Lohnfortzahlungsverpflichtung nicht entziehen, auch nicht, wenn die Ursache der Krankheit außerhalb der Arbeitsbeziehung (z.B. Sportunfall) liegt (siehe SZW 1997).

2.2.1.2 Leiharbeit

Der Königliche bzw. sogenannte „Raritäten-Beschluß" (KB vom 14. Dezember 1973), der auf Basis der Artikel 5 WW, ZW und WAO festgelegt wurde, brachte die Leiharbeitskräfte in den Wirkungsbereich der Arbeitnehmerversicherungen. Leiharbeitskräfte sind somit ungeachtet der Anzahl ihrer Arbeitsstunden, der Anzahl der gearbeiteten Tage und des verdienten Lohns versichert. Damit ist im Sozialversicherungsrecht die Frage, ob eine Leiharbeitskraft auf Basis eines Arbeitsvertrags arbeitet, von geringer Bedeutung. In der Praxis geht die Branchenvereinigung davon aus, daß für die Tage, an denen Arbeit verrichtet wird, ein Arbeitsvertrag besteht. Für die Leiharbeitskraft ist daher die Nachwirkung[9] des Rechts auf eine Transferleistung kraft ZW und WAO von Bedeutung (siehe Albers/Konijn 1987).

Leiharbeitskräfte sind seit der Teilprivatisierung der gesetzlichen Krankenversicherung im Falle von Krankheit oder Unfall in der „Auffangnetz-Krankenversicherung" (ZW) versichert. Die Lohnfortzahlung beträgt 70 % des durchschnittlichen Lohns der 13 vorhergehenden Wochen. Im ABU-Kollektivvertrag ist geregelt, daß die Leiharbeitsfirma diese 70 % auf 90 % auffüllen muß (siehe FNV 1997a).

Leiharbeitskräfte haben bei Erfüllung der Anspruchsvoraussetzungen Recht auf Arbeitslosenunterstützung, und zwar vom Ende des Verleihs bis zu einem neuerlichen Verleih. Bedingung ist weiters, daß die Leiharbeitskraft versucht, Arbeit zu finden, indem sie sich beim Arbeitsamt meldet und Bewerbungen macht (siehe Albers/Konijn 1987). Eine Leiharbeitskraft, die zuvor arbeitslos (mit WW-Unterstützung) war, kann die Arbeitslosenunterstützung nach Verhältnismäßigkeit weiter beziehen, solange sie zumindest um fünf Stunden weniger arbeitet als in ihrem ursprünglichen Job. Sie wird somit für zumindest fünf Stunden arbeitslos eingestuft. Das bedeutet: eine Leiharbeitskraft, die vor ihrer Arbeitslosigkeit einen festen 38 Wochenstundenjob hatte und nun 33 Wochenstunden arbeitet, erhält die entsprechende Arbeitslosenunterstützung für fünf Stunden. Bei 15 Stunden Leiharbeit beträgt die Höhe der Arbeitslosenunterstützung den entsprechenden Betrag für 23 Stunden. Arbeitet die Leiharbeitskraft für eine bestimmte Zeit full-time und danach wieder weniger Stunden, dann fällt sie auf die vorige WW-Unterstützung zurück.

Dies ändert sich jedoch, wenn die Leiharbeitskraft länger als 26 Wochen arbeitet. Dann hat sie neue WW-Rechte aufgebaut. Die Arbeitslosenunterstützung wird dann nach dem durchschnittlich verdienten Leiharbeitslohn berechnet. Wenn aber jemand innerhalb von sechs Monaten, nachdem er arbeitslos wurde, eine Leiharbeitsstelle annimmt, tritt eine besondere Regelung in Kraft. Mit der sogenannten Garantieregelung behält man 30 Monate das Recht auf die alte, höhere Arbeitslosenunterstützung im Falle einer erneuten Arbeitslosigkeit (siehe FNV 1997a).

2.2.1.3 Arbeit auf Abruf

Ob bei Arbeitskräften auf Abruf von einer durchgehenden Versicherung für ZW, WAO und ZFW auszugehen ist, hängt von der Regelmäßigkeit der Tätigkeiten ab (siehe Albers/Konijn 1987).

Bei einem *länger dauernden Dienstverhältnis* muß der Arbeitgeber 70 % des Lohns für maximal 52 Wochen fortzahlen. Wieviel das ist, wird auf Basis der durchschnittlichen Stundenzahl vor der Krankheit berechnet. Bei kurzfristigen *temporären Dienstverhältnissen* muß der Arbeitgeber ausschließlich den Lohn fortzahlen, wenn die Krankheit während der Periode, für die die Person aufgerufen wurde, eintritt. Nach Ablauf des temporären Vertrags (dem Abruf) ist die „Auffangnetz-Krankenversicherung" (ZW) zuständig (siehe FNV 1997b). In diesem Fall sind Arbeitskräfte auf Abruf durchgehend (also auch an den Tagen und Wochen, an denen sie nicht arbeiten) für das Krankheitsrisiko versichert, wenn von einer Arbeitsgarantie und einer Erscheinungspflicht die Rede ist. Wenn keine Arbeitsgarantie, aber eine Erscheinungspflicht besteht, sind Arbeitskräfte auf Abruf ausschließlich in denjenigen Wochen versichert, in denen tatsächlich gearbeitet wird. Wenn weder eine Arbeitsgarantie noch eine Erscheinungspflicht besteht, dann ist die betreffende Arbeitskraft auf Abruf ausschließlich an den Tagen versichert, an denen Arbeit verrichtet wird (siehe Baenen/Bosch 1997). Arbeitskräfte auf Abruf, die zu keinem Zeitpunkt einen Arbeitsvertrag haben, sind versichert, wenn sie den Anforderungen des Artikel 2 KB 1973 entsprechen. Hierbei ist v.a. wichtig, daß sie durchgehend an zwei Tagen/Woche arbeiten, 2/5 des gesetzlichen Mindestlohns verdienen und das Arbeitsverhältnis für länger als ein Monat andauert (siehe Albers/Konijn 1987).

Arbeitskräfte auf Abruf, die auf Basis eines Arbeitsvertrages tätig sind, sind in jedem Fall durchgehend für das Arbeitslosigkeitsrisiko versichert (siehe a.a.O.). Anspruch auf Arbeitslosenunterstützung besteht, wenn die Wochen- (und Jahres)erfordernisse erfüllt werden und der Arbeitskraft nicht vorgeworfen werden kann, daß sie den Arbeitsplatz aus eigenem Verschulden verloren hat (siehe FNV 1997b). Das Arbeitslosenversicherungsgesetz enthält als Voraussetzung, daß die Arbeitslosigkeit innerhalb eines bestimmten Zeitraums nach Eintreten bei der Branchenvereinigung gemeldet werden muß. Problematisch ist diese Regelung v.a. für Arbeitskräfte auf Abruf, da sie in vielen Fällen erst nach Verstreichen einiger Zeit wissen, daß sie arbeitslos sind. Die Arbeitslosigkeit beginnt jedoch nach Ablauf des letzten Auf- bzw. Abrufs. Diese Diskrepanz ist häufig die Ursache von Sanktionen (siehe Baenen/Bosch 1997).

Das Arbeitslosenversicherungsgesetz kennt als weitere Voraussetzung, daß der Arbeitslose für den Arbeitsmarkt verfügbar sein muß. Ein Arbeitgeber wiederum kann an seine Arbeitskräfte auf Abruf die Forderung stellen, daß sie für Tätigkeiten verfügbar sein müssen. Demzufolge können Probleme auftauchen, wenn eine Person zum Teil arbeitslos ist und gleichzeitig Arbeit auf Abruf verrichtet. Entspricht diese Person dann noch der Anspruchsvoraussetzung hinsichtlich der Verfügbarkeit für den Arbeitsmarkt? Falls nicht, können dann die ausführenden Branchenvereinigungen Arbeit auf Abruf, bei der der Umfang der künftigen Arbeitszeit und des künftigen Einkommens unklar sind, als zumutbare Arbeit für Arbeitslose betrachten? Fachleute geben an, daß eine Diskrepanz zwischen der Verfügbarkeitsbestimmung für den Arbeitsmarkt nach dem Arbeitslosenversicherungsgesetz und der Verpflichtung, Abrufen von Arbeitgebern nachzukommen, besteht. Diese Diskrepanz führte zu Kürzungen bzw. Beendigungen von WW-Unterstützungen wegen Nicht-Verfügbarkeit für den Arbeitsmarkt. Laut Fachleuten kann Arbeit auf Abruf als zumutbare Arbeit nach dem Arbeitslosenversicherungsgesetz betrachtet werden. Dies betrifft übrigens auch Arbeitslose, die die Sozialhilfe beziehen (siehe Baenen/Bosch 1997).

2.2.1.4 Heimarbeit

Heimarbeitskräfte sind in den Arbeitnehmerversicherungen (ZW, WAO, WW, ZFW) versichert, wenn der Heimarbeitsvertrag ein Arbeitsvertrag ist. Der Umfang der Arbeitszeit tut hierbei nichts zur Sache. Ist die Heimarbeitskraft nicht auf Basis eines Arbeitsvertrags tätig, dann ist sie dennoch für die Arbeitnehmerversicherungen versichert, falls sie die Anforderungen von Artikel 1 KB 1973 erfüllt. Die wichtigste Anforderung ist, daß sie zumindest 2/5 des gesetzlichen Mindestlohns verdient. Bei unregelmäßigen Tätigkeiten muß ebenfalls die Bestimmung in Artikel 6 Absatz 1d und e ZW und WAO betrachtet werden. Nur wenn die Heimarbeitskraft jede Woche arbeitet, ist sie durchgehend versichert. Ist dies nicht der Fall, dann ist sie nur an jenen Tagen versichert, an denen sie arbeitet. Es besteht jedoch die Möglichkeit, sich auf die Bestimmungen hinsichtlich der Nachwirkung zu berufen. Was das Recht auf eine Transferleistung betrifft, muß darauf hingewiesen werden, daß der Umstand, daß jahrelang Heimarbeit verrichtet wurde, nicht mit sich bringt, daß Arbeit außer Haus nicht als zumutbare Arbeit angesehen werden kann. Im Rahmen der Ausführung von WAO/AAW und WW kann vom Leistungsberechtigten verlangt werden, daß er Arbeit außerhalb des Heims verrichtet, außer wenn sich dadurch besondere Umstände ergeben (siehe Albers/Konijn 1987).

2.2.1.5 Free-lance

Falls der Free-lancer Arbeit im Sinne von Artikel 4 ZW, WAO und WW annimmt, ist er versichert. Ist dies nicht der Fall (also wenn es sich um Arbeit in der „Ausübung eines Betriebes oder die selbständige Ausübung eines Berufes" handelt), dann kann er unter die Artikel 1 oder 2 KB 1973 fallen. Hierbei gelten dann extra Anforderungen, u.a. daß er 2/5 des gesetzlichen Mindestlohns verdient (in beiden Fällen) und durchgehend für zumindest zwei Tage/Woche arbeitet (Art. 2). Entspricht der Free-lancer den Umschreibungen von Art. 1 oder 2 KB 1973, dann ist er versichert. Der zuständige Minister hat im Königlichen Beschluß (KB) die Befugnis erhalten, bestimmte Gruppen von der Versicherung auszuschließen. Von dieser Befugnis wurde u.a. für bestimmte Autoren und Redaktionsmitarbeiter, die für einen Verlag arbeiten, Gebrauch gemacht. Free-lancer, die auf Basis eines Vertrags für unbestimmte Zeit arbeiten, können es hinsichtlich ihrer Versicherung nach ZW, WAO und indirekt ZFW auch noch mit Artikel 6 ZW und WAO zu tun bekommen, falls sie nicht durchgängig bzw. mit Unterbrechungen arbeiten (siehe Albers/Konijn 1987).

2.2.2 Evaluierung

Teilzeitarbeitskräfte sind immer gesetzlich versichert, flexible Arbeitskräfte hingegen sind für die Arbeitnehmerversicherungen nicht immer gesetzlich versichert. Das gesetzliche Ausmaß der Versicherung ist einigermaßen beschränkt für Arbeitskräfte auf Abruf, stark eingeschränkt für Heimarbeitskräfte und sehr stark eingeschränkt für Free-lancer. Und selbst in Fällen, wenn von einer gesetzlichen Versicherungspflicht für flexible Arbeitskräfte die Rede ist, können Arbeitgeber in der Praxis davon ausgehen, daß keine Versicherungspflicht besteht. Arbeitgeber sind häufig nicht mit der gesetzlichen Versicherungspflicht von Arbeitskräften auf Abruf, Heimarbeitskräften und Free-lancern vertraut. Nach Ansicht von Fachleuten [10] geschieht es oft, daß flexible Arbeitskräfte nicht bei der Branchenvereinigung (der ausführenden Institution) angemeldet werden. Arbeitgeber unterstellen in diesen Fällen zu Unrecht, daß von einer gesetzlichen Versicherungspflicht keine Rede ist und melden sie daher nicht an. Aber auch die betroffenen Arbeitskräfte haben häufig keine Kenntnis davon, daß sie für das Krankheits/Unfalls- und Arbeitslosigkeitsrisiko ein Recht auf Versicherung haben. Ihr Arbeitgeber informiert sie nicht, und gleichzeitig können sie keine Informationen von der Branchenvereinigung erhalten (siehe Baenen/Bosch 1997).

Flexible Arbeitskräfte erfüllen die kombinierten Anspruchsvoraussetzungen für die Arbeitslosenversicherung zum Teil regelmäßig und zum Teil oft nicht. Sowohl das Wochen- als auch das Jahreserfordernis stellen ein Problem dar. Arbeitskräfte auf Abruf sind innerhalb der Gruppe der flexiblen Arbeitskräfte überdurchschnittlich oft nicht in der Lage, die kombinierten Anspruchsvoraussetzungen zu erfüllen. Die Verfügbarkeitsbestimmung im Arbeitslosenversicherungsgesetz läßt de facto nicht zu, daß ein Arbeitsloser Arbeit auf Abruf verrichtet. Arbeit auf Abruf scheint demgegenüber sehr wohl als zumutbare Arbeit angesehen zu werden. Die beiden Ausgangspunkte sind nicht miteinander vereinbar. Arbeitslose (mit einer WW-Unterstützung) stehen damit vor einem Dilemma: entweder einen Job als Abrufarbeitskraft annehmen und wegen der Verfügbarkeitsbestimmung die Kürzung bzw. Beendigung der (Teil-)Arbeitslosenunterstützung riskieren, oder einen Job als Abrufarbeitskraft nicht annehmen und wegen Weigerung von „zumutbarer Arbeit" mit Sanktionen konfrontiert zu werden. Arbeitskräfte auf Abruf werden mit Sanktionen konfrontiert, weil sie sich – außerhalb ihres sogenannten „Schuldbereiches" – zu spät als arbeitslos melden (siehe a.a.O.).

Zwei Drittel der Respondenten der angeführten Befragung sind der Ansicht, daß der steigende Einsatz von flexiblen Arbeitskräften zu einem Anstieg der Transferlasten zu Lasten der Kranken- (ZW) als auch der Arbeitslosenversicherung (WW) führt. Für cirka 60 % der Respondenten kommt die Nicht-Inanspruchnahme von ZW-Rechten durch flexible Arbeitskräfte regelmäßig vor. Für drei Viertel der Respondenten gilt dies auch für die Nicht-Inanspruchnahme von WW-Rechten. Die Nicht-Inanspruchnahme ist bei flexiblen Arbeitskräften höher als bei Arbeitskräften mit einem festen Arbeitsverhältnis. Sie ist bei weiblichen flexiblen Arbeitskräften höher als bei männlichen flexiblen Arbeitskräften und ebenfalls ist sie bei Arbeitskräften auf Abruf und Heimarbeitskräften höher als bei anderen flexiblen Arbeitskräften.

Betriebe machen Gebrauch von flexiblen Arbeitskräften, um einerseits den Umfang der Belegschaft im Falle von Krankenständen und Produktionsschwankungen respektive -spitzen dem Bedarf anzupassen und andererseits diverse Betriebsrisikos abzuwälzen. Die Position von Arbeitskräften auf Abruf im Fall von Krankheit ist schwach, und es kommt regelmäßig vor, daß sich sowohl Arbeitgeber als auch die Branchenvereinigung nicht verpflichtet sehen, um für eine Lohnfortzahlung zu sorgen. Im Fall von Leiharbeit traten Unklarheiten (wem ist die Arbeitskraft nun untergeordnet?) bei der Lohnfortzahlungsverpflichtung bei Krankheit auf, die die Risikoabwälzung auf die Leiharbeitskraft zur Folge hatte. Seit der Teil-Privatisierung der Krankenversicherung fallen Leiharbeitskräfte in die Auffangnetz-Krankenversicherung.

Per 1. Jänner 1999 sind sowohl der Leiharbeitgeber als auch der (ein-)lehnende Arbeitgeber im Prinzip verantwortlich im Falle, daß eine Leiharbeitskraft in Folge eines Betriebsunfalles Schaden erlitten hat. Die Leiharbeitskraft kann also wählen, wen sie für eine Entschädigung verantwortlich macht (siehe SZW 1999). Wer sich nun an wem schadlos hält, wird erst die Praxis und die Rechtsprechung zeigen.

Die Altersvolksversicherung bietet Frauen im Alter eine materielle Grundsicherung, unabhängig von ihrer Erwerbsbiographie (d.h. der Art und der Dauer etwaiger Lohnarbeitsverhältnisse und der Höhe ihres Erwerbseinkommens). Ebenso konnten die Leistungen nach dem Sozialhilfegesetz (bis vor Inkrafttreten der Reform im Jahre 1996) als materielles Minimum für alleinstehende und für alleinerziehende Frauen betrachtet werden.

3. Zusammenfassung und Ausblick

Die Niederlande sind in Europa Spitzenreiter im relativen Anteil von Teilzeitarbeitsverhältnissen, und diese Entwicklung zeigt noch immer eine steigende Tendenz. Eine Reihe von Faktoren tragen zu einem weiteren Wachstum bei: immer mehr Unternehmen entdecken Teilzeitarbeit als eine der Möglichkeiten, um ihren Bedürfnissen von weiterreichender Flexibilisierung gerecht zu werden; immer mehr Arbeitnehmer, Frauen und Männer, äußern den Wunsch, vorübergehend bzw. definitiv in Teilzeit zu arbeiten; und auf nationaler wie europäischer Ebene gibt es (in einer Situation steigender Arbeitslosigkeit) ein wachsendes Interesse an Teilzeitarbeit als Mittel zur Verteilung des Beschäftigungsvolumens auf mehr Menschen.

Der Anstieg von Teilzeitarbeit findet vor dem Hintergrund eines segregierten Arbeitsmarktes statt. Teilzeitarbeit ist in den Niederlanden das Kennzeichen von Frauenarbeit geworden. Dies wäre weitaus weniger problematisch, wenn Frauen nicht in Teilzeitarbeit buchstäblich „eingeschlossen" wären. Die Möglichkeiten für Teilzeitarbeit bestehen in typischer „Frauenarbeit", d.h. in niedrigen Funktionen, in traditionellen Frauensektoren und -berufen. In diesen Berufen und Sektoren wird es zunehmend schwieriger, einen Vollzeitjob zu bekommen. Teilzeitarbeit ist kaum „möglich" in „Männerarbeit", d.h. in höheren Funktionen und in traditionellen Männersektoren und -berufen. Teilzeitarbeit kann die gewünschten positiven Funktionen erfüllen, wenn nicht länger von einer Kompromißstrategie für Frauen (also als ausschließliche Möglichkeit, um Lohnarbeit und Familienbetreuung zu kombinieren), sondern von einer vollwertigen Alternative für Arbeitnehmer (männliche und weibliche) die Rede ist. Dies erfordert sowohl einen quantitativen als auch qualitativen Umschlag im Denken über Teilzeitarbeit dahingehend, daß ein Teilzeitjob nicht mehr als „zusätzlicher Job" für einen Nicht-*breadwinner* (dessen Einkommen also nicht gut abgesichert sein muß) betrachtet wird, und der Wert eines Arbeitnehmers für Arbeitgeber nicht länger vom Aspekt der vollständigen Verfügbarkeit abgeleitet wird (siehe Passchier 1996).

Der universelle Charakter des niederländischen Wohlfahrtsstaates gestaltet die rasche Zunahme von Teilzeit- und flexiblen Arbeitsverhältnissen für Arbeitskräfte weniger problematisch als dies in stärker lohnarbeitszentrierten Systemen der sozialen Sicherheit, wie etwa in Österreich und Deutschland, der Fall ist. Mit der Altersvolksversicherung besteht für jeden legalen Einwohner eine gesetzliche Mindestpension. Ebenso zeichnen sich die Arbeitnehmerversicherungen in den Niederlanden durch ihren weiten Wirkungsbereich aus. Für Teilzeit- und Leiharbeitskräfte bestehen keine Geringfügigkeitsgrenzen. Selbständige und Heimarbeitskräfte, die auf Basis eines Arbeitsvertrages arbeiten, haben einen rechtlichen Anspruch auf Versicherung in den Arbeitnehmerversicherungen für Arbeitslosigkeit, Krankheit/Unfall, Erwerbsunfähigkeit und Krankenbehandlung. Liegt bei diesen Arbeitsverhältnissen kein Arbeitsvertrag vor, dann bestehen Geringfügigkeitsgrenzen. Dasselbe gilt für Arbeitskräfte auf Abruf, für die zusätzlich die Regelmäßigkeit der Tätigkeiten von Belang dafür ist, ob sie durchgängig (also auch an Tagen bzw. Wochen, in denen keine Arbeit verrichtet wird) versichert sind.

Das gesetzliche System der sozialen Sicherheit kennt einen Unterschied zwischen Transferleistungen auf Niveau des sozialen Minimums und auf einem darüber liegenden Niveau. Transfers auf Minimumniveau finden sich in den Volksversicherungen als Ausdruck dafür, daß dem Staat eine beschränkte Verantwortlichkeit für die Einkommenssicherheit der Bürger zuerkannt wird. Die Transfers über dem Niveau des sozialen Minimums finden sich in den Arbeitnehmerversicherungen, die ihren Ursprung in Regelungen haben, die in Betrieben durch kollektive Verhandlungen und Absprachen zustandegekommen sind, und später durch den Gesetzgeber größtenteils zu pflichtmäßigen sozialen Versicherungen umgeformt wurden. Die Entwicklungen der letzten Jahre zeigen, daß als Folge von sozialpolitischen Entscheidungen jene Transferzahlungen, die über dem „sozialen Minimum" liegen, in den Arbeitnehmerversicherungen zurückgedrängt werden. Bemerkenswert ist dabei, daß Arbeitnehmer, um in Betracht für derartige Leistungen aus den Arbeitnehmerversicherungen zu kommen, über eine beträchtliche Erwerbsbiographie, ein nicht zu niedriges Einkommen und ein hohes Maß an Erwerbsfähigkeit (Gesundheit) verfügen müssen (siehe Peijpe 1995).

Die Interessen der verschiedenen Gruppen von Arbeitskräften sind nicht durchgängig ident. Die Interessen von Arbeitskräften mit einem festen Arbeitsverhältnis sind nicht gleichlautend mit denen von temporären Arbeitskräften, die der festen und temporären Arbeitnehmer nicht mit jenen der Arbeitslosen. Jacobs (1996) konstatiert eine überdeutliche Pattstellung zwischen den Interessen der verschiedenen Gruppen von Arbeitskräften, und weiters daß das Arbeitsrecht den Arbeitskräften mit festem Arbeitsverhältnis am meisten dient. Die übrigen müssen sich überwiegend auf ein Leben mit Unsicherheiten einstellen. Die Zunahme von Flexibilität bedeutet eine Zunahme der Unsicherheit.

Teilzeitarbeit und flexible Arbeit sind konkrete Ausprägungen individueller Arbeitszeitverkürzung, die von den Arbeitskräften in vielen Fällen nicht freiwillig gewählt werden (siehe SCP 1993) und in der Regel eine Reihe von nachteiligen Konsequenzen, wie z.B. niedriges Einkommen, noch niedrigere Lohnersatzleistungen im Falle von Krankheit/ Unfall oder Arbeitslosigkeit, nach sich zieht. Die zunehmende Segregation des Arbeitsmarktes in *fulltime*-Beschäftigte mit relativ guter Einkommens- und Rechtssicherheit und Teilzeit- und flexible Arbeitskräfte hat einen starken geschlechtsspezifischen *bias*. Arbeit auf Abruf und Heimarbeit sind beinahe zu einem Synonym für Frauenarbeit geworden und stellen aus arbeits- und sozialrechtlicher Perspektive die prekärsten Formen von Flexibilisierung dar.

Anmerkungen

1   In Analogie zu dem Buch von Visser/Hemerijck (1996): A Dutch Miracle.

2   Die arbeitende Berufsbevölkerung besteht aus Personen im Alter von 15 bis 64 Jahren, die zumindest zwölf Stunden/Woche arbeiten. Diejenigen, die nicht bzw. weniger als zwölf Stunden/Woche arbeiten, werden zur arbeitslosen Berufsbevölkerung gerechnet.

3   Allochtone sind Personen, die nicht die niederländische Staatsbürgerschaft haben, und Personen, die die niederländische Staatsbürgerschaft besitzen, aber nicht in den Niederlanden geboren sind. Die Erwerbsquote von Allochtonen ist niedrig. Von hundert Allochtonen hatten 1996 durchschnittlich 45 einen Job von zwölf Stunden-oder-mehr/Woche, von hundert Autochtonen (dieser Begriff ist m.E. ein Euphemismus für Niederländer mit weißer Hautfarbe) mehr als 60. Die Arbeitsmarktpartizipation ist für verschiedene Gruppen von Allochtonen sehr unterschiedlich, bei Türken und Marokkanern ist sie viel niedriger als für die Gesamtkategorie Allochtone. Für Surinamer, Antillianer und Arubaner liegt sie bei 52 Prozent (siehe CBS 1997).

4   Zur Erhebung der Arbeitsmarktdaten wurde an die in der AKT verwendete Frage "Haben Sie Arbeit?" in der EBB folgendes hinzugefügt: "wenn es sich auch nur um einen Teilzeitjob handelt"; Dadurch haben sich viel mehr Teilzeitarbeitskräfte als arbeitend bezeichnet (siehe SCP 1993).

5   Mit dem ABU besteht die Vereinbarung, daß die Bestimmung „Keine-Arbeit-kein-Lohn" für zwölf Monate gilt (siehe FNV 1996).

6   Dazu zählen unter anderem:

■ Zur Feststellung der Höhe einer ZW-Unterstützung wird die Lohnhöhe in der Periode von 13 Wochen herangezogen.

■ Zur Feststellung der Höhe der WW-Unterstützung wird die Lohnhöhe in einer Periode von 26 Wochen herangezogen.

■ Zur Feststellung des Anspruchs auf WW werden die Perioden von respektive 39 Wochen und fünf Jahren herangezogen.

7   Das Recht auf eine Transferleistung kann weiters nach Art. 44,1 ZW oder Art. 30,1 WAO eingeschränkt werden. Diese Bestimmungen beinhalten, daß die Branchenvereinigung befugt ist, Transferleistungen zu verweigern, falls der Arbeitnehmer bereits zu Beginn der Versicherung krank bzw. erwerbsunfähig war, oder die Erwerbsunfähigkeit innerhalb eines halben Jahres nach Beginn der Versicherung eingetreten ist, und dies angesichts des Gesundheitszustands zum Zeitpunkt des Beginns der Versicherung auch offenkundig zu erwarten war (siehe Albers 1987b).

8   Arbeitskräfte sind für Krankenbehandlung (ZFW) versichert, wenn sie in die Krankenversicherung (ZW) integriert sind. Dies bedeutet (falls der Artikel 6,2 seine Anwendung findet), daß

Betroffene ausschließlich in den Wochen, in denen gearbeitet wird, für Krankenbehandlung versichert sind (siehe Albers/Konijn 1987).

9 Die verschiedenen Gesetze kennen schließlich noch Bestimmungen, wodurch jemand trotz Beendigung seines Arbeitsverhältnisses versichert bleibt (Art. 7 und 8 ZW und 7a WAO). Die Versicherung gemäß ZW und WAO endet bei Ende des Arbeitsverhältnisses, auf dem die Versicherung basierte, oder wird unterbrochen während der Zeit, in der keine Arbeit verrichtet wird. In diesen Fällen besteht eine Nachwirkung auf Leistungsansprüche, die in den Artikeln 46 ZW und 17 WAO geregelt sind:

a) Wenn der Arbeitnehmer während zweier Monate ununterbrochen an allen Tagen versichert war, oder

b) wenn der Arbeitnehmer im Laufe der zwei Monate vor dem Ende der Versicherung an zumindest 16 Tagen versichert war.

ZW-Leistungen nach a) werden gewährt, wenn die Krankheit binnen eines Monats nach Ende der Versicherung eintritt, nach b) ausschließlich, wenn die Krankheit binnen acht Tage nach Ende der Versicherung beginnt.

10 *Baenen* und *Bosch* (1997) haben im Rahmen ihrer Sozialen-Sicherheitsenquête Fragebögen an Experten vorgelegt, die aus ihrem spezifischen Gesichtswinkel Einblick in die Rechtsposition von flexiblen Arbeitskräften (temporäre Kräfte, Arbeit auf Abruf, Heimarbeit, Leiharbeit und Free-lancer) und die Folgen der Flexibilisierung der Arbeit für das System der sozialen Sicherheit haben. Mehr als die Hälfte der Respondenten sind Experten von den ausführenden Institutionen (53 Prozent bzw. 19 Personen) und die Respondenten aus den übrigen Organisationen setzen sich folgendermaßen zusammen: 7 Personen aus Arbeitnehmerorganisationen, 4 Personen aus der universitären Welt, 2 Personen aus Arbeitgeberorganisationen, 1 Person aus einem Ministerium und 3 Personen aus übrigen Organisationen.

Literatur

Albers, O. (1987): Flexibele arbeid: juridische aspecten, Wetenschappelijke Raad voor het Regeringsbeleid, Den Haag.

Albers, O./ Konijn, Y. (1987): Losse en flexibele arbeidsrelaties, Alphen aan den Rijn.

Baenen, N.M.A./Bosch, L.H.M. (1997): Sociale Zekerheid ook voor flexibele arbeidskrachten? Ontwikkelingen op het terrein van flexibilisering en effecten op sociale zekerheid, Den Haag.

Bijleveld, Leontine (1996): Wetsvoorstellen deeltijd in parlament, in: FNV Vrouwen Nieuws, april 1996, Amsterdam.

Braakman, T. et al. (1984): Sociale zekerheid in Nederland, Utrecht/Antwerpen.

CBS (1996): Enquête Beroepsbevolking 1995. Centraal Bureau voor de Statistiek, Den Haag.

CBS (1997): Enquête Beroepsbevolking 1996. Centraal Bureau voor de Statistiek, Den Haag.

CBS (1998): Enquête Beroepsbevolking 1997. Centraal Bureau voor de Statistiek, Den Haag.

CG-Brief (1997): Gelijke behandeling ook voor deeltijdwerkers. maart 1997, Commissie gelijke behandeling, Utrecht.

Delsen, Lei (1996): Gradual Retirement: Lessons from the Nordic Countries and The Netherlands, in: European Journal of Industrial Relations, Vol. 2, Number 1, 1996, London.

Einerhand, M. et al. (1995): Sociale Zekerheid: Stelsels en regelingen in enkele Europese landen. Ministerie van Sociale Zaken en Werkgelegenheid, Den Haag.

EIRR (1996): New working time law, in: European Industrial Relations Review, No. 264. January.

Empel, Frank van (1996): Flexibilisering gaat veel sneller dan regelgeving, in: NRC Handelsblad, 17 januari 1996.

Eurostat (1998): Erhebungen über Arbeitskräfte, Ergebnisse 1997, Luxemburg.

Haan, Ed de et al. (1994): Flexibiliteit van de arbeid. Amsterdam.

FNV (1984): Flexibele arbeid, Onder de maat. Federatie Nederlandse vakbeweging, Vrouwenbord, Amsterdam.

FNV (1993): Deeltijd compleet, FNV-Beleidsnota deeltijdarbeid, Amsterdam.

FNV (1993b): Deeltijdwerk honderd procent geregeld?!, Amsterdam.

FNV (1995): Tijd voor nieuwe zekerheid, Amsterdam.

FNV (1996): Flex-akkoord in kaart, Amsterdam.

FNV (1997a): De 13 meest gestelde vragen over uitzendwerk, Amsterdam.

FNV (1997b): De 14 meest gestelde vragen over werken op afroep en min-max-contracten, Amsterdam.

Instituut Vrouw & Arbeid (1995): Meldpunt reparatie vrouwenpensioen, Den Haag.

Jacobs, A.T.J.M. (1996): Flexibiliteit en zekerheid – weer een illusie rijker!, in: Sociaal Maandblad Arbeid, januari 1996, Alphen aan Rhijn.

Krätke, Michael (1995): Privatisering zorgt voor erosie sociale stelsel, in: Krijnen, Henk (Ed.): Het zekere voor het onzekere, De noodzaak van een collectief stelsel van bovenminimale uitkeringen, gen, Amsterdam.

McRae, Susan (1995): Part-Time Work in the European Union, The Gender Dimension, Dublin.

OECD (1996): Employment Outlook, Paris.

OECD (1998): Employment Outlook, Paris.

Passchier, C.E. (1996): Wetgeving Ter Bevordering van Deeltijdarbeid, in: Sociaal Maandblad Arbeid, maart 1996, Alphen aan Rhijn.

Peijpe, T. van (1995): Postmoderne Zekerheid, in: Sociaal Maandblad Arbeid, januari 1995, Alphen aan Rhijn.

SCP (1993): Sociale atlas van de vrouw, Deel 2: Arbeid, inkomen en faciliteiten om werken en zorg voor kinderen te combineren. Sociaal en Cultureel Planbureau, Rijswijk/Den Haag.

SCP (1994): Sociaal en cultureel rapport 1994. Sociaal en Cultureel Planbureau, Rijswijk/Den Haag.

SCP (1996): Sociaal en cultureel rapport 1996. Sociaal en Cultureel Planbureau, Rijswijk/Den Haag.

Stichting van de Arbeid (1993): Overwegingen en aanbevelingen ter bevordering van deeltijdarbeid en differentiatie in arbeidsduurpatronen, Den Haag.

Stichting van de Arbeid (1996): Flexibiliteit en zekerheid, Den Haag.

SZW (1996): Kwartaalbericht arbeidsmarkt 3/96. Ministerie van Sociale Zaken en Werkgelegenheid, Den Haag.

SZW (1997): Zo werkt deeltijd. Ministerie van Sociale Zaken en Werkgelegenheid. Den Haag.

SZW (1999): Flexibiliteit en zekerheid, Voor werkgevers en (tijdelijke) werknemers. Den Haag.

Visser, Jelle/Hemerijck, Anton (1996): ‚A Dutch Miracle‘, Job Growth, Welfare Reform and Corporatism in the Netherlands, Amsterdam.

Wedderburn, Alexander (1995): Part-Time Work, Dublin.

WRR (1990): Een werkend perspectief, Arbeidsparticipatie in de jaren '90. Wetenschappelijke Raad voor het Regeringsbeleid, Den Haag.

Atypische Beschäftigung in Österreich

Emmerich Tálos
(unter Mitarbeit von Ulrike Mühlberger)

1. Arbeitsmarktentwicklung [1]

1.1 Allgemeine Arbeitsmarktentwicklung

Die Erwerbsbeteiligung nahm eine je nach Geschlecht unterschiedliche Entwicklung. Die Erwerbsquote [2] der Männer verringerte sich nach Angaben der OECD von 83 % im Jahr 1973 auf 80 % im Jahr 1997, während jene der Frauen im selben Zeitraum von 48,5 % auf 61,8 % angestiegen ist.

Insgesamt hat sich die Erwerbsquote von 1973 bis 1997 von 65,1 % auf 70,9 %, die Beschäftigungsquote [3] im gleichen Zeitraum von 64,4 % auf 67,2 % erhöht.

Die Erwerbsbeteiligung von Frauen ist seit den 70er Jahren gestiegen, sie ist jedoch im internationalen Vergleich noch immer relativ niedrig. Bei sinkender Erwerbsbeteiligung jüngerer und älterer Frauen ist bei Frauen im Haupterwerbsalter ein relativ starker Anstieg zu verzeichnen. Dieser geht auf verschiedene Faktoren wie das steigende Bildungsniveau, Änderungen im Rollenverständnis der Frauen, das höhere Heiratsalter, den gestiegenen Anteil lediger und geschiedener Frauen oder langfristig auch auf die gesunkenen Geburtenraten zurück. Die Erwerbsbeteiligung von Frauen erfährt in quantitativer Hinsicht allerdings insoferne eine Relativierung, als ein Teil (1997: 28,1 %) der erwerbstätigen Frauen teilzeitbeschäftigt ist. Wird die Erwerbsbeteiligung mit den Arbeitsstunden in Beziehung gesetzt, ergibt sich eine wesentlich geringere Erwerbsbeteiligung der Frauen. Grenzen für eine noch intensivere Erwerbsbeteiligung von Frauen resultieren aus geschlechtsspezifischen Lohnunterschieden, Leistung familiärer Arbeit, fehlenden Aufstiegschancen (die durch betreuungsbedingte „Fehlzeiten" noch verstärkt werden), fehlende Kinderbetreuungsplätze etc.

Graphik 1: Entwicklung der Erwerbstätigkeit 1970–1997

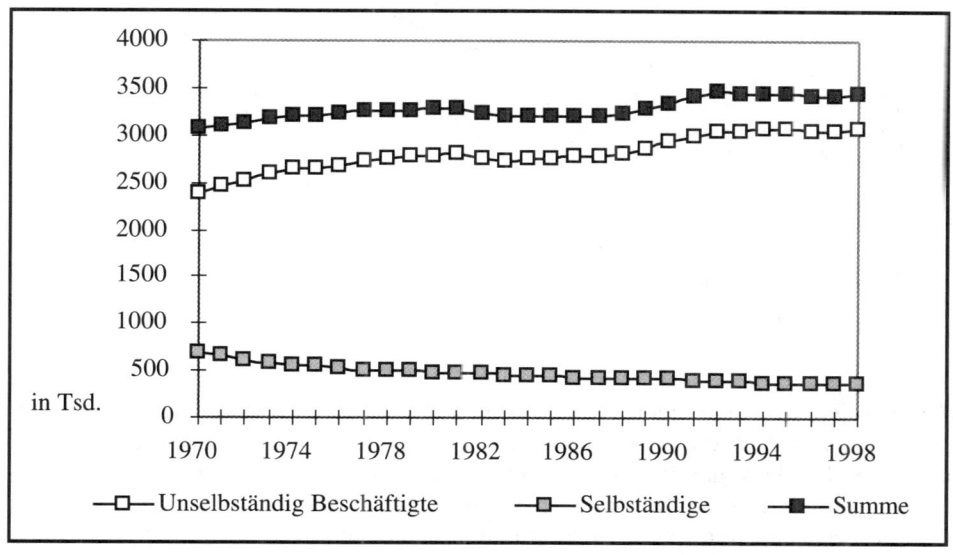

„Selbständige" = Selbständig Beschäftigte inklusive mithelfender Familienangehöriger.
Quelle: WIFO Datenbank

Graphik 2: Beschäftigungsquoten in Österreich

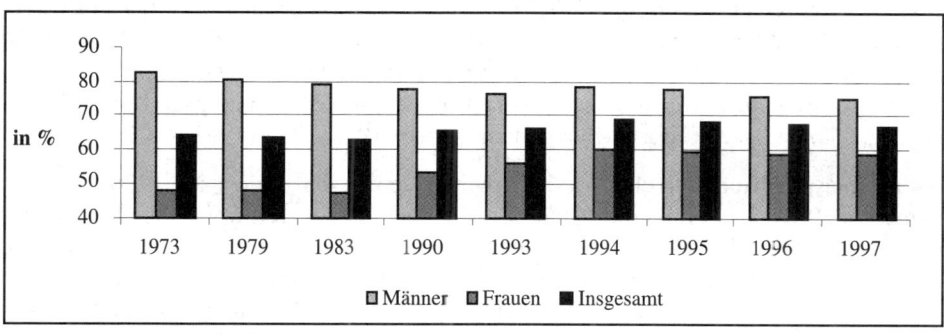

Quelle: OECD Employment Outlook

Seit dem Konjunkturhoch von 1973 ist der Trendanstieg der Arbeitslosigkeit in Österreich ungebrochen. Während der zweiten Hälfte der 70er Jahre ist die Arbeitslosenrate moderat, aber kontinuierlich gestiegen, ab 1981 wurden wesentlich höhere Steigerungsraten verzeichnet.

Graphik 3: Entwicklung der Arbeitslosigkeit 1970–1997

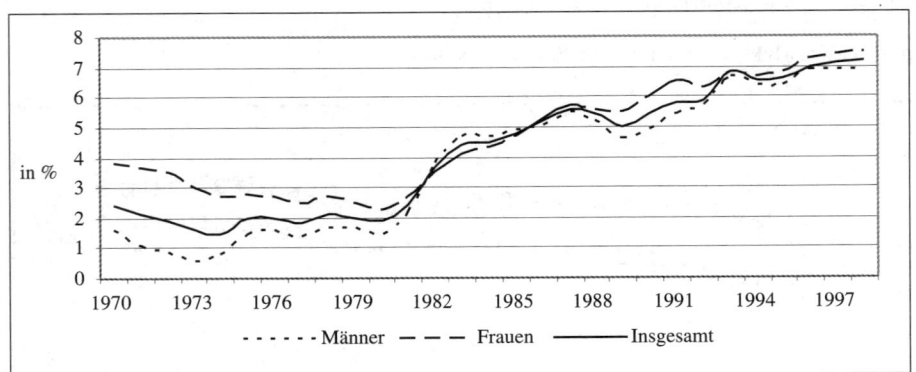

Quelle: WIFO-Datenbank.

Die vergleichsweise niedrigere Arbeitslosenrate Österreichs erklärt sich daraus, daß die Arbeitslosigkeit in Österreich in Rezessionsphasen weniger zugenommen hat als in anderen OECD-Ländern und *nicht* aus einem stärkeren Rückgang in konjunkturellen Aufschwungphasen. Diese Entwicklung ist auf die hohe makroökonomische Reallohnflexibilität in Österreich zurückzuführen. Reallöhne reagieren auf erste Anzeichen wachsender Arbeitslosigkeit[4] und steigen, wenn sich der Arbeitsmarkt entspannt.

Die Arbeitslosigkeit hat in konjunkturellen Abschwungphasen zugenommen, ist aber in den folgenden Aufschwungphasen nicht mehr auf die vorangegangenen Tiefstände zurückgekehrt. Dies erklärt den steigenden Trend der Arbeitslosenrate, der auch in guten Konjunkturphasen keine ausgeprägten Anzeichen einer Umkehr zeigt.

Im Jahresdurchschnitt waren 1998 237.794 (1997: 233.348) Personen als arbeitslos vorgemerkt. Die Anzahl der mindestens einmal von Arbeitslosigkeit betroffenen Personen ist jedoch wesentlich höher: 1998 waren es 715.608 (1997: 705.000) Personen. Die Arbeitslosenrate betrug im Jahresdurchschnitt nach nationaler Berechnungsart[5] 1998 7,2 % (1997: 7,1 %) und nach Eurostat-Berechnungsweise[6] 1998 4,7 % (1997: 4,4 %).

Geschlechtsspezifisch betrachtet ist die Arbeitslosenrate der Frauen seit 1986 (mit Ausnahme von 1989) stets höher als jene der Männer. 1998 waren 6,9 % der Männer als arbeitslos vorgemerkt, während es bei den Frauen 7,5 % waren (1997: 6,9 % Männer, 7,1 % Frauen). Während der Periode der Vollbeschäftigung bis 1980 lag die Arbeitslosenrate der Frauen auch über jener der Männer, wobei dies vor allem durch fehlende Teilzeitarbeit begründet wird. In der folgenden Periode von 1982 bis 1985 verzeichneten die Männer aufgrund der Rückschläge in der Bauwirtschaft und in der Industrie eine höhere Arbeitslosigkeit, doch drehte sich dieses Verhältnis 1986 wieder um. Der Grund für diese Veränderung liegt unter anderem darin, daß Frauen verstärkt in niedrig qualifizierten Berufen arbeiten und die Arbeitslosigkeit in diesen Berufen höher ist.

1998 waren 30,5 % (1997: 30,4 %) aller gemeldeten Arbeitslosen länger als 6 Monate vorgemerkt. Die Langzeitarbeitslosigkeit ist bei Frauen höher: 1998 waren 31,7 % (1997:

32,4 %) aller arbeitslosen Frauen länger als 6 Monate arbeitslos, bei den Männern lag der Anteil bei 29,4 % bzw. 28,8 %.

Wird die regionale Dimension des Problems betrachtet, so fällt eine verhältnismäßig große Spannweite der Langzeitarbeitslosenraten und der durchschnittlichen Dauer der Arbeitslosigkeitsepisoden auf. Die durchschnittliche Verweildauer in Arbeitslosigkeit betrug in Wien 1997 183 Tage, in Tirol dagegen „nur" 74 Tage, während sich die allgemeinen Arbeitslosenraten nicht in entsprechendem Ausmaß unterscheiden. Ein wichtiger Grund hierfür dürfte der hohe Anteil der Saisonarbeitslosigkeit aufgrund des Fremdenverkehrs sein. Bei der Analyse der Langzeitarbeitslosigkeit werden auch Branchenprobleme sichtbar: in der Metall-, Chemie- und Textilindustrie sind die Langzeitarbeitslosenraten besonders hoch. Hier wirken Faktoren wie der verschärfte Wettbewerb seit der „Ostöffnung" sowie der Abbau protektionistischer Maßnahmen seit dem EU-Beitritt.

1.2   Entwicklung atypischer Beschäftigungsverhältnisse

1.2.1 Teilzeitarbeit

Die Daten über Teilzeitbeschäftigung variieren je nach Quelle und Erhebungsmethode. Seit 1994 wendet das ÖSTAT neben dem bisher gängigen Lebensunterhaltskonzept (LUK) auch das international übliche Labour-Force-Konzept (LFK) an. Der wesentlichste Unterschied der beiden Konzepte liegt in der Definition der Erwerbstätigen und auch der Teilzeitbeschäftigten. Im LFK werden alle Personen, deren Normalarbeitszeit in der Referenzwoche mindestens eine Stunde betragen hat, als erwerbstätig bezeichnet. Nach dem LUK werden jedoch nur jene Personen als erwerbstätig erfaßt, die eine Normalarbeitszeit von mindestens 12 Stunden in der Woche angeben.

Die beiden Konzepte unterscheiden sich definitorisch also vor allem dadurch, daß im LFK auch die Beschäftigung im Ausmaß von 1–11 Stunden Wochenarbeitszeit inkludiert ist und im LUK nicht. Dadurch ist nach dem LFK die Teilzeitbeschäftigung (1–35 Wochenarbeitsstunden) wesentlich höher als nach dem LUK (12–35 Wochenarbeitsstunden).

Zusätzlich gibt es bei beiden Konzepten auch hinsichtlich der Erhebungsmethode Unterschiede. Zu den Teilzeitbeschäftigten werden nach dem LFK jene gerechnet, die in der Referenzwoche eine Normalarbeitszeit zwischen einer und 35 Stunden angeben[7] und sich als erwerbstätig (auch geringfügig) bezeichnen.[8] Im LUK kommt zu diesen beiden Fragen noch die Frage nach der persönlichen Einschätzung des Lebensunterhaltes, die – damit eine Person miterfaßt wird – mit 'erwerbstätig' beantwortet werden muß.[9]

Die Differenzen der Zahlen für Teilzeitbeschäftigung (sowie für Erwerbstätige insgesamt) zwischen dem LFK und dem LUK sind also nicht nur[10] auf die Einbeziehung bzw. Ausschließung der geringfügig Erwerbstätigen zurückzuführen, sondern auch auf die unterschiedlichen Fragestellungen. Die Daten der OECD unterscheiden sich sowohl vom LFK als auch vom LUK, da die OECD noch zusätzlich eine saisonale Amplitude einführt und so eine saisonale Bereinigung vornimmt.

Alle Datenreihen über die Entwicklung der Teilzeitbeschäftigung in Österreich zeigen jedoch, daß diese Arbeitsform kontinuierlich gestiegen ist. Als Beispiel sei die Entwicklung der Teilzeitarbeit in Österreich nach dem LUK angeführt.

Tabelle 1: Entwicklung der Teilzeitbeschäftigung in Österreich 1974–1997 nach dem Lebensunterhaltskonzept

	1974	1979	1983	1988	1989	1990	1991	1992	1993	1994	1995	1996	1997
Teilzeitbeschäftigte (Frauen, absolut)	155.300	163.000	181.100	213.100	228.700	243.400	268.100	273.400	305.300	300.800	323.000	336.000	352.000
Teilzeitbeschäftigte (Männer, absolut)	15.800	(13.800)	15.500	21.500	25.800	29.000	35.400	38.100	40.300	50.400	47.600	50.000	59.000
Teilzeitbeschäftigte (zusammen, absolut)	171.200	176.700	196.600	234.600	254.500	272.400	303.600	311.500	345.600	351.200	370.700	385.000	410.000
Teilzeitquote (erwerbstätige Frauen)	14,6	15,0	16,4	17,2	18,2	18,7	18,8	18,5	20,4	21,6	23,4	24,2	25,0
Teilzeitquote (erwerbstätige Männer)	(0,9)	(0,8)	0,8	1,1	1,3	1,5	1,7	1,8	1,9	2,4	2,2	2,4	2,8
Teilzeitquote (erwerbstätige Frauen und Männer)	6,0	6,1	6,6	7,5	8,1	8,5	8,7	8,8	9,7	10,1	10,6	11,1	11,8
unselbständig Teilzeitbeschäftigte (Frauen, absolut)	135.800	141.900	158.500	182.700	196.900	210.400	235.200	240.500	269.600	267.300	284.200	295.400	316.600
unselbständig Teilzeitbeschäftigte (Männer, absolut)	(8.900)	(9.600)	(10.800)	15.800	18.600	20.800	27.000	29.400	40.300	37.800	34.200	36.800	44.300
unselbständig Teilzeitbeschäftigte (zusammen, absolut)	144.700	151.500	169.300	198.400	215.500	231.200	262.200	269.900	345.600	305.100	318.400	332.200	360.800
unselbständige Teilzeitquote (unselbständig beschäftigte Frauen)	17,0	16,6	18,0	18,0	18,9	19,4	19,3	19,0	20,7	22,2	24,0	24,8	26,1
unselbständige Teilzeitquote (unselbständig beschäftigte Männer)	(0,6)	(0,6)	(0,7)	1,0	1,1	1,2	1,5	1,6	1,7	2,0	1,9	2,0	2,5
unselbständige Teilzeitquote (unselbständig beschäftigte Männer und Frauen)	6,4	6,4	6,9	7,6	8,1	8,5	8,6	8,8	9,8	10,1	10,5	11,1	12,0

Teilzeitdefinitionen: 1974–1979: 14–36 Wochenstunden, 1980–1983: 14–35 Wochenstunden, 1984–1990: 13–35 Wochenstunden, seit 1991: 12–35 Wochenstunden

1974–1987: ohne Lehrerinnen, einschließlich Karenzurlauberinnen, Präsenz- und Zivildiener

1988–1995: ohne Lehrerinnen, Karenzurlauberinnen, Präsenz- und Zivildiener

Bei den in Klammern gesetzten Positionen beträgt der Bereich des Stichprobenfehlers unter der Annahme einfacher Zufallsauswahl mehr als +/– 20 %.

Quellen: ÖSTAT: Mikrozensus Jahresergebnisse; Bartunek (1993), Bartunek (1997), eigene Berechnungen

Teilzeitbeschäftigung ist primär Frauenbeschäftigung: 1997 waren 85 % der Teilzeitbeschäftigten Frauen (1974: 91 %). Der überwiegende Teil der Teilzeitbeschäftigten (47,2 %) arbeitete zwischen 12 und 24 Stunden, 42,2 % zwischen 25 und 35 Stunden und 10,6 % arbeiteten bis 11 Stunden pro Woche. In der Gruppe mit 12 bis 24 Stunden sind Frauen überproportional vertreten: 50 % aller im Jahr 1997 teilzeitbeschäftigten Frauen arbeiteten zwischen 12 und 24 Stunden in der Woche, 41 % arbeiteten länger, 9 % waren weniger als 12 Stunden beschäftigt. Bei Männern liegt das Hauptgewicht in der Gruppe mit 25 bis 35 Wochenstunden: 47 % aller teilzeitbeschäftigten Männer arbeiteten in diesem Ausmaß.

Die langfristige Entwicklung der Teilzeitarbeit in Österreich zeigt einen langsamen, aber kontinuierlichen Anstieg dieser Beschäftigungsform. Waren 1974 14,6 % der erwerbstätigen Frauen teilzeitbeschäftigt (14–36 Wochenstunden), sind es 1997 25 % (12–35 Wochenstunden). Die Teilzeitquote der Männer ist seit 1974 sehr niedrig geblieben: 1974 lag sie unter 1 %, 1997 wies sie 2,8 % aus.

Je nach Definition hatten 1997 ca. ein Viertel der erwerbstätigen Frauen eine Teilzeitbeschäftigung. Die Teilzeitquote der Männer bewegt sich zwischen 2,8 % (LUK) und 4 % (Eurostat). In diese Quote sind nicht nur die Unselbständigen, sondern auch Selbständige und Personen, die im Betrieb eines selbständigen Familienangehörigen mitarbeiten, einbezogen.

Tabelle 2: Teilzeitbeschäftigung in Österreich 1996 und 1997

	Lebensunterhaltskonzept		Labour-Force-Konzept	
	1996	1997	1996	1997
Teilzeitbeschäftigte (Frauen, absolut)	335.600	352.000	394.300	412.000
Teilzeitbeschäftigte (Männer, absolut)	49.500	59.000	78.200	86.200
Teilzeitbeschäftigte (zusammen, absolut)	385.100	410.000	472.600	498.200
Teilzeitquote (Frauen)	24,2	25,0	27,2	28,1
Teilzeitquote (Männer)	2,4	2,8	3,7	4,1
Teilzeitquote (zusammen)	11,1	11,8	13,3	13,9
unselbständig Teilzeitbeschäftigte (Frauen, absolut)	295.400	316.600	336.200	360.800
unselbständig Teilzeitbeschäftigte (Männer, absolut)	36.800	44.300	48.700	58.800
unselbständig Teilzeitbeschäftigte (zusammen, absolut)	332.200	360.800	384.900	419.600
Teilzeitquote der unselbst. beschäftigten Frauen	24,8	26,1	27,2	28,6
Teilzeitquote der unselbst. beschäftigten Männer	2,0	2,5	2,7	3,2
Teilzeitquote der unselbst. Beschäftigten	11,1	12,0	12,6	13,7

Definitionen: Lebensunterhaltskonzept: 12–35 Wochenstunden, inkl. Lehrer/innen, ohne Karenzurlauber/innen, Präsenz- und Zivildiener. Labour-Force-Konzept: 1–35 Wochenstunden, inkl. Lehrer/innen, ohne Karenzurlauber/innen, Präsenz- und Zivildiener.

Quellen: ÖSTAT, eigene Berechnungen.

Werden die Quoten nur auf Basis der unselbständig Beschäftigten berechnet, ergibt sich eine Teilzeitquote für Frauen von 26 % und für Männer von 2,5 % nach dem Lebensunterhaltskonzept (LFK: 28,6 % bzw. 3,2 %).

Absolut stieg die Zahl der Teilzeitbeschäftigten von 171.200 (LUK) im Jahr 1974 (Teilzeitbeschäftigungsdefinition in diesem Jahr: 14–36 Wochenstunden) auf 412.000 (LUK: 12–35 Wochenstunden) im Jahr 1997.

Graphik 4: Entwicklung der Teilzeitbeschäftigung 1974–1997 (LUK)

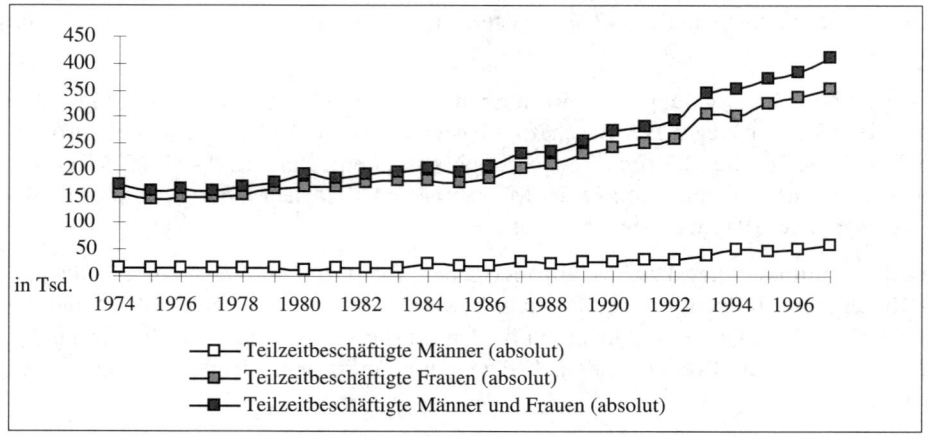

Teilzeitdefinitionen: 1974–1979: 14–36 Wochenstunden, 1980–1983: 14–35 Wochenstunden, 1984–1990: 13–35 Wochenstunden, seit 1991: 12–35 Wochenstunden
1974–1987: ohne Lehrer/innen, einschließlich Karenzurlauber/innen, Präsenz- und Zivildiener
1988–1995: ohne Lehrer/innen, Karenzurlauber/innen, Präsenz- und Zivildiener
Der Rückgang der Anzahl der teilzeitbeschäftigten Frauen von 1993 auf 1994 ist vorwiegend methodisch bedingt. Erstens wurde ab März 1994 die Fragestellung und zweitens auch das Adressenmaterial der Stichprobe (Volkszählung 1991) bzw. das Stichprobenmodell geändert.
Quellen: ÖSTAT; Datenmaterial z. T. entnommen aus Bartunek (1997).

Die Entwicklung der Teilzeitquoten zeigt keine so starke Tendenz wie die Absolutzahlen, weil sich Teilzeitbeschäftigung und Gesamtbeschäftigung über weite Strecken parallel entwickelten. Die Erhöhung der Frauenerwerbsquote korrespondiert mit dem Anstieg der Teilzeitarbeit, da der größere Teil des Frauenbeschäftigungszuwachses durch Teilzeit begründet ist. Die geschlechtsspezifische Segregation des Arbeitsmarktes wird durch die frauendominierende Struktur der Teilzeitarbeit (ebenso bei der geringfügigen Beschäftigung) noch verstärkt. Teilzeitarbeit ist mit einem eingeschränkten Berufs- und Tätigkeitsfeld verbunden und zusätzlich durch geringere Aufstiegsmöglichkeiten gekennzeichnet. Teilzeitbeschäftigte Frauen arbeiten zu einem großen Teil als Angelernte, Hilfsarbeiterinnen oder als Angestellte mit Hilfs- oder gelernten Tätigkeiten. 1992 machte diese Kategorie 60 % der teilzeitbeschäftigten Frauen aus.

1997 arbeitete der überwiegende Teil der unselbständig teilzeitbeschäftigten Frauen (ohne Lehrer/innen) im Handel. In den drei diesbezüglich größten wirtschaftlichen Gruppen Handel, Gesundheitswesen und Realitätenwesen waren 1997 49 % der teilzeitbeschäftigten Frauen tätig. In den Teilzeitquoten nach dem Familienstand spiegelt sich die traditionelle familiäre Rollenverteilung: jene der verheirateten Frauen sind wesentlich höher als bei Frauen mit einem anderen Familienstand. Insgesamt sind drei Viertel aller unselbständig teilzeitbeschäftigten Frauen verheiratet. Die Mehrheit der beschäftigten Mütter mit kleinen Kindern arbeitet nach der Karenzzeit Teilzeit (siehe Schiffbänker/Silber 1997).

Aus arbeitsmarktpolitischem Blickwinkel betrachtet ist eine Differenzierung zwischen freiwilliger und unfreiwilliger Teilzeitbeschäftigung von Interesse. In der Arbeitskräfteerhebung vom März 1997 gaben nur 8,4 % der Teilzeitbeschäftigten an, keine adäquate Vollzeitbeschäftigung gefunden zu haben. Allerdings haben 67,4 % der Befragten sonstige Gründe (wie z.B. Kinderbetreuung, Haushaltsführung) genannt.

1.2.2 Leiharbeit – Arbeitskräfteüberlassung

Im März 1988 wurde erstmalig ein umfassendes Arbeitskräfteüberlassungsgesetz (AÜG) beschlossen. Durch dieses Gesetz wurden Leiharbeitsfirmen (Überlasser) verpflichtet, laufende Aufzeichnungen der Überlassungen von Arbeitskräften zu führen und diese per Stichtag 31. Juli an die zuständigen Landesgeschäftsstellen des AMS zu übermitteln.

Eine Arbeitskräfteüberlassung setzt drei Beteiligte (Überlasser, Beschäftiger und Arbeitskraft), einen Arbeitsvertrag zwischen der Arbeitskraft und dem Überlasser und einen Überlassungsvertrag zwischen dem Überlasser und dem Beschäftiger voraus. Grundlegende Prinzipien des AÜG sind die Zuordnung der Arbeitgeberstellung an den Überlasser und die partielle arbeits- und sozialrechtliche Einbeziehung des Beschäftigers. Ein weiteres Merkmal des AÜG – im Gegensatz zu den Regelungen in vielen anderen europäischen Staaten – ist, daß es keine gesetzliche Höchstdauer der Überlassung gibt. Konstatierbar ist, daß die Überlassungsdauer in der überwiegenden Mehrzahl der Fälle ein halbes Jahr nicht überschritten hat: 1996 wurden 72 % der Leiharbeitskräfte bis zu 6 Monate überlassen, weitere 11,6 % zwischen 6 und 12 Monate und 16,4 % über 12 Monate, wobei die Überlassungsdauer der Angestellten wesentlich höher ist als jene der Arbeiter/innen.

In der gesetzlichen Ausgestaltung kann idealtypisch gesehen werden, daß Leiharbeit als ein eigenständiges, die einzelnen Überlassungen überdauerndes, normales Arbeitsverhältnis etabliert werden sollte. Die Empirie zeigt, daß dies nicht verwirklicht werden konnte. Leiharbeit kann auch vom Blickwinkel der Beziehung Überlasser – Arbeitskraft als atypisches Beschäftigungsverhältnis kategorisiert werden.

Entwicklung der Leiharbeit in Österreich

Leiharbeitsfirmen (Überlasser) sind per 31. Juli an die zuständigen Landesgeschäftsstellen des AMS zur Meldung verpflichtet, wieviele Arbeitskräfte sie an diesem Stichtag beschäftigt haben. Aus diesem Datum ergibt sich jedoch das Problem der vorherrschenden Leermeldungen (z. B. für 1997: 43 % der Leiharbeitsfirmen), also Überlasser, die zu diesem Stichtag keine Arbeitskräfte beschäftigt haben. Der Grund hierfür dürfte darin liegen, daß viele Leiharbeitsfirmen zu diesem Zeitpunkt Betriebsurlaub machen und keine Arbeitskräfte tätig sind. Jedoch gibt es keine gesicherten Angaben über den Grund der Leermeldungen, da diesbezügliche Angaben der Leiharbeitsfirmen nicht erforderlich sind. Als überlassene Arbeitskräfte gelten nur jene, die am Stichtag auch wirklich beschäftigt sind. Das heißt, daß Arbeitskräfte, die wegen Krankheit, Urlaub oder dergleichen nicht beschäftigt sind, auch nicht mitgezählt werden. Daraus kann geschlossen werden, daß die eigentliche Anzahl der Leiharbeitskräfte höher ist.

Tabelle 3: Entwicklung der Leiharbeit in Österreich 1990–1997

	1989	1990	1991	1992	1993	1994	1995	1996	1997
Überlasser	367	356	445	453	498	537	542	593	676
Veränderungsrate geg. Vorjahr		–3%	+25 %	+1,8 %	+9,9 %	+7,8 %	+0,9 %	+9,4 %	+14,0%
Beschäftiger	2316	2.525	2.586	2.704	2.403	3.204	3.850	4.190	5.399
Veränderungsrate geg. Vorjahr		+9 %	+2,4 %	+4,6 %	–11,1 %	+33,3 %	+20,2 %	+8,8 %	+28,9%
Arbeitskräfte	7955	8.947	8.178	8.716	7.864	10.492	12.503	14.548	17.980
Veränderungsrate geg. Vorjahr		+12,5 %	–8,6 %	+6,6 %	–9,8 %	+33,4 %	+19,2 %	+16,4 %	+23,4%

Quelle: BMAS; jeweils Juli.

In der mittelfristigen Betrachtung zeigt sich, daß die Anzahl der Leiharbeitskräfte nach Schwankungen in den Jahren 1991 bis 1993 seither relativ kontinuierlich steigt (Juli 1998: 20.772). Die Anzahl der Überlasser hat sich seit 1991 jedes Jahr erhöht. Auch die Anzahl der Beschäftiger – also jene Betriebe, die Leiharbeitskräfte nachfragen – stieg von 1990 bis 1997 (außer 1993) kontinuierlich an. Inwieweit konjunkturelle Einflüsse die jeweiligen Veränderungsraten bestimmen, kann daraus nicht schlüssig abgeleitet werden.

Angaben über das Ausmaß der Arbeitskräfteüberlassung vor 1989 lassen sich punktuell in verschiedenen Publikationen finden (siehe z. B. Geppert 1977; Clemenz/Grünwald/Mikinovic 1986). So werden für 1977 ca. 90–100 Leiharbeitsfirmen genannt. 1986 wurden 400 Gewerbescheine für „Personalbereitstellungsunternehmen" erteilt, wobei jedoch nur ca. die Hälfte dieser Unternehmen tatsächlich Arbeitskräfte gewerbsmäßig überlassen haben. Für 1988 werden nahezu 700 Personen mit einer Gewerbeberechtigung zur Arbeitskräfteüberlassung genannt. 1977 wird weiters von 5.000–9.000 Leiharbeitskräften gesprochen und 1986 von mindestens 10.000. In regionaler Hinsicht ist der Schwerpunkt der Überlassungstätigkeit traditionell in den Bundesländern Wien, Oberösterreich und Steiermark.

In geschlechterspezifischer Betrachtung zeigt sich die klare Dominanz der männlichen Arbeitskräfte: deren Anteil betrug am 31. Juli 1997 87 % (1996: 79 %). Bei den weiblichen Leiharbeitskräften stehen zwei Drittel im Angestelltenverhältnis, während die männlichen Leiharbeitskräfte zu 89 % Arbeiter sind. In geschlechterspezifischer Hinsicht gibt es bei Leiharbeit (ebenso wie bei den Freien Dienstverträgen und den Neuen Selbständigen) abweichend von den sonstigen Gegebenheiten eine Dominanz von Männern. Dies ist vor allem darauf zurückzuführen, daß Leiharbeit vorwiegend im Produktionsbereich zu finden ist. 55,8 % der überlassenen Arbeitskräfte waren 1996 in der Industrie [11] tätig, weitere 33,2 % in Gewerbe und Handwerk. Der Dienstleistungsbereich spielt eine untergeordnete Rolle.

1.2.3 Befristete Arbeitsverhältnisse

Von einem befristeten Arbeitsverhältnis wird gesprochen, wenn eine Arbeitskraft nur für einen bestimmten, vorher festgelegten Zeitraum beschäftigt wird oder wenn ein Dienstvertrag für eine spezifische Aufgabe mit begrenzter Dauer vorliegt. Die Anzahl der befristeten Arbeitsverhältnisse wurde erstmals in der Arbeitskräfteerhebung der EU 1995 erfaßt. Dabei gaben 190.000 Personen eine befristete Beschäftigung an, wobei gut die Hälfte auf Ausbildungsverträge [12] zurückgeht. Gemessen an der Gesamtzahl der unselbständig Beschäftigten waren somit 6,0 % aller Arbeitsverträge befristet (inklusive Lehrlinge). In den beiden folgenden Jahren ist die gesamte Anzahl befristet Beschäftigter bzw. ihr Anteil an der Gesamtbeschäftigung gestiegen (1997: 7,8 %).

Tabelle 4: Befristete Erwerbstätigkeit

Jahr	befristet Beschäftigte (gesamt)	Prozentsätze[1]		
		Gesamt (inkl. Lehrlinge)	Männer (inkl. Lehrlinge)	Frauen (inkl. Lehrlinge)
1995	190.000	6,0	5,7	6,3
1996	247.000	8,0	8,1	7,9
1997	241.000	7,8	7,3	8,4

1   In % der unselbständig Erwerbstätigen der jeweiligen Gruppe.
Quelle: Eurostat; Erhebung über Arbeitskräfte; Ergebnisse 1995, 1996 und 1997.

Die Frage nach den Gründen für die Befristung zeigt, daß – nach den Ausbildungsverträgen – Arbeitsverträge auf Probe die zweithäufigste Ursache für befristete Arbeitsverhältnisse sind, gefolgt von der Unmöglichkeit eine Dauerstelle zu finden und der Unerwünschtheit einer Daueranstellung. Auffallend dabei ist, daß 17, 9 % der befristet beschäftigten Frauen angaben, keine Daueranstellung gefunden zu haben, während dieses Problem nur auf 10,3 % der befristet beschäftigten Männer zutraf.

Tabelle 5: Gründe für befristete Erwerbstätigkeit

Gründe für die Befristung	%-Anteile an den Erwerbstätigen mit Befristung					
	1995			1997		
	Männer	Frauen	M+F	Männer	Frauen	M+F
Ausbildungsvertrag	57,8	41,7	50,4	64,0	43,0	54,0
Keine Dauerstelle zu finden	10,3	17,9	13,8	8,7	18,1	13,1
Dauerstellung nicht erwünscht	11,2	11,0	11,1	7,8	8,7	5,2
Probezeit – Arbeitsvertrag	20,7	29,4	24,7	19,5	30,3	24,6
Insgesamt	100	100	100	100	100	100

Quelle: Eurostat; Erhebung über Arbeitskräfte; Ergebnisse 1995 und Ergebnisse 1997.

1.2 Geringfügige Beschäftigung

Für geringfügige Beschäftigung gilt in Österreich als Kriterium das Einkommen. Die diesbezügliche Grenze des monatlichen Einkommens liegt 1999 bei öS 3.899,– (Euro 283,–). Bei einer Entlohnung unter diesem Grenzbetrag ist ein Arbeitsverhältnis mit Ausnahme der Beitragspflicht zur Unfallversicherung nicht sozialversicherungspflichtig. Durch geringfügige Beschäftigung konnten bisher keine direkten Ansprüche aus der Kranken-, Arbeitslosen- und Pensionsversicherung erworben werden, jedoch bleiben bestehende sozialrechtliche Ansprüche (z. B. Pensionszahlungen, Arbeitslosengeld oder Karenzgeld) aufrecht. Seit 1998 werden geringfügig Beschäftigte in die Sozialversicherung aufgenommen, wenn sie – auf freiwilliger Basis (siehe näher dazu unten) – Sozialversicherungsbeiträge zahlen. Für die Dienstgeber/in wird die Entrichtung der Sozialversicherungsbeiträge dann zur Pflicht, wenn die Lohnsumme der geringfügig Beschäftigten zusammen das eineinhalbfache der Geringfügigkeitsgrenze, d. h. öS 5.848,– Schilling (Euro 424,– Stand 1999) übersteigt.

Vor 1994 erfaßte der Hauptverband der Sozialversicherungsträger die geringfügig Beschäftigten nicht; erst seit dem letzten Quartal 1994 sind die Betriebe zur Meldung verpflichtet. Die Sonderauswertung ergab für den Stichtag 1. Juli 1998 insgesamt 162.452 (1. Juli 1997: 158.121) geringfügig beschäftigte Personen. Davon waren 117.510 (1997: 115.113) Frauen. 86.396 der geringfügig Beschäftigten bzw. 53,2 % hatten 1998 (1997: 89.459 bzw. 56,6 %) zusätzliche Versicherungsverhältnisse. Bei den Frauen waren es weniger als die Hälfte. Von den 76.000, die kein weiteres Versicherungsverhältnis hatten (62.000 Frauen, 14.000 Männer) waren 11.000 nach den erwähnten neuen Möglichkeiten des opting-in selbstversichert. Die Zahl der freiwillig versicherten geringfügig Beschäftigten stieg bis März 1999 auf 18.200 (siehe Wörister 1999).

Tabelle 6: Geringfügige Beschäftigung: Sonderauswertung 1. Juli 1998

Zahl und Art der Beschäftigung					Prozentverteilung		
	Gesamt	Männer	Frauen	Frauen in Prozent	Gesamt	Männer	Frauen
Geringfügige Beschäftigung insgesamt	162.452	44.942	117.510	72,3	100	100	100
Veränderung in % geg. Vorjahr	+ 2,7	+ 4,5	+ 2,1				
Nur geringfügig beschäftigt	76.056	13.952	62.104	81,7	46,8	31,0	52,8
Veränderung in % geg. Vorjahr	+ 10,8	+ 17,1	+ 9,4				
eine Beschäftigung	72.375	13.642	58.733	81,2	44,6	30,4	50,0
2 oder mehrere Beschäftigungen	3.681	310	3.371	91,6	2,3	0,7	2,9
Geringfügig beschäftigt und zus. Versicherungsverhältnisse	86.396	30.990	55.406	64,1	53,2	69,0	47,2
Veränderung in % geg. Vorjahr	- 3,4*	- 0,3	- 5,1				
Pensionsversicherungspflichtige Erwerbstätigkeit	43.732	16.306	27.429	62,7	26,9	36,3	23,3
Eigenpension	23.306	9.880	13.426	57,6	14,3	22,0	11,4
Leistungsbezug Arbeitslosenversicherung	18.140	4.445	13.695	75,5	11,2	9,9	11,7
Leistungsbezug Krankenversicherung	642	164	478	74,5	0,4	0,4	0,4
Mehrere zusätzliche Versicherungsverhältnisse	576	195	381	66,1	0,4	0,4	0,3

Quelle: Hauptverband der Sozialversicherungsträger.

* Im Vergleich zur Sonderauswertung vom 1. Juli 1997, für die noch ein Anstieg (+11,8% gegenüber 1996) bei der Kategorie „Geringfügig Beschäftigte und zusätzliche Sozialversicherungsverhältnisse" feststellbar war, war 1998 im Gefolge der Veränderung der gesetzlichen Bedingungen (nämlich Versicherungspflicht bei Kumulierung mehrerer geringfügiger Beschäftigungsverhältnisse) der Bestand dieser Gruppe rückläufig.

Im Mai 1999 wurde der bisherige Höchststand an geringfügig Beschäftigten, 191.207 (davon 137.167 Frauen und 54.040 Männer), erreicht: Das heißt, insgesamt sind dies 6,5 % der Beschäftigungsverhältnisse (ohne Beamte): 9,9 % der Frauen und 3,5 % der Männer waren geringfügig beschäftigt. Die traditionellen Branchen der geringfügigen Beschäftigung sind private Haushalte, Realitätenwesen, Gastgewerbe, Handel/Reparatur und soziale Dienstleistungen.

1.2.5 Telearbeit

Bezüglich der damit bezeichneten Beschäftigungsform gibt es Begriffe wie Telecommuting, Distanzarbeit, Teleheimarbeit und (am gebräuchlichsten) Telearbeit. Als deren wesentlichste Kennzeichen können gelten: Ortunabhängigkeit, Entfernung zum Arbeit- und Auftraggeber, Nutzung der Informations- und Kommunikationstechnologien bei der Arbeitsverrichtung und bei der zeitlichen flexiblen Übermittlung der Ergebnisse der Arbeit an den Auftraggeber (siehe Metzger 1999, S. 21; Hammer 1998, S. 1023; Klein 1998, S. 49).

In einem neuen Bericht der Europäischen Kommission „Telework 1998" (1998, S. 28) wird der Prozentsatz von Telearbeitenden im weiteren Sinne für die EU-Mitgliedsländer auf 3,1 %, im engeren Sinne auf 0,8 % geschätzt. Deutlich daraus wird, daß Österreich zu jenen Ländern zählt, in denen der Verbreitungsgrad der Telearbeit niedrig ist. Dies wird auch durch vorliegende österreichische Untersuchungen bestätigt: Die Untersuchung von Finder/Walther (1997) kommt zum Schluß, „daß es derzeit maximal bei einem Prozent der österreichischen Unternehmen Telearbeit im engeren Sinne ..., und sei es auch nur im Teststadium, geben dürfte". Als Definition dafür wurde verwendet: „Ein Arbeitnehmer/ Arbeitnehmerin ist grundsätzlich teilweise nicht im Betrieb tätig, der PC ist ein wesentlicher Arbeitsbehelf und der Arbeitsauftrag und/oder die Arbeitsergebnisse werden zur Gänze bzw. überwiegend unter Einsatz neuerer Technologien übermittelt. Diese Arbeitsform sollte überwiegen (ab 50 % der Arbeitszeit)." Zu einem differenzierten Befund kommt die jüngste Auswertung des Mikrozensus 1997: „Je nach Definition von 'Telearbeit' üben in Österreich zwischen 41.800 (0,6 % der Erwersbtätigen) und 51.600 (1,4 %) Personen diese Arbeitsform aus. Telearbeit ist eine männlich dominierte Arbeitsform: 81 % aller Telearbeiter sind männlich, je 50 % aller Telearbeiter sind selbständig bzw. unselbständig erwerbstätig. Des weiteren sind Telearbeiter überdurchschnittlich gebildet: Nahezu 60 % weisen einen Abschluß einer höheren Schule oder Hochschulabschluß auf. Rund 90 % aller Telarbeiter arbeiten in den Berufsabteilungen 'Gesundheits-, Lehr- und Kulturberufe', 'Mandatare, Rechts-, Verwaltungs- und Büroberufe', 'Handels- und Verkehrsberufe' und 'Technische Berufe'; rund drei Viertel arbeiten im Dienstleistungssektor" (Hammer 1998, S. 1023).

Im Hinblick auf ihren arbeitsrechtlichen Status läßt sich zwischen zwei Personengruppen von Telearbeitenden unterscheiden: „zwischen den nicht fremdbestimmten und daher keinesfalls dem Arbeitnehmerschutzgesetz unterliegenden Selbständigen, die Telearbeit in den eigenen vier Wänden auf Vertragsbasis oder im Rahmen eines freien Dienstvertrages verrichten, und 'Teleheimarbeitnehmern', die fremdbestimmt nicht bloß im eigenen Interesse zumindest fallweise für einen anderen zu Hause arbeiten" (Gruber 1998, S. 67).

1.2.6 Weitere Facetten

Keinerlei zuverlässige quantitative Angaben lassen sich für eine Reihe weiterer Facetten atypischer Beschäftigung machen. Durchgängig besteht die Annahme, daß *Job-Sharing* nur eine sehr geringe Verbreitung hat (siehe z. B. Stemberger 1983, 22; Firlei 1985, S. 39). Diese kann in zwei verschiedenen Formen realisiert werden: zum einen in der Weise der gemeinsamen Verantwortung für die Erledigung der Arbeitsaufgaben (job-pairing); zum anderen in Form der Aufteilung eines Arbeitsplatzes in zwei selbständige Zeitabschnitte (job-splitting). Die letztere Variante stellt somit eine spezifische Form der Teilzeitarbeit dar (siehe Petrovic 1984, S. 175 f.) Stemberger hat für die 80er Jahre einige wenige Exempel von Unternehmungen angeführt (Persil/Henkel, Kneissl), in denen Job-Sharing realisiert wurde (siehe Stemberger 1983, S. 22; Arbeitszeit nach Wunsch 1983, S. 25).

Der marginale Kenntnisstand gilt auch für die Beschäftigungsformen *KAPOVAZ* bzw. *Arbeit auf Abruf*. Bei der kapazitäts- (oder frequenz-) orientierten variablen Arbeitszeit wird eine Grundanzahl von Arbeitsstunden (pro Woche, pro Monat) vereinbart; die nähere Festlegung, „zu welchen Zeiten sie abzuleisten sind, wird von Tag zu Tag, von Woche zu Woche oder in einem anderen Turnus festgelegt" (siehe Mesch u. a. 1987, S. 196; siehe auch Rebhahn 1988, S. 194.). Die vereinbarte Zeit wird in jedem Falle abgegolten. Im Unterschied dazu fehlt bei der „Arbeit auf Abruf" jegliche Festlegung einer Grundanzahl. Die Arbeitnehmer/innen halten sich bereit, sie werden bei Bedarf angefordert. Bezahlt werden nur die effektiv geleisteten Arbeitsstunden (siehe Mesch u. a. 1987, S. 196; Rebhahn 1988, S. 195). Bekannt ist, daß KAPOVAZ vor allem im Handel (Bekleidung, Schuhe, Möbel, Supermärkte) angewendet wurde und wird. Die Arbeit auf Abruf wurde von einigen Supermärkten praktiziert (siehe Stemberger 1983, S. 21, 59; Arbeitszeit nach Wunsch 1983, S. 22 f.). „Man muß aber wohl davon ausgehen, daß es sich dabei in einer informelleren Weise um eine relativ verbreitete Form der Gelegenheitsaushilfen gerade auch im ländlichen Raum (Handel, Gastgewerbe) handelt" (siehe Mesch u. a. 1987, S. 197).

Auch von der *arbeitnehmerähnlichen (Schein-)Selbständigkeit* gibt es zur Zeit kein ausreichend quantifizierbares Bild. Als atypisch Beschäftigte gelten durchwegs auch die sogenannten „arbeitnehmerähnlichen" bzw. „abhängig Selbständigen". Darunter können jene Beschäftigten verstanden werden, „deren Interessenlage jener der Arbeitnehmer/innen ähnlich ist, also vor allem Beschäftigte mit freien Dienstverträgen und Werkvertragsnehmer/innen bzw. 'neue Selbständige'" (Angerler/Kral-Bast 1998, S. 35). Mit dem Strukturanpassungsgesetz 1996 erfolgte eine (Teil-) Einbeziehung von Personen mit freien Dienstverträgen und dienstnehmerähnlichen Werkverträgen in die Sozialversicherung. Nachdem im April 1997 bei letzterer Gruppe die Versicherungspflicht aufgehoben worden war, war „Scheinselbständigkeit" im Rahmen der Pensionsreform aus 1997 erneut Gegenstand von Regelungen: Die „freien Dienstverträge" wurden neu definiert: nämlich als Personen, „die sich auf bestimmte oder unbestimmte Zeit zur Erbringung von Dienstleistungen verpflichten, … wenn sie aus dieser Tätigkeit ein Entgelt beziehen, die Dienstleistungen im wesentlichen persönlich erbringen und über keine wesentlichen eigenen Betriebsmittel verfügen…" (§ 4 Abs.4 ASVG). Abgegrenzt davon sind die sogenannten „neuen Selbständigen" (§ 2 Abs.1 Z.4 GSVG), die in die gewerbliche Sozialversicherung einbezogen wurden. Es handelt sich dabei um Beschäftigte, die – persönlich und wirtschaftlich unabhängig – Einkünfte aus selbständiger oder gewerblicher Tätigkeit beziehen, soweit sie aus dieser Tätigkeit nicht bereits anderweitig pflichtversichert sind.

In quantitativer Hinsicht gibt es zu diesen Beschäftigungsverhältnissen zur Zeit nur wenige Anhaltspunkte: Die Zahl der freien Dienstverträge stieg von 9.600 im Jänner 1998 auf 18.000 Ende desselben Jahres. Der Anteil der Männer ist höher als jener der Frauen. So waren z. B. im November 1998 9.208 Männer und 8.692 Frauen auf Basis von freien Dienstverträgen beschäftigt. Von den bis Ende des 1. Quartals 1999 gemeldeten 32.000 „neuen Selbständigen" wurden 8.300 von der Pensions- und 6.500 von der Krankenversicherung erfaßt.

2. Politische Regelungen

2.1 Arbeitsrechtliche Regelungen

2.1.1 Grundlegende politische Positionen: atypische Beschäftigungsformen im Blickpunkt entscheidungsrelevanter Akteure

Die sozialpolitischen Positionen der entscheidungsrelevanten, vor allem der gesellschaftlichen Akteure differierten auch im Hinblick auf die Regulierung der Normalarbeitsverhältnisse. Ablesbar ist dies an den Auseinandersetzungen um Fragen der Arbeitszeitverkürzung, der Wochen- wie der Jahresarbeitszeit, der Erweiterung des Kündigungsschutzes (z. B. für ältere Erwerbstätige in der zweiten Hälfte der 70er Jahre) oder der Gleichstellung der Arbeiter bei der Abfertigung und Entgeltfortzahlung. Dies schloß – unter sozialpartnerschaftlichen Bedingungen nicht überraschend – Konsensprozesse nicht aus. Hier sei exemplarisch auf die Beiratsstudie aus dem Jahr 1984 verwiesen. In den Schlußfolgerungen und Empfehlungen heißt es: „Formen, die den erwähnten Arbeitnehmerschutz in Frage stellen, sind etwa Arbeitszeitregelungen, bei denen auf eine vorhersehbare Arbeitszeiteinteilung zugunsten eines weitgehend unbeschränkten Weisungsrechtes des Arbeitgebers je nach Arbeitsanfall und zu Gunsten von Bereitschaftszeiten verzichtet wird (KAPOVAZ). Auch die Form der Arbeitsplatzteilung mit gegenseitiger Vertretungspflicht (Jobsharing) ist auf Grund der vielen offenbar noch nicht gelösten juristischen Probleme und dem weitgehend fehlenden praktischen Bedürfnis nicht näher in Diskussion zu ziehen" (Beirat 1984, S. 145).

Weitaus konträrer waren (und sind) die Positionen hinsichtlich der Frage der Deregulierung und Flexibilisierung von Arbeitsmarkt und Arbeitsverhältnissen im allgemeinen, der diversen Facetten atypischer Beschäftigung im besonderen. Die Notwendigkeit zu einschneidenden Veränderungen staatlicher Regulierungen wird von Unternehmerorganisationen und ihren Repräsentanten im engen Zusammenhang mit ökonomischen Problemen und Veränderungen gesehen. Exemplarisch heißt es im Programm '90 der Vereinigung Österreichischer Industrieller: „Die in Gang befindliche technische Revolution mit Veränderungen, die mit der Erfindung der Eisenbahn, der Elektrizität oder des Kraftfahrzeuges vergleichbar sind und die besonders die Bereiche Elektronik, Information, Mikroprozessoren, Roboter oder Biotechnik umfassen, ermöglichen bei entsprechendem innovationsfreundlichem Umfeld die Schaffung neuer Produkte, neuer Märkte und damit neuer Arbeitsplätze. Eine rasche Anwendung dieser technischen Entwicklungen in den industriellen Unternehmen kommt den Bemühungen, unsere Industrie wettbewerbsfähiger zu machen, entgegen. Neue technische Entwicklungen verlangen jedoch auch neue Denk- und Verhaltensweisen, die sich von den Mustern der Vergangenheit weitgehend unterscheiden". Konkret seien dies: Leistungsbereitschaft, Risikobereitschaft sowie Flexibilität in den rechtlichen Rahmenbedingungen. Ohne die Schutzfunktion des Arbeits- und Sozialrechtes grundsätzlich in Frage zu stellen, gehe es gegenwärtig verallgemeinernd darum, zu überprüfen, „in welchen Bereichen diese Schutzfunktion durch die wirtschaftliche und soziale Entwicklung nicht mehr zeitgemäß ist bzw. zum Bumerang wird, weil sie notwendige Anpassungsprozesse erschwert und damit Arbeitsplätze gefährdet oder Beschäftigungschancen vernichtet. Denn das in den letzten Jahrzehnten bis zur Perfektionierung vorangetriebene Arbeits- und Sozialrecht hat zu Überreglementierungen und Verbürokratisierungen, sowie zu einer Starrheit und Inflexibilität geführt, welche die Anpassung der

Unternehmen an geänderte Wettbewerbs- und Arbeitsmarktbedingungen, sowie die Annahme neuer technischer und ökonomischer Herausforderungen erheblich erschweren" (Stummvoll 1987, S. 2).

Einen Fokus der neueren sozialpolitischen Auseinandersetzungen bildet somit die Frage der Arbeitszeitflexibilisierung. Diesbezügliche Vorstöße wurden von Unternehmervertretungen, Bundeswirtschaftskammer und Vereinigung Österreichischer Industrieller, wie auch seitens der ÖVP vor allem seit den 80er Jahren unternommen. Im Programm '90 der Vereinigung Österreichischer Industrieller heißt es exemplarisch: „Arbeitsrechtliche Vorschriften und Arbeitszeitregelungen stammen aus vergangenen Wirtschaftsepochen mit anderen Wohlstandsverhältnissen. Moderne kapitalintensive Produktionsverfahren und gutausgebildete Mitarbeiter verlangen jedoch eine Anpassung arbeitsrechtlicher Strukturen an die Erwartungen der Mitarbeiter und an die Anforderungen der neuen Technik. Eine Flexibilisierung des Arbeitszeitrechtes könnte einen wesentlichen Beitrag zur Entfaltung der Persönlichkeit auch in der Arbeitswelt leisten und darüber hinaus eine bessere Auslastung der Produktionsanlagen und eine Verbesserung der Wettbewerbsfähigkeit ermöglichen."[13]

Konkret heißt dies nicht nur eine Ablehnung sozialpolitischer Forderungen z. B. nach stärkerem Kündigungsschutz für ältere Arbeitnehmer oder nach Ausdehnung des Kündigungsschutzes auf Kleinbetriebe.[14] Die Intensivierung der Debatte um die Flexibilisierung steht nicht zuletzt mit den Optionen und Initiativen der Interessenvertretungen der Arbeiter und Angestellten in Zusammenhang. Deren Fokus lag auf zwei Ebenen: Arbeitszeitverkürzung und Aufrechterhaltung bzw. Anpassung des Schutzes der unselbständig Erwerbstätigen unter veränderten Arbeitsmarktbedingungen. Eine zentrale Forderung lautete: Generelle Arbeitszeitverkürzung.[15] Zugleich begegneten Gewerkschaften und Arbeiterkammern nicht nur bestimmten atypischen Beschäftigungsformen wie der Teilzeitarbeit mit Skepsis, sondern spezifischen Facetten wie Job-Sharing, Leiharbeit, KAPOVAZ und Arbeit auf Abruf mit Ablehnung. Als Gründe dafür wurden zum einen angeführt, daß die mit diesen Beschäftigungsformen verbundenen Nachteile die Arbeitnehmer/innen treffen, auf der anderen Seite diese Formen zur Lösung der Arbeitsmarktprobleme nichts beitrügen.[16] Abgesehen davon, daß bei den entscheidungsrelevanten Parteien und Interessenverbänden zumindest bezüglich KAPOVAZ Konsens herrschte (in der Ablehnung)[17], stieß die Forderung nach Arbeitszeitverkürzung auf Ablehnung auf Unternehmerseite (siehe Stummvoll 1983).

Kompromißmöglichkeiten zeichneten sich ab in Richtung Tausch zwischen Arbeitszeitverkürzung und Flexibilisierungsmöglichkeiten für die Betriebe.[18]

In den 90er Jahren bildete die Frage der Flexibilisierung einen Dauerbrenner in den Auseinandersetzungen und Verhandlungen, die, nicht zuletzt durch Druck der Regierung 1996 und 1997, eine enorme Intensivierung erfuhren.[19] Eine gesetzliche Regelung betreffend Arbeitszeitflexibilisierung kam 1997 zustande (siehe Kittel 1997).

Insbesondere seitens des ÖGB wurde gefordert, daß für neue Arbeitsformen und auch für arbeitnehmerähnliche Personen verbindliche Richtlinien aufgestellt und diese in arbeitsrechtlichen Schutzmaßnahmen einbezogen werden: „Die Vereinheitlichung des Arbeitsrechtes sollte auch zum Ziel haben, Arbeitnehmer in atypischen Arbeitsverhältnissen (wie Teilzeitarbeit, befristete Arbeitsverhältnisse, Heimangestellte, Hausgehilfen und Hausangestellte) oder in arbeitnehmerähnlichen Verhältnissen unter Berücksichtigung der Besonderheiten ihres Beschäftigungsverhältnisses in die arbeits- und sozialrechtlichen Errungenschaften miteinzubeziehen. Diese Personen, die ebenfalls in wirtschaftlicher Abhängigkeit von ihrem Beschäftiger stehen, benötigen einen vergleichbaren sozialen Schutz wie die Arbeitnehmer in normalen Arbeitsverhältnissen."[20] Die Auseinandersetzungen bezogen sich nicht bloß auf die arbeitsrechtliche Regulierung atypischer Beschäftigungsformen, sondern auch auf die Frage der sozialen Sicherung: einen Adressaten dabei bildete sowohl die Werksvertragsarbeit, d. h. sogenannte Scheinselbständigkeit, als auch die geringfügige Beschäftigung. Ungeachtet der differierenden Positionen kam es sowohl bei Werkverträgen (betreffend Sozialversicherung) als auch bei geringfügiger Beschäftigung (betreffend Arbeitsrecht) zu politischen Kompromissen.

2.1.2 Arbeitsrechtliche Regelungen betreffend atypische Beschäftigungsformen

Die diesbezüglich einschlägigen Maßnahmen tangierten im gegenständlichen Zeitraum nicht einzelne sozialpolitische Materien wie den Kündigungsschutz und die Abfertigung, sondern waren vielmehr grundsätzlicher Natur. Sie beinhalteten in erster Linie Regelungen der Gleichstellung und Rahmenfestlegungen. Neben der Gleitzeit, die den arbeitszeitpolitischen Diskurs Ende der 60er Jahre vorerst dominierte, war es vor allem die Teilzeitarbeit, die, als auch in Österreich quantitativ wohl am weitesten verbreitete Facette atypischer Beschäftigung, zum Gegenstand der politischen Wahrnehmung und Regulierung wurde.

2.1.2.1 Teilzeitarbeit

Der Beirat für Wirtschafts- und Sozialfragen hatte bereits 1968 einen „Bericht über Teilzeitbeschäftigung" verfaßt. In diesem wurde für die 60er Jahre konstatiert: Der Teilzeitarbeit steht kein gesetzliches Hindernis entgegen; sie hat nur in bestimmten Branchen eine wesentliche Bedeutung, allerdings spiele sie – gesamtwirtschaftlich betrachtet – „eine relativ bescheidene Rolle" (Bericht über Teilzeitbeschäftigung 1968, S. 7). Daher und weil die Bedürfnisse nach Teilzeitbeschäftigung sehr unterschiedlich gelagert seien – so der damalige Schluß – erscheine unter den gegebenen Verhältnissen eine generelle gesetzliche Regelung der Teilzeitbeschäftigung weder erforderlich noch wünschenswert (siehe ebda, S. 8).

Obwohl dieses Thema auch politisch ventiliert wurde (z. B. Enquete und Entwurf eines Gesetzes unter Ministerin Rehor), führte dies vorerst noch zu keinem Ergebnis. Zu Beginn der 70er Jahre erfolgte ein Vorstoß von ÖVP-Abgeordneten.[21] Die zugrundeliegende Zielsetzung war es, zur Förderung der Teilzeitbeschäftigung durch Beseitigung von deren sachlich nicht gerechtfertigter Schlechterstellung beizutragen. Denn für einen Teil der Teilzeitbeschäftigten fanden die Bestimmungen über Kündigungsfristen, Abfertigung oder Entgeltfortzahlung keine Anwendung. So hatten die Bestimmungen des Angestelltengesetzes nur Geltung, wenn – laut Judikatur – das Dienstverhältnis mindestens die Hälfte der üblichen Arbeitszeit umfaßte. In dem Antrag ging es also darum, Teilzeitbeschäftigte nicht schlechter, aber auch nicht besser als Vollzeitbeschäftigte zu stellen. Das bedeutete: aliquotes Ausmaß beim Entgelt, bei betrieblichen Sozialleistungen mit Entgeltcharakter, Gleichbehandlung hinsichtlich Urlaubsanspruch. Bemerkenswert dabei ist, daß die Regelung für die Teilzeitbeschäftigten bei explizitem Ausschluß der geringfügig Beschäftigten erfolgen sollte, die bereits traditionell von der Vollversicherung nach dem ASVG (§ 5 Absatz 2) ausgenommen waren. Der Entwurf stieß auf große Reservation bei der Sozialdemokratie und den Gewerkschaften. So betonte beispielsweise die Gewerkschafterin und SPÖ-Abgeordnete Metzger im Rahmen der ersten parlamentarischen Lesung dieses Antrages [22], daß Teilzeitbeschäftigung „kein brauchbares Mittel sei", „die gesellschaftliche oder familienpolitische Situation der Frau zu verbessern oder gar zu lösen". Es wurde im wesentlichen die Einschätzung des Beirates aus dem Jahr 1968 aufgenommen, nämlich, daß eine generelle Regelung nicht erforderlich sei. Die Folge war: Es wurde kein eigenständiges Teilzeitgesetz verabschiedet, sehr wohl aber die gesetzliche Einbeziehung der teilzeitbeschäftigten Arbeitnehmer/innen in das Angestelltengesetz und in das Gutsangestelltengesetz (am 3.7.1975) beschlossen.

Die vergleichsweise günstige Arbeitsmarktentwicklung, die Fortdauer der Dominanz des Normalarbeitzeitverhältnisses und die noch geringe Verbreitung atypischer Beschäftigungsformen sind meines Erachtens der Grund dafür, daß selbst die Debatte um die Flexibilisierung der Arbeit und der Arbeitszeit während der 70er Jahre noch wenig Gewicht hatte. Anders in den 80er Jahren: Wie ausgeführt standen die Auseinandersetzungen um dieses Thema vermehrt auf der politischen Agenda von Parteien und Verbänden. Die Differenzen in deren Positionen sowie die Entscheidungsdominanz der SPÖ, aber auch von ÖGB und Arbeiterkammern, spiegeln sich darin, daß sowohl die Flexibilisierung der Arbeitszeit als auch die gesetzliche Regelung atypischer Beschäftigungsformen eine relativ lange Vorlaufzeit haben. Neben der Teilzeitarbeit gilt dies auch für die Leiharbeit.

Die explizite gesetzlich geregelte Gleichstellung der Teilzeitbeschäftigten erfolgte erst im Rahmen des arbeitsrechtlichen Begleitgesetzes aus 1992, das im Zusammenhang mit der Novellierung des Gleichbehandlungsgesetzes und einer neuerlichen Pensionsreform steht. Die Begründung dafür – ungeachtet der Propagierung von Teilzeitbeschäftigung – lautete, daß „Teilzeitbeschäftigte gegenüber Vollzeitbeschäftigten in vieler Hinsicht benachteiligt" sind.[23] Diese Benachteiligung liege weniger auf Ebene des Arbeitnehmerschutzes als vielmehr auf Ebene der Praxis. Als Beispiele dafür wurden angeführt: tatsächlich arbeiten Teilzeitbeschäftigte länger als vereinbart; sie sind auf betrieblicher Ebene in vielfacher Hinsicht bei Sozialleistungen benachteiligt. Der eingeschlagene Weg des Benachteiligungsverbotes entsprach dem des Beschäftigungsförderungsgesetzes in der Bundesrepublik Deutschland. Eingebettet in Bemühungen um den Ausbau der Gleichbehandlungs- und Gleichstellungspolitik von Frauen stellt diese gesetzliche Regelung – in Hinblick auf den bevorstehenden EWR-Beitritt (siehe Resch 1993, S. 105) – einen Vorgriff auf Entscheidungen des EuGH betreffend mittelbare Diskriminierung dar.[24] Das angepeilte Ziel lautete: „Schaffung von Schutzbestimmungen für Teilzeitbeschäftigte, die eine Gleichbehandlung mit vollbeschäftigten Arbeitnehmern gewährleisten sollen."[25] Adressat des Benachteiligungsverbotes sind Dienstgeber ebenso wie Kollektivvertragsparteien.

Der vorgelegte Entwurf stieß keineswegs auf einhellige Zustimmung. Befürwortet u. a. vom Frauenministerium, vom ÖGB und von der Bundesarbeitskammer sowie vom katholischen Familienverband Österreichs, stieß er auf dezitierte Ablehnung bei der Vereinigung Österreichischer Industrieller und bei der Wirtschaftskammer, aber auch bei der Präsidentenkonferenz der Landwirtschaftskammern. Die Vereinigung Österreichischer Industrieller sah – wie öfters schon – die Konkurrenzfähigkeit der österreichischen Unternehmen schwerstens gefährdet.[26] Sie lehnte im einzelnen ebenso wie die Wirtschaftskammer[27] und Präsidentenkonferenz[28] strikt vor allem den für Teilzeitarbeit vorgesehenen Mehrarbeitszuschlag ab. Das Ende November 1992 beschlossene Gesetz enthielt zum einen eine Definition von Teilzeit. Nach § 19c Absatz 1 arbeitsrechtliches Begleitgesetz 1992/833 lautet diese: „Teilzeitarbeit liegt vor, wenn die vereinbarte Wochenarbeitszeit die gesetzliche Normalarbeitszeit oder eine durch Normen der kollektiven Rechtsgestaltung festgelegte kürzere Normalarbeitszeit im Durchschnitt unterschreitet." Das Gesetz hob zum anderen bestehende Differenzierungen arbeitsrechtlicher Gesetze in bezug auf Teilzeitarbeit auf – ohne allerdings in allen Gesetzen das dort enthaltene Kriterium von einem bestimmten Mindeststundenausmaß zu beseitigen (so z. B. Journalisten- und Schauspielergesetz, Angestelltengesetz). So gelten die Kündigungsregelungen laut § 20 Absatz 1 des Angestelltengesetzes nur für Arbeitnehmer/innen, die mindestens 8 Stunden Arbeitszeit pro Woche aufweisen.

Das Gesetz sieht weiters eine exakte Festsetzung von Ausmaß und Lage der Arbeitszeit (erstmalige Festsetzung bei Abschluß des Arbeitsvertrages durch Vereinbarung), eine Beschränkung der Möglichkeit zur Anordnung von Mehrarbeit sowie Berücksichtigung regelmäßig geleisteter Mehrstunden bei Berechnung verschiedener Ansprüche der Arbeitnehmer (vor allem für Bemessung der Sonderzahlung) vor. Bei freiwilligen Sozialleistungen ist eine Aliquotierung nach dem Ausmaß der regelmäßig geleisteten Arbeitszeit zulässig. Der im ursprünglichen Entwurf enthaltene Zuschlag für Mehrarbeit ist im endgültigen Gesetz nicht mehr enthalten.

Auch bei Job-Sharing, als einer spezifischen Form von Teilzeitarbeit, kommen die arbeitsrechtlichen Bestimmungen zur Anwendung.

Waren bei der ersten Regelung betreffend Teilzeitarbeit im Rahmen der Novellierung des Angestelltengesetzes 1974 geringfügig Beschäftigte noch explizit ausgenommen worden, so sind auch diese Adressaten des arbeitsrechtlichen Begleitgesetzes aus 1992.

2.1.2.2 Leiharbeit

In gleicher Weise wie bei der kapazitätsorientierten variablen Arbeitszeit traten Gewerkschaften und Arbeiterkammern – im Gegensatz zur Bundeswirtschaftskammer, Vereinigung Österreichischer Industrieller und Präsidentenkonferenz der Landwirtschaftskammern – für ein Verbot der Leiharbeit ein.[29] Als wesentlicher Grund dafür wurden die mit dieser Beschäftigungsform verbundenen negativen Auswirkungen (Dequalifizierung, Unterlaufen der Kollektivverträge, Lücken in der arbeits- und sozialrechtlichen Absicherung) angeführt.[30] Ein 1982 vorgelegter Ministerialentwurf wurde nicht Gesetz. Eine Regelung erfolgte erst in der zweiten Hälfte der 80er Jahre: In dem 1988 verabschiedeten Gesetz ging es nicht mehr um ein Verbot, sondern um die arbeits- und sozialrechtliche Absicherung der überlassenen Arbeitskräfte. Es soll gewährleisten, „daß auch für Arbeitskräfte der Unterlassungsunternehmungen jener soziale Standard Wirklichkeit wird, der für den Großteil der sonstigen Arbeitnehmer selbstverständlich und in einem modernen Wohlfahrtsstaat unverzichtbar ist".[31] Regelungen betreffend Leiharbeit fanden sich vorerst sowohl im Arbeitsmarktförderungsgesetz (in Kraft seit 1969) als auch im Ausländerbeschäftigungsgesetz (in Kraft seit 1975). Enthielt ersteres u. a. ein Verbot der Zurverfügungstellung von Arbeitskräften an Dritte bei verschiedenen Diensten, so untersagte zweiteres die Verleihung von Ausländer/innen. Für Beginn der 80er Jahre wurden 160 Unternehmen mit zirka 6000 bis 7000 Beschäftigten konstatiert.[32]

Die Unternehmerorganisationen begrüßten zwar das Abrücken des Sozialministeriums von einem grundsätzlichen Verbot, lehnten den vorliegenden Entwurf jedoch wegen der darin enthaltenen Verbürokratisierung, des vorgesehenen Durchgriffsrechtes des Betriebsrates usw. ab.[33] Der Österreichische Arbeiterkammertag äußerte zwar Bedenken und Skepsis, war aber bereit, den Entwurf als Basis für eine zukünftige Regelung zu akzeptieren, „wenn dadurch zumindest die schwerwiegendsten Einwände gegen die Arbeitskräfteüberlassung erfaßt werden können."[34]

Das diesbezügliche Gesetz wurde 1988 verabschiedet und läuft darauf hinaus, daß Leiharbeiter (siehe dazu Wachter 1997; Geppert 1989) nicht schlechter gestellt werden: Sie haben Anspruch auf ein angemessenes, ortsübliches Entgelt, das mindestens einmal im Monat auszuzahlen und schriftlich abzurechnen ist; das Gesetz enthält Vorschriften über zwingende Vertragsgestaltung einschließlich verbotener Regelungen; der Beschäftiger ist verpflichtet zur Einhaltung des Arbeitnehmerschutzes; es gelten die arbeitszeitrechtlichen Vorschriften des im Beschäftigerbetrieb auf vergleichbare Arbeitnehmer anzuwendenden Kollektivvertrages. Seitens der Gewerkschaften gibt es zur Zeit Bemühungen um einen eigenen Kollektivvertrag für Leiharbeiter/innen.

2.1.2.3 Befristete Beschäftigung

In Österreich gibt es kein Hindernis für die Befristung eines Beschäftigungsverhältnisses. Beschränkungen allerdings gibt es in zweifacher Hinsicht: befristete Dienstverhältnisse dürfen nur einmal (und höchstens auf 3 Monate) verlängert werden (siehe Egger 1993). Gibt es für Kettendienstverträge keine sachliche Begründung, so gilt – nach der derzeitigen Rechtsprechung – das Dienstverhältnis auf unbestimmte Zeit, d. h. als dauerhaft eingegangen (siehe Firlei 1985, S. 56 f; Egger 1993, S. 36).

2.1.2.4 Geringfügige Beschäftigung

Der Begriff der geringfügigen Beschäftigung fand Eingang in das ASVG-Stammgesetz aus 1955. Hier heißt es (§ 5 Absatz 1 Zahl 2), daß u. a. jene Dienstnehmer von der Vollversicherung ausgenommen sind, deren Beschäftigung als geringfügig anzusehen ist. Als geringfügig galt nach § 5 Absatz 2 damals eine Beschäftigung:

„a) wenn sie für eine kürzere Zeit als für eine Woche vereinbart ist und dem Dienstnehmer für einen Arbeitstag im Durchschnitt ein Entgelt von höchstens ... gebührt;

b) wenn sie für mindestens eine Woche oder auf unbestimmte Zeit vereinbart ist und dem Dienstnehmer ohne Rücksicht auf die Zahl der Arbeitstage als wöchentliches Entgelt höchstens ... oder als monatliches Entgelt höchstens ... gebührt."

Mit der 32. ASVG-Novelle aus 1977 wurde die bisher gehandhabte Bindung an die Sachbezugsbewertung aufgegeben. Dies hieß, daß als Basis für die Höhe der Geringfügigkeitsgrenze seit 1955 die jeweilige Bewertung des Sachbezuges der vollen freien Station für Zwecke der Lohnsteuer, die gemäß § 50 ASVG auch für die Sozialversicherung gilt, verwendet wurde. Diese Novelle sah vor, daß die für 1977 festgesetzte Geringfügigkeitsgrenze in Zukunft jährlich mit der Richtzahl (§ 108 Absatz 1 ASVG) angepaßt wird. Dies hatte in der Folgezeit eine beträchtliche Anhebung der Grenze zur Folge, mit der Konsequenz, daß in einem immer größer werdenden Umfang teilzeitbeschäftigte Arbeitnehmer aus der Vollversicherung ausgeschlossen wurden (siehe Schwarz 1984, S. 164).

Spezifische Regelungen erfuhr die geringfügige Beschäftigung bisher im wesentlichen nur in arbeitsrechtlicher Hinsicht. Wie bereits angemerkt, war geringfügige Beschäftigung ebenso wie Teilzeitbeschäftigung Gegenstand einer eigenständigen politischen Regulierung im Rahmen des sogenannten arbeitsrechtlichen Begleitgesetzes aus 1992 (Artikel VII bis X). Als Grund dafür wird in der diesbezüglichen Regierungsvorlage (735 d. Beilagen zu den Sten. Prot. des Nationalrates, XVIII. Gesetzgebungsperiode) deren nach wie vor bestehende vielfache Benachteiligung angeführt. Das angepeilte Ziel lautete: „Gleiches Recht für alle gleichartig beschäftigten Arbeitnehmer, ohne Rücksicht auf das Ausmaß ihrer Arbeitszeit, mit Ausnahme der Kündigungsfristen und -termine."[35] Die bisherigen Regelungen betreffend Kündigungsfristen nach dem Angestelltengesetz blieben nach wie vor aufrecht. Das heißt, daß es für geringfügig beschäftigte Angestellte kürzere Kündigungsfristen (nämlich 2 Wochen) gibt.

Die gesetzlich festgelegte Gleichstellung gilt somit u. a. auch für Entgeltfortzahlungsansprüche, für Abfertigung, Urlaub, Ansprüche nach dem Kollektivvertrag, nach dem Arbeitszeit- und Gleichbehandlungsgesetz usw.

2.1.2.5 Telearbeit

Betreffend Telearbeit gibt es bislang nur für einzelne Aspekte der unselbständigen Teleheimarbeit gesetzliche Regelungen: in der Arbeitsschutzgesetznovelle 1997 ist verankert, „daß einige Bestimmungen über Bildschirmarbeitsplätze und über besondere Maßnahmen bei Bildschirmarbeit auch für die vom Arbeitgeber den Arbeitnehmern zur Erbringung von Arbeitsleistungen außerhalb der Arbeitsstätte zur Verfügung gestellten Bildschirmgeräte, Eingabe- oder Datenerfassungsvorrichtungen sowie Zusatzgeräte, Arbeitstische…" sowie „für Bildschirmarbeit außerhalb der Arbeitsstätte (§§ 67 Abs. 6, 68 Abs. 7) gelten" (Gruber 1998, S. 69). Eine Regelung von Telearbeit erfolgte neben Betriebsvereinbarungen bisher ansatzweise in Form von Kollektivverträgen. Der diesbezüglich erste Vertrag wurde 1997 für Angestellte in der Erdölindustrie sowie für Arbeiter in der gleichen Branche abgeschlossen. Weitere Kollektivverträge folgten 1998 für Industrieangestellte und für Beschäftigte der E-Wirtschaft (siehe Metzger 1999, S. 60 f.).

2.1.2.6 Freie Dienstverträge, Werkverträge

Diesbezüglich gibt es bisher keine expliziten Regelungen. „Auf diese Beschäftigungsformen kommen all jene arbeitsrechtlichen Vorschriften nicht zur Anwendung, mit denen speziell der persönlichen und wirtschaftlichen Abhängigkeit der Arbeitnehmer Rechnung getragen wird" (Wachter 1984, S. 413). Dazu zählen die Bestimmungen des Angestelltengesetzes, der Gewerbeordnung, des Urlaubsgesetzes, des Entgeltfortzahlungsgesetzes. Sofern der freie Dienstvertrag allerdings die Kriterien der „Arbeitnehmerähnlichkeit" erfüllt, so kommen darauf – laut Verfassungsgerichtshoferkenntnis aus 1980 (ARB 9876) – Gesetze wie das Arbeits- und Sozialgerichtsgesetz, das Dienstnehmerhaftpflichtgesetz, das Insolvenzentgelt – und auch das Arbeitskräfteüberlassungsgesetz zur Anwendung (siehe ebda S. 418). Auf Werkverträge sind die Regelungen des Arbeitsrechtes nicht anwendbar (siehe Tomandl 1996, S. 284).

2.2 Sozialrechtliche Regelungen

2.2.1 Positionen

Ebenso wie im Arbeitsrecht zeichnen sich auch im Hinblick auf die Sozialversicherung Veränderungen seit Ende der 70er, insbesondere seit den 80er Jahren ab. Diese Trendwende erfolgt vor dem Hintergrund merkbarer Veränderungen des ökonomischen, sozialen und politischen Umfeldes des Sozialstaates (siehe dazu u.a. Tálos/Wörister 1994; Tálos 1997). Die Trendwende wird daran offenkundig, daß in diesem Kontext der Stellenwert und die Ausrichtung des Wohlfahrtsstaates zum Gegenstand verschärfter kontroversieller Auseinandersetzungen und konträrer Veränderungsoptionen geworden ist (siehe dazu Tálos 1993). Seitens der Unternehmerorganisationen wurden für den Bereich der Sozialversicherung in den letzten Jahren eine Reihe von Forderungen eingebracht, reichend von der Verlängerung des Bemessungszeitraums, schärferen Sanktionen bei Mißbrauch, Harmonisierung der Pensionssysteme bis hin zu Einschnitten im Leistungssystem – infolge der Prioritisierung ausgabenseitiger Maßnahmen. Diese Forderungen laufen im Kern auf die Verstärkung des Versicherungsprinzips und Einschränkungen im Leistungsbereich zum einen, auf die Umgewichtung zwischen staatlich geregelter und privater Vorsorge zum anderen hinaus. Die generelle Option des Zuschnitts des Systems der sozialen Sicherung auf die veränderten Bedingungen besteht darin, daß zum einen Änderungen im Leistungsrecht zur Beseitigung der offenkundigen Lücken und mit Zielrichtung einer Entkoppelung von Erwerbstätigkeit und Leistungen der Systeme sozialer Sicherung strikt abgelehnt werden, d.h. am Leitbild des Normalarbeitsverhältnisses festgehalten wird. Die Option des Zuschnitts besteht zum anderen vor allem darin, daß mit der Entlastung der Arbeitskosten – durch Einschränkung des staatlich geregelten Sozialkonsums – als Pendant die private Vorsorge forciert wird. Während die Unternehmerorganisationen gegen eine Ausweitung der sozialen Sicherung auf atypische Beschäftigungsformen wie beispielsweise geringfügig Beschäftigung, Werkverträge und freie Dienstverträge eintreten, plädierten die Arbeitnehmervertretungen für die Erweiterung des sozialen Sicherungssystems sowohl durch Einführung von Mindeststandards als auch durch Regelung des sozialen Schutzes für atypisch Beschäftigte.

2.2.2 Sozialrechtliche Regelungen betreffend atypische Beschäftigungsformen

2.2.2.1 Teilzeit, befristete Beschäftigung, Job-Sharing, Leiharbeit

Keine spezifischen sozialrechtlichen Regelungen gibt es bisher für Teilzeit, befristete Beschäftigung und Job-Sharing. Diese sind nach den einschlägigen Bestimmungen des ASVG (§ 4, Abs. 1) voll- bzw. pflichtversichert. Dies bedeutet allerdings bei Teilzeitarbeit – analog dem bestehenden Äquivalenzprinzip bei Geldleistungen – aliquote Leistungen, bei befristeter Beschäftigung den Erhalt von Leistungen nur bei Erfüllung der vorgesehenen Anwartschaftsvoraussetzungen.

Im Rahmen der eigenständigen Regelung der Leiharbeit wurde untermauert, daß der Überlasser von Arbeitskräften die vollen Arbeitgeberpflichten betreffend die sozialversicherungsrechtlichen Vorschriften hat. Über den Überlasser wird sichergestellt, daß der Sozialversicherte und dessen Dienstgeber von einem Krankenversicherungträger aus betreut werden kann.

Die Frage ist, ob für die österreichische Sozialpolitik jene atypischen Beschäftigungsformen auch Gegenstand von Regelungen sind, die bisher explizit aus der Sozialversicherung gänzlich (Werkverträge [36], Dienstverträge) oder überwiegend (geringfügige Beschäftigung) ausgeschlossen waren.

2.2.2.2 Geringfügige Beschäftigung

Im Unterschied zur weitgehenden arbeitsrechtlichen Gleichstellung geringfügig Beschäftigter gibt es nach wie vor Differenzierungen im Hinblick auf soziale Sicherung. Wie bereits angemerkt waren geringfügig Beschäftigte seit dem Stammgesetz des ASVG aus 1955 aus der Vollversicherung ausgeschlossen. Die Teilversicherung erstreckte sich ausschließlich auf die Unfallversicherung (§ 7, Absatz 3). Bis zur gesetzlichen Regelung im Jahr 1993 mußten geringfügig Beschäftigte nur einmal im Jahr als Zahl (nicht namentlich) genannt werden. Die (namentliche) Meldepflicht beim Träger der Krankenversicherung wurde im Rahmen der 51. ASVG-Novelle (§ 33, Absatz 2) eingeführt, die seit dem 1. 1. 1994 in Kraft ist. Auch in der parlamentarischen Debatte wurde betont, daß damit erstmals die Chance gegeben ist, „wirklich einen Überblick zu bekommen, wie die Situation bei den geringfügig Beschäftigten ist, einer Gruppe, von der wir annehmen, daß sie im Zunehmen begriffen ist und wo wir überlegen müssen, ob wir nicht sozialpolitische Maßnahmen setzen sollen" [37].

Die Einbeziehung der geringfügig Beschäftigten in andere Versicherungszweige war in den letzten Jahren Gegenstand der sozialpolitischen Diskussion: ablesbar an den diesbezüglichen Forderungen im Rahmen des Frauenvolksbegehrens 1997, seitens der ÖGB-Frauen [38], der Arbeiterkammern [39] und nicht zuletzt auch im Rahmen der Pensionsreform 1997. Teil der Veränderungen, die mit der Pensionsreform im November 1997 beschlossen wurden, ist auch die neue Rechtslage für Dienstnehmer/innen, deren Entgelt die Geringfügigkeitsgrenze (1998: öS 3.830,–, Euro 278,–; 1999: öS 3.899,–, Euro 283,–) nicht übersteigt (siehe Choholka 1998, S. 8 f.). Österreichische Politik nahm diesbezüglich international betrachtet [40] eine Vorreiterrolle ein: Seit 1998 gibt es für diese Beschäftigtengruppe die Möglichkeit des „opting-in" (siehe z.B. Risak 1998, S. 336 ff.; Tomandl 1998, S. 16), d. h. der Freiwilligenselbstversicherung (im Fall des Wohnsitzes im Inland) in der Kranken- und Pensionsversicherung (§ 19 (a) ASVG). Die Beitragsgrundlage dafür ist die Geringfügigkeitsgrenze mit einem Arbeitnehmerbeitragssatz von 3,9 % bzw. 3,4 % (Angestellte) in der Krankenversicherung und 10,25 % in der Pensionsversicherung. Darüber hinaus werden künftig Personen vollversichert sein, wenn die Gesamtheit der Entgelte aus mehreren Erwerbstätigkeiten die Geringfügigkeitsgrenze übersteigt. Zugleich erfolgte die Regelung des Dienstgeberbeitrages dahingehend, daß ein pauschalierter Dienstgeberbeitrag zu leisten ist, wenn die Summe der Entgelte aller bei einem/er Dienstgeber/in geringfügig Beschäftigten das Eineinhalbfache der Geringfügigkeitsgrenze (das ist für 1997: öS 5.610,–, Euro 408,–; für 1999: öS 5.848,–, Euro 424,–) übersteigt.

Telearbeiter/innen mit einem klassischen Dienstverhältnis (§ 4 Abs.2 ASVG) sind im Rahmen des ASVG prinzipiell voll versichert (siehe Finder/Walther 1997, S. 23). Für andere Gruppierungen von Telearbeitenden gelten die einschlägigen sozialversicherungs-rechtlichen Bestimmungen betreffend freie Dienstverträge und „neue Selbständige".

2.2.2.3 Regelungen betreffend arbeitnehmerähnliche Werkverträge und freie Dienst-verträge

Mit der per Gesetz aus 1996 geregelten Einbeziehung arbeitnehmerähnlicher Werkverträ-ge und freier Dienstverträge zählt Österreich auch auf diesem Gebiet zu den Vorreitern[41] einer expliziten sozialpolitischen Gestaltung sogenannter scheinselbständiger Erwerbsar-beit. Die Einbettung dieser Maßnahmen in das Strukturanpassungsgesetz 1996, das in erster Linie der Budgetkonsolidierung dienen sollte, verdeutlicht zum einen, daß auch finanzielle Gründe (Ausweitung des Beitragsaufkommens, Abzugsteuer von 20 %) dabei eine Rolle spielten. Zum anderen ging es – laut Zielsetzung der Regierung – vor allem auch darum, einer wachsenden Problematik gegenzusteuern, die im Schlagwort „Flucht aus dem Arbeits- und Sozialrecht" (siehe Firlei 1987; Pöltner 1998) gefaßt wird. Exem-plarisch heißt es in den Erläuterungen zu der Regierungsvorlage: „Zur Verhinderung der Flucht aus der Sozialversicherung sollen freie Dienstverträge und die in der Regel als 'Werkverträge' bezeichneten Vereinbarungen, aufgrund derer Arbeitsleistungen in wirt-schaftlicher Abhängigkeit erbracht werden und die daher als Dienstnehmer ähnlich anzu-sehen sind, in die Sozialversicherungspflicht einbezogen werden. Es werden nämlich immer häufiger zivilrechtliche Gestaltungsmöglichkeiten in der Weise ausgenützt, daß die Versicherungspflicht zum Nachteil der betroffenen Arbeitnehmer und der Versicherungs-gemeinschaft umgangen wird."[42] Die diesbezüglichen gesetzlichen Bestimmungen (siehe z. B. Klein 1996), die mit 1.7.1996 in Kraft getreten sind, sehen vor, daß Personen mit freien Dienstverträgen in der Kranken-, Unfall- und Pensionsversicherung, dienstneh-merähnliche Personen (mit Werkverträgen) hingegen in der Kranken- und Pensionsversi-cherung pflichtversichert sind: über freie Dienstverträge werden Personen versichert, die laufend Arbeitsleistungen an einen Auftraggeber erbringen, ohne von diesem jedoch – wie ein Arbeitnehmer – „persönlich abhängig" zu sein. Unter dienstnehmerähnlich beschäftig-ten Personen sind jene gemeint, deren Arbeitsleistung nicht in Zeit gemessen wird, son-dern an einen bestimmten, von ihnen zu erbringenden Erfolg gebunden ist, für dessen Zustandekommen sie auch haften (Werkverträge), und die insofern als dienstnehmerähn-lich gelten, weil sie zwar nicht persönlich in den Betrieb des Auftraggebers eingegliedert sind, jedoch in wirtschaftlicher Hinsicht eher einem Dienstnehmer als einem Unternehmer gleichen. Als Merkmale dafür gelten: das Fehlen eigener Betriebsräumlichkeiten, begrenzte Anzahl von Auftraggebern, Überwiegen der menschlichen Arbeitskraft gegen-über Einsatz von Kapital.[43] Die Vagheit dieses Profils der dienstnehmerähnlich beschäf-tigten Personen hat nicht zuletzt zur Aufhebung der diesbezüglichen gesetzlichen Rege-lung durch den Verfassungsgerichtshof (siehe unten) geführt.

Als Geringfügigkeitsgrenze wurde für Personen mit freiem Dienstvertrag die auch bei anderen unselbständig Beschäftigten übliche Grenze festgelegt. Abweichend davon betrug sie für dienstnehmerähnliche Beschäftigte öS 5.400,– (Euro 392,–). Als Beitragsmodalitäten waren vorgesehen: Für dienstnehmerähnliche Beschäftigte selbst 13,5 % vom erzielten Erwerbseinkommen (3,25 % für die Krankenversicherung, 9,25 % für die Pensionsversicherung, 1 % Zusatzbeitrag für die Pensionsversicherung), für den Auftraggeber 15,8 % der Auftragssumme; für Personen mit freien Dienstverträgen selbst 13,5 %, für deren Auftraggeber 17,2 % von der Auftragssumme. Die Höchstbeitragsgrundlage wurde für beide Gruppen in Höhe von öS 45.000,– (Euro 3.270,–) festgelegt. In der Krankenversicherung sind allerdings für beide Gruppen nur Sachleistungen vorgesehen.

Bei der parlamentarischen Debatte übten die Oppositionsparteien Kritik – insbesondere an den Ausnahmeregelungen (so z. B. für Zeitungskolporteure)[44] und an negativen beschäftigungspolitischen Konsequenzen der Verteuerung von Werkverträgen.[45] Seitens der Repräsentanten der Regierungsparteien wurde auf der anderen Seite bereits signalisiert, daß die beschlossenen Regelungen Änderungen erfahren werden. So sprach beispielsweise die SPÖ-Abgeordnete Silhavy davon, daß weitere Regelungen angestrebt werden müssen, „um die Umgehung arbeits- und sozialrechtlicher Bestimmungen und Absicherung weiter zu verhindern. Dazu gehört eine Lösung im Hinblick auf die Sozialversicherungspflicht für geringfügig Beschäftigte genauso wie das Zusammentreffen von mehreren geringfügigen Beschäftigungsverhältnissen auch bei Werkverträgen."[46]

Bereits kurz nach Inkrafttreten des Gesetzes erfolgte im Juli 1996 eine Novellierung (siehe Klein 1996a), die neben einer genaueren Abgrenzung der Dienstnehmerähnlichkeit die Vereinheitlichung der Pflichtversicherung bei freien Dienstverträgen und dienstnehmerähnlichen Beschäftigungsverhältnissen beinhaltet: so die einheitliche Versicherungsgrenze in Höhe von öS 3.600,–, den gleichen Versicherungsumfang (Kranken-, Pensions- und Unfallversicherung) – betreffend die Krankenversicherung allerdings mit Ausschluß der Geldleistungen, die Vereinheitlichung des Beitragssatzes und der Beitragsgrundlage.

Von den Oppositionsparteien wurden Anträge zur Aufhebung[47], zur Änderung[48] bzw. zur Aussetzung[49] eingebracht. Die Regierungsparteien entsprachen dem nicht, beschlossen allerdings im Oktober 1996 eine weitere Novellierung der noch „jungen" Bestimmungen (siehe z. B. Klein 1996b): die Versicherungsgrenze wurde für beide Gruppen auf öS 7.000,– (Euro 509,–) angehoben, die 20 % Abzugssteuer gilt nur für jenen Honoraranteil, der über öS 8.000,– (Euro 581,–) liegt; die Meldefrist für Verträge nach den neuen Bedingungen wurde verlängert; für den Fall, daß Werkverträge mit einem Dienstverhältnis zusammenfallen, galt dafür als Geringfügigkeitsgrenze im Jahr 1996 öS 3.600,– (Euro 262,–).

Zugleich haben Vertreter/innen der Regierungsparteien einen Entschließungsantrag betreffend Weiterentwicklung der Sozialversicherung eingebracht: „Die Bundesregierung wird ersucht, unter Beiziehung von Sozialpartnern und Experten im Rahmen einer Arbeitsgruppe die Weiterentwicklung des österreichischen Sozialversicherungssystems mit dem Ziel einer breiten und fairen Einbeziehung aller Erwerbseinkommen und einer einheitlichen Sozialversicherung bis Ende 1997 zu erarbeiten."[50]

Doch bevor diese Vorstellungen im Rahmen von pensionsversicherungspolitischen Veränderungsinitiativen erneut aufgegriffen wurden, erfolgte eine einschneidende Veränderung der Regelungen betreffend die Werkverträge: Ein Drittel der Abgeordneten hatte die gegenständlichen Regelungen vor dem Verfassungsgerichtshof angefochten. Dieser trug dem zwar nicht insgesamt Rechnung, hob aber wichtige Teile der bestehenden Regelung auf (siehe ausführlich dazu: Zorn 1997). Die diesbezügliche Begründung lautete: „Insgesamt zeigt sich, daß die angefochtenen Regelungen ... derart unklar und zum Teil sogar widersprüchlich sind, daß von einer ausreichenden Determinierung im Sinne des Artikel 18 Abs. 1 B-VG (d.h. Legalitätsprinzip, ET) nicht mehr die Rede sein kann" (Erkenntnis vom 14.3.1997, G 392, 398, 399/96).

Betroffen davon war in erster Linie die Bestimmung über die dienstnehmerähnlichen Werkverträge. Zugleich mit der Aufhebung der Sozialversicherungspflicht bei diesen Werkverträgen wurde auch die Abzugssteuer aufgehoben – und zwar in diesem Fall für beide Gruppen.[51] Die Aufhebung erfolgte mit sofortiger Wirkung und war ab 24. April 1997 wirksam.

Die Ausweitung der Sozialversicherungspflicht war erneut Gegenstand von Vorstößen zur Novellierung der Sozialversicherung: Über das bereits angeführte Vorhaben der Einbeziehung geringfügiger Beschäftigter hinaus sollten – so Überlegungen in der Regierungskoalition[52] – alle Erwerbseinkommen in die Sozialversicherung (siehe z. B. Pöltner 1998, S. 317 f.; Tomandl 1998, S. 11) einbezogen werden. Die damit verfolgten Ziele lauteten: Verhinderung von Umgehungsmöglichkeiten („Flucht aus dem Sozialrecht") sowie eine breite und faire Einbeziehung aller Erwerbseinkommen (siehe Regierungsvorlage 886dB zu Sten. Prot. des Nationalrates, XX. GP). Die diesbezüglichen gesetzlichen Bestimmungen (55. ASVG-Novelle), die mit 1.1.1998 in Kraft traten, beinhalten eine Reihe wichtiger Aspekte (siehe dazu z.B. Pöltner 1998, S. 318 ff.; Mosler/Glück 1998, S. 78f.; Tomandl 1998, S. 12): So wurde der Dienstnehmerbegriff (§ 4 Abs. 2 ASVG) dahin geändert, daß die Sozialversicherungspflicht für Arbeitnehmer in Hinkunft weitgehend an die Lohnsteuerpflicht gebunden ist. Der Begriff der „freien Dienstverträge" wurde – wie oben bereits angeführt – neu gefaßt. Neben der Streichung von Ausnahmeregelungen von der Sozialversicherungspflicht ist weiters vor allem auf Bestimmungen betreffend die „neuen" Selbständigen zu verweisen, die in die Gewerbliche Sozialversicherung einbezogen werden (23. Novelle zum GSVG). Gemeint damit sind Personen, die Einkünfte aus selbständiger oder gewerblicher Tätigkeit beziehen, ohne über einen Gewerbeschein zu verfügen (siehe Rudda 1998, S. 21 f.; Pöltner 1998, S. 322 f.; Tomandl 1998, S. 13 ff.): deren Versicherungsgrenze liegt bei öS 88.000,– (Euro 6.395,–) pro Jahr; zugleich besteht auch die Möglichkeit des „opting-in" im Bereich der Krankenversicherung für jene, deren Jahreseinkommen diese Grenze nicht erreicht.

3. Zusammenfassung

Atypische Beschäftigungsformen machen zur Zeit zwar einen wachsenden, aber insgesamt betrachtet noch immer einen sehr kleinen Teil an Beschäftigungsverhältnissen in Österreich aus. Ungeachtet dessen stellen sie Zugangskanäle zum Arbeitsmarkt und zum Teil wohl auch Alternativen zur Erwerbslosigkeit dar.

Die österreichische Sozialpolitik weist hinsichtlich atypischer Beschäftigungsformen eine beträchtliche Regelungsdichte auf. Konstatierbar ist das Bemühen, arbeitsrechtliche Standards auch bei Facetten wie Teilzeitarbeit, befristete Beschäftigung, Leiharbeit, geringfügige Beschäftigung zur Geltung zu bringen. Explizit formuliert ist das Benachteiligungsverbot für Teilzeitbeschäftigung. Aufgrund des hohen Anteils von Frauen insbesondere bei dieser Beschäftigungsform lag diese Regelung durchaus im Interesse betroffener Frauen.

„Non decision" gilt nach wie vor für die durchaus unterschiedlich problemträchtigen Facetten wie KAPOVAZ, Arbeit auf Abruf, Job-Sharing und (weitgehend auch für) Telearbeit. Ansätze für letztere gibt es in Form von Betriebsvereinbarungen und Kollektivverträgen. Die Problematik liegt nicht bloß an fehlenden Regelungen: Selbst dort, wo es gesetzliche Bestimmungen gibt, ist die Realität atypischer Beschäftigungsformen mit einer Reihe realer Nachteile verbunden, reichend von schlechteren Aufstiegs- und Fortbildungsbedingungen bei Teilzeitbeschäftigten bis zu beträchtlichen Erwerbsinstabilitäten bei befristeter und Leiharbeit (siehe Angerler/Kral-Bast 1998, S. 38ff.). Zusätzliche Probleme bestehen bei Leiharbeit im Hinblick auf Lohneinstufung und auf die Lage der Arbeitszeit (z.B. bevorzugt eingestellt bei Schichtarbeit am Wochenende).[53] Die Umgehung der arbeits- und sozialrechtlichen Vorschriften – so eine Salzburger Untersuchung – „ist bei Leihfirmen trotz genauer gesetzlicher Vorgaben immer noch üblich" (Freudenthaler u.a. 1992, S. 72). Wenig schmeichelhaft klingt die Einschätzung des Stellenwerts des Gesetzes: „Es wird umgangen, ausgehöhlt und mißbraucht. Kosten werden beispielsweise durch das Krankmelden während sogenannter Stehzeiten auf die Krankenkassen überwälzt" (ebd.). Laut Singer (1997) bestehen bei befristeten Beschäftigten die Nachteile in der Nichtanwendbarkeit bestimmter Schutzvorschriften, in der Unklarheit über die berufliche Zukunft und in der Strukturierung einer Zweiklassengesellschaft am Arbeitsmarkt.

Die Regelungsdichte hinsichtlich der sozialrechtlichen Absicherung atypisch Beschäftigter ist geringer. Allerdings haben Bemühungen um eine Verhinderung der „Flucht aus dem Sozialrecht" durch eine Erweiterung der sozialversicherungsrechtlichen Absicherung auf gesetzlicher Ebene bereits merkbare Fortschritte gezeitigt. Deren Auswirkungen – insbesondere der Möglichkeiten zum „opting-in" bei geringfügiger Beschäftigung und bei den „neuen" Selbständigen – halten sich zur Zeit noch in Grenzen: Waren im Juni 1998 ca. 11.000 geringfügig Beschäftigte selbst versichert, so im März 1999 18.200. Nach Geschlechtern differenziert: im Oktober 1998 waren 6,6 % der geringfügig beschäftigten Männer, 8,3 % der geringfügig beschäftigten Frauen selbst versichert. Von den im Juli 1998 insgesamt 162.000 geringfügig Beschäftigten hatten 53 % ein anderes Versicherungsverhältnis, 40 % waren *nicht* und 7 % *freiwillig* versichert.

Doch ungeachtet dessen, daß atypische Beschäftigungsformen Zugangskanäle zum Arbeitsmarkt darstellen, daß es spezifische sozialversicherungsrechtliche Regelungen und zum Teil gesetzliche Gleichstellungen gibt: Die reale Problematik der materiellen Sicherung im Fall der Risken Alter, Krankheit, Arbeitslosigkeit spitzt sich bei atypischen Beschäftigungsformen – wenn auch bei den einzelnen Formen mit unterschiedlicher Reichweite – zu. Davon sind aufgrund der geschlechtsspezifischen Segmentation in erster Linie Frauen betroffen. Die Gleichstellung der Teilzeitarbeit in sozialversicherungsrechtlicher Hinsicht schließt nicht aus, daß Leistungen des – auch am Kriterium der Äquivalenzrelation orientierten (siehe Tálos 1997) – sozialen Sicherungssystems keine ausreichende materielle Sicherung gewährleisten. An einem Beispiel aufgezeigt: Bei einem Teilzeiteinkommen in Höhe von brutto öS 8.000,– (Euro 581,–), d. h. netto ca. öS 6.600,– (Euro 480,–), würden die Betroffenen nach 35 Jahren Versicherungszeit eine Pension in Höhe von öS 4.300,– (Euro 312,–) erhalten (siehe Tálos/Wörister 1998, S. 255). Ähnlich niedrige Leistungen würden im Fall von Krankheit und Arbeitslosigkeit gezahlt.

Die Instabilität von Beschäftigungsformen wie befristete oder Leiharbeit, noch mehr von Arbeit auf Abruf und KAPOVAZ, zeitigen negative Folgen im Hinblick auf die Kontinuität und das Niveau materieller Existenzsicherung. Betreffend Telearbeit vermerken Kolm u.a. (1996, S. 94): „Für viele Telearbeiter/innen bleiben wichtige Punkte wie z.B. die Kostenübernahme für Raum und Energie ungeklärt und damit in der eigenen Risikosphäre. Offene rechtliche Fragen in Zusammenhang mit Telearbeit, wie z.B. Ausmaß und Nachweis der geleisteten Arbeitszeit, Ansprüche bei Dienstverhinderungen, Kostentragung für Ausstattung, Raum und Energie sowie Haftungsfragen, sind nur sehr selten in Kollektivverträgen, Betriebsvereinbarungen oder Einzeldienstverträgen geregelt. Das derzeit bestehende Regelungsdefizit ist auch als Indiz für die Schlechterstellung der Telearbeiter/innen in bezug auf die Wahrnehmung ihrer eigenen Interessen zu werten, auch wenn die Betroffenen selbst ihre Verhandlungsstärke in der Regel sehr hoch einschätzen. Es entsteht eine Tendenz zum Verlust von Verhandlungsmacht" (siehe auch Metzger 1999; Angerler/Kral-Bast 1998).

Sozialpolitische Regelungen auf den verschiedenen Ebenen können – wie Beispiele auch in anderen Ländern zeigen (siehe Tálos, Resümee i. d. B.) – zur Gestaltung und Absicherung atypischer Beschäftigung beitragen, was heißt dazu beitragen, daß eine derartige Beschäftigung zu einer Brücke sowohl in Beschäftigung als auch im Hinblick auf die Sicherung materieller und sozialer Teilhabechancen werden kann. Die Diskrepanzen zwischen sozialem Handlungsbedarf und Regelungen sowie zwischen realen sozialen Bedingungen und der Effizienz bestehender gesetzlicher Regelungen machen deutlich, daß die Entwicklung am Arbeitsmarkt in Richtung „Atypisierung" von Beschäftigungsverhältnissen, die sich absehbar verstärken wird, noch mehr als bisher beträchtliche Herausforderungen für den tradierten Sozialstaat mit sich bringt.

Anmerkungen

1   Die ursprüngliche Fassung dieses ersten Abschnittes des Beitrages für den zugrundeliegenden Projektbericht (siehe Einleitung) ist in weiten Teilen von Ulrike Mühlberger erstellt worden. Eine Aktualisierung des Datenmaterials (seit Abschluß des Forschungsprojekts Ende 1997) hat dankenswerterweise Marcel Fink durchgeführt.

2   Die Erwerbsquote wird definiert als Anteil der 15 bis 64jährigen Erwerbspersonen (Beschäftigte sowie Arbeitslose) an der jeweiligen Wohnbevölkerung.

3   Die Beschäftigungsquote wird definiert als Anteil der beschäftigten Personen im Alter von 15 bis 64 Jahren an der Bevölkerung im Alter von 15 bis 64 Jahren.

4   Jedoch zeigen empirische Studien, daß sich dieser Faktor bei längerer Dauer der Arbeitslosigkeit verliert: Langzeitarbeitslosigkeit hat nur mehr einen geringen Einfluß auf die Reallohnentwicklung.

5   D. h. vorgemerkte Arbeitslose / unselbständig Beschäftigte + vorgemerkte Arbeitslose x 100.

6   D. h. Arbeitslose lt. Mikrozensus / unselbst. + selbst. Beschäftigte + Arbeitslose lt. Mikrozensus x 100, wobei hier auch Personen als beschäftigt gelten, wenn sie mehr als eine Stunde/Woche arbeiten.

7   Frage 20 in den Mikrozensuserhebungen (Angabe der wöchentlichen Normalarbeitszeit).

8   Frage 10 und 11 in den Mikrozensuserhebungen (Erwerbstätigkeit, auch geringfügige Tätigkeit und Angabe über das Mindestmaß von einer Stunde/Woche).

9   Frage 23 (Frage nach der vorwiegenden beruflichen Stellung). Wenn beispielsweise eine Studentin geringfügig arbeitet, sich aber bei dieser Fragestellung als ‚Studentin' deklariert, wird sie nicht mitgerechnet.

10 Ein weiteres methodisches Problem ist jenes der Einbeziehung der Lehrer/innen. Bei einer voll-
    en Lehrverpflichtung sollten Lehrer/innen mit einer Arbeitszeit von 40 Stunden in die Mikro-
    zensus-Ergebnisse aufgenommen werden, auch wenn die Lehrverpflichtung in diesem Fall nur
    20 Wochenstunden beträgt. Doch nicht immer tragen die Mikrozensus-Interviewer/innen 40
    Stunden ein, teilweise auch nur 20, wodurch Vollzeitbeschäftigte teilweise zu Teilzeitbeschäf-
    tigten werden. Wenn die folgenden Tabellen die Lehrer/innen beinhalten, muß diese Problema-
    tik bedacht werden. Siehe auch Bartunek 1997, S. 7.

11 Vor allem in der Maschinen- und Stahlbauindustrie, Eisen- und Metallindustrie, Elektro- und
    Elektronikindustrie sowie der Metallindustrie.

12 Das sind im wesentlichen die Lehrlinge. Jedoch liegt diese Zahl um einiges unter der tatsächli-
    chen Lehrlingszahl in Österreich.

13 Siehe auch z. B. Stummvoll 1983; 1987; Mehr Chancen. Mehr Fairness 1986; Ökosoziale
    Marktwirtschaft 1990; Grundsatzprogramm der Handelskammern 1992; Österreichs Zukunft
    sichern 1996; Das Parteiprogramm der FPÖ 1985.

14 Siehe Unternehmer 2/1990, 14; 6/1991; 3/1992; siehe insbesondere die Analyse der Arbeitszeit-
    politik bei Kittel 1997.

15 Siehe Sozialpolitik 1979, 1983; Leutner 1991.

16 Siehe z. B. ÖGB, in: AZ 22.1.1983, Dallinger, in: AZ 4.5.1983; ÖGB-Frauen, in: AZ 7.9.1983;
    Dohnal, in: Wiener Zeitung 25.2.1984, 9.3.1984; Leutner 1991; Sozialpolitik 1979, 28 f. 1983,
    II, 28 f, 42 ff; Sozialpolitik 1987, II, 36 ff, 45; Sozialpolitik 1991, III, 39 f.

17 Siehe z. B. Stummvoll 1987a; Mehr Chancen. Mehr Fairness 1986.

18 Siehe z. B. in der Metallbranche: Profil 20.5.1985; Kurier 30.10.1986; Schwarz 1991.

19 Siehe Begutachtungstext zu den Entwürfen eines Bundesgesetzes, mit dem das Arbeitszeitge-
    setz, das Arbeitsruhe- und Arbeitsverfassungsgesetz geändert werden; parlamentarische Anträge
    66/A vom 31.1.1996; 362/A vom 13.12.1996; Kittel 1997.

20 12. Bundeskongreß 1991: Sozialpolitik, S. 31; siehe auch AK der 90er Jahre, S. 63 f.

21 Antrag der Abgeordneten Hubinek, Schwimmer und Kollegen vom 10.5.1972: 33/A betreffend
    Bundesgesetz über die Regelung der Teilzeitbeschäftigung.

22 Stenographische Protokolle des Nationalrates, XIII. Gesetzgebungsperiode, S. 6369.

23 Ministerialentwurf, Anlage zu Zl 52.015/26-2/91; siehe auch Regierungsvorlage 735 d. B.,
    XVIII. GP.

24 Siehe 735 d. B.; ein jüngstes Beispiel für eine EuGH-Entscheidung, der sich der österreichische
    Verfassungsgerichtshof angeschlossen hat, betrifft die Ungleichstellung von Teilzeitbeschäftig-
    ten bei Gehaltsvorrückungen (siehe Der Standard v. 4. 5. 1999).

25 Siehe 735 d. B., 42, Artikel XI.

26 Siehe Stellungnahme der Vereinigung Österreichischer Industrieller vom 30.3.1992.

27 Siehe Stellungnahme vom 1.4.1992.

28 Siehe Stellungnahme vom 3.4.1992.

29 Zusammenfassung der Positionen bei Freudenthaler u. a. 1992, S. 6 ff.

30 Siehe die Gutachten zu diesem Ministerialentwurf aus 1982.

31 511 d. B., XVII. GP.

32 Siehe Gesetzentwurf: Bundesgesetz … mit dem die Überlassung von Arbeitskräften geregelt
    sowie das Arbeitsmarktförderungsgesetz geändert wird, Erläuterungen, 1982 (Ministerialent-
    wurf).

33 Siehe Gutachten aus dem Jahr 1986 zum Ministerialentwurf aus 1985.

34 Gutachten des Österreichischen Arbeiterkammertages aus 1986; siehe auch Schwarz/Ziniel
    1991.

35 735 d. B., 40; siehe auch Ausschußbericht 838 d. B.

36 Eine Ausnahme hing bisher von der Art der ausgeübten Beschäftigung ab. „Stellt sich die
    Erbringung des Werkes nämlich als Teil der Ausübung eines Gewerbes (z.B. die Anfertigung

eines Maßanzuges) oder eines freien Berufes im Sinne des FSVG (z.b. die Übernahme eines Verfahrens durch einen Patentanwalt) dar, dann unterliegen die Einkünfte aus diesen Werkverträgen der Sozialversicherungspflicht nach dem GSVG oder FSVG. Werkverträge auf anderen Gebieten sind dagegen bisher sozialversicherungsfrei" (Tomandl 1996, S. 284).

37 Abg. Hostasch, in: Sten Prot. d. NR, XVIII. GP., 21. April 1993, S. 13.296.

38 Siehe z.B. die Vorsitzende der ÖGB-Frauen, Schmidleithner, in: Salzburger Nachrichten vom 15. 7. 1996.

39 Siehe z.B. Präsident Tumpel, in: Profil, 11. August 1997, S. 26f.

40 Siehe das mit 1.4.1999 in der Bundesrepublik Deutschland in Kraft getretene „Gesetz zur Neuregelung der geringfügigen Beschäftigungsverhältnisse" (das sogenannte 630-Mark-Gesetz), mit dem Neuregelungen für geringfügig Beschäftigte im Sozialversicherungs- und Steuerrecht eingeführt worden sind. Eine wesentliche Neuerung besteht u.a. darin, daß zwischen verschiedenen Formen geringfügiger Beschäftigung differenziert wird und die Gruppe der geringfügig *Alleinbeschäftigten*, das sind jene, deren Arbeitsentgelt insgesamt regelmäßig DM 630,– im Monat nicht übersteigt, in die Kranken- und Pensionsversicherung einbezogen wird. Der Arbeitgeber bezahlt Pauschalbeiträge in Höhe von 10 % bzw. 12 % des Arbeitsentgelts, die geringfügig Beschäftigten können den pauschalen Arbeitgeberbeitrag (bei einem Arbeitsentgelt ab DM 300,–) ergänzen (um 7,5 %) – mit der Konsequenz, daß der/die Versicherte einen höheren Rentenanspruch (der realiter ein sehr niedriger ist) und vor allem 12 Pflichtbeitragsmonate, die im vollen Umfang bei den Wartezeiten berücksichtigt werden –, erwirkt.

41 Siehe die mit 1.1.1999 in der Bundesrepublik Deutschland in Kraft getretene Pflichtversicherung von scheinselbständig Beschäftigten, d. h. scheinselbständigen Arbeitnehmern (in allen Zweigen der Sozialversicherung) und arbeitnehmerähnlichen Selbständigen (in der Rentenversicherung) (siehe auch Neuhold, Beitrag über Deutschland i .d. B.)

42 Siehe 72 d. B., XX. GP.

43 Siehe 72 d. B., S. 251.

44 Siehe Debatte am 18. 4. 1996, in: Stenographische Protokolle des Nationalrates: Abgeordneter Kier (S. 377) und Abgeordneter Öllinger (S. 384).

45 Siehe den Debattenbeitrag des LIF-Abgeordneten Peter (ebda., S. 405).

46 Stenographische Protokolle des Nationalrates, 18.4.1996, S. 443.

47 Liberales Forum: 326 d. B., XX. GP.

48 FPÖ: 327 d. B.

49 Grüne: 328 d. B.

50 Stenographische Protokolle des Nationalrates, 2.10.1996, S. 46.

51 Siehe dazu Berichte: Presse vom 8. und 9. 4. 1997.

52 Siehe dazu z.B. Standard vom 23. 7. 1997.

53 Siehe Bericht eines Betroffenen: Standard vom 28. 3. 1997.

Literatur

AMS: Arbeitsmarktdaten, Juni 1997.

AMS: Personenbezogene Auswertungen zur Struktur der Arbeitslosigkeit in Österreich 1996, Wien.

Angerler, E./C. Kral-Bast (1998): Typische Atypische. Flexible Arbeit – Teil II. Gewerkschaft der Privatangestellten, Wien.

Arbeitszeit nach Wunsch, in: Unternehmer 5/1983, S. 22–25.

Bartunek, E. (1993): Teilzeitbeschäftigung in Österreich 1974–1990, herausgegeben vom Bundesministerium für Arbeit und Soziales, Wien.

Bartunek, E. (1996a): International vergleichbare Daten zur Arbeitslosigkeit in Österreich. Ergebnisse des Mikrozensus 1994 und Überlegungen zu einem Konzeptrahmen, in: Statistische Nachrichten 5/96, Wien.

Bartunek, E. (1996b): Arbeitskräfteerhebung der EU 1995. Ergebnisse des Mikrozensus-Sonderprogramms März 1995, in: Statistische Nachrichten 11/96, Wien.

Bartunek, E. (1997): Teilzeitbeschäftigung in Österreich, 2. Teil, 1990–1995, herausgegeben von Bundesministerium für Arbeit und Soziales, Wien.

Bartunek, E./E. Hawlik (1996): Erwerbstätigkeit im Jahre 1994, in: Statistische Nachrichten 3/96, Wien.

Bartunek, E./E. Hawlik (1997): Erwerbstätigkeit im Jahre 1995, in: Statistische Nachrichten 1/97, Wien.

Beirat für Wirtschafts- und Sozialfragen (1968): Bericht über Teilzeitbeschäftigung, Wien.

Beirat für Wirtschafts- und Sozialfragen, Arbeitszeitentwicklung und Arbeitszeitpolitik, Wien 1984.

Berger, J. (1993): Einführung in das österreichische Arbeits- und Sozialrecht, Wien.

Biffl, G. (1994): Theorie und Empirie des Arbeitsmarktes am Beispiel Österreich, Berlin.

Biffl, G. (1996): Der Arbeitsmarkt in Österreich. Eine Herausforderung für Wirtschafts- und Arbeitsmarktpolitik, in: Wirtschaftspolitische Blätter, 43. Jg., Nr.2/1996, Wien.

BMAS: Arbeitskräfteüberlassungsgesetz – Statistische Auswertung der Stichtagserhebung vom 31. Juli 1996, Wien.

BMAS: Bericht über die soziale Lage 1995.

Butschek, F. (1992): Der österreichische Arbeitsmarkt – von der Industrialisierung bis zur Gegenwart, Wien.

Choholka, H. (1998): Neuerungen in der Sozialversicherung der Unselbständigen, in: Soziale Sicherheit 1/1998, S. 5–9.

Danner, Ch. (1997): Am Schirm, in: Die Industrie, 15. 5. 1997, S. 8–11.

Das Parteiprogramm der FPÖ, Wien 1985.

Delsen, L. W. (1995): Atypical Employment. An International Perspective; Causes, Consequences and Policy, Groningen.

Egger, J. (1993): Die Beendigung von befristeten Arbeitsverhältnissen im Lichte der Rechtsprechung, Wirtschaftsrechtliche Blätter, Februar 1993, S. 33–42.

Eichinger, J. (1996): Die Frau im Arbeitsrecht, Wien.

Eichwalder, R. (1996): Erwerbstätige und Arbeitslose 1994. Erste Ergebnisse aus dem Mikrozensus-Grundprogramm 1994, in: Statistische Nachrichten 3/1996, Wien.

Europäische Kommission (1998): Telework 1998. Statusreport on European Telework, Brüssel.

Finder, R. (1995): Teilzeitarbeit, Bedeutung und Konsequenzen einer flexibleren Arbeitsorganisation, Forschungsberichte aus Sozial- und Arbeitsmarktpolitik, BMAS, Wien.

Finder, R./H. Walther (1997): Telearbeit: Situation und Erwartung österreichischer Unternehmen – Vergleich zu anderen Industrieländern. Positive Flexibilisierung durch Telearbeit?, Ludwig Boltzmann-Institut für Wachstumforschung, Wien.

Firlei, K. (1985): Neue Formen und Aspekte atypischer Arbeitsverhältnisse, in: Hans Floretta (Hg.), Österreichische Landesberichte zum IX. Internationalen Kongreß für das Recht der Arbeit und der Sozialen Sicherheit in Caracas, Wien, S. 31–75.

Firlei, K. (1987): Flucht aus dem Arbeitsrecht, in: Das Recht der Arbeit, 37. Jg, Nr. 4/5 Oktober 1987, S. 271–289; Nr. 6, Dezember 1987, S. 411–422.

Freudenthaler, E./U. Gschwandtner/W. Pichler (1992): Menschenmarkt. Zur Praxis der Leiharbeit in Salzburg, Salzburg.

Geppert, W. (1977): Die gewerbsmäßig betriebene Arbeitskräfteüberlassung im Spannungsfeld zwischen Verbot und Neuordnung, Wien 1977.

Geppert, W. (1989): Arbeitskräfteüberlassungsgesetz, Manzsche Kurzkommentare zum Arbeits- und Sozialrecht, Wien.

Gillespie, A./A. Richardson (1997): Review of Telework in Britain: Implications for Public Policy. Report produced for the parliamentary Office of Science and Technology. (Newcastle Program on Information and Communication Technology), London.

Gruber, B.W. (1998): Arbeitnehmerschutz bei Teleheimarbeit, in: Zeitschrift für Arbeitsrecht und Sozialrecht 33 (1998), S. 65–72.

Grundsatzprogramm der Handelskammern, Wien 1992.

Hammer, G. (1998): Telearbeit. Ergebnisse des Mikrozensus September 1997, in: Statistische Nachrichten 12/1998, S. 1023–1029.

Haydn, R. (1996): Personenbezogene Statistiken aus der Sozialversicherung 1995, in: Statistische Nachrichten 5/96, Wien.

Holzmann, A./I. Reischl (1995): Atypische Arbeitsverhältnisse, in: Arbeit im Modernisierungsprozeß, Kurswechsel 2/1995, S. 56–65.

Huws, U. et al. (1990): Telework: Towards the elusive office, Chichester.

Keller, B. (1997): Arbeitspolitik, Opladen.

Keller, B. /H. Seifert (Hg.) (1995): Atypische Beschäftigung. Verbieten oder gestalten?, Köln.

Kittel, B. (1997): Die gesetzliche Regulierung der Arbeitszeit in Österreich 1969–1997, in: Arbeitsbeziehungen, wirtschaftliche Internationalisierung, Wettbewerbsfähigkeit, Forschungsprojekt, Projektleitung: F. Traxler/E. Tálos, Wien.

Klein, Ch. (1996): Die Aufnahme freier Dienstverträge und dienstnehmerähnlich beschäftigter Personen in das ASVG, in: Recht der Wirtschaft 1996, S. 230–241.

Klein, Ch. (1996a): ASVG-Versicherung für freie Dienstverträge und dienstnehmerähnliche Beschäftigung: die erste Novelle, in: Recht der Wirtschaft 1996, S. 418ff.

Klein, Ch. (1996b): Werkvertragsregelung: die zweite Novelle, in: Recht der Wirtschaft 1996/10, S. 477.

Klein, Ch. (1998): Telearbeit – Chancen und Gefahren für ArbeitnehmerInnen, in: Stichwort Telearbeit, Bundesministerium für Arbeit, Gesundheit und Soziales, Wien, S. 49–57.

Klein, G. (1984): Arbeitsrechtliche Probleme neuer Arbeitszeitformen, in: Das Recht der Arbeit (1984), S. 301–308.

Kolm, P. u.a. (1996): Telearbeit von A bis Z, Wien.

Kramer, E. A. (1974): Hauptprobleme des befristeten und resolutiv bedingten Arbeitsverhältnisses, in: Das Recht der Arbeit 1974, S. 159–167.

Leutner, R. (1991): Die Arbeitszeitpolitik der 90er Jahre, zweiter Teil, in: Arbeit und Wirtschaft 10/1991, S. 16–21.

Mehr Chancen. Mehr Fairness. Das Wirtschaftsprogramm der ÖVP, Wien 1986.

Mesch, M./B. Schwarz/G. Stemberger (1987): Arbeitszeitgestaltung, Wien.

Metzger, S. (1999): Telearbeit. Eine neue Arbeitsform im Rahmen von Dezentralisierung und Flexibilisierung, Diplomarbeit, Wien.

Mosler, R./J. Glück (1998): Einbeziehung aller Erwerbseinkommen in die Sozialversicherung, in: Recht der Wirtschaft 1998, S. 78–86.

OECD: Economic Outlook, verschiedene Jahrgänge, Paris.

OECD: Economic Surveys: Austria, Jahrgänge 1995–1997, Paris.

OECD: Employment Outlook, verschiedene Jahrgänge, Paris.

OECD: Quarterly Labour Force Statistics, verschiedene Jahrgänge, Paris.

Ökosoziale Marktwirtschaft. Das ÖVP-Wirtschaftsprogramm vorgelegt am 30. März 1990.

Österreichs Zukunft sichern. Das Forderungsprogramm der Wirtschaftskammer für die neue Legislaturperiode, Jänner 1996.

ÖSTAT (1995): Republik Österreich 1945–1995, Wien.

ÖSTAT (1997): Fragebogen zum Mikrozensus – Europäische Arbeitskräfteerhebung, Wien.

ÖSTAT: Statistisches Jahrbuch für die Republik Österreich, verschiedene Jahrgänge, Wien.

Petrovic, G. (1984): Einige arbeits- und sozialrechtliche Fragen zum Job-Sharing, in: ZAS 1984, S. 174–188.

Pichelmann, K. (1997): Befunde zum Trendanstieg der Arbeitslosigkeit, Vortrag im Rahmen des Habilitationskolloquiums an der Wirtschaftsuniversität Wien, Übersichten und Abbildungen, Wien.

Pöltner, W. (1998): Die Einbeziehung aller Erwerbseinkommen in die Sozialversicherung, in: Das Recht der Arbeit (1998), S. 316–325.

Rebhahn, R. (1988): Schranken für KAPOVAZ und Arbeit auf Abruf, in: Recht der Wirtschaft 1988, S. 194–198.

Rebhahn, R. (1988a): Zur Überwälzung des Wirtschaftsrisikos auf den Arbeitnehmer bei Arbeit auf Abruf, in: Festschrift für Schnorr, Wien, S. 225–249.

Resch, R. (1993): Rechtsfragen der Teilzeitbeschäftigung unter besonderer Berücksichtigung des ArbBg und der EWR, in: Das Recht der Arbeit (1993), S. 97–110.

Risak, M.E. (1998): Das „opting in" in der Sozialversicherung, in: ECOLEX 1998. S. 336–339.

Rolle, C./U. v. Suntum (1997): Langzeitarbeitslosigkeit und soziale Absicherung. Deutschland, Österreich, Schweiz, USA, Gütersloh.

Rudda, J. (1998): Neuerungen in der Sozialversicherung der Selbständigen, in: Soziale Sicherheit 1/1998, S. 20–29.

Schiffbänker, H./A. Silber (1997): Berufliche Perspektiven und Kinderbetreuungsbedarf von Karenzgeld-BezieherInnen, Forschungsbericht, Institut für Arbeitsmarktbetreuung und -forschung, Wien.

Schwarz, B. (1991): Arbeitszeitpolitik auf dem Prüfstand, in: Arbeit und Wirtschaft 6/1991, S. 8–13.

Schwarz, B./G. Ziniel (1991): Leiharbeit gesetzlich gebändigt?, in: Die Arbeit 7/8 / 1991.

Schwarz, M. (1984): Geringfügig beschäftigten Angestellten wird das Wochengeld von der Sozialversicherung und vom Dienstgeber verweigert, in: Das Recht der Arbeit (1984), S. 162–167.

Schwarz, W./G. Löschnigg (1995): Arbeitsrecht, Wien.

Singer, R. (1997): Befristete Arbeitsverhältnisse, Wien.

Sozialpolitik, Bundeskongresse des ÖGB, Wien 1979, 1987, 1991.

Stemberger, G. (1983): Die Verbreitung flexibler Arbeitszeiten in Österreich, Kammer für Arbeiter und Angestellte für Wien, Wien.

Stummvoll, G. (1983): Zur Diskussion über die Arbeitszeitverkürzung, in: Sozialpolitik und Arbeitsrecht Folge 1, Sonderbeilage zu „die industrie" v. 16.2.1983.

Stummvoll, G. (1987): Deregulierungsmöglichkeiten im Arbeits- und Sozialrecht, in: Sozialpolitik und Arbeitsrecht, Folge 6, Sonderbeilage zu „die industrie" v. 10.12.1987.

Stummvoll, G. (1987a): Sozialpolitik in der neuen Gesetzgebungsperiode, in: Sozialpolitik und Arbeitsrecht, Folge 1, Sonderbeilage „die industrie", v. 18.2.1987.

Tálos, E. (1982): Staatliche Sozialpolitik in Österreich, Wien.

Tálos, E. (1993): Umbau des Wohlfahrtsstaates. Konträre Begründungen und Optionen, in: Österreichische Zeitschrift für Politikwissenschaft 22/(1993), S. 37–55.

Tálos, E. (1997): Sozialpolitik, in: H. Dachs, u.a. (Hg.), Handbuch des politischen Systems Österreichs: Die Zweite Republik, Wien, S. 567–577.

Tálos, E./K. Wörister (1998): Soziale Sicherung in Österreich, in: E. Tálos (Hg.), Soziale Sicherung im Wandel, Wien, S. 209–288.

Teschner, H./P. Widlar (1992): Allgemeines Sozialversicherungsgesetz. Mit erläuternden Bemerkungen. Ergänzungslieferung o.J., Wien.

Tomandl, Th. (1996): Rechtsstaatsgroteske um Werkverträge, in: Ecolex 1996, S. 284–290.

Tomandl, Th. (1998): Rechtsprobleme einer umfassenden Sozialversicherung, in: ZAS 1998, S. 9–17.

Trost, B. (1992): Heimarbeit – die ideale Arbeitsform der Zukunft, in: Das Recht der Arbeit (1992), S. 25–31.

Vana, M. (1998): Die Auswirkungen des europäischen Binnenmarktes auf atypische Beschäfti-
    gungsverhältnisse am Beispiel Österreichs, in: D. Weiss (Hg.), Flexibles Europa, Frankfurt,
    S. 61–105.
Wachter, G. (1984): Der sogenannte freie Dienstvertrag, in: Das Recht der Arbeit (1984), S. 405–
    419.
Wachter, G. (Hg.) (1997): Sammlung arbeitsrechtlicher Gesetze, Wien.
Walther, H. (1996): Zurück zur Vollbeschäftigung – aber wie? In: Wirtschaft und Gesellschaft, 22.
    Jg. (1996), Heft 4, Wien.
WIFO Konjunkturberichte, Mai und Juni 1997.
Wörister, K. (1999): Statistische Informationen AK Wien, Mai 1999, Wien.
Zorn, N. (1997): Entscheidung des Verfassungsgerichtshofs zur Werkvertragsregelung im ASVG
    und EStG, in: Recht der Wirtschaft 1997, S. 245–256.

Atypische Beschäftigung in Portugal

Marcel Fink

1. Arbeitsmarktentwicklung

1.1 Allgemeine Arbeitsmarktentwicklung[1]

Portugal weist eine im internationalen Vergleich relativ hohe Erwerbsquote[2] auf. Sie lag bereits im Jahr 1974 bei ca. 72 %[3] (vgl. OECD 1996c, S. 40). Trotz eines starken Bevölkerungswachstums in den folgenden 10 Jahren nahm die Erwerbsquote bis 1985 nur geringfügig (um ca. 2 Prozentpunkte) ab. Die Jahre zwischen 1986 und 1990 waren durch Beschäftigungswachstum gekennzeichnet (vgl. Abb. 1) und für 1991 wird von der OECD eine Erwerbsquote von über 75 % ausgewiesen (vgl. OECD 1997, S. 421). Historisch durchgängig hat die Erwerbsbeteiligung und damit die Erwerbsquote[4] von Frauen zugenommen. Sie erreicht mittlerweile ca. 65 % der Bevölkerung im erwerbsfähigen Alter, jene der Männer ging im Gegenzug auf zuletzt knapp über 80 % zurück, wobei in den letzten Jahren wiederum ein leichter Anstieg bzw. ein Stagnieren zu konstatieren ist (vgl. Abb. 2). Knapp 46 % aller portugiesischen Erwerbstätigen sind heute Frauen, 1960 sind es noch 17,8 % gewesen (vgl. OECD 1996c, S. 39; 1997, S. 421). Der Grund für die hohe Erwerbsbeteiligung von Frauen liegt auch in der auf Basis des niedrigen Lohnniveaus gegebenen „ökonomischen Notwendigkeit von zwei vollen Gehältern, um die Lebenskosten zu bestreiten" (Dienel 1993, S. 339; vgl. auch Ruivo et al. 1998).

Was die Beschäftigungsentwicklung in der jüngsten Vergangenheit betrifft, ist nach einem starken Beschäftigungsanstieg bis 1990 bzw. bis 1991 nach Eurostat-Angaben (vgl. OECD 1997, S. 420–421; Eurostat 1997, S. 45) die Zahl der beschäftigten Personen bis 1995 um etwa 209.000 (Eurostat-Daten) bzw. 265.000 (OECD-Daten) zurückgegangen (Abb. 1). Der angesprochene Rückgang resultiert beinahe ausschließlich aus einem Beschäftigungsminus bei den Männern (– 245.000; vgl. OECD 1997, S. 421). Ab 1994/'95 hat sich die Situation stabilisiert. Seither sind wieder Beschäftigungszuwächse zu verzeichnen (vgl. Abb. 1).

Anders als in vielen anderen europäischen Ländern hat auch der Industriesektor zu den beschriebenen bis zum Beginn der 90er Jahre andauernden Beschäftigungszuwächsen beigetragen (+ 367.000 Beschäftigte zwischen 1974 und 1991; vgl. OECD 1996d, S. 423; Alves-Duarte 1993, S. 119). Zwischen 1991 und 1995 war in diesem Sektor ein Beschäftigungsrückgang von mehr als 180.000 abgebauten Stellen oder über 11 % zu verzeichnen, zuletzt aber wiederum ein geringes Beschäftigungsplus.

Abbildung 1: Allgemeine Arbeitsmarktentwicklung

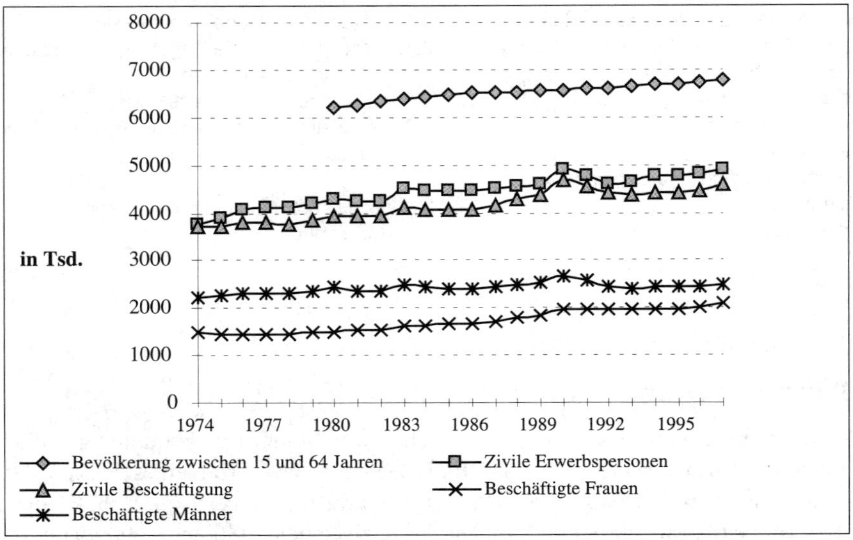

Quellen: OECD Labour Force Statistics; WIFO Datenbank.

Wesentlich größere Beschäftigungszuwächse als der industrielle Sektor wies in den letzten 20 Jahren der Dienstleistungsbereich auf. Die Zahl der im tertiären Sektor Beschäftigten stieg von 1,2 Millionen im Jahr 1975 auf aktuell etwa 2,5 Millionen. Frauen waren bzw. sind an diesen Zuwächsen stärker beteiligt als Männer.

Etwa 12,5 % aller Erwerbstätigen sind aktuell im landwirtschaftlichen Bereich tätig. 1960 hatte der entsprechende Wert noch fast 44 % betragen, zu Beginn der 80er Jahre noch immer über 27 % (vgl. OECD 1996c, S. 42; OECD 1996d, S. 422–423). Nach einem langsamen Rückgang in den 80er Jahren sank die Zahl der in der Landwirtschaft Beschäftigten ab dem Jahreswechsel 1991/1992 drastisch ab. Die von der OECD ausgewiesenen Werte geben für das Jahr 1991 einen Beschäftigungsstand von 836.000 an, für 1995 einen von 497.000 (vgl. OECD 1997, S. 423; vgl. auch Eurostat 1992, S. 109; Eurostat 1996, S. 93). Zuletzt war aber auch hier wiederum ein Beschäftigungsplus zu verzeichnen (+ 124.000 oder 24 % zwischen 1995 und 1997).

Abbildung 2: Erwerbsquoten

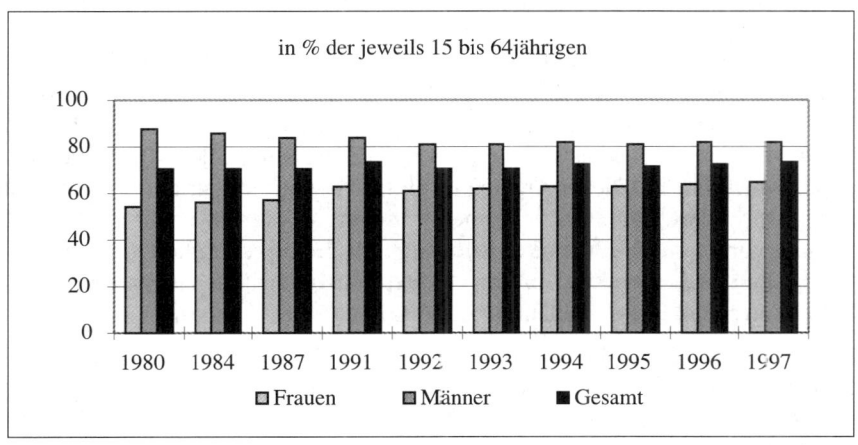

Quellen: OECD Labour Force Statistics, WIFO Datenbank; eigene Berechnungen.

Abbildung 3: Arbeitslosenquoten und Wirtschaftswachstum

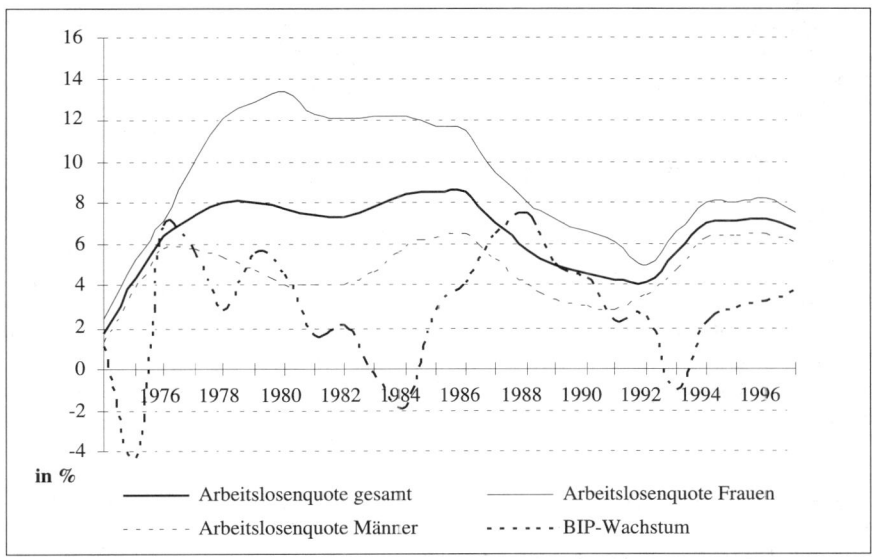

Quellen: OECD Labour Force Statistics, bezogen über WIFO Datenbank; OECD National Accouncs
Vol.I Main Aggregates , bezogen über WIFO Datenbank.
Arbeitslosenquoten als Anteil der Arbeitslosen an allen Erwerbstätigen.

Die Arbeitsmarktsituation war in den letzten drei Dekaden somit von weitreichenden
strukturellen Veränderungen und relativ starken Schwankungen der Beschäftigungszahlen
gekennzeichnet. Dies spiegeln auch die Daten zur Arbeitslosigkeit wider.

Mit etwa 8 % erreichte die Arbeitslosigkeit vor dem Hintergrund ungünstiger ökonomischer Rahmenbedingungen und des angesprochenen starken Bevölkerungsanstieges in den Jahren 1978 und 1979 einen ersten Höhepunkt. Bei etwa gleichbleibenden Erwerbsquoten sank die Arbeitslosenquote bis 1982 leicht ab, zwischen 1984 und 1986 kam sie jedoch wieder bei über 8,5 % zu liegen (vgl. OECD 1996d, S. 420–421; OECD 1996c, S. 45). Nach dem oben angesprochenen Beschäftigungseinbruch zu Beginn der 90er Jahre stiegen die Arbeitslosenquoten nach einer vorherigen Entspannung der Arbeitsmarktsituation stark an (vgl. Abb. 3). Dieser Anstieg erfolgt nicht unmittelbar auf den Beschäftigungsrückgang, sondern mit etwas zeitlicher Verzögerung, weil mit dem Rückgang der Beschäftigung vorerst auch ein starker Rückgang der Erwerbstätigkeit verbunden war (vgl. Abb. 1). Zuletzt war wieder ein leichtes Beschäftigungsplus zu verzeichnen. Die Arbeitslosenquoten sind leicht rückläufig (vgl. Abb. 3).

Die Wahrscheinlichkeit arbeitslos zu werden, variierte in Portugal entlang der Unterscheidungskategorie „Geschlecht" lange Zeit extrem stark. Die Arbeitslosenquote der Frauen war bis Mitte der 80er Jahre zumeist doppelt so hoch wie jene der Männer (vgl. Abb. 3). Insbesondere ab 1991 zeigt sich bei insgesamt (und vor allem bei den Männern) steigender Arbeitslosigkeit eine Verringerung des Abstandes.

Tabelle 1: Langzeitarbeitslosigkeit

Jahr	Langzeitarbeits-losigkeit von 6 Monaten und mehr[1]			Langzeitarbeits-losigkeit von 12 Monaten und mehr[2]			Jahr	Langzeitarbeits-losigkeit von 6 Monaten und mehr[1]			Langzeitarbeits-losigkeit von 12 Monaten und mehr[2]		
	Ges.	Fr.	M.	Ges.	Fr.	M.		Ges.	Fr.	M.	Ges.	Fr.	M.
1986	74,9	77,9	71,3	56,2	60,6	50,9							
1988	67,0	70,3	62,4	51,2	55,3	45,1	1994	57,2	60,1	54,2	43,4	44,3	42,3
1990	64,6	69,6	57,5	48,1	52,8	40,2	1995	65,1	67,2	63,0	50,9	53,4	48,4
1991	58,4	61,1	53,8	38,3	41,3	33,3	1996	66,7	69,2	64,1	53,1	54,4	51,7
1993	36,2	40,2	31,4	34,8	29,9	24,3	1997	66,7	68,5	65,8	55,9	57,7	53,4

Quelle: OECD Employment Outlook. Diverse Jahrgänge.

Anmerkungen:

1 Langzeitarbeitslose mit einer Dauer der Arbeitslosigkeit von 6 Monaten und mehr als Anteil an allen Arbeitslosen der entsprechenden Gruppe.

2 Langzeitarbeitslose mit einer Dauer der Arbeitslosigkeit von 12 Monaten und mehr als Anteil an allen Arbeitslosen der entsprechenden Gruppe.

Auch die Langzeitarbeitslosigkeit liegt bei Frauen weit über jener des anderen Geschlechtes (vgl. Tab. 1). Die Daten zur Langzeitarbeitslosigkeit bewegen sich bei einem durchschnittlichen Beschäftigungsumschlag heute in etwa im europäischen Mittel bzw. liegen betreffend Arbeitslosigkeit von 12 Monaten und mehr etwas ungünstiger (vgl. Eurostat 1998, S. 234–235; Schömann/Kruppe 1996, S. 39).

1.2 Entwicklung atypischer Beschäftigungsverhältnisse

In Portugal werden verschiedene atypische Beschäftigungsformen praktiziert. Zahlenmäßig am wichtigsten ist vermutlich *arbeitnehmerähnliche Scheinselbständigkeit*. Die Personen, die einer solchen Tätigkeit nachgehen, haben keinen sich von anderen Selbständigen unterscheidenden Rechtsstatus. *Teilzeitbeschäftigung* findet sich in Portugal noch in vergleichsweise geringem Ausmaß. Es besteht dabei weder in sozial- noch in arbeitsrechtlicher Hinsicht eine *Geringfügigkeitsgrenze*. Bestimmte für *Heimarbeiter/innen* geltende Regelungen kommen aber nur zur Anwendung, wenn diese sich gegenüber dem/der Arbeitgeber/in in einem „ökonomischen Abhängigkeitsverhältnis" befinden. Auch *befristete Beschäftigung* und *Leiharbeit* werden in Portugal ausgeübt, wobei gesetzliche Regelungen bestehen, welche den Einsatz dieser Beschäftigungsformen an gewisse Voraussetzungen binden.

1.2.1 Teilzeitbeschäftigung

Aktuell weist Portugal eine Teilzeitquote (gemessen als Anteil an allen Beschäftigten) von ca. 9,9 % auf (vgl. Tab. 2). Im EU-Vergleich ist dieser Wert einer der geringsten (vgl. Eurostat 1998, S. 122–123). Die Teilzeitquote für Arbeitnehmer/innen (als Anteil aller beschäftigten Arbeitnehmer/innen) fällt mit 5,3 % noch geringer aus, als die Teilzeitquote aller Beschäftigten (vgl. a.a.O., S. 131). Ruivo et al. (1998) führen diese geringe Verbreitung von Teilzeitbeschäftigung auf die portugiesische Branchenstruktur (vergleichsweise gering entwickelter Dienstleistungssektor), eine auf Basis der gegebenen arbeits- und sozialrechtlichen Regelungen auf Arbeitgeberseite kaum gegebenen Einsparungsmöglichkeiten durch Teilzeitarbeit sowie das vorherrschende geringe Lohnniveau zurück. Durch letzteres entsteht für Männer und Frauen ein verstärkter Druck, eine Vollzeitarbeit auszuüben, um so das Familieneinkommen zu heben.

1986, für dieses Jahr liegen erstmals Eurostat-Daten vor, gab es in Portugal insgesamt 255.000 Teilzeitbeschäftigte. Diese Gruppe setzte sich aus 114.000 Arbeitnehmer/innen, 114.000 Selbständigen und 28.000 mithelfenden Familienangehörigen zusammen (vgl. Eurostat 1987, S. 143). Die Zahl der insgesamt Teilzeitbeschäftigten wuchs bis zum Jahr 1991 auf 339.000 oder um ca. 33 %. Zugenommen hat in diesem Zeitraum aber nicht die Teilzeitbeschäftigung abhängig Erwerbstätiger (diese sank von 144.000 auf 123.000), sondern jene von mithelfenden Familienangehörigen (+ 20.000) und jene von Selbständigen (+54.000) (vgl. Eurostat 1992, S. 117). Portugal war damit 1991 das einzige EU-Mitgliedsland, in welchem es mehr teilzeitbeschäftigte Selbständige als solche Arbeitnehmer/innen gab (vgl. a.a.O., S. 116–117).

Tabelle 2: Teilzeitquoten in % der Beschäftigten

Jahr	1979	1986	1987	1988	1989	1990	1991	1992	1993	1994	1995	1996	1997
Ges.	7,8	6,0	6,3	6,5	6,0	6,0	7,0	7,3	7,4	8,0	7,5	8,7	9,9
Fr.	16,5	10,0	10,4	10,5	10,0	9,4	11,0	11,3	11,1	12,1	11,6	13,1	15,0
M.	2,5	3,4	3,5	3,6	3,1	3,5	4,0	4,1	4,5	4,7	4,2	5,1	5,7
*	80,4	65,8	67,1	67,1	69,8	66,2	67,5	68,2	66,3	66,8	69,0	67,2	68,3

Quellen: 1979: OECD (1996), Table E; 1986 bis 1997: Eurostat Labour Force Survey und eigene Berechnungen.
Zeichenerklärung: * =Frauenanteil an allen Teilzeitbeschäftigten.

Bei einem allgemeinen Rückgang der Beschäftigung um über 400.000 zwischen 1991 und 1995 blieb die Zahl der Teilzeitbeschäftigten (1995: 331.000) nahezu konstant. Nur wenig abgenommen hat in diesem Zusammenhang die Teilzeitbeschäftigung bei Selbständigen

(–1.000), stärker bei den mithelfenden Familienangehörigen (–25.000). Zugenommen hat Teilzeitbeschäftigung dagegen bei den abhängig Erwerbstätigen (+16.000) (vgl. Eurostat 1992, S. 117; Eurostat 1996, S. 121). Nach 1995 sind relativ stark wachsende Zahlen zu konstatieren: 1997 waren bereits 448.000 Personen teilzeitbeschäftigt. Der Anstieg um 117.000 seit 1995 entfällt zu ca. 70 % auf Selbständige, zu 30 % auf Arbeitnehmer/innen. Bei mithelfenden Familienangehörigen war Teilzeitbeschäftigung – wie die Beschäftigung bei dieser Gruppe insgesamt – rückläufig. Tabelle 3 zeigt daneben, daß Teilzeitbeschäftigung aufgegliedert nach Sektoren anteilmäßig inzwischen insbesondere im landwirtschaftlichen Bereich stark vertreten ist. Zahlenmäßig überwiegt jedoch der Dienstleistungssektor mit zuletzt ca. 206.000 Teilzeitbeschäftigten gegenüber der Landwirtschaft mit ca. 190.000 (vgl. Eurostat 1998, S. 125). In der Industrie gab es zuletzt nur ca. 55.000 auf Teilzeitbasis beschäftigte Personen.

Tabelle 3: Teilzeitquoten in % der Beschäftigten nach Sektoren

Jahr	Beschäftigte Landwirtschaft			Beschäftigte Industrie			Beschäftigte Dienstleistungen		
	Gesamt	Frauen	Männer	Gesamt	Frauen	Männer	Gesamt	Frauen	Männer
1986	11,9	14,1	10,0	2,6	5,6	1,4	5,8	10,0	2,5
1991	17,8	21,0	14,4	2,8	5,3	1,7	6,1	9,8	2,7
1995	21,7	25,2	18,3	3,2	6,1	1,9	7,0	10,9	3,0
1997	31,3	36,6	25,5	3,9	8,1	2,1	8,2	12,1	3,9

Quelle: Eurostat Labour Force Survey.

Tabelle 4: Gründe für Teilzeitbeschäftigung in %

Jahr	1983		1987		1992			1995			1997		
Gründe	Fr.	M.	Fr.	M.	Ges.	Fr.	M.	Ges.	Fr.	M.	Ges.	Fr.	M.
Ausbildung	n.v.	n.v.	n.v.	n.v.	6,8	5,5	9,6	5,2	3,9	7,9	5,5	4,7	7,1
Krankheit	n.v.	n.v.	n.v.	n.v.	13,0	8,6	22,5	14,5	10,4	23,8	17,0	12,0	27,7
♦	32,4	25,3	25,7	18,3	19,4	22,0	13,7	23,1	25,7	17,3	21,6	24,1	16,1
Wunsch	n.v.	n.v.	n.v.	n.v.	16,3	13,9	21,3	11,2	9,3	15,4	10,2	9,1	12,6
Sonstige	n.v.	n.v.	n.v.	n.v.	44,5	50,0	32,8	46,0	50,7	35,6	45,8	50,1	36,5

Quellen: 1987: Eurostat Labour Force Survey, Sonderberechnung, in: Meulders et al. (1994) S. 30; 1992, 1995 u. 1997: Eurostat Labour Force Survey.
Zeichenerklärung: ♦ =Keine Vollzeittätigkeit zu finden.

Nur etwa 10 % aller teilzeitbeschäftigten Personen gaben zuletzt (1997) an, daß sie primär deshalb einer Teilzeitbeschäftigung nachgehen, weil diese Art der Beschäftigung ihrem Wunsch entspreche. Der Wert fällt für Männer mit über 12,6 % höher aus als jener für Frauen mit 9,1 %. Diese Daten deuten auf eine relativ geringe Akzeptanz der Teilzeitbeschäftigung unter den portugiesischen Teilzeitbeschäftigten hin[5] (vgl. auch Ruivo et al. 1998, S. 209–210).

Den Sachverhalt der *Geringfügigkeit*[6] kennt das portugiesische Rechtssystem für normale Arbeitnehmer/innen weder in sozialrechtlicher noch in arbeitsrechtlicher Hinsicht (vgl. Delsen 1995, S. 113, 119; Ruivo et al. 1998, S. 203–206). Für Heimarbeiter/innen gelten besondere Regelungen (vgl. unten Punkt 2.1.1.4. und 2.2.1.4.).

1.2.2 Befristete Beschäftigung

Gegenwärtig sind etwa 12 % aller portugiesischen Arbeitnehmer/innen befristet beschäftigt. Mitgezählt sind dabei Personen, deren Arbeitsvertrag zu einem bestimmten Termin ausläuft oder die nur zur Erfüllung einer spezifischen begrenzten Aufgabe beschäftigt sind, sowie solche, die im Rahmen eines Leiharbeitsverhältnisses einen nur befristeten Arbeitsvertrag haben (vgl. Meulders et al. 1994, S. 35–36; OECD 1993, S. 21).

Es sind für Portugal keine Daten zu befristeter Beschäftigung vor 1986 verfügbar (vgl. OECD 1993, S. 21). Damals erreichte die entsprechende Quote einen Wert von 13,3 % aller Arbeitnehmer/innen. Bis 1988 war ein Anstieg auf 16,7 % zu verzeichnen (vgl. Tab. 5). Nach einem zeitweiligen Rückgang zwischen 1988 und 1994 nahm befristete Beschäftigung zuletzt wieder stärker zu als die Beschäftigung insgesamt.

Tabelle 5: Befristete Beschäftigung in % der abhängig Beschäftigten

Jahr	1986	1987	1988	1989	1990	1991	1992	1993	1994	1995	1996	1997
Gesamt	13,3	15,3	16,7	16,5	15,8	13,8	10,8	9,6	9,3	9,9	10,6	12,0
Frauen	14,4	15,9	18,5	18,7	17,6	15,4	12,4	10,8	10,3	11,0	11,1	12,6
Männer	12,6	15,0	15,4	15,0	14,6	12,7	9,5	8,7	8,4	8,9	10,2	11,4
*	41,4	40,4	44,5	46,2	45,8	46,6	51,1	50,3	50,3	51,1	48,4	48,2

Quellen: Eurostat Labour Force Survey und eigene Berechnungen.
Zeichenerklärung: * =Frauenanteil an allen befristet Beschäftigten.

Mit der GV. Nr. 64-A/89 vom 27.2.1989 wurden die gesetzlichen Auflagen zum Abschluß eines befristeten Arbeitsvertrages erneuert und verschärft (vgl. MISEP 1996, S. 14; unter Punkt 2.1.1.2.; Schömann et al. 1994, S. 37) sowie der allgemeine Kündigungsschutz abgeschwächt (vgl. Kommission der Europäischen Gemeinschaften 1991, S. V-12; Langer-Stein et al. 1991, S. 61; Europäische Kommission, GD V 1994, S. 179). Es ist anzunehmen, daß der Rückgang der befristeten Beschäftigung bis 1995 auch auf die damaligen gesetzlichen Neuerungen zurückgeht (vgl. Ruivo et al. 1998, S. 204–205). Der aktuelle neuerliche Anstieg korrespondiert wiederum mit zuletzt erfolgten Liberalisierungen im Bereich befristeter Beschäftigung im öffentlichen Dienst.

Tabelle 6: Gründe für Befristung in %

Jahr	1987		1990		1992			1995			1997		
Gründe	Fr.	M.	Fr.	M.	Ges.	Fr.	M.	Ges.	Fr.	M.	Ges.	Fr.	M.
Ausbildung	0,7	0,6	1,0	1,4	5,9	6,7	5,1	5,0	5,3	4,6	4,7	5,9	3,6
Wunsch	n.v.	n.v.	n.v.	n.v.	2,1	(1,7)	(2,5)	(1,3)	–	–	2,8	3,0	2,7
♦	70,4	70,4	68,9	69,1	79,0	78,4	79,7	83,3	82,9	83,7	82,8	82,8	82,3
Probezeit	n.v.	n.v.	n.v.	n.v.	11,5	11,7	11,3	9,6	9,7	9,6	8,1	6,9	9,3
Ohne Angabe	n.v.	n.v.	n.v.	n.v.	1,4	(1,5)	–	(0,8)	–	–	1,6	1,5	1,3

Quellen: 1987: Eurostat Labour Force Survey, Sonderberechnung, in: Meulders et al. (1994 S. 59, 61; 1992, Andere Werte: Eurostat Labour Force Survey.
Zeichenerklärung: ♦ =Keine unbefristete Beschäftigung zu finden.

Der Großteil aller befristet Beschäftigten gibt an, primär darum einer befristeten Beschäftigung nachzugehen, weil keine unbefristete Beschäftigung zu finden sei (vgl. Tab. 6). Mit über 82 % aller befristet Beschäftigten, die dies zuletzt als primären Grund zur Aufnahme einer solchen Tätigkeit nannten, liegt Portugal zusammen mit Spanien vor allen anderen EU-Mitgliedstaaten (vgl. Eurostat 1998, S. 148–149). Befristete Beschäftigung entspricht demnach in aller Regel nicht Arbeitnehmerwünschen.

1.2.3 Leiharbeit

Private Vermittlung von Arbeitskräften, Leiharbeit etc. haben in Portugal eine lange Tradition (vgl. EFILWC 1988, S. 68), ohne daß verläßliche einschlägige statistische Daten vorliegen würden (vgl. Meulders et al. 1994, S. 70)[7]. Durch Leiharbeitunternehmen und Zeitarbeitsagenturen vermittelte Personen sind bei den oben angeführten befristet Beschäftigten mitgezählt. Daten, die von der Europäischen Kommission publiziert wurden, können als grober Anhaltspunkt für die Verbreitung von Leiharbeit in Portugal dienen. Demnach waren im Jahr 1994 täglich ca. 4.000 Personen als Leiharbeitnehmer/innen beschäftigt, was einem Anteil von weniger als 0,1 % der Erwerbstätigen entspricht (vgl. Europäische Kommission 1997, S. 25–76). Länder wie Großbritannien und die Niederlande erreichen mit 3,3 % bzw. 2,7 % wesentlich höhere Werte (vgl. a.a.O.).

Des weiteren ist bekannt, daß es 1995 auf dem portugiesischen Festland 145 behördlich genehmigte Zeitarbeitunternehmen gab (vgl. MISEP 1996, S. 129).

1.2.4 Arbeitnehmerähnliche Scheinselbständigkeit

In Portugal bestehen weder spezifische arbeitsrechtliche noch spezifische sozialrechtliche Regelungen bezüglich „arbeitnehmerähnlicher Scheinselbständigkeit". Vielmehr vollzieht sich diese im Grenzbereich zwischen abhängiger Erwerbsarbeit und Selbständigkeit. Pinto etwa (1990, S. 29) führt an, daß die auf Basis des Zivilgesetzbuches (Artikel 1152 und 1154) zu vollziehende Grenzziehung zwischen dem Arbeitnehmer/innen- und Selbständigenbegriff nicht immer zu eindeutigen Ergebnissen führt (vgl. auch Lopes/Fiolhais 1998, S. 64; unten Punkt 2.1.1.4.)

Es wird in der Literatur wiederholt angesprochen, daß es in Portugal insbesondere ab den 80er Jahren zu einer vermehrten Umgehung des Arbeits- und Sozialrechtes durch den Abschluß von solchen sogenannten „Dienstleistungsverträgen" kommt (vgl. z. B. Pinto 1990, S. 72; Lopes/Fiolhais 1998, S. 67). Verschiedene Einschätzungen gehen zugleich davon aus, daß ein Gutteil des Anstieges bei selbständiger Beschäftigung auf arbeitnehmerähnliche Scheinselbständigkeit zurückzuführen ist (vgl. z. B. Naumann 1995). „Dieser Status wird in steigendem Maße von den Arbeitgebern genutzt, um die indirekten Arbeitskosten zu senken und Kündigungen zu erleichtern (...)" (trends 22/1995, S. 41). Genaue Zahlen liegen naturgemäß nicht vor (vgl. Lopes/Fiolhais 1998). Naumann (1995, S. 119) gibt an, daß je nach Region ein Sechstel bis ein Drittel der de facto abhängig Beschäftigten solche „Arbeiter auf eigene Rechnung", also arbeitnehmerähnliche Scheinselbständige, sind (vgl. auch Barreto/Naumann 1998, S. 398).

Insgesamt ist die Zahl der nicht in der Landwirtschaft selbständig Beschäftigten in den letzten 15 Jahren relativ stark angestiegen. Nachdem es 1979 nach OECD Daten 323.000 (vgl. OECD 1996d, S. 422) in Industrie und Dienstleistungen beschäftigte Selbständige gegeben hatte, erhöhte sich diese Zahl[8] auf 686.000 im Jahr 1992 und ging zuletzt auf ca.

614.000 (1997) zurück. Insgesamt ist selbständige Beschäftigung aufgrund einer Zunahme der Selbständigkeit in der Landwirtschaft aber auch zuletzt gestiegen: von 1.073.000 im Jahr 1992 auf 1.190.300 im Jahr 1997.

Diese Entwicklung resultiert nicht primär aus Präferenzen der Arbeitsuchenden. 1997 traf für nur 8,4 % der arbeitslosen Männer und 6,8 % der arbeitslosen Frauen zu, daß sie eine selbständige Tätigkeit suchten (vgl. Eurostat 1998, S. 246). Von den 1997 81.400 insgesamt geschaffenen Arbeitsplätzen entfielen jedoch 52.200 auf Einzelunternehmer (= Selbständige ohne Personal) (vgl. Lopes/Fiolhais 1998, S. 65).

Tabelle 7: Beschäftigungsstatus nach Geschlechtern für ausgewählte Jahre

Jahr	Arbeitgeber u. Selbständige		Arbeitnehmer		Mithelfende Familienangehörige	
	Frauen	Männer	Frauen	Männer	Frauen	Männer
1986	26,6	25,9	66,1	70,6	7,3	3,5
1991	26,1	26,6	67,9	71,1	6,0	2,3
1995	22,9	28,1	74,5	70,4	2,6	1,5
1997	25,2	28,3	72,9	70,5	1,9	1,1

Quelle: Eurostat Labour Force Survey, Ergebnisse 1986, 1991, 1994 u. 1995.

Der Großteil der in Portugal selbständig Beschäftigten entfällt auf die zuletzt genannte Gruppe, nur eine Minderheit sind auf eigene Rechnung Erwerbstätige mit Arbeitnehmern oder Arbeitnehmerinnen. 1997 betrug die Selbständigenquote nach nationalen Daten insgesamt 27,5 %. Aber nur 6,1 % aller Erwerbstätigen hatten Personal angestellt. Die Quote für Selbständige ohne Personal betrug 21,4 %. Männer stellen historisch durchgängig die Mehrzahl aller Selbständigen. Besonders ausgeprägt ist dieses Verhältnis bei Selbständigen mit Angestellten: ca. 72 % dieser Gruppe entfielen zuletzt (1997) auf Männer. Bei den Selbständigen ohne Personal ist der Überhang der Männer mit einem Wert von 53,4 % wesentlich geringer.

1.2.5 Arbeit auf Abruf

Es liegen keine Hinweise vor, daß in Portugal Arbeit auf Abruf im engeren Sinne [10] praktiziert wird (vgl. Meulders et al. 1994, S. 100; Grillberger/Edlinger 1991, S. 301–302; trends 22/1995, S. 41–42). Zugleich gibt es keine besonderen einschlägigen arbeitsrechtlichen Regelungen (vgl. Meulders et al. 1994, S. 109–110). Vielmehr ist umgekehrt durch die GV. Nr. 409/71 festgelegt, daß die vertraglich festgelegte Arbeitszeit von Arbeitgeber/innen nur dann verkürzt werden darf, wenn dies für den/die Arbeitnehmer/in keine finanziellen Nachteile und keine Verschlechterung der Arbeitsbedingungen zur Folge hat (vgl. MISEP 1996, S. 19). Allerdings ist im Auge zu behalten, daß die in Portugal anwachsende arbeitnehmerähnliche Scheinselbständigkeit eine zeitlich hochflexible Arbeitsform darstellt und als Substitut für Arbeit auf Abruf bei Arbeitnehmer/innen genutzt werden kann und wird.

2. Politische Regelungen

2.1 Arbeitsrechtliche Regelungen

In einer Publikation der Europäischen Kommission wird Portugal bezüglich der dort herrschenden Reglementierung des Arbeitsmarktes auf einer zehnstelligen Skala der Wert „vier" zugewiesen (vgl. Europäische Kommission 1996, S. 49). Portugal hat damit zusammen mit Irland und Belgien hinter Dänemark und Großbritannien den drittniedrigsten Wert in der EU inne. An anderer Stelle wird dagegen davon ausgegangen, daß die bestehenden arbeitsrechtlichen Regelungen noch immer zu den strengsten in Europa gehören (vgl. OECD 1996a, S. 94). Insbesondere die Regelungen zu betriebsexterner Flexibilität, wozu neben dem Kündigungsschutz auch jene zu befristeter Beschäftigung und Leiharbeit zu zählen sind, erscheinen im internationalen Vergleich trotz unterschiedlicher Liberalisierungen in der Zeit seit 1988 relativ streng (vgl. Büchtemann/Walwei 1996, S. 669f; Küchle 1990).

Zentrale Rechtsquellen des Arbeitsrechts sind Gesetze und Tarifverträge [11]. Letzteren sind *inhaltlich Grenzen* gesetzt. De jure einer ausschließlich gesetzlichen Regelung unterliegen nämlich etwa Urlaub, Feiertage, Bedingungen und Folgen der Abwesenheit vom Arbeitsplatz, Auflagen zur Beendigung von Arbeitsverhältnissen sowie Rahmenbedingungen befristeter Arbeitsverträge (vgl. MISEP 1996, S. 26). In Tarifverträgen sind zumeist Regelungen zur beruflichen Laufbahn, zu Überstunden, Schichtarbeit, Hygiene und Sicherheit am Arbeitsplatz, zu den Rechten betrieblicher Interessenvertretungen sowie Regelungen zu den Bezügen enthalten (Mindestlohn, Zuschläge etc.; vgl. Naumann 1993, S. 332–334). Ca. 90 % aller Arbeitnehmer/innen werden von einem Tarifvertrag erfaßt (vgl. Naumann 1993; Barreto/Naumann 1998, S. 417).

Von Arbeitgeberseite wird seit Jahren eine weitere Deregulierung der arbeitsrechtlichen Bestimmungen im Hinblick auf Arbeitszeit und Kündigungsbeschränkungen gefordert (vgl. trends 22/1995, S. 41; Pitschas/Peters 1996, S. 115; Ruivo et al. 1998, S. 204; Barreto/Naumann 1998, S. 404f.). Zugleich votieren sie für eine Senkung der Lohnnebenkosten (vgl. Naumann 1995, S. 122; Europäische Kommission, GD V 1996, S. 52). Gewerkschaftsorganisationen vertreten dagegen den Standpunkt, daß Deregulierungen eher zu Entlassungen führen, als daß neue Arbeitsplätze geschaffen würden. Insbesondere ab dem Jahr 1987 unterstützte die Regierung in den diesbezüglichen Auseinandersetzungen primär die Arbeitgeberorganisationen und führte selbst im öffentlichen Sektor Flexibilisierungsmaßnahmen durch (vgl. Naumann 1995, S. 122; Barreto/Naumann 1998, S. 397f.). Letztgenanntes erfolgte zuletzt wiederum im Hinblick auf befristete Beschäftigungsverhältnisse.

Kündigung und Abfindung

Der Kündigungsschutz wurde in Portugal ab 1989 liberalisiert (vgl. Kronke 1989, S. 249f; Ruivo et al. 1998, S. 204). Nachdem zuvor relativ rigide Regelungen gegolten hatten, sind heute im wesentlichen drei Arten der (gerechtfertigten) Kündigung zu unterscheiden:

– Erstens ist nach Art. 9 GV. 64-A/89 eine Kündigung *aufgrund eines Fehlverhaltens* auf Arbeitnehmer/innenseite gerechtfertigt (vgl. Mayer/Mozet 1996, S. 102). Dieser Sachverhalt wurde bereits vor der Reform des Kündigungsrechts im Jahr 1989 als gerechtfertigter Kündigungsgrund angesehen (vgl. Kronke 1990, S. 250). Kündigungen, welche die entsprechenden gesetzlichen Anforderungen nicht erfüllen, sind nach einem entsprechenden gerichtlichen Entscheid unwirksam (vgl. Mayer/Mozet 1996, S. 101; MISEP 1996, S. 16–17; Blanpain 1992, S. 82). Optiert der/die Arbeitnehmer/in gegen eine Weiterbeschäftigung im Unternehmen, so steht eine Entschädigung in Höhe eines Monatsgehaltes pro Dienstjahr (bzw. eines entsprechenden Anteiles für nicht volle Dienstjahre), mindestens aber in Höhe von drei Monatsgehältern, zu (vgl. Kronke 1990, S. 254).

– *Massenentlassungen* sind ebenso wie *individuelle Kündigungen wegen Wegfall des Arbeitsplatzes* an verschiedene Anforderungen gekoppelt (Art. 26, 27 GV. 64-A/39). Damit eine solche Kündigung gerechtfertigt ist, muß der Grund für die Entlassung eine technische, wirtschaftliche oder organisatorische Ursache haben. Der/die Arbeitgeber/in hat entweder 60 Tage Kündigungsfrist einzuhalten oder bei Nichtgewährung dieser Frist das entsprechende Gehalt als Schadenersatz zu entrichten. Bis 1989 war eine Einzelentlassung aus wirtschaftlichen Gründen (wegen Wegfall des Arbeitsplatzes) nicht möglich (vgl. Kronke 1990, S. 250; Schömann et al. 1998, S. 58).

– Eine Kündigung wegen „*Nichtanpassung des Arbeitnehmers*" nach GV. 400/91 kann seit 1991 dann ausgesprochen werden, wenn ein Arbeitnehmer nicht in der Lage ist, sich an technische Neuerungen im Betrieb anzupassen (vgl. Mayer/Mozet 1996, S. 103). Ein Arbeitnehmer kann nunmehr also auch dann gekündigt werden, wenn ein Nachlassen seiner Arbeitsleistung in quantitativer oder qualitativer Hinsicht ursprünglich auf Maßnahmen des Arbeitgebers zurückzuführen ist (vgl. MISEP 1996, S. 17).

Bei allen Formen der Kündigung außer bei gerechtfertigten Kündigungen aufgrund eines Fehlverhaltens (vgl. oben) ist von Arbeitgeberseite eine *Abfindung* in Höhe eines Monatsbezugs für jedes Jahr der Betriebszugehörigkeit, mindestens jedoch in der Höhe von drei Monatsbezügen, zu gewähren (Art. 10 GV. 400/91; Art 23/1, 31, 13 GV. 64-A/89).

Arbeitszeit und Urlaub

Gesetzlich geregelt werden in Portugal die üblichen Normalarbeitszeiten, Ruhezeiten, Schicht- und Nachtarbeit sowie zentrale Bedingungen von Überstunden und Kurzarbeit. Neben den gesetzlichen Regelungen bestehen tarifvertragliche Abkommen, welche die gesetzlichen Regelungen ergänzen oder statt diesen zur Anwendung kommen (z. B im Hinblick auf Normalarbeitszeiten).

Von zentraler Bedeutung ist in *gesetzlicher Hinsicht* die GV. Nr. 409/71 vom 27.9.1971 mit den durch das Gesetz Nr. 21/96 vom 23.7.1996 eingeführten Änderungen. Demgemäß darf die übliche Normalarbeitszeit ab dem 1. Dezember 1997 8 Stunden täglich bzw. 40 Stunden wöchentlich nicht überschreiten (bis 1991 48 Stunden wöchentlich; vgl. Rinninsland 1992; bis 1996 bzw. 1997 44 bzw. 42 Stunden wöchentlich). Daneben werden dort tägliche und wöchentliche Mindestarbeitspausen festgelegt sowie Schicht- und Nachtarbeit geregelt. Mit der angesprochenen Arbeitszeitverkürzung ging eine verstärkte Flexibilisierung der Arbeitszeit einher (verlängerte Durchrechnungszeiträume etc.).

Die Grenze für maximal leistbare *Überstunden* wurde 1991 von 160 auf 200 Überstunden pro Jahr angehoben. Zugleich dürfen an jedem üblichen Arbeitstag im Regelfall höchstens 2 Überstunden geleistet werden (vgl. ILO 1995, S. 331). Folgende Überstundenzuschläge sind zu gewähren: 50 % für die erste und 75 % für jede weitere an einem normalen

Arbeitstag liegende Überstunde. Für Überstunden an zusätzlichen Ruhetagen sowie Feiertagen sind Zuschläge in der Höhe von 100 % zu zahlen (vgl. ILO 1995, S. 331).

Die Mindestdauer des gesetzlich vorgeschriebenen bezahlten *Urlaubs* ist mit 22 Tagen festgeschrieben (vgl. Europäische Kommission 1996, S. 67). Ein voller Urlaubsanspruch entsteht immer dann, wenn am 1. Jänner eines Jahres ein Arbeitsvertrag besteht, der auch schon im Vorjahr bestanden hat. Es gibt keine Auflagen, die ein Mindestausmaß an Beschäftigungszeiten im vorausgehenden Jahr festlegen (vgl. Pinto 1990, S. 97). Zugleich haben Personen, die in der ersten Hälfte des Kalenderjahres in ein neues Arbeitsverhältnis eingetreten sind, Anspruch auf zehn bezahlte Urlaubstage im selben Jahr (vgl. a.a.O., S. 97). Während des Urlaubes erhält der/die Arbeitnehmer/in den normalen Lohn plus eine Urlaubszulage in derselben Höhe (vgl. a.a.O., S. 98).

2.1.1 Arbeitsrechtliche Regelungen atypischer Beschäftigungsformen

Atypisch beschäftigte Arbeitnehmer/innen unterliegen in Portugal weitgehend den gleichen arbeitsrechtlichen Schutzvorschriften wie Normalarbeitnehmer/innen. Das gilt jedenfalls im Hinblick auf Arbeitszeit und Urlaub, nur bedingt jedoch was Lohnfragen (Überstundenzuschläge) betrifft. Besondere Regelungen gibt es im Hinblick auf befristete Beschäftigung, Leiharbeit und Heimarbeit. Die gesetzlichen Voraussetzungen zum Abschluß befristeter Arbeitsverträge wurden Ende der 80er Jahre gleichzeitig mit dem Kündigungsschutz reformiert. Bis heute im wesentlichen nicht gesondert geregelt ist der Status arbeitnehmerähnlicher Scheinselbständiger. Zugleich bestehen bei der definitorischen Abgrenzung zwischen Selbständigkeit und abhängiger Erwerbstätigkeit weitreichende Unschärfen.

2.1.1.1 Teilzeitbeschäftigung

Teilzeitbeschäftigte Arbeitnehmer/innen werden bei Arbeitszeitregelungen, Urlaub, Kündigung und Abfindungen, anders als etwa in Irland oder Dänemark (vgl. Bosch 1995, S. 26), im wesentlichen gleich behandelt wie Vollzeitbeschäftigte – es bestehen keine gesonderten Regelungen oder Geringfügigkeitsgrenzen (vgl. MISEP 1996, S. 20). Vielmehr sind Teilzeitarbeitnehmer/innen Vollzeitarbeitnehmer/innen – was die meisten Leistungen betrifft pro rata – gleichgestellt (vgl. Ruivo et al. 1998, S. 204). Überstunden werden allerdings erst nach Erreichen der für Vollzeitarbeitnehmer/innen üblichen Normalarbeitszeit als solche abgegolten (vgl. Delsen 1995, S. 112). Es ist nämlich gesetzlich nur festgelegt, daß Teilzeitarbeitnehmer/innen entsprechend den jeweils geleisteten Arbeitsstunden nicht schlechter als vergleichbare Vollzeitarbeitnehmer bezahlt werden dürfen (GV. 409/71 u. Art. 20 VG. 136/85).

Anders als in vielen anderen europäischen Staaten gibt es in Portugal bei bestehendem Arbeitsvertrag unter Umständen ein (begrenztes) Recht auf Teilzeitarbeit und/oder Gleitzeit (vgl. Pinto 1990, S. 73). Das Gesetz Nr. 4/84 vom 5.4.1984 räumt Arbeitnehmer/innen mit einem oder mehreren Kindern unter 12 Jahren das Recht auf eine verkürzte oder flexible Arbeitszeit ein (vgl. auch GV. Nr. 136/85 idF GV. Nr. 154/1988; MISEP 1996, S. 20). Die Arbeitszeit kann so auf Wunsch der Arbeitnehmerseite um die Hälfte gekürzt werden. Einem solchen Antrag auf Teilzeitarbeit haben Arbeitgeber/innen in der Regel zu entsprechen, außer wenn wichtige organisatorisch-betriebliche Hindernisse im Wege stehen und die entsprechende Arbeitskraft nicht teilweise durch eine andere bereits angestellte oder neu eingestellte Arbeitskraft ersetzt werden kann (vgl. Pinto 1990, S. 73).

Die oben zu Teilzeitbeschäftigung angeführten Daten lassen darauf schließen, daß diese Möglichkeit bisher kaum genutzt wird.

Ähnliche Rechte bestehen auch für Schüler und Studenten (Gesetz Nr. 26/81; GV. Nr. 369/91; vgl. auch MISEP 1996, S. 20).

2.1.1.2 Befristete Beschäftigung

Die oben für Normalarbeitnehmer/innen angeführten Regelungen zu Arbeitszeit, Urlaub und Kündigungen gelten grundsätzlich auch für befristet Beschäftigte. Daneben bestehen für diese Arbeitsform besondere gesetzliche Voraussetzungen.

Mit der Reform im Jahr 1989 wurde wie oben bereits angeschnitten einerseits der allgemeine Kündigungsschutz liberalisiert, zugleich wurde befristete Beschäftigung an strengere Voraussetzungen gebunden. Zuvor waren die Vorschriften zu befristeter Beschäftigung auf Basis des Dekret-Gesetzes 781 vom 28. Oktober 1976 relativ liberal ausgestaltet (vgl. Schömann et al. 1994, S. 37, 40; 1998, S. 58).

Nunmehr kann ein befristeter Arbeitsvertrag gemäß GV. Nr. 64-A89 vom 27.2.1989 nur dann abgeschlossen werden, wenn einer der folgenden acht Gründe [12] vorliegt (vgl. Schömann et al. 1994, S. 37, 40; 1998, S. 59; MISEP 1996, S. 14; Kronke 1990, S. 131):

– Ersatz bei vorübergehendem Ausfall eines Beschäftigten;
– Vorübergehender außergewöhnlicher Anstieg des Arbeitsanfalls;
– Saisonarbeit;
– Gelegenheitsarbeiten oder spezielle Tätigkeiten, die präzise definiert und zeitlich begrenzt sind;
– Firmengründung oder neuer Tätigkeitsbereich von unbestimmter Dauer (Maximallaufzeit 2 Jahre);
– Bauplanung, -ausführung und -überwachung im privaten und öffentlichen Bereich oder Arbeiten von ähnlicher Art und Dauer;
– Durchführung von Aufgaben und Projekten, die nicht Teil der normalen Tätigkeit des Unternehmens sind;
– Beschäftigung erstmalig Arbeitsuchender, Langzeitarbeitsloser sowie von Teilnehmern an speziellen Arbeitsmarktmaßnahmen.

Eine Laufzeit von weniger als 6 Monaten ist nur dann zulässig, wenn spezielle, präzise definierte und zeitlich begrenzte Tätigkeiten auszuführen sind (vgl. Pinto 1990, S. 70; MISEP 1996, S. 14; Zeijen 1992, S. 22).

Ein befristeter Arbeitsvertrag kann daneben grundsätzlich nur zweimal verlängert werden, sonst wandelt er sich in einen unbefristeten Arbeitsvertrag um. Bis 1989 gab es diese Einschränkung nicht (vgl. Pinto 1990, S. 70; EFILWC 1988, S. 43; Zeijen 1992, S. 23; Kronke 1990, S. 132). Zuletzt wurde diesbezüglich für den öffentlichen Dienst eine Ausnahme geschaffen. Dort können befristete Arbeitsverhältnisse seit 1997 unter gewissen Bedingungen mehr als zweimal verlängert werden. Es wird darüber diskutiert, diese Regelung auch auf den Privatsektor auszudehnen.

Wenn ein befristeter Arbeitsvertrag eine Laufzeit von mehr als 12 Monaten hatte und nicht verlängert wurde, ist dem Arbeitgeber weiters innerhalb von drei Monaten nach Beendigung der befristeten Beschäftigung der Abschluß eines weiteren befristeten Vertrages (Kettenarbeitsvertrag) mit derselben Arbeitskraft untersagt. Die gesetzlich festgelegte Maximallaufzeit von drei Jahren darf auch durch Verlängerungen nicht überschritten werden. Wenn es zu einer Überschreitung der Maximallaufzeit kommt, wandelt sich der befristete Vertrag in einen unbefristeten um. Dieser wird so behandelt, als sei er mit dem Abschluß des ersten befristeten Vertrages abgeschlossen worden (wichtig für Senioritätsrechte, Abfindung).

Ein zeitlich befristeter Arbeitsvertrag wird in Portugal nicht primär durch Zeitablauf aufgelöst, sondern muß 8 Tage vor dessen Auslaufen gekündigt werden, sonst erneuert sich der Vertrag von Gesetzes wegen noch einmal um die ursprünglich vereinbarte Vertragsdauer. Bei Verträgen, welche nicht auf bestimmte Zeit, sondern bis zum Eintreten eines Ereignisses geschlossen wurden (etwa zur Vertretung eines abwesenden Arbeitnehmers), ist je nach Dienstdauer eine Kündigungsfrist zwischen 6 und 70 Tagen einzuhalten (Art. 50 Nr. 1 GV. Nr. 64-A89). Die Nichteinhaltung dieser Frist führt zu einem Schadenersatzanspruch in Höhe der nicht eingehaltenen Kündigungsfrist (vgl. Kronke 1990, S. 132–133).

Bei ordnungsgemäßen Auslaufen eines befristeten Arbeitsvertrages (unter Einhaltung der Kündigungsfrist) steht dem/der Arbeitnehmer/in eine Entschädigung zu. Diese beträgt zwei Tagesentgelte für jeden vollen Arbeitsmonat der Vertragsdauer (vgl. Europäische Kommission 1996, S. 63; Schömann et al. 1998, S. 59). Eine solche „Prekaritätsprämie" (Mückenberger 1993, S. 48) gibt es im EU-weiten Vergleich für diese Beschäftigungsform daneben nur noch in Frankreich.

Bei entsprechender Qualifikation etc. haben befristet beschäftigte Arbeitnehmer/innen daneben ein Vorrecht auf Einstellungen bei frei werdenden Dauerarbeitsplätzen. Verletzt der Arbeitgeber dieses Gebot, so hat der Arbeitnehmer Anrecht auf Schadenersatz in Höhe eines halben Monatslohns (Art. 54 Nr. 2 GV. Nr. 64-A89).

2.1.1.3 Leiharbeit

Bis 1989 agierten Arbeitsvermittlungs- und Verleihagenturen praktisch im rechtsfreien Raum (vgl. Pinto 1990, S. 71–72; EFILWC 1988, S. 68; Langer-Stein et al. 1991, S. 54). Nach der GV. Nr. 358/89 vom 17.10.1989 und der Verfügung vom 11.11.1989 bedarf die Tätigkeit von Zeitunternehmen nunmehr einer behördlichen Genehmigung [13]. Zeitarbeitunternehmen müssen eine Kaution in Höhe des 150fachen nationalen Mindestlohnes [14] hinterlegen, was zur Sicherstellung von Arbeitsentgelten und sonstigen zu entrichtenden Abgaben dienen soll (vgl. MISEP 1996, S. 129; Zeijen 1992, S. 24).

Ähnlich wie bei befristeter Beschäftigung im allgemeinen ist der Einsatz von Zeitarbeitskräften nur in besonderen Fällen zulässig (vgl. Zeijen 1992, S. 24; MISEP 1996, S. 129; trends 26/1996, S. 33). Solche Umstände sind:

– Ersatz abwesender Arbeitnehmer/innen;

– Vorübergehende oder außergewöhnliche Zunahme des Arbeitsvolumens;

– Genau definierte, befristete Aufgabe;

– Saisonarbeit;

– gelegentlicher Arbeitskräftebedarf;

– Bedarf an Arbeitskräften für zeitlich befristete Projekte.

Je nach Verwendungszweck ist die Maximaldauer der Tätigkeit in einem entleihenden Unternehmen bei 6 oder 12 Monaten festgeschrieben. Der bezahlte Lohn muß dem der Tätigkeit nach vergleichbarer Arbeitnehmer im entleihenden Unternehmen entsprechen. De jure sind daneben alle die Arbeitszeit, den Urlaub und die Kündigung betreffenden Regelungen, die bei Normalarbeitnehmer/innen zur Anwendung kommen, auch auf Zeitarbeitnehmer/innen anzuwenden (vgl. Pinto 1990, S. 71; Zeijen 1992, S. 25). Nachdem der/die Arbeitnehmer/in aber nur mit dem Zeitarbeitunternehmen in einer Vertragsbeziehung steht und nur diese mit dem Entleiher einen Vertrag abschließt, der/die Leiharbeitnehmer/in de facto aber unter der Anweisung des Entleihers arbeitet, können sich diesbezüglich allerdings Probleme ergeben. Verschiedene Autoren führen in diesem Zusammenhang an, daß de facto auch zwischen Entleiher und Arbeitnehmer/in eine Rechtsbeziehung besteht und der Entleiher sich demgemäß an die entsprechenden arbeitsrechtlichen Vorschriften (Arbeitszeit, Arbeitsschutz etc.) zu halten habe (vgl. Pinto 1990, S. 72).

Daß es diesbezüglich faktisch zu Problemen kommt, zeigt sich darin, daß häufig Zuschläge für unsoziale Arbeitszeiten (Nacht- und Wochenendarbeit etc.) und Überstunden, der Leiharbeitnehmern an sich zustehende anteilmäßige 13. Monatslohn oder Urlaubszuschläge nicht gezahlt werden. Des weiteren wurden wiederholt Fälle unrichtiger Abrechnungen und nicht abgeführter Sozialversicherungsbeiträge berichtet (vgl. EIRR, July 1998, S. 294).

2.1.1.4 Arbeitnehmerähnliche Scheinselbständigkeit

Es gibt keinen allgemeinen gesetzlichen Status eines „arbeitnehmerähnlichen Scheinselbständigen", für den das gesamte oder Teile des Arbeitsrechts anwendbar wären. Vielmehr werden solche Erwerbstätige wie andere Selbständige behandelt und fallen damit nicht unter gängige arbeitsrechtliche Regelungen.

Die Unterscheidung zwischen Arbeitnehmer/innen und Selbständigen leitet sich in Portugal aus Artikel 1152 und 1154 des Zivilgesetzbuches ab (vgl. Pinto 1990, S. 25). Arbeitnehmer/innen schulden demnach erstens das Zur-Verfügung-Stellen von Arbeitskraft für einen bestimmten Zeitraum sowie das Bemühen, die aufgetragenen Arbeiten bestmöglich zu erfüllen (vgl. Pinto 1990, S. 25–28). Zweitens wird davon ausgegangen, daß Arbeitnehmer/innen der Kontrolle des Arbeitgebers bzw. dessen Weisungen unterworfen sind. Selbständige schulden dem Auftraggeber im Gegensatz dazu die Erbringung eines spezifischen Arbeitserfolges, wobei der Weg zum Erreichen desselben etc. dem Einflußbereich des Auftraggebers weitgehend entzogen ist (vgl. a.a.O., S. 28). Es ergeben sich bezüglich dieser Unterscheidungskriterien Abgrenzungsschwierigkeiten bzw. ein faktisch relativ breiter „Interpretationsspielraum": „In some situations, it is difficult to draw the distinction between the autonomous workers and subordinate workers. In some cases, because the juridical subordination is a situation susceptible to present various graduations, some apparently situated in an area of transition or in an intermediate position between the regime of autonomy and the regime of subordination. In other cases, because apparently the position of subordination seems to get confused with another position of a different nature (for example, the one of a partner in a commercial company)" (Pinto 1990, S. 28). Es ist in diesem Zusammenhang davon auszugehen, daß es in Portugal eine Vielzahl von „'Scheinselbständigen' (gibt; M. F.), die faktisch von einem (eventuell sogar staatlichen) Arbeitgeber abhängig" (Lopes/Fiolhais 1998) sind. Diesen Personen wird kein arbeitsrechtlicher Schutz zuteil.

2.1.1.5 Heimarbeit

Mit der GV. 440/1991 vom 14. November 1991 wurde die Heimarbeit neu geregelt (vgl. Tate 1995, S. 105–111). Das neue Gesetz normiert die allgemeinen Rechte und Pflichten anerkannter Heimarbeiter/innen (Artikel 2), den Gesundheitsschutz bei der Arbeit (Artikel 2), schreibt eine medizinische Untersuchung der Heimarbeiter/innen vor (Artikel 4), regelt die Bezahlung derselben (Artikel 6 und 7), die Beendigung des Vertrages (Artikel 8), Abfindungen bei Vertragsbeendigung (Artikel 9) sowie auch die einschlägigen Sozialversicherungsbelange (vgl. unten Punkt 2.2.1.4). Der Wortlaut der Gesetzesverordnung ist bei Tate (1995) abgedruckt.

Diese Gesetzesverordnung ist nach Artikel 1 in ihrer Anwendung auf Heimarbeiter/innen beschränkt, welche sich gegenüber dem Auftraggeber in „ökonomischer Abhängigkeit" befinden. Was damit gemeint ist, wird nicht näher definiert. Die Interpretation des Begriffes durch die einschlägige Literatur und das Richterrecht sind in Portugal seit jeher widersprüchlich und die Rechtssicherheit somit gering.

2.2 Sozialrechtliche Regelungen

Ein relativ umfassendes System der sozialen Sicherung wurde in Portugal erst in den letzten 20 Jahren schrittweise aufgebaut (vgl. Sieber 1993, S. 172–173; Hampson 1997, S. 155–158).

Zwar gab es bereits in der ersten Republik Ansätze einer öffentlichen, auf einer Versicherung fußenden sozialen Sicherung (vgl. Guibentif 1996, S. 220–221; Hampson 1997, S. 153). Im darauf folgenden salazaristischen „Estado Novo" entstanden im Gegensatz zum vorher angepeilten universalistischen System Ansätze eines Systems sozialer Sicherung auf korporatistischer Grundlage (vgl. Guibentif 1996, S. 222–223; Guibentif 1993; Reinhard 1994; Hampson 1997, S. 154–155). Trotz organisatorischer und inhaltlicher Veränderungen in den 50er und 60er Jahren (vgl. Guibentif 1993, S. 37; Reinhard 1994, S. 235) blieb Portugal auf dem Stand eines „residualen" Wohlfahrtsstaates mit großer organisatorischer Zersplitterung. Die Regelungsdichte war niedrig, die Leistungen blieben relativ gering und der Deckungsgrad der sozialen Sicherungssysteme erhöhte sich kaum. Vor 1974 sollen nur knapp 20 % der Bevölkerung tatsächlich einen Versicherungsschutz erhalten haben (vgl. Reinhard 1994, S. 235). Eine funktionierende Arbeitslosenversicherung fehlte völlig (vgl. a.a.O.).

Die Akteure der Nelkenrevolution strebten die Schaffung eines integrierten Systems der sozialen Sicherheit an. Bereits in den 70er Jahren wurde eine allgemeine Sozialrente für Alte und Invalide eingeführt, 1979 eine allgemein zugängliche Basisgesundheitsversorgung geschaffen, zu Anfang der 80er Jahre eine Arbeitslosenunterstützung für alle Arbeitnehmer/innen. Zugleich wurden Selbständige, die ländliche Bevölkerung und Hausangestellte etc. in die nunmehr weitgehend vereinheitlichte Sozialversicherung integriert (vgl. Reinhard 1994, S. 237; Hampson 1997, S. 155–158).

Jüngst zeigten sich vor dem Hintergrund demographischer Verschiebungen und ökonomischer Probleme verstärkt Finanzengpässe in der Sozialversicherung. Diese Probleme führten zur Einsetzung diverser Arbeitsgruppen, die eine Reform des Systems ausarbeiten sollten (vgl. inforMISEP 62; Sommer 1998, S. 10–11). Trotz einer weitgehenden Uneinigkeit in den einschlägigen Gremien ist davon auszugehen, daß die entsprechenden Reformen neben organisatorischen Neuerungen auch Leistungsreduktionen mit sich bringen werden (vgl. a.a.O., S. 11). Unabhängig von den dort diskutierten Optionen wurden solche in den letzten Jahren in unterschiedlichen Teilsystemen der sozialen Sicherung (etwa bei der Alters- und Invaliditätspension) bereits vollzogen. Manche dieser Neuerungen sind, wie gezeigt werden wird, gerade für atypisch beschäftigte Personen problematisch.

Einzelne Sicherungssysteme

Ein Gutteil der in Portugal gegebenen Teilsysteme sozialer Sicherung kann als weitgehend erwerbszentriert angesehen werden, wie dies im übrigen in allen südeuropäischen Staaten der Fall ist (vgl. Ferrera 1998). Das gilt insbesondere für das Arbeitslosengeld, die Altersrente, Geldleistungen bei Krankheit und Mutterschaft sowie weitgehend für die soziale Sicherung im Fall von dauernder Erwerbsunfähigkeit.

Risiko	Art/Bezeichnung der Leistung	Anspruchsvoraussetzung	Höhe der Leistung/ Berechnungsmodus
Krankheit	Sachleistungen	Staatsbürgerschaft	weitgehend unentgeltlich; div. Selbstbehalte
Krankheit	Krankengeld	AN: Versicherungs- u. Beschäftigungszeiten; Selbständige: Versicherungszeiten; 60 Karenztage	Am vorherigen Einkommen berechnet; Mindestsatz; Zuschläge für Familienangehörige
Arbeitsunfähigkeit	Invaliditätsrente	Erwerbsminderung von mind. 2/3; i. d. R. Versicherungszeiten	An Versicherungsdauer/ vorherigem Einkommen orientiert; Mindestsatz
100%ige Arbeitsunfähigkeit	Sozialrente für Invalidität	100%ige Arbeitsunfähigkeit	Pauschalsatz
Berufskrankheit u. Arbeitsunfall	Rente wegen Berufskrankheit oder Arbeitsunfall	ehem. Arbeitnehmer; freiwillig versicherte Selbständige	Am vorigen Einkommen orientiert
Arbeitslosigkeit	Arbeitslosengeld	Arbeitnehmer; Versicherungszeiten	Am vorigen Einkommen orientiert; Mindestsatz, Maximalsatz
Arbeitslosigkeit	Arbeitslosenhilfe	Arbeitnehmer, Versicherungszeiten, weniger streng wie bei Arbeitslosengeld, aber: Bedürftigkeit	Pauschalsätze je nach Familiensituation
Armut/Mindestsicherung	Allgemeine Mindestsicherung	Bedürftigkeit; u. U. „Arbeitswilligkeit"	Pauschalsatz wie bei Alterssozialrente
Alter	Alterssozialrente	Bedürftigkeit	Pauschalsatz
Alter	Altersrente	Alter; Versicherungszeiten	Vom vorherigen Einkommen und Versicherungszeiten abhängig
Mutterschaft	Mutterschaftsgeld	Versicherungszeiten	Am vorherigen Einkommen orientiert; Mindestsatz

Voraussetzungen für den Bezug von *Krankengeld* aus dem „Regime Geral"[15] sind bei Arbeitnehmer/innen gegenwärtig 6 Monate Versicherungszeit[16] und 12 bezahlte Arbeitstage in den vier Monaten vor demjenigen, in dem die Arbeitsunfähigkeit eingetreten ist (vgl. MISSOC 1997 172; Hampson 1997, S. 159). Zu Ende der 80er Jahre lautete die entsprechende Voraussetzung noch 8 Arbeitstage in den letzten drei Monaten (vgl. Weber/Leienbach 1989, S. 128). Das Krankengeld kann nach einer Karenzfrist von drei Tagen höchstens 1.095 Tage bezogen werden. Der Satz berechnet sich bei einer Lohnersatzrate von 65 bis 70 % (bzw. 100 %, wenn unterhaltsberechtigte Kinder gegeben sind) primär aus dem durchschnittlichen täglichen Einkommen der 6 Monate, die den 2 letzten Monaten vor Krankheitsbeginn vorausgehen. Bis zum Beginn der 90er Jahre betrug der Durchrechnungszeitraum nicht 6, sondern nur 2 Monate. Für Selbständige gelten besondere Bedingungen (vgl. unten 2.2.1.3).

Mutterschaftsgeld kann von Arbeitnehmerinnen unter gleichen Voraussetzungen bezogen werden wie Krankengeld, und zwar für maximal 90 Tage, davon 60 Tage obligatorisch nach der Entbindung (vgl. Hampson 1997, S. 161). Der gewährte Satz beträgt 100 % der Berechnungsgrundlage des Krankengeldes. Der jedenfalls auszuzahlende Mindestbetrag beläuft sich auf 50 % des jeweiligen nationalen Mindestlohnes.

Zum Bezug einer *Invaliditätsrente* [17] bei dauernder Erwerbs- oder Berufsunfähigkeit werden Beitragszahlungen oder -gutschriften für mindestens 60 Monate verlangt (vgl. Hampson 1997, S. 162). Ausnahmsweise kann nach 1.095 Tagen Krankengeldbezug und nach positivem Gutachten einer ärztlichen Kommission eine Invalidenrente bezogen werden, ohne daß diese Wartezeit erfüllt ist (vgl. MISSOC 1997, S. 208). Invaliditätspensionen werden gleich berechnet wie Alterspensionen (vgl. unten), was bedeutet, daß sie am vorherigen Einkommen und an der Beitragsdauer orientiert sind.

Gegen *Arbeitsunfälle und Berufskrankheiten* werden in Portugal alle Arbeitnehmer/innen pflichtversichert (vgl. MISSOC 1997, S. 278).[18] Für Selbständige ist eine freiwillige Versicherung möglich. Die Höhe der Leistungen orientiert sich am früheren Einkommen und der Satz bewegt sich je nach Art und Dauer der Erwerbsminderung sowie der Familiensituation zwischen ca. 50 % und 100 % des vorherigen Einkommens (vgl. a.a.O., S. 290).

Alle Arbeitnehmer/innen, die im Regime Geral versichert sind, sind daneben Mitglied der *Arbeitslosenversicherung*. Für Selbständige ist die Arbeitslosenversicherung nicht zugänglich. Eine eigentliche Versicherung wurde erst 1985 eingeführt (vgl. Guibentif 1993, S. 50). Davor gab es nur ein „fürsorgeähnliches System" (a.a.O., S. 50). 1989 wurde das System in mehreren Punkten geändert (GV. Nr. 79-A/89 vom 13. März 1989).

Neben Arbeitsfähigkeit und Verfügbarkeit verlangt der Bezug von *Arbeitslosengeld* 540 Versicherungstage aus abhängiger Beschäftigung in den letzten 24 Monaten (vgl. MISEP 1996, S. 36; Grimshaw/Rubery 1998, S. 321ff). Vor der Reform 1989 waren die Zugangsvoraussetzungen noch strenger (vgl. Pieters 1990, S. 213; Sicherung der sozialen Systeme 1992, S. Tab. XI-2). Die Dauer der Leistungsgewährung richtet sich nach dem Alter am Tag der Antragstellung und reicht von einem 10monatigen Leistungsbezug für unter 25jährige Arbeitslose bis zu 30 Monaten möglicher Bezugsdauer für über 50jährige Personen. Vor 1989 konnte für mindestens 6 Monate Arbeitslosengeld bezogen werden. Die maximale Bezugsdauer erhöhte sich um einen weiteren Monat je zusätzlichem Beitragsjahr (vgl. Weber/Leienbach 1989, S. 129).

Das Arbeitslosengeld beträgt heute 65 % des täglichen Durchschnittsverdiensts während der ersten zwölf Monate der letzten 14 Monate vor Eintritt der Arbeitslosigkeit, mindestens jedoch den höchsten gesetzlich garantierten nationalen Mindestlohn.[19] Maximal darf das Arbeitslosengeld jedoch höchstens das Dreifache des nationalen Mindestlohnes ausmachen. Wenn der Durchschnittslohn des Arbeitnehmers unter dem nationalen Mindestlohn lag, beläuft sich die Lohnersatzrate auf 100 %.

Anspruch auf *Arbeitslosenhilfe,* die vom oben beschriebenen Arbeitslosengeld zu unterscheiden ist, können ehemalige Arbeitnehmer/innen haben, welche die erforderlichen Voraussetzungen für den Bezug von Arbeitslosengeld nicht erfüllen (Wartezeit), oder deren Bezug von Arbeitslosengeld wegen der Ausschöpfung der maximalen Bezugsdauer beendet wird. Es wird auch für die Arbeitslosenhilfe eine Anwartschaftszeit, und zwar von 180 Beitragstagen in den letzten 12 Monaten vor Eintritt der Arbeitslosigkeit, verlangt (MISEP 1996, S. 37; MISSOC 1997, S. 352). Das monatliche Pro-Kopf-Familieneinkommen darf daneben höchstens 80 % des nationalen Mindestlohnes betragen. Das heißt, daß zusätzlich eine Bedürftigkeitsklausel eingebaut ist. Arbeitslosenhilfe kann für die gleiche Dauer bezogen werden, wie das Arbeitslosengeld, es sei denn, der die Arbeitslose hat vorher bereits Arbeitslosengeld bezogen. In diesem Fall wird die maximale Bezugsdauer halbiert. Die Höhe der Arbeitslosenhilfe orientiert sich an der Zahl der unterhaltsberechtigten Familienmitglieder und beträgt zwischen 70 und 100 % des höchsten nationalen Mindestlohnes.

Am vorherigen Einkommen und an der Dauer der Beitragszahlungen knüpft die *Altersrente* an. Die portugiesische Pensionsversicherung kann somit dem Typus der erwerbseinkommensbasierten Systeme zugerechnet werden (vgl. Hauser 1995, S. 143; Schmähl 1991, S. 42, 48).

Die Mindestwartezeit für den Anspruch auf eine Altersrente aus der Sozialversicherung beträgt in Portugal inzwischen 15 Versicherungsjahre oder gleichgestellte Zeiträume. Bis 1993 galt eine Wartezeit von 10 Versicherungsjahren, vor 1982 von nur 5 Jahren (vgl. Dürkop 1993, S. 179; IVSS 1996, S. 21; Hampson 1997, S. 162). Ein Versicherungsjahr ist ein Jahr, in welchem für mindestens 120 Arbeitstage Beiträge bezahlt wurden. Die monatliche Rente beträgt für jedes volle Beitragsjahr (120 versicherte Arbeitstage) 2 % der Berechnungsgrundlage (bis 1993 2,2 % der Beitragsgrundlage; vgl. Pieters 1990, S. 206). Die Berechnungsgrundlage ergibt sich aus dem monatlichen Durchschnittsbruttoverdienst der 10 Jahre mit dem höchsten Arbeitseinkommen unter den letzten 15 anrechenbaren Jahren. Bis zur Gesetzesreform im Jahr 1993 wurden die besten 5 Jahre in den letzten 10 Jahren herangezogen (vgl. IVSS 1996, S. 21; Hampson 1997, S. 162).

Das Maximum der so errechneten Rente beträgt 80 % der Berechnungsgrundlage (40 Versicherungsjahre), mindestens aber 30 % derselben (15 Versicherungsjahre), jedoch auf keinen Fall weniger als (1996) ESC 29.000 (ca. 144 Euro). Erreicht die Rente diesen Mindestbetrag entsprechend der dargestellten Berechnungsmethode nämlich nicht, so besteht Anspruch auf eine soziale Rentenzulage. Diese darf den Satz der Alterssozialrente (vgl. unten) jedoch nicht übersteigen. Für unterhaltsberechtigte Familienmitglieder werden keine Zuschläge gewährt.

All diesen hier beschriebenen erwerbs- und großteils einkommenszentrierten Teilsystemen standen bis vor kurzem nur einige wenige auf verschiedene Risken zentrierte Systeme sozialer Mindestsicherung gegenüber. Diese sind die Alterssozialrente, die Sozialrente für Invalidität und die universell zugänglichen Sachleistungen im Fall von Krankheit[20].

Die *Alterssozialrente* ist im Gesetzesdekret 464/80 vom 13. Oktober 1980 geregelt. Anspruchsberechtigt sind Personen im Alter von über 65 Jahren ohne Anspruch auf Renten des beitragsabhängigen Systems, wenn sie auch sonst nicht über „ausreichende" finanzielle Mittel verfügen. Einkünfte dürfen bei Einzelpersonen nicht über 30 % des nationalen Mindestgehaltes, bei Ehepaaren nicht über 50 % dieses Wertes zu liegen kommen, ansonsten kann keine Alterssozialrente bezogen werden (vgl. Hampson 1997, S. 162). Im Jahr 1996 lag der Satz der Alterssozialrente pauschal bei 20.000 ESC oder etwa 99 Euro monatlich (vgl. MISSOC 1997, S. 238).

Seit 1980 (GV. 464/80 vom 13. Oktober 1980) können zu 100 % arbeitsunfähige Invalide und Behinderte ab 18 Jahren, die keine Ansprüche aus dem beitragsabhängigen System haben, eine beitragsunabhängige *„Sozialrente für Invalidität mit Zusatz für Schwerbehinderte"* in Höhe von pauschal 17.500 ESC (ca. 87 Euro; Satz von 1996) monatlich beziehen. Für Schwerbehinderte wird eine Zulage von ca. 8.390 ESC oder 42 Euro monatlich gewährt (vgl. MISSOC 1997, S. 440).

Daneben existierte in Portugal bis 1997 kein allgemeines System beitragsunabhängiger Mindestsicherung. Auf universeller Basis verfügbar waren neben den beiden beschriebenen Leistungen nur Gelder in Form von ergänzenden Familienbeihilfen sowie Leistungen für Jugendliche im Alter zwischen 18 Jahren und 25, die einen ersten Arbeitsplatz suchen (vgl. Pereirinha 1996, S. 212; Hampson 1997, S. 164).

Die 1996 neu eingeführte *Mindestsicherung* (Gesetz. Nr. 19-A/96 vom 29.6.1996) gewährt bei Bedürftigkeit den gleichen Satz wie die Alterssozialrente (vgl. oben). Bei Paaren wird der Wert verdoppelt, für Kinder unter 18 Jahren können Zuschläge in Höhe von jeweils 50 % der Alterssozialrente bezogen werden (vgl. Hampson 1997, S. 165). Ausgezahlt wird schlußendlich die Summe, die sich ergibt, wenn man das Familieneinkommen vom so errechneten höchstmöglichen Sozialhilfebezug abzieht. Die Empfänger müssen sich desweiteren, bei gegebener Erwerbsfähigkeit, zur Teilnahme an einem gegebenenfalls zur Verfügung gestellten Arbeitsmarkteingliederungsprogramm verpflichten.

2.2.1 Sozialrechtliche Regelungen atypischer Beschäftigungsformen

Atypisch beschäftigte Arbeitnehmer/innen unterliegen in Portugal weitgehend den gleichen sozialrechtlichen Regelungen wie „Normalarbeitnehmer/innen". Die einzige hier behandelte Gruppe atypisch beschäftigter Arbeitnehmer/innen, für welche besondere Regelungen geschaffen wurden, sind die Heimarbeiter/innen.

Auch für die relativ große Gruppe der arbeitnehmerähnlichen Scheinselbständigen bestehen keine besonderen sozialrechtlichen Regelungen. Sie können bzw. müssen sich entsprechend der gleichen Konditionen versichern, wie andere Selbständige auch.

2.2.1.1 Teilzeitbeschäftigung und geringfügige Beschäftigung

Teilzeitbeschäftigte Arbeitnehmer/innen unterliegen in Portugal den gleichen sozialrechtlichen Normen wie Vollzeitarbeitnehmer/innen. Es gibt, wenn es sich nicht um Heimarbeit handelt, keine Geringfügigkeitsgrenze (vgl. Delsen 1995, S. 119). Zugleich werden fast alle Leistungen aus der Sozialversicherung aber primär auf Basis des vorausgegangenen Einkommens berechnet. Dies gilt, wie dargestellt wurde, für Geldleistungen bei

Krankheit und Mutterschaft, bei Invalidität, bei Berufskrankheiten und Arbeitsunfällen, bei Arbeitslosigkeit wie auch bei Geldleistungen aus der Sozialversicherung im Alter sowie an Hinterbliebene.

Zugleich ist in die meisten beitragsabhängigen Systemen, welche die zu erbringende Leistung auf der Berechnungsbasis des vorherigen Einkommens festlegen, ein garantierter Mindestbetrag eingeführt. Dieser Satz liegt bei der beitragsabhängigen Alterspension, bei Leistungen an Hinterbliebene und in der Invaliditätspension bei 29.000 ESC (144 Euro (Wert von 1996)) im Monat.[21] Arbeitslosengeld wird auf den höchsten nationalen Mindestlohn, welcher 1996 54.600 ESC oder ca. 272 Euro betrug, aufgebessert, wenn der Durchschnittslohn der Berechnungsgrundlage nicht niedriger ist. 1993 erhielten ca. 62.000 von ca. 170.000 Arbeitslosengeldbezieher/innen eine solche Zulage (vgl. MISSOC 1996, S. 474; trends 28/1997, S. 68). Beim Krankengeld beträgt der Mindestsatz 30 % des Mindestlohns oder 100 % des tatsächlichen durchschnittlichen Lohnes, falls dieser geringer ist als der sich aus dem Prozentsatz ergebende Wert. Das Mutterschaftsgeld wird bei grundsätzlich gegebenem Anspruch jedenfalls auf 50 % des Mindestlohns aufgestockt (vgl. MISSOC 1997, S. 194). Bei Arbeitsunfällen und Berufskrankheiten sind keine Mindestsätze vorgesehen. Allerdings ist eine Kumulierung mit einer Invaliditätsrente innerhalb bestimmter Grenzen möglich (vgl. a.a.O., S. 218). Bei dieser gibt es, wie angesprochen, einen Mindestsatz.

Es wird also deutlich, daß für einen großen Teil der Teilzeitarbeitnehmer/innen in den meisten Systemen beim Bezug der entsprechenden Leistung ein Mindestsatz zur Anwendung kommen kann. Dadurch wird die Einkommensbezogenheit der Systeme unter Umständen modifiziert bzw. abgeschwächt. Die Mindestsätze, die zumeist als Prozentsatz am nationalen Mindestlohn gewährt werden, sind aber extrem niedrig bemessen.

2.2.1.2 Befristete Beschäftigung und Leiharbeit

Befristet beschäftigte Arbeitnehmer/innen und Leiharbeitnehmer/innen unterliegen grundsätzlich der vollen Sozialversicherungspflicht.

Für diskontinuierlich Beschäftige ist von zentraler Bedeutung, daß zum Bezug der Mehrzahl der Leistungen aus den verschiedenen Teilsystemen der Sozialversicherung bestimmte Beschäftigungszeiten und eine bestimmte Kontinuität dieser Beschäftigung vorausgesetzt wird. Diese Zugangsbarrieren sind im internationalen Vergleich einerseits für bestimmte Leistungen noch immer relativ niedrig. Für Krankengeld werden so „nur" 6 Versicherungsmonate und 12 Versicherungstage in den letzten vier Monaten verlangt. Gleiches gilt für Mutterschafts- oder Vaterschaftsgeld. Wie in den anderen EU-Mitgliedsländern auch, wird zum Zugang zu Leistungen wegen Arbeitsunfall oder Berufskrankheit bei einer zwar grundsätzlich erforderlichen Mitgliedschaft im System keine Mindestversicherungszeit vorausgesetzt.

Bei anderen Leistungen werden wesentlich längere Wartezeiten und/oder ein höheres Maß an Erwerbskontinuität verlangt. Ein Anspruch auf Arbeitslosengeld setzt innerhalb der letzten 24 Monate 18 Monatsbeiträge zur Sozialversicherung voraus. Diese Zugangsvoraussetzung ist im internationalen Vergleich, gerade was die geforderte Kontinuität der Beschäftigung betrifft, außerordentlich streng (vgl. Grimshaw/Rubery 1998). Auch die für den Bezug von Arbeitslosenhilfe verlangten 180 Beitragstage in den letzten 12 Monaten sind, insbesondere wenn man in Betracht zieht, daß es bis vor kurzem keine allgemeine soziale Mindestsicherung (Sozialhilfe) gab, relativ hoch bemessen. Daß der Zugang zu Arbeitslosengeld und Arbeitslosenhilfe insgesamt nur für eine Minderheit der Arbeitslosen gewährleistet ist, läßt sich daran ablesen, daß nach Eurostat-Zahlen 1997 insgesamt nur 25,1 % aller Arbeitslosen Arbeitslosengeld oder Arbeitslosenhilfe erhielten, obwohl über 66 % der Arbeitslosen vor der Arbeitslosigkeit erwerbstätig waren (vgl. Eurostat 1998, S. 219).

Die Berechnung der Alters- und Invalidenrente stellt primär auf die Beitragsdauer, nicht so sehr auf die Kontinuität der Beiträge ab. Diese Art Regelung kommt diskontinuierlich Beschäftigten bei grundsätzlich ungünstiger Wirkung des Versicherungsprinzips wenigstens tendenziell entgegen.

2.2.1.3 Arbeitnehmerähnliche Scheinselbständigkeit

Für arbeitnehmerähnliche Scheinselbständige bestehen in Portugal keine besonderen sozialrechtlichen Regelungen. Personen, bei welchen kein Arbeitnehmer/innenstatus angenommen wird, können sich lediglich bzw. müssen sich wie „normale" Selbständige versichern. Das allgemeine Sozialversicherungssystem steht ihnen heute diesbezüglich offen, wobei diese Öffnung zum Teil erst in den 80er Jahren erfolgte.

Selbständige unterliegen einer Pflichtversicherung für die Risiken Invalidität, Alter und Tod (Hinterbliebenenversorgung).[22] Diese obligatorische Pflichtversicherung wurde erst 1977 eingeführt (vgl. Europäische Kommission, GD V 1996, S. 122). Geldleistungen bei Krankheit, Mutterschaft, Familienbeihilfen (aus der Sozialversicherung) sowie Leistungen wegen Arbeitsunfällen oder Berufskrankheiten können nur bei freiwilliger Mitgliedschaft in der Versicherung und nach Entrichtung entsprechender Beiträge bezogen werden. Eine besondere Absicherung für den Fall der Arbeitslosigkeit ist nicht vorgesehen, und beim Krankengeld sind die Konditionen für Selbständige wesentlich ungünstiger als für Arbeitnehmer/innen. Einerseits müssen sie wie Arbeitnehmer/innen als Anspruchsvoraussetzung für mindestens 6 Monate Sozialversicherungsbeiträge bezahlt haben. Für sie besteht aber zugleich im Unterschied zu Arbeitnehmern/innen eine Karenzzeit von 60 Tagen (vgl. Europäische Kommission, GD V 1996, S. 126). Die maximale Bezugsdauer beträgt 365 Tage und die Höhe des Krankengeldes errechnet sich aus 65 % des im Vorjahr versteuerten Einkommens.

Diese Ausführungen gelten heute jedenfalls für in der Landwirtschaft selbständig Beschäftigte (seit 1987) sowie für alle anderen Selbständigen, die keinen Zugang zu einer der noch verbliebenen besonderen Versicherungskassen für selbständig Beschäftigte haben (vgl. Dürkop 1993; 177, 180). Es wird das Ziel angestrebt, alle Selbständigen in das allgemeine System (Regime Geral) überzuführen und die Konditionen im Hinblick auf Beiträge und Leistungen zu vereinheitlichen (vgl. Guibentif 1993; Dürkop 1993). Von dieser Maßnahme erwarten sich die Initiatoren auch einen Rückgang der arbeitnehmerähnlichen Scheinselbständigkeit, da damit zum Teil ein massiver Anstieg der zu leistenden Sozialversicherungsbeiträge verbunden ist. Offen bleibt in diesem Zusammenhang allerdings die Frage, ob die entstehenden Kosten nicht einfach auf die entsprechenden nunmehr in höherem Maße beitragspflichtigen Personen abgewälzt werden. Insgesamt sind auch im Regime Geral die durch Selbständige verpflichtend zu leistenden Sozialversicherungsabgaben aber noch immer wesentlich niedriger als bei Arbeitnehmer/innen. Die OECD führt diese Beobachtung zu folgendem Schluß:"(...) the observed rise (in self-employment; M. F.) has been inflated by differential rates for social security contributions. For the self-employed these rates are still significantly lower than for employees. (...) As a result, large numbers of workers continue to be hired as self-employed persons (auction labour) and have no work contract" (OECD 1998, S. 96).

Insgesamt wird in Portugal bei Selbständigen bzw. bei arbeitnehmerähnlichen Scheinselbständigen die sich am Arbeitsmarkt bzw. in arbeitsrechtlicher Hinsicht vollziehende Spaltung sozialrechtlich fortgesetzt. Bei den entsprechenden Erwerbspersonen kumulieren Risiken der Arbeitsplatzunsicherheit etc. mit einer nur sehr lückenhaften sozialen Sicherung. Auch die 1997 neu eingeführte allgemeine Sozialhilfe schafft da kaum Abhilfe. Mit monatlich 20.000 ESC oder etwa 99 Euro ist diese Leistung sehr niedrig bemessen und bereits bei einem relativ geringen Familieneinkommen kann keine Leistung mehr bezogen werden.

2.2.1.4 Heimarbeit

Einen Sonderstatus haben im Hinblick auf ihre sozialrechtliche Absicherung Heimarbeiter/innen. Wie oben bereits angeführt wurde, wurde Heimarbeit mit der GV. Nr. 440/91 vom 14. November 1991 neu geregelt (vgl. Tate 1995, S. 105). Diese Personen werden im Hinblick auf Familienbeihilfen, Mutterschaft, Berufskrankheiten, Invalidität, Alter und Tod versichert (vgl. Artikel 11). Der insgesamt zu entrichtende Sozialversicherungssatz beträgt 30 %. 9,3 % entfallen auf den/die Arbeitnehmer/in, 20,7 % auf den Arbeitgeber. Nicht versichert werden Heimarbeiter/innen laut Gesetz (Artikel 11) gegen Arbeitslosigkeit sowie im Hinblick auf Geldleistungen im Krankheitsfall (Krankengeld). Die Sozialversicherungspflicht bei Heimarbeit kommt nur dann zur Anwendung, wenn der/die Arbeitnehmer/in vom Arbeitgeber „ökonomisch abhängig" ist. Eine nur rechtliche oder organisatorische etc. Unterordnung genügt nicht. Was unter „ökonomischer Abhängigkeit" jedoch genau zu verstehen ist, wird nirgends näher definiert (vgl. den Wortlaut des Gesetzes bei Tate, S. 1995), und auch das Richterrecht verfolgt diesbezüglich keine eindeutige Meinung (vgl. EFILWC 1988, S. 81). Die Rechtssicherheit ist für die entsprechenden Arbeitnehmer/innen also relativ gering.

3. Zusammenfassung und Ausblick

Alves-Duarte (1994, S. 301) kommt in ihrer Untersuchung des portugiesischen Arbeitsmarktes zu dem Ergebnis, daß in Portugal nur ca. ein Viertel aller Arbeitsplätze dem primären Arbeitsmarktsegment (im Sinne segmentationstheoretischer Ansätze) zugeordnet werden kann. Das heißt, daß nur diese Arbeitsplätze relativ gut entlohnt sind, Aufstiegschancen und ein relativ hohes Maß an Beschäftigungssicherheit bieten. In den frauendominierten traditionellen Industriebranchen, in der Landwirtschaft, aber auch in Teilen des Dienstleistungsbereiches können die Arbeitsbedingungen für die Arbeitnehmer/innen als sehr schlecht bezeichnet werden.

Insbesondere seit 1987 gibt es von seiten der Arbeitgeberverbände wie auch von seiten der Regierung Bestrebungen, den Wirtschaftsstandort Portugal bei für weite Teile der

Arbeitnehmer/innen gleichbleibend niedrigem Lohnniveau durch eine Flexibilisierung im Hinblick auf arbeitsrechtliche Regelungen „interessanter" zu machen. Parallel zu diesen arbeitsrechtlichen Neuerungen (z. B. Vereinfachung von Entlassungen wegen „Nichtanpassung" des Arbeitnehmers und aus wirtschaftlichen Gründen) kommt es zu einer Erosion des Normalarbeitsverhältnisses. Besonderen Anteil daran hat die fortschreitende Ersetzung von Arbeitnehmer/innen durch formal selbständig Beschäftigte oder (in manchen traditionellen Industriebranchen) durch Heimarbeiter/innen. Frauen sind von diesem Trend ebenso betroffen wie Männer, im Hinblick auf Heimarbeit insbesondere Frauen.

Relativ hoch ist im arbeitsrechtlichen Bereich die Regelungsdichte gegenüber jenen atypischen Beschäftigungsverhältnissen, bei welchen ein Arbeitnehmer/innenstatus gegeben ist. Das gilt, was die Gleichstellung mit Normalarbeitnehmer/innen betrifft, für abhängige Teilzeitbeschäftigung, wobei es in Portugal keine Geringfügigkeitsgrenze gibt. In besonderen Fällen besteht ein Recht auf Teilzeitbeschäftigung. Befristete Beschäftigung und Leiharbeit sind ebenfalls gesetzlich geregelt. Diese Arbeitsformen dürfen nur in bestimmten Fällen und nur für eine bestimmte Dauer etc. vollzogen werden, für befristet Beschäftigte sind „Prekaritätsprämien" vorgesehen.

Bei einer wie beschrieben relativ weitgehenden Einbindung der Mehrzahl atypischer Beschäftigungsformen (Teilzeitarbeit, befristete Beschäftigung, Leiharbeit) in arbeits- und sozialrechtliche Regelungen sind in Portugal aber gerade die Formen atypischer Beschäftigung im Wachsen begriffen, die von diesen Regelungen nicht oder nur zum Teil abgedeckt werden, und so Arbeitgeber/innen Vorteile im Hinblick auf Lohn-, Lohnneben- und Kündigungskosten versprechen.

Das gilt insbesondere für arbeitnehmerähnliche Selbständigkeit, deren Wachstum auch darauf fußt, daß die Unterscheidungskriterien zwischen selbständiger und abhängiger Erwerbstätigkeit nur vage formuliert sind. Die entsprechend beschäftigten Personen verfügen einerseits über keinen arbeitsrechtlichen Schutz. Zugleich ist ihre Einbindung in die Systeme sozialer Sicherung lückenhaft und die Zugangsvoraussetzungen zu Leistungen sind strenger, als dies bei Arbeitnehmer/innen der Fall ist.

Das geringe Niveau von Leistungen aus den verschiedenen Systemen sozialer Sicherung ist in Portugal ein grundsätzliches Problem (vgl. Guillaume et al. 1996, S. 74). Nachdem das portugiesische System sozialer Sicherung ein weitgehend einkommens- und beitragszeitenorientiertes ist, können zudem Personen mit vorher geringem Einkommen (insbesondere Teilzeitbeschäftigte) oft nur die gesetzlich garantierten und sehr knapp bemessenen Mindestleistungen beziehen. Personen mit diskontinuierlichen Erwerbsbiographien (Gelegenheitsarbeiter, befristet Beschäftigte, Leiharbeiter/innen) bleibt ein Anspruch auf Leistungen aus der Sozialversicherung unter Umständen völlig verwehrt. Die sich am Arbeitsmarkt vollziehende Aufspaltung in Erwerbsverhältnisse mit ungleich hohen Einkommen und ungleicher Kontinuität wird im System der sozialen Sicherung somit dergestalt fortgesetzt, als diese Kriterien zentrale Anknüpfungspunkte für den Zugang und das Niveau von Sozialleistungen im Sicherungsfall darstellen. Daß die Bestrebungen der früheren Regierung, den Arbeitsmarkt zu flexibilisieren, nicht mit einer entsprechenden Adaptierung der Bezugsvoraussetzungen bei der Sozialversicherung einhergeht, zeigt sich darin, daß im Hinblick auf verschiedene Teilsysteme in den letzten Jahren Wartezeiten verlängert und Durchrechnungszeiträume erhöht wurden. Es kam also insgesamt tendenziell zu einer Verstärkung des Versicherungsprinzipes.

In Portugal existierte bis 1997 zugleich kein allgemeines System der sozialen Mindestsicherung (vgl. Hampson 1997, S. 165). Deshalb blieb in der Vergangenheit bei sozialen Notlagen oft nur die Hilfe durch die Familie als „Ausweg" (vgl. allg. Martin, S. 1996). Von der neu eingeführten Sozialhilfe wird nur ein Teil der Personen, welche keinen Zugang zu anderen Leistungen haben, profitieren können. Nachdem die Leistungen bedürfnisgeprüft sind und eine relativ strenge Anrechnung des Familieneinkommens erfolgt, wird der Kreis potentieller Leistungsbezieher/innen von vornherein erheblich eingeschränkt.

Unterschiedliche atypische Beschäftigungsverhältnisse können abschließend einerseits als mögliche Wege aus der Arbeitslosigkeit begriffen werden. Für Portugal kann diesbezüglich gelten, daß diese Art der Beschäftigung jedoch in den allermeisten Fällen für die jeweiligen Personen nur die „zweitbeste Möglichkeit" darstellt – in der Regel entspricht diese Art der Erwerbstätigkeit nicht den Vorstellungen der Betroffenen.

Anmerkungen

1 Vgl. dazu insgesamt Brassloff 1994.
2 Definiert als Anteil aller Erwerbstätigen (inkl. der Arbeitslosen) an der 15 bis 64jährigen Wohnbevölkerung.
3 Die in der Folge wiedergegebenen Daten stammen aus den Labour Force Statistics der OECD (gedruckte Publikationen und elektronische Datenbank). Daten zum portugiesischen Arbeitsmarkt sind mit relativ hohen Unsicherheiten behaftet. Es treten einerseits, was die OECD betrifft, bei gleicher Definition relativ große Schwankungen zwischen unterschiedlichen Quellen auf, wie es für andere Länder nicht in selbem Ausmaß der Fall war. Zugleich weichen die von Eurostat publizierten Daten stärker von OECD-Daten ab, als dies für gewöhnlich beobachtbar ist.
4 Definiert als Anteil aller erwerbstätigen Frauen an der 15 bis 64jährigen Wohnbevölkerung dieser Gruppe.
5 Allerdings sind diese Daten mit Vorsicht zu interpretieren, da ein sehr hoher Anteil der Befragten „sonstige Gründe" als primäre Motivation zur Ausübung einer Teilzeittätigkeit angegeben hat (vgl. Tab. 4).
6 Vgl. zu anderen Ländern z. B. Maier 1994, Gregory/O´Reilly 1996.
7 Leiharbeit und durch Zeitarbeitsunternehmen vermittelte Arbeit wird auch in nationalen portugiesischen Surveys nicht gesondert erhoben (vgl. OECD 1996b, S. 7).
8 Daten aus der Arbeitskräfteerhebung des Nationalen Amtes für Statistik (INE), wiedergegeben bei Lopes/Fiolhais 1998.
9 Daten aus der Arbeitskräfterhebung des Nationalen Amtes für Statistik (INE), wiedergegeben bei Lopes/Fiolhais 1998; es bestehen gewisse Abweichungen zu den von Eurostat publizierten Daten (vgl. Tab. 7).
10 Definiert als ein Arbeitsvertrag (abhängiger Beschäftigung), in dem keine Mindestarbeitszeit vereinbart ist und nur die kurzfristig von Arbeitgeberseite festgelegten Arbeitsstunden abgegolten werden.
11 Vgl. zu tarifvertraglichen Regelungen und den entsprechenden Aushandlungsstrukturen etc weiterführend Naumann 1993; Barreto 1992; Lecher/Naumann 1991; Carmo Nunes 1996; Naumann 1995; Pitschas/Peters 1996; Pichot 1995.

12 Eine nur allgemein formulierte (vgl. Langer-Stein et al. 1991, S. 49) Begründungspflicht war aber schon vor 1989, auf Basis der GV 786/76, gegeben (vgl. Pinto 1990, S. 70). Nach der damaligen Regelung wurde eine Rechtfertigung der Befristung daneben nur für Verträge mit einer Dauer von weniger als 6 Monaten verlangt (vgl. Kronke 1990, S. 131).

13 Vgl. zu Regelungen in international vergleichender Perspektive z. B. Walwei 1995.

14 Mindestlöhne werden jährlich neu festgelegt. Durch die GV Nr. 21/96 vom 19.3.1996 wurden mit Wirkung vom 1.1.1996 folgende monatliche Mindestlöhne erlassen: Landwirtschaft, Industrie, Handel, Dienstleistungen 54.600 Esc (272 Euro); Hausarbeit 49.000 Esc (244 Euro). Gemäß der GV Nr. 411/87 vom 31.12.1987 sind folgende Lohnminderungen möglich: bei Arbeitnehmern unter 18 Jahren 25 %; bei Lehrlingen und Praktikanten unter 25 Jahren 20 %; bei eingeschränkt arbeitsfähigen Arbeitnehmern bis zu 50 %.

15 Grundsätzlich sind alle abhängig Beschäftigten des privaten Sektors hier pflichtversichert (vgl. Weber/Leienbach 1989, S. 124). Dieses System hat schrittweise die früheren berufsbezogenen Kassen („Caixas") abgelöst. Wenn Arbeitnehmer/innen im privaten Sektor durch ein (noch immer bestehendes) Sondersystem (Berufsgruppen) erfaßt werden, erfolgt keine Versicherung im Regime Geral.

16 Alle Versicherungsleistungen mit Ausnahme jener bei Arbeitsunfällen werden durch jeweils einen, alle Teilsysteme abdeckenden, globalen Arbeitgeber- und Arbeitnehmerbeitrag finanziert. Dieser betrug zuletzt in Summe 34,25 %. Davon sind 11 % vom Arbeitnehmer und 23,25 % vom Arbeitgeber zu tragen. Es gibt keine Höchstbeitragsgrundlage.

17 Vgl. in international vergleichender Perspektive z. B. Maydell 1995.

18 Der Arbeitgeber hat eine risikoabhängige Prämie zu entrichten.

19 Die Lohnersatzrate von 65 % liegt im europäischen Mittelfeld (vgl. Schmid/Reissert 1996, S. 251).

20 Für verschiedene Behandlungen, Medikamente und Methoden der Befunderstellung sind aber Selbstbeteiligungen vorgesehen.

21 Die Pension wird durch eine Ausgleichszulage, die einen gewissen Satz nicht überschreiten darf, aufgebessert. 1993 erhielten über 473.000 Personen eine solche Zulage (vgl. MISSOC 1997, S. 468).

22 Der allgemein dafür zu entrichtende Globalsatz beträgt im Regime Geral 20 % des Einkommens. In den anderen Teilsystemen der Sozialversicherung (Geldleistungen im Krankheitsfall und bei Mutterschaft, Familienleistungen, Arbeitsunfälle und Berufskrankheiten, nicht aber in der Arbeitslosenversicherung) ist eine freiwillige Mitgliedschaft möglich.

Literatur

Alves-Duarte, I. (1994): Auswirkungen der EG-Integration auf Struktur und Funktionsweise des fragmentierten Arbeitsmarktes in Portugal, Frankfurt/Main et al.

Barreto, J. (1992): Portugal: Industrial Relations Under Democracy, in: Ferner, A./R. Hyman (Eds.), Industrial Relations in the New Europe, Oxford/Cambridge (Mas.), S. 445–481.

Barreto, J./R. Naumann (1998): Portugal: Industrial Relations under Democracy, in: Ferner, A./R. Hyman (Eds.), Changing Industrial Relations in Europe, Second Edition, Oxford et al., S. 395–425

Blanpain, R. (1992): Teil II. Beendigung des Arbeitsvertrages, in: Amt für amtliche Veröffentlichungen der Europäischen Gemeinschaften (Hg.), Die Regelung der Arbeitsbedingungen in den Mitgliedstaaten der Europäischen Gemeinschaft. Band 1. Vergleichendes Arbeitsrecht der Mitgliedstaaten, in: Soziales Europa, Beiheft 4/92, S. 75–96.

Bosch, G. (1995): Bericht der Experten-Arbeitsgruppe Flexibilität und Arbeitsorganisation. Maßnahmen im Anschluß an das Weißbuch Wachstum, Wettbewerbsfähigkeit und Beschäftigung, in: Soziales Europa, Beiheft 1/95, S. 1–41.

Brassloff, W. (1994): Employment, Non-Employment and Unemployment: Portugal and Spain 1973–1993, in: Wirtschaft und Gesellschaft, 1/1994, S. 55–82.

Büchtemann, C. F./U. Walwei (1996): Employment Security and Dismissal Protection, in: G. Schmid/J. O'Reilly/K. Schömann (Eds.), International Handbook of Labour Market Policy and Evaluation. Celtenham, Brookfield, S. 652–693.

Carmo Nunes, M. do (1996): Equal Opportunities and the Collective bargaining in the EU; Exploring the National Situation in Portugal. EFILWC Working Paper No. WP/96/57/EN, Dublin.

Crafts, N./G. Toniolo (Hg.) (1992): Economic growth in Europe since 1945, Cambridge.

Delsen, L. (1995): Atypical Employment: an International Perspective. Causes, Consequences and Policy, Groningen.

Dienel, C. (1993): Portugal, in: E. Neubauer/C. Dienel/M. Lohkamp-Himmighofen (Hg.), Zwölf Wege der Familienpolitik in der Europäischen Gemeinschaft. Eigenständige Systeme und vergleichbare Qualitäten? Länderberichte. Studie im Auftrag des Bundesministeriums für Familie und Senioren, Stuttgart et al., S. 327–358.

Dürkop, H. (1993): Alterssicherung in der EG. Eine kritische Bestandsaufnahme der Alterssicherungssysteme für Arbeitnehmer in der Europäischen Gemeinschaft, Frankfurt/Main et al.

EFILWC European Foundation for the Improvement of Living and Working Conditions (1988): New Forms of Work. Labour Law and Social Security Aspects in the European Community, Dublin, Luxemburg.

Europäische Kommission (1996): Tableau de Bord 1995. Follow-up der Empfehlungen des Europäischen Rates von Essen zur Beschäftigungspolitik, Luxemburg.

Europäische Kommission (1997): Panorama der EU-Industrie, 2 Bände, Luxemburg.

Europäische Kommission, GD V (1994): Beschäftigung in Europa 1993, Luxemburg.

Europäische Kommission , GD V (1996): Soziale Sicherheit in Europa, Luxemburg.

Eurostat (1987): Erhebung über Arbeitskräfte. Ergebnisse 1986, Luxemburg.

Eurostat (1992): Erhebung über Arbeitskräfte. Ergebnisse 1991, Luxemburg.

Eurostat (1993): Erhebung über Arbeitskräfte 1983–1991, Luxemburg.

Eurostat (1996): Erhebung über Arbeitskräfte. Ergebnisse 1995, Luxemburg.

Eurostat (1997): eurostatistik. Daten zur Konjunkturanalyse, Luxemburg, Brüssel.

Eurostat (1998): Erhebung über Arbeitskräfte. Ergebnisse 1997, Luxemburg.

Ferrera, M. (1998): Welfare Reform in Southern Europe: institutional constraints and opportunities, in: H. Cavanna (Ed.), Challenges to the Welfare State: Internal and External Dynamics for Change, Celtenham et al., S. 123-137.

Gregory, A./J. O'Reilly (1996): Checking out and cashing up. The prospects and paradoxes of regulating part-time work in Europe, in: R. Crompton/D. Gallie/K. Purcell (Eds.), Changing forms of employment. Organisations, skills and gender, London, New York, S. 207–234.

Grillberger, K./C. Edlinger (1991): Zum Stand der Arbeitszeitflexibilisierung in der EG und in Österreich, in: K. Firlei (Hg.): Soziales Risiko EG?, Salzburg, S. 290–308.

Grimshaw, D./J. Rubery ((1998): Arbeitslosenschutz bei atypischen Beschäftigungsverhältnissen: das vernachlässigte Thema, in: A. Bosco/M. Hutsebaut (Hg.), Sozialer Schutz in Europa: Veränderungen und Herausforderungen, Marburg, S. 312–336.

Guibentif, P. (1993): Die Entwicklung der sozialen Sicherheit in Portugal nach dem Beitritt zur EG. Verlauf und institutionelle Entwicklung, in: D. Merten/R. Pitschas (Hg.), Der europäische Sozialstaat und seine Institutionen, Berlin, S. 31–58.

Guibentif, P. (1996): The Transformation of the Portuguese Social Security System, in: M. Rhodes (Ed.), Southern European Welfare States. South European Society & Politics, Volume 1, Number 3 Winter 1996,. Special Issue, London, S. 219–239).

Guillaume, Y./C. Hecq/B. Lange/D. Meulders (1996): The completion of the internal market, the economic and moneatry union, fiscal and social competition, in: J. Pacolet (Ed.), Social Protection and the European Economic and Monetary Union., Aldershot et al., S. 57–88.

Hampson, J. (1997): Social protection and social insurance in Portugal, in: J. Clasen (Hg.): Social Insurance in Europe, Bristol, S. 151–176.

Hauser, R. (1995): Stand der Entwicklungstendenzen der Annäherung der sozialen Sicherung in der Europäischen Union: Das Beispiel Alterssicherung, in: W. Schmähl/H. Rische (Hg.), Internationalisierung von Wirtschaft und Politik – Handlungsspielräume der nationalen Sozialpolitik, Baden-Baden, S. 139–172.

Hinrichs, K. (1996): Das Normalarbeitsverhältnis und der männliche Familienernährer als Leitbilder der Sozialpolitik. Sicherungsprobleme im sozialen Wandel, in: Sozialer Fortschritt, 4/96, S. 102–107.

ILO (International Labour Office) (1995): Working Time, Employment and Protection; Conditions of Work Digest, Vol 14, 1995.

IVSS (Internationale Vereinigung für soziale Sicherheit) (1996): Entwicklungen und Tendenzen in der sozialen Sicherheit 1993–1995: Bericht des Generalsekretärs, in: Internationale Revue für soziale Sicherheit, 2/96, S. 5–145.

Kommission der Europäischen Gemeinschaften (1991): Bericht über die soziale Entwicklung, Jahr 1989, Brüssel, Luxemburg.

Kronke, H. (1990): Regulierungen auf dem Arbeitsmarkt. Kernbereiche des Arbeitsrechts im internationalen Vergleich, Baden-Baden.

Küchle, H. (1990): Kündigungsschutzvorschriften im europäischen Vergleich, in: WSI Mitteilungen 6/1990, S. 407–414.

Langer-Stein, R./P. Pompe/S. Waskow/T. Zuleger (1991): Arbeitsmarkt Europa. Arbeitsrecht – Arbeitsschutz – Soziale Sicherung – Berufliche Bildung, Bonn.

Lecher, W./R. Naumann (1991): Teil I. Zur aktuellen Lage der Gewerkschaften, in: W. Däubler/W. Lecher (Hg.) (1991), Die Gewerkschaften in den 12 EG-Ländern. Europäische Integration und Gewerkschaftsbewegung, Köln, S. 15–130.

Lopes, H./R. Fiolhais (1998): Portugal, in: Sysdem-Trends Nr. 31, Winter 1998, S. 64–68.

Maier, F. (1994): Institutional Regimes of Part-Time Working, in: G. Schmid. (Ed.), Labor Market Institutions in Europe. A Socioeconomic Evaluation of Performance, New York, S. 151–182.

Martin, C. (1996): Social Welfare and the Family in Southern Europe, in M. Rhodes (Ed.), Southern European Welfare States. South European Society & Politics, Volume 1, Number 3 Winter 1996, Special Issue, London, S. 23–41.

Maydell, B. von (1995): Berufs- und Erwerbsunfähigkeit im Rechtsvergleich, in: Deutsche Rentenversicherung 9/1995, S 537–550.

Mayer, K./P. Mozet (1996): Der Kündigungsschutz in den Mitgliedsstaaten der Europäischen Union. WISO Sonderband Nr. 9, November 1996, Linz.

Mesch, M. (Hg.) (1995): Sozialpartnerschaft und Arbeitsbeziehungen in Europa, Wien.

Meulders, D./O. Plasman/R. Plasman (1994): Atypical Employment in the EC. Aldershot, Brookfield USA et al.

MISEP (1996): Basisinformationsbericht. Portugal. Institutionen, Verfahren und Maßnahmen, Berlin.

MISSOC (1997): Soziale Sicherheit in den Mitgliedstaaten der Europäischen Gemeinschaft. Stand am 1. Juli 1996 und Entwicklung, Brüssel, Luxemburg.

Naumann, R. (1993): Portugal, in: R. Bispinck/W. Lecher (Hg.), Tarifpolitik und Tarifsystem in Europa: ein Handbuch über 14 europäische Länder, Köln, S. 313–343.

Naumann, R. (1995): Portugal, in: EGI (Europäisches Gewerkschaftsinstitut) (Hg.), Tarifverhandlungen in Westeuropa 1994–1995, Brüssel., S. 119–134.

OECD (1993): Employment Outlook 1993, Paris.

OECD (1996): Economic Surveys. Portugal 1996, Paris.

OECD (1996a): Economic Surveys. Portugal 1995–1996, Paris.

OECD (1996b): Employment Outlook 1996, Paris.

OECD (1996c): Historical Statistics 1960–1994, Paris.

OECD (1996d): Labour Force Statistics 1974–1994, Paris.

OECD (1997): Labour Force Statistics 1976–1996, Paris.

OECD (1998): Economic Surveys. Portugal 1997–1998, Paris.

Pereirinha, A. (1996): Welfare States and Anti-Poverty Regimes: The Case of Portugal, in: M. Rhodes (Ed.), Southern European Welfare States. South European Society & Politics, Volume 1, Number 3 Winter 1996, Special Issue, London, S. 198–218.

Pichot, E. (1995): Arbeitnehmervertreter und ihre Befugnisse in Unternehmen. Studie im Auftrag der Europäischen Kommission, o. O.

Pieters, D. (1990): Introduction into the Social Security Law of the Member States of the European Community. Brüssel, Antwerpen, Appeldoorn.

Pinto, M. (1990): Portugal. ELL-Suppl. 107 (December 1990), Deventer.

Pitschas, R./R. Peters (1996): Die Rolle der Sozialpartner im europäischen Integrationsprozeß. Zur Rolle der Sozialpartner in den Bereichen soziale Sicherung und Beschäftigung unter besonderer Berücksichtigung der Entwicklung in Portugal, Speyer.

Reinhard, H.-J. (1994): Portugal: Altern eines jungen Wohlfahrtsstaats, in: Zeitschrift für ausländisches und internationales Arbeits- und Sozialrecht, Juli–September 1994, S. 229–239.

Rinninsland G. (1992): Internationaler Arbeitszeitvergleich, in: Personal, 19/1992, S. 454–458.

Ruivo, M./P. Gonzáles/M. Varejao (1998): Why is part-time work so low in Portugal and Spain?, in: J. O´Reilly/C. Fagan (Eds.), Part-Time Prospects. An international comparison of part-time work in Europe, North America and the Pacific Rim, London, New York, S. 199–213.

Schmähl, W. (1991): On the Future Development of Retirement in Europe Especially of Supplementary Pension Schemes – An Introductory Overview, in W. Schmähl (Ed.), The future of basic and supplementary pension schemes in the European Community: 1992 and beyond, Baden-Baden, S. 31–70.

Schmid, G./B. Reissert (1996): Unemployment Compensation and Labour Market Transitions, in: G. Schmid/J. O´Reilly/K. Schömann (Eds.), International Handbook of Labour Market Policy and Evaluation, Celtenham, Brookfield, S. 235–276.

Schömann, K./T. Kruppe (1996): Die Beschäftigungsdynamik in der Europäischen Union, in: infor-MISEP: Maßnahmen, Herbst 1996, S. 37–47.

Schömann, K./R. Rogowsky/T. Kruppe (1994): Befristete Beschäftigung in der Europäischen Union, in: inforMISEP: Maßnahmen, Herbst 1994, S. 33–43.

Schömann, K./R. Rogowsky/T. Kruppe (1998): Labour Market Efficiency in the European Union. Employment Protection and Fixed-Term Contracts, London, New York.

Sieber, W. (1993): Die soziale Sicherung in Portugal vor dem Hintergrund der EG-Integration und beschleunigtem wirtschaftlich-sozialen Strukturwandel, in: G. Lottes (Hg.), Soziale Sicherheit in Europa. Renten- und Sozialversicherungssysteme im Vergleich, Heidelberg, S. 171–184.

Tate, J. (1995): Heimarbeit in der Europäischen Union. Bericht der Ad-hoc-Arbeitsgruppe, in: Soziales Europa, Beiheft 2/95, S. 1–151.

Walwei, U. (1995): Wachstum atypischer Beschäftigungsformen in EU-Ländern: Bestimmungsfaktoren und Effekte, in: B. Keller/H. Seifert (Hg.), Atypische Beschäftigung. Verbieten oder gestalten?, Köln, S. 182–201.

Weber, A./V. Leienbach (1989): Soziale Sicherung in Europa. Die Sozialversicherung in den Mitgliedstaaten der Europäischen Gemeinschaft, Baden-Baden.

Zeijen, H. (1992): Teil I. Regelung der Einzelvertragsbeziehungen, in: Amt für amtliche Veröffentlichungen der Europäischen Gemeinschaften (Hg.), Die Regelung der Arbeitsbedingungen in den Mitgliedstaaten der Europäischen Gemeinschaft. Band 1. Vergleichendes Arbeitsrecht der Mitgliedstaaten, in: Soziales Europa, Beiheft 4/92, S. 1–74.

Atypische Beschäftigung in Schweden

Silvia Vidmar[*]

1. Arbeitsmarktentwicklung

1.1 Allgemeine Arbeitsmarktentwicklung

Der Arbeitsmarkt in Schweden ist gekennzeichnet durch hohe und geschlechtsspezifisch gering differenzierte Erwerbsquoten. Die Erwerbsbeteiligung der Frauen lag schon in den siebziger Jahren – so wie in anderen skandinavischen Staaten – an höchster Stelle im internationalen Vergleich, der Unterschied zu den Männern betrug damals aber dennoch zwischen 15 und 20 %. Während die Erwerbsquote der Männer seither tendenziell rückläufig ist, stieg jene der Frauen bis Ende der achtziger Jahre beträchtlich an. Für beide Gechlechter lag sie zu diesem Zeitpunkt über der 80%-Marke und sank seit Beginn der neunziger Jahre wieder unter diesen Wert. Frauen und Männer trennen in Hinblick auf die Beteiligung am Erwerbsarbeitsleben nur noch einige wenige Prozentpunkte. Im OECD-Vergleich betrug die Erwerbsquote 1997 bei den Männern 79,1 % und bei den Frauen 74,5 % (SCB 1996).

Die Entwicklung der Arbeitslosenrate zeigt, daß die Vollbeschäftigungssituation in Schweden bis Anfang der neunziger Jahre lediglich in der ersten Hälfte der achtziger Jahre, als sie die 3%-Marke leicht überstieg, unterbrochen wurde. Ende der achtziger Jahre lag sie wie Mitte der siebziger Jahre unter 2 %. Frauen waren bis dahin durchgängig etwas stärker betroffen als Männer. Dieses Bild wandelte sich in den neunziger Jahren drastisch, denn die Arbeitslosigkeit stieg sprunghaft und stark an. Mehrere hunderttausend Arbeitsplätze gingen verloren, die Arbeitslosenrate stieg bis 1993 auf über 8 % und verblieb seither in etwa auf diesem Wert (SCB 1996).

**Tabelle 1[1]: Entwicklung der Erwerbsquote in Prozent (Anteil der Beschäftigten + Arbeits-
losen an der Bevölkerung im Erwerbsalter, 15–64 Jahre)**

Jahr	Gesamt	Frauen	Männer
1973	75,5	62,6	88,1
1979	80,5	72,8	87,9
1983	81,3	76,6	85,9
1990	84,5	82,3	86,6
1993	79,1	77,2	80,9
1994	77,6	75,7	79,5
1995	78,2	76,1	80,2
1996	77,8	75,6	80,0
1997	76,8	74,5	79,1

Quelle: OECD Employment Outlook 1996 u. 1998

**Tabelle 2: Entwicklung der Arbeitslosigkeit in Prozent (Anteil der Arbeitslosen an den
Erwerbstätigen, 15–64 Jahre)**

Jahr	Gesamt	Frauen	Männer
1983	3,5	3,6	3,4
1990	1,7	1,6	1,7
1993	8,2	6,6	9,7
1994	8,0	6,7	9,1
1995	7,7	6,9	8,5
1996	8,1	7,5	8,5
1997	8,0	7,5	8,5

Quelle: OECD Employment Outlook 1997 u. 1998

Daß der Einbruch zuerst in der Privatwirtschaft erfolgte, widerspiegelt sich darin, daß die
Arbeitslosigkeit bei den Frauen zum Teil bis zu 3 % unterhalb jener der Männer lag. Dies
manifestierte sich wiederum in der Entwicklung der Beschäftigungsquote, denn deren
geschlechtsspezifische Differenz war noch nie so gering wie in jener Phase.

**Tabelle 3: Entwicklung der Beschäftigungsquote in Prozent (Anteil der Beschäftigten an der
Bevölkerung, 15–64 Jahre)**

Jahr	Gesamt	Frauen	Männer
1973	73,6	60,8	86,2
1979	78,8	71,1	86,3
1983	78,5	73,9	83,0
1990	83,1	81,0	85,2
1993	72,6	72,1	73,8
1994	71,5	70,6	72,3
1995	72,2	70,8	73,5
1996	71,6	69,9	73,2
1997	70,7	68,9	72,4

Quelle: OECD Employment Outlook 1996 u. 1998

Den Hintergrund für diesen Zusammenhang bildet ein weiteres Charakteristikum des
schwedischen Arbeitsmarkts: die starke geschlechtsspezifische Segregation in Hinblick
auf Berufsfelder und vor allem den Wirtschaftssektor (privat/öffentlich). Der seit Mitte

der siebziger Jahre traditionell stark ausgeprägte öffentliche Sektor Schwedens ist der maßgebliche Faktor für die hohe Erwerbsbeteiligung der Frauen (vgl. Mörtvik/Regnér 1997, S. 187). Seither entfallen auf diesen Bereich (schwankend) zwischen 35 und 40 % der unselbständig Beschäftigten. 1998 machten Frauen rund 73 % der insbesondere bei den Gemeinden Beschäftigten aus, oder anders formuliert: jede zweite unselbständige Frau arbeitet im öffentlichen Sektor (vgl. SCB 1996 und SCB o.J.). Die Beschäftigungsverteilung nach Wirtschaftssektoren weist im internationalen Vergleich daher auch einen überdurchschnittlich hohen Anteil bei den Dienstleistungen (71 %), dagegen unterdurchschnittliche Anteile in der Landwirtschaft (3 %) bzw. in der Industrie (26 %) auf (1997) (Eurostat 1998, S. 90).

1.2 Entwicklung atypischer Beschäftigung

Der Begriff „atypisch" im Kontext von Beschäftigung existiert im innerschwedischen (sozial)wissenschaftlichen Diskurs ebensowenig wie sein Gegenbegriff „Normalarbeitsverhältnis". Dieses Konzept ist zwar aus der europäischen Diskussion bekannt, wird aber in Schweden selbst nicht angewendet. Einzelne, anderswo als atypisch bezeichnete Beschäftigungsformen werden wohl kritisch thematisiert, aber aufgrund spezifischer Gegebenheiten weniger oder anders problematisiert.[2] In den Worten von Gonäs/Spånt (1997, S. 47): *„The term „atypical" for part-time work is not commonly used in the Swedish setting. On the contrary, part-time work is regarded as a most common contractual form that is female dominated. To use the term atypical for this type of job is still another example of how the male breadwinner norm is used in describing reality. Instead we talk about part-time jobs and temporary employment contracts of different kinds. "*

Eine Reihe der im Rahmen dieses Projekts untersuchten atypischen Beschäftigungsformen[3] sind auch in Schweden verbreitet. Die Gründe dafür, warum sie nicht als solche klassifiziert werden, sollen im Abschnitt über arbeits- und sozialrechtliche Regelungen herausgearbeitet werden. Generell dürfte dies aber auch auf die traditionell starke Arbeitsmarktpräsenz der Frauen zurückzuführen sein, die eben häufig ein diskontinuierliches, im Ausmaß reduziertes Erwerbsverhalten aufweisen, weil sie auch in Schweden einen Großteil der Reproduktionsarbeit übernehmen. Von allen Varianten ist Teilzeitarbeit sicherlich die bedeutendste und älteste, und ein explizites Frauenthema. Bereits seit Mitte der achtziger Jahre findet weiters die befristete Beschäftigung eine im internationalen Vergleich starke Verbreitung und ist heute durchaus für beide Geschlechter von Relevanz. Geringfügige Beschäftigung im Sinne einer sozialversicherungsfreien Tätigkeit existiert dagegen nicht, denn zum einen sind die Untergrenzen für Transferleistungsansprüche in den verschiedenen Sozialversicherungsbereichen extrem niedrig angesetzt und zum anderen haben schwedische ArbeitgeberInnen ihre Beiträge an die einzelnen Versicherungssysteme als Anteil der Lohnsumme zu entrichten. Die Abgaben inkludieren also alle ihre Beschäftigten. Auch in empirischer Hinsicht spielen Beschäftigungsverhältnisse mit geringem Stundenumfang kaum eine Rolle.

Neuere Formen atypischer Beschäftigung wie Leiharbeit und Scheinselbständigkeit dürften seit einigen Jahren zunehmen, wiewohl hier – speziell empirische Daten betreffend – noch wenig Aufarbeitung geschehen ist. Ähnliches gilt für Arbeit auf Abruf (im Rahmen befristeter Beschäftigung), die im Gegensatz dazu zumindest statistisch gut dokumentiert ist und vor allem bei den Frauen einen klaren Aufwärtstrend aufweist. Schließlich scheint Jobsharing, sofern darunter nicht nur die Aufspaltung von Vollzeit- in Teilzeitarbeits-plätzen verstanden wird, ein noch völlig unbesetztes Terrain in der Entwicklung des Arbeitsmarkts wie auch im diesbezüglichen Diskurs zu sein, weshalb dieses Modell hier auch nicht weiter thematisiert wird.

1.2.1 Teilzeitarbeit

Es gibt in Schweden keine gesetzliche Definition von Teilzeitarbeit, statistisch wird als solche aber eine Beschäftigung von weniger als 35 Stunden pro Woche bezeichnet. Es wird weiters unterschieden in kurze Teilzeit (1–19 Std.) und lange Teilzeit (20–34 Std.).

Teilzeitbeschäftigung und Frauenerwerbsbeteiligung stehen in Schweden in engem Zusammenhang. Die Teilzeitquote der erwerbstätigen Frauen befand sich bereits 1970 auf einem hohen Niveau (38 %) und stieg bis 1982 weiter kräftig an (47 %). Diese von den politischen EntscheidungsträgerInnen vor allem aus Gründen der Arbeitskräfteknappheit gesteuerte und intendierte Entwicklung basierte auf einer Reihe von Faktoren. Als wich-tigste werden die Einführung der Individualbesteuerung (1971), des Elternurlaubs (1974) und der Teilpension (1976), die Verringerung der geschlechtsspezifischen Einkommens-differenz sowie insbesondere die massive Expansion des öffentlichen Sektors genannt, der zum wichtigsten Arbeitgeber der Frauen wurde und nicht nur ausreichende und bedarfsorientierte Kinderbetreuungseinrichtungen offerierte, sondern auch Teilzeitarbeits-plätze. Auch die arbeits- und sozialrechtliche Gleichstellungspolitik gegenüber Teilzeitbe-schäftigten begünstigte die im internationalen Vergleich spezifische Entwicklung. In den achtziger Jahren setzte ein Rückgang ein, der v.a. fiskalpolitisch erklärt wird, denn der Grenzsteuersatz wurde für Vollzeitbeschäftigte herabgesetzt und für Teilzeitbeschäftigte angehoben. Parallel dazu stieg das wöchentliche Stundenausmaß der Teilerwerbstätigen (vgl. Sundström 1994, S. 3f.). Seit Beginn der neunziger Jahre hält sich die Teilzeitquote der Frauen auf einem relativ konstanten Niveau von 40 %. Die Teilzeitquote der Männer stieg im Betrachtungszeitraum kontinuierlich an und befindet sich heute zumindest im EU-Vergleich auch im Vorderfeld (1996: knapp 10 %). Der Frauenanteil an der Teilzeitbe-schäftigung ist damit auf 80 % gesunken. Insgesamt sind rund ein Viertel der Beschäftig-ten in Teilzeit tätig.

Tabelle 4: Entwicklung der Teilzeitbeschäftigung in Prozent (Anteil der Teilzeitbeschäftigten an den Gesamtbeschäftigten, Frauenanteil an der Teilzeitbeschäftigung)

Jahr	Frauen	Männer	Gesamt	Frauenanteil an TZB
1979	46,0	5,4	23,6	87,5
1983	45,9	6,3	24,8	86,6
1990	40,4	7,4	23,3	83,5
1993	41,4	9,1	24,9	81,3
1994	41,0	9,7	24,9	80,1
1995	40,3	9,4	24,3	80,1
1996	39,0	9,3	23,6	79,5

Quelle: OECD Employment Outlook 1996 u. 1997

Ein Großteil der Teilerwerbstätigen arbeitet mehr als 19 Stunden. Nur 2,8 % der Männer und 6,3 % der Frauen hatten z.B. 1993 eine wöchentliche Arbeitszeit unter 20 Stunden (vgl. Arbetsmarknadsstyrelsen o.J.).

Es gibt allerdings mittlerweile einen beträchtlichen Anteil unfreiwillig Teilzeitbeschäftigter, und dies wird neben dem Thema Existenzsicherung auch als das größte Problem im Zusammenhang mit dieser Beschäftigungsform gesehen (vgl. LO 1997, 6ff.). Unfreiwillig Teilerwerbstätige wurden statistisch bis 1986 als Teilarbeitslose erfaßt und gelten seither als Unterbeschäftigte.[4] In der ersten Hälfte der achtziger Jahre stieg ihre Anzahl bei den Frauen deutlich an, ging ab Mitte der achtziger Jahre bei Männern wie Frauen gleichermaßen zurück und wuchs seit Beginn der neunziger Jahre bei den Frauen neuerlich kräftig an (vgl. SCB 1996). Seit Mitte der neunziger Jahre sind für beide Geschlechter etwas rückläufige Tendenzen festzustellen. Generell waren und sind Frauen stärker davon betroffen als Männer. Für 1998 ermittelte das SCB etwa 321.000 unterbeschäftigte Erwerbstätige, davon 92.000 Männer und 229.000 Frauen. Dies entspricht 4,4 % der männlichen und 12,1 % der weiblichen Erwerbstätigen.

1.2.2 Befristete Beschäftigung

Diese Beschäftigungsform wird im Gesetz über den Anstellungsschutz (LAS §§ 5,5a,6,6a) von 1982 (mit nachfolgenden Novellen) definiert. Danach darf ein befristeter Arbeitsvertrag für eine bestimmte Zeit, Saison oder Aufgabe in folgenden Fällen abgeschlossen werden (vgl. Ministry of Labour 1988 u. 1997):

- wenn die spezifischen Gegebenheiten der Arbeit es erfordern,
- wenn es sich um eine Vertretung, ein Praktikum oder eine Ferialarbeit handelt (Vertretung: maximal drei Jahre innerhalb von fünf Jahren pro Beschäftigten bei dem/derselben ArbeitgeberIn, ansonsten automatischer Übergang in ein dauerhaftes Arbeitsverhältnis; Neuregelung ab 1.1.2000 mit Rückwirkung auf Arbeitsverträge, die nach dem 1.1.1995 abgeschlossen wurden),
- wenn vorübergehend erhöhter Arbeitsbedarf gegeben ist (maximal sechs Monate innerhalb von zwei Jahren)[5],
- wenn der Antritt des Wehrdienstes oder eines ähnlichen Dienstes, der länger als drei Monate dauern soll, bevorsteht,
- wenn es eine pensionsberechtigte Person betrifft,
- wenn es sich um ein Probearbeitsverhältnis handelt (maximal sechs Monate)[6],
- seit 1.1.1997: ohne spezifischen Grund zwischen einem und maximal zwölf Monaten (bzw. 18 Monate für Betriebe, die bislang keine Beschäftigten hatten[7]) innerhalb von drei Jahren pro Beschäftigten, maximal fünf Beschäftigte gleichzeitig pro ArbeitgeberIn[8].

Die befristet Beschäftigten werden vom SCB seit 1987 erfaßt. Die zur Verfügung stehenden Daten unterscheiden nach Geschlecht, Alter, Wirtschaftszweig, Beruf, Arbeitszeit, Wirtschaftssektor (öffentlich/privat), Region und Typus der befristeten Beschäftigung. Ihre Entwicklung stellt sich seither im wesentlichen genau gegenläufig zu jener der Beschäftigung bei den Unselbständigen insgesamt dar: Parallel zum generellen Beschäftigungszuwachs bis Anfang der neunziger Jahre ging die Anzahl der befristet Beschäftigten zurück. Danach nimmt die Beschäftigung beträchtlich ab und die befristete Beschäftigung kontinuierlich zu. Insgesamt ist bei den befristet Beschäftigten seit 1987 ein Zuwachs von rund 4 Prozentpunkten auf 15,5 % (1998) zu verzeichnen. Frauen sind häufiger in befristeten Beschäftigungsverhältnissen zu finden als Männer: 1998 mit 18,1 % versus 12,9 %. Rund 550.000 ArbeitnehmerInnen waren damit im Jahresdurchschnitt 1998 befristet beschäftigt, davon ca. 320.000 Frauen und knapp 230.000 Männer. Das ergibt ein Verhältnis von 58:42 „zugunsten" der Frauen.

Tabelle 5: Entwicklung der befristeten Beschäftigung seit 1987 (16–64jährige)

	Unselbständige insgesamt (in 1000)			Befristet Beschäftigte					
Jahr	Frauen	Männer	Gesamt	Frauen		Männer		Gesamt	
				in 1000	in %[1]	in 1000	in %[1]	in 1000	in %[1]
1987	1972	1968	3940	273	13,9	182	9,3	455	11,6
1988	2002	2003	4005	280	14,0	175	8,7	455	11,4
1989	2026	2033	4059	268	13,2	153	7,5	421	10,4
1990	2052	2053	4105	254	12,4	145	7,1	399	9,7
1991	2027	2010	4037	241	11,9	143	7,1	384	9,5
1992	1957	1886	3843	240	12,3	150	8,0	390	10,2
1993	1825	1710	3535	237	13,0	169	9,9	406	11,5
1994	1791	1700	3491	261	14,6	209	12,3	470	13,5
1995	1805	1736	3541	286	15,9	213	12,3	499	14,1
1996	1792	1737	3529	283	15,8	206	11,9	489	13,9
1997	1770	1729	3499	297	16,8	213	12,3	510	14,6
1998	1787	1770	3558	324	18,1	229	12,9	553	15,5

1 in Prozent der gesamten Unselbständigen
Quelle: SCB

Nach Altersgruppen betrachtet zeigt sich, daß anteilsmäßig insbesondere junge ArbeitnehmerInnen davon betroffen sind, und zwar bei beiden Geschlechtern gleichermaßen. Die stärkere Verbreitung bei Frauen im allgemeinen findet in der jeweiligen Alterskategorie dennoch ihren Niederschlag: 1998 waren in der Gruppe der 16–24jährigen 59,7 % der Frauen und 41,9 % der Männer befristet beschäftigt. Die Vergleichszahlen für die 25–54jährigen sind 14,8 bzw. 9,8 % und für die 55–64jährigen 6,9 bzw. 6,5 %. Für die niedrigste Altersgruppe läßt sich ein weiteres Phänomen ausmachen: ein höheres Bildungsniveau schützt heute nicht mehr vor befristeter Beschäftigung wie noch Ende der achtziger Jahre (vgl. Gonäs/Spånt 1997, S. 50f.).

In branchenspezifischer Hinsicht sind befristete Beschäftigungsverhältnisse speziell im Gastgewerbe anzutreffen, wo 1998 mehr als ein Drittel der Unselbständigen, Frauen ebenso wie Männer, davon betroffen waren. Einen deutlich überdurchschnittlichen Verbreitungsgrad (1998) weisen weiters die Land- und Forstwirtschaft (inkl. Fischerei), das Gesundheits- und Sozialwesen und bei den männlichen Beschäftigten auch der Bildungs- und Forschungsbereich auf (vgl. SCB o.J., S. 15–25). Generell sind befristete Beschäftigungsformen im öffentlichen Sektor häufiger als im privaten, wobei die Differenz bei den Männern wesentlich stärker ausgeprägt ist als bei den Frauen.[9] Im Detail ist dies auf den kommunalen Bereich zurückzuführen, in dem der Anteil der befristet beschäftigten Männer sogar höher liegt als jener der Frauen (1998: 23 % bei Männern; 19 % bei Frauen) (vgl. SCB o.J., S. 41f.). Die durchschnittlich geleistete wöchentliche Arbeitszeit der befristet Beschäftigten lag 1998 bei 31,8 Stunden, um sechs Stunden unter jener der dauerhaft

Beschäftigten; bei den Frauen waren es 29,9 und bei den Männern 34,5 Wochenstunden. 72 % der männlichen befristet Beschäftigten leisten normalerweise mehr als 34 Stunden pro Woche, je 14 % 20–34 Stunden bzw. 1–19 Stunden. Die normalerweise geleistete Arbeitszeit beträgt bei 47 % der befristet beschäftigten Frauen mehr als 34 Stunden, bei 34 % 20–34 Stunden und bei 19 % 1–19 Stunden (1998) (vgl. SCB o.J., S. 59–64).

Tabelle 6: Befristet Beschäftigte nach Altersgruppen in Prozent (Anteil an den Unselbständigen der jeweiligen Kategorie)

Jahr	Geschlecht	Befristet Beschäftigte (in %)		
		16–24 Jahre	25–54 Jahre	55–64 Jahre
1987	Frauen	41,5	9,1	4,7
	Männer	27,1	6,1	3,5
	Gesamt	34,3	7,5	4,1
1991	Frauen	35,8	8,3	3,7
	Männer	23,9	4,4	1,9
	Gesamt	29,8	6,4	2,9
1996	Frauen	53,9	12,5	4,7
	Männer	39,6	9,1	4,7
	Gesamt	46,6	10,8	4,7
1998	Frauen	59,7	14,8	6,5
	Männer	41,9	9,8	6,9
	Gesamt	50,6	12,2	6,7

Quelle: SCB

Die EU-weite Arbeitskräfteerhebung des Eurostat ermittelt auch einige Gründe für die befristete Beschäftigung seitens der ArbeitnehmerInnen. 1997 gaben hierbei über 80 % der Befragten (Frauen geringfügig darüber) an, daß sie keine Dauerstellung finden konnten (vgl. Eurostat 1998, S.149). Der höhere Wahrscheinlichkeitszusammenhang zwischen befristeter Beschäftigung und Arbeitslosigkeit läßt sich ebenfalls statistisch belegen. 67 % der Frauen und 74 % der Männer mit befristeter Beschäftigung (1994/95) waren in den vorangegangenen fünf Jahren arbeitslos und zwar öfter und länger als jene 10 bzw. 14 % der dauerhaft Beschäftigten, bei denen dies der Fall war (vgl. Arbeitsmarknadsdepartementet/SCB o.J.).

1.2.3 Arbeit auf Abruf

Wie bereits erwähnt erfaßt das SCB die befristete Beschäftigung auch nach ihrem Typus. Solcherart sind Daten über jene Unselbständigen vorhanden, die von ihrem/ihrer ArbeitgeberIn lediglich bei Bedarf abgerufen werden und somit eine kapazitätsorientierte variable Beschäftigungsform im Rahmen eines befristeten Arbeitsverhältnisses haben. Eine offizielle Definition von Arbeit auf Abruf seitens des Gesetzgebers ist nicht vorhanden, statistisch wird sie in der Formulierung „kallas vid behov" (bei Bedarf gerufen) gefaßt.

Seit 1987 läßt sich für diesen Typus befristeter Beschäftigung ein Aufwärtstrend feststellen, der ab 1991 noch deutlicher wird. Innerhalb der vergangenen zwölf Jahre hat sich die Zahl der auf Abruf Tätigen insgesamt mehr als vervierfacht, von knapp 26.000 auf über 104.000 ArbeitnehmerInnen. Frauen waren von dieser Beschäftigungsform im statistisch erfaßten Zeitraum immer stärker betroffen als Männer; 1998 lag ihr Anteil bei etwa zwei Drittel, das entspricht ca. 70.000 Frauen. Knapp 4 % der weiblichen und knapp 2 % der männlichen Unselbständigen leisten damit Arbeit auf Abruf im Rahmen eines befristeten Beschäftigungsverhältnisses.

Tabelle 7: Befristet Beschäftigte (16–64 Jahre) mit Arbeit auf Abruf seit 1987

Jahr	Frauen		Männer		Gesamt	
	in 100	in %[1]	in 100	in %[1]	in 100	in %[1]
1987	181	0,9	76	0,4	257	0,7
1988	266	1,3	95	0,5	362	0,9
1989	250	1,2	11̇	0,5	361	0,9
1990	276	1,3	114	0,6	390	1,0
1991	272	1,3	124	0,6	396	1,0
1992	326	1,7	160	0,8	458	1,3
1993	372	2,0	199	1,2	571	1,6
1994	472	2,6	281	1,6	751	2,2
1995	520	2,9	279	1,6	799	2,3
1996	585	3,3	287	1,7	872	2,5
1997	658	3,7	343	2,0	1001	2,9
1998	700	3,9	344	1,9	1045	2,9

1   in Prozent aller Unselbständigen

Quelle: SCB

Altersspezifisch betrachtet zeigt sich dasselbe Phänomen wie bei der befristeten Beschäftigung insgesamt: Junge ArbeitnehmerInnen sind davon weit stärker betroffen als ältere. 1998 waren rund 12 % der 16–24jährigen Unselbständigen auf Abruf tätig.

1.2.4 Leiharbeit

Diese Beschäftigungsform wird im Gesetz über private Arbeitsvermittlung und Leiharbeit von 1993 (bzw. davor 1991) (§ 2) definiert: „*The hiring-out of manpower implies a legal relationship between a principal employer and another employer, the purpose of which is that the latter employer places the employees at the principal employer's disposal at an agreed price and in order to let the employees perform work in the principal employer's business.*" (zit. in: Eklund 1995/96, S. 636)

Die empirische Verbreitung von Leiharbeit in Schweden wird vom SCB nicht erfaßt, weshalb keine genauen Daten vorhanden sind. Eklund [10] (1995/96, S. 626f.) spricht in Zusammenhang mit (Werk-)Vertragsarbeit, die Subvertragsnehmer (sowohl Betriebe mit eigenen Beschäftigten als auch einzelne (vielfach Schein-)Selbständige) und Leiharbeit umfaßt, von einem „ziemlich weit verbreiteten Phänomen" in bezug auf den skandinavischen Raum. Die Verleihung von Arbeitskräften ist demnach in erster Linie im Dienstleistungssektor verbreitet, insbesondere in den Büro- und Pflegeberufen, im Bereich Consulting und in der Unterhaltungsbranche (z.B. MusikerInnen), aber auch im produzierenden Sektor, hier speziell in der Bau- und Metallindustrie. Frauen sind generell, aber vor allem in den beiden erstgenannten Wirtschaftszweigen, häufiger davon betroffen als Männer. Gebrauch von dieser Variante der Arbeitskräfterekrutierung machen sowohl kleine als auch große Unternehmen in der Privatwirtschaft ebenso wie der öffentliche Sektor.

1.2.5 Scheinselbständigkeit

Eine explizite Definition der sogenannten Scheinselbständigkeit wird in schwedischen Gesetzen oder kollektiven Rechtsnormen zwar nicht vorgenommen, doch dürfte eine rechtliche Handhabe dieses auch in Schweden existierenden Phänomens mittels der Rechtsprechung der Arbeitsgerichte gegeben sein.[11]

Empirische Daten zu dieser „Beschäftigungsform" sind weder mittels offizieller Statistik (SCB) noch mittels wissenschaftlicher Literatur zugänglich. Es sei hier lediglich noch einmal auf die generelle Feststellung Eklunds betreffend (Werk-)Vertragsarbeit insgesamt verwiesen (siehe Kap. 1.2.4).

2. Politische Regelungen

2.1 Arbeitsrechtliche Regelungen für atypische Beschäftigungsformen

2.1.1 Teilzeitbeschäftigte

Das schwedische Arbeitsrecht unterscheidet prinzipiell nicht zwischen Vollzeit- und Teilzeitbeschäftigten, sondern bezieht alle ArbeitnehmerInnen – ungeachtet des Ausmaßes ihrer Arbeitszeit – ein (z.B. bei bezahltem Urlaub, Kündigungsschutz, Abfindung etc.) (vgl. Finder 1993, S. 186 u. EIRR 1990, S. 26). Auf kollektivvertraglicher Ebene erfährt dieses Prinzip allerdings eine Einschränkung, denn ArbeitnehmerInnen mit weniger als 40 % der tariflich vereinbarten Normalarbeitszeit sind von (freiwilligen) Arbeitgeberleistungen, wie z.B. spezielle Pensionsvereinbarungen, zusätzliches Urlaubsgeld oder Zuschläge für Nacht- und Schichtarbeit, ausgeschlossen.[12] In der Regel betrifft dies also Personen, die weniger als 16 Wochenstunden arbeiten. Seit 1981 sind ArbeitgeberInnen tariflich dazu verpflichtet, die Beschäftigten über diese Benachteiligung zu informieren und deren Arbeitsverhältnis, auf Wunsch, dahingehend zu ändern, daß dieses Defizit ausgeschaltet wird. Grundsätzlich besteht jedoch Vereinbarungsfreiheit (vgl. Bundesministerium 1989, S. 34 und v. Otter/Viklund 1995, S. 184).

Eine spezifisch auf Teilzeitbeschäftigte abzielende Schutzmaßnahme des Arbeitszeitgesetzes von 1982 war die Einführung des Begriffs der Mehrarbeit in Zusammenhang mit zusätzlicher Arbeitsleistung von Teilzeitbeschäftigten, die über ihr individuell vereinbartes, vertragliches (Normal)Arbeitszeitausmaß hinausgeht. Die Anordnung von Mehrarbeit setzt erhöhten Arbeitsbedarf voraus und ist – analog der Überstundenregelung – nur beschränkt zulässig. Zudem wurden auf kollektivvertraglicher bzw. betrieblicher Ebene vielfach Mehrarbeitszuschläge vereinbart.[13] Diese Regelung soll verhindern, daß ArbeitgeberInnen das Flexibilisierungspotential von Teilzeitarbeit unbeschränkt ausnutzen können.

Die bereits zitierte Novelle des LAS (1996) beinhaltet auch eine Neuregelung betreffend unfreiwillig Teilzeitbeschäftigte. Bei zusätzlichem Arbeitskräftebedarf des Unternehmens haben nunmehr Teilzeitbeschäftigte, die dem/der ArbeitgeberIn ihren Wunsch nach einer höheren Arbeitszeit bzw. Vollzeittätigkeit angezeigt haben und ausreichend qualifiziert sind, ein Vortrittsrecht, sofern den Interessen des Betriebs dadurch entsprochen werden kann. Der/die ArbeitgeberIn ist dabei aber nicht verpflichtet, den Vorstellungen des/der Betreffenden zur Gänze zu entsprechen. Das Vortrittsrecht gilt für die jeweilige Betriebseinheit. Besitzen mehrere Teilzeitbeschäftigte ein Vortrittsrecht, kommt die sogenannte Reihenfolgeregel [14] zur Anwendung: es entscheidet dann darüber neben der Qualifikation, die gesamte Beschäftigungsdauer im Betrieb bzw. das Lebensalter der Betreffenden (vgl. Sveriges Verkstadsindustrier 1997, S. 51f.).

2.1.2 Befristet Beschäftigte

Im LAS gibt es neben der eingangs zitierten Definition eine Reihe von spezifischen Bestimmungen für befristet Beschäftigte, um auch hier einen gewissen Bestandsschutz zu bieten. Grundsätzlich kann jedes, entgegen den gesetzlichen Bestimmungen vereinbartes, befristetes Arbeitsverhältnis auf Verlangen des/der ArbeitnehmerIn per arbeitsgerichtlichen Beschluß in ein dauerhaftes umgewandelt werden. Im Prinzip endet ein befristetes Beschäftigungsverhältnis ohne begründete Kündigung mit dem Ablauf des Arbeitsvertrags bzw. der Erledigung der Aufgabe. Der/die ArbeitgeberIn hat aber eine Benachrichtigungspflicht, wenn die Absicht besteht, den/die Betroffene nicht weiterzubeschäftigen. Voraussetzung dafür ist, daß er/sie länger als 12 Monate innerhalb der letzten zwei Jahre für den/die ArbeitgeberIn tätig war. Die Benachrichtigung muß einen Monat vor Ablauf des Arbeitsvertrags erfolgen. Saisonbeschäftigte, die länger als sechs Monate innerhalb der letzten zwei Jahre für den/die ArbeitgeberIn tätig waren, müssen einen Monat vor Beginn der neuen Saison informiert werden. Die Benachrichtigung hat denselben formalen Anforderungen zu genügen wie das Kündigungsschreiben. Kommen ArbeitgeberIn und ArbeitnehmerIn darin überein, das befristete Arbeitsverhältnis vorzeitig aufzulösen, gelten die normalen Regeln, d.h. es muß ein sachlicher Grund vorliegen und die Kündigungsfrist eingehalten werden [15] (vgl. Sveriges Verkstadsindustrier 1997, S. 17). Wenn keine gegenteilige Übereinkunft getroffen wurde, kann per Gesetz auch die Probeanstellung vor dem vereinbarten Zeitpunkt abgebrochen werden.[16] Vor dem regulären Ende der Probezeit ist jedenfalls die Absicht das Arbeitsverhältnis nicht verlängern zu wollen, der Gegenseite bekannt zu geben. Bei Unterlassung geht es automatisch in ein dauerhaftes über. Arbeitgeberseitig besteht die Verpflichtung, probeweise Beschäftigte und – im Fall der Mitgliedschaft – ihre Gewerkschaftsvertretung zwei Wochen im vorhinein zu informieren bzw. zu konsultieren, wenn beabsichtigt wird, das Arbeitsverhältnis abzubrechen bzw. nach Vertragsablauf nicht in ein dauerhaftes umzuwandeln.

Der mit der LAS-Novelle 1994 eingefügte Paragraph 6a, der den/die ArbeitgeberIn dazu verpflichtet, die Arbeitsbedingungen (z.B. Beschreibung der Arbeitsaufgaben, Typ des Arbeitsverhältnisses, Abgeltungsmodalitäten, Urlaubsanspruch, Länge der täglichen oder wöchentlichen Normalarbeitszeit) innerhalb eines Monats nach Arbeitsbeginn schriftlich bekannt zu geben, bezieht sich ausdrücklich auch auf befristet Beschäftigte, sofern die Vertragsdauer mindestens einen Monat umfaßt. Hinsichtlich des Vorzugsrechts auf Wiedereinstellung wird ebenso Bezug auf befristet Beschäftigte genommen. Wenn sie nämlich nach Ablauf des Arbeitsvertrags aufgrund von Arbeitsmangel nicht weiterbeschäftigt werden können, außerdem länger als zwölf Monate innerhalb der letzten drei Jahre für den/die ArbeitgeberIn tätig waren [17] (Saisonbeschäftigte: sechs Monate während der letzten zwei Jahre) und ausreichend qualifiziert sind, genießen sie dasselbe Recht wie die aus diesem Grund Gekündigten. Die einjährige Gültigkeitsdauer berechnet sich bei den Saisonniers ab dem Beginn der nächsten Saison (vgl. Ministry of Labour 1988, S. 15).

Im Arbeitszeitgesetz (§ 12) gibt es eine spezifische Bestimmung betreffend befristet Beschäftigte in Zusammenhang mit der Verteilung der Arbeitszeit. Beabsichtigt der/die ArbeitgeberIn die Lage der üblichen Arbeitszeit (bzw. Bereitschaftszeit) zu ändern, muß er dies zwei Wochen im vorhinein ankündigen. Befristet Beschäftigte sind von dieser Regelung ausgenommen (vgl. Ministry of Labour 1985, S. 5).

Nach dem Urlaubsgesetz (§ 5) haben befristet Beschäftigte, deren Tätigkeit nicht mehr als 60 Stunden umfaßt und nach drei Monaten beendet ist, keinen Anspruch auf bezahlten Urlaub. Des weiteren kann für jegliche befristete Beschäftigung, die nicht länger als drei Monate dauert, der Entfall des Urlaubsanspruches vereinbart werden. In diesen Fällen besteht jedoch ein Anspruch auf aliquote Urlaubsentschädigung (vgl. Ministry of Labour 1985, S. 4f.).

2.1.3 Arbeit auf Abruf

Betreffend Arbeit auf Abruf gibt es keine spezifischen gesetzlichen Bestimmungen im schwedischen Arbeitsrecht. Eine grundsätzliche Schutzmaßnahme stellt zwar die zuvor genannte Bestimmung im Arbeitszeitgesetz zur Verteilung der Arbeitszeit dar, daß Änderungen in deren Lage zwei Wochen im vorhinein mitgeteilt und damit fixiert werden müssen. Die befristet beschäftigten ArbeitnehmerInnen sind jedoch davon ausgenommen und damit auch die von Arbeit auf Abruf Betroffenen. Einen vielleicht besseren Ansatz dürfte die Einfügung des Paragraphen 6a im LAS (1994) darstellen, der die schriftliche Festlegung zumindest der wöchentlichen Normalarbeitszeit verlangt. Obwohl dabei nur Bezug auf die Länge und nicht die Lage der Arbeitszeit genommen wird, können sich die (befristet beschäftigten) ArbeitnehmerInnen damit wenigstens auf eine gewisse Regelmäßigkeit berufen.

2.1.4 Leiharbeit

Bevor es in Schweden zu einschneidenden gesetzlichen Veränderungen bezüglich privater Arbeitsvermittlung und Leiharbeitsverträgen kam, war es per Verordnung etwa 20 Gewerkschaftsorganisationen, speziell Berufsverbänden der TCO und SACO erlaubt, intern Arbeitskräfte zu vermitteln. Bereits 1988 wurde ein Kollektivvertrag betreffend Agenturen, die „Beschäftigte auf Zeit" vor allem im Bereich der Büroberufe zur Verfügung stellten, abgeschlossen. Im Jahr 1991 erfolgte noch unter sozialdemokratischer Regierung eine teilweise Deregulierung der diesbezüglichen Gesetzeslage, die vor allem als Anpassungsmaßnahme an neu entstandene Flexibilitätsanforderungen der Wirtschaft gesehen wurde. Die bürgerliche Regierung (1991–1994) erweiterte 1993 die betreffenden Maßnahmen und hob das staatliche Monopol auf Arbeitsvermittlung zur Gänze auf. Seither agieren eine Reihe von privaten, gewinnorientierten Arbeitsvermittlungsagenturen auf dem schwedischen Arbeitsmarkt, die Arbeitskräfte auf Zeit verleihen.

Die komplexe Sachlage im Fall von Leiharbeitsverträgen beschreibt Eklund (1995/96, S. 625) folgendermaßen: *„Labour-only contracting implies the emergence of triangular relationships other than regular contracts of employment, in which employees may find themselves under the authority of a principal (user) employer with whom they have never* *signed a contract of employment. In those cases, the employees' regular employer acts as a temporary employment agency."*

Als besonders wichtige arbeitsrechtliche Klarstellung seitens des Gesetzgebers ist daher die Arbeitgeber-Stellung der Vermittlungsagentur im Fall der Leiharbeit zu bewerten. Er/sie hat gegenüber dem/der Beschäftigten den Arbeitsort und die Arbeitsbedingungen anzugeben und das Entgelt zu bezahlen. Das Weisungsrecht kommt dagegen dem/der die Arbeitskraft de facto nutzenden ArbeitgeberIn zu. Aufgrund dieser geteilten Arbeitgeberbeziehung entsteht freilich Unklarheit darüber, wer im Fall einer, die Leiharbeitskraft betreffenden, arbeitsrechtlichen Überschreitung im Betrieb verantwortlich gemacht werden soll.[18] Was Gesundheit und Sicherheit der Leiharbeitskraft am Arbeitsplatz betrifft, wurde im Arbeitsumweltgesetz (1977) mit der Novelle 1994 eine eindeutige Klärung vorgenommen: verantwortlich dafür ist der/die de facto-ArbeitgeberIn. Es scheint im allgemeinen keine Hinweise dafür zu geben, daß ArbeitgeberInnen hauptsächlich aus Gründen der Umgehung arbeitsrechtlicher Normen auf Leih- bzw. Vertragsarbeit zurückgreifen. Gelegentlich dürften Arbeitsvermittlungsagenturen als Rekrutierungshilfe dienen: der/die ArbeitnehmerIn kann quasi probeweise ausgeliehen und getestet werden, bevor ein dauerhaftes Arbeitsverhältnis eingegangen wird.[19] Sowohl die gesetzliche Lage als auch kollektivvertragliche Vereinbarungen weisen darauf hin, daß das Arbeitsverhältnis einer Leiharbeitskraft in Schweden im Vergleich zu etwa den anderen skandinavischen Staaten einen größeren Bestandsschutz aufweist. Zum einen dürften die Bestimmungen des LAS zu befristeten Arbeitsverträgen keine Basis für die Personaleinstellung in Leiharbeitsfirmen darstellen, und zum anderen beinhaltet z.B. der eingangs erwähnte und aktuell gültige Kollektivvertrag (Personalvermittlung für Bürodienste u.ä.) die Klausel, daß Arbeitsverträge grundsätzlich auf unbestimmte Zeit, versehen mit einer minimalen (bezahlten) Arbeitszeitgarantie von 20 Stunden wöchentlich, abgeschlossen werden. Solche spezifischen Kollektivverträge sind jedoch selten; in der Regel gelten die generellen tariflichen Vereinbarungen auch für Leiharbeitskräfte.[20] Nach der Rechtsprechungspraxis begehen ArbeitgeberInnen, die mit der primären Intention der Umgehung des geltenden Kollektivvertrags auf Leiharbeitskräfte zurückgreifen, einen Vertragsbruch (vgl. Eklund 1995/96, S. 627ff.).

Im Arbeitszeitrecht, im Urlaubsrecht sowie im Kündigungsrecht existieren jedenfalls auf der gesetzlichen Ebene keine spezifischen Bestimmungen für Leiharbeitskräfte.

2.1.5 Scheinselbständigkeit

Im Hinblick auf Scheinselbständigkeit kommen vor allem folgende zwei Varianten der arbeitsrechtlichen Regelung zur Anwendung. Zum einen ist im Mitbestimmungsgesetz (MBL) enthalten, daß sogenannte *abhängige Vertragsnehmer* in derselben Weise behandelt werden sollen wie ArbeitnehmerInnen, wenn sie eine Position innehaben, die jener der ArbeitnehmerInnen essentiell gleicht. Diese Regelung bezieht sich auf den Anwendungsbereich dieses Gesetzes – die Mitbestimmungsrechte im Betrieb – und ist daher vornehmlich in Zusammenhang mit Organisations- und Verhandlungsrechten relevant. Zum anderen spielt in der schwedischen Rechtsprechungspraxis betreffend die Interpretation dessen, wer ein/eine ArbeitnehmerIn ist, die Schutzfunktion eine wichtige Rolle. Vielen (schein)selbständigen VertragsnehmerInnen ist bereits durch einen arbeitsgerichtlichen

Entscheid der Arbeitnehmerstatus zugesprochen worden. Die Gerichte beziehen sich dabei nicht auf einen einzelnen Umstand in der vertraglichen Beziehung der Beteiligten, sondern auf ein Bündel von Fakten, die ein umfassendes Gesamtbild ergeben (vgl. Eklund 1995/96, S. 635f.). Mit dem Arbeitnehmerstatus einher geht die Anwendbarkeit von arbeitszeitrechtlichen, urlaubsrechtlichen, kündigungsrechtlichen und abfindungsrechtlichen Bestimmungen.

2.1.6 Evaluierung

Die Situation teilzeitbeschäftigter Frauen in arbeitsrechtlicher Hinsicht dürfte in Schweden traditionell kaum problematisch sein. Die generelle Gleichstellung Teilzeitarbeitender bedurfte keiner spezifischen gesetzlichen Verankerung, wohingegen Teilaspekte, wie etwa die Mehrarbeit, sehr wohl gesondert behandelt wurden. Diese Form der atypischen Beschäftigung ist nicht nur weit verbreitet, sondern auch von einer relativ hohen gesellschaftlichen Akzeptanz getragen. Zudem ist das kurze Teilzeitsegment (1–19 Std./ Woche), das auf kollektivvertraglicher Ebene unterhalb von 16 Stunden wöchentlich Benachteiligungen bringt, ein marginales im schwedischen Arbeitsmarkt. In Zusammenhang mit der entsprechenden EU-Richtlinie wird aber auch über eine Beseitigung dieser Ungleichbehandlung diskutiert. Die zentrale Problematik, die erstmals bereits Mitte der achtziger Jahre aufkam und in den neunziger Jahren beträchtliche Dimensionen annahm, ist vielmehr die unfreiwillige Teilzeitbeschäftigung. Speziell in den Niedriglohnsektoren, z.B. bei den KommunalarbeiterInnen, dürfte einkommensbedingt ein großer Bedarf an einer höheren Arbeitszeit gegeben sein. Bisher wurde lediglich versucht, auf kollektivvertraglicher Ebene mittels entsprechender Empfehlungen entgegenzuwirken. Diese Vorgangsweise scheint aber wenig erfolgreich gewesen zu sein.

Mit der Gesetzesänderung im LAS (1996), die das Recht auf Erhöhung der Arbeitszeit für Teilzeitbeschäftigte in Form des Vortrittsrechts bei Neueinstellungen verankerte, wurde nunmehr diesem Umstand Rechnung getragen. Die von den Gewerkschaften lange eingeforderte Maßnahme beabsichtigt, die Position der (mehrheitlich) davon betroffenen Frauen zu stärken und wird durchwegs positiv beurteilt.

Im Hinblick auf befristete Beschäftigung wurde in Schweden traditionell eine eher restriktive Politik verfolgt, indem diese Form der atypischen Beschäftigung nur bei Vorliegen bestimmter Gründe akzeptiert wurde. Der dennoch hohe Verbreitungsgrad befristeter Arbeitsverhältnisse ist insbesondere vor dem Hintergrund gut funktionierender Freistellungsregelungen (v.a. Elternurlaub mit Wiedereinstellungsrecht) zu sehen: so befanden sich z.B. 1987 beinahe die Hälfte der befristet Beschäftigten in Vertretungsstellen. Mit der großen Krise am schwedischen Arbeitsmarkt ist allerdings ein ambivalenterer Kurs eingeschlagen worden, der einen „Policy-Mix" von Einstellungserleichterungs- und verstärkten Schutzmaßnahmen darstellt. So wurde zwar die von der bürgerlichen Regierung eingeführte Ausdehnung der Probezeit und der befristeten Beschäftigung aufgrund vorübergehender Arbeitsanhäufung auf ein Jahr von den Sozialdemokraten postwendend wieder rückgängig gemacht, andererseits schufen letztere aber jüngst die neue Variante der befristeten 12-Monats-Verträge ohne spezifische Begründung, wenngleich mit gewissen Anwendbarkeitsschranken. Als explizite, auch gewerkschaftlich forcierte frauenspezifische Maßnahme ist dagegen die Verschärfung der Regelung im Bereich der Karenzvertretung zu sehen. Sie wendet sich gegen die Praxis vieler v.a. größerer Unternehmen, die Frauen in (befristeten) Kettenarbeitverträgen von Vertretungsstelle zu Vertretungsstelle transferieren. Von der Beschränkung dieser Möglichkeit wird erwartet, daß hier zukünftig verstärkt „normale" Arbeitsverträge (auf unbestimmte Zeit) abgeschlossen werden. Auch die Ausdehnung der Bezugsperiode der Beschäftigungszeit von zwei auf drei Jahre als Voraussetzung für das Recht auf Wiedereinstellung begünstigt befristet Beschäftigte.

Generell und in Akkordanz mit der lange Zeit verfolgten Politik ist ein relativ hoher Bestandsschutz durch die Kündigungsschutzbestimmungen auch bei befristet Beschäftigten gewährt. Die grundsätzlich sehr liberale Haltung des Gesetzgebers in der Regelung der Arbeitszeit, speziell der chronologischen Dimension, stellt offensichtlich im Bereich der befristet in Arbeit auf Abruf Tätigen ein neues Problem dar. Obwohl die befristete Beschäftigung insgesamt in den vergangenen zwölf Jahren nur mäßig zunahm, ist der Trend in dieser vornehmlich weiblich dominierten Untergruppe stark steigend. Folglich hat hier eine Verschiebung stattgefunden.[21] Die arbeitszeitrechtliche Absicherung dieser Gruppe betreffend die Verteilung der Arbeitszeit stellt m.E. einen Schwachpunkt in diesem Regelungsbereich dar, der insbesondere Frauen betrifft.

In bezug auf Leiharbeit kann von einem eindeutigen Politikwechsel gesprochen werden, denn das jahrzehntelange, in jüngerer Vergangenheit in seiner Wirksamkeit zunehmend angezweifelte Verbot dieser Beschäftigungsform ist in zwei Etappen gänzlich aufgehoben worden. Die Zuweisung der Arbeitgeberposition an die Vermittlungsagenturen durch die entsprechende gesetzliche Regelung stellt dabei einen positiv zu bewertenden Aspekt dar, die daraus resultierende Triangularität der Beziehungen einen noch kaum empirisch unterlegten und aufgearbeiteten Problembereich. Sowohl durch die gesetzliche Lage als auch kollektivvertragliche Vereinbarungen dürfte die Situation schwedischer LeiharbeiterInnen insofern günstig sein, als daß sie im Vermittlungsunternehmen auf unbestimmte Zeit zu beschäftigen sind. Auch die Arbeitszeitgarantie im genannten Kollektivvertragsbereich kommt einer geeigneten Schutzmaßnahme gleich.

In Zusammenhang mit Scheinselbständigkeit ist die Einschätzung der Lage mangels zugänglicher Quellen, die auch über die Verbreitung dieses Phänomens Auskunft geben, schwierig. Die Rechtsprechungspraxis zeigt jedenfalls, daß hier von den Arbeitsgerichten eine gewisse Schutzfunktion wahrgenommen wird.

2.2 Sozialrechtliche Regelungen für atypische Beschäftigungsformen

2.2.1 Teilzeitbeschäftigte

Im Zusammenhang mit Teilzeitbeschäftigung kommen eine Reihe von sozialrechtlichen Sonderregelungen zur Anwendung.

Im Bereich der Krankenversicherung waren bis 1987 die in „konzentrierter" Teilzeit Beschäftigten (z.B. eine Woche Vollzeit/ eine Woche frei) insofern benachteiligt, als daß sie das tägliche Krankengeld auf Basis des Jahreseinkommens erhielten. Seither erfolgt die Berechnung des Krankengeldes aufgrund jenes Einkommens, das normalerweise am Krankheitstag angefallen wäre (vgl. Bundesministerium 1989, S. 42).

Im Pensionsversicherungsrecht wurde 1976 für 60–64jährige die Möglichkeit geschaffen, Teilzeitarbeit mit einer Teilpension zu verbinden und somit gleitend in den Altersruhestand zu treten (vgl. Sundström 1990, S. 51f). Anspruchsvoraussetzung ist, daß nach Vollendung des 45. Lebensjahres ein zehnjähriges, pensionsanrechnungsfähiges Einkommen bezogen wurde und daß die wöchentliche Arbeitszeit zum Zeitpunkt der Antragsstellung mindestens 22 Stunden umfaßt. Für den Bezug der Teilpension kann die Arbeitszeit auf maximal 17 Stunden pro Woche abgesenkt werden. Der reguläre Pensionsanspruch wird dadurch nicht geschmälert. Die ursprüngliche Regelung beinhaltete eine Einkommenskompensation von 65 %, 1981 wurde sie auf 50 % reduziert und 1987 wieder auf 65 % angehoben. 1994 wurde sie abermals auf 55 % abgesenkt (vgl. RFV 1996, S. 66).

Im Rahmen der Arbeitslosenversicherung können unfreiwillig Teilzeitbeschäftigte (nach längerer Vollzeittätigkeit) ein Teilarbeitslosengeld beziehen. Die Kompensation des Einkommensverlusts ist als Anreiz für eine Vollzeitstelle suchende Arbeitslose gedacht, vorübergehend ein Teilzeitangebot anzunehmen. Die Bezugsdauer des Teilzeitarbeitslosengeldes ist vom Stundenumfang der Teilzeittätigkeit abhängig und wird maximal für einen 150 Vollzeitarbeitstagen entsprechenden Zeitraum gewährt (z.B. bei 20 Wochenstunden für 300 Tage) (vgl. Finder 1993, S. 187f.). Bislang wurde die Regelung jedoch dahingehend gehandhabt, daß bei neuerlicher Prüfung der Sachlage jeweils nach Ablauf der Leistung weitere Bezugsperioden gewährt wurden. Diese Praxis wurde 1995 abgestellt (vgl. Gonäs/Spånt 1997, S. 74).

Für andere in Schweden auftretende Formen atypischer Beschäftigung gibt es keine spezifischen Bestimmungen in den genannten Sozialversicherungsbereichen.

2.2.2 Evaluierung

In der vergleichenden wohlfahrtsstaatlichen Literatur (siehe z.B. Esping-Andersen 1990) wird Schweden demjenigen Typus zugeordnet, dessen Sozialversicherungssystem (staats)bürgerorientiert und grundsätzlich umfassend gestaltet ist. Dieses Modell der sozialen Sicherung richtet sich an alle im Staat lebenden Individuen, (relativ) unabhängig von deren Erwerbsverhalten. Die ansässige Bevölkerung ist quasi automatisch in das System integriert, wenngleich das jeweilige Anspruchsniveau von der Höhe des Einkommens abhängt.

In das Krankenversicherungssystem etwa sind bei Sachleistungen (z.B. Arztbesuche) alle in Schweden wohnhaften Personen integriert, die Art der Beschäftigung (selbständig/ abhängig) bzw. das Ausmaß der Arbeitszeit spielen dabei keine Rolle (vgl. Europäische Kommission/Missoc 1996, S. 125 u. 163ff.). Die Hürde für einen Geldleistungsanspruch ist sehr niedrig angesetzt, denn Erwerbstätige (ArbeitnehmerInnen und Selbständige) benötigen lediglich ein jährliches Einkommen von rund 14.000 öS (1024 Euro) (vgl. SI 1998).

Das 1998 gänzlich reformierte Pensionsversicherungssystem, das von einer 30 Jahre/ 15 Jahre-Berechnungsregel auf das Lebenseinkommensprinzip umgestellt wurde, gewährt auch weiterhin eine individuelle Grundsicherung durch einen Mindestpensionsanspruch von ca. 9500 öS (695 Euro) (vgl. Ministry of Health and Social Affairs 1994).

Auch das Elternkarenzurlaubsrecht beinhaltet eine Mindestsicherung, die lediglich eine ca. sechsmonatige, ununterbrochene (Kranken)Versicherungsdauer vor dem Geburtstermin voraussetzt, die wiederum automatisch gegeben ist, wenn man ebensolange in Schweden wohnhaft gemeldet ist.

Die Ausnahme bildet die 1997 ebenfalls reformierte Arbeitslosenversicherung, die in Schweden nicht zum sozialen Sicherungssystem zählt und deshalb auch nicht im Sozialministerium ressortiert. Wesentliche Anspruchsvoraussetzung für den Erhalt einer Geldleistung ist eine sechsmonatige Erwerbstätigkeit (mit in etwa 17 Wochenstunden) innerhalb des vorangegangenen Jahres (vgl. Europäische Kommission/Missoc 1996, S. 349ff.).

Die sozialrechtliche Absicherung atypisch Beschäftigter in Schweden kann vor diesem Hintergrund im allgemeinen als relativ gut bezeichnet werden, denn das soziale Sicherungssystem orientiert sich weniger am sogenannten Normalarbeitsverhältnis als etwa in Österreich. Im Detail sind für Teilerwerbstätige die Bereiche Pensions- und Arbeitslosenversicherung zu problematisieren. Die in Übergangsphasen schrittweise umzusetzende Pensionsreform, die letztendlich die maximale Anwendung des Äquivalenzprinzips durch die Umstellung der Berechnung auf Basis des Lebenseinkommens bringt, wird Teilzeitbeschäftigte stärker betreffen als Vollzeitbeschäftigte. Nichtsdestotrotz wurde in rezenten Jahren das bisherige System in seinen Umverteilungseffekten auch aus Frauenperspektive in Frage gestellt.[22]

Die Arbeitslosenversicherung wiederum schließt jene Teilerwerbstätigen mit einem geringen Stundenumfang aus. Auch wenn, wie bereits erläutert, die sogenannte kurze Teilzeit ein marginales Arbeitsmarktsegment darstellt, so gibt es in diesem Versicherungsbereich durch zusätzliche Leistungsvoraussetzungen ein nicht unbeträchtliches Ausgrenzungsrisiko.[23] Die spezifische Regelung des Teilarbeitslosengeldes für unfreiwillig Teilzeitbeschäftigte hat in ihrer bisherigen Handhabung Teilzeitarbeit gefördert und vor allem in der unteren Einkommensskala einen notwendigen finanziellen Ausgleich für die vornehmlich weiblichen Betroffenen geschaffen. Die Beschränkung dieser spezifischen Maßnahme auf eine einmalige Bezugsperiode ohne Verlängerung hat viele Frauen vor massive Probleme gestellt.

Für befristet Beschäftigte gibt es insbesondere im Elternkarenzurlaubsrecht und im Arbeitslosenversicherungsrecht Zugangshemmnisse, da in diesen Bereichen bestimmte Anwartschaftszeiten gefordert werden. Die mit Juli 1997 eingeführte Ausdehnung der nötigen Beschäftigungsdauer für den Arbeitslosengeldanspruch von fünf auf sechs Monate stellt dabei eine relativ moderate Anforderung dar (vgl. R&D 1997/19). Das über die Mindestsicherung hinausgehende, den Einkommensausfall kompensierende Karenzurlaubsgeld setzt eine rund achtmonatige, durchgängige Beschäftigung – davor sechs Monate bei dem/der gleichen ArbeitgeberIn – vor dem Geburtstermin voraus und ist damit schon schwieriger zugänglich (vgl. Strasser 1997, S. 95). Zudem entfällt in der Praxis häufig der gesetzlich verankerte Anspruch auf Wiedereinstellung nach Beendigung des Karenzurlaubs.[24] Bei den auf Abruf Tätigen potenzieren sich natürlich die genannten Probleme, und bei den LeiharbeiterInnen kommt es auch hier wieder darauf an, ob sie befristet oder unbefristet beschäftigt sind. (Schein)Selbständige sind von den einzelnen Versicherungssystemen gleichermaßen erfaßt wie abhängig Beschäftigte und haben daher keine gesonderten sozialrechtlichen Probleme.

Alle diese Detailproblematiken ändern aber nichts daran, daß etwa ein individueller, einkommensunabhängiger Mindestpensionsanspruch einen geeigneten Schutzmechanismus für atypisches Erwerbsverhalten darstellt, daß ein einkommensabhängiger Karenzgeldanspruch als Anreiz zu Vollzeitbeschäftigung vor der Familiengründung dient, daß mit Einschränkung bei der Arbeitslosenversicherung geringfügige Beschäftigung nicht existiert und daß keine derivativen, sondern v.a. originäre Transferleistungsansprüche bestehen. Das schwedische Modell der sozialen Sicherung stellt daher im Vergleich der international angewendeten wohlfahrtsstaatlichen Konzepte ein relativ günstiges für die materiellen Teilhabechancen von Frauen dar. Die politisch auf allen Ebenen geförderte, starke Integration der Frauen am Arbeitsmarkt scheint hierfür ausschlaggebend zu sein. Eine Schlüsselrolle kommt dem außergewöhnlich entwickelten öffentlichen Sektor [25] zu, der einerseits Arbeitsplätze schuf und andererseits Reproduktionsaufgaben übernahm. Dieses Modell wirkt im großen und ganzen auch in Hinblick auf atypische Beschäftigung integrativ.

Die grundsätzlichen Risken atypischer Beschäftigung kann aber auch ein derart gestaltetes soziales Sicherungssystem kaum tilgen. So etwa das Faktum, daß Teilzeitbeschäftigte, spätestens dann, wenn sie krank oder arbeitslos werden, durch die aliquote Berechnung der entsprechenden Transferleistungen häufig kein existenzsicherndes Einkommen mehr haben. Dieses Problem hat sich in Schweden im Verlauf der neunziger Jahre verschärft, denn die Ersatzraten sind sukzessive von mindestens 90 auf 75 % abgesenkt worden.[26] Speziell in von Frauen dominierten Niedriglohnsektoren hat dies zu prekären sozialen Auswirkungen geführt. Dahingehend ist auch die Kritik der Gemeinden zu verstehen, die beklagen, daß die Kosten der sozialen Sicherung zunehmend auf sie überwälzt würden. Ihre Ausgaben für Sozialhilfe seien als Folge dieser Entwicklung in den vergangenen Jahren beträchtlich angestiegen. Befristeten Beschäftigungsverhältnissen wiederum haftet, wie die empirischen Daten belegen, das bedeutend erhöhte Risiko der Arbeitslosigkeit an, sie sind zudem zumeist unfreiwillig eingegangen worden und überdurchschnittlich häufig mit kurzer Teilzeit samt den erläuterten Problemen verbunden.

3. Zusammenfassung und Ausblick

Zusammenfassend kann festgehalten werden, daß Schweden gewissermaßen eine Tradition in der Abweichung der Beschäftigung vom Normalarbeitsverhältnis besitzt, dies insbesondere in den Bereichen Teilzeitarbeit und befristete Beschäftigung. Anders als international üblich, ist aber gleichzeitig politisch dafür gesorgt worden, daß damit nicht unverhältnismäßige Nachteile bzw. eine arbeits- und sozialrechtliche Ausgrenzung der Betroffenen einhergehen. Der Strukturwandel in der Wirtschaft mit den bekannten Konsequenzen für den Arbeitsmarkt hat die diesbezüglichen Rahmenbedingungen allerdings markant beeinträchtigt. Das Ansteigen der unfreiwilligen Teilzeitarbeit und die typen- und altersspezifischen Verschiebungen innerhalb der befristeten Beschäftigung sind symptomatisch für diesen Prozeß. Auch die hinzugekommenen neueren Formen atypischer Beschäftigung, wie etwa die Leiharbeit, widerspiegeln die Entwicklung, wenngleich hier noch kein klarer Trend auszumachen ist. In Hinblick auf die politische Regelung ergeben sich vor diesem Hintergrund mehrere Probleme.

Der Druck, der seit einigen Jahren auf den öffentlichen Budgets lastet und in einer restriktiven Ausgabenpolitik resultiert, beschränkt die Möglichkeiten des öffentlichen Sektors sowohl in seiner Arbeitgeberfunktion als auch in Hinblick auf reproduktive Funktionen (z.B. in der Alten-, Kinder- u. Krankenpflege). Der Strukturwandel vollzieht sich mittlerweile auch in diesem Bereich, was insbesondere für die Frauenbeschäftigung negative Konsequenzen hat. Zum anderen zeigt sich speziell die atypische Beschäftigung betreffend eine ambivalentere Haltung der politischen EntscheidungsträgerInnen. Unter dem Eindruck massiver Arbeitslosigkeit scheint sich die Einstellung tendenziell dahingehend zu ändern, daß jede Art der Arbeitsmarktanbindung (z.B. in Form eines auf zwölf Monate befristeten Einstiegsjobs für junge Erwerbstätige oder auch über eine private Arbeitsvermittlung) besser ist, als gar keine Erwerbsbeteiligung. Auf der anderen Seite werden aber auch Gegenmaßnahmen getroffen, wie etwa die Beschränkung bei den Vertretungsstellen und das Recht auf Erweiterung der Arbeitszeit für unfreiwillig Teilzeitbeschäftigte. Reagiert hat man ebenfalls auf die negativen sozialen Auswirkungen, die aus den Kürzungen der Transferleistungen in den einzelnen Sozialversicherungsbereichen entstanden sind. Die Kompensationssätze wurden wieder auf 80 % erhöht.

Anmerkungen

* Ich bedanke mich bei Birger Viklund und dem „Institutet för arbetslivsforskning" in Stockholm für die freundliche Unterstützung der Arbeit.

1 Serienbrüche 1986 u. 1993 bei Tabellen 1 bis 4.

2 Siehe dazu auch Nätti 1992 u.1993 für den gesamten skandinavischen Raum oder Delsen 1995 aus internationaler Perspektive.

3 Im Sinne des Gesamtprojekts soll diese Bezeichnung in Verwendung bleiben.

4 Statistisch werden Unterbeschäftigte als jene Personen definiert, die aus Arbeitsmarktgründen weniger Stunden arbeiten als sie möchten.

5 Die von der bürgerlichen Regierung (1991–1994) vorgenommene Änderung des LAS (1994) beinhaltete eine Ausdehnung der Frist auf 12 Monate (vgl. Storrie 1994, S. 11).

6 Auch in diesem Fall erfolgte mit der LAS-Novelle 1994 eine Ausdehnung auf 12 Monate. Beide Änderungen wurden jedoch von der sozialdemokratischen Regierung 1995 zurückgenommen, so daß für beide Arten der befristeten Beschäftigung wieder die Sechs-Monats-Regel gilt (vgl. SAF 1996, S. 8f.).

7 Diese 18-Monate-Regelung gilt jedoch nur für eine dreijährige Periode ab der ersten Einstellung (vgl. Sveriges Verkstadsindustrier 1997, S. 12).

8 Die Novellierung des LAS von 1996, die u.a. diesen neuen Typus der Befristung einführte, basiert auf einem Abkommen zwischen Sozialdemokraten und der bürgerlichen Zentrumspartei.

9 Allerdings sind männliche Beschäftigte im öffentlichen Sektor stark unterrepräsentiert.

10 Ronnie Eklund ist Professor für Privatrecht, speziell Arbeitsrecht, an der Universität Stockholm und eine der wenigen Quellen, auf die im Zusammenhang mit Leiharbeit in Schweden (bzw. im gesamten skandinavischen Raum) zurückgegriffen werden kann.

11 Siehe dazu entsprechenden arbeitsrechtlichen Abschnitt, Kap. 2.1.5.

12 Es gibt z.B. für unselbständig Beschäftigte vier kollektivvertraglich vereinbarte Zusatzpensionssysteme (ArbeiterInnen und Angestellte in der Privatwirtschaft, Staats- und Gemeindebedienstete), die genauso wie Zusatzleistungen im Krankheitsfall eine Minimalarbeitszeit von zwei Fünftel einer Vollzeitbeschäftigung voraussetzen (siehe Ståhlberg 1995b, S. 21 u. Finder 1993, S. 187).

13 Dieser Aspekt sollte allerdings nicht überbewertet werden, denn der Anspruch auf Mehrarbeits-zuschläge dürfte in der Realität einen gewissen Graubereich des kollektiven Arbeitsrechts dar-stellen.

14 Die Reihenfolgeregel ist ein System der Prioritätensetzung im schwedischen Kündigungsrecht und im LAS verankert. Es bezieht sich auf Kündigungen aufgrund von Arbeitsmangel und ist im wesentlichen nach dem „last in – first out" – Prinzip gestaltet. Derjenige/diejenige Arbeit-nehmerIn, die kürzer im Betrieb gearbeitet hat, wird also eher gekündigt. Bei gleich langer Betriebszugehörigkeit ist der/die jüngere ArbeitnehmerIn zuerst betroffen. Nach den gleichen Parametern gibt es im Fall eines neuen Arbeitskräftebedarfs ein Vortrittsrecht auf Wiedereinstel-lung (in umgekehrter Reihenfolge) der solcherart Gekündigten.

15 Da sich diese Bestimmung nicht explizit im Gesetzestext finden läßt, dürfte es sich hierbei ent-weder um eine kollektive Rechtsnorm oder um eine Ableitung aus der generellen Kündigungs-fristenregel handeln.

16 Der Angestelltenkollektivvertrag der Metallindustrie etwa sieht hierfür eine Kündigungsfrist von einem Monat vor (siehe Sveriges Verkstadsindustrier 1997, S. 16).

17 Der Zeitrahmen vor der LAS-Novelle 1996 umfaßte nur zwei Jahre.

18 Zu diesbezüglichen theoretischen Überlegungen und der Rechtsprechungspraxis siehe Eklund 1995/96, S. 637f.

19 Wenn Eklund aber anschließend als mögliche Ursache dieser Entwicklung das Faktum gesetzli-cher Beschränkungen der (kurzzeitigen) befristeten Beschäftigung nennt, dann ist zumindest hier von einem eindeutigen Umgehungsinteresse seitens der ArbeitgeberInnen zu sprechen, denen eben über die Konstruktion Leiharbeit Zugang zu befristeter Beschäftigung vermittelt wird, der im Rahmen regulärer Arbeitsverträge nicht möglich wäre.

20 Das ergibt sich vielfach automatisch in jenen Wirtschaftsbereichen, die nach dem Industriegrup-penprinzip organisiert sind.

21 Das schwedische Arbeitsministerium erklärt diese Entwicklung folgendermaßen: Durch den enormen Druck am Arbeitsmarkt seit Beginn der neunziger Jahre „verharren" viele Menschen auf ihren Arbeitsplätzen, d.h. sie nehmen z.B. Freistellungsmöglichkeiten nicht mehr in Anspruch oder melden sich weniger (lang) krank etc. Viele der befristet Beschäftigten, die diese Lücken bis dahin in ständiger Position (Vertretung, reguläre Bereitschaft, Springerdienst) ausge-füllt hatten, sind nunmehr, als Folge des veränderten Verhaltens der fest Beschäftigten, in die Gruppe der auf Abruf Tätigen „abgerutscht", weil sich der Bedarf eben änderte.

22 Die Argumentation lautet dahingehend, daß die 30 Jahre/15 Jahre-Regelung generell eine steile Einkommensentwicklung (vielfach gekoppelt mit hohem Bildungsniveau und relativ wenigen Jahren am Arbeitsmarkt) begünstigt und eine flache Einkommensprogression (verbunden mit niedriger beruflicher Qualifikation und langen Jahren am Arbeitsmarkt) benachteiligt. Nach Ståhlberg (z.B. 1995b, S. 22) läßt sich empirisch kein Hinweis dafür finden, daß Frauen als Gruppe von diesem System mehr profitiert hätten als Männer.

23 Immerhin rund ein Viertel der arbeitslos Gemeldeten (Frauen etwas darüber) erhalten kein Arbeitslosengeld (siehe Gonäs/Spånt 1997, S. 74).

24 Erwähnenswert in diesem Kontext ist die Tatsache, daß die traditionell hohen Geburtenraten in Schweden mit der krisenhaften Entwicklung am Arbeitsmarkt erstmals seit den siebziger Jahren rückläufig sind und zwar markant. Dies kann durchaus dahingehend interpretiert werden, daß Frauen mit der Familiengründung zunehmend abwarten, bis sich ihre Position am Arbeitsmarkt gefestigt hat.

25 Der in Schweden keinesfalls mit beamteter Beschäftigung gleichzusetzen ist (siehe Klein 1986, S. 392).

26 Die Ersatzraten mögen im internationalen Vergleich noch immer hoch sein; sie reichen dennoch nicht aus, um dieses Problem zu verhindern.

Literatur

Arbetsmarknadsdepartementet/SCB (o.J.): Den „flexibla" arbetsmarknaden. Kvinnors & Män pa arbetsmarknaden. (Faltblattinformation des Arbeitsministeriums)

Arbetsmarknadsstyrelsen (The Swedish National Labour Market Board/Hg.) (o.J.): Different but equal. The Labour Market Administration´s policy for greater equality between the sexes at work.

Bundesministerium für Jugend, Familie, Frauen und Gesundheit (Hg.) (1989): Materialien zur Frauenpolitik 3/1989. Regelungen und Förderprogramme zur Teilzeitarbeit in den Ländern Schweden, Norwegen, Großbritannien, Frankreich, Niederlande, Belgien und Österreich. Bonn.

Cressey, Peter/Jones, Bryn (Hg.) (1995): Work and Employment in Europe. A new convergence? London/New York.

Delsen, Lei (1995): Atypical Employment: an International Perspective. Causes, consequenses and policy. Woltersgroep Groningen/Niederlande. (Diss.)

EIRR (European Industrial Relations Review) (1990): Non-standard forms of employment in Europe. Part-time work, fixed term contracts and temporary work contracts from European Industrial Relations Review. Report No. 3.

Eklund, Ronnie (1995): Contract Labour in Denmark, Finland, Norway and Sweden. (unveröffentlichter Text)

Eklund, Ronnie (1995/96): A Look at Contract Labour in the Nordic Countries, in: Juridisk tidsstrift 1995/96, Nr. 3, S. 625–654.

Esping-Andersen, Gösta (1990): The Three Worlds of Welfare Capitalism. Cambridge.

Europäische Kommission (1997): Tableau de Bord 1996. Beschäftigung & Arbeitsmarkt. Amt für amtliche Veröffentlichungen der Europäischen Gemeinschaften. Brüssel/Luxemburg.

Europäische Kommission/MISSOC (1996): Soziale Sicherheit in den Mitgliedsstaaten der Union. Stand 1.Juli 1995 und Entwicklung. Amt für amtliche Veröffentlichungen der Europäischen Gemeinschaften. Brüssel/Luxemburg.

EUROSTAT (Statistisches Amt der Europäischen Gemeinschaften/Hg.) (1998): Erhebung über Arbeitskräfte. Ergebnisse 1997. Luxemburg.

Falkenberg, Eva (1990): Elternurlaub – Ein Gesetz auf dem Prüfstand, in: Pettersson, Gisela (Hg.): Zeit-Puzzle. Modell Schweden: Arbeitszeit- und Familienpolitik, Hamburg, S. 71–81.

Finder, Ruth (1993): Teilzeitarbeit – Bedeutung und Konsequenzen einer flexibleren Arbeitszeitorganisation. Projektendbericht. Ludwig Boltzmann-Institut für Wachstumsforschung. Wien.

Gonäs, Lena (1994): Transformation of the Welfare State and its Labour Markets. On gender segregation and new patterns in the labour market, in: Kauppinen, Timo/Köykkä, Virpi (Hg.), Transformation of the Nordic Industrial Relations in the European Context. The Finnish Labour Relations Association No. 2, Helsinki, S. 143–173.

Gonäs, Lena/Spånt, Anna (1997): Trends and Prospects for Women´s Employment in the 1990s. Submitted to the European Commission Network of Experts on the Situation of Women in the Labour Market. Arbetslivsinstitutet. Stockholm.

Klein, Christoph (1986): Der allgemeine Kündigungsschutz in Schweden und Österreich. Ein Rechtsvergleich unter Berücksichtigung der österreichischen Reformbestrebungen, in: Das Recht der Arbeit (DRdA) 1998, 36. Jg. Nr. 6, S. 391–415.

Klein, Christoph (1987): ders. Tit. (Schluß), in: DRdA 1987, 37. Jg. Nr. 1, S. 29–44.

LO (Landsorganisationen i Sverige) (1997): Arbetstider och anställningsformer. Ett faktamaterial om förhållandena vid 1990-talets mitt Nr. 32.

Mayr, Klaus/Mozet, Peter (1996): Der Kündigungsschutz in den Mitgliedsstaaten der Europäischen Union. WISO-Sonderband Nr. 9, Linz.

Ministry of Health And Social Affairs (1998): Pension Reform in Sweden. Stockholm.

Ministry of Labour (1985): The Swedish Annual Leave Act. Swedish Government Printings. Stockholm.

Ministry of Labour (1985): The Swedish Child Care Leave Act. Swedish Government Printings. Stockholm.

Ministry of Labour (1985): The Swedish Working Hours Act. Swedish Government Printings. Stockholm.

Ministry of Labour (1988): The Swedish Act on Security of Employment. Swedish Government Printings. Stockholm.

Ministry of Labour (1997): Report: Easier to hire... not to fire. Labour legislation for growth. Stockholm.

Mörtvik, Roger/Regnér, Åsa (1997): The Labour Market and Part-Time Work in Sweden, in: Klein, Martina (Hg.), Part-Time Work in Europe. Gender, Jobs and Opportunities, Frankfurt/New York, S. 187–194.

Näsman, Elisabeth (1996): Time, Work and Family Life, in: Arve-Parès, Birgit (Hg.), Reconciling Work and Family Life – a challenge for Europe? Ministry of Health and Social Affairs, Government Official Reports 1996: 3 Supplement 3, Stockholm. S. 93–102.

Nätti, Jouko (1992): Atypical employment in the Nordic countries: A trap for women? First European Conference of Sociology, Vienna 1992. Working Group II/4: Gender Relations and the Labour Market. Research Group: Segregation and inequality: mesurement and explanation. (Konferenzbeitrag)

Nätti, Jouko (1993): Temporary Employment in the Nordic Countries: A 'Tra' or a 'Bridge'? in: Work, Employment & Society 1993, Vol. 7 Nr. 3, S. 451–464.

OECD (Hg.) (1996): Economic Surveys. Sweden 1996. Paris.

OECD (Hg.) (1996): Employment Outlook 1996 (Juli). Paris.

OECD (Hg.) (1996): Employment Outlook 1997 (Juli). Paris.

OECD (Hg.) (1996): Employment Outlook 1998 (Juni). Paris.

Otter, Casten/Viklund v., Birger (1995): Sweden: The Case of Health Care, in: OECD (Hg.), Flexible Working Time. Collective Bargaining and Government Intervention, Paris,S. 183–202.

Pettersson, Lars-Olof (1994): Sweden, in: Bosch, Gerhard/Dawkings, Peter/Michon, Francois (Hg.), Times are changing: Working time in 14 industrialised countries, International Institute for Labour Studies, Genf, S. 247–260.

R&D (Från Riksdag & Departement), 1997 Nr. 19.

RFV (National Social Insurance Board/Hg.) (1996): Social Insurance Facts 1996. Statistics up until 1995. Stockholm.

Rothstein, Bo (1992): Explaining Swedish Corporatism: The Formative Moment, in: SPS (Scandinavian Political Studies) 1992, Vol. 15 Nr. 3, S. 173–191.

SAF (1995): Fundamental Principles of Swedish Labour Law (von J.Nordin/L. Sydolf).

SAF (1996): Labour relations in Sweden. (von C. Bratt)

SAF (o.J.): Enstehung der schwedischen Kollektivversicherungen. (Informationspapier)

SCB (Hg.) (1996): Sysselsättning och arbetslöshet 1970–1995. Information från arbetskraftsundersökningarna 1996:1. Stockholm.

SCB (Hg.) (o.J): aku. Arbetskraftsundersökningen. Arsmedeltal 1998. Grundtabeller. Stockholm.

SI (Schwedisches Institut/Hg.) (1994): Tatsachen über Schweden. Arbeitgeber und Arbeitnehmer in Schweden. (Faltblattserie)

SI (1994): Tatsachen über Schweden. Die schwedische Arbeitsmarktpolitik.

SI (1998): Tatsachen über Schweden. Sozialversicherungssystem.

SOU (Statens offentliga utredningar) (1996): Arbetstid. Längd, förläggning och inflytande. Slutbetänkande av 1995 års Arbetstidskommitté. Arbetsmarknadsdepartementet 1996:145. Stockholm. (englische Zusammenfassung)

Storrie, Donald W. (1994): Regleringen av visstidsanställningar i kollektivavtal. Konsekvense˙ av 1994 års lagstiftning. Stockholm.

Strasser, Diana (1997): Wohlfahrtsstaatenvergleich zwischen Österreich und Schweden unter Einbeziehung der Kategorie „gender" bei Eintritt der sozialen Risken „Alter" und „Elternschaft". Wien. (Diplomarbeit)

Ståhlberg, Ann-Charlotte (1995a): The Swedish Pension System: Past, Present & Future. Reprint Series No. 456. Swedish Institute for Social Research. Stockholm University.

Ståhlberg, Ann-Charlotte (1995b): Women's pensions in Sweden, in: Scandinavian Journal of Social Welfare 1995, Vol. 4 Nr. 1, S. 19–27.

Sundström, Marianne (1990): Teilzeit – Chance oder Sackgasse? in: Pettersson, Gisela (Hg.), Zeit-Puzzle. Modell Schweden: Arbeitszeit- und Familienpolitik, Hamburg. S. 45–56.

Sundström, Marianne (1994): Managing Work and Children: Part-Time Work and the Family Cycle of Swedish Women. Stockholm Research Reports in Demography No. 81. Stockholm University.

Sveriges Verkstadsindustrier (Hg.) (1997): Anställning och Uppsägning. Med ändringar i LAS och MBL från 1 januari 1997. 7. revidierte Ausgabe. Stockholm.

Weigelt, Ulla (1991): On the Road to a Society of Free Choice: The Politics of Working Time in Sweden, in: Hinrichs, Karl/Roche, William/Sirianni, Carmen (Hg.), Working Time in Transition. The Political Economy of Working Hours in Industrial Nations. Temple Univ.Press, Philadelphia, S. 203–229.

Atypische Beschäftigung in Slovenien

Ursula Filipič

1. Entwicklung des Arbeitsmarktes

Ähnlich anderen sozialistisch organisierten Ländern Mittel- und Osteuropas war die jugoslavische bzw. slovenische Beschäftigungspolitik und -entwicklung, ungeachtet weitreichender Unterschiede [1], bis Ende der 80er Jahre gekennzeichnet durch eine Reihe von Spezifika: Die jugoslavische Verfassung garantierte allen Menschen im erwerbsfähigen Alter das Recht auf Erwerbsarbeit. Entlassungen waren nur wegen schwerwiegender disziplinärer Verfehlungen möglich, wodurch ein hohes Maß an Sicherheit der Arbeitsplätze gewährleistet wurde.[2] Die im Zuge der schrittweisen Ausweitung der jugoslavischen Arbeiterselbstverwaltung erfolgte Nationalisierung von Privatbesitz wie auch natürlicher Ressourcen und Produktionsmittel und deren Übergang in den „Besitz der Bevölkerung" hatte auch die Abschaffung der – in westeuropäischen Ländern mit marktwirtschaftlich-kapitalistischer Wirtschaftsordnung – üblichen arbeitsrechtlichen Unterscheidung zwischen ArbeitnehmerInnen und ArbeitgeberInnen zur Folge. Die Eingliederung in den Arbeitsprozeß erfolgte nicht mittels klassischer Arbeitsverträge, sondern mittels spezifischer „Aufnahmebeschlüsse" seitens der selbstverwalteten Betriebe und deren Unterzeichnung durch die/den Arbeitsuchende/n (vgl. Mežnar 1994, S. 13; Mežnar 1994a, S. 1000).

Die weitgehend einheitliche Regelung von Arbeitsverhältnissen [3] im Sinne einer regulären 42-Stunden Arbeitswoche bedingte, daß Arbeitsverhältnisse mit „verkürzter Arbeitszeit" eine Ausnahme darstellten und nur bestimmten Beschäftigungsgruppen zur Verfügung standen: 1984 arbeiteten in Slovenien nur 2,5 % aller ArbeitnehmerInnen weniger als 42 Stunden pro Woche, wovon der größte Teil eine kürzere Arbeitszeit aufgrund der schweren körperlichen Arbeit oder aus Gesundheitsgründen hatte (vgl. Svetlik 1992b, S. 36–38).

Die in Jugoslavien bereits seit den 50er Jahren vorhandene Erwerbslosigkeit[4] wies beträchtliche regionale Unterschiede auf. Während die durchschnittliche Erwerbslosenrate in Jugoslavien Ende der 80er Jahre bei 15 % lag (vgl. Drobnič 1995, S. 797), war sie in Slowenien deutlich geringer und erreichte 1988 2,4 % (vgl. Republiški zavod za zaposlovanje 1997, S. 105). Am stärksten waren Jugendliche von Erwerbslosigkeit betroffen, die den Einstieg ins Erwerbsleben noch nicht geschafft hatten (vgl. Drobnič 1995, S. 799).

Seit den ausgehenden 80er Jahren ist Slowenien mit weitreichenden politischen (vgl. u.a. Rupel 1992; Bučar 1997) und ökonomischen Veränderungen konfrontiert. Vor diesem Hintergrund und der Notwendigkeit der Anpassung an die Bedürfnisse einer auf marktwirtschaftlichen Kriterien beruhenden Wirtschaftsordnung (vgl. Končar 1995, S. 529f.; Svetlik 1992a, S. 10) erfolgte ein umfassender Wandel der slowenischen Beschäftigungspolitik sowie auch der individuellen und kollektiven arbeitsrechtlichen Beziehungen[5] (vgl. Končar 1996). Dies reichte von der Etablierung kollektivvertraglicher Verhandlungen und dafür relevanter Interessenorganisationen von ArbeitnehmerInnen und -geberInnen bis zur Flexibilisierung der Arbeitsverhältnisse in Form erweiterter Möglichkeiten atypischer Beschäftigung – obwohl diese verglichen mit westeuropäischen Standards noch sehr gering sind (vgl. Dobrin 1993; Dobrin 1995; Radovan 1992). Weiters erfolgte die Neuregelung individueller Arbeitsbeziehungen (vgl. Končar 1993, S. 404–407), die Regelung von Rechten „überschüssiger" Arbeitskräfte und die Novellierung der Erwerbslosenversicherung inklusive der im Jahr 1996 neuerlich im Parlament eingebrachten Novellierung des Gesetzes über die Arbeitsverhältnisse (vgl. Novak 1996, S. 948f.).

Die Arbeitsgesetzgebung spielte bei der Einführung marktwirtschaftlicher Mechanismen am Arbeitsmarkt eine treibende Rolle (vgl. Pirher 1992, S. 26) insofern, als 1990 – wenn auch in einem zunächst sehr eingeschränkten Rahmen[6] – Kündigungen „überschüssiger" Arbeitskräfte ermöglicht wurden. Zu den Maßnahmen, welche die materielle Situation der betroffenen „überschüssigen" Arbeitskräfte sichern sollten und von der Regierung kofinanziert wurden, zählten Umschulungen, Lohnausgleichs- und Abfertigungszahlungen sowie der Ankauf von Versicherungszeiten für die Alterspension im Ausmaß von bis zu maximal fünf Jahren (vgl. Bubnov-Škoberne 1991, S. 34f.; Pirher/Puhar 1992, S. 31; Pirher 1992, S. 26; Ul RS 14/1990, S. 781–794).

Ein neues Element der Beschäftigungspolitik stellte die aktive Arbeitsmarktpolitik dar, die ein Bündel unterschiedlichster Maßnahmen, von der Requalifikation bis hin zu öffentlichen Arbeiten und der Förderung selbständiger Erwerbstätigkeit umfaßt (vgl. u.a. Republiški zavod za zaposlovanje 1998, S. 47–68; Pavliha 1996).

Die sich zuspitzenden ökonomischen Probleme Sloweniens seit den ausgehenden 80er Jahren führten zu einer, bis Mitte des Jahres 1993 anhaltenden, tiefen Wirtschaftskrise.

Folgen der Depression, verursacht u.a. einerseits durch den Zusammenbruch ehemaliger Absatzmärkte im früheren Jugoslavien und andererseits der gleichzeitigen wirtschaftlichen Rezession in den EU-Ländern, waren ein sinkender Lebensstandard der Bevölkerung sowie hohe Inflationsraten (vgl. Mencinger 1997, S. 156).

Kennzeichen der Krise war zum einen der beträchtliche durchschnittliche Beschäftigungsrückgang von rund 959.000 Erwerbstätigen im Jahr 1987 auf rund 742.500 Ende 1997 (vgl. Republiški zavod za zaposlovanje 1998, S. 30). Die Erwerbsquote der Bevölkerung verringerte sich zwischen 1991 und 1994 von 68,8 % auf 57,7 % (vgl. Svetlik

1995, S. 68f.) und stieg 1995 erneut auf 58,7 % – trotz weiterhin rückläufiger Beschäftigung. Somit hatte sich der Beschäftigtenstand im gleichen Zeitraum um 22,3 % bzw. um rund 214.000 Beschäftigte reduziert. Die stärksten Rückgänge waren 1996 bei der Produktion von Garnen und Stoffen (-17,9 %), Leder und Fellen (-14,2 %), Verkehrsmitteln (-13,2 %) sowie der Produktion von Schuhen und Galanteriewaren (-11,6 %) zu verzeichnen. Im Februar 1999 gab es in Slovenien rund 746.700 Beschäftigte (http://www.sigov.-si:90/zrs/podatki/hitri/zap.html).

Tabelle 1: Wirtschaftsentwicklung in Slovenien 1989–2000

	1989	1990	1991	1992	1993	1994	1995	1996	1997	1998	1999[2]	2000[3]
IR[1]	1.285,3	551,6	115,0	207,3	32,9	21,0	13,5	9,9	8,4	8,0	6,9	5,5
RL[1]	18,8	-26,5	-15,0	-2,9	14,4	6,0	4,7	4,4	2,9	1,5	-	-
BIP[1]	-1,8	-4,7	-8,9	-5,5	2,8	5,3	4,1	3,1	3,8	4,2	3,7	4,0

Quellen: Stankovsky/Plasser/Ulram 1998, S. 204-211; http://treasury.erstebank.at/ost/cee-bo/key-ec/frame-key.html; Statistične informacije.

BIP – Bruttoinlandsprodukt, real

IR – Inflationsrate

RL – Reallöhne

1) Veränderungen in %

2) Schätzungen

3) Prognosen

Die Industrieproduktion konnte, seit ihrem Tiefpunkt im Jahr 1993, bis 1996 zwar um 10 % erhöht werden, lag aber immer noch deutlich unter dem Höchststand der Jahre 1986/87 (vgl. Republiški zavod za zaposlovanje 1997, S. 32–35).

Der anhaltende Beschäftigungsrückgang war neben der gesunkenen Industrieproduktion sowie einer Vielzahl von Firmenkonkursen auf das Bestreben der Wirtschaft zurückzuführen, die internationale Konkurrenzfähigkeit Sloveniens zu erhöhen[7] (vgl. Republiški zavod za zaposlovanje 1996, S. 31). Folge dessen war der sprunghafte Anstieg der Erwerbslosigkeit[8] seit Ende der 80er Jahre, welche seither zu den gravierendsten sozialpolitischen Problemen Sloveniens zählt. Zudem muß mit einem großen Anteil verdeckter bzw. latenter Erwerbslosigkeit gerechnet werden (vgl. Svetlik 1992b, S. 44).

Die durchschnittliche Zahl registrierter erwerbsloser Menschen war von rund 15.200 bzw. 1,7 % im Jahr 1987 auf rund 129.000 bzw. 17,7 % im Jahre 1993 gestiegen und erreichte damit einen ersten Höchststand. In der Folgezeit verringerte sich die Erwerbslosigkeit und betrug 1996 im Jahresdurchschnitt rund 119.800 bzw. 17,4 %[9] (vgl. Republiški zavod za zaposlovanje 1997, S. 105). 1997 stieg die durchschnittliche Erwerbslosigkeit signifikant, verglichen mit dem Vorjahr um 4,5 % und erreichte durchschnittliche Werte von rund 125.200 Betroffenen bzw. einem Anteil von 14,4 % gemessen an der erwerbstätigen Bevölkerung (vgl. Republiški zavod za zaposlovanje 1998, S. 30 und S. 87). Im Februar 1999 waren rund 124.900 Menschen als erwerbslos gemeldet, was einer Rate von 14,3 % entsprach (http://www.sigov.si:90/zrs/podatki/hitri/zap.html).

Der Anteil jener als erwerbslos gemeldeter Personen, die Leistungen aus der Erwerbslosenversicherung beziehen, ist gering: er erreichte einen bisherigen Tiefpunkt Ende 1995 mit 27 % der Betroffenen und lag im Durchschnitt 1997 bei 32,6 % (vgl. Republiški zavod za zaposlovanje 1998, S. 69; Narobe 1996, S. 4).

Aufgrund der verschärften Arbeitsmarktsituation haben sich out-of-labour Prozesse intensiviert, wobei davon auszugehen ist, daß seit den späten 90er Jahren Frauen davon stärker betroffen sind als Männer. Im Februar 1999 war die Erwerbslosenquote von Frauen mit 15,4 % deutlich höher als jene von Männern, die bei 13,4 % lag (http://www.sigov.si 90/ zrs/podatki/hitri/zap.html). Die Erwerbsquote von Frauen hat sich zwischen 1991 und 1993 stärker verringert als jene von Männern: sie sank von 63,3 % auf 51,1 %, während jene von Männern im gleichen Zeitraum von 74,4 % auf 64,9 % gesunken ist (vgl. Svetlik 1995, S. 70). Im zweiten Quartal 1997 betrug die Erwerbsquote der Bevölkerung 59,1 %, wobei jene der Männer mit 65,7 % deutlich über jener von Frauen mit 52,9 % lag (vgl. Republiški zavod za zaposlovanje 1998, S. 44).

Von Erwerbslosigkeit waren und sind einige Personengruppen besonders stark betroffen: junge Menschen, Über-40jährige sowie Personen mit niedriger beruflicher Qualifikation. Im Dezember 1996 waren 36,6 % der registrierten Erwerbslosen über 40 Jahre bzw. 31,4 % unter 26 Jahre alt. Der Anteil jener, die ihren ersten Arbeitsplatz suchten, lag bei 19,4 % (vgl. Republiški zavod za zaposlovanje 1996, S. 3). Im November 1998 waren 50,4 % der Erwerbslosen Frauen, der Anteil der über 40jährigen hatte sich auf 46,7 % erhöht, während sich der Anteil erwerbsloser Menschen, die jünger als 26 Jahre waren auf 26,3 % verringert hatte (http://www.ai.ijs.si/RZZ_doch/hitro/cek1198y.html).

Darüber hinaus sind sowohl eine Verlängerung der durchschnittlichen Dauer der Erwerbslosigkeit als auch ein Anstieg, wenn auch mit Schwankungen, des Anteils langzeiterwerbsloser Menschen konstatierbar: letzterer belief sich 1988 auf 36,9 % und stieg 1993 bereits auf 67,5 % (vgl. Statistični letopisi 1990–1994). Nach einem Rückgang in der Folgezeit betrug der Anteil langzeitig Erwerbslosen im Mai 1998 immer noch 62 % (vgl. Republiški zavod za zaposlovanje 1998a, S. 27), was verglichen mit 1996 (53,8 % der Betroffenen sind langzeitig erwerbslos) einen neuerlichen Anstieg darstellte (vgl. Republiški zavod za zaposlovanje 1996, S. 3).

Um die angespannte Lage des Arbeitsmarktes zu entlasten, wurden seitens der Regierung in den Jahren 1990 bis 1992 Frühpensionierungen stark forciert, was zu einem Anstieg des Anteils der PensionistInnen innerhalb der über 15jährigen Bevölkerung von 18 % 1989 auf 23,7 % 1994 führte. Wenn auch die Politik der Frühpensionierungen in den Jahren 1990 bis 1992 häufig auf massive Kritik stieß, ist die enorme Bedeutung der sozialen Sicherungssysteme für den Erhalt des sozialen Friedens in Slovenien unumstritten (vgl. Mencinger 1997, S. 157). Die rückläufige Beschäftigung einerseits und der gleichzeitig enorm gestiegene Bedarf an Transferleistungen verursachte beträchtliche Finanzierungsprobleme der sozialen Sicherungssysteme: während 1989 100 Erwerbstätigen 39 PensionistInnen und 3 erwerbslose Menschen gegenüberstanden, hatte sich bis 1994 die Relation bereits auf 100:67:20 verschoben (vgl. Mencinger 1997, S. 161). Insgesamt erfolgte ein Anstieg der Anzahl der PensionistInnen zwischen 1985 und 1997 von rund 292.100 auf rund 449.800 (vgl. Statistični letopis RS 1998, S. 100).

Seit Mitte des Jahres 1993 erlebte Slovenien einen wirtschaftlichen Aufschwung, welcher in der Folgezeit, wenn auch verlangsamt, fortgesetzt werden konnte. Die Gründe dafür liegen u.a. in der aufgrund von Lohnzuwächsen erhöhten Inlandsnachfrage und der gleichzeitig günstigen Konjunktur in EU-Ländern (vgl. Mencinger 1997, S. 161). 1995 und 1996 waren, wenn auch in geringerem Ausmaß als davor, Zuwächse des Bruttonationalproduktes zu verzeichnen (vgl. Republiški zavod za zaposlovanje 1996, S. 29; Republiški zavod za zaposlovanje 1997, S. 33–35). Die positive Entwicklung des BNP, basierend v.a. auf einer starken Steigerung der Exporte, setzte sich 1997 fort (vgl. Republiški zavod za zaposlovanje 1998, S. 29).

Da mit einer deutlichen Verringerung der Erwerbslosigkeit auch bei anhaltendem Wirtschaftswachstum nicht gerechnet wurde, richteten sich die Forderungen zur Steuerung der Erwerbslosigkeit durch die Regierung auf Maßnahmen im Bereich der aktiven Arbeitsmarktpolitik, wie auch im Bereich der Bildungspolitik, auf die Verkürzung der Normalarbeitszeit (mit 42 Wochenstunden hat diese ein international sehr hohes Niveau), die Steigerung der Erwerbsquote v.a. mittels einer Anhebung des tatsächlichen Pensionsanfallsalters sowie die Umverteilung vorhandener Erwerbsarbeit. Als ebenso erforderlich wird eine verstärkte Flexibilisierung der Arbeitsverhältnisse, bei gleichzeitiger Etablierung eines Netzes sozialer Sicherung für atypische Beschäftigungsformen, erachtet (vgl. Svetlik 1992b, S. 36–38; Svetlik 1995, S. 72–84).

In der derzeit im Parlament vorliegenden Novelle des Gesetzes über die Arbeitsverhältnisse ist die Senkung der Normalarbeitszeit auf 40 Wochenstunden vorgesehen. Darüber hinaus geht ein Vorschlag dahin, per Gesetz oder im Rahmen von Kollektivverträgen die Arbeitszeit auf ein Minimum von 36 Wochenstunden senken zu können. Die weitere Senkung dieser Grenze soll für besonders gesundheitsgefährdende Arbeiten ermöglicht werden (vgl. Mežnar 1998c, S. 13).

1.1 Atypische Beschäftigung

In Slowenien, wie auch in anderen Ländern Mittel- und Osteuropas, sind Daten über Entwicklung und Ausweitung atypischer Arbeitsverhältnisse nur sehr spärlich vorhanden. Dieser zunehmend an Bedeutung gewinnenden Ausprägung der Veränderungen am Arbeitmarkt wurde bisher nur wenig Aufmerksamkeit gewidmet (vgl. Drobnič 1995, S. 797). Das Interesse von relevanten politischen AkteurInnen wie auch WissenschafterInnen war primär von Fragen der Bewältigung von Erwerbslosigkeit absorbiert (vgl. Drobnič 1997, S. 77).

Die wichtigsten Quellen zu Beschäftigung und Erwerbslosigkeit in Slowenien sind zum einen offizielle Statistiken des Slowenischen Republiksarbeitsamtes (RZZ) und zum anderen die seit 1989 jährlich im Mai/Juni durchgeführten Befragungen (Erhebung des Arbeitskräftepotentials/Anketa o delovni sili – ADS). 1995 wurden davon rund 24.600 Personen erfaßt. Daten der ADS-Umfragen spiegeln, im Vergleich mit offiziellen Statistiken, andere Begriffsdefinitionen wider: als *erwerbstätige Bevölkerung* werden alle Personen ab dem 15. Lebensjahr erfaßt, die in der Befragungswoche eine beliebige Arbeit gegen Bezahlung (für Geld oder Sachleistungen) oder Gewinn durchgeführt haben. Als *erwerbslos* gelten all jene Personen ab dem 15. Lebensjahr, die in der Befragungswoche keinerlei Arbeit gegen Bezahlung nachgegangen sind, die aktiv Erwerbsarbeit gesucht haben, innerhalb von zwei Wochen bereit waren, eine Arbeit anzunehmen, oder bereits einen Arbeitsplatz gefunden haben, den sie in Kürze antreten werden. Personen, die zwar erwerbslos gemeldet sind, aber einer Erwerbsarbeit gegen Bezahlung (beispielsweise aufgrund eines Werkvertrages) innerhalb des gesetzlich geregelten möglichen Ausmaßes nachgehen, gelten daher nicht als erwerbslos. Andererseits gelten auch Personen als erwerbslos, die die genannten vier Kriterien erfüllen, jedoch nicht als erwerbslos gemeldet sind. Das Ausmaß der Erwerbslosigkeit ist daher in den ADS-Erhebungen deutlich geringer als das Ausmaß der registrierten, erwerbslosen Personen (vgl. u.a. Rezultati raziskovanj 1996, S. 8–17).

Gesetzlich geregelt sind in Slovenien Teilzeitbeschäftigungen, befristete Arbeitsverhältnisse sowie Werkverträge, wobei vergleichbare Daten nur betreffend der ersten beiden vorhanden sind. Die Daten zur Teilzeitbeschäftigung basieren auf den seit 1989 jährlich durchgeführten ADS-Erhebungen, wobei seit 1991 Eurostat-Maßstäbe zur Anwendung gelangen (vgl. Rezultati raziskovanj 1996, S. 13).

Hingegen sind kaum Informationen über Entwicklung und Ausmaß jener Arbeiten bekannt, die für direkte Bezahlung, d.h. für Werkvertrags- und Honorararbeit, erbracht werden.

Diesbezüglich ist nur ein geringes Segment erfaßt, nämlich Personen, die als erwerbslos registriert sind. Im Jahr 1993 arbeiteten 53,6 % davon auf Basis eines Werkvertrages und 46,3 % für direkte Bezahlung (vgl. Svetlik 1995, S. 79–81).

Grundsätzlich ist das Niveau atypischer Beschäftigungsformen in Slovenien – verglichen mit anderen westeuropäischen Ländern – sehr gering. Wenn auch bisher noch eine Reihe von institutionellen Hindernissen für deren Ausweitung vorhanden sind, wird in Hinkunft mit einem weiteren Anstieg atypischer Beschäftigung in Slovenien gerechnet (vgl. Svetlik 1995, S. 82), u.a. auch weil aufgrund der Verschlechterung des Angebots im Bereich sozialer, v.a. auch durch Betriebe erbrachter familialer, Dienstleistungen die verstärkte Familialisierung dieser Leistungen mehr Teilzeitarbeit erforderlich machen wird (vgl. Drobnič 1997, S. 86f.).

Die unflexible Regelung der Arbeitszeit in Jugoslavien/Slovenien hatte auch die Funktion, wirtschaftliche Aktivitäten im informellen Wirtschaftssektor hintan zu halten (vgl. Drobnič 1995, S. 799). Dessen Bedeutung hat sich in den letzten Jahren grundlegend geändert. Während Schwarzarbeit im jugoslavischen Sozialismus als wichtiger Zusatzverdienst fungierte, war diese während der Transition ein wesentlicher Faktor zur Milderung materieller Not. Im Laufe der 90er Jahre sind in Slovenien forcierte Maßnahmen zur Legalisierung des informellen Wirtschaftssektors eingefordert worden (vgl. Svetlik 1995, S. 79–81).

1.1.1 Teilzeitbeschäftigung

In Jugoslavien/Slovenien waren unbefristete Vollzeitarbeitsverhältnisse die Regel, wobei Ausnahmen in Form der „Beschäftigung mit verkürzter Arbeitszeit" für einige Personengruppen geregelt waren. Verkürzte Arbeitszeiten bestanden einerseits für Personen, die aufgrund von Invalidität bzw. Krankheit kürzere Arbeitszeiten benötigten, um im Erwerbsarbeitsprozeß verbleiben zu können. Andererseits waren verkürzte Arbeitszeiten im Zusammenhang mit der Betreuung von Kindern geregelt. Sie konnten von Personen, die für kranke oder behinderte Kinder sorgten, aber auch von (vorwiegend) Müttern während des Karenzgeldbezuges in Anspruch genommen werden. Obwohl die gesetzliche

Möglichkeit dazu bestand, wurde in der Praxis von der verkürzten Arbeitszeit während des Karenzgeldbezuges jedoch nur wenig Gebrauch gemacht: Einerseits war es für die selbstverwalteten Betriebe schwierig, aufgrund der restriktiven Regelungen der Teilzeitbeschäftigung, Ersatz für die teilzeitbeschäftigten Mütter zu organisieren. Andererseits war die Teilzeitbeschäftigung für Eltern v.a. aufgrund der finanziellen Nachteile wenig attraktiv. Im Bereich der Sozialversicherung hatten diese Beschäftigten keine negativen Konsequenzen zu tragen. Sie konnten Ansprüche geltend machen, als stünden sie in einer Vollzeitbeschäftigung. Abgesehen davon war Teilzeitbeschäftigung in Slowenien so gut wie nicht bzw. nur als zusätzliche Beschäftigung neben der regulären vorhanden. Zudem ist in Jugoslavien, v.a. in Zeiten des Arbeitskräftemangels, die Teilzeitbeschäftigung von PensionistInnen forciert worden (vgl. Drobnič 1997, S. 76, Anm. 5).

Folglich stellte, im Unterschied zu westeuropäischen Ländern, die Teilzeitbeschäftigung in den sozialistischen Ländern im allgemeinen, und so auch in Jugoslavien/Slowenien, kein typisch „weibliches" Phänomen dar (vgl. Drobnič 1995, S. 799–801).

Das Ausmaß [10] der Teilzeitbeschäftigung ist in Slowenien bis 1997 angestiegen, v.a. in den Jahren 1996 und 1997. Im Folgejahr war eine rückläufige Entwicklung der Teilzeitbeschäftigungen bei Frauen zu verzeichnen, während die Anzahl teilzeitbeschäftigter Männer 1998 gleich geblieben ist. Dessen ungeachtet sind Frauen in den 90er Jahren in Teilzeitarbeitsplätzen deutlich häufiger vertreten als Männer (vgl. Tabelle 2).

Tabelle 2: Beschäftigungsverhältnisse mit verkürzter Arbeitszeit 1993–1998

	1993	1994	1995	1996	1997	1998[1]
Gesamt	44.000	46.000	50.000	59.000	72.000	69.000
Frauen	24.000	24.000	27.000	35.000	40.000	37.000
Männer	20.000	22.000	22.000	24.000	32.000	32.000
Anteil in %[2]	5,2	5,4	5,7	6,7	7,9	7,6
Frauen	6,1	6,0	6,6	8,5	9,6	8,8
Männer	4,4	4,8	4,7	5,1	6,6	6,6

1) 2. Quartal 1998.
2) Anteil der Teilzeitbeschäftigten an der Gesamtbeschäftigung in % (Definition laut ADS).
Quelle: Statistični letopis RS 1997, S. 194; Statistične informacije 211/1998; Statistične informacije 82/1999, S. 10.

Die Mehrzahl der Teilzeitbeschäftigten arbeitete zwischen 11 und 20 Stunden pro Woche, wobei es deutliche Variationen nicht nur zwischen den einzelnen Jahren, sondern auch zwischen den Geschlechtern gibt (vgl. Rezultati raziskovanj 1994, S. 114; 1995, S. 116; 1996, S. 130). 1995 entfielen 52,1 % aller Teilzeitbeschäftigungen auf den Dienstleistungssektor, 41,1 % den Bereich Industrie und 6,8 % auf die Landwirtschaft (vgl. Verša 1996, S. 622).

Bei den Gründen für die Teilzeitbeschäftigung überwogen 1993 in Slowenien mit Abstand jene von Krankheit oder Invalidität, gefolgt von Unfreiwilligkeit. Ein ebensolcher Anteil hat innerhalb der ADS-Erhebung die Antwort auf diese Frage verweigert. Hinsichtlich einiger Gründe für die Teilzeitbeschäftigung sind jedoch deutliche Unterschiede zwischen den Geschlechtern zu konstatieren: der Anteil unfreiwillig teilzeitbeschäftigter Frauen (die keine Vollzeitbeschäftigung finden können) liegt um mehr als 10 % höher als jener der Männer. Weiters sind Frauen deutlich häufiger als Männer aus familiären Gründen teilzeitbeschäftigt. Im Unterschied dazu sind Pensionisten deutlich häufiger als Pensionistinnen teilzeitbeschäftigt (vgl. Tabelle 3).

Tabelle 3: Gründe für die Teilzeitbeschäftigung 1993

Gründe (in %)	Gesamt	Männer	Frauen
Krankheit, Invalidität	46,2	45,4	47,3
Findet keine Vollzeitbeschäftigung	14,6	9	19,3
Familiäre Gründe	4,7	1,2	6,5
PensionistIn	4,7	7,7	2,1
Will keine Vollzeitbeschäftigung	3,5	3,8	4,3
Aus- und Fortbildung	3,5	2,5	4,3
Andere Gründe	8,8	12,9	5,4
Ohne Antwort	14,6	18,1	10,8
Gesamt	100	100	100

Quelle: Verša 1994, Tabelle 2, S. 144.

Darüber hinaus waren Teilzeitbeschäftigungen in Slovenien bisher häufiger in der Anfangsphase der beruflichen Karriere der Fall (vgl. Drobnič 1995, S. 807).

Als wesentliche Ursache für die geringe Ausweitung der Teilzeitbeschäftigung in Slovenien ist die restriktive Gesetzgebung, v.a. hinsichtlich der Anrechnung der Teilzeitarbeit als Versicherungszeiten für die Pensionsversicherung, angeführt worden. Allerdings gilt es zu berücksichtigen, daß einerseits ArbeitgeberInnen in Slovenien die Teilzeitbeschäftigung kaum als Mittel zur Erhöhung der wirtschaftlichen Effizienz der Betriebe nützen und statt dessen gezielt auf Beschäftigungsformen zurückgreifen, die ein höheres Ausmaß an Flexibilität bieten und geringere Kosten verursachen, wie Werkverträge, befristete Arbeitsverhältnisse sowie Arbeit für direkte Bezahlung. Die Teilzeitbeschäftigung wird daher primär als eine individuelle Strategie eingeschätzt, um Erwerbsarbeit mit anderen Interessen in Einklang zu bringen (vgl. Verša 1996, S. 619f.). Andererseits hat die gestiegene Erwerbslosigkeit seit Anfang der 90er Jahre und deren Verbleib auf hohem Niveau in den Folgejahren diesbezügliche Wahlmöglichkeiten der Arbeitsuchenden deutlich eingeschränkt.

Eine weitere Ursache für das sehr niedrige Niveau an Teilzeitbeschäftigungen in Slovenien Anfang der 90er Jahre wurde in der bestehenden Struktur der Teilzeitbeschäftigung als primäre Arbeitsform für InvalidInnen und PensionistInnen gesehen (vgl. Verša 1996, S. 623).

Die Einschätzung, wonach es bei der Teilzeitbeschäftigung keine wesentlichen Unterschiede zwischen den Geschlechtern gäbe (vgl. Drobnič 1995, S. 804; Verša 1996 S. 621), hält einer näheren Betrachtung jedoch nur bedingt stand.

Wenn auch die Teilzeitbeschäftigung in Slovenien bisher kein typisch „weibliches Spezifikum" darstellt und Unterschiede zwischen den Geschlechtern, verglichen mit westeuropäischen Ländern, minimal waren (vgl. Verša 1994; Drobnič 1995), spricht einiges dafür, daß in Hinkunft bei weiterhin starkem Druck auf den slovenischen Arbeitsmarkt eine schrittweise „Harmonisierung" mit westeuropäischen „Standards", wenn auch u.U. auf weiterhin niedrigerem Niveau, auch im Bereich der Teilzeitbeschäftigung stattfinden wird. Einerseits ist der Anteil von Frauen an jenen, die teilzeitbeschäftigt sind, weil sie keine Vollzeitbeschäftigung finden, wesentlich höher als jener von Männern. Andererseits wird Teilzeitarbeit zwecks Vereinbarung mit Hausarbeit [11] ungleich häufiger von Frauen geleistet. Zudem sind im Dienstleistungsbereich, in dem Teilzeitbeschäftigungen in westeuropäischen Ländern wie auch in Slovenien (wenn auch mit unterschiedlichem Niveau) am häufigsten sind, deutlich mehr Frauen als Männer teilzeitbeschäftigt. Inwieweit die restriktiven Pensionsregelungen auch weiterhin ein Hemmschuh für die Ausbreitung von Teilzeitbeschäftigungen bleiben werden, ist angesichts verstärkter Forderungen nach Flexibilisierung der Arbeitsverhältnisse fraglich.

1.1.2 Befristete Arbeitsverhältnisse

Daten über die Entwicklung befristeter Arbeitsverhältnisse sind im Hinblick auf die Nachfrage nach Arbeitskräften durch ArbeitgeberInnen vorhanden. Dabei ist offenkundig, daß ArbeitgeberInnen immer häufiger nur befristete Arbeitsplätze zur Verfügung stellen. Die Chance, einen unbefristeten Arbeitsplatz zu bekommen, ist somit v.a. für Arbeitsuchende mit einem geringeren Grad an beruflicher Qualifikation und/oder Flexibilität deutlich gesunken (vgl. Republiški zavod za zaposlovanje 1997, S. 37). Während befristete Arbeitsverhältnisse in Jugoslavien/Slovenien bis Ende der 80er Jahre kaum bzw. v.a. im Zusammenhang mit der Vertretung von (überwiegend) Frauen, die auf Karenzurlaub waren, existierten, ist deren Anzahl in Slovenien in den letzten Jahren stark gestiegen. Beispielsweise konnten 1990 von rund 17.000 AbgängerInnen mittlerer und höherer Schulen nur 7.156 eine Beschäftigung als BerufseinsteigerIn-VolontärIn [12] finden – rund 90 % dieser Beschäftigungsverhältnisse waren befristet (vgl. Radovan 1992, S. 194). Während 1992 4,7 % aller Arbeitsverhältnisse befristet waren, waren es 1995 bereits 7,5 % (vgl. Verša 1996, S. 616). 1995 waren zwei Drittel der rund 60.000 Arbeitsplätze, die das Republiksarbeitsamt im Jahr 1995 vermitteln konnte, befristet (vgl. Narobe 1996, S. 5). 1996 wurden bei den Arbeitsämter seitens ArbeitgeberInnen rund 157.200 offene Stellen gemeldet, was einen Zuwachs von 1,3 % gegenüber dem Vorjahr bzw. von 4,2 % gegenüber 1994 darstellte. Von allen offenen Stellen waren 1996 66,5 % befristet. Der Anteil ist gegenüber 1995 um 3,9 % gestiegen. Offene Stellen für BerufseinsteigerInnen waren sogar zu 90 % befristet (vgl. Republiški zavod za zaposlovanje 1997, S. 37). Der Anteil offener befristeter Stellen ist 1997 auf 70,8 % gestiegen, wobei sich gleichzeitig die durchschnittliche Dauer befristeter Arbeitsverhältnisse von acht auf sieben Monate verringert hat (vgl. Republiški zavod za zaposlovanje 1998, S. 32).

Ein wichtiges Merkmal befristeter Arbeitsverhältnisse in Slovenien ist, daß sie großteils – 1995 waren es 85 % – gleichzeitig auch Teilzeitarbeitsplätze sind (vgl. Verša 1996, S. 618).

1.1.3 Werkverträge

Obwohl der Abschluß von Werkverträgen in Slovenien erleichtert wurde, ist zunächst im Zusammenhang mit den Restriktionen am Arbeitsmarkt die Anzahl der aufgrund von Werkverträgen erbrachten Arbeitsstunden gesunken und war 1990 um rund 6 % geringer als im Vorjahr (vgl. Radovan 1992, S. 295).

In der Folgezeit ist diese jedoch angestiegen, was auf verschiedene Gründe zurückgeführt werden kann: Das Problem „überschüssiger" Arbeitskräfte wurde häufig mittels Konkursen „gelöst". ArbeitnehmerInnen wurden entlassen, um sodann im neugegründeten Betrieb auf Basis eines Werkvertrages erneut beschäftigt zu werden. Damit gewinnt der betreffende Betrieb Mittel der kollektiven Kapitalaufstockung.

Die Neuregelung des Einkommensteuergesetzes/Zakon o dohodnini (Ul RS 48/1990) brachte wesentliche steuerliche Erleichterungen, indem die aus Werkverträgen erzielten Einkommen nur noch mit 20 % besteuert werden müssen. In den vorangegangenen Regelungen (festgesetzt auf Gemeindeebene) konnten die Steuersätze bis zu 52 % betragen (vgl. Korpič-Horvat 1991, S. 366).

Später wurden erneut Maßnahmen gesetzt, um den weiteren Anstieg von Werkvertragsarbeit hintan zu halten. Dies beinhaltete die beträchtliche Anhebung der Steuern und Abgaben, mit dem Zweck, diese an die Höhe der Steuern und Abgaben von regulären Beschäftigungsformen anzupassen (vgl. Vodopivec 1996, S. 430).

Ähnlich den befristeten Arbeitsverhältnissen sind auch jene Arbeitsstunden, die aufgrund eines Werkvertrages geleistet wurden, Anfang der 90er Jahre gestiegen. Der Anteil dieser erhöhte sich von 1 % 1991 auf 2,3 % 1995 (vgl. Verša 1996, S. 616). Von rund 6,6 Mio. auf Basis von Werkverträgen erbrachten Arbeitsstunden im Jahr 1996 entfielen auf den Bereich Wirtschaft (inklusive Landwirtschaft) 81,8 %. Davon wurden die meisten Werkvertragsstunden in den Bereichen Industrie und Bergbau (31,5 %), Landwirtschaft und Fischzucht (19,2 %) sowie Bauwesen (14,8 %) geleistet. Im Bereich der „Nichtwirtschaft"[13] wurden 1996 insgesamt 18,2 % aller Werkvertragsstunden erbracht, wobei der Löwenanteil (10,6 %) auf den Bereich Bildung, Wissenschaft und Kultur entfiel (vgl. Republiški zavod za zaposlovanje 1997, S. 52). 1997 wurden auf Basis von Werkverträgen rund 7,4 Mio. Arbeitsstunden erbracht, wobei der überwiegende Teil (50,4 %) auf den Dienstleistungssektor entfiel (vgl. Republiški zavod za zaposlovanje 1998, S. 45).

2. Sozialstaatliche Regelungen

2.1. Arbeitsrechtliche Regelungen

Die arbeitsrechtliche Regelung von Arbeitsverhältnissen erfolgt in Slowenien einerseits durch das Gesetz über die Grundrechte aus dem Arbeitsverhältnis/Zakon o temeljnih pravicah iz delovnega razmerja (ZTPDR), welches zwar noch auf Ebene der ehemaligen Bundesrepublik Jugoslavien erlassen worden war (vgl. Ul SFRJ 60/1989 und 42/1990), von Slowenien jedoch nach Erreichung der staatlichen Souveränität als eigenes Gesetz übernommen worden ist. Darüber hinaus kommt dem auf Republiksebene neu geregelten – und heftig umstrittenen (vgl. Puhar 1991, S. 64-66) – Gesetz über die Arbeitsverhältnisse/Zakon o delovnih razmerjih (ZDR) (vgl. Ul RS 14/1990, 5/1991, 7/1993 und 2/1994) wesentliche Bedeutung zu (vgl. Korpič-Horvat 1995, S. 1147).

Diese umfangreichen Neuregelungen waren unumgänglich geworden, weil einerseits die Arbeitsgesetzgebung den Bedürfnissen einer auf marktwirtschaftlichen Kriterien beruhenden Wirtschaftsordnung angepaßt werden mußte (vgl. Končar 1995, S. 529f.), andererseits stehen die jüngsten Veränderungsoptionen deutlich im Zeichen der Übernahme des EU-Rechtsbestandes im Rahmen der EU-Beitrittsstrategie. Dies gilt beispielsweise für den Ende 1997 von der Regierung im Parlament eingebrachten Entwurf des Gesetzes über Sicherheit und Gesundheit am Arbeitsplatz, welches u.a. auf eine Übernahme der entsprechenden EU-Richtlinien abzielt (vgl. Poročevalec 1998, S. 31-40). Abgesehen davon ist die Garantie von Sicherheit am Arbeitsplatz als ausdrückliche Pflicht von ArbeitgeberInnen auch im derzeitigen Entwurf der Novelle des Gesetzes über die Arbeitsverhältnisse (§ 41) vorgesehen. Im Zusammenhang damit stehen zudem im Parlament eingebrachte Änderungsanträge betreffend Pensions- und Invaliditätsversicherung, wobei Beiträge zur Invaliditätsversicherung vom vorhandenen Niveau sicherer und gesunder Arbeitsplätze abhängig gemacht werden sollen (vgl. Belopavlovič 1999, S. 10).

Ungeachtet der Änderungen des Gesetzes über die Arbeitsverhältnisse in der ersten Hälfte der 90er Jahre war eine Reihe von Fragen offen geblieben, die bei der neuerlichen Novellierung berücksichtigt werden mußten [14]. Dies waren v.a. Aspekte bezüglich des Regelungsbereiches des ZDR und des von diesem erfaßten Personenkreises, der Neuregelung von Arbeitsverträgen, der disziplinären Verantwortung der ArbeitnehmerInnen sowie der (vor)gerichtlichen Regelung von Arbeitskonflikten (vgl. Belopavlovič 1995, S. 796–801).

Im Oktober 1997 wurde, nach einer langen Vorbereitungsphase, das parlamentarische Gesetzesänderungsverfahren neuerlich in Gang gesetzt (vgl. Poročevalec 1997, S. 11–67), wobei die erste parlamentarische Debatte Ende 1998 stattfand. Die Regierungsvorlage, die unter wesentlicher Mitarbeit der Sozialpartner entstanden war, zielt dabei auf einige wesentliche Punkte ab, die auch im Parlament relativ wenig umstritten waren, wie die vertragliche Regelung von Arbeitsverhältnissen mit einer Festsetzung von Mindestrechten für ArbeitnehmerInnen, die einheitliche Regelung von Arbeitsbeziehungen für alle ArbeitnehmerInnen sowie die erforderliche Übernahme aller diesbezüglicher EU-Richtlinien. Änderungsanträge des zuständigen parlamentarischen Ausschusses gab es hingegen u.a. bezüglich eines weiteren Ausbaues außergerichtlicher Verfahren im Falle von Arbeitskonflikten sowie einer noch restriktiveren Regelung von befristeten Arbeitsverhältnissen. Letzteres zählte auch während der parlamentarischen Debatten zu den umstrittensten Themen (vgl. Mežnar 1999, S. 3f.). Weiters soll mit dem neuen Gesetz das Rechtsinstitut des Arbeitsvertrages (inklusive deren Form, Vertragsparteien und deren Rechte und Pflichten, verpflichtender Inhalt, Auflösung des Arbeitsverhältnisses, Kompetenzen der Gewerkschaften und Rechtsverfahren im Konfliktfalle ...) präzisiert und erweitert bzw. neu geregelt werden (vgl. Mežnar 1998, S. 3f.; Mežnar 1998b, S. 3-6).

In Slowenien sind folgende atypische Beschäftigungsformen arbeitsrechtlich geregelt: Teilzeitbeschäftigung, befristete Arbeitsverhältnisse, Leiharbeit und arbeitnehmerähnliche Scheinselbständigkeit auf Basis von Werkverträgen.

Heimarbeit gilt als normales Arbeitsverhältnis, bei dem nur der Arbeitsplatz aus dem jeweiligen Betrieb disloziert worden ist (vgl. Korpič-Horvat 1995, S. 147-151). Gemäß der Novelle des ZDR sind ArbeitgeberInnen verpflichtet, Heimarbeit innerhalb von acht Tagen dem Arbeitsinspektorat zu melden. Dieses kann die Ausübung von Heimarbeit verbieten, soferne diese Beschäftigungsform schädliche Auswirkungen auf die ArbeitnehmerInnen hat bzw. die Gefahr schädlicher Einflüsse auf das Lebens- und Arbeitsumfeld der ArbeitnehmerInnen besteht. HeimarbeiterInnen steht ferner der Kostenersatz für den Einsatz eigener Arbeitsmittel zu (vgl. Mežnar 1998a, S. 12f.).

Grundsätzlich unterliegen atypische Beschäftigungsformen in Slowenien vergleichsweise strengen Regelungen. Die Möglichkeiten der flexiblen Arbeitszeitgestaltung [15] allerdings sind sehr weitgehend: die tägliche Arbeitszeit kann zwölf Stunden betragen, die wöchentliche Arbeitszeit[16] kann innerhalb von dreieinhalb Tagen und die jährliche Arbeitszeit innerhalb von sieben Monaten erbracht werden. Innerhalb Jugoslaviens gab es keinerlei Einschränkungen der Arbeit an Sonn- und Feiertagen, und auch in der neuen Gesetzgebung sind Sonn- und Feiertagsarbeit unter bestimmten Voraussetzungen möglich. Die flexible (Um)Verteilung der Arbeitszeit kann sowohl in Voll- wie auch Teilzeitbeschäftigungen erfolgen. Die Beschäftigung von ArbeitnehmerInnen auf Basis der kapazitätsorientierten variablen Arbeitszeit (KAPOVAZ) ist hingegen untersagt (vgl. Dobrin 1993, S. 954; Dobrin 1995, S. 180f.).

2.1.1 Teilzeitbeschäftigung

Die Teilzeitbeschäftigung ist sowohl im ZTPDR (§ 27) wie auch im ZDR (§§ 45 bis 47) geregelt. Weitere Regelungen beinhalten darüber hinaus auch Kollektivverträge und Allgemeine Akte (vgl. Dobrin 1995, S. 175). Demnach kann eine Teilzeitbeschäftigung eingegangen werden, wenn dies im Interesse der ArbeitnehmerInnen oder der Organisation bzw. der ArbeitgeberInnen liegt. Dies gilt auch, wenn die Teilzeitbeschäftigung aufgrund gesellschaftlicher und wirtschaftlicher Bedingungen sinnvoll erscheint. Darüber hinaus kann auch eine „Arbeiterin/delavka" (das Gesetz verwendet ausdrücklich diesen Begriff) teilzeitig beschäftigt werden, wenn dies zum Vorteil eines Vorschulkindes ist. In diesem Fall darf die Teilzeitbeschäftigung nicht weniger als die Hälfte der normalen Beschäftigungszeit betragen. Die Teilzeitbeschäftigung endet mit dem Wegfall des diesbezüglichen Grundes (vgl. Časopisni zavod [4]1997, S. 31). Gleiches gilt auch, wenn die Teilzeitbeschäftigung aufgrund der Pflege eines behinderten Kindes erforderlich wird (vgl. Dobrin 1995, S. 175).

Möglichkeiten der Teilzeitbeschäftigung gibt es auch für bereits Vollzeitbeschäftigte – jedoch nur bei einer weiteren Tätigkeit in einem anderen Betrieb bzw. bei einer/m anderen ArbeitgeberIn –, wenn es sich dabei um besonders anspruchsvolle fachliche, wissenschaftliche oder pädagogische Arbeiten handelt. Dafür ist jedoch die Zustimmung der/des Arbeitgeberin/s erforderlich, in welchem die/der Betroffene in einem Vollzeitbeschäftigungsverhältnis steht. Zudem darf das zeitliche Ausmaß einer solchen Teilzeitbeschäftigung ein Drittel der normalen Arbeitszeit nicht überschreiten (vgl. Časopisni urad [4]1997, S. 31; Dobrin 1992a, S. 908f.). BezieherInnen einer Teilpension können teilzeitbeschäftigt werden, jedoch ohne daß diese Beschäftigung die Hälfte der normalen Arbeitszeit überschreitet. ArbeitnehmerInnen können auch mehrere Teilzeitbeschäftigungen eingehen – bis sie damit die normale Arbeitszeit erreichen (vgl. Dobrin 1995, S. 175).

In den slowenischen Regelungen bestehen für die Teilzeitbeschäftigung keinerlei arbeitsrechtliche Geringfügigkeitsgrenzen (vgl. Dobrin 1992a, S. 924).

Die vorgeschlagene Novelle des ZDR definiert Teilzeitbeschäftigung als jede Beschäftigung, die die jeweilige Vollzeitbeschäftigung eines Arbeitgebers unterschreitet. Grundsätzlich haben teilzeitbeschäftigte ArbeitnehmerInnen gleiche Rechte, sie werden jedoch nur aliquot der im Arbeitsvertrag festgelegten Arbeitszeit angerechnet – dies gilt v. a. betreffend der Pensionsversicherung. ArbeitnehmerInnen können Teilzeitbeschäftigungen mit mehr als einem Arbeitgeber schließen (vgl. Mežnar 1998a, S. 12). Teilzeitbeschäftigungen im Höchstausmaß von acht Wochenstunden sollen in bestimmten Fällen gemäß der Novelle des ZDR

auch neben einer Vollzeitarbeit ausgeübt werden können, soferne der Arbeitgeber der Vollzeitbeschäftigung dem zustimmt (vgl. Mežnar 1998c, S. 13).

2.1.2 Befristete Arbeitsverhältnisse

Grundsätzlich sind befristete Arbeitsverhältnisse in Slovenien nur in Ausnahmefällen
gestattet. Im ZTPDR sind einige dieser Ausnahmen genannt, wobei der Abschluß befristeter Arbeitsverhältnisse nur für die Dauer der Ausnahmesituation zulässig ist. ArbeitnehmerInnen in befristeten Arbeitsverhältnissen stehen die gleichen Rechte zu wie unbefristet
Beschäftigten. Während im ZDR aus dem Jahre 1977 diese Situationen noch taxativ
genannt wurden, ist dies im neuen ZDR nicht mehr der Fall (vgl. Radovan 1992, S. 295).
Es wird jedoch dezidiert betont, daß es sich dabei um Ausnahmen handelt. Im Falle der
Nichteinhaltung sind Geldstrafen für ArbeitgeberInnen vorgesehen bzw. werden die befri-
steten Arbeitsverhältnisse in unbefristete umgewandelt. Darüber hinaus wurde jedoch die
Möglichkeit eingeräumt, weitere Ausnahmen per Gesetz zu regeln [17] (vgl. Dobrin 1992a,
S. 910f.).

Laut ZDR (§ 17) können befristete Arbeitsverhältnisse abgeschlossen werden, wenn die
Arbeit aufgrund ihrer spezifischen Beschaffenheit nur eine bestimmte Zeit dauert, der
zeitweilige Ausfall einer/s Arbeitnehmerin/s abgedeckt werden soll, es sich um eine
Arbeit handelt, die als Projekt organisiert ist, die Dauer einer Arbeit an programmatische
Vorgaben gebunden ist, der Arbeitsanfall zeitweilig ansteigt oder es sich um Vorberei-
tungsarbeiten in einem neu gegründeten Betrieb handelt. Als weitere Gründe gelten Saisonarbeit, der Abschluß des befristeten Vertrages zum Zweck der Fortbildung, die zeitweilige Ergänzung einer Schiffsmannschaft, die Einbindung eines Betriebes in Maßnahmen zur Lösung „überschüssiger" Arbeitskräfte in einem anderen Betrieb oder in anderen
Fällen, die auf Ebene von Kollektivverträgen oder mittels Allgemeiner Akte/splošni akt
geregelt werden (vgl.Časopisni zavod [4]1997, S. 15f.).

Die in der Folgezeit abgeschlossenen Kollektivverträge enthalten diesbezüglich jedoch
nur sehr wenige und eher formale Regelungen (vgl. Dobrin 1991, S. 357–359; Dobrin
1992a, S. 912).

In der Novelle des ZDR sind die Bedingungen, wann ein befristetes Arbeitsverhältnis
gestattet ist, taxativ geregelt und umfassen: Arbeiten, die ihrer Natur nach nur eine
bestimmte Zeit in Anspruch nehmen, die Vertretung von zeitweise abwesenden ArbeitnehmerInnen, einen zeitweilig erhöhten Arbeitsumfang, Verträge mit Managern, ArbeitnehmerInnen, die in Berufsvorbereitung stehen, Ausführung von Arbeiten, die projektmäßig
organisiert sind, einen erhöhten Arbeitsaufwand aufgrund der Einführung neuer Technologien, gewählte und ernannte Funktionäre in Parteien, bei Gewerkschaften ..., sowie andere, durch das Gesetz gesondert geregelte Fälle (vgl. Mežnar 1998a, S. 12). Restriktionen
sind in der Novelle insofern vorgesehen, als der wiederholte Abschluß von befristeten
Verträgen („Kettenverträge") mit der/dem selben ArbeitnehmerIn untersagt werden soll,
soferne diese eine Zeitspanne von drei Jahren überschreiten. Werden die taxativ genannten Ausnahmen, für die die Befristung von Arbeitsverträgen gestattet ist, nicht eingehalten, gilt der Arbeitsvertrag als unbefristet. Darüber hinaus werden diesbezügliche Übertre-
tungen mit Strafen für ArbeitgeberInnen und ArbeitnehmerInnen im Ausmaß von mindestens 1.000.000 SIT (5.189,5 EURO) geahndet. Diese Regelungen zielen darauf ab, die

Verbreitung befristeter Verträge einzuschränken (http://www.sigov.si/uzp/slo/novice/-del_zakon.html).

2.1.3 Werkverträge

Im ehemaligen Jugoslavien erlangten Werkverträge/delo po pogodbi o delu nach der im Jahre 1965 erfolgten Vereinheitlichung der Arbeitsbeziehungen und der Abschaffung unterschiedlicher Formen von Arbeitsverhältnissen besondere Bedeutung, in dem neben dem einheitlichen vollzeitigen Arbeitsverhältnis auch einstweilige und gelegentliche Arbeiten auf Grundlage eines Werkvertrages geregelt worden sind. Diese Rechtsinstitute sind auch in den 90er Jahren im wesentlichen beibehalten worden (vgl. Kresal 1999, S. 82).

Möglichkeiten (im ZTPDR wie auch im ZDR – hier §§ 107–110) für Werkverträge sind in Slovenien gesetzlich stark eingeschränkt. Neben den beiden genannten Gesetzen ist der Abschluß von Werkverträgen auch im Gesetz über Schuldverhältnisse/Zakon o obligacijskih razmerjih vorgesehen (vgl. Dobrin 1995, S. 179), wobei es zu beträchtlichen Abgrenzungsproblemen der diesbezüglichen Begriffsdefinition kommt (vgl. Kresal 1999, S. 83–90).

Arbeiten aufgrund eines Werkvertrages dürfen nur durchgeführt werden, wenn es sich dabei um Arbeiten handelt, die nicht in den Arbeitsprozeß als ständige und ununterbrochene Arbeiten einbezogen werden können (zeitweilige oder vorübergehende Arbeiten/začasna dela) oder die nur von Zeit zu Zeit anfallen (gelegentliche Arbeiten/občasna dela). Diese Arbeiten durften früher insgesamt maximal für die Dauer von 90 Tagen pro Jahr bzw. zehn Stunden pro Woche ausgeübt werden (vgl. Dobrin 1992a, S. 912f). Diese Fristen wurden mit der Novelle und deren Korrektur des ZDR (vgl. Ul RS 71/1993 und 2/1994) auf maximal 60 Tage pro Jahr bzw. acht Stunden pro Woche gekürzt (vgl.Časopisni zavod [4]1997, S. 51).

Die Arbeit aufgrund eines Werkvertrages kann auch mit Hilfe von Familienangehörigen [18] der/des Vertragnehmer/in/s ausgeführt werden [19]. Ein Werkvertrag kann nicht vergeben werden, wenn die Arbeit im Rahmen eines befristeten oder unbefristeten, voll- oder teilzeitigen Arbeitsverhältnisses ausgeführt werden könnte bzw. wenn es sich dabei um AutorInnenarbeit handelt. Seit der oben angeführten Novelle dürfen Werkverträge auch an keine PensionistInnen vergeben werden, die im gleichen Betrieb als „überschüssige" Arbeitskräfte ihren Arbeitsplatz verloren und Versicherungszeiten nachgekauft bzw. Abfertigungszahlungen erhalten haben.

Darüber hinaus unterliegen die ArbeitgeberInnen einigen Verpflichtungen: Über den jeweiligen Bedarf an Werkverträgen und das genaue Ausmaß der im Rahmen von Werkverträgen erbrachten Arbeitsstunden müssen ArbeitgeberInnen die Arbeitsämter informieren. Verfügt die/der WerkvertragnehmerIn über ein sonstiges reguläres Arbeitsverhältnis, muß auch die/der diesbezügliche ArbeitgeberIn vom Werkvertrag in Kenntnis gesetzt werden.

Werkverträge müssen verpflichtend in schriftlicher Form abgeschlossen werden (vgl. Časopisni urad [4]1997, S. 51–53).

Eine Erleichterung für den Abschluß von Werkverträgen brachte jedoch die Beseitigung jener Regelung, wonach Werkverträge vorrangig an erwerbslose oder teilzeitbeschäftigte Personen, an andere Personen jedoch nur dann vergeben werden konnten, wenn erstere nicht zur Verfügung standen (vgl. Radovan 1992, S. 295).

Die derzeitige Novelle des Gesetzes über die Arbeitsverhältnisse enthält keine arbeitsrechtlichen Regelung von Werkverträgen mehr. Dies wird als den gesellschaftlichen Veränderungen entsprechend erachtet und mit der Erwartung verknüpft, daß das Begriffschaos beseitigt werden kann. Andererseits wird das Problem der Abgrenzung von zivilrechtlichen und arbeitsrechtlichen Verträgen aufrecht bleiben (vgl. Kresal 1999, S. 89–91).

2.1.4 Leiharbeit

In der bisherigen slovenischen Gesetzesordnung gibt es keine besonderen Regelungen bezüglich Leiharbeit. Die rechtliche Grundlage der Leiharbeit ist deshalb im ZDR zu suchen. Im § 107 ist festgelegt, daß für jene Arbeiten, die auf Basis einer Überweisung von Arbeitsämtern oder anderen Institutionen durchgeführt werden, keine Werkverträge geschlossen werden dürfen. Ähnliches gilt auch für die Arbeit von SchülerInnen und StudentInnen, die diese auf Vermittlung besonderer StudentInnen- und Jugendorganisationen oder auf Basis einer Überweisung einer Organisation (eines Betriebes) durchführen. Diese Organisation ist verpflichtet, die Personen für das Risiko eines Arbeitsunfalles bzw. einer Berufskrankheit zu versichern. Darüber hinaus unterscheidet das ZZZB zwischen der Vermittlung einer Beschäftigung mit dem Ziel, ein Arbeitsverhältnis abzuschließen, und der Vermittlung einer Arbeit, mit dem Ziel einer Eingliederung in die Arbeit. Mit der Vermittlung von Arbeit können nur Organisationen betraut werden, die über eine diesbezügliche Konzession verfügen.

Insgesamt werden die bisher bestehenden Regelungen – aufgrund mangelnden Schutzes für ArbeitnehmerInnen – als unzureichend erachtet (vgl. Dobrin 1991, S. 802f.).

2.1.5 Andere atypische Beschäftigungsformen

In Slovenien bestehen bisher keine gesetzlichen Regelungen weder bezüglich des Jobsharing, der geringfügigen Beschäftigung, noch der Arbeit auf Abruf. Es bleibt abzuwarten, inwieweit es diesbezügliche Neuregelungen innerhalb des derzeit im parlamentarischen Verhandlungsprozeß befindlichen Gesetzes über die Arbeitsverhältnisse geben wird.

2.2 Sozialrechtliche Regelungen

Sozialrechtlich geregelt sind in Slovenien folgende Formen atypischer Beschäftigung: Teilzeitbeschäftigung, befristete Arbeitsverhältnisse sowie – in äußerst eingeschränktem Ausmaß – Erwerbsarbeit auf Basis von Werkverträgen.

2.2.1 Teilzeitbeschäftigung

Für Teilzeitbeschäftigungen gilt, daß sie in die verpflichtende Kranken-, Pensions- und Erwerbslosenversicherung einbezogen sind. Im Unterschied zu älteren Regelungen, in denen die Einbindung in die Pensionsversicherung (vgl.Časopisni zavod [2]1978, S. 35) wie auch in die Krankenversicherung (vgl. Ul SRS 38/1974, S. 59) dezidiert daran gebunden war, daß die Arbeitszeit die Hälfte der normalen Arbeitszeit nicht unterschritt, wird dies in den neuen gesetzlichen Regelungen der Pensionsversicherung (vgl. Kuhelj [2]1996, S. 196) und der Krankenversicherung (vgl. Ul RS 9/1992/579) nicht mehr erwähnt.

Im Rahmen der Pensionsversicherung bestehen für teilzeitbeschäftigte ArbeitnehmerInnen Möglichkeiten der freiwilligen Versicherung für die jeweilige Differenz zur normalen Arbeitszeit, soferne sie slowenische StaatsbürgerInnen sind und das 15. Lebensjahr vollendet haben. Dabei müssen sowohl die Arbeitgeber- wie auch Arbeitnehmerbeiträge entrichtet werden, wobei die jeweilige Beitragsgrundlage selbst gewählt werden kann. Die freiwillige Versicherung kann dabei für alle Ansprüche oder nur für einen Teil davon erfolgen (vgl. Dobrin 1992a, S. 917–919).

In die Erwerbslosenversicherung (im Unterschied zur Pensionsversicherung, in der von allen unselbständig Beschäftigten als Pflichtversicherten die Rede ist) sind Teilzeitbeschäftigte jedoch nur unter der Voraussetzung einbezogen, daß ihre Arbeitszeit mindestens die Hälfte der regulären Arbeitszeit, d.h. 21 Wochenstunden, umfaßt (vgl. Bubnov-Škoberne 1996, S. 1250, Anm. 6). Versicherte Erwerbslose, die eine vom Arbeitsamt angebotene „angemessene" Teilzeitbeschäftigung ablehnen, verlieren Ansprüche auf Erwerbslosengeld. Nehmen sie diese jedoch an, haben sie einerseits Anspruch auf bevorzugte Vermittlung einer Vollzeitbeschäftigung, andererseits auf weitere Auszahlung von 50 % des Erwerbslosengeldes (vgl.Časopisni zavod Ul RS [4]1997, S. 235f.).

Schwerwiegende Nachteile für Teilzeitbeschäftigungen, die nicht als Arbeitsverhältnisse mit „verkürzter Arbeitszeit" gelten, bestehen hinsichtlich der Anrechnung von Teilzeitbeschäftigungen als Versicherungszeiten für die Pensionsversicherung. Dafür werden die geleisteten Arbeitsstunden auf die Vollarbeitszeit umgerechnet und dann als aliquote Versicherungszeiten berechnet (vgl. Kuhelj [2]1996, S. 54). Das bedeutet, daß Teilzeitbeschäftigten, die beispielsweise die Hälfte der regulären Arbeitszeit arbeiten, zur Zeit innerhalb eines Arbeitsjahres Versicherungszeiten im Ausmaß von nur sechs Monaten angerechnet werden.[20] Der frühestmögliche Pensionsantritt hängt jedoch vom Ausmaß vorhandener Versicherungszeiten (bei mindestens 15 Versicherungsjahren Pensionsantritt ab Vollendung des 60. bzw. 65. Lebensjahres) ab.

Selbständig Erwerbstätigen, die zudem eine Teilzeitbeschäftigung ausüben, wird für die Pensionsversicherung nur die selbständige Erwerbstätigkeit, nicht jedoch die Teilzeitbeschäftigung angerechnet. Teilzeitbeschäftigte, deren Arbeitszeit die Hälfte der regulären Arbeitszeit nicht unterschreitet, können für die verbleibende Zeit auf Grundlage einer bäuerlichen Tätigkeit versichert werden (vgl. Dobrin 1992, S. 123). Selbständig Erwerbstätige, deren Teilzeitarbeit die Hälfte der Normalarbeitszeit unterschreitet, können nicht in die Pensionsversicherung einbezogen werden (vgl. Kuhelj [2]1996, S. 28).

Als Versicherungszeiten (§ 34 ZZZB) innerhalb der Erwerbslosenversicherung gelten nur Teilzeitbeschäftigungen, welche die Hälfte der regulären Arbeitszeit nicht unterschreiten (vgl. Radovan 1992, S. 301;Časopisni zavod [4]1997, S. 237).

Die aliquote Anrechnung der Teilzeitarbeit, beispielsweise im Rahmen der Pensionsversicherung, ist auch in der derzeit verhandelten Novelle des ZDR beibehalten worden. Ausnahmen dabei bilden jene Arbeitsverhältnisse mit „verkürzter Arbeitszeit", denen im

Zusammenhang mit der Pensions- und Invaliditäts- sowie der Krankenversicherung) schon davor keine Nachteile erwachsen sind (vgl. Poročevalec 1997, S. 26 und S. 34; Mežnar 1998c, S. 13).

2.2.2 Befristete Arbeitsverhältnisse

Befristete Arbeitsverhältnisse sind, ebenso wie auch Teilzeitbeschäftigungen, in die verpflichtende Pensions-, Kranken- und Erwerbslosenversicherung einbezogen. Für die Dauer des befristeten Arbeitsverhältnisses sind ArbeitnehmerInnen auch für den Fall der Mutterschaft in die Versicherung einbezogen (vgl. Dobrin 1992a, S. 917–919).

Restriktionen brachte die im Oktober 1998 in Kraft getretene Novelle des Gesetzes über die Beschäftigung und die Versicherung im Falle der Erwerbslosigkeit mit sich: ArbeitnehmerInnen, die Saisonarbeit aufgrund befristeter Arbeitsverhältnisse ausüben, wird diese Zeit für die Anspruchsvoraussetzungen für den Bezug des Erwerbslosengeldes nur aliquot angerechnet – was heißt, daß sie zwölf Monate Versicherungszeiten im Ausmaß eines Vollzeitarbeitsverhältnisses innerhalb von 18 Monaten nachweisen müssen, um Ansprüche geltend machen zu können (http://www-ai.ijs.si/RZZ_doc/zakon/skup1y.-html#1.).

2.2.3 Arbeit auf Basis von Werkverträgen

Grundsätzlich stehen Personen, die Arbeiten aufgrund von Werkverträgen verrichten, in keinem Arbeitsverhältnis und sind daher nicht sozialversichert (vgl. Kresal 1999, S. 83–90).

ArbeitgeberInnen sind verpflichtet, WerkvertragsnehmerInnen für den Fall von Arbeitsunfällen und Berufskrankheiten zu versichern (vgl. Dobrin 1992a, S. 917). Die Höhe der Arbeitgeberbeiträge zur Unfallversicherung belief sich 1991 auf 6 % des Bruttoeinkommens aus dem jeweiligen Werkvertrag. Insgesamt jedoch wurden Krankenversicherungsbeiträge und Steuern für Werkverträge deutlich gesenkt und lagen 1991 bei 32,6 % des Werkvertragshonorars. Im Unterschied zur vorangehenden Regelung stellte dies eine deutliche Senkung dar, da die Beiträge davor bis zu 66 % betragen konnten. Die Senkung dürfte somit wesentlich zum Anstieg der Anzahl von Werkverträgen beigetragen haben (vgl. Korpič-Horvat 1991, S. 366f.). 1994 wurden Steuern und Abgaben für Werkverträge neuerlich angehoben (vgl. Vodopivec 1996, S. 430).

3. Zusammenfassung und Ausblick

Slowenien steht seit den ausgehenden 80er Jahren im Zeichen weitreichender gesellschaftspolitischer Veränderungen, die auch den Bereich der sozialen Sicherung und die arbeits- und sozialrechtliche Regelung der Arbeitsverhältnisse betreffen. Während jedoch im Bereich der sozialen Sicherungssysteme neben den Veränderungen, namentlich dem enorm gestiegenen Problemlösungsdruck sowie der Verstärkung des Prinzips der Eigenverantwortung, gleichzeitig auch wesentliche Kontinuitäten konstatiert werden können, überwiegen im Bereich der arbeitsrechtlichen Regelung der Arbeitsverhältnisse Veränderungen, welche noch nicht abgeschlossen sind. Diese haben insgesamt zu einem Verlust bisheriger sozialer Sicherheit (v.a. durch den weitreichenden Schutz vor Verlust des Arbeitsplatzes) geführt, wobei diese Entwicklungen durch die rapide angestiegene Erwerbslosigkeit drastisch verstärkt wurden.

Die derzeitige arbeitsrechtliche Regelung der Arbeitsverhältnisse ist in Slovenien noch relativ wenig flexibel – verglichen mit anderen westeuropäischen Ländern. Slovenische AutorInnen gehen daher davon aus, daß die rigide Gesetzgebung häufig umgangen wird, besonders in dem erst seit einigen Jahren im Wachstum befindlichen privaten Sektor (vgl. Drobnič 1997, S. 86).

Das bisher im internationalen Maßstab sehr geringe, quantitativ ausgewiesene Ausmaß an atypischen Beschäftigungsformen relativiert sich, soferne als Vergleich nicht westeuropäische Staaten, sondern der Entwicklungsprozeß in Slovenien seit den späten 80er Jahren herangezogen wird. Aus diesem Blickwinkel betrachtet sind die Veränderungen durchwegs weitgehend.

In Hinkunft wird für Slovenien meist mit einer Ausweitung atypischer Beschäftigungsformen gerechnet, eine weitere Flexibilisierung der rechtlichen Regelung von Arbeitsverhältnissen wird auch von der derzeit noch im parlamentarischen Entscheidungsfindungsprozeß befindlichen Novelle des Gesetzes über die Arbeitsverhältnisse erwartet. Werden gleichzeitig nicht auch umfassende gesetzliche soziale Sicherungsmechanismen für die weitergehende Flexibilisierung der Arbeitsverhältnisse eingeführt, bedeutet dies in Hinkunft, v.a. angesichts des Sachverhaltes, daß bestehende Benachteiligungen von Teilzeitbeschäftigungen v.a. hinsichtlich des restriktiven Anrechnungsmodus von Versicherungszeiten auch in der derzeit diskutierten Novelle des Gesetzes über die Arbeitsverhältnisse nicht beseitigt worden sind, eine deutliche Verschlechterung für ArbeitnehmerInnen. Obwohl von atypischen Beschäftigungsformen auch relativ viele Männer betroffen sind, ist der Anteil betroffener Frauen dennoch höher und wird in Hinkunft tendenziell stärker steigen.

Seitens des Amtes für Frauenpolitik wurde 1993 als größte Gefahr für Frauen der Sachverhalt bezeichnet, deren Interessen könnten im Rahmen der umfassenden legislativen Änderungen „übersehen und weg(ge)lassen" (Jalušić 1996, S. 44f.) werden. Eine fehlende oder auch nur mangelhafte soziale Sicherung atypischer Beschäftigungsverhältnisse würde für die materielle Sicherung von Frauen auch in langfristiger Perspektive besonders negative Konsequenzen zeitigen.

Anmerkungen

1   Wesentliche Unterschiede verortet Mencinger (1997, S. 151f.) zum einen in der größeren Offenheit der jugoslavischen Ökonomie, welche die Existenz eines, wenn auch durch Mechanismen der Arbeiterselbstverwaltung determinierten Arbeitsmarktes ermöglichte und zum anderen in dem Sachverhalt, daß offene Erwerbslosigkeit vorhanden und auch von offizieller Seite anerkannt war. Dies findet seinen Niederschlag u.a. in dem Sachverhalt, daß im Unterschied zu anderen sozialistischen Ländern in Mittel- und Südosteuropa (vgl. u.a. Filipič 1998a; Wörister 1998; Ksiezopolski 1993) die Einführung der Erwerbslosenversicherung bereits relativ früh, nämlich 1974, erfolgte (vgl. Vodopivec 1996). Darüber hinaus verlief die Entwicklung des

Arbeitsrechts im allgemeinen in den ehemals sozialistischen Ländern u.a. aufgrund unterschiedlicher Rechtstraditionen nicht einheitlich (vgl. Szurgacz 1995, S. 184).

2 Abgesehen von den gesetzlichen Restriktionen bezüglich Entlassungen waren Beschäftigte in den selbstverwalteten Betrieben gleichzeitig auch deren VerwalterInnen und daher – selbst bei evidenter Unterbeschäftigung – kaum an der Rationalisierung der eigenen Arbeitsplätze interessiert (vgl. Mencinger 1977, S. 152f.).

3 Der Begriff Arbeitsverhältnis ist unzutreffend und wird nur aus Gründen der Vereinfachung verwendet.

4 Der Begriff „Arbeitslosigkeit" ist irreführend, da Menschen ohne Erwerbsarbeit nicht notwendigerweise auch keine unbezahlte Arbeit verrichten. Deshalb, und weil die wörtliche Übersetzung des slowenischen Begriffes „brezposelnost" Erwerbslosigkeit lautet, werden in der Folge die Begriffe Erwerbslosengeld (statt Arbeitslosengeld) und Erwerbslosenversicherung (statt Arbeitslosenversicherung) verwendet.

5 Dazu zählt eine Reihe von Anfang der 90er Jahre verabschiedeten Gesetze, wie das Gesetz über die Repräsentativität der Gewerkschaften, das Gesetz über die Beteiligung der Arbeiter an der Verwaltung, das Gesetz über die Arbeits- und Sozialgerichte, das Gesetz über die Kollektivverhandlungen, die Regelung des Streikrechtes und das Gesetz über die Arbeitsinspektorate (vgl. Belopavlovič 1994, S. 655–658).

6 Die Betriebe mußten den betroffenen ArbeitnehmerInnen einen anderen Arbeitsplatz zur Verfügung stellen oder für deren materielle Sicherung für die Dauer von zwei Jahren aufkommen. Bereits 1991 wurde die Dauer auf sechs Monate gekürzt, gleichzeitig wurden der ArbeitnehmerInnenvertretung verstärkte Mitspracherechte eingeräumt (vgl. Ul RS 5/1991, S. 197; Bubnov-Škoberne 1991).

7 Darüber hinaus gab es Probleme bei der statistischen Erfassung kleinerer selbständiger Betriebe, die bis 1997 noch nicht lückenlos funktionierte (vgl. Republiški zavod za zaposlovanje 1996, S. 31 und 1998, S. 29).

8 Diese signalisierte u.a. den Übergang von Unterbeschäftigung zu offener Erwerbslosigkeit (vgl. Svetlik 1992, S. 58f). Ende der 80er Jahre dürften rund 46.000 Personen von Unterbeschäftigung betroffen gewesen sein (vgl. Mencinger 1997, S. 156).

9 Dies ist gemessen als Prozentsatz an den aktiv Versicherten.

10 Die Datenlage zur Teilzeitbeschäftigung in Slowenien ist unzureichend und basiert ausschließlich auf den ADS-Erhebungen. Erschwert wird die Analyse der Daten einerseits insofern, als unterschiedliche Autorinnen (vgl. Verša 1996, S. 616) wie auch die Statistischen Jahrbücher der RS (vgl. u.a. Statistični letopis RS 1997, S. 194) unter Berufung auf die ADS-Erhebungen unterschiedliche Daten generieren. Andererseits sind die vorhandenen Zahlen oftmals sehr unverläßlich und erlauben zudem keinen Einblick in die konkrete Form der Teilzeitbeschäftigung, d.h. es ist daraus nicht ersichtlich, ob es sich dabei um verkürzte Arbeitszeiten aufgrund schwerer körperlicher Arbeit oder Invalidität, um klassische Teilzeitarbeitsverhältnisse oder um Arbeit, die auf Basis von Werkverträgen und Honoraren erbracht wird, handelt.

11 Die Einführung der westeuropäischen „Standardarbeitszeit" zwischen 9 und 17 Uhr in den meisten Ländern Mittel- und Südosteuropas hatte deutlich negative Implikationen für die Vereinbarung von Erwerbs- und Hausarbeit (vgl. Drobnič 1995, S. 810). Die „reguläre" Arbeitszeit in diesen Ländern lag davor meist zwischen 6 und 14 Uhr.

12 Die Übersetzung des Begriffes „pripravnik" ins Deutsche ist nicht möglich. Er könnte am ehesten mit „der in Vorbereitung stehende" umschrieben werden. Ich verwende daher in der Übersetzung die Begriffe „BerufseinsteigerIn" bzw. „Berufspraktikum". Dem Berufspraktikum kam/kommt sowohl in der slowenisch-jugoslawischen als auch in der slowenischen Gesetzgebung nach den Umbrüchen große Bedeutung zu. Das Berufspraktikum haben gemäß dem Gesetz über die Arbeitsverhältnisse vom April 1990 alle Personen zu absolvieren, welche das ihrer Ausbildung entsprechende Beschäftigungsverhältnis erstmals antreten. Das Ziel des Prak-

tikums ist die Befähigung der PraktikantInnen zur selbständigen Ausführung der Arbeit. Das Berufspraktikum kann maximal ein Jahr dauern und wird mit einer Prüfung abgeschlossen. VolontärInnen-Berufspraktika können absolviert werden, wenn die fachliche Ausbildung nur innerhalb eines Betriebes erworben werden kann, dieser aber keinen Bedarf an zusätzlichen Arbeitskräften hat (vgl. Ul RS 14/1990, S. 783).

13 Dazu zählen die Bereiche Bildung, Wissenschaft und Kultur, Gesundheitswesen und soziale Sicherung sowie gesellschaftspolitische Institutionen.

14 Dazu zählen die Einführung neuer Begriffe, wie „Arbeitnehmer" oder „Beschäftigte" (anstatt des bisher ausschließlich verwendeten Begriffes „Arbeiter"), und Fragen hinsichtlich der Systematik des Gesetzes.

15 Die Verkürzung der Arbeitszeit von 48 auf 42 Wochenstunden erfolgte in Jugoslavien in den Jahren zwischen 1965 und 1970. Versuchsweise wurde die Arbeitszeit in einigen besonders erfolgreichen slovenischen Betrieben in den Jahren 1987/88 auf 40 Wochenstunden gekürzt (vgl. Dobrin 1991a, S. 360 und Anm. 1).

16 Diese liegt in der Regel bei 42 Stunden. ArbeitgeberInnen bzw. Betrieben stehen jedoch – unter Einhaltung geltender Kollektivverträge – Möglichkeiten offen, die reguläre Arbeitszeit auf mindestens 36 Stunden zu verkürzen, wenn dies durch die ökonomischen Bedingungen (effizientere Nutzung der Arbeitsmittel, Verlängerung von Öffnungszeiten, Rationalisierung des Arbeitsprozesses oder Erhöhung der Arbeitsproduktivität) erforderlich ist bzw. ermöglicht wird (vgl. Časopisni zavod [4]1997, S. 28).

17 Dies ist beispielsweise geschehen im Gesetz über Arbeiter in staatlichen Organen/Zakon o delavcih v državnih organih.

18 EhepartnerIn, Kinder nach Vollendung des 15. Lebensjahres und Eltern.

19 Dies muß gesondert angeführt werden.

20 Im neuen Gesetz über die Arbeitsverhältnisse ist die Senkung der Normalarbeitszeit auf 40 bzw. bis zu 36 Wochenstunden vorgesehen.

Literatur

Belopavlovič, Nataša (1994), Faze razvoja in sprememb delovne zakonodaje in glavni problemi ob tem, In: Podjetje in delo, Jg. XX, 5–6/1994, S. 654–658.

Belopavlovič, Nataša (1995), Odprta vprašanja, povezana s prenovo sistema delovnopravne zakonodaje, In: Podjetje in delo, Jg. XXI, 5–6, 1995, S. 796–801.

Belopavlovič, Nataša (1999), Dolžnosti delodajalca, pravice delavca, In: Pravna Praksa. Časopis za pravna vprašanja (18) 4/1999, S. 10–12.

Bubnov-Škoberne, Anjuta (1991), Slovenska ureditev pravic presežnih delavcev in varstvo brezposelnih oseb, In: Podjetje in delo, Jg. XVII, 1/1991, S. 34–43.

Bubnov- Škoberne, Anjuta (1996), Položaj brezposelnih oseb, In: Podjetje in delo, Jg. XXII, 7/1996, S. 1246–1263.

Bučar, Bojko (1997), Das politische System Sloweniens, In: Gerlich, Peter (Hg.), Österreichs Nachbarstaaten. Innen- und außenpolitische Perspektiven (= Schriftenreihe des Zentrums für angewandte Politikforschung, Band 12), Wien, S. 199–216.

Časopisni zavod Uradni list Socialistične Republike Slovenije (Hg.) ([2]1978), Zakon o temeljnih pravicah iz pokojninskega in invalidskega zavarovanja s pojasnili Janeza Erjavca, Ljubljana.

Časopisni zavod Uradni list Republike Slovenije (Hg.) ([4]1997), Predpisi o delovnih razmerjih, plačah, zaposlovanju in zavarovanju za primer brezposelnosti, Ljubljana.

Dobrin, Tanja (1991), Delovni čas v kolektivnih pogodbah dejavnosti, In: Podjetje in delo, Jg. XVII, 4/1991, S. 357–365.

Dobrin, Tanja (1991a), Atipična oblika delovnega razmerja – začasno prepuščanje delavčevega dela tretjemu, In: Podjetje in delo, Jg. XVII, 7/1991, S. 790–803.

Dobrin, Tanja (1992), Delovno razmerje s krajšim delovnim časom (part-time), In: Podjetje in delo, Jg. XVIII, 2/1992, S. 110–124.

Dobrin, Tanja (1992a), Pravno varstvo atipičnih oblik dela, In: Podjetje in delo, Jg. XVIII, 8/1992, S. 906–926.

Dobrin, Tanja (1993), Delovni čas in delovno razmerje, In: Podjetje in delo, Jg. XIX, 8/1993, S. 947–955.

Dobrin, Tanja (1995), Formalne in dejanske možnosti fleksibilnega zaposlovanja, In: Podjetje in delo, Jg. XXI, 2/1995, S. 171–182.

Drobnič, Sonja (1995), Nestandardne oblike zaposlovanja v Srednji in Vzhodnji Evropi, In: Tejorija in praksa Jg. 32, 9–10/1995, S. 796–811.

Drobnič, Sonja (1997), Part-Time Work in Central and Eastern European Countries, In: Blossfeld, Hans-Peter/Catherine Hakim (eds.), Between Equalization and Marginalization. Women Working Part-Time in Europe and the United States of America, Oxford, S. 71–89.

Filipič, Ursula (1998), Soziale Sicherung in Slowenien, In: Tálos, Emmerich (Hg.), Soziale Sicherung im Wandel. Österreich und seine Nachbarländer. Ein Vergleich, Wien, S. 439–514.

Filipič, Ursula (1998a), Soziale Sicherung in Tschechien, In: Tálos, Emmerich (Hg.), Soziale Sicherung im Wandel. Österreich und seine Nachbarländer. Ein Vergleich, Wien, S. 365–437.

Jalušič, Vlasta (1996), Schwierigkeiten mit der Demokratie. Das unabhängige Slowenien und die Frauen, In: Kreisky, Eva (Hg.), Vom patriarchalen Staatssozialismus zur patriarchalen Demokratie, Wien, S. 23–51.

Končar, Polonca (1993), O novi delovni zakonodaji in delovnem pravu, In: Podjetje in delo, Jg. XIX, 5–6/1993, S. 399–409.

Končar, Polonca (1995), Delovno pravo – kje smo in kam gremo?, In: Podjetje in delo, Jg. XXI, 5–6/1995, S. 529–536.

Končar, Polonca (1996), Changes and Adaptations of Labour Law and Industrial Relations in Slovenia, In: Blanpain, Roger/László Nagy (eds.), Labour Law and Industrial Relations in Central and Eastern Europe. From Planned to Market Economy (= Bulletin of Comparative Labour Relations, 31), The Hague/London/Boston, S. 157–172.

Korpič-Horvat, Etelka (1991), Zaposlovanje delavcev po pogodbi o delu po Zakonu o delvonih razmerjih, In: Podjetje in delo, Jg. XVII, 4/1991, S. 366–371.

Korpič-Horvat, Etelka (1995), Delo na domu kot oblika rednega delovnega razmerja, In: Podjetje in delo, Jg. XXI, 8/1995, S. 1142–1152.

Kresal, Barbara (1999), Pogodbeno delo – med civilnopravno in delovnopravno ureditvijo, In: Podjetje in delo (XXV) 1/1999, S. 64–93.

Ksiezopolski, Miroslaw (1993), Social policy in Poland in the period of political and economic transition: challenges and dilemmas, in: Journal of European Social Policy (3) 3, S. 177–194.

Kuhelj, Jože (²1996), Zakon o pokojninskem in invalidskem zavarovanju, Ljubljana.

Mencinger, Jože (1983), Registrirana brezposelnost in zaposleni brez dela, In: Gospodarska gibanja 128/1983, S. 27–40.

Mencinger, Jože (1997), Spremembe na trgu delovne sile, In: Slovenska ekonomska revija Jg. 48, 1–2/1997, S. 151–161.

Mežnar, Drago (1994), Pogodba o zaposlitvi. Med pogodbeno svobodo in zakonskimi omejitvami (= doktorska disertacija na Pravni fakulteti univerze v Ljubljani), Ljubljana.

Mežnar, Drago (1994a), Razvoj pogodbe o zaposlitvi, In: Podjetje in delo, Jg. XX, 7/1994, S. 993–1000.

Mežnar, Drago (1998), Predlog novega zakona o delovnih razmerjih (II.), In: Pravna Praksa. Časopis za pravna vprašanja (17) 2/1998, S. 3f.

Mežnar, Drago (1998a), Predlog novega zakona o delovnih razmerjih (III.), In: Pravna Praksa. Časopis za pravna vprašanja (17) 3/1998, S. 12f.

Mežnar, Drago (1998b), Predlog novega zakona o delovnih razmerjih (IV.), In: Pravna Praksa. Časopis za pravna vprašanja (17) 4/1998, S. 3–6.

Mežnar, Drago (1998c), Predlog novega zakona o delovnih razmerjih (VI.), In: Pravna Praksa. Časopis za pravna vprašanja (17) 6/1998, S. 13f.

Mežnar, Drago (1999), Predlog ZDR prestal prvo obravnavo, In: Pravna Praksa. Časopis za pravna vprašanja (18) 8/1999, S. 3f.

Narobe, Silvo (1996), Ukrepi aktiven politike zaposlovanja, In: Informativni bilten, S. 3–8.

Novak, Janez (1996), Novosti na področju varstva pravic dela, In: Podjetje in delo, Jg. XXII, 5–6/1996, S. 946–952.

Novak, Mitja (1994), Spreminjanje in prilagajanje zakonodaje s področja delovnih razmerij v Sloveniji, In: Podjetje in delo, Jg. XX, 5–6/1994, S. 500–503.

Pirher, Sonja (1992), Zakonska regulacija trga zaposlovanja in trg delovne sile pri nas, In: Svetlik, Ivan und Preželj, Branka (Hg.), Zaposlovanje. Perspektive, priložnosti, tveganja (Ljubljana), S. 19–31.

Pavliha, Martin (Hg.) (1996), Javna dela v Sloveniji, Ljubljana.

Pirher, Sonja/Puhar, Jožica (1992), Delo in zaposlovanje, In: Socialna država – varnost, svoboda, solidarnost, redigiert von Andreja Črnak-Meglič, Ljubljana, S. 20–34.

Poročevalec državnega zbora Republike Slovenije, številka 50/24. oktober 1997, S. 11–67.

Poročevalec državnega zbora Republike Slovenije, številka 51/4. avgust 1998, S. 31–42.

Puhar, Jožica (1991), Problemi pri uveljavljanju delovne zakonodaje v letu 1990 in smeri bodočega urejanja, In: Podjetje in delo, Jg. XVII, 1/1991, S. 63–69.

Radovan, Aleksander (1992), Posebne atipične oblike dela, In: Pravnik, Jg. 47, 6–8/1992, S. 291–301.

Republiški zavod za zaposlovanje (1996), Mesečne informacije, 12/december 1996, Ljubljana.

Republiški zavod za zaposlovanje (1997), Poročilo za leto 1996, Ljubljana.

Republiški zavod za zaposlovanje (1998), Poročilo za leto 1997, Ljubljana.

Republiški zavod za zaposlovanje (1998a), Mesečne informacije, 5/maj 1998, Ljubljana.

Rezultati Raziskovanj. Aktivno prebivalstvo Slovenija 93 – Evropa 91 (1994), Hg. vom Zavod Republike Slovenije za statistiko und Republiški zavod za zaposlovanje, št. 607, (Ljubljana = ADS-Erhebung).

Rezultati Raziskovanj. Aktivno prebivalstvo Slovenija 94 – Evropa 92 (1995), Hg. vom Zavod Republike Slovenije za statistiko und Republiški zavod za zaposlovanje, št. 643, (Ljubljana = ADS-Erhebung).

Rezultati Raziskovanj. Aktivno prebivalstvo Slovenija 95 – Evropa 93 (1996), Hg. vom Zavod Republike Slovenije za statistiko, št. 675, (Ljubljana = ADS-Erhebung).

Rupel, Dimitrij (1992), Skrivnost države. Spomini na domače in zunanje zadeve 1989–1992, Ljubljana.

Stankovsky, Jan (1996), Osteuropa auf dem Weg in die EU, In: WIFO-Monatsberichte 12/1996, S. 799–807.

Statistični letopis Socialistične Republike Slovenije 1989 (Ljubljana 1990).

Statistični letopisi Republike Slovenije, leta 1990–1997/Statistical Yearbooks of the Republic of Slovenia, years 1990–1997 (Ljubljana 1991–1998).

Svetlik, Ivan (1992), Changing labour market and employment policies, In: Svetlik, Ivan (Hg.), Social policy in Slovenia. Between tradition and innovation, Avebury, S. 54–65.

Svetlik, Ivan (1992a), Na prehodu, In: Svetlik, Ivan und Branka Preželj (Hg.), Zaposlovanje. Perspektive, priložnosti, tveganja, Ljubljana, S. 10–18.

Svetlik, Ivan (1992b), Priložnosti in tveganja na trgu delovne sile, In: Svetlik, Ivan und Branka Preželj (Hg.), Zaposlovanje. Perspektive, priložnosti, tveganja, Ljubljana, S. 32–49.

Svetlik, Ivan (1995), Zaposlovanje in gospodarski razvoj, In: Malažič, Janez et all, Strategija gospo-
   darskega razvoja Slovenije, Ljubljana, S. 67–85.
Szurgacz, Herbert (1995), Das polnische Arbeits- und Sozialrecht nach dem Zusammenbruch des
   Sozialismus – Bestandsaufnahme und Perspektiven, in: Zeitschrift für ausländisches und inter-
   nationales Arbeits- und Sozialrecht (9) 2, S. 183–204.
Verša, Doroteja (1996), Zaposlitve s krajšim delovnim časom v Sloveniji, In: Tejorija in praksa Jg.
   33, 4/1996, S. 615–623.
Vodopivec, Milan (1996), The Slovenian Labor Market in Transition: Evidence from Microdata, In:
   Slovenska ekonomska revija Jg. 47, 5–6/1996, S. 424–463.

Atypische Beschäftigung in Spanien

Martina Fassler-Ristic

1. Arbeitsmarktentwicklung

1.1 Allgemeine Arbeitsmarktentwicklung

Analog zu einer sehr unausgeglichenen Wirtschaftsentwicklung kam es im spanischen Arbeitsmarkt innerhalb der letzten 30 Jahre zu fundamentalen, weit über die Veränderungen im Großteil der europäischen Arbeitsmärkte hinausgehenden Umwälzungen.

Ausgehend von einem, sowohl im nationalen als auch internationalen Vergleich sehr raschen Bevölkerungswachstum zu Beginn der 70er Jahre, zählt Spanien heute, aufgrund des radikalen Absinkens der Geburtenrate in den 80er Jahren, zu den Ländern mit dem geringsten Bevölkerungswachstum im gesamten OECD-Raum (vgl. OECD 1996a, S.6 f.; Tamámes 1995, S. 543–545). Andererseits liegt Spanien dank der bevölkerungsstarken Kohorten der Babyboom-Generation, die in den 80er Jahren in das erwerbsfähige Alter kamen, bei der Überalterung im OECD-Vergleich erst im Mittelfeld: Rund 68 % der Bevölkerung, 6 % mehr als 1970, befand sich 1997 im erwerbsfähigen Alter (OECD 1996b, S. 20 f. und 1999, S. 432 f.).

Diese Zunahme der Bevölkerung im erwerbsfähigen Alter führte allerdings nicht zu einem proportionalen Anstieg der Erwerbsbeteiligung: Die im internationalen Vergleich ohnedies sehr niedrige Erwerbsquote nahm zwischen 1975 und 1997 aufgrund der gravierenden Arbeitsmarktprobleme noch weiter ab und zählt mit einem Wert von rund 61 % (1997) zu den niedrigsten in ganz Europa[1] (OECD 1996b, S. 574 f. und 1999, S. 432 f.).

Tabelle 1: Erwerbsquoten (OECD) (in %)

Jahr	Gesamt	Frauen	Männer
1970	62,1	29,2	96,4
1975	62,0	32,4	92,5
1980	57,1	32,2	82,3
1985	56,2	33,4	79,2
1990	59,3	41,2	77,5
1995	59,4	45,1	73,6
1996	60,3	46,2	74,4
1997	60,8	47,1	74,6

Erwerbsquoten berechnet als Anteil der Aktivbevölkerung an der Bevölkerung im Alter von 14 bis 64 Jahren (bis 1976) bzw. im Alter von 16 bis 64 Jahren (ab 1977).

Quelle: Labour Force Statistics; OECD 1990, S. 374 f. und 1999, S. 432 f.

Die geschlechtsspezifische Aufgliederung der Gesamterwerbsquote zeigt neben der – einem internationalen Trend entsprechenden – gegensätzlichen Entwicklung der Erwerbsbeteiligung von Männern und Frauen die nach wie vor bestehende extrem hohe Differenz zwischen den beiden Erwerbsquoten (vgl. a.a.O.; Fernández/Garrido 1991; OECD 1999, S. 433). Dies ist einerseits auf den eher moderaten Anstieg der Frauenerwerbsbeteiligung, der aufgrund der langdauernden Wirtschaftskrise bis Mitte der 80er Jahre beinahe ausschließlich in den letzten fünfzehn Jahren erfolgte, zurückzuführen, ergibt sich aber insbesondere aus den, als Folge der strikten Implementierung des bürgerlichen Familienmodells unter Franco resultierenden sehr hohen Ausgangsunterschieden zu Beginn der 70er Jahre. Anzumerken bleibt noch, daß es für beide Geschlechter zu einem Rückgang der Erwerbstätigkeit in den Randaltersgruppen gekommen ist.

Parallel zu den Änderungen in der Erwerbsbeteiligung kam es innerhalb der letzten 30 Jahre auch zu einer Veränderung der Strukturierung der Beschäftigung: Der Frauenanteil an der Gesamtbeschäftigung stieg von 25 % im Jahr 1970 auf 35,4 % im Jahr 1997 (OECD 1991, S. 368–373 und OECD 1999, S. 435–439). Die günstigere Entwicklung der Frauenbeschäftigung erklärt sich wesentlich aus der, bereits in den 70er Jahren bestehenden und in der Folge weiter verstärkten Konzentration der Frauen im expansiven Dienstleistungsbereich, während der seit 1975 rückgängige Industriesektor von den Männern dominiert wird und diese auch im kontinuierlich und rasant schrumpfenden Agrarsektor, der seinen Anteil an der Gesamtbeschäftigung von 30 % im Jahr 1970 auf 8,4 % im Jahr 1997 reduziert hat, leicht überrepräsentiert sind. Insgesamt läßt sich festhalten, daß die spanische Wirtschaft in den letzten 30 Jahren einem tiefgreifendem sektoralen Strukturwandel unterlegen ist, sodaß Spanien im Vergleich zum Durchschnitt der EU-Länder zwar einen noch überdurchschnittlich großen Primärsektor, aber auch einen bereits relativ gut entwickelten Tertiärsektor aufweist.

Die geringe Beschäftigungsintensität der spanischen Wirtschaft – nach umfangreichen Beschäftigungszuwächsen in der zweiten Hälfte der 90er Jahre weist Spanien heute erstmals wieder eine etwa gleich hohe Zahl an Beschäftigten auf wie Mitte der 70er Jahre – hat zur Folge, daß Spanien neben einer der niedrigsten Erwerbsquoten im OECD-Raum seit beinah zwei Jahrzehnten auch die höchste Arbeitslosenquote unter den westlichen Industrieländern verzeichnet.

Konnte in den sechziger Jahren dank kräftigem Wirtschaftswachstum und dem „Export" insbesondere der männlichen Arbeitskräfte Vollbeschäftigung erreicht werden, betrug die Arbeitslosenquote nach einem stetigen Anstieg von Mitte der 70er bis Mitte der 80er Jahre im Durchschnitt des letzten Jahrzehnts um die 20 % (vgl. OECD 1999, S. 432 f.). 1998 wurde, nach einem kontinuierlichen Rückgang der Arbeitslosigkeit seit 1995, schließlich eine Quote von 18,8 % erreicht (vgl. INE 1999, Datenbank Tempus 4.02). Während junge Menschen bereits zu Vollbeschäftigungszeiten unter den Arbeitslosen überrepräsentiert waren, kamen die Frauen mit Beginn der Arbeitsmarktprobleme Mitte der 70er Jahre als neue Problemgruppe hinzu. Trotz des starken Anstiegs der Arbeitslosigkeit auch der Männer bzw. der Personen im Haupterwerbsalter, sind Frauen und Jugendliche auch in den 90er Jahren die am stärksten von Arbeitslosigkeit betroffenen Gruppen: Rund 26,6 % der weiblichen gegenüber 13,8 % der männlichen Erwerbsbevölkerung war 1998 arbeitslos, die Arbeitslosenquote der unter 25jährigen[2] war im selben Jahr mit einem Wert von rund 36 % beinah doppelt so hoch wie die Gesamtarbeitslosigkeit (vgl. Eurostat 1998, S. 57–59 und MTAS 1998a, S. 36). Parallel zu der generell hohen Arbeitslosigkeit weist Spanien auch einen sehr hohen Anteil an Langzeitarbeitslosen auf[3] (vgl. OECD 1993, S. 83–115 und MTAS 1998a, S. 37 f.). Seit Mitte der 80er Jahre hat, ob des starken Einsatzes von befristeten Arbeitsverhältnissen, zudem die Mehrfacharbeitslosigkeit beträchtlich zugenommen (vgl. CES 1994, S. 81–89).

Tabelle 2: Arbeitslosenquoten (OECD) (in %)

Jahr	Gesamt	Frauen	Männer
1972	2,0	1,5	2,1
1975	4,3	3,7	4,6
1980	11,1	12,8	10,4
1985	21,2	25,0	19,6
1990	16,0	24,2	11,7
1995	22,7	30,6	17,9
1996	22,0	29,6	17,3
1997	20,6	28,3	15,8

Arbeitslosenquoten berechnet als Anteil der Arbeitslosen über 16 Jahre an der Aktivbevölkerung.
Quelle: Labour Force Statistics; OECD 1990, S. 498 f. und 1999, S. 578 f.

1.2 Entwicklung atypischer Beschäftigungsverhältnisse

1.2.1 Begriffsbestimmung

Anders als in Österreich können befristete Beschäftigungsverhältnisse in Spanien nur bei Vorliegen eines der gesetzlich definierten „sachlichen Gründe", die eine Befristung rechtfertigen, abgeschlossen werden (vgl. Flórez Saborido 1994; RD 2720/98, veröffentlicht im BOE vom 8.1.1999). Nach einer schrittweisen Einengung der Befristungsmöglichkeiten seit 1993 können befristete Verträge derzeit zum Zweck der Ausbildung[4], zur Aushilfe bei zeitweise anfallender Mehrarbeit, bei Karenzierung des eigentlichen Beschäftigten bzw. zur Überbrückung für die Zeit eines laufenden Nachbesetzungsverfahrens, als Ersatz für einen Frühpensionisten[5] sowie zur Ausführung eines bestimmten Werkes oder einer Dienstleistung, die von der eigentlichen Unternehmenstätigkeit unabhängig und zeitlich begrenzt sind, abgeschlossen werden[6] (vgl. MTSS 1995, S. 113–134; RD 2720/98).

Die Maximaldauer der verschiedenen Befristungsregimes (inklusive der in einigen Fällen möglichen Verlängerungen) reicht von drei Monaten bis zu mehreren Jahren[7], ebenso unterscheiden sich die Vertragsarten im Hinblick auf die mit ihnen verbundene arbeits- bzw. sozialrechtliche Absicherung.

Erst im Juni 1994 legalisiert wurde die Leiharbeit (vgl. Rodríguez-Piñero Royo 1994). Leiharbeitnehmer können vom Verleihunternehmen unbefristet oder nur für den Zweck des jeweiligen Arbeitseinsatzes befristet angestellt werden. Ihr Einsatz im Beschäftigerbetrieb darf jedoch ebenfalls nur bei Vorliegen einer sachlichen Rechtfertigung für die Befristung – als welche im wesentlichen die oben angeführten Gründe, mit Ausnahme des Ausbildungsmotivs gelten – erfolgen.

Als Teilzeitarbeit gilt im Arbeiterstatut, dem 1980 verabschiedeten Hauptgesetz des spanischen Arbeitsrechts, nach einer zweimaligen Neudefinition dieser Beschäftigungsform in den 90er Jahren, seit Ende 1998[8] eine Erwerbstätigkeit, bei der die vertraglich vereinbarte Arbeitszeit weniger als 77 % der täglichen, wöchentlichen, monatlichen oder jährlichen Normalarbeitszeit[9] beträgt (vgl. RDL 15/98, veröffentlicht im BOE vom 28.11.1998). Beim Abschluß eines Teilzeitvertrages können somit relativ große Referenzzeiträume wie das Monat oder das Jahr mit sehr kleinen Arbeitszeiteinheiten für die Festlegung der Gesamtarbeitszeit, wie die Arbeitsstunde, gekoppelt werden. Diese Ende 1993 zur Ausweitung der Teilzeitarbeit eingeführte Regelung, die es den Arbeitgebern relativ leicht machte, die Beschäftigten nach ihrem Bedarf flexibel einzusetzen, wurde mit dem Reformgesetz zur Teilzeitbeschäftigung Ende 1998 zur Gewährleistung einer größeren Vorhersehbarkeit des Arbeitseinsatzes und des tatsächlichen Arbeitsausmaßes für die Beschäftigten etwas modifiziert: Beim – stets schriftlich abzuschließenden – Teilzeitvertrag ist nun neben der Angabe der vereinbarten Normalarbeitszeit des/der Teilzeitbeschäftigten auch die Festlegung der Verteilung der Arbeitsstunden auf die einzelnen Monate, Wochen und Tage erforderlich (vgl. RDL 15/1998).

Eine Sonderform der Teilzeitarbeit ist der 1984 eingeführte „Ablösevertrag". Diese Job-Sharing Variante sieht die Aufteilung eines Arbeitsplatzes zwischen einem älteren, bisher im Unternehmen beschäftigten Arbeitnehmer, der in die Pension „gleiten" will, und einem beim Arbeitsamt registrierten Arbeitslosen vor (López Mora 1990, S. 38–43). Auch die Bestimmungen betreffend den Abschluß eines Ablösevertrages wurden im November 1998 beträchtlich modifiziert (vgl. RDL 15/98; RD 144/99, veröffentlicht im BOE vom 16.2.1999). Voraussetzung für den Abschluß eines derartigen Vertrages ist, daß der ältere Arbeitnehmer mit Ausnahme des Alters alle Anspruchsvoraussetzungen für den Erhalt einer (beitragspflichtigen) Alterspension erfüllt. Darüber hinaus muß der ältere Arbeitnehmer in maximal 5 (bis Ende 1998: in maximal 3) Jahren das gesetzliche Pensionsalter von 65 Jahren erreichen und gewillt sein, seine Arbeitszeit innerhalb einer Bandbreite von 30 bis 77 % zu reduzieren (zuvor: genau um 50 %), während der Neubeschäftigte mindestens im Umfang des abgegebenen Arbeitsausmaßes beschäftigt werden muß. Die Reduktion der Arbeitszeit kann vom Gleitpensionisten innerhalb des gesetzlich fixierten Rahmens zudem sukzessive erhöht werden, falls im Gegenzug die Arbeitszeit des Ablösenden ausgeweitet wird. Trotz dieser flexibleren Gestaltung des Ablösevertrages gilt weiterhin, daß der Arbeitsplatz grundsätzlich nur in bezug auf die generelle Arbeitszeit, die Dauer des Arbeitsverhältnisses und seine Beendigung geteilt wird (vgl. López Mora 1990, S. 42). Zu einer zwischen den beiden Arbeitnehmern völlig eigenständig gestalteten Aufteilung des Arbeitsplatzes, die kurzfristig variable Arbeitszeitabsprachen zwischen den beiden Job-Sharern ermöglicht, allerdings auch bei Fehlen des einen zu dessen automatischer Vertretung durch den anderen verpflichtet, führt die Neuregelung des Ablösevertrages nicht. In der Praxis kam dem Ablösevertrag bisher, möglicherweise ob seiner Starre, sehr geringe Bedeutung zu. Bleibt abzuwarten, ob die flexiblere Gestaltung dieser Teilzeit-Variante zu einem nennenswerten Anstieg der solcherart Beschäftigten führt.

Seit der 1993 erfolgten Ausdehnung des Teilzeitbegriffs auf die Jahresarbeitszeit fällt auch die „klassische", da bereits am längsten bestehende atypische Beschäftigungsform, die Figur des fest angestellten Arbeitnehmers mit nicht ständiger Beschäftigung, die zuvor eigenständig geregelt war, unter den Teilzeitbegriff (Martínez de Viergol Lanzagorta 1995; Pedrajas Moreno 1994). Gemeint sind damit einerseits Arbeitnehmer, die für periodisch anfallende Arbeiten, deren Zeitpunkt und Zeitdauer von vornherein feststeht, eingesetzt werden, andererseits Saisonarbeiter, die zwar nicht den genauen Zeitpunkt ihres Arbeitseinsatzes, aber dessen ungefähren Eintritt und das Ausmaß abschätzen können. Für kurzzeitige Arbeit auf Abruf ist diese Vertragsart nicht konzipiert, da als wesentliche Kennzeichen für die unbefristete nicht ständige Beschäftigung neben der Regelmäßigkeit die Vorhersehbarkeit und saisonale bzw. phasenweise – und nicht die tageweise – Beschäftigung gelten (vgl. Martínez de Viergol Lanzagorta 1995, S. 53–57). Auf die konkrete arbeits- und sozialrechtliche Ausgestaltung der festen Anstellung mit diskontinuierlicher Beschäftigung, die am spanischen Arbeitsmarkt nur mehr relativ geringe Bedeutung hat – im 3. Trimester 1998 besaßen rund 117.000, mehrheitlich weibliche Beschäftigte ein derartiges Arbeitsverhältnis (vgl. INE 1998, S. 268) – wird im folgenden nicht näher eingegangen.

Arbeit auf Abruf, über deren Ausmaß keinerlei Daten vorliegen, dürfte eher unter Verwendung der „normalen" Teilzeitarbeitsverträge ablaufen bzw. abgelaufen sein. Relativ deutlich wurde auf deren Verbreitung in der Diskussion um das Teilzeit-Reformgesetz vom November 1998 hingewiesen, wobei die Arbeitgebervertreter stets auf die weitere Duldung dieser flexiblen Form der Teilzeitarbeit drängten (vgl. CES 1998). Da im Sinne der Sicherung der Qualität der Arbeitsverhältnisse unerwünscht, erfolgte mit der Etablierung der neuen Teilzeit-Vertragsbestimmungen Ende 1998 der faktische Ausschluß dieser Beschäftigungsform aus dem Kreis der gesetzlich zulässigen Teilzeitarbeitsformen.

Nur kurzzeitig als eigenständige Beschäftigungsform geregelt waren im spanischen System geringfügige Beschäftigungsverhältnisse. Nachdem bis Anfang der 90er Jahre kein Unterschied in der rechtlichen Behandlung von Teilerwerbstätigen mit höheren und solchen mit geringeren Beschäftigungszeiten gemacht worden war, wurden Ende 1993 in Anlehnung an die Systematisierung in anderen europäischen Staaten Beschäftigungsverhältnisse mit einer Arbeitszeit von weniger als 12 Stunden pro Woche bzw. 48 Stunden pro Monat als geringfügige Beschäftigungsverhältnisse klassifiziert (vgl. Lousada Arochena 1995, S. 84). Verbunden war mit dieser eigenständigen Regelung der Ausschluß der geringfügig Beschäftigten vom Großteil der Sozialversicherungsleistungen. Durch die im Mai 1997 beschlossene – und mit einiger Verzögerung – im April 1998 durchgeführte Wiedereingliederung der geringfügig Beschäftigten in die Sozialversicherung wurde die eigenständige Regelung der Teilerwerbstätigkeit mit niedriger Stundenzahl faktisch wieder abgeschafft.[10]

Mangels an Literatur bzw. Daten zum Thema kann nur ansatzweise in dem vorliegenden Bericht auf das Problem der „Scheinselbständigkeit" in Spanien eingegangen werden. Als Scheinselbständige werden in diesem Beitrag Erwerbstätige, „die de facto wie abhängig Beschäftigte arbeiten und sich hinsichtlich ihrer sozialen Lage nicht von ihnen unterscheiden, formal-rechtlich aber als Selbständige behandelt werden" (Paasch 1991, S. 218, zitiert nach Döse 1994, S. 76), verstanden.

1.2.2 Entwicklung und Struktur atypischer Beschäftigungsverhältnisse

Wie viele Studien belegen, war das Normalarbeitsverhältnis im franquistischen Spanien weit stärker institutionalisiert als in den westlichen Demokratien (vgl. Cousins 1995; Lessenich 1995a, S. 259–261; Lessenich 1995b, S. 84–88 und 99–103). Quasi als Kompensation für das rudimentäre Sozialsystem und zwecks Befriedung der politisch entrechteten Bevölkerung garantierte das Franco-Regime den männlichen Erwerbstätigen bei „politischer Korrektheit" ein durchgängiges Vollzeit-Arbeitsverhältnis von der Jugend bis ins hohe Alter.

1.2.2.1 Befristete Beschäftigungsverhältnisse

Befristete Beschäftigungsverhältnisse waren zwar nicht verboten, wurden aber durch die Judikatur de facto auf ein notwendiges Minimum – wie das Ausführen von Aushilfsarbeiten – eingeschränkt. War diese restriktive Befristungspolitik auf Druck der Gewerkschaften in der Übergangsphase nach dem Tod Francos kurzfristig fortgesetzt worden, kam es alsbald zu einer schrittweisen Ausweitung der erlaubten Befristungsgründe, die im Jahr 1984 mit der Zulassung von neun verschiedenen befristeten Vertragsarten – darunter eine, die „zur Förderung der Beschäftigung" die befristete Anstellung jedweden Arbeitslosen ermöglichte – ihren Höhepunkt fand und in der Mitte der 80er Jahre einsetzenden Aufschwungphase zu einem rasanten Anstieg der Befristungsquote führte.

Hatte der Anteil der befristeten an allen unselbständigen Beschäftigten 1984 noch 7,6 % betragen, so stieg die Quote bis 1988 auf 23,3 % und weiter auf auch im internationalen Vergleich[11] absolute Spitzenwerte jenseits der 30 %-Marke an: 1991, dem letzten Jahr der Hochkonjunktur betrug die Befristungsquote 32,2 % (vgl. Alvarez Aledo 1996, S. 62). Erst nachdem die finanziellen Kosten der massiven Rotation der ArbeitnehmerInnen in der Rezession 1992/93 das Budget der Arbeitslosenversicherung zu sprengen drohte, fand – parallel zu einer Erschwerung des Zugangs zu den staatlichen Transferleistungen – erstmals eine Einschränkung der erlaubten Befristungsgründe statt (vgl. Escudero Rodríguez 1997). Da dieser erste Versuch der Stabilisierung der Beschäftigungsverhältnisse den Befristungstrend nicht wesentlich einschränken konnte[12], schaffte die Regierung in der Arbeitsmarktreform vom Mai 1997 einen weiteren Teil der befristeten Vertragsarten ab und setzte im Gegenzug massive Anreize für die Schaffung von unbefristeten Beschäftigungsverhältnissen (vgl. Rojo Torrecilla/Camas Roda 1998; Laborda 1998). Ist dank dieser Maßnahmen nach langem wieder einmal ein beträchtlicher Anstieg der unbefristeten Beschäftigung zu verzeichnen, blieb der Erfolg bei der Verringerung der Befristungsquote bisher hinter den Erwartungen zurück: In der Aufschwungphase der zweiten Hälfte der 90er Jahre stieg auch die Zahl der befristeten Arbeitsplätze weiter an, sodaß die Befri-

stungsquote innerhalb der ersten eineinhalb Jahre seit Inkrafttreten der Arbeitsmarktreform nur geringfügig zurückgegangen ist (vgl. Tabelle 3).

Tabelle 3: Befristete Beschäftigung (INE) (in %)

Jahr	Gesamt	Frauen	Männer
1987	18,1	21,2	16,8
1990	30,3	35,2	26,9
1991	32,2	38,2	29,3
1992	33,5	39,1	30,7
1993	32,3	37,1	29,8
1994	33,8	37,5	31,8
1995	34,9	38,3	33,2
1996	33,6	36,4	32,3
1997	33,5	35,5	32,4
1998	33,0	34,7	32,1

Anteil der befristeten an der unselbständigen Beschäftigung (Jahresdurchschnitt).
Quelle: EPA-Daten, entnommen Tamámes 1995, S. 547 und INE 1999, Datenbank Tempus 4.02;
eigene Berechnungen.

In der Befristungsquote inbegriffen sind auch die befristet beschäftigten Leiharbeiter,
deren Zahl seit Legalisierung der Leiharbeitsfirmen von Jahr zu Jahr rasant zugenommen
hat und die beinahe die Gesamtheit der von diesen Unternehmen Beschäftigten stellen:
Von den im Jahr 1995 von den Überlasserbetrieben abgeschlossenen 361.816 Arbeitsverträgen waren nur 183 auf unbefristete Zeit vereinbart. 1997 wurden bereits über 1.260.524
Arbeitsverträge mit Zeitarbeitsfirmen – fast alle befristeter Art – registriert. (vgl. MTAS
1996a, S. 274; UGT 1999).

Aufgrund der generell hohen Befristungspraxis sind befristet Beschäftigte heute in Spani-
en innerhalb aller ArbeitnehmerInnengruppen anzutreffen. Freilich sind es vor allem
Frauen und insbesondere junge Menschen die von der Befristung betroffen sind (vgl.
Alvarez Aledo 1996, S. 162–165). Ebenso ist, bei Antreffen von befristet Beschäftigten in
allen Branchen, Berufen und Positionen, eine gewisse Konzentration auf die Niedriglohnbranchen und unteren Hierarchieebenen feststellbar (vgl. a.a.O., S. 135–195; Segura/
Durán u.a. 1991, S. 176–179 u. 202–209). Neben den klassischen Saisonbranchen „Landwirtschaft", „Bauwirtschaft" und „Hotel- und Gaststättenwesen" wiesen im Sekundärbe-
reich die „Leder-, Schuh- und Bekleidungsindustrie", im Dienstleistungssektor die Bereiche „Haushaltung/Hauswartung", Immobilienwesen" und „Reinigung und Sanierung" seit
Beginn der Flexibilisierungspolitik die höchsten Befristungsquoten auf.

Die kurzzeitige Beschäftigung[13] läßt die Einarbeitung in eine qualifizierte Tätigkeit
kaum, das Vordringen in höhere Hierarchieebenen noch seltener zu. Die Konzentration
auf schlecht entlohnte Tätigkeiten bzw. Positionen sowie eine weit verbreitete offene
Lohndiskriminierung der befristet Beschäftigten (vgl. García Ortega 1994, S. 69–74),
führt zu krassen Einkommensnachteilen gegenüber den unbefristet Beschäftigten. So
belief sich das durchschnittliche Einkommen eines befristet Beschäftigten 1992 gerade
auf 60 % des Durchschnittseinkommens eines unbefristet Beschäftigten (INE 1995,
S. 10)[14].

Noch schlechteren Arbeitsbedingungen unterliegen im Durchschnitt LeiharbeitnehmerInnen: Ein kaum mehr überbietbares Ausmaß an Rotation – 89 % der Verträge dauerten

1997 weniger als 1 Monat – und eine hohe Konzentration im Bereich der Hilfs- und einfachen Tätigkeiten machen deutlich, daß die solcherart Beschäftigten am äußersten Rand des Arbeitsmarktes angesiedelt sind (vgl. CGT de Aragon 1998; Centro de Estudias Financieros 1998, S. 462–465).

1.2.2.2 Teilzeitarbeit

Ebenfalls von einem sehr niedrigen Niveau Anfang der 70er Jahre ausgehend, ist Teilzeitarbeit dagegen auch in den 90er Jahren im OECD-Vergleich in Spanien nur in relativ geringem Umfang verbreitet (vgl. OECD 1998, S. 208). Dies hängt wesentlich auch mit den bis Mitte der 80er Jahre bestehenden erschwerenden Zugangsbestimmungen zusammen: War die für Frauen mit Betreuungspflichten interessante horizontale [15] Teilerwerbstätigkeit im Franco-Regime mit sehr hohen Sozialversicherungsbeiträgen belastet und deshalb für die Arbeitgeber uninteressant, folgte im Jahr 1980 zwar die Beseitigung dieser Verteuerung, gleichzeitig wurde der Zugang zu dieser Beschäftigungsform aber auf wenige Kollektive eingeschränkt (vgl. Flórez Saborido 1994, S. 56f. u. S. 75f.). Arbeitslosengeldbezieher sowie jene, die ihren Leistungsanspruch bereits ausgeschöpft hatten, zählten zu jenen, die als Teilzeitbeschäftigte angestellt werden durften, ebenso Jugendliche unter 25 und arbeitslose Landarbeiter. WiedereinsteigerInnen bzw. ganz allgemein Frauen mit Betreuungspflichten gehörten dagegen nicht zu den Begünstigten. Erst 1984 kam es zu einer gänzlichen Freigabe der Teilzeitarbeit für alle ArbeitnehmerInnen, sodaß sich – bei ausgezeichneter Konjunktur und rasantem Anstieg der Vollzeitbeschäftigung – in der zweiten Hälfte der 80er Jahre auch die Teilzeitbeschäftigung ausweitete (a.a.O., S.112 f.). Nach kurzfristiger Stagnation der Teilzeitquote gegen Ende der 80er Jahre, wuchs der Anteil der Teilzeitbeschäftigten in den letzten Jahren wieder etwas an. 1998 wurde eine Teilzeitquote von 7,9 % erreicht (Ministerio de Economía y Hacienda 1999, S. 65; INE 1999, Datenbank Tempus 4.02).

Tabelle 4: Teilzeitbeschäftigung (INE) [16] (in %)

Jahr	Gesamt	Frauen	Männer
1988	5,1	12,4	1,9
1989	4,7	11,7	1,6
1990	4,8	11,8	1,6
1991	4,6	11,2	1,5
1992	5,9	13,5	2,1
1993	6,3	14,3	2,3
1994	6,7	14,8	2,5
1995	7,4	16,2	2,8
1996	7,7	16,6	3,0
1997	8,0	17,0	3,1
1998	7,9	16,8	2,9

Anteil der Teilzeitbeschäftigung an der Gesamtbeschäftigung (Jahresdurchschnitt).
Quelle: EPA-Daten, entnommen Carrasco García 1996, S. 38 und INE 1999, Datenbank Tempus 4.02; eigene Berechnungen

In diesen Daten inkludiert ist auch die Zahl der Job-Sharer, die im spanischen Arbeitsmarkt allerdings eine verschwindend kleine Minderheit darstellen: 1991 waren rund 2600 Ablöseverträge [17] bei den Arbeitsämtern registriert worden, 1996 gar nur 213! (vgl. MTAS

1998b, ohne Seitenangabe, Statistik Nr. 1). Trotz stetigen Anstiegs seit ihrer eigenständigen Regulierung, blieb auch die Zahl der – ebenfalls in den angeführten Teilzeit-Daten inkludierten – geringfügig Beschäftigten für die gesamte Periode ihrer eigenständigen Regulierung relativ gering: Nach den Daten der Sozialversicherung waren 1995 und 120.000 ArbeitnehmerInnen, das sind etwas über 1 % aller Beschäftigten, geringfügig beschäftigt (vgl. MTAS 1996b, S. 257).

Mit der Freigabe der Teilzeitbeschäftigung für alle Arbeitnehmergruppen Mitte der 80er Jahre hat sich Teilzeitarbeit in Spanien, wie im Rest der westlichen Industrieländer, zu einer klaren Frauensache entwickelt: Rund drei Viertel aller Teilerwerbstätigen waren 1997 weiblichen Geschlechts. Auch die Merkmale der Teilzeitarbeitsplätze sowie der Teilzeitarbeitenden stimmten großteils mit den bei internationalen Vergleichen festgestellten Eigenheiten überein: Die spanischen Teilzeitbeschäftigten sind überproportional im Dienstleistungssektor vertreten (83 % der Teilzeitbeschäftigten, Zahlen für 1997) auf wenige, vorwiegend niedrig qualifizierte und schlecht entlohnte Berufe und Branchen konzentriert und hauptsächlich in den unteren Hierarchieebenen vertreten (vgl. Ministerio de Economía y Hacienda 1999, S. 62; INE 1998, S. 241–245; Carrasco García 1996). Betrachtet man nur die Gruppe der geringfügig Beschäftigten, zeigt sich, daß die Betroffenen noch stärker auf den Dienstleistungssektor, auf wenige Branchen und Berufe und vor allem auf das weibliche Geschlecht konzentriert sind als die Teilzeitbeschäftigten insgesamt (vgl. Daten der Sozialversicherung für 1994–96, vom MTAS zur Verfügung gestellt).

Auffallend an den Daten zur Teilzeitbeschäftigung ist die große Anzahl der unfreiwillig Teilzeitbeschäftigten. So hatte im dritten Trimester 1998 beinahe ein Viertel der Befragten erklärt, die Teilzeitbeschäftigung nur deshalb auszuüben, weil kein Vollzeitjob zu finden sei (vgl. INE 1998, S. 241). Angesichts der massiven Arbeitsmarktprobleme hat ein bedeutender Teil der Betroffenen Teilzeitarbeit als das kleinere Übel gegenüber der Arbeitslosigkeit gewählt. Die Unzufriedenheit mit der Teilzeitbeschäftigung dürfte aber auch mit der geringen sozialrechtlichen Absicherung dieser Beschäftigungsform, die 1993/94 weiter eingeschränkt und erst seit Mitte 1998 wieder ausgebaut worden ist, zusammenhängen (vgl. Carrasco García 1996, S. 43; RDL 15/1998)[18].

Verschärft wird die Beschäftigungs- und Versorgungssituation des Großteils der spanischen Teilerwerbstätigen noch dadurch, daß ihr Beschäftigungsverhältnis zugleich nur ein befristetes ist. Im Herbst 1998, vor Beschluß der Maßnahmen zur Förderung der Stabilität der Teilzeitarbeit, war die Teilzeitbeschäftigung bei rund 55 % der solcherart Beschäftigten mit einer Befristung gekoppelt (vgl. INE 1998, S. 35).

1.2.2.3 Scheinselbständigkeit

Bezüglich des Ausmaßes der Scheinselbständigkeit lassen sich nur sehr grobe Angaben machen. Bei einer traditionell und auch im internationalen Vergleich sehr hohen Selbständigenquote (1997 betrug diese mit Einbezug des Landwirtschaftssektors 21 %, für den Sekundär- und den Tertiärsektor alleine 18,2 %, vgl. OECD 1999, S. 435) scheint es insbesondere während der langen Stagnationsphase von 1975 bis 1985 zu einer Auslagerung zuvor unselbständiger Beschäftigung in die Selbständigkeit gekommen zu sein (vgl. Alba Ramírez 1992, S. 62 f.). So stieg die Zahl der Ein-Personen-Unternehmen außerhalb der

Landwirtschaft in den Krisenjahren von 1975 bis 1985 kontinuierlich an, um sich in der Aufschwungphase – nach kurzem weiteren Anstieg bis 1987 – zu stabilisieren, während die Entwicklung bei den Selbständigen mit Angestellten (außerhalb der Landwirtschaft) – dem Wirtschaftszyklus folgend – in die entgegengesetzte Richtung verlief. Auch in der Krise Anfang der 90er Jahre, die zu einem umfangreichen Rückgang der unselbständig Beschäftigten führte, wuchs das Kollektiv der Ein-Personen-Unternehmen außerhalb der Landwirtschaft wieder an (vgl. CES 1994, S. 71–73).

Eindrucksvollstes Beispiel der Abdrängung zuvor abhängig Beschäftigter in die Selbständigkeit ist die konjunktursensible Bauwirtschaft, in der es bei massivem Rückgang der unselbständigen Beschäftigung von 1976 bis 1985 zu einem zeitgleichen starken Anwachsen der Selbständigen kam, mit Beginn des Aufschwungs jedoch zu einer Umkehr der Entwicklung (vgl. Toharia 1987, S. 10). Bedeutende Auslagerungen erfolgten in den 80er Jahren auch auf dem Gebiet der Boten- und Transportdienste; der unklare Status der Betroffenen ist neben den vielen vor Gericht ausgetragenen Streitfällen an dem seit Mitte der 80er Jahre durch die Rechtsprechung vorgenommenen kontinuierlichen Einbezug dieses Kollektivs unter die unselbständig Beschäftigten und dem 1994 per Gesetz erfolgten Wiederausschluß ablesbar (vgl. Sánchez Pego 1995; Pedrajas Moreno 1995). Umstritten ist auch die Stellung der Versicherungsvertreter, der Beschäftigten im Medienbereich, sowie jene der „neuen" Heimarbeiter (Telearbeit etc.) (vgl. Ruiz Castillo 1991), wohingegen die Handelsvertreter und Künstler durch eigene arbeitsrechtliche Schutzbestimmungen erfaßt und (mit teilweisen Modifikationen) in das Sicherungssystem der Unselbständigen miteinbezogen sind (vgl. MTSS 1995, S. 206–208 und S. 394–398).

Hinzuweisen bleibt auf den generell sehr hohen Anteil der Ein-Personen-Unternehmen an den selbständig Beschäftigten (ihr Anteil an allen Selbständigen betrug im 3. Trimester 1998 rund 73 %, vgl. INE 1998, S. 243) sowie auf das relativ niedrige Einkommen und die unzufriedenstellenden Arbeitsbedingungen eines Teils der Ein-Mann/Frau-Betriebe (vgl. Alba Ramírez 1992, S. 67).[19] Prekärer dürfte freilich die Situation der in der Schattenwirtschaft Tätigen sein, deren Umfang in Spanien sehr hoch geschätzt wird und in der – anders als unter den Selbständigen – überdurchschnittlich viele Frauen beschäftigt sind[20].

2. Arbeitsrechtliche Regelungen

2.1 Befristete Arbeitsverhältnisse

Befristet Beschäftigte – zu denen im folgenden auch die befristet beschäftigten LeiharbeitnehmerInnen gezählt werden[21] – unterliegen in arbeitsrechtlichen Belangen zum Teil anderen Bestimmungen als ihre unbefristet beschäftigten KollegInnen. Diese Regelungen, die teils aus der Natur des Beschäftigungsverhältnisses folgen, sind in allen Fällen ungünstiger als jene, die für das Normalarbeitsverhältnis gelten, und tragen damit zu der Benachteiligung dieser Beschäftigtengruppe, die sich überwiegend aus Frauen sowie jungen Menschen beiderlei Geschlechts zusammensetzt, bei.

Nachdem der starke Kündigungsschutz der unbefristet beschäftigten Normalarbeiter, der von den Gewerkschaften hartnäckig verteidigt wurde, mit ein Grund für die Zulassung und den rasanten Anstieg befristeter Beschäftigungsverhältnisse war, ist es nicht verwundernswert, daß sich die arbeitsrechtliche Ausgestaltung der beiden Beschäftigungsformen – trotz moderater Lockerung des rigiden Kündigungsschutzes bei den unbefristeten und Einführung von, freilich relativ bescheidenen, Meldefristen und Kompensationsbestimmungen bei Auslaufen der befristeten Beschäftigungsverhältnisse – gerade bezüglich der Beendigung der Arbeitsverhältnisse stark unterscheidet (vgl. MTSS 1995, S. 177–199; Segura/Durán 1991, S. 25–47; Ley 63/97, veröffentlicht im BOE vom 30.12.1997).

Darüber hinaus trug auch die Rechtsprechung der Vergangenheit durch eine restriktive Auslegung der Bestandsschutz- und Entschädigungsbestimmungen zugunsten der unbefristet Beschäftigten zur faktischen Schlechterstellung der befristet Beschäftigten bei. Demgegenüber ist in den letzten beiden Jahren eine Änderung der Linie der Judikatur hin zu einer stärkeren Einforderung von Bestandsschutzgarantien auch für befristet Beschäftigte zu konstatieren (vgl. Román Vaca/Navarro Amaro 1997; Miñambres Puig 1997).

Während die Entlassung unbefristet Beschäftigter mit relativ hohem administrativen Aufwand und hohen finanziellen Kosten verbunden ist, können befristet Beschäftige ziemlich rasch und mit keinen oder nur sehr geringen Kosten „freigesetzt" werden. Von den befristeten Vertragsarten sehen nur zwei – der Vertrag „zur Förderung der Beschäftigung", dessen Neuabschluß seit Mai 1997 zwar nicht mehr möglich ist, unter dem aber zur Zeit noch viele ArbeitnehmerInnen beschäftigt sind, sowie der seit 1994 zugelassenen Leiharbeitsvertrag – bei Auslaufen des Arbeitsverhältnisses den Erhalt einer Kündigungsentschädigung vor (vgl. MTSS 1995, S. 111–133; Centro de Estudios Financieros 1999, S. 458). Damit wird nur eine Minderheit der befristet Beschäftigten für die Instabilität des Arbeitsverhältnisses entschädigt, die Zahlungen sind zudem weit niedriger als jene, die bei gerechtfertigter Kündigung von unbefristet Beschäftigten anfallen. Stehen letzteren 20 Taglöhne pro im Unternehmen verbrachten Jahr mit einem Maximum von 12 Monatslöhnen zu, sind für erstere nur 12 Taglöhne pro Dienstjahr in einer, ob des kurzen Verbleibs notgedrungen geringen Gesamthöhe zu zahlen.

Aufgrund der restriktiven Judikatur der vergangenen Jahre waren die befristet Beschäftigten aber bis vor kurzem häufig auch bei einer vorzeitigen, nicht auf Verschulden des Arbeitnehmers zurückzuführenden Entlassung schlechter gestellt. Denn während den unbefristet Beschäftigten bei einer sogenannten „ungerechtfertigten"[22] Entlassung eine Abfindung von 45 Taglöhnen pro Jahr (mit einem absoluten Maximum von 42 Monatslöhnen) zusteht, vertrat die Rechtsprechung bis Anfang 1997 mehrheitlich die Ansicht, daß sich die Höhe der Zahlung bei den befristet Beschäftigten nicht nur an der bisherigen Beschäftigungsdauer, sondern auch an der noch offenen Laufzeit des Vertrages zu richten hätte, weshalb die Entschädigung maximal in Höhe des Entgelts, das bis zum Vertragsende angefallen wäre, festgesetzt wurde[23] (vgl. Casas Baamonde/Alonso Olea 1993, S. 460–465). Dieser Rechtsprechung entgegengesetzt, gab der Oberste Gerichtshof mit einem Urteilsspruch vom Jänner 1997 als neue Leitlinie der Judikatur vor, daß auch an befristet Beschäftigte bei vorzeitiger ungerechtfertigter Entlassung die volle Entschädigungshöhe, ohne Berücksichtigung der Laufzeit des Vertrages, zu zahlen ist (Miñambres Puig 1997).

Auf Kosten der befristet Beschäftigten flexibel handhabbar ist für die Arbeitgeber weiterhin die administrative Handhabung der Beendigung derartiger Arbeitsverhältnisse: Ist für die Entlassung eines unbefristet Beschäftigten nach der Reduktion bzw. Vereinheitlichung von 1994[24] nunmehr eine Kündigungsfrist von 30 Tagen zu beachten, so muß befristet Beschäftigten[25] das Auslaufen ihres Arbeitsverhältnisses nur 15 Tage vor Beschäftigungsende mitgeteilt werden – und das auch nur dann, wenn sie bereits länger als ein Jahr im Unternehmen beschäftigt gewesen sind. Bei kürzeren Beschäftigungszeiten könnte der Arbeitnehmer theoretisch sogar am letzten Arbeitstag vom Ende seiner Anstellung informiert werden (vgl. Segura/Durán 1991, S. 39–41). Durch diese „liberale" Vorankündigungspflicht wird die Unsicherheit der befristet Beschäftigten bezüglich der zu erwartbaren Beschäftigungsdauer beträchtlich verstärkt – dies insbesondere, als bei den meisten der befristeten Vertragsarten eine mehrmalige Verlängerung des Beschäftigungsverhältnisses bis zu einer gesetzlich festgelegten Maximaldauer zulässig ist, das vertraglich fixierte „Ablaufdatum" des Beschäftigungsverhältnisses also auch nur ein provisorisches sein kann.

Für die Unternehmer relativ leicht umgehbar ist das strengere Kündigungsschutzrecht, das für unbefristet Beschäftigte gilt, freilich selbst nach Ablauf der Maximaldauer eines befristeten Beschäftigungsverhältnisses: Findet der Arbeitgeber einen anderen Grund für die Befristung, kann derselbe Arbeitnehmer mittels einer anderen Vertragsart völlig legal erneut befristet beschäftigt werden (vgl. Segura/Durán 1991, S. 25–47; Sala Franco 1996, S. 363 f.).

Anzumerken bleibt, daß in den Jahren 1997 und 1998 eine teilweise Einschränkung bezüglich Dauer und Höhe der zulässigen Verlängerungen einiger Vertragsarten erfolgte und seit Anfang 1997 auch eine striktere Vorgehensweise der Rechtsprechung bei offensichtlichem Mißbrauch der befristeten Verträge zur Umgehung des höheren arbeitsrechtlichen Bestandsschutzes von unbefristeten Arbeitsverträgen zu konstatieren ist (vgl. Ley 63/97; RD 2720/98; Román Vaca/Navarro Amaro 1997). Eine effektive Hintanhaltung des Abschlusses von ungerechtfertigten Kettenverträgen dürfte aufgrund der teils nur geringfügigen Sanktionen bei Mißachtung der neuen Verlängerungsbestimmungen[26], insbesondere aber aufgrund der rechtlichen Zulässigkeit der Aneinanderreihung von befristeten Verträgen verschiedener Art kaum gelingen.

Im Hinblick auf andere im Individualarbeitsrecht angesiedelte Belange, etwa urlaubsrechtliche Ansprüche, Bestimmungen bezüglich der Entlohnung etc. unterscheiden sich die beiden Beschäftigungsformen – mit Ausnahme der beiden Ausbildungsverträge und der Leiharbeitsverträge – nicht.

Ist die geringere Entlohnung[27] von PraktikantInnen und Lehrlingen mit ihrer Ausbildungssituation begründbar, weisen die Sonderbestimmungen bezüglich der Entlohnung der LeiharbeitnehmerInnen deutlich auf deren prekäre Stellung im Arbeitsmarkt bzw. deren schwache Verhandlungsposition hin: Die im nationalen Kollektivvertrag für Zeitarbeitsfirmen festgelegten Löhne der LeiharbeitnehmerInnen liegen beträchtlich unter den Löhnen, welche die Kollektivverträge der einzelnen Branchen den ArbeitnehmerInnen in den entleihenden Unternehmen garantieren. Es ist möglich, daß der 2. Gesamtsstaatliche Kollektivvertrag für Zeitarbeitsfirmen, der die stufenweise Anpassung der Löhne der LeiharbeitnehmerInnen an jene der ArbeitnehmerInnen in den Beschäftigerbetrieben bis Ende 1999 vorsieht[28], künftig zu einer gerechteren Entlohnung der LeiharbeitnehmerInnen führt (vgl. Centro de Estudios Financieros 1998, S. 457 f.; CGT de Aragón 1998, S. 27–32).

Trotz theoretischer Gleichstellung wird freilich eine faktische Benachteiligung der befristet Beschäftigten generell in bezug auf die Entlohnung, aber auch in anderen arbeitsrechtlichen Belangen immer wieder offenkundig. Neben der bereits oft auf kollektivvertraglicher Ebene stattfindenden Ausgrenzung vom Erhalt bestimmter Lohnzuschläge, werden befristet Beschäftigte insbesondere auf Betriebsebene häufig diskriminiert (vgl. García Ortega 1994, S. 69–74; AL III/1995, S. 2432 f. u. S. 3899–3902). So wurden von den zuständigen Gerichten Bestimmungen, welche die Gewährung bestimmter Lohnzuschläge nur an die Stammbelegschaft vorsahen (z.b. die Zahlung von Sonn- und Feiertagszuschlägen oder von Senioritätszulagen), ebenso aufgehoben wie der Ausschluß der befristet Beschäftigten vom Erhalt der Sonderzahlungen oder Versuche, die befristet Beschäftigten durch Anwendung eines anderen, mit einem niedrigeren Gehaltsschema verbundenen Kollektivvertrages zu benachteiligen.

Studien über das Ausmaß der Diskriminierung der befristet Beschäftigten fehlen zwar. Die Daten über die Einkommensdifferenz sowie die vielfältige, gerichtlich festgestellte Diskriminierung der befristet Beschäftigten lassen aber vermuten, daß sich neben der legalen Schlechterstellung dieses Kollektivs in kündigungsrechtlicher Hinsicht längst auch ihre Benachteiligung auf anderen arbeitsrechtlichen Gebieten etabliert hat.

2.2 Teilzeitarbeitsverhältnisse

Zufriedenstellender scheint die arbeitsrechtliche Absicherung der Teilzeitbeschäftigten – unter die in arbeitsrechtlicher Hinsicht stets auch die geringfügig Beschäftigten [29] fielen – zu sein (vgl. Merino Senovilla 1994, S. 227–325). Dies gilt insbesondere seit Inkrafttreten des Teilzeitarbeit-Reformgesetzes vom November 1998, mit dem die – seit der Arbeitszeitflexibilisierung im Jahr 1994 – relativ großen Dispositionsmöglichkeiten der Arbeitgeber bezüglich Länge und Zahl der konkreten Arbeitstage zugunsten einer größeren Vorhersehbarkeit der jeweiligen Arbeitszeiten für die ArbeitnehmerInnen eingeschränkt wurden (vgl. RDL 15/1998 vom 27.11.1998).

Teilzeitbeschäftigte haben, wie ihre vollzeitbeschäftigten KollegInnen, Anrecht auf eineinhalb freie Tage pro Woche bzw. das Einhalten der gesetzlichen Feiertage. Ebenso steht ihnen ein Urlaubsanspruch von 30 Tagen pro Jahr – analog den Vollzeitbeschäftigten – zu (vgl. Merino Senovilla 1994, S. 308–325). Ein Unterschied zu den Vollzeitbeschäftigten ergibt sich in diesem Bereich nur durch die Aliquotierung des Entgeltes nach dem Ausmaß der geleisteten Arbeitszeit.

Gleichgestellt mit den Vollzeitbeschäftigten sind Teilzeiterwerbstätige auch bei der Berechnung der Seniorität. Unabhängig von der tatsächlich geleisteten Arbeitszeit wird zur Berechnung der Dienstjahre nur die Dauer der Zugehörigkeit zu dem Unternehmen herangezogen (a.a.O., S. 283–304). Die Anknüpfung der Seniorität an die Dauer der Betriebszugehörigkeit wirkt sich für die Teilzeitbeschäftigten nicht nur positiv bei der Berechnung einer etwaigen Abfertigungszahlung aus, sondern auch bei der, in den Kollektivverträgen oftmals vorgesehenen Koppelung von Lohnzuschlägen an eine gewisse Seniorität. Bei befristeten Arbeitsverträgen – der Großteil der Teilzeitverträge ist ja befristeter Natur – entscheidet die Dauer der Betriebszugehörigkeit weiters darüber, ob im Fall der (vertraglich vereinbarten) Beendigung des Arbeitsverhältnisses eine Kündigungsfrist einzuhalten ist (a.a.O., S. 283–285).

Seit Ende 1998 völlig andere Bestimmungen als für Vollzeitbeschäftigte kommen für Teil-zeitbeschäftigte im Falle der Erbringung von Überstunden bzw. Mehrarbeit zu tragen. (vgl. MTSS 1995, S. 162 f.; RDL 15/1998). Konnte bis November 1998 bei Teilzeitarbeit zu gleichen Bedingungen wie bei Vollerwerbstätigkeit die Leistung von Überstunden angeordnet werden, wobei allerdings ein proportional zur reduzierten Normalarbeitszeit geringeres Maximum an zulässigen Überstunden galt, dürfen Teilzeitbeschäftigte in befristeten Arbeitsverhältnissen seit der Neuregelung nur mehr in Ausnahmefällen [30] Überstunden leisten. Für Teilzeitbeschäftigte in unbefristeter Anstellung wurde die Möglichkeit zur Leistung zusätzlicher Arbeitszeit unter Einführung des Konzepts der Mehrarbeit dagegen ausgeweitet: Sie dürfen seither jährlich Mehrarbeit im Ausmaß von 15 % der vertraglich vereinbarten Normalarbeitszeit leisten, wohingegen die bisherige Höchstzahl für Überstunden, die seit 1994 allerdings nur mehr beschränkt relevant war, bei rund 4 % [31] lag. Das Limit an zulässiger Mehrarbeit kann zudem per Kollektivvertrag noch weiter bis auf 30 % der Normalarbeitszeit erhöht werden.

Die Ausweitung [32] der Möglichkeit zum Ableisten zusätzlicher Mehrarbeit kann als Kompensation gesehen werden für die Einschränkungen, die – durch die nunmehr erforderliche genaue Festlegung von Lage und Verteilung der gewöhnlichen Arbeitszeit im Arbeitsvertrag – hinsichtlich der flexiblen Nutzung der Regelarbeitszeit der Teilzeitbeschäftigten erfolgten (vgl. CES 1998, S. 8 f.). Zur Sicherung der Qualität der Teilzeitarbeit, deren Gewährleistung ja einen der Beweggründe für die Neuregelung bildete, wurden freilich einige Schutzmechanismen etabliert, die verhindern sollen, daß die Teilzeitbeschäftigten erneut allzu flexibel eingesetzt werden können (vgl. RDL 15/1998). So kann Mehrarbeit nur angeordnet werden, sofern der Arbeitnehmer explizit im schriftlich abzuschließenden Arbeitsvertrag dazu sein Einverständnis gegeben hat. Falls auf Kollektivvertragsebene nichts anderes bestimmt ist, muß die Erbringung der Mehrarbeit zudem mindestens 7 Tage im vorhinein angekündigt werden. Ebenfalls nur per Kollektivvertrag abänderbar ist der Verteilungsschlüssel [33] für die Mehrarbeit, mit dem eine allzugroße Schwankung des tatsächlichen Arbeitsausmaßes verhindert werden soll.

Auch die Einführung einer Bestimmung, wonach Teilerwerbstätige bei längerfristiger Erbringung von Mehrarbeit ein Anrecht auf die Ausweitung ihrer Normalarbeitszeit erlangen, zielt auf die Hintanhaltung der Nutzung der Teilzeitbeschäftigten als flexibel abrufbare Arbeitsreserve ab.

Im Gegensatz zu den Überstunden, die seit 1994 per Zeitausgleich abgegolten werden, falls keine anderslautende Vereinbarung im Kollektivvertrag bzw. im Individualarbeitsvertrag getroffen wurde, sind Mehrarbeitsstunden stets finanziell, in Höhe des vertraglich vereinbarten normalen Stundenlohnes, zu vergüten. Der für Mehrarbeit erhaltene Lohn, der der Sozialversicherungspflicht unterliegt, fließt zudem auch in die Berechnungsgrundlage für die verschiedenen Transferleistungen ein, während der bei Vollzeitbeschäftigten anfallende Überstundenlohn trotz Einbezug in die Beitragsgrundlage – nach einem schrittweisen Ausschluß aus der Berechnungsgrundlage – seit 1999 bei der Berechnung der verschiedenen Sozialversicherungsleistungen überhaupt keine Berücksichtigung mehr findet (vgl. Ley 49/1998, veröffentlicht im BOE vom 31.12.1998 und OM vom 15.1.1999, BOE vom 16.1.1999).

2.3 Scheinselbständigkeit

Arbeitsrechtliche Ansprüche und Schutzbestimmungen setzen das Vorliegen eines Arbeitsvertrages voraus (vgl. Ruiz Castillo 1991). Von den schwer einordenbaren Tätigkeiten im Graubereich zwischen Selbst- und Unselbständigkeit sind im spanischen Arbeitsrecht explizit als Unselbständige mit beschränktem arbeitsrechtlichen Schutz Künstler und Handelsvertreter definiert (vgl. MTSS 1995, S. 206–208). Für erstere ist die Maximaldauer der Probezeit sowie der Anspruch auf eine Kündigungsentschädigung bei Beendigung des Arbeitsverhältnisses per Gesetz fixiert, letztere haben auch Anspruch auf bezahlten Urlaub und genießen generell etwas stärkeren arbeitsrechtlichen Schutz.

Personen, die als (Schein-)Selbständige tätig sind, fallen aus dem Schutzsystem des Individualarbeitsrechts vollständig heraus. Sie sind damit für den „Vertragspartner" billiger und oft auch sehr flexibel einsetzbar.

2.4 Evaluierung

Zusammenfassend läßt sich festhalten, daß unter den atypisch Beschäftigten vor allem die befristet Beschäftigten einen unzureichenden arbeitsrechtlichen Schutz besitzen. Neben den hohen Unterschieden in den Auflösungskosten von unbefristeten und befristeten Beschäftigungsverhältnissen tragen die lockeren Bestimmungen bezüglich der Vorankündigungsfrist bei Ablauf der befristeten Arbeitsverhältnisse sowie die nach wie vor vielfältigen Möglichkeiten zur Vertragsverlängerung bzw. zur neuerlichen Anstellung der Betroffenen unter einer anderen befristeten Vertragsart dazu bei, daß die befristet Beschäftigten als billige Reserve, die je nach Wirtschaftslage geheuert und gefeuert wird, einsetzbar sind.

Da befristete Beschäftigungsverhältnisse per se, aufgrund der durch sie bewirkten Instabilität der Erwerbskarriere problematisch sind, steht bei den aktuellen Regulierungsbestrebungen die neuerliche Einschränkung dieser Beschäftigungsform, und nicht deren arbeitsrechtliche Ausgestaltung, im Vordergrund. So erfolgte mit der Arbeitsmarktreform vom Mai 1997 die Verbilligung des Großteils der neuen unbefristeteten Arbeitsverhältnisse[34] und die Einschränkung der zulässigen Befristungsgründe. Maßnahmen zur Verbesserung des arbeitsrechtlichen Schutzes für die befristet Beschäftigten selbst blieben demgegenüber bisher fast völlig aus. Denkbar wäre etwa die Etablierung einer Abfindung zur Abgeltung der Instabilität bei allen befristeten Vertragsarten und die Einführung einer Vorankündigungsfrist schon bei einer geringeren Beschäftigungsdauer als der bisherigen 1-Jahr-Grenze.

Da trotz theoretischer Gleichstellung in anderen, nicht die Beendigung des Dienstverhältnisses betreffenden Belangen, eine vielfältige faktische Benachteiligung der befristet Beschäftigten und insbesondere eine Lohndiskriminierung feststellbar ist, wäre zudem bereits durch die Gewährleistung der Einhaltung ihrer arbeitsrechtlichen Ansprüche für eine Verbesserung der Stellung der befristet Beschäftigten gesorgt.

Die arbeitsrechtliche Regulierung der Teilzeitarbeit kann dagegen – theoretisch – als relativ zufriedenstellend bewertet werden. Insbesondere die Berechnung der Seniorität in Abhängigkeit von der Betriebsdauer und nicht von der tatsächlich geleisteten Arbeitszeit kommt den Teilzeitbeschäftigten zugute. Seit Geltung des Teilzeit-Reformgesetzes vom

Ende 1998, in dem eine genaue Fixierung von Ausmaß und Verteilung der Arbeitszeit im vorhinein verpflichtend eingeführt und relativ hohe Schutzmechanismen gegen kurzfristige bzw. überlange Mehrarbeitseinsätze etabliert wurden, sollte die Verwendung der Teilzeitbeschäftigten als variabel einsetzbare Arbeitsreserve auf Abruf, die seit der Ausweitung des Teilzeitbegriffes in den Jahren 1993/94 stattgefunden haben dürfte, wieder erschwert worden sein. Die gänzliche Untersagung von Überstunden, falls das Teilzeitarbeitsverhältnis zugleich ein befristetes ist, soll verhindern, daß die derart Beschäftigten gleich in zweifacher Weise die Flexibilisierungskosten[35] zu tragen haben. Darüber hinaus soll damit eine Hintanhaltung der Koppelung der beiden atypischen Beschäftigungsformen erreicht und die Umwandlung der befristeten in unbefristete Teilzeitarbeitsverhältnisse angeregt werden. Durch die – erst Ende 1998 erfolgte – Einführung des Konzeptes der Mehrarbeit, ist die Erbringung zusätzlicher Arbeit bei Teilzeitbeschäftigung zudem von den schrittweise bis Anfang 1999 eingeführten Strafabgaben für Überstunden an die Sozialversicherung ausgenommen. Dies scheint sinnvoll, da Teilzeitbeschäftigte mit ihrer geringeren Arbeitszeit ohnedies ihren Beitrag zur Arbeitsumverteilung geleistet haben.

Inwieweit die arbeitsrechtlich gewährleistete Gleichstellung der Teilzeit- mit den Vollzeitbeschäftigten in der Praxis auch eingehalten wird, kann hier nicht beantwortet werden. Freilich dürfte es insbesondere denjenigen, deren Arbeitsverhältnis zusätzlich noch befristet ist – sie stellen, wie bereits erwähnt, die Mehrheit der Teilzeitbeschäftigten dar – nicht anders ergehen als den befristet Beschäftigten generell, eine teilweise Umgehung ihrer arbeitsrechtlich verbürgten Ansprüche kann also angenommen werden.

3.   Sozialrechtliche Regelungen

3.1 Befristete Arbeitsverhältnisse

Während im arbeitsrechtlichen Bereich vor allem die explizite gesetzliche Ungleichbehandlung zu einer Benachteiligung der befristet Beschäftigten gegenüber ihren unbefristet beschäftigten KollegInnen führt, ist es im Sozialrecht bei (überwiegender[36]) Gleichbehandlung der beiden Kollektive auf gesetzlicher Ebene die Struktur des Systems selbst, das als erwerbszentriertes Versicherungssystem konstruiert ist, welche die Schlechterstellung der befristet Beschäftigten begründet. Die Anbindung der wichtigeren Transferleistungen an die Höhe des Erwerbseinkommens und an die Dauer der Erwerbstätigkeit, die in der ersten Hälfte der 90er Jahren noch verstärkt wurde, muß bei jenen, deren Erwerbskarriere durch kontinuierliche Instabilität geprägt ist, zu einer unzureichenden Absicherung führen.

Insbesondere im häufig eintretenden Fall der Arbeitslosigkeit dürfte die Versorgungssituation vieler befristet Beschäftigter äußerst prekär sein, zumal die von 1992 bis 1994 erfolgte Reformierung der Arbeitslosenversicherung zu einer beträchtlichen Erschwerung des Zugangs zum Leistungsbezug geführt hat. Nach der Verdoppelung der Mindestanwartschaft für den Bezug von Arbeitslosengeld von 6 auf 12 Monate ist einem Großteil der befristet Beschäftigten der Zutritt zu der höheren der beiden Arbeitslosen-Transferleistungen versperrt. Die zugleich vorgenommene Öffnung der Beihilfenebene für Arbeitslose mit relativ geringen Beschäftigungszeiten kann ob der geringen Höhe der, zudem nur bei Vorliegen von Bedürftigkeit gewährten Arbeitslosenbeihilfe[37] kaum als Kompensation gewertet werden. Während Zeiten des Bezugs von Arbeitslosengeld als Versicherungszeiten bei der Berechnung der Anwartschaft für die Pension gewertet werden, gelten Zeiten des Beihilfenbezugs außerdem nicht als Ersatzzeiten [38], sodaß der Verweis der Kurzzeitbeschäftigten in die zweite Ebene des Versicherungssystems – wie der gänzliche Ausschluß aus demselben – negative Folgen für die zukünftige (Alters-)Versorgung mit sich bringt (vgl. Escudero Rodríguez 1994; MTSS 1995, S. 240–277).

Auch die Erlangung anderer Sozialleistungen, deren Erhalt an den Erwerb bestimmter Versicherungszeiten geknüpft ist – wie (teils) für die Alters- und für die Invaliditätspension, aber auch für den Bezug von Wochengeld und Krankengeld erforderlich –, wird einem Teil der befristet Beschäftigten nicht möglich sein. Dies gilt verstärkt dann, wenn die Zuerkennung einer Transferleistung bereits bei jungen Menschen an relativ lange Anwartschaftszeiten geknüpft ist, was bei der Gewährung einer Pension bei Invalidität infolge „normaler" [39] Krankheit der Fall ist; trifft aber vor allem auch dann zu, wenn die Erwerbsbiographie aufgrund der Betreuung von Familienangehörigen ohnedies lückenhaft ist: Kommen zu einer mehrjährigen „Familienpause", die in der Pensionsversicherung mit maximal 1 Jahr Ersatzzeit pro Kind abgegolten wird, noch mehrere, zwischen den verschiedenen befristeten Beschäftigungsverhältnissen liegende Phasen der Arbeitslosigkeit hinzu, wird es für die (mehrheitlich weiblichen) Betroffenen schwer, die notwendigen Versicherungszeiten für eine Alterspension – im spanischen System sind dies mindestens 15 Versicherungsjahre – anzusammeln.

Aber auch auf die Höhe der Transferleistungen (Alterspension, teilweise bei der Invaliditätspension) sowie die Dauer des Leistungsbezugs (Arbeitslosengeld und Arbeitslosenbeihilfe) wirken sich die kurzen Beschäftigungszeiten negativ aus.

Eine schlechtere Absicherung der befristet Beschäftigten ergibt sich weiters ob ihres durchschnittlich niedrigeren Verdienstes bei Anbindung des Hauptteils der Transferleistungen an die Höhe des vorhergegangenen Erwerbseinkommens: Arbeitslosengeld, Krankengeld, Mutterschaftsgeld, Alters- und Invaliditätspension spiegeln die im Arbeitsmarkt entstandenen Einkommensungleichheiten, etwas relativiert durch die im sozialen Sicherungssystem verankerten Versorgungsleistungen, wider.

Letztere haben nach ihrem vor wenigen Jahren erfolgten Ein- bzw. Ausbau größere Relevanz als im österreichischen Sicherungssystem und große Bedeutung für jene, die aufgrund des Wechsels von Arbeitslosigkeit und befristeten Beschäftigungsverhältnissen nur geringe Versicherungszeiten nachweisen können: Dies gilt für den freien Zugang zum staatlichen Gesundheitsdienst ebenso wie für das Vorhandensein von Mindestniveaus bei einem Teil der Versicherungsleistungen und der Existenz von beitragsunabhängigen Alters- und Invaliditätspensionen. Für eine ausreichende Absicherung sind diese Mindestleistungen aufgrund ihres großteils niedrigen Niveaus sowie ihrer Konstituierung als Fürsorgeleistungen, die nur bei familiärer Bedürftigkeit gewährt werden, allerdings unzureichend.

3.2 Teilerwerbstätigkeit

Wie bei den befristet Beschäftigten führte der generelle Leistungsabbau, wie er ab 1992 im spanischen Sicherungssystem erfolgte [40], auch bei den Teilerwerbstätigen zu einer Verschlechterung der materiellen Absicherung. Zusätzlich wurden in den Krisenjahren 1993

und 1994 auch direkt in den sozialrechtlichen Bestimmungen, die speziell die Teilzeitbeschäftigten betreffen, beträchtliche Restriktionen vorgenommen, sodaß es in den letzten
Jahren zu einem teils expliziten, teils faktischen Ausschluß der Teilzeitbeschäftigten aus
dem Sozialversicherungsschutz gekommen ist. Vor dem Hintergrund dieser völlig unzureichenden Absicherung der Teilzeitbeschäftigten zielten die Reformen der letzten zwei
Jahre wieder auf eine Verbesserung des sozialversicherungsrechtlichen Schutzes der Teilerwerbstätigen ab.

3.2.1 Geringfügige Beschäftigungsverhältnisse

Hatte bis Anfang der 90er Jahre kein Unterschied in der sozialrechtlichen Behandlung
von Teilerwerbstätigen mit höherer und solcher mit geringerer Stundenzahl bestanden,
wurden letztere, in Anlehnung an andere europäische Rechtsmodelle und mit ähnlicher
Begründung im Krisenjahr 1993 aus der Vollversicherung ausgenommen. Als „Aktivitäten, die aufgrund ihrer geringen Dauer als marginal bezeichnet werden könnten und nicht
die Deckung des Lebensunterhaltes begründen würden", so die Gesetzesbegründung (vgl.
González Ortega 1994, S. 381), waren Beschäftigungsverhältnisse mit einer Stundenzahl
von weniger als 12 Stunden pro Woche oder 48 Stunden pro Monat seit Ende 1993 fast
vollständig von der Sozialversicherungspflicht befreit, die Betroffenen damit vom Bezug
des Großteils der Sozialleistungen ausgeschlossen (vgl. Lousada Arochena 1995; González Ortega 1994, S. 381–386). Zugang zu Versicherungsleistungen hatten geringfügig
Beschäftigte nur im Falle von (Arbeits-)Unfällen, bei Berufskrankheit, bei Konkurs des
Arbeitgebers sowie im Falle der Mutterschaft; darüber hinaus standen ihnen im Krankheitsfall die Sachleistungen des staatlichen Gesundheitsdienstes offen.

Der Wiedereinbezug dieses Kollektivs in die Vollversicherung, also die neuerliche Eingliederung in die Kranken-, Unfall- und Pensionsversicherung, die im Mai 1997 beschlossen und im Frühjahr 1998 schließlich verwirklicht wurde, kann wohl als einer der wesentlichen Punkte in der Kurskorrektur, die die Regierung in den letzten beiden Jahren bezüglich der sozialrechtlichen Absicherung der Teilerwerbstätigen unternommen hat, bezeichnet werden (vgl. RDL 8/1997, veröffentlicht im BOE vom 17.5.1997 und RDL 489/1998,
BOE vom 9.4.1998). Aufgrund der relativ restriktiven Anwartschaftsberechnung, die bei
der Teilzeitbeschäftigung generell angewandt wird, dürften die geringfügig Beschäftigten
allerdings trotz ihrer Wiedereingliederung in die Vollversicherung häufig vom Erhalt der
Versicherungsleistungen ausgeschlossen bleiben (vgl. die folgenden Ausführungen zur
Teilerwerbstätigkeit).

3.2.2 Teilerwerbstätigkeit mit höherer Stundenzahl

Nach der bis 1980 andauernden Phase der Nichtbeachtung der Teilzeitarbeit im spanischen Sozialrecht, in der die Teilzeitbeschäftigten (großteils) zwar relativ gut abgesichert[41], aufgrund der extrem hohen Sozialversicherungskosten aber kaum „vorhanden"
waren, sollte mit der expliziten Erfassung dieser Beschäftigungsform durch das Arbeit-
nehmerstatut im Jahr 1980 erstmals eine Anpassung der Sozialversicherungskosten und
der Sozialleistungen „an das Ausmaß der tatsächlich geleisteten Arbeit" erfolgen (vgl.
González Ortega 1994, S. 386–398).

Diese bis 1993 unverändert geltende relativ allgemeine Festlegung des Proportionalitätsprinzips in bezug auf die sozialrechtliche Absicherung der Teilzeitbeschäftigten wurde
allerdings von den einzelnen Institutionen der Sozialen Sicherheit und zunehmend auch
von den zuständigen Gerichtshöfen – bezüglich der Berechnung der Versicherungszeiten
– unterschiedlich ausgelegt. Während das Nationale Institut der Sozialversicherung, das
für alle beitragsabhängigen Geldleistungen [42] mit Ausnahme der im Falle der Arbeitslosigkeit vorgesehenen Transferleistungen zuständig ist, bereits 1982 eine sehr restriktive Verordnung erließ, wonach als anzurechnende Arbeitszeit nur die tatsächlich geleisteten
Arbeitsstunden und nicht die Zeitspanne, über die sich das Arbeitsverhältnis erstreckt, zu
gelten habe, sah das Ausführungsdekret zum Arbeitslosenversicherungsgesetz (RD
625/1985) eine – allerdings nur für die Teilzeitbeschäftigten mit horizontaler [43] Verteilung
der Arbeitszeit geltende – wesentlich günstigere Berechnung der Anwartschaftszeiten vor:
Unabhängig von der Zahl der tatsächlich geleisteten Arbeitsstunden wurde jeder gearbeitete Tag als vollständig auf die Anwartschaft anrechenbar gewertet (González Ortega
1994, S. 386 f.).

Nachdem diese für die Mehrheit der Teilzeitbeschäftigten [44] wesentlich vorteilhaftere
Berechnungsmethode der Versicherungszeiten von der Rechtsprechung in der Folge auch
auf die Berechnung der Anwartschaft für die restlichen Sozialleistungen angewandt worden war, und der Oberste Gerichtshof im Mai 1993 zusätzlich die Nichtigkeit der, auf keiner gesetzlichen Basis beruhenden restriktiven Vorgangsweise des Nationalen Instituts der
Sozialen Sicherheit bei der Berechnung der Versicherungszeiten festgestellt hatte, wurde
die gerichtlich beseitigte rigorose Anwendung des Proportionalitätsprinzips in bezug auf
die Berechnung der Anwartschaftszeiten vom spanischen Gesetzgeber 1994 einfach per
Gesetz reetabliert. Als Anwartschaftszeiten für sämtliche Transferleistungen, einschließlich jener, die im Falle der Arbeitslosigkeit vorgesehen sind, galt in der Folge nur mehr
die tatsächlich gearbeitete Zeit (vgl. a.a.O., S. 387).

Dieser restriktive Berechnungsmodus, der dazu führt, daß Teilzeitbeschäftigte im spanischen System nicht nur durchschnittlich niedrigere Transferleistungen als ihre vollzeitbeschäftigten KollegInnen erhalten, sondern zusätzlich – aufgrund dieser doppelten Anwendung des Proportionalitätsprinzips – für die Ansammlung der notwendigen Anwartschaftszeiten auch längere Beschäftigungszeiträume zurückgelegt haben müssen, wurde
in Teilbereichen durch das Reformgesetz zur Teilzeitbeschäftigung vom November 1998
und eine entsprechende Durchführungsverordnung vom Jänner 1999 modifiziert (vgl.
RDL 15/1998 und RD 144/1999, vom 29.1.1999).

Um auch Teilzeitbeschäftigten den Erhalt der Transferleistungen, für die sehr lange
Anwartschaftszeiten nötig sind – dies sind die Alterspension und die Invaliditätspension –
zu ermöglichen, werden die Versicherungszeiten nunmehr mit einem Multiplikator von
1,5 vervielfacht. Die so errechneten Anwartschaftszeiten, die keinesfalls höher sein dürfen
als jene, die bei Vollbeschäftigung angesammelt worden wären, dienen zur Berechnung
der Anwartschaft für die beiden Pensionsleistungen. Bei der Alterspension fließen die so-
cherart erhöhten Versicherungszeiten auch in die Berechnung der Pensionshöhe ein.

Teilzeitbeschäftigte mit einer Arbeitszeit von der Hälfte der Normalarbeitszeit brauchen
für das Erreichen der Mindestanwartschaft für die Alterspension – für die insgesamt 15
Versicherungsjahre nötig sind – seit Inkrafttreten der Reform somit 20 anstelle von 30

Versicherungsjahre. Die Anwendung des Multiplikators auch bei der Errechnung der Höhe der Alterspension führt zu einer Erhöhung der Berechnungsgrundlage um 50 % (vgl. Gaceta Sindical 1998, S. 10).

Bezüglich der Anwartschaftsberechnung im Falle der Arbeitslosigkeit wurde die vor 1994 geltende Regelung reetabliert, sodaß für diese Transferleistung erneut der Grundsatz gilt, daß jeder gearbeitete Tag als voller Arbeitstag auf die Anwartschaft anzurechnen ist (vgl. CES 1998, S. 20–21). Dadurch sind Arbeitslosengeld und -beihilfe zwar für den Großteil der Teilerwerbstätigen wieder etwas leichter zugänglich. Teilzeitbeschäftigte mit einer im Vergleich zur Normalarbeitswoche verringerten Zahl an Arbeitstagen brauchen dagegen weiterhin einen wesentlich längeren Zeitraum für den Erwerb der Mindestanwartschaft. Ihre kürzeren Beschäftigungszeiten wirken sich zudem auch in Form von kürzeren Bezugszeiten für Arbeitslosengeld und -beihilfe aus.

Ausschließlich die tatsächlich geleisteten Arbeitsstunden werden bei allen Teilzeitbeschäftigten weiterhin bei der Berechnung der Anwartschaft für das Krankengeld und das Wochengeld berücksichtigt. Etwas erleichtert wurde der Zugang zu diesen Leistungen nur durch die Ausweitung der Rahmenfristen [45], innerhalb derer die Versicherungszeiten liegen müssen, sowie durch die – 1993 abgeschaffte und nunmehr erneut zugestandene – aliquote Anrechnung der Wochenenden, Feiertage und Urlaubszeiten auf die Anwartschaft (vgl. RD 144/1999).

Die – im Vergleich zu den Transferleistungen mit langen Anwartschaftszeiten – andersgelagerten Zugangsprobleme der Teilzeitbeschäftigten in bezug auf diese Transferleistungen bestehen somit auch seit Inkrafttreten des Reformgesetzes zur Sicherung der Qualität und Stabilität der Teilzeitbeschäftigung beinahe ungemildert fort: Können die Anwartschaftszeiten für Krankengeld und Wochengeld zwar grundsätzlich auch von den Teilzeitbeschäftigten erbracht werden, ergeben sich Probleme daraus, daß diese Leistungen relativ häufig und kurzfristig benötigt werden, die notwendigen Versicherungszeiten aber von den Teilerwerbstätigen oft noch nicht erworben wurden, weil deren Ansammlung bei ihnen verhältnismäßig lange dauert. So müssen Teilzeitbeschäftigte mit einer Arbeitszeit von einem Drittel der Normalarbeitszeit statt 6 Monate 18 Monate an versicherungspflichtiger Beschäftigung nachweisen, um erstmals Anspruch auf Krankengeld bzw. Wochengeld zu haben.

Bezüglich der Neuregelung der Anwartschaftszeiten für die Pensionen zu bedenken bleibt, daß der Multiplikator zwar zu einer Abmilderung, nicht aber zu einer Beseitigung der Zugangsprobleme zu den beiden Transferleistungen führt. Zudem wirken sich die kürzeren Beschäftigungszeiten der Teilzeitbeschäftigten nach wie vor auch auf die Höhe der beiden Pensionen (im Falle der Alterspension wieder abgemildert durch den Multiplikator) aus.

Das zusätzliche Durchschlagen des verringerten Einkommens der Teilzeitbeschäftigten auf das Niveau der Transferleistungen führt dazu, daß Teilzeitbeschäftigte nicht nur seltener und teilweise kürzer, sondern generell auch weit schlechter als Vollzeitbeschäftigte durch das Sicherungssystem abgesichert sind. Zu erwähnen ist in diesem Zusammenhang, daß auch nicht alle der Mindestleistungen, welche die Einkommens- und anderen Ungleichheiten des Arbeitsmarktes im Sicherungssystem etwas ausgleichen, den Teilzeitbeschäftigten in voller Höhe offenstehen: Mindestarbeitslosengeld und seit 1994 auch die

Arbeitslosenbeihilfe verringern sich für (zuvor) Teilzeitbeschäftigte proportional zur niedrigeren Arbeitszeit.

3.3 Scheinselbständigkeit

Personen, die trotz faktisch abhängiger Beschäftigung als Selbständige [46] gemeldet sind, haben einerseits alleine für die vollen Sozialversicherungskosten aufzukommen und genießen andererseits im Vergleich zu den unselbständig Beschäftigten nur einen eingeschränkten Versicherungsschutz (vgl. MTSS 1995, S. 408–414). Neben dem Wegfall der materiellen Absicherung bei Arbeitslosigkeit steht Selbständigen auch keine Geldleistung im Falle der Teilinvalidität zu, noch kommt es zu einer Aufstockung der Invaliditätspension bei Berufsunfähigkeit. Auch bei Berufskrankheit und Arbeitsunfall sind Selbständige schlechter abgesichert, bei den Alterspensionen werden Versicherungslücken – im Unterschied zu der Situation bei den Unselbständigen – nicht mittels der Anrechnung der Mindestbeitragsgrundlage „aufgefüllt", der Pensionsantritt wird niemals vor Vollendung des 65. Lebensjahres gestattet. Bis Mitte der 80er Jahre waren Selbständige zudem von der Krankenversicherung ausgeschlossen, nach einer Periode der Pflichtversicherung besteht seit 1994 Wahlmöglichkeit (vgl. Alvarez Moreno 1995, S. 170–172). Das – bei Versicherung zustehende – Krankengeld wird außerdem erst nach 15 Karenztagen ausbezahlt. Unselbständig Beschäftigte haben demgegenüber im Krankheitsfall einen geringeren Einkommensentfall: Ihnen wird vom 4. bis zum 15. Tag vom Arbeitgeber ihr Entgelt, in reduzierter Form, fortgezahlt.

3.4 Evaluierung

Zusammenfassend läßt sich festhalten, daß das spanische Sicherungssystem trotz einiger Modifikationen, die innerhalb des Betrachtungszeitraums vorgenommen wurden, weiterhin das sogenannte „Normalarbeitsverhältnis" (vgl. Tálos 1993), also ein kontinuierliches Vollzeitarbeitsverhältnis mit dem ein durchgängiges Vollversicherungsverhältnis korrespondiert, zum Bezugspunkt hat. Ist dieses an der klassischen männlichen Erwerbsbiographie orientierte Sicherungssystem ob der fortgeschrittenen Erosion des Normalarbeitsverhältnisses in Spanien schon für die ausreichende Absicherung eines beträchtlichen Teils der Männer unzureichend, spitzt sich das Problem bei den Frauen, deren Erwerbskarrieren einerseits traditionell – aufgrund der Übernahme (des Großteils) der Familienpflichten – von diesem Modell abweichen, und die andererseits auch von der Expansion der atypischen Beschäftigungsformen stärker betroffen sind, noch zu.

Durch ein befristetes Beschäftigungsverhältnis, von dem Frauen bei generell sehr hoher Verbreitung in Spanien in allen Altersgruppen stärker betroffen sind als Männer, ist die Instabilität der Erwerbsbiographie und damit die Lückenhaftigkeit des Versicherungsverlaufs vorprogrammiert. Dies hat die Nichtqualifikation für häufig benötigte kurzfristige Transferleistungen (insbesondere die Arbeitslosenleistungen), bei „Normalisierung" dieses Erwerbsverlaufs und/oder Koppelung an eine mehrjährige „Familienpause" sogar für längerfristige Transferleistungen (Alterspension) – zumindest aber die Beschränkung der letzteren auf ein niedriges Niveau – zur Folge.

Trotz einiger Verbesserungen, die in jüngster Zeit vorgenommen wurden, müssen wohl die spezifischen sozialrechtlichen Regelungen, die für Teilzeitbeschäftigte gelten, als grundsätzlich problematisch bewertet werden. So wirkt sich nicht nur die geringe Einkommenshöhe – Folge der geringeren Arbeitszeit sowie der Konzentration auf wenig qualifizierte Arbeit und die unteren Hierarchieebenen – auf das Niveau der Transferleistungen aus, zusätzlich müssen die Betroffenen auch die kürzeren Arbeitszeiten durch längere Beschäftigungszeiträume kompensieren, um sich überhaupt für den Erhalt der Transferleistungen zu qualifizieren. Bedenkt man, daß der Großteil der spanischen Teilzeitbeschäftigten zugleich ein befristetes Arbeitsverhältnis besitzt, kommt diese Anknüpfung des Leistungsbezugs an überdurchschnittlich lange Beschäftigungsphasen einem faktischen Ausschluß vieler Teilzeitbeschäftigter aus dem Sicherungssystem gleich. Vor allem Teilerwerbstätige mit niedriger Stundenzahl, die als geringfügig Beschäftigte bis vor kurzem explizit vom BezieherInnenkreis des Großteils der Transferleistungen ausgeschlossen waren, müssen wohl auch nach ihrem 1998 vorgenommenen Wiedereinbezug in die Vollversicherung mit gar keinen oder nur unzureichenden Leistungen ihr Auslangen finden.

Bei Erlangung nur niedriger Versicherungsleistungen oder Verfehlen derselben haben die Versorgungsleistungen große Bedeutung für die atypisch Beschäftigten, die im spanischen System stärker als im österreichischen verankert sind. Aufgrund ihres großteils niedrigen Niveaus und ihres Fürsorgecharakters, der die Betroffenen zuerst wieder auf familiäre Hilfe – und damit Frauen oftmals auf die Absicherung durch den männlichen „Ernährer" – rückverweist, bevor staatliche Hilfe gewährt wird, ist eine ausreichende und eigenständige Absicherung der atypisch Beschäftigten allerdings auch durch diese Mindestleistungen nicht garantiert.

4. Zusammenfassung und Ausblick

Der Rückblick über die Entwicklung des spanischen Wohlfahrtsstaates innerhalb der letzten 30 Jahre macht deutlich, daß es – ausgehend von einer besonders strikten Implantierung des Normalarbeitsverhältnisses in den arbeitsrechtlichen Normen zu Beginn der 70er Jahre – zu einem radikalen Umbau des arbeitsrechtlichen Regulierungsregimes gekommen ist. Die arbeitsrechtliche Liberalisierung fand allerdings fast ausschließlich im Bereich der „entry policies" statt, mit dem Ergebnis, daß der heutige spanische Arbeitsmarkt von krassen Ungleichheiten zwischen einem Kern an hauptsächlich männlichen und älteren unbefristet beschäftigten „Normalarbeitern" mit hoher Beschäftigungsstabilität und einer überwiegend jungen und weiblichen Reserve, die zwischen befristeter Beschäftigung und Arbeitslosigkeit pendelt, geprägt ist.

Zum anderen wurde dieser Abbau jeglicher Beschäftigungsgarantie bzw. die damit verbundene dramatische Erosion des Normalarbeitsverhältnisses, von der insbesondere Frauen betroffen sind, nicht durch einen ebenso radikalen Um- bzw. Ausbau des im Franco-Staat nur rudimentär ausgebildeten sozialen Sicherungssystems abgefedert. Zwar folgte ein teilweiser Einbau von Elementen der Mindestsicherung in das Sicherungsnetz, dieses blieb aber dominant erwerbsarbeitszentriert. Seine Ausrichtung an dem – angesichts einer Arbeitslosenquote von rund 20 % und einer Befristungsquote von über 30 % – für einen großen Teil der spanischen Erwerbsbevölkerung längst zur Fiktion gewordenen Normalarbeitsverhältnis wurde in der ersten Hälfte der 90er Jahre sogar noch beträchtlich verstärkt. Maßnahmen wie der Teilausschluß der geringfügig Beschäftigten aus der Sozialversicherung, die Gewährung der Arbeitslosenbeihilfe in ihrer vollen Höhe nur mehr an zuvor Vollzeitbeschäftigte, die radikale Anhebung der Anwartschaftszeiten für den Bezug des Arbeitslosengeldes sowie die Durchsetzung eines sehr restriktiven Berechnungsmodus zur Eruierung der Versicherungszeiten von Teilzeitbeschäftigten führten zu einer erheblichen Verschlechterung der materiellen Absicherung atypisch Beschäftigter durch das soziale Sicherungssystem.

Zwar ist es demgegenüber in den letzten beiden Jahren zu einer Rücknahme bzw. Abschwächung eines Teils dieser Regelungen gekommen: So wurden 1998 die geringfügig Beschäftigten wieder in die Vollversicherung eingegliedert und die befristet beschäftigten Lehrlinge erneut in die Krankenversicherung aufgenommen. Anfang 1999 wurde der restriktive Zuerkennungsmodus, der bei der Gewährung von Sozialversicherungsleistungen an Teilzeitbeschäftigte zum Tragen kommt, für den Bereich der Pensionen und beim Bezug der Arbeitslosenleistungen etwas abgeschwächt.

Eine ausreichende Absicherung der atypisch Beschäftigten garantiert das spanische Sicherungssystem freilich auch nach dieser Kurskorrektur nicht – zumal auch die Mindestleistungen nicht voraussetzungslos gewährt werden und relativ niedrig sind.

Schwachstellen im arbeitsrechtlichen Schutz der Teilzeitbeschäftigten machten sich nach der Ausweitung und Flexibilisierung des Teilzeitbegriffes im Jahre 1994 bemerkbar. Die Nutzung der Teilzeitbeschäftigten als flexibel abrufbare Arbeitsreserve, die nach der Einführung des Jahres als zulässigem Durchrechnungszeitraum für die Teilzeitarbeit konstatiert wurde, soll durch die Ende 1998 beschlossenen Schutzmechanismen – im konkreten durch eine verbindliche Festlegung der genauen Arbeitszeiten im vorhinein und eine strenge Reglementierung der Mehrarbeit – künftighin wieder unterbunden werden.

Als problematisch erweist sich die Teilzeitarbeit für einen Teil der solcherart Beschäftigten aber auch deshalb, weil die Teilerwerbstätigkeit gar nicht gewünscht, sondern nur aus Mangel an einer Vollzeitbeschäftigung ausgeübt wird. Angesichts der niedrigen Teilzeitquote ist die Zahl der unfreiwillig Teilzeitbeschäftigten erstaunlich hoch (vgl. Punkt 1.2.2.2).

Was die arbeitsrechtliche Situation der befristet Beschäftigten betrifft, so sind insbesondere die „lockeren" und auch innerhalb der verschiedenen befristeten Vertragsarten uneinheitlichen Regelungen in bezug auf die Auflösung der Arbeitsverhältnisse zu kritisieren. Nur ein Teil der befristeten Vertragsarten sieht derzeit zur Abgeltung der Instabilität des Beschäftigungsverhältnisses eine Abfindung vor. Die Zahlungen sind zudem weit niedriger als jene, welche unbefristet Beschäftigten bei einer Entlassung zustehen. Im Vergleich zu den hohen Kündigungsfristen der unbefristet Beschäftigten relativ mangelhaft scheinen auch die Vorankündigungspflichten, mit denen der Arbeitgeber dem befristet Beschäftigten das Auslaufen bzw. die Nichtverlängerung seines Vertrages mitteilen muß. Als stärkste Schwachstelle im spanischen Befristungsregime müssen freilich die – trotz der in den letzten Jahren vorgenommenen Einschränkungen – nach wie vor vielfältigen Möglichkeiten zur mehrmaligen Verlängerung und Aneinanderreihung von verschiedenen befristeten Arbeitsverhältnissen gesehen werden. Sie führen dazu, daß der höhere Bestandsschutz der unbefristeten Beschäftigungsverhältnisse selbst im Falle einer längerdauernden Anstellung von den Arbeitgebern relativ leicht umgangen werden kann.

Neben diesen rechtlich gedeckten Ungleichheiten, die sich auf die Beendigung der Arbeitsverhältnisse beziehen, trägt eine vielfältige faktische Umgehung der arbeitsrechtlich verbürgten Ansprüche in anderen Belangen, insbesondere im Bereich der Lohnfestsetzung, zum prekären Status der befristet Beschäftigten bei.

Die dauerhafte Senkung der befristeten Beschäftigung zählt neben der Reduktion der Arbeitslosigkeit denn auch Ende der 90er Jahre zu den vorrangigen Zielen der spanischen Arbeitsmarktpolitik. Die hierfür gesetzten Schritte umfassen zum einen die Einschränkung der zulässigen befristeten Vertragsarten, beinhalten zum anderen aber erstmals auch wesentliche Änderungen im Bereich der „exit policies": Der Abschluß bzw. die Umwandlung in ein unbefristetes Beschäftigungsverhältnis wird den Arbeitgebern seit der Arbeitsmarktreform vom Mai 1997 mit einem weniger rigiden Kündigungsschutzrecht, das für den Großteil der neu eingestellten unbefristet Beschäftigten gilt, honoriert. Zusätzlich wurde eine umfangreiche Reduktion der Sozialversicherungskosten für die ersten 24 Monate der Laufzeit dieser unbefristeten Beschäftigungsverhältnisse eingeführt. Bei guter Wirtschaftslage führten diese Maßnahmen in der Zwischenzeit zu einer beträchtlichen Zunahme der unbefristeten Anstellungen. Gleichzeitig stiegen in der Aufschwungphase 1997/98 auch die befristeten Beschäftigungsverhältnisse, absolut betrachtet, weiter an. Neben der Verlängerung des ursprünglich für 2 Jahre konzipierten Subventionsprogramms zur Förderung der unbefristeten Beschäftigung wurde deshalb Ende 1998 die Sanktionierung der Befristung durch die Einhebung höherer Arbeitslosenversicherungsbeiträge für die befristeten Vertragsarten beschlossen (vgl. Ley 49 und Ley 50/1998 vom 30.12.1998, BOE vom 31.12.1998). Eine stärkere Einschränkung der Möglichkeiten zur Verlängerung und Aneinanderreihung von verschiedenen befristeten Beschäftigungsverhältnissen, wie von den Gewerkschaften heftig gefordert, erfolgte demgegenüber bisher nicht (vgl. UGT 1998).

Angesichts der damit verbundenen Arbeitsumverteilung wird von der spanischen Regierung explizit eine Steigerung der Teilzeitbeschäftigung angestrebt. In der Absicht, die niedrige Teilzeitquote anzuheben, erfolgten in der ersten Hälfte der 90er Jahre Flexibilisierungsmaßnahmen auf arbeitsrechtlicher Ebene und Änderungen der sozialversicherungsrechtlichen Bestimmungen, die eindeutig zu Lasten der solcherart Beschäftigten gingen. Erst in letzter Zeit wird neben der Quantität auch der Qualität der Teilzeitbeschäftigung Aufmerksamkeit geschenkt. Dies hat zum einen eine teilweise widersprüchliche Politik [47] zur Folge, führt zum anderen mit dem Inkrafttreten des Teilzeit-Reformgesetzes vom November 1998, in dem erstmals die Qualität der Beschäftigung Vorrang hatte, aber auch zu ersten Verbesserungen in der Absicherung der Teilzeitbeschäftigten.

Anmerkungen

1   Diese Aussage bezieht sich auf die Erwerbsquote berechnet aus dem Verhältnis der Erwerbsbevölkerung zur Bevölkerung im Alter zwischen 15 und 64 Jahren. In Absolutzahlen bzw. als Anteil an der Gesamtbevölkerung berechnet (Gesamterwerbsquote), ist die Aktivbevölkerung dagegen leicht angestiegen.
2   Die Daten für die unter 25jährigen beziehen sich auf die ersten drei Trimester des Jahres.
3   1997 waren über 55 % der Arbeitslosen länger als ein Jahr ohne Arbeit, wobei – wie auch in den Jahren zuvor – der Anteil der Langzeitarbeitslosen unter den arbeitslosen Frauen mit einer Quote von 60 % höher war als unter den Männern (rund 50 %; vgl. MTAS 1998a, S. 37).

4 Darunter fallen einerseits die Lehrlingsverträge, die mit 16 bis 21jährigen mit einer Mindestdauer von 6 Monaten und einer Maximaldauer von 2 Jahren (kollektivvertraglich abänderbar auf 3 Jahre), sowie die Praktikumsverträge, die mit AkademikerInnen sowie AbsolventInnen berufsbildender höherer Schulen mit einer Mindestdauer von ebenfalls 6 Monaten und einer Maximaldauer von zwei Jahren abgeschlossen werden können (vgl. Ley 63/97, veröffentlicht im BOE vom 30.12.1997; MTSS 1995, S. 123–130).

5 Diese Mitte der 80er Jahre zum Zweck der Verringerung der Arbeitslosigkeit geschaffene Vertragsart ermöglicht älteren ArbeitnehmerInnen ein Jahr vor Erreichen des Pensionsalters den Übertritt in die Pension, falls das Unternehmen für diesen Zeitraum einen beim Arbeitsamt registrierten Arbeitslosen einstellt (vgl. MTSS 1995, S. 134).

6 1994 stark eingeschränkt, im Mai 1997 gänzlich aufgehoben wurde die Möglichkeit zum Abschluß befristeter Verträge „zur Förderung der Beschäftigung". Diese Vertragsart, in der zweiten Hälfte der 70er Jahre eingeführt und ab 1984 mit allen Arbeitsuchenden abschließbar, ermöglichte den Abschluß eines befristeten Beschäftigungsverhältnisses für jedwede Art der Tätigkeit, was der faktischen Aufhebung der sachlichen Begründungspflicht für die Befristung gleichkam.

Ebenfalls mit Mai 1997 beseitigt wurde die Vertragsart, die mit der Begründung des „Beginns einer neuen Unternehmenstätigkeit" – als solche wurde nicht nur die Gründung oder Erweiterung eines Unternehmens, sondern auch die Einführung einer neuen Produktlinie bzw. Anbietung neuer Serviceleistungen verstanden – seit 1984 die Befristung zugelassen hatte.

7 Bei den Verträgen zur Ausführung eines Werkes oder einer Dienstleistung und dem Großteil der Karenz- bzw. Überbrückungsverträge ist überhaupt keine Maximaldauer gesetzlich festgelegt (vgl. RDL 2720/98).

8 War Teilzeitarbeit bis Anfang der 90er Jahre als Erwerbstätigkeit mit einer Arbeitszeit von weniger als zwei Drittel der wöchentlichen oder monatlichen Arbeitszeit definiert (vgl. MTSS 1993, S. 96) so erfolgte 1993 – mit dem Ziel, durch die Flexibilisierung eine Anhebung der Teilzeitquote zu erreichen – eine mehrfache Ausweitung des Teilzeitbegriffes: Zum einen wurde neben der wöchentlichen bzw. monatlichen auch die jährliche Arbeitszeit als Berechnungsbasis zur Abgrenzung einer Teilzeit- von einer Vollzeitbeschäftigung zugelassen und als Arbeitszeiteinheit, mit der die Normalarbeitszeit festzulegen ist, für jeden dieser Referenzzeiträume die Arbeitsstunde erlaubt, sodaß auch eine Fixierung einer Zahl von Arbeitsstunden pro Monat oder Jahr möglich ist. Zum anderen wurde die im Rahmen eines Teilzeitarbeitsverhältnisses zulässige Maximalstundenzahl durch Beseitigung der Zwei-Drittel-Grenze erhöht. Als Teilzeitarbeit galt in der Folge eine Erwerbstätigkeit, bei der die vertraglich vereinbarte Arbeitszeit unter der täglichen, wöchentlichen, monatlichen oder jährlichen Normalarbeitszeit der jeweiligen Branche lag. Ende 1998 wurde die Definition von Teilzeitarbeit durch die Einziehung eines Limits bei 77 % der Vollarbeitszeit wieder eingeengt. (vgl. Martínez de Viergol Lanzagorta 1995, S. 49; RDL 15/98, BOE vom 28.11.1998).

9 Für jene Branchen, für welche die Normalarbeitszeit nicht per Kollektivvertrag geregelt ist, gilt die 40-Stundenwoche als Bezugspunkt für die Festlegung der maximal zulässigen Arbeitszeit bei Teilzeitbeschäftigung.

10 Bis Ende 1998 bestand ein Unterschied in der rechtlichen Behandlung von Teilerwerbstätigen mit höheren gegenüber jenen mit niedrigeren Beschäftigungszeiten noch in der Weise fort, als bis zu diesem Zeitpunkt eine – mit der Wiedereingliederung in die Vollversicherung im April 1998 eingeführte – Reduktion der Sozialversicherungsbeiträge für geringfügige Beschäftigungsverhältnisse Anwendung fand.

11 So war der Anteil der befristet Beschäftigten an allen unselbständig Beschäftigten in Australien, dem Land mit der zweithöchsten Befristungsquote, 1994 um über 10 % niedriger als in Spanien, die zweithöchste Befristungsquote innerhalb der europäischen Länder, die 1994 von Schweden

und Finnland gehalten wurde, war nicht einmal halb so hoch wie die spanische (vgl. OECD 1996c, S. 8).

12 Der Anteil der befristeten an der gesamten unselbständigen Beschäftigung stieg bis Herbst 1995 sogar noch bis auf einen Höchstwert von 35,2 % an, um in der Folge, bei guter Wirtschaftsentwicklung und generellen Beschäftigungszuwächsen etwas abzusinken.

13 So waren im 3. Trimester 1998 nur rund 30 % aller befristet Beschäftigten bereits länger als 6 Monate an ihrem damaligen Arbeitsplatz beschäftigt, während beinahe 45 % ihre Beschäftigung vor weniger als 3 Monaten angetreten hatten (vgl. INE 1998, S. 270).

14 In die Untersuchung nicht einbezogen sind die Beschäftigten aus der Landwirtschaft und dem öffentlichen Dienst. Ebensowenig berücksichtigt wurden Teilzeitbeschäftigte, sodaß der unterschiedliche Anteil der Teilerwerbstätigen an den befristet bzw. unbefristet Beschäftigten nicht als Erklärung für die hohen Einkommensunterschiede herangezogen werden kann.
Anzumerken bleibt noch, daß sich die Einkommensdifferenz zwischen befristet und unbefristet Beschäftigten in allen Berufskategorien findet und mit einem Einkommensnachteil von 10 % bei den Hilfsarbeitern und bei den unter 18jährigen am geringsten, bei den obersten Berufskategorien dagegen am stärksten ausgeprägt ist.

15 Mit „horizontaler" Teilzeitarbeit sind Beschäftigungsverhältnisse gemeint, die sich vom Normalarbeitsverhältnis durch eine kürzere Tagesarbeitszeit, nicht aber eine Verringerung der Zahl der wöchentlichen Arbeitstage unterscheiden.

16 Teilzeitquote berechnet als Anteil der Teilzeitbeschäftigten an der Gesamtbeschäftigung. Die Daten stammen aus den Befragungsergebnissen der Encuesta de Población Activa (=EPA) des Spanischen Nationalen Statistikinstitutes, wobei grundsätzlich Personen, die zwischen 1 und 30 Stunden in der Referenzwoche gearbeitet haben, als teilzeitbeschäftigt gewertet werden, Personen, die zwischen 30 und 35 Stunden beschäftigt waren, nach ihrer Selbsteinschätzung als voll- bzw. teilzeitbeschäftigt eingestuft werden, und Personen mit einer Wochenarbeitszeit von über 35 Stunden als Vollzeitbeschäftigte gelten.

17 Die Zahl der Job-Sharing Verträge belief sich auf das Doppelte, da ja jedem „Ablösenden" ein Gleitpensionist, mit dem der Arbeitsplatz geteilt wird, gegenüberstehen muß.
Die starke Reduktion der ohnehin geringen Zahl an Job-Sharern geht möglicherweise auf die 1993 erfolgte Beseitigung der Reduktion der Sozialversicherungskosten, die bis dahin bei Übernahme des jüngeren Job-Sharers in ein unbefristetes Beschäftigungsverhältnis bei (Voll-)Pensionierung des älteren Job-Sharers am Ende des Job-Sharing-Arbeitsverhältnisses gewährt worden war, zurück. Im Rahmen der Arbeitsmarktreform 97 wurden wieder Vergünstigungen für die Übernahme des jungen Job-Sharers in ein unbefristetes Arbeitsverhältnis bei Pensionsantritt des Älteren eingeführt. Allerdings werden seit 1997 die Job-Sharer in den Arbeitsmarktstatistiken nicht mehr eigens ausgewiesen. Aussagen über die Entwicklung dieser Beschäftigungsform in allerletzter Zeit sind deshalb schwer machbar.

18 So ist der Anteil der unfreiwillig Teilzeitbeschäftigten – definiert als jene, die teilerwerbstätig sind, weil sie keine Vollzeitbeschäftigung finden – von 29 % im Jahr 1988 auf 15 % im Jahr 1992 abgesunken, nach dem Ausschluß der geringfügig Beschäftigten vom Großteil der Sozialleistungen und der Erschwerung des Zugangs zu denselben für die Teilzeitbeschäftigten mit höherer Stundenzahl in den Jahren 1993/94 aber wieder abrupt angestiegen.

19 Laut Alba Ramírez verdienen Selbständige ohne Angestellte im Durchschnitt um 22 % weniger als die unselbständig Beschäftigten, haben eine höhere Wahrscheinlichkeit als diese, nur Gelegenheits- oder Teilzeitarbeit verrichten bzw. einen zweiten Job ausüben zu können, eine andere Arbeit zu suchen und vor allem nicht sozialversichert zu sein (vgl. Alba Ramírez 1992, S. 67).

20 In einer Studie des spanischen Wirtschaftsministeriums aus 1986 wird geschätzt, daß rund 36 % der Frauen, die einer bezahlten Arbeit nachgehen, und rund 16 % der Männer in der Schattenwirtschaft tätig sind – neben Jugendlichen beiderlei Geschlechts vor allem verheiratete Frauen im Haupterwerbsalter (vgl. Ruesga Benito 1988, S. 69).

21 Bis auf wenige Ausnahmebestimmungen, die nur explizit für die LeiharbeitnehmerInnen gelten – sie werden im Gesetz über die Leiharbeit und dem dazugehörigen Ausführungsdekret detailliert und von mir im Text jeweils angeführt – richtet sich die sozial- und arbeitsrechtliche Absicherung der unbefristet beschäftigten LeiharbeitnehmerInnen nach den allgemein für die unbefristet Beschäftigten geltenden Bestimmungen, jene der befristet angestellten Leiharbeitnehmerinnen nach den für die befristet Beschäftigten (vgl. Rodríguez-Piñero Royo 1994, S. 108–123).

22 Eine Entlassung, die nicht auf schwere Verstöße des Arbeitnehmers gegen seine Pflichten zurückgeht, gilt als gerechtfertigt, falls sie aufgrund wirtschaftlicher Schwierigkeiten oder aus technischen, organisatorischen oder produktionsbedingten Gründen erfolgt (vgl. MTSS 1995, S. 180–188).

23 Dies war auch deshalb problematisch, weil die meisten der befristeten Vertragsarten eine Befristung für nur kurze Zeitdauer, bei Möglichkeit zur sukzessiven Verlängerung des Vertrages bis zu einer bestimmten Maximaldauer erlauben, die Berechnung des durch die vorzeitige Kündigung entgangenen Lohnes aber notgedrungen nur auf das zu jenem Zeitpunkt geltende Vertragsende (das möglicherweise nur ein provisorisches gewesen ist und damit nichts über den tatsächlich durch die Kündigung bewirkten Lohnausfall aussagt) Bezug nahm.
Auch über den Anwendungsbereich dieser restriktiven Rechtslinie herrscht(e) in der Judikatur Uneinigkeit: Während Miñambres Puig, der in seinem Artikel die neue Rechtslinie kritisiert, behauptet, die Beschränkung der Entschädigungszahlung auf die Höhe des noch ausstehenden Lohnes sei ohnedies nur in jenen Fällen erfolgt, bei denen das befristete Beschäftigungsverhältnis vor Urteilsfindung abgelaufen sei, gaben Casas Baamonde/Alonso Olea die restriktive Auslegung in ihrer Rechtslehre generell für die vorzeitige Entlassung von befristet Beschäftigten vor (vgl. Miñambres Puig 1997; Casas Baamonde/Alonso Olea 1993; S. 460–465).

24 Vor Inkrafttreten der Arbeitsmarktreform aus 1994 hatte die Frist für unbefristet Beschäftigte in Abhängigkeit von der Beschäftigungsdauer 1 bis 3 Monate betragen.

25 Eine abweichende Regelung besteht hinsichtlich der befristet Beschäftigten, die mittels eines Ersatz- bzw. Karenzvertrages angestellt sind. Ihnen muß das Ende ihres Arbeitsverhältnisses je nachdem, was im Arbeitsvertrag selbst vereinbart wurde, vorzeitig mitgeteilt werden. Wurde keine Frist festgelegt, unterliegt der Arbeitgeber auch keiner Vorankündigungspflicht (vgl. MTSS 1995, S. 131 f.).

26 Einschränkungen der Verlängerungsmöglichkeiten erfolgten hauptsächlich im Bereich der Aushilfsverträge: So kann die per Gesetz festgelegte Maximallaufzeit dieser Vertragsart seit 1997 durch KV-Abmachungen nicht mehr unbegrenzt ausgeweitet werden. Ende 1998 erfolgte eine weitere Einschränkung dahingehend, als seither nur mehr eine einmalige Verlängerung eines Aushilfsvertrages – vorausgesetzt, die ursprüngliche Vertragsdauer liegt unter der erlaubten Höchstdauer – zulässig ist. Wird der Vertrag illegalerweise ein weiteres Mal verlängert, hat dies, sofern die gesetzlich festgelegte Maximallaufzeit nicht überschritten wurde, nur die Konsequenz, daß der Vertrag, ungeachtet der vereinbarten Dauer, als bis zum Erreichen der gesetzlichen Maximallaufzeit abgeschlossen gilt. Wurde die Maximallaufzeit bereits überschritten, gilt das Beschäftigungsverhältnis als unbefristet, es sei denn, der Arbeitgeber kann den befristeten Charakter der Tätigkeit des betroffenen Beschäftigten beweisen (vgl. UGT 1998). Auch bei den Ausbildungsverträgen, bei denen die zweimalige Verlängerung des befristeten Arbeitsverhältnisses zulässig ist, führt eine weitere Verlängerung – bei Unterschreiten der gesetzlich zulässigen Höchstdauer – nur zur automatischen Ausweitung der Vertragsdauer bis zu dieser Maximallaufzeit. Bei den häufig genutzten Verträgen zur Erbringung eines Werkes bzw. einer Dienstleistung gibt es überhaupt keine gesetzlich vorgegebenen Limits bezüglich Maximallaufzeit bzw. Zahl der zulässigen Verlängerungsmöglichkeiten (vgl. Centro de Estudios Financieros 1998, S. 75–90).

27 Bei der Entlohnung der PraktikantInnen kann seit Ende 1993 der kollektivvertraglich festgesetzte Mindestlohn unterschritten werden, bei den Lehrlingen auch der branchenübergreifende

Mindestlohn. Während ihres Ausschlusses aus der Krankenversicherung, der ebenfalls 1993 erfolgte, aber im Frühjahr 1998 wieder rückgängig gemacht wurde, hatten Lehrlinge zudem auch keinen Anspruch auf Entgeltfortzahlung im Krankheitsfall durch den Arbeitgeber.

28 In dem im Februar 1997 geschlossenen 2. Kollektivvertrag der Zeitarbeitsfirmen wurde festgelegt, daß die Löhne 1997 auf 80, 1998 auf 90 und 1999 schließlich auf 100 % des Niveaus der Löhne, die in den entsprechenden Kollektivverträgen für die Beschäftigten in den entleihenden Unternehmen vorgesehen sind, angeglichen werden sollen (vgl. Centro de Estudios Financieros 1998, S. 457 f.).

29 Geringfügig Beschäftigte hatten hinsichtlich arbeitsrechtlicher Bestimmungen dieselben Rechte wie Erwerbstätige mit höherer Stundenzahl. Eine Ausnahme bestand bis vor kurzem bezüglich der Entgeltfortzahlung, welche die Arbeitgeber im Krankheitsfall des Beschäftigten vom 4. bis zum 15. Krankheitstag zu leisten haben: Diese Fortzahlung von 60 % des Lohnes, zu der die Arbeitgeber seit 1992 verpflichtet sind, da seither erst ab dem 16. Tag Krankengeld von der Sozialversicherung ausbezahlt wird, fiel bei den geringfügig Beschäftigten, während ihres Ausschlusses aus der Sozial- und damit aus der Krankenversicherung von Ende 1993 bis April 1998, weg (vgl. González Ortega 1994, S. 376 f.).

30 Teilzeitbeschäftigte mit befristeten Arbeitsverträgen dürfen nur mehr bei Auftreten von höherer Gewalt Überstunden leisten. In diesem Fall kann auch unbefristet beschäftigten Teilzeitarbeitenden – zusätzlich zur freiwilligen Mehrarbeit – die Erbringung von Überstunden abverlangt werden.

31 Für Vollzeitbeschäftigte gilt, daß – abgesehen von Notsituationen aufgrund höherer Gewalt – maximal 80 Überstunden pro Jahr geleistet werden dürfen. Mit der Arbeitsmarktreform 1994 erfolgte allerdings eine Aufweichung dieser Höchstzahlregelung, als seither jene Überstunden nicht in die Berechnung mit einbezogen werden, die innerhalb der folgenden 4 Monate durch Zeitausgleich abgegolten werden.

32 Die Ausweitung ist freilich nur eine relative: Bereit seit 1994 bestand – analog zu der bei Vollzeitbeschäftigten gültigen Regelung – die Möglichkeit, eine über das 4 %-Limit hinausgehende Zahl an Überstunden anzuordnen, sofern diese innerhalb der folgenden 4 Monate per Zeitausgleich abgegolten wurden. Das Vorhandensein und die Höhe von Überstundenzuschlägen hing von entsprechenden Vereinbarungen im Kollektivvertrag, bei Fehlen derselben, von einer diesbezüglichen Abmachung im Arbeitsvertrag ab. Gab es keine derartige Regelung, waren die Überstunden der Teilzeitbeschäftigten – wie jene der Vollerwerbstätigen – seit 1994 nur mehr im Verhältnis 1:1 zur normalen Arbeitszeit abzugelten (vgl. MTSS 1995, S. 162 f.).

33 Er sieht die Staffelung des Mehrarbeitsstundenkontingentes in 4 gleich große Blöcke vor, von denen je einer pro Trimester konsumiert werden kann. Wurden in einem Trimester nicht alle verfügbaren Mehrarbeitsstunden verbraucht, können 30 % der übriggebliebenen im nächsten Trimester konsumiert werden, sofern zuvor bereits der für das Trimester vorgesehene „reguläre" Mehrarbeitsblock verbraucht wurde. Über die Jahresgrenze hinweg können keine Stundenguthaben transferiert werden (vgl. RDL 15/1998).

34 Die neuen unbefristeten Verträge sehen im Falle einer ungerechtfertigten Kündigung 33 Taglöhne pro Jahr mit einem Maximum von 24 Monatslöhnen vor und können mit Arbeitslosen unter 30 Jahren, Langzeitarbeitslosen und Arbeitslosen über 45 Jahren abgeschlossen werden, sowie mit Personen, die in dem betreffenden Unternehmen als befristet Beschäftigte tätig sind. Zusätzlich zur Reduktion der Kündigungsentschädigung – an Beschäftigte mit einem „normalen" unbefristeten Arbeitsvertrag sind bei ungerechtfertigter Kündigung weiterhin Entschädigungen von 45 Taglöhnen pro Jahr mit einem Maximum von 42 Monatslöhnen zu zahlen – sind die neuen „unbefristeten Verträge zur Förderung der Beschäftigung" mit einer beträchtlichen Reduktion der Sozialversicherungsbeiträge der Arbeitgeber für die ersten 24 Monate ihrer Laufzeit verbunden.

Im Mai 1997 für 2 Jahre konzipiert, wurde das Förderprogramm für die „neuen Unbefristeten" Anfang 1999 mit etwas niedrigeren Subventionen für die Sozialversicherungsbeiträge – die immerhin noch zwischen 25 % bis 45 % des Arbeitgeberbitrages betragen – für weitere 2 Jahre verlängert. Für jene, für welche die Subventionierung aus dem 1. Förderprogramm (nun) nach 24 Monaten ausläuft, wurde zudem ein Sozialversicherungszuschuß in niedrigerer Höhe für weitere 12 Monate eingeführt (vgl. Ley 50/1998 vom 30.12.1998, BOE vom 31.12.1998).

35 Freilich nimmt diese Maßnahme den Teilzeitbeschäftigten mit befristeter Anstellung zugleich auch die Möglichkeit zur Aufbesserung ihres Lohnes durch zusätzliche Arbeitsstunden.

36 Auch per Gesetz vom Erhalt bestimmter Sozialleistungen ausgeschlossen wurde Ende 1993 die, in Spanien ebenfalls zu den befristet Beschäftigten zählende Gruppe der Lehrlinge. Sie sind seit diesem Zeitpunkt nicht mehr arbeitslosenversichert und waren bis April 1998 auch aus der Krankenversicherung ausgeschlossen (vgl. Ley 63/97 und RD 488/98, BOE vom 9.4.1998).

37 Anders als in Österreich kann die Arbeitslosenbeihilfe in Spanien bei Bedürftigkeit nicht nur im Anschluß an den Bezug von Arbeitslosengeld, sondern auch bei Verfehlen der Mindestanwartschaft auf dieses, aber bei Nachweis bestimmter, geringerer Beschäftigungszeiten bezogen werden, weshalb sie insbesondere für die Kurzzeitbeschäftigten Bedeutung hat.

38 Eine Ausnahme hiervon als auch von der zeitlichen Begrenzung der Auszahlung der Beihilfe wird nur bei über 52jährigen gemacht, sofern sie innerhalb ihres Erwerbslebens mindestens 6 Jahre arbeitslosenversicherungspflichtig beschäftigt waren und zusätzlich bereits bei Beginn des Beihilfenbezugs – der dann bis zum Pensionsantritt möglich ist – die Anspruchsvoraussetzungen für eine Alterspension, mit Ausnahme des Alters erfüllen (sie also bereits mindestens 15 Jahre an Versicherungszeiten in der Pensionsversicherung erworben haben).

39 Bei Krankheit oder Invalidität infolge eines Berufs- oder anderen Unfalls oder einer Berufskrankheit ist für den Erhalt von Krankengeld und Invaliditätspension im spanischen Sicherungssystem dagegen überhaupt keine Anwartschaft, sondern nur der Einbezug in die Sozialversicherung nötig, was auch den befristet Beschäftigten den Zugang zu diesen Leistungen ermöglicht.

40 Dies gilt insbesondere für das Arbeitslosengeld, das durch zwei Reformen aus den Jahren 1992 und 1994 um 10 % gekürzt und der Sozialversicherungs- und Steuerpflicht unterworfen wurde. Zusätzlich erfolgte eine beträchtliche Anhebung der für den Leistungsbezug erforderlichen Anwartschaftszeiten (vgl. Escudero Rodríguez 1994).

41 Dies bezieht sich auf die horizontale Teilzeitarbeit: Für die solcherart Beschäftigten mußten bis 1980 Sozialversicherungsbeiträge in derselben Höhe wie für Vollzeitbeschäftigte entrichtet werden, weshalb auch die Transferleistungen jenen, die für Vollzeitbeschäftigte vorgesehen waren, entsprachen (vgl. Pedrajas Moreno 1994, S. 9 f.).

42 In der spanischen Sozialversicherung werden sämtliche Geldleistungen, mit Ausnahme jener der Arbeitslosenversicherung, durch eine zentrale Anstalt, das Nationale Institut für Soziale Sicherheit, verwaltet. Die Arbeitslosenleistungen werden demgegenüber durch das Nationale Institut für Beschäftigung, das auch für die Umsetzung der Beschäftigungspolitik zuständig ist und dem Arbeitsminister untersteht, ausbezahlt (vgl. Dohle/Leienbach u.a. 1991, S. 146–160).

43 Wie Torollo González ausführt, blieb durch diese Regelung denjenigen, deren Arbeitsverhältnis sich nicht durch eine reduzierte Tagesarbeitszeit, sondern eine geringere Zahl an Arbeitstagen vom Normalarbeitsverhältnis unterscheidet, das heißt, jenen, mit einer vertikalen Verteilung der Arbeitszeit, der Erwerb von Versicherungszeiten weiterhin erschwert: Schließlich wurde nicht, wie in der österreichischen Sozialversicherung, die Zeit, über die sich das Arbeitsverhältnis erstreckt, als anwartschaftsbegründende Versicherungszeit gewertet, sondern nur die tatsächlich gearbeiteten Tage (unabhängig von der gearbeiteten Stundenzahl). „Vertikal" Teilzeitbeschäftigte benötigten dadurch unter Umständen einen wesentlich längeren Zeitraum zum Erwerb von Mindestanwartschaftszeiten als horizontal Teilzeitbeschäftigte (vgl. Torollo González 1994). Von einem Teil der Rechtsexperten wurde deshalb die Anerkennung des gesamten Zeitraums, über den sich das Arbeitsverhältnis erstreckt, als gearbeitete Zeit – analog der im Arbeitsrecht

geltenden Regelung – gefordert (vgl. González Ortega 1994, S.387 f.), der spanische Gesetzgeber ging freilich einen anderen Weg.

44 Von den registrierten Teilzeitarbeitsverhältnissen waren 1995 über 80 % horizontaler Natur (vgl. MTAS 1996a, S. 125).

45 Zuvor wurden die Rahmenfristen, innerhalb derer die Beschäftigungszeiten zu erbringen sind, nur für jene verlängert, die innerhalb der letzten 15 Jahre mindestens 5 Jahre teilzeitbeschäftigt waren.

46 In die Sozialversicherung der Selbständigen obligatorisch einbezogen sind Erwerbstätige, die eine selbständige Tätigkeit gewohnheitsmäßig, persönlich und direkt mit gewinnbringender Absicht ausüben, wobei diese Tätigkeit die Haupteinkommensquelle darstellen muß (vgl. MTSS 1995, S. 408). Der Selbständige kann seine Beitragsstufe innerhalb einer Mindest- und einer Höchstbeitragsgrundlage unabhängig von seinem tatsächlichen Einkommen auswählen. Viele der Personen, die mit Werks- oder freien Dienstverträgen beschäftigt sind, dürften freilich überhaupt nicht sozialversichert sein. .

47 So wurden geringfügige Beschäftigungsverhältnisse – zwecks Steigerung der Quantität – auch im Falle ihrer Befristung bis Ende 1998 durch eine beträchtliche Reduktion der Sozialversicherungskosten gefördert, während sie seit Anfang 1999 – im Sinne der Sicherung der Qualität – so wie alle Teilzeitverhältnisse befristeter Natur mit höheren Arbeitslosenversicherungsbeiträgen sanktioniert werden (RD 489/98 und Ley 49/98).

Literatur

AL (1995): Actualidad Laboral, Band III/1995.

Alba Ramírez, A. (1992): El empleo autónomo en una economía con desempleo masivo, in: Economía Industrial Nr.248, S. 59–69.

Alvarez Aledo, C. (1996): El impacto de la contratación laboral en el sistema productivo español, Madrid.

Alvarez Moreno, A. (1995): La incapacidad temporal tras la reforma operada por Ley 42/1994: Especial referencia al RETA. La protección por maternidad, in: Revista de Trabajo y Seguridad Social 17/1995, S. 165–180.

Carrasco García, N. (1996): El empleo a tiempo parcial: evolución reciente y Tendencias, in: Economistas. Colegio de Madrid, Nr. 70, S. 34–44.

Casas Baamonde, M.E./M. Alonso Olea (1993[13]): Derecho del Trabajo, Madrid.

Centro de Estudios Financieros (1998): Guía Laboral 1998. Aplicación práctica de las Reformas de la Legislación Social, Madrid.

CES (1994): España 1993. Economía, Trabajo y Sociedad. Memoria sobre la situación socioeconómica y laboral, Madrid.

CES (1998): Dictamen 10/1998. Dictamen sobre el Anteproyecto de Real-Decreto-Ley de Medidas Urgentes para la Mejora del Mercado de Trabajo en relación con el trabajo a tiempo parcial y el fomento de su estabilidad, Madrid.

CGT de Aragón (1998): Informe sobre Empresas de Trabajo Temporal. Lo que nadie te había contado sobre las ETT's y la cesión de la mano de obra, Zaragoza.

Cousins, C. (1995): Women and social policy in Spain. The development of a gendered welfare regime, in: Journal of European Social Policy, Nr. 3, S. 175–197.

Dohle, V./A. Leienbach u.a. (Hg.) (1991). Soziale Sicherung in Europa, Baden-Baden.

Döse, A. (1994): Selbständigkeit im Schnittpunkt neuer Erwerbsbedingungen, in: A. Döse/A. Höland u.a. (Hg), Neue Formen und Bedingungen der Erwerbsarbeit in Europa, Baden-Baden, S. 47–181.

Escudero Rodríguez, R. (1994): Nuevos vientos fríos en la protección por desempleo, in: M.A. Casas Baamonde/F. Valdes Dal-Re (Hg.), Reforma del mercado de trabajo. Colocación. Modalidades de Contratación. Protección por Desempleo. Madrid, S. 113–153.

Escudero Rodríguez, R. (1997): Adaptabilidad y causalidad de la contratación temporal en la negociación colectiva posterior a la reforma, in: Relaciones Laborales 2/1997, S. 10–66.

European Commission (1995): European Economy. Reports and Studies 7/1994. The economic and financial situation in Spain, Brüssel-Luxemburg.

EUROSTAT (1998): Eurostatistik. Daten zur Konjunkturanalyse, Heft 12/1998.

Fernández, F./ J.L. Garrido u.a. (1991): Empleo y Paro en España, 1976–1990, in: F. Miguélez Lobo/C. Prieto (Hg), Las Relaciones Laborales en España, Madrid, S. 43–94.

Flórez Saborido, I. (1995): La contratación laboral como medida de política de empleo en España, Madrid.

Gaceta Sindical (1998): Más garantías y protección social para el trabajador a tiempo parcial, Nr. 169 (November 1998), S. 8–13.

García Ortega, J. (1994): Las desigualdades salariales, Valencia.

González Ortega, S. (1994): Reforma laboral y seguridad social, in: Relaciones Laborales 17–18/1994, S. 368–404.

INE (1995): Encuesta sobre la Distribución Salarial en España 1992, Madrid.

INE (1998): Encuesta de Población Activa. Resultados Detallados. Tercer Trimestre de 1998, Madrid.

INE (1999): Consulta del Banco de Datos de Series Tempus 4.02. Datenbank Tempus 4.02, abrufbar unter: http://www.ine.es/tempus/cgi-bin/iti

Laborda, A. (1998): Economía Española. Evolución del mercado laboral español en el primer semestre de 1998 y perspectivas a corto plazo, in: Cuadernos de Información Económica Nr 138 (Sept. 1998), S. 1–27.

Lessenich, S. (1995a): Spanien: Arbeitsmarkt- und Sozialpolitik im „postautoritären Wohlfahrtsstaat", in: H.J. Bieling (Hg.), Arbeitslosigkeit und Wohlfahrtsstaat in Westeuropa. Neun Länder im Vergleich, Marburg, S. 257–281.

Lessenich, S. (1995b): Wohlfahrtsstaat, Arbeitsmarkt und Sozialpolitik in Spanien. Eine exemplarische Analyse postautoritäten Wandels, Opladen.

López Mora, F. (1990): El contrato de trabajo a tiempo parcial, Bilbao.

Lousada Arochena, J.F. (1995): El colectivo de trabajadores a tiempo parcial con derechos reducidos de protección social, in: Relaciones Laborales 18/1995, S. 84–93.

Martínez de Viergol Lanzagorta, A. (1995): La problemática en torno a la subsunción del trabajo fijo discontinuo dentro del trabajo a tiempo parcial, in: Revista de Trabajo y Seguridad Social, Nr. 20/1995, S. 47–73.

Merino Senovilla, H. (1994): El trabajo a tiempo parcial. Un tratamiento diferente del tiempo de trabajo, Valladolid.

Ministerio de Economía y Hacienda (1999): Síntesis de Indicadores Económicas, Enero de 1999, Madrid.

Miñambres Puig, C. (1997): Contrato de trabajo temporal y despido disciplinario improcedente: ¿obligación de indemnizar?, in: Actualidad Laboral 30/1997, S. 2165–2180.

MTAS (1996a): Anuario de Estadísticas Laborales y de Asuntos Sociales de 1995, Madrid.

MTAS (1996b): Boletín Informativo de la Seguridad Social, Sept. 1996.

MTAS (1998a): Boletín de Estadísticas Laborales, Heft 154/Dez. 1998.

MTAS (1998b): Estadística de Contratos Registrados. Volumen Segundo. Datos Acumulados del Año, November 1998.

MTSS (1993): Employment Guide 1993, Madrid.

MTSS (1995): Guía Laboral 1995, Madrid.

OECD (1990): Labour Force Statistics. 1968– 1988, Paris.

OECD (1991): Labour Force Statistics. 1969– 1989, Paris.

OECD (1993): Employment Outlook 1993, Paris.

OECD (1996a): OECD in Figures. Statistics on Member States, Paris.

OECD (1996b): Labour Force Statistics. 1974–1994, Paris.

OECD (1996c): Employment Outlook 1996, Paris.

OECD (1998): Employment Outlook 1998, Paris.

OECD (1999): Labour Force Statistics. 1977–1997, Paris.

Pedrajas Moreno, A. (1994): Nuevo diseño legal del trabajo a tiempo parcial. Finalización de la regulación específica del trabajo fijo discontinuo, in: Relaciones Laborales 8/1994, S. 9-42.

Pedrajas Moreno, A. (1995): Transportistas. Alcance de la exclusión de laboralidad ex artículo 1.3.g) del Estatuto de los Trabajadores, in: Actualidad Laboral, Band II, S. 315–344.

Rodríguez-Piñero Royo, M. (1994): Las empresas de trabajo temporal en España, Valencia.

Rojo Torrecilla, E./F. Camas Roda (1998):¿El principio del fin? De la temporalidad a la estabilidad: ¿Un viaje de ida y vuelta?, in: Aranzadi Social 14/98, S. 45–62.

Román Vaca, E./S. Navarro Amaro (1997): El fraude de ley en la contratación temporal sucesiva o en cadena: Extinción del último contrato e incidencia de los anteriores en su calificación, in: Aranzadi Social 5/97, S. 501–514.

Ruesga Benito, S. (1998): La mujer en la economía sumergida, in: Información Comercial Española Nr. 655, S. 57–72.

Ruiz Castillo, M. (1991): Delimitación subjetiva del derecho del trabajo. Un interrogante específico: el trabajo „parasubordinado", in: Relaciones LaboralesNr.15–16/1991, S. 10–63.

Sala Franco, T. (Hg.)(1996[10]): Derecho del Trabajo, Valencia.

Sánchez Pego, F.J. (1995): Los transportistas por cuenta ajena con vehículo propio: significación de la reforma laboral y régimen transitorio, in: Actualidad Laboral Band II, S. 425–431.

Segura, J./F. Durán (1991): Análisis de la contratación temporal en España, Madrid.

Tálos, E. (1993): Zukunft der Arbeit und wohlfahrtsstaatliche Sicherung, in: politicum 60, S. 12–17.

Tamámes, R. (1995): La Economía Española. 1975–1997, Madrid.

Toharia, L.(1987): The changing nature of employment. Study of the spanish situation. Programme of research and actions on the development of the labour market. Study No.87/6, Barcelona.

Torollo González, F.J. (1994): La duración de la jornada de trabajo y las pensiones contributivas de la Seguridad Social: Examen particularizado del contrato a tiempo parcial, in: Civitas. Revista Española de Derecho del Trabajo, Nr. 65/1994, S. 467–478.

UGT (1998): Valoración de UGT al documento del Gobierno consensuado con Comisiones, Internet-Dokument, abrufbar unter http://www.ugt.es/

UGT (1999): Propuestas de UGT para modificar la Ley que regula a las Empresas de Trabajo Temporal (ETT's), Internet-Dokument, abrufbar unter: http://www.ugt.es/

Atypische Beschäftigung in den USA

Christine Neuhold

1. Arbeitsmarktentwicklung

1.1 Allgemeine Arbeitsmarktentwicklung

In den USA stieg die Bevölkerungszahl seit Anfang der siebziger Jahre von 205,052 Millionen im Jahr 1970 auf 260,660 Millionen im Jahr 1994, d. i. ein Bevölkerungswachstum von durchschnittlich 1 %. 1995 wurden 263,034 Millionen EinwohnerInnen gezählt. Davon waren 74 % „Weiße", 13 % „Schwarze", 10 % „Hispanics", 1 % Indios/Eskimos/Alëuten und 4 % AsiatInnen [1] (vgl. Fischer Weltalmanach 1997, S. 670 f., U.S. Department of Commerce 1996, S. 392).

Auch die Erwerbsquote,[2] der Prozentanteil der erwerbstätigen Bevölkerung an der Gesamtbevölkerung im Alter über 16 Jahren, nahm seit Beginn der siebziger Jahre stetig zu. Waren 1970 nur 60,4 % der zivilen Bevölkerung erwerbstätig, so waren es 1985 bereits 64,8 %. Im Zeitraum von 1990 bis 1996 blieb die Quote stabil. Der Prozentanteil der erwerbstätigen Männer ist in zwei Bevölkerungsgruppen leicht gestiegen: in der „weißen" von 64,1 % im Jahr 1980 auf 66,8 % im Jahr 1996 und in der „schwarzen" Bevölkerungsgruppe von 61,0 % auf 64,1 %. In der Gruppe der „Hispanics" fiel die männliche Erwerbsquote geringfügig von 81,4 % 1980 auf 79,1 % 1995 (vgl. U.S. Department of Commerce 1996, S. 393; 1997, S. 397).

Die Erwerbsquote der Frauen liegt seit Anfang der achtziger Jahre durchgehend unter jener der Männer, wuchs jedoch in allen Bevölkerungsgruppen rapide an. Waren 1980 noch 51,2 % der „weißen" Frauen erwerbstätig, gingen 1990 bereits 57,4 % und 1996 59,1 % einer Beschäftigung nach. Auch bei den „schwarzen" Frauen konnten ähnlich hohe Zuwachsraten (von 53,1 % 1980 auf 60,4 % 1996) verzeichnet werden. Die Quote der weiblichen Hispanics lag und liegt unter jener der beiden anderen Bevölkerungsgruppen, ist jedoch ebenfalls gestiegen (1980: 47,4 %, 1996: 53,4 %; U.S. Department of Commerce 1996, S. 393).

Die zunehmende Frauenerwerbstätigkeit wurde wesentlich durch zwei Faktoren bestimmt: Sinkende Löhne der männlichen Erwerbstätigen und steigende Scheidungsraten führten dazu, daß sich Frauen immer mehr damit konfrontiert sahen, ebenfalls eine Beschäftigung ausüben zu müssen (vgl. Houseman 1995, S. 119). Die Zahl der Beschäftigten im Dienstleistungssektor, einer Branche, die seit den siebziger Jahren sehr stark expandierte, lag im November 1998 bei 18,024 Millionen (vgl. http://www.bls.gov/news.-release/empsit; U.S. Department of Commerce 1996, S. 410).

Besonders Frauen partizipierten an der Expansion des Dienstleistungssektors im Laufe der achtziger Jahre insofern, als sie in verstärktem Maße in diesem Bereich eine meist gering bezahlte Tätigkeit, aufnahmen: *„Much U.S. job growth (during the 1980s) occured in low-wage service industries, where many women have been ‚pushed‘ into the job market by the falling incomes of their husbands"* (Freeman 1994a, S. 5).

Die Zahl der pro Woche geleisteten Arbeitsstunden liegt über dem europäischen Durchschnitt: 1996 arbeitete ein Großteil (74,5 %) der erwerbstätigen Bevölkerung wöchentlich 35 oder mehr Stunden. Von dieser Gruppe waren 35,9 % 40 Stunden und 8,1 % sogar mehr als 60 Stunden pro Woche erwerbstätig. Von den 25,5 % derjenigen US-amerikanischen Beschäftigten, die weniger als 34 Stunden wöchentlich beschäftigt waren, gingen 12,7 % einer Tätigkeit nach, deren Ausmaß zwischen 15 und 29 Stunden betrug. Nur 4,0 % arbeiteten zwischen fünf und 14 Stunden (U.S. Department of Commerce 1997, S. 406).

Graphik 1: Arbeitslosenquoten, Frauen und Männer (in %)

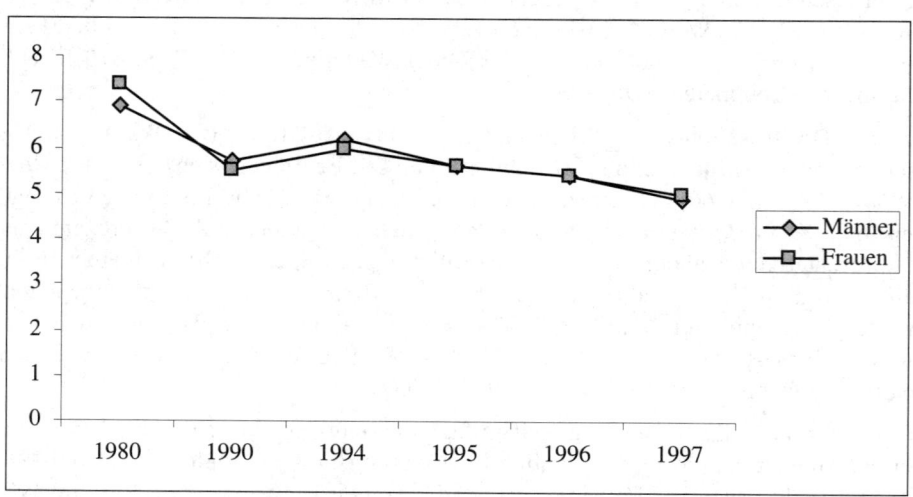

Quelle: U.S. Department of Commerce 1997; OECD 1998.

Im Gegenzug zu steigenden Erwerbsquoten, die zu einem großen Teil auf die steigende Frauenerwerbstätigkeit zurückzuführen sind, konnten sinkende Arbeitslosenraten verzeichnet werden. Die Arbeitslosenquote von Männern und Frauen stieg von 4,9 % 1970 auf 8,5 % 1975 rapide an und sank dann wieder auf 7,2 % im Jahr 1985. Anfang der neunziger Jahre konnten „beeindruckende" Werte verbucht werden: 1990 betrug die Arbeitslosenrate 5,6 %. Dieser Wert wurde 1997 mit 4,9 % noch unterschritten. Die Arbeitslosenquote der Frauen lag mit 7,4 % im Jahr 1980 noch einen halben Prozentpunkt über jener der Männer (6,9 %), sank 1990 auf 5,5 %, während sich die Quote der männlichen Erwerbstätigen im selben Jahr bei 5,7 % bewegte. 1994 waren zwar noch immer mehr Männer (6,2 %) als Frauen (6,0 %) arbeitslos gemeldet, 1997 lag die Arbeitslosenquote der Männer (4,9 %) (geringfügig) unter jener der Frauen (5,0 %). (vgl. U.S. Department of Commerce 1996, S. 413; OECD 1998).

1.2 Entwicklung atypischer Beschäftigungsverhältnisse

Teilzeitbeschäftigung ist in den USA die meistverbreitete Form der atypischen Beschäftigung. Befristete Beschäftigungsverhältnisse und Leiharbeit haben vergleichsweise geringe Bedeutung. Bevor jedoch auf das Ausmaß und die Verbreitung dieser Arbeitsformen im einzelnen eingegangen wird, sollen einige Begriffe geklärt werden.

Als Überbegriff atypischer Beschäftigungsverhältnisse werden in der Literatur die Begriffe „nonstandard work arrangement"[3] und die Begrifflichkeit „contingent employment" verwendet: *„The term contingent employment is a term coined (…) to describe the range of employment relationships that had developed to meet the employer‘s need for flexible work arrangements to control labor costs in a global economy. The term is generally understood to include part-time, temporary, on-call and leased employees"* (Grunewald 1995, S. 725).

In diesem Zusammenhang ist jedoch anzumerken, daß der Begriff „contingent workers" gleichermaßen zur Definition einer Personengruppe verwendet wird, die über keinen Arbeitsvertrag zur Begründung eines längerfristigen Beschäftigungsverhältnisses verfügt: *„Contingent workers are those who do not have an implicit or explicit contract for ongoing employment"* (ftp://ftp.bls.gov/pub/new.release).

Definition der Teilzeitbeschäftigung

Teilzeitbeschäftigung wird im US-amerikanischen Sprachgebrauch als „part-time work" bezeichnet. Dieser Begriff ist nach dem Verständnis des „Bureau of Labor Statistics" auf jene Beschäftigungsverhältnisse anzuwenden, die weniger als 35 Stunden in der Woche umfassen. Eine gesetzliche Definition dieses Phänomens fehlt in US-amerikanischen Rechtsbestimmungen. Als regulär Teilzeitbeschäftigte[4] gelten all jene Beschäftigte, die weniger als 35 Stunden in der Woche arbeiten und daneben in keinem anderen nicht der Norm entsprechenden Arbeitsverhältnis stehen (vgl. Kalleberg et al. 1997, S. 71).

Definition der befristeten Beschäftigung

Der Begriff „temporary employment" meint die befristete Beschäftigung. In den OECD-Erhebungen zur befristeten Beschäftigung werden als „temporary workers" in den USA all jene ArbeitnehmerInnen eingestuft, die nicht über einen expliziten oder impliziten Arbeitsvertrag zur Regelung ihres Arbeitsverhältnisses verfügen (vgl. OECD 1996, S. 7). Der Begriff „contigent employment" wird, wie bereits oben erwähnt, ebenfalls zur Beschreibung von befristet Beschäftigen verwendet: *"In essence, a contingent worker was defined as anyone who was in a job currently structured to be of limited duration."* (Polivka 1996a, S. 4)

Die Bezeichnung „leased employment" wird zur Definition von Leiharbeitsverhältnissen verwendet. Leiharbeitsfirmen werden als „Temporary Help Agency" bezeichnet.

Die Entwicklung der Teilzeitbeschäftigung

Der prozentuelle Anteil von Teilzeitbeschäftigung an der Gesamtbeschäftigungsquote ist, wie in allen EU-Staaten und in Australien, auch in den USA seit Mitte der siebziger Jahre stetig gestiegen. Arbeiteten 1973 noch 15,6 % der ArbeitnehmerInnen in Teilzeitbeschäftigungsverhältnissen, so waren es 1992 bereits 17,5 %. Auch hier sind Frauen, wie etwa auch in Belgien oder Deutschland, von dem Phänomen der Teilzeitarbeit besonders betroffen: Der Anteil weiblicher Teilzeitkräfte an der Gesamtbeschäftigungsquote von Frauen ging zwar geringfügig von 26,8 % im Jahr 1973 auf 25,4 % im Jahr 1992 zurück, lag aber weit über dem der Männer. Auch 1996 sank die Teilzeitbeschäftigungsquote von Frauen zwar auf 19,1%, nahm sich jedoch immer noch weit höher als jene der Männer aus.

Graphik 2: Teilzeitbeschäftigungsquoten, Frauen und Männer (in %)

Quelle: OECD 1993; OECD 1998.

Der Teilzeitbeschäftigtenanteil von Männern an der Gesamtbeschäftigung stieg im Zeitraum von 1973 bis 1992 von 8,6 % auf 10,8 %, bewegte sich jedoch fast 15 Prozentpunkte unter jenem der Frauen (vgl. OECD 1993, S. 194). Ein ähnliches Bild ergeben die Statistiken für 1996. So arbeiteten 7,7 % der männlichen Erwerbsbevölkerung in Teilzeit, wonach die Quote mehr als 11 Prozentpunkte unter jener der Frauen lag (vgl. OECD 1998).

Eine nicht unbedeutende Rolle spielt in den USA die unfreiwillige Teilzeitbeschäftigung Nationale Quellen dokumentieren, daß die Zahl an unfreiwillig Teilzeitbeschäftigten im Zeitraum von 1969 bis 1993 von 1,8 Millionen auf 6,1 Millionen gestiegen ist, was einen durchschnittlichen Zuwachs von 5,2 % pro Jahr bedeutet (vgl. Schroeder 1995, S. 732). Diese Zahl stellt sich nicht nur je nach Alter der Beschäftigten, sondern auch je nach Wirtschaftsbereich unterschiedlich dar. So gingen 1993 7 % von den 12 % der Teilzeitbeschäftigten, die im Baugewerbe eine Teilzeitbeschäftigung ausüben, unfreiwillig und nur 4 % von 12 % freiwillig ihrer Beschäftigung nach. Die TeilzeitarbeitnehmerInnen, die im Handel[5] eine Beschäftigung ausübten, hatten sich hingegen in einem weit höheren Maße freiwillig für ihr Beschäftigungsverhältnis entschieden. Hier übten mehr als die Hälfte (21,9 %) der insgesamt 30,3 % in dieser Sparte Teilzeitbeschäftigten ihre Tätigkeit freiwillig nicht in Vollzeit aus (vgl. Houseman 1995, S. 105).

Aus einer Analyse des Current Population Survey (CPS) aus dem Jahr 1995, die von dem Economic Policy Institute in Washington durchgeführt wurde, geht hervor, daß 24,9 % der Frauen und 35,5 % der Männer, die in Teilzeit arbeiteten, lieber in einem Normalarbeitsverhältnis beschäftigt wären.

Ein Großteil der Frauen, die angaben, bevorzugt in einem Normalarbeitsverhältnis zu arbeiten, hatte Kinder und war unverheiratet. 56 %! dieser Frauen würden lieber nicht in Teilzeit arbeiten. Frauen, ebenfalls mit Kindern, die aber mit einem berufstätigen Ehemann verheiratet waren, waren im Gegensatz dazu zu einem großen Teil mit ihrer Teilzeitbeschäftigung zufrieden. Nur 16 % wollten lieber in Vollzeit arbeiten.

Aus der Befragung geht ebenfalls hervor, daß ledige Frauen mit Kindern größtenteils entweder aus familiären (38,4 %) oder aus wirtschaftlichen Gründen (36,8 %) regulär in Teilzeit arbeiteten. 24,8 % der Befragten gingen dieser Tätigkeit freiwillig nach.

Verheiratete Frauen mit einem berufstätigen Ehepartner arbeiteten primär aus familiären Gründen in Teilzeit. 80,5 % der Befragten gaben dieses Motiv für ihre Teilzeitbeschäftigung an. 9,9 % übten diese Beschäftigung aus wirtschaftlichen Gründen und 9,5 % freiwillig aus (vgl. Kalleberg et al. 1997, S. 59ff.).

Die Tatsache, daß ledige Mütter mit Kindern bevorzugt in einem Vollzeitbeschäftigungsverhältnis arbeiten, könnte damit erklärt werden, daß 1995 regelmäßig teilzeitbeschäftigte Frauen 20 % weniger verdienten als vergleichbare Frauen in einem regulären Vollzeitbeschäftigungsverhältnis[6] (vgl. Rasell/Appelbaum 1998, S. 383).

Die Entwicklung der befristeten Beschäftigung und Leiharbeit

Zur Dokumentation der Entwicklung anderer atypischer Beschäftigungsverhältnisse, wie der befristeten Beschäftigung, ist die Datenlage mangelhaft: „*Unfortunately, data on contingent work are scarce and often inadequate for policy discussions*" (Kalleberg 1995, S. 773).

Wie aus einer Studie der OECD hervorgeht, konnte 1994 ein geringer Prozentsatz befristet Beschäftigter an der Gesamtbeschäftigungsquote verzeichnet werden. Die Zahl der befristet Beschäftigten lag insgesamt bei 2,2 %, die Zahl der befristet beschäftigten Frauen mit 2,4 % nur geringfügig über jener der Männer (2,0 %). Besonders hoch war die Zahl befristet beschäftigter Jugendlicher im Alter von 16 bis 19 Jahren; sie wurde 1994 mit einem 8,1prozentigen Anteil an der Gesamtbeschäftigungsquote dieser Gruppe beziffert. Deutlich geringer war der Anteil der 20 bis 24jährigen (5,1 %) und der 25jährigen (1,4 %), die 1994 einer befristeten Beschäftigung nachgingen (OECD 1996, S. 8).

Gemäß dem US Bureau of Labor Statistics ging der Anteil von befristet Beschäftigten im Zeitraum von Februar 1995 bis Februar 1997 etwas zurück. So lag der Prozentsatz von befristet Beschäftigten im Vergleich zur Gesamtbeschäftigungsquote – gemäß drei verschiedenen Schätzungen [7] – im Februar 1997 zwischen 1,9 % und 4,4 %; im Februar 1995 bewegte sich die Spannbreite zwischen 2,2 % und 4,9 %. Gemäß einer Schätzung [8] lag der Anteil der Frauen im Alter über 16 Jahren, die in einem befristeten Beschäftigungsverhältnis standen, mit 50,7 % geringfügig über jenem der Männer mit 49,3 %.

Besonders hoch nahm sich 1997 die Anzahl der befristeten Beschäftigungsverhältnisse im Dienstleistungssektor aus. So übten 55,9 % der Arbeitskräfte eine Tätigkeit in diesem Bereich aus. Rund 10 % der befristet Beschäftigten gingen einer Beschäftigung im Baugewerbe nach und rund 9 % waren im Einzelhandel beschäftigt. Ein sehr geringer Prozentsatz (0,4 %) der Arbeitskräfte im Bergbau und im Großhandel (1,8 %) hatte einen befristeten Vertrag (vgl. ftp://ftp.bls.gov/pub/news.release 1998, S. 16f.).

Die Zahl jener Personen, die in einem Leiharbeitsverhältnis stehen, ist relativ gering: So wurden 581.000 Männer über 16 Jahren und 719.000 Frauen im Jahr 1997 durch eine Leiharbeitsfirma vermittelt.

Frauen (55,3 %) arbeiten mehr in Leiharbeitsverhältnissen als Männer (44,7 %). Ein Großteil (36,6 %) der Personen, die in einem Leiharbeitsverhältnis standen, waren wie auch Beschäftigte mit befristeten Verträgen, im Dienstleistungssektor beschäftigt. Ein ebenfalls hoher Prozentsatz der LeiharbeitnehmerInnen (27,7 %) übte eine Beschäftigung in der herstellenden Industrie aus. Sehr gering nahm sich hingegen der Prozentsatz der Beschäftigten im Bereich des Einzelhandels (3,8 %) und im Bergbau (0,6 %) aus (vgl. ftp://ftp.bls.gov/pub/news.release, 1998, S. 19f.).

Aus der oben erwähnten Analyse des Current Population Survey (CPS) aus dem Jahr 1995 geht hervor, daß unverheiratete Frauen mit Kindern primär aus wirtschaftlichen Gründen (67,3 %) in einem Leiharbeitsverhältnis standen. 28,6 % übten freiwillig und 4,1 % aus familiären Gründen eine derartige Beschäftigung aus.

Verheiratete Frauen, deren Ehemann ebenfalls berufstätig war, gingen ihrer Tätigkeit verstärkt freiwillig (33,3 %) und geringer aus wirtschaftlichen Gründen (57,9 %) nach. 8,1 % der Befragten gaben familiäre Gründe an.

Bei Männern spielen wirtschaftliche Gründe für ein Leiharbeitsverhältnis eine übergeordnete Rolle. Gingen doch 85,7 % der Männer ihrer Beschäftigung aus wirtschaftlichen und nur 14,3 % aus familiären Gründen nach. Keiner der Befragten gab an, freiwillig in einem derartigen Beschäftigungsverhältnis zu stehen. Auch verheiratete Männer, deren Ehefrau ebenfalls berufstätig war, übten ihre Beschäftigung primär (89,5 %) aus wirtschaftlichen Gründen aus. Der Prozentsatz der Personen, die freiwillig von einer Leiharbeitsfirma vermittelt wurden, war höher (10,5 %). Interessant ist, daß keiner der Befragten angab, aus familiären Gründen in einem Leiharbeitsverhältnis zu stehen (vgl. Kalleberg et al. 1997, S. 59).

2. Politische Regulierung

2.1 Arbeitsrechtliche Regulierung

Die Regulierungsmechanismen der Arbeitsbeziehungen in den USA unterscheiden sich in wesentlichen Bereichen von jenen anderer Industriestaaten. Zum einen unterliegen weite Teile des Arbeitsrechts der Prämisse der Nicht-Regulierung. Bereiche wie Kündigungsschutz, Arbeitszeitregelungen, Abfertigung und Urlaubsrecht basieren auf der Maxime der *„non-decision"* und sind somit (bis auf einzelstaatliche Ausnahmen) praktisch zur Gänze ungeregelt, mit dem Ziel, den Leistungswillen der Individuen nicht einzuschränken (vgl. Quack 1993, S. 31).

Zum anderen nimmt der private Sektor eine weitaus bedeutsamere Stellung ein als in anderen Staaten: *"In political debate, most American leaders proclaim, as a self-evident principle, the thesis that private sector initiative in resolving social as well as economic problems is superior to governmental intervention"* (Goldman 1996, S. 42).

Diese positive Einstellung zu den „Selbstheilungskräften des Marktes" und zu der Verpflichtung des Individuums, *selbst* durch Erbringung von Leistungen einen gewissen Lebensstandard zu erhalten, setzt sich auch innerhalb des Sozialversicherungsrechts fort (vgl. Quack 1993, S. 31).

Weiters sind die Einzelstaaten in weit höherem Maße als beispielsweise in Deutschland für die Regelungen der Arbeitsbeziehungen zuständig. So werden Bereiche wie der Schutz vor Kündigungen nicht bundesstaatlich geregelt, sondern, wenn überhaupt, von einzelstaatlichen Regelungen erfaßt. Und schließlich kommt Tarifverhandlungen im Prozeß der Festlegung arbeitsrechtlicher Regelungen eine zentrale Rolle zu. Tarifverträge sind somit in der Regel umfassende Dokumente, die verschiedene Aspekte der Arbeitsbedingungen regeln (vgl. Goldman 1996, S. 19 f.).[9]

2.1.1 Arbeitsrechtliche Regulierung atypischer Beschäftigungsformen

Im amerikanischen Arbeitsrecht sind arbeitsrechtliche Regulierungsmaßnahmen nur sehr rudimentär vorhanden: *„In den USA sind Arbeitsschutzgesetze für erwachsene Arbeitnehmer sozusagen inexistent. Mit einfachen Worten: Die Flexibilisierung der Arbeitszeit ist in den USA aufgrund fehlender strenger Bestimmungen zur Arbeitszeit ein weniger heißes Thema als in Europa."* (Bell 1995, S. 46)

Dieses Fehlen allgemein gültiger Mindestarbeitsnormen trifft sowohl für VollzeitarbeitnehmerInnen als auch für atypisch Beschäftigte zu, welche sich auf keine Regelungen stützen können, die ihre spezifische Situation berücksichtigen. Infolgedessen liegen in diesen Bereichen nur wenige Angaben vor, wie auch in der nachstehenden Übersicht sichtbar wird.

2.1.1.1 Arbeitszeitregelungen

Im bestehenden US-amerikanischen Recht ist eine Höchstzahl der wöchentlichen Arbeitsstunden nicht festgelegt. Die bestehenden gesetzlichen Regelungen enthalten im Zusammenhang mit der Arbeitszeit nur Bestimmungen zur Leistung von Überstunden. So müssen ArbeitnehmerInnen, die mehr als 40 Stunden pro Woche arbeiten, für jede Überstunde das Eineinhalbfache des normalen Stundenlohns erhalten (vgl. Bell 1995, S. 46).

2.1.1.2 Urlaubsrecht

Auch der Anspruch von Beschäftigten auf Urlaub hat in den USA keinerlei gesetzliche Verankerung gefunden. Mehrere Staaten halten zwar in ihren Statuten die Verpflichtung von ArbeitgeberInnen fest, ihren Beschäftigten kurze arbeitsfreie Perioden einzuräumen. In manchen Betrieben, die für einen gewissen Zeitraum schließen, wird in der Folge allen Beschäftigten ein Urlaubsanspruch eingeräumt. In den meisten Fällen wird der Anspruch auf Freistellung jedoch individuell vereinbart. Ein Anspruch auf bezahlten Urlaub muß im Rahmen eines Arbeitsvertrages festgehalten werden. (vgl. Goldman 1996, S. 168).

Seit 1993 besteht für Frauen wie auch für Männer aufgrund des *„Family and Medical Leave Act"* das Recht, unbezahlten Karenzurlaub zu nehmen. Die Freistellung kann im Ausmaß bis zu zwölf Wochen innerhalb eines Zeitraumes von zwölf Monaten erfolgen, wenn ein Neugeborenes, ein adoptiertes Kind, ein älterer Menschen versorgt werden muß oder der/die Arbeitnehmer(in) selbst für einen längeren Zeitraum aus medizinischen Gründen erwerbsunfähig ist. Die Inanspruchnahme der Regelung ist jedoch an folgende Voraussetzungen gebunden: ArbeitnehmerInnen müssen für ihre ArbeitgeberInnen mindestens zwölf Monate tätig gewesen sein, müssen mindestens 1.250 Stunden gearbeitet haben und in einem Unternehmen beschäftigt gewesen sein, in dem zumindest 50 Personen angestellt waren. Teilzeitbeschäftigte, die weniger als 25 Stunden pro Woche einer bezahlten Beschäftigung nachgehen, haben somit in der Regel keinerlei Anspruch auf Karenzurlaub.

In einigen Staaten gibt es diesbezüglich jedoch Ausnahmen: In Connecticut, New Jersey oder North Dakota etwa ist es Beschäftigten, die 20 Stunden pro Wochen arbeiten, möglich, aus familiären oder medizinischen Gründen Urlaub zu nehmen. Andere Staaten, wie Maine, Oklahoma oder West Virginia, setzen nur eine durchgehende Beschäftigungsdauer von drei bis zu zwölf Wochen voraus und schreiben keine notwendige Stundenzahl vor (vgl. Bookman 1995, S. 812).

2.1.1.3 Kündigungsschutz

In den USA sind sowohl für VollzeitarbeitnehmerInnen als auch für atypisch Beschäftigte keinerlei gesetzlich verankerte Regelungen zum Schutz vor Kündigung vorhanden. Die Kündigung kann schriftlich oder mündlich erfolgen und sowohl von seiten der ArbeitgeberInnen als auch von seiten der ArbeitnehmerInnen ausgesprochen werden. Kündigungsfristen müssen in der Regel nicht beachtet werden. Ein Arbeitsverhältnis wird nach Ausspruch der Kündigung im Normalfall sofort aufgelöst, außer wenn im individuellen Arbeitsvertrag eine Kündigungsfrist vereinbart wurde.

Auch die Abfertigung von Beschäftigten nach Beendigung des Arbeitsverhältnisses ist in den USA gänzlich ungeregelt (vgl. Goldman 1996, S. 105). Nur große Unternehmen sind gesetzlich dazu verpflichtet, geplante Firmenschließungen oder Massenentlassungen 60 Tage im voraus zu melden (vgl. Büchtemann//Walwei 1996, S. 667).

2.1.2 Evaluierung

Wegen des Fehlens von Regelungen zur Regulierung der Arbeitszeit war 1995 die Zahl der Beschäftigten, die in den USA mehr als 40 Stunden beschäftigt sind, außerordentlich hoch.[10] Insbesondere für Frauen bedeuten die fehlenden Obergrenzen der Arbeitszeitregelungen, daß die beschäftigungsfreie Zeit, also die Zeit für Familie und Kinder, sehr eingeschränkt wird. Aufgrund der geringen Entlohnung bei manchen Beschäftigungen bleibt den Frauen oftmals jedoch keine Wahl: *„Das Fehlen allgemeiner Mindestarbeitsnormen nach europäischem Verständnis hat einen zweiten Arbeitsmarkt von ganz besonderer Beschaffenheit zutage gefördert. Die Einkommensgrenze vieler Beschäftigter liegt deutlich unter dem Existenzminimum (working poor) und führt nicht selten dazu, daß viele Beschäftigte mehreren Beschäftigungen gleichzeitig nachgehen"* (vgl. Hoffmann/Lapeyre 1995, S. 275).

Laut einer im Rahmen des „Current Population Survey" (CPS) durchgeführten Befragung aus dem Jahr 1995 gingen 65,0 % der Frauen und nur 35,0 % der Männer im Alter über 16 Jahren zwei Teilzeitbeschäftigungen nach, die zusammengerechnet den Umfang eines Vollzeitbeschäftigungsverhältnisses ausmachten.[11] Von dieser Stichprobe war ein Großteil der Frauen (32,1 %) verheiratet und hatte zum Teil auch Kinder. 21,2 % der Frauen waren Singles, 11,6 % geschieden oder verwitwet. Von den Männern waren nur 14,5 % verheiratet, 16,7 % Singles, 3,8 % geschieden (vgl. Monthly Labour Review, September 1996 S. 43).

Aus diesen Zahlen geht sehr deutlich hervor, daß Teilzeitbeschäftigung besonders von Frauen als ein Weg zur besseren Vereinbarkeit von Familie und Beruf gewählt wird. Da jedoch das Einkommen aus einer Teilzeittätigkeit nicht ausreicht, sind sie gezwungen, eine zweite einzugehen, und sind somit einer massiven (Doppel-)Belastung ausgesetzt. Zudem bedarf es sehr viel organisatorischen Geschicks der Frauen und oftmals auch Entgegenkommens des Arbeitgebers, zwei Teilzeitbeschäftigungen miteinander zu vereinbaren, da sich beispielsweise das Ende des einen Arbeitsverhältnisses mit dem Beginn des anderen überschneidet. Verschärfend wirkt sich die Tatsache aus, daß (außer dies wurde explizit individuell vereinbart oder es handelt sich um eine Massenentlassung) keinerlei Regelungen zum Schutz vor Kündigung bestehen und somit ArbeitgeberInnen jederzeit die Möglichkeit haben, das Arbeitsverhältnis zu lösen.

Graphik 3: Beschäftigte, die 1995 zwei Teilzeitbeschäftigungen ausübten

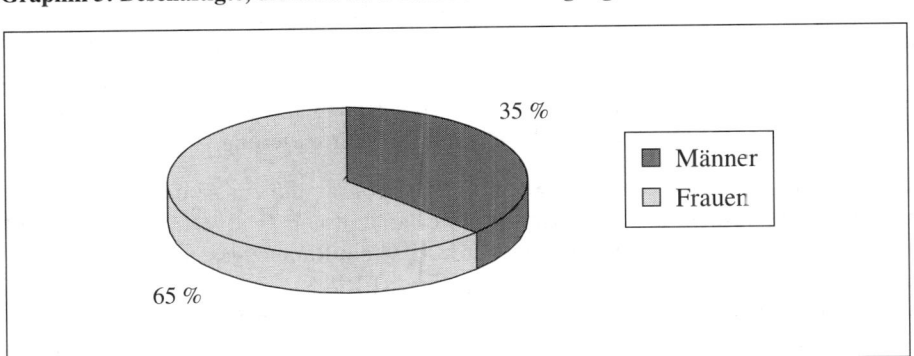

Quelle: Monthly Labor Review, Jänner 1996.

Wie aus dem CPS weiters hervorgeht, führt die Nicht-Verankerung von Urlaubsrechten dazu, daß nur ein weitaus geringerer Prozentsatz an Teilzeitbeschäftigten als VollzeitarbeitnehmerInnen Urlaub nehmen konnte: 1995 hatten 53,7 % der Teilzeitbeschäftigten im Gegensatz zu 95,8 % der Vollzeitbeschäftigten Urlaubsanspruch (vgl. Houseman 1997a, S. 42).

Die Regelung der Einführung von unbezahltem Karenzurlaub ist zwar grundsätzlich begrüßenswert. Teilzeitbeschäftigte Frauen können diese Regelung jedoch nur in Anspruch nehmen, wenn sie eine Beschäftigung von mehr als 25 Stunden pro Woche ausgeübt haben und wenn sie in einem großen Unternehmen mit mindestens 50 Angestellten beschäftigt waren. Geringfügig Teilzeitbeschäftigte in einem Betrieb mit wenigen Angestellten können von dieser Maßnahme somit nicht Gebrauch machen.

1995 konnten mindestens 7,6 Millionen Teilzeitbeschäftigte keinen unbezahlten Urlaub nehmen, da sie nicht zumindest 1.250 Stunden pro Jahr gearbeitet hatten. Mehr als 20 % der ArbeitnehmerInnen verloren ihren Anspruch, da sie in Firmen mit weniger als 50 Beschäftigten beschäftigt waren (vgl. Kalleberg et al. 1997, S. 68).

2.2 Sozialrechtliche Regulierung

Eines der wesentlichen Prinzipien des Systems der sozialen Sicherheit in den USA ist folgende Maxime: Für die Sicherung des Lebensstandards trägt nicht der Staat, sondern der/die einzelne Bürger(in) selbst die Verantwortung. In diesem Regime wird somit privaten und innerbetrieblichen Formen der Sicherung wesentliche Bedeutung beigemessen. Personen in besonderen Bedarfslagen, die nicht oder nur geringfügig erwerbstätig sind (und deshalb nicht auf betriebliche Sozialleistungen zurückgreifen können) und auch nicht über die Möglichkeit verfügen, sich privat abzusichern, sind auf staatliche Sozialhilfe angewiesen. Die US-amerikanische Sozialrechtsordnung beschränkt sich somit auf die Bereitstellung einer Grundsicherung, die Individuen vor Verarmung bewahren soll (vgl. Eichenhofer 1990, S. 232).

Die Pensionsversicherung wird in den USA durch den „Social Security Act" von 1935 geregelt. Mit diesem Gesetz übernahm der Bund erstmals die „gesetzgeberische, administrative und finanzwirtschaftliche" Gesamtverantwortung für die Einkommenssicherung aller Erwerbstätigen. Die Pensionsversicherung baut auf folgenden Prinzipien auf: Sie soll jedem Versicherten die Möglichkeit geben, eine Grundsicherung [12] zu erhalten. Um dies zu ermöglichen, ist bei der Feststellung der Leistungshöhe das Prinzip des sozialen Ausgleichs („social adequacy") von vorrangiger Bedeutung. Die Finanzierung der Rentenversicherung wird aus den Beiträgen der ArbeitnehmerInnen und ArbeitgeberInnen getragen. Das System beruht somit auf der Maxime der Selbstfinanzierung.

Seit den vierziger Jahren dieses Jahrhunderts sind Programme zur Alterssicherung der ArbeitnehmerInnen zunehmend ein wichtiger Bestandteil von Tarifverträgen. Aufgrund der weiten Verbreitung von Betriebsrenten wurde 1974 ein Rahmengesetz auf Bundesebene, der „Employee Retirement Income Security Act" (ERISA), eingeführt. In den achtziger Jahren wurde dieses Gesetz mehrmals verändert, zuletzt durch den „Retirement Equity Act" (1984) und den „Tax Reform Act" (1986). Die Leistungen der öffentlichen Vorsorge ersetzen das Einkommen schlechter verdienender ArbeitnehmerInnen in einem höheren Ausmaß als jenes Besserverdienender. Die Unternehmen wenden somit erhebliche Mittel für Betriebsrenten auf (vgl. Eichenhofer 1990, S. 124 ff.).

Neben dem Aufbau eines Sozialversicherungszweiges zur Absicherung gegen die mit dem Alter verbundenen Risiken wurden durch den „Social Security Act" von 1935 auch Regelungen eingeführt, die zur Unterstützung arbeitsloser Personen beitragen sollten. Die Unterstützung im Falle der Arbeitslosigkeit ist im wesentlichen durch die Einzelstaaten geregelt. Diese Zuständigkeit der Einzelstaaten ist eine US-amerikanische Besonderheit, die kein Gegenstück in anderen föderalistischen Staaten, wie etwa der Schweiz, Kanada oder der Bundesrepublik Deutschland, findet. Die Genehmigung für eine Arbeitslosenversicherung wird einem Einzelstaat nur erteilt, wenn dieser gewisse Voraussetzungen erfüllt. So müssen beispielsweise alle Gelder, die der Einzelstaat aus dem Sondervermögen für die Arbeitslosenhilfe – dem „Unemployment Insurance Trust Fund" – bezieht, ausschließlich für die Unterstützung von Arbeitslosen verwendet werden.

Die Arbeitslosenversicherung finanziert sich durch zwei Abgaben: die Bundessteuer zum Zwecke der Arbeitsförderung und die Beiträge der Einzelstaaten zur Arbeitslosenversicherung. In fast allen Staaten liegt die Finanzierung der Leistungen ausschließlich bei den ArbeitgeberInnen. Die Höhe der Beiträge, die ArbeitgeberInnen zu entrichten haben, wird nach der Methode des *„experience-rating"* ermittelt – ein einzigartiges Charakteristikum der amerikanischen Arbeitslosenversicherung. In diesem Verfahren wird die Höhe des Beitrages nach dem Ausmaß berechnet, zu dem der Betrieb eine Belastung für die Arbeitslosenversicherung des Einzelstaates darstellt (vgl. Eichenhofer 1990, S. 165 ff.). Nur in drei Staaten (Alabama, Alaska und New Jersey) ist eine Beteiligung von ArbeitnehmerInnen an den Beiträgen zur Arbeitslosenversicherung vorgesehen (vgl. Goldman 1996, S. 65).

Private Einrichtungen zum Schutz vor den mit der Arbeitslosigkeit verbundenen Risiken, die *„Supplemental Unemployment Benefit Plans"*, bestehen in den USA schon seit vielen Jahrzehnten. Sie haben jedoch eine weitaus geringere Bedeutung als in anderen Bereichen der Sozialversicherung, wie beispielsweise im Krankenversicherungs- oder Pensionsrecht.

Das amerikanische Gesundheitssystem ist privatwirtschaftlich organisiert. Staatliche Einrichtungen unterstützen nur BezieherInnen von Alters-, Erwerbsunfähigkeits- oder Hinterbliebenenrenten aus der gesetzlichen Rentenversicherung und BezieherInnen von Sozialhilfe. Die Leistungen aus den „Medicare-Programmen" an RentnerInnen werden jedoch nur für einen gewissen Zeitraum gewährt. EmpfängerInnen haben zudem in jedem Fall für einen festgelegten Grundbetrag aufzukommen. Jedem Einzelstaat ist es vorbehalten, die Inhalte seines Programms für SozialhilfeempfängerInnen selbst festzulegen. Die diesbezüglichen Mindestbedingungen des „Social Security Acts" müssen jedoch beachtet werden.

Für Erwerbstätige besteht kein universelles System der Krankenversicherung. Allen US-StaatsbürgerInnen steht es jedoch offen (vorausgesetzt, sie sind dazu finanziell in der Lage), im Rahmen einer privaten Versicherung für das Risiko einer Erkrankung Vorsorge zu treffen. Oftmals halten die Arbeitsverträge von ArbeitnehmerInnen fest, daß in Form betrieblicher Sozialleistungen Vorsorge für das Krankheitsrisiko getroffen wird (vgl. Eichenhofer 1990, S. 160 ff.).

Die Unfallversicherung, die sich bereits vor dem Ersten Weltkrieg und in dessen Verlauf entwickelte, bildet den ältesten Zweig der Sozialversicherung. Sie basiert nicht auf einer einheitlichen Regelung des Bundes, sondern auf mehreren Gesetzen zwischen Bund und Einzelstaaten. Diese sehr uneinheitlichen gesetzlichen Regelungen unterscheiden zum Beispiel, ob ArbeitgeberInnen verpflichtet sind, ihre ArbeitnehmerInnen unter den Schutz der Unfallversicherung zu stellen, oder ob sie von diesen Verpflichtungen ausgenommen sind. Der Versicherungsschutz wird jedoch nur in einigen Einzelstaaten nicht zwingend festgelegt. Die Leistungen sollen den Schaden ausgleichen, der durch den Arbeitsunfall oder die Berufskrankheit entstand (vgl. Eichenhofer 1990, S. 173 f.).

Amerikanerinnen hatten bis Anfang der neunziger Jahre selbst bei Geburt eines Kindes keinerlei Möglichkeit, Karenzurlaub zu beantragen, sondern konnten nur bezahlten Urlaub nehmen. Mit dem Inkrafttreten des *„Family and Medical Leave Act"* im Jahre 1993 wurde es ArbeitnehmerInnen erstmals möglich, bis zu 12 Wochen unbezahlten Urlaub zu nehmen. Hier müssen jedoch gewisse Voraussetzungen erfüllt werden (vgl. Goldman 1996, S. 264).

2.2.1 Sozialrechtliche Regulierung atypischer Beschäftigungsformen

In allen Zweigen der Sozialversicherung gibt es nur ansatzweise Regelungen für atypisch Beschäftigte: *„There is very little to no regulation of part-time or temporary work in the United States. There is no special regulation, as exists in Europe, of temporary help agencies or of fixed term contracts"* (vgl. Houseman 1997b, S. 1).

Da Geringfügigkeitsgrenzen im Sozialversicherungsrecht für Teilzeitbeschäftigte große Bedeutung zukommt, sollen diese Regelungen im Mittelpunkt der nachstehenden Übersicht stehen.[13]

2.2.1.1 Pensionsversicherungsrecht

Teilzeitbeschäftigung

In den USA besteht, wie bereits erwähnt, die Möglichkeit der betrieblichen Rentenversicherung. Der Teilnehmerkreis wird jedoch durch das Rahmengesetz für Betriebsrenten auf Bundesebene (ERISA) begrenzt. So müssen Personen, um von diesen Betriebsplänen erfaßt zu werden, zumindest für 1.000 Stunden pro Jahr einer Erwerbstätigkeit nachgegangen sein. Teilzeitbeschäftigte haben demnach nur Anspruch auf diese Leistungen, wenn sie einer Beschäftigung nachgehen, die mehr als 19,2 Stunden in der Woche umfaßt.

Der Versuch von Arbeitgeberseite, die Stundenzahl von ArbeitnehmerInnen vorsätzlich zu senken, gilt als Verstoß gegen Abs. 510 des ERISA. Im Rahmen der Betriebsrentenpläne werden die Beiträge je zur Hälfte von ArbeitnehmerInnen und ArbeitgeberInnen getragen, wobei je 6,2 % des Lohnes zu entrichten sind (vgl. Handelman 1995, S. 833).

Manche betriebsrechtlichen Statuten halten explizit fest, daß bereits erworbene Ansprüche in der Rentenversicherung nicht von einem Arbeitsverhältnis auf das nächste übertragen werden können: *„Contigent workers, or at least those whose employment is temporary in nature, lose out on the benefits of the social welfare system because statutes and private* *employment rules prevent employees from carrying credits for hours of employment and benefits from one job to the next"* (Dau-Schmidt 1995, S. 885).

Neben der Versichertenrente werden an den/die Versicherte(n) bis zu einer gewissen Obergrenze Zusatzrenten gezahlt. Auf diese Leistungen haben Ehegattinnen (vorausgesetzt, die Ehe hat mindestens ein Jahr vor Antragstellung bestanden), deren minderjährige Kinder und die in Ausbildung stehenden Kinder Anspruch. Atypisch Beschäftigte, die die Voraussetzungen für Pensionsansprüche sonst nicht erfüllen konnten, sind demnach nur durch ihren „Status als Ehepartner(in)" abgesichert (vgl. Eichenhofer 1990, S. 138).

2.2.1.2 Arbeitslosenversicherungsrecht

Grundvoraussetzungen

In der Mehrzahl der Einzelstaaten wird ein Mindesteinkommen im letzten Jahr vor dem Eintreten der Arbeitslosigkeit vorausgesetzt, um im Falle der Erwerbslosigkeit Anspruch auf Arbeitslosengeld zu haben.[14] Beschäftigte müssen demnach ein durchschnittliches wöchentliches Einkommen vorweisen, das über einem gewissen Betrag liegt, oder ihr Gesamteinkommen muß über einem gewissen Niveau liegen. Leistungen werden zudem nur dann gewährt, wenn der/die Versicherte mindestens 52 Monate vor Eintritt der Arbeitslosigkeit einer versicherungspflichtigen Beschäftigung nachging; das „benefit year" erfüllt hat. Versicherte verlieren in allen Staaten ihren Anspruch auf Leistungen, wenn sie ihren bisherigen Arbeitsplatz freiwillig aufgegeben oder wegen eigenen Fehlverhaltens verloren haben.

Teilzeitbeschäftigung

Neben den oben erwähnten Grundvoraussetzungen für die Inanspruchnahme von Arbeitslosengeld sehen die Regelungen in mehreren Einzelstaaten vor, daß Personen, die eine Teilzeitbeschäftigung suchen, von der Inanspruchnahme von Leistungen der Arbeitslosenversicherung explizit ausgeschlossen sind. So wird in 25 Staaten Beschäftigten nur finanzielle Unterstützung im Falle der Erwerbslosigkeit gewährt, wenn sie bereit sind, künftig einer Vollzeitbeschäftigung nachzugehen. In fünf Staaten bestehen keine einheitlichen Regelungen. Zwölf Staaten (wie Puerto Rico oder die Virgin Islands) verfügen über separate Gesetze, wonach eigene Programme entwickelt werden.

Von den neun Staaten, die es Teilzeitbeschäftigten ermöglichen, Arbeitslosengeld zu beanspruchen, setzen drei die Erbringung des Nachweises voraus, daß vor dem Eintritt der Arbeitslosigkeit der/die Betroffene einer Teilzeitbeschäftigung nachging. Damit sollen Beschäftigte ihre Bereitschaft signalisieren, noch einmal eine solche Beschäftigung auszuüben. In jenen Staaten, welche Teilzeitbeschäftigten Arbeitslosenunterstützung gewähren, müssen Beschäftigte ihre Suche nach einer Teilzeitbeschäftigung ausreichend begründen. Als fundierte Begründung, die auch richterlichen Untersuchungen standzuhalten hat, gilt beispielsweise der Nachweis eines Vollzeit-Studiums oder die Ausübung einer Teilzeitbeschäftigung aus medizinischen Gründen. Kalifornien nimmt laut einer Untersuchung des „National Employment Law Project", die die Systeme der Arbeitslosenunterstützung in allen 50 Staaten der USA unter die Lupe nahm, eine vorbildhafte Rolle bei der Gewährung von Arbeitslosengeld ein. In Kalifornien etwa müssen alle Teilzeitbeschäftigten, welche

Unterstützungsleistungen im Falle der Erwerbslosigkeit beziehen wollen, die Umstände offenlegen, die sie zu der Ausübung der Teilzeitbeschäftigung bewogen. Kommen sie dieser Aufforderung nach, haben sie in jedem Fall Anspruch auf Arbeitslosenunterstützung (vgl. Bookman 1995, S. 810, Houseman 1997b, S. 1).

2.2.1.3 Kranken- und Unfallversicherungsrecht

Teilzeitbeschäftigung

Der Anspruch auf finanzielle Unterstützung im Krankheitsfalle [15] ist in den einzelnen Staaten unterschiedlich geregelt. So wird in einigen Staaten eine Mindestbeitragszahlung während des letzten Jahres oder eine gewisse Anzahl von Wochen (4 bis 20), in denen eine versicherungspflichtige Tätigkeit erbrachte wurde, vorausgesetzt (vgl. Social Security Administration 1995, S. 352). In einigen Staaten ist auch eine Kombination von beiden Voraussetzungen erforderlich. Teilzeitbeschäftigte sind im Krankheitsfall aufgrund dieser sehr differenzierten Festsetzung von Zeit und Verdienstgrenzen je nach Einzelstaat anders abgesichert. Da ArbeitgeberInnen zur Zahlung von Krankenversicherungsbeiträgen nicht gesetzlich verpflichtet sind, liegt es in ihrem Ermessen, solche zu leisten (vgl. Houseman 1996, S. 9).

2.2.2 Evaluierung

Teilzeitbeschäftigte sind in allen untersuchten Sozialversicherungszweigen – in der Pensions-, Arbeitslosen- und Krankenversicherung – weitaus schlechter gestellt als Vollzeitbeschäftigte: *„The pattern of disadvantage for part-time workers with regard to nonmandated fringe benefits is clear. Persons working part-time obtain fewer fringe benefits than those working full time, even after controlling for their education, age race, length of experience with their employer, occupational level"* (Kalleberg 1995, S. 783).

Graphik 4: Anteil von Teilzeit- bzw. Vollzeitbeschäftigten in betrieblichen Systemen der Pensionsversicherung 1995 (in %)

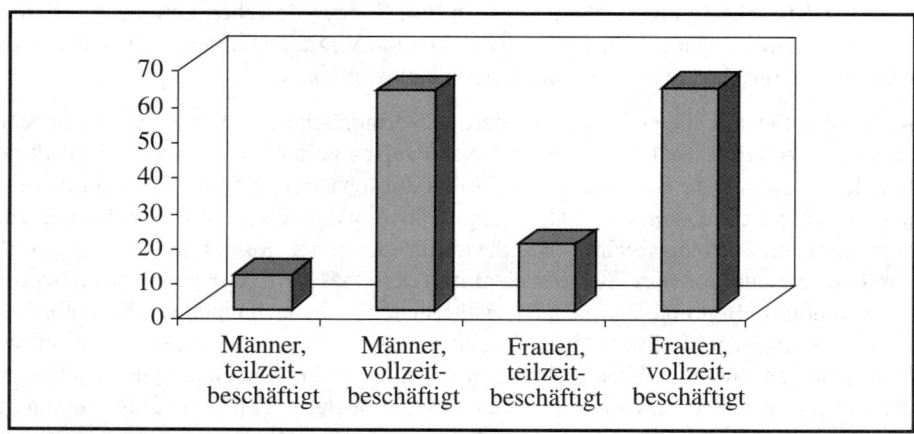

Quelle: Kalleberg et al. 1997.

Die Zahl der teilzeitbeschäftigten Personen, welche 1991 in betriebliche Pensionspläne eingebunden waren, lag deutlich unter jener der Vollzeitbeschäftigten. Gemäß dem „General Social Survey" (GSS) erhielten 38 % der teilzeitbeschäftigten Frauen und 41 % der Männer von Arbeitgeberseite Pensionsbeiträge. Bei den vollzeitbeschäftigten Frauen waren dies 69 %, bei den Männern 67 % (vgl. Kalleberg 1995, S. 784).

Die Zahl der Teilzeitbeschäftigten, die Anspruch auf eine Betriebspension haben, ist seit Anfang der neunziger Jahre noch zurückgegangen. 1995 waren nur 21 % der regelmäßig Teilzeitbeschäftigten im Gegensatz zu 62,6 % der Vollzeitbeschäftigten durch ihre(n) Arbeitgeber(in) pensionsversichert. Männer wurden gegenüber von Frauen benachteiligt. So waren 18,9 % der in Teilzeit arbeitenden Frauen und nur 9,9 % der teilzeitbeschäftigten Männer in betriebliche Pläne zur Pensionsversicherung eingebunden (vgl. Kalleberg et al. 1997, S. 31).

Diese ungenügende Altersabsicherung von Teilzeitbeschäftigten kann u. a. auf die hochangesetzten jährlichen Mindestzeitgrenzen des ERISA zurückgeführt werden. Betriebe, welche Betriebsrentenpläne für ihre Beschäftigten anbieten, sind nicht verpflichtet, ArbeitnehmerInnen einzubeziehen, die eine Beschäftigung ausüben, deren Umfang unter 1.000 Stunden jährlich liegt. Teilzeitbeschäftigte, die weniger als 19,2 Stunden pro Woche für eine Dauer von 52 Wochen beschäftigt sind, sind somit nicht durch ihre(n) Arbeitgeber(in) pensionsversichert. Diese Stundenbegrenzung wird von Arbeitgeberseite – mit der Absicht, Arbeitgeberbeiträge einzusparen – nicht nur in Ausnahmefällen unter dem festgelegten Niveau angesetzt: *„Employers often attempt to keep yearly total hours below this threshold. It has also become increasingly common for large corporations to establish an inhouse pool of workers maintained to meet irregular and fluctuating periods of labour demand"* (Handelman 1995, S. 832).

Auch bereits erworbene Rentenansprüche können oftmals nicht von einem Arbeitsverhältnis auf das nächste übertragen werden. Gerade für befristet Beschäftigte, die ein Beschäftigungsverhältnis nach dem anderen eingehen, bedeutet dies, daß sie ihre Ansprüche nach Beendigung des Arbeitsverhältnisses verlieren.

Auch LeiharbeitnehmerInnen sind in sehr geringem Ausmaß durch ihre(n) Arbeitgeber(in) pensionsversichert. 1995 waren nur 3,1 % aller Personen, die in einem Leiharbeitsverhältnis standen, in betriebliche Systeme der Pensionsversicherung eingebunden. Die geschlechtsspezifischen Unterschiede waren relativ gering; 2,8 % der Frauen und 3,3 % der Männer hatten Anspruch auf Pensionsleistungen durch ihre(n) Arbeitgeber(in) (vgl. Kalleberg et al. 1997, S. 31).

Eine ähnlich negative Bilanz ergibt die Absicherung (atypisch) Beschäftigter in der Arbeitslosenversicherung. Obwohl 97 % der US-amerikanischen Erwerbsbevölkerung von dem System der Arbeitslosenversicherung erfaßt sind, ist die Zahl jener Personen, die tatsächlich Zugang zu Leistungen erhalten, deutlich gesunken. So konnten 1994 40 % der ArbeitnehmerInnen, die um Arbeitslosengeld angesucht hatten, ein solches auch tatsächlich beziehen (vgl. Kalleberg et al. 1997, S. 69). Aufgrund der Tatsache, daß atypisch Beschäftigte zumeist einer Beschäftigung mit einer geringen Stundenanzahl nachgehen und niedrigere Löhne als Vollzeitbeschäftigte beziehen, ist es für diese Gruppe von ArbeitnehmerInnen besonders schwierig, in den Genuß von Arbeitslosenunterstützung zu kommen.

Auch in Betrieben, deren Beschäftigte zum Teil Anspruch auf Krankenversicherung hatten, waren atypisch Beschäftigte deutlich schlechter gestellt als Vollzeitbeschäftigte. Nur 18 % der regulär Teilzeitbeschäftigten waren 1995 – im Gegensatz zu 69,4 % der Vollzeitbeschäftigten – durch ihre(n) Arbeitgeber(in) krankenversichert. 18,6 % der weiblichen und 16,4 % der männlichen Teilzeitbeschäftigten hatten Anspruch auf Krankenversicherung. LeiharbeitnehmerInnen waren so gut wie nicht (1,6 %), im Rahmen ihres Arbeitsverhältnisses, im Krankheitsfalle abgesichert (vgl. Kalleberg et al. 1997, S. 31).

Hier darf nicht außer acht gelassen werden, daß ein hoher Prozentsatz der atypisch beschäftigten Frauen durch ihren Ehemann im Rahmen der Krankenversicherung mitversichert sind. So waren 1995 nur 54,2 % der ledigen in Teilzeit arbeitenden Frauen mit Kindern krankenversichert. Hingegen hatten 84,6 % der verheirateten Mütter, deren Ehemann ebenfalls berufstätig war, Anspruch auf Krankenversicherung. Bei Leiharbeitnehmerinnen war der Gegensatz noch krasser: Nur 28 % der ledigen Mütter, jedoch 67,9 % der verheirateten Frauen mit Kindern waren im Krankheitsfalle abgesichert (vgl. Kalleberg et al. 1997, S. 33).[16]

Der Lohn wurde im Krankheitsfalle zwar an 75 % der vollzeitbeschäftigten Frauen und an 65 % der in Vollzeit arbeitenden Männer, jedoch nur an 42 % der weiblichen und an 41 % der männlichen Teilzeitbeschäftigten weiterbezahlt (vgl. Kalleberg 1995, S. 783).

Atypisch Beschäftigte sind zudem bei Unfällen am Arbeitsplatz nicht abgesichert. Der 1970 verabschiedete „Occupational Safety and Health Act", der eine Reihe von Maßnahmen zur Gewährleistung der Sicherheit am Arbeitsplatz vorsieht, gilt nur für dauernd Vollzeitbeschäftigte: „Work site safety training is as important for temporary, leased and contract workers as it is for those have more traditional employment relationships (...). However, current law does not obligate clients or contractors to provide minimum safety training to these workers" (Hiatt 1995, S. 751).

Graphik 5: Anteil von Teilzeit- bzw. Vollzeitbeschäftigten in betrieblichen Systemen der Krankenversicherung 1995 (in %)

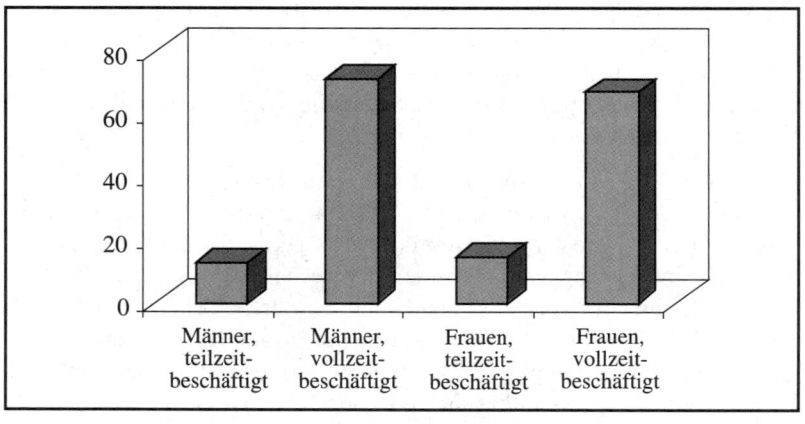

Quelle: Kalleberg et al. 1997.

Die ungenügende sozialrechtliche Absicherung atypisch Erwerbstätiger kann u. a. darauf zurückgeführt werden, daß ArbeitnehmerInnen sich gezwungen sehen, sich als „selbständig Erwerbstätige" zu deklarieren, da sie ansonsten den Job überhaupt verlieren würden.[17] Die Vorteile für die Arbeitgeberseite – Einsparung von Sozialversicherungs- und Lohnsteuerabgaben – liegen auf der Hand: *„One serious problem that deserves attention is the practice of misclassifying emloyees as ‚independent contractors' in order to avoid payroll taxes and other benefits"* (Lenz 1995, S. 766).

Für Personen, die weder auf betriebliche noch auf private Versicherungsleistungen zurückgreifen können, besteht die Möglichkeit, sich bei dem/der Ehepartner(in) mitversichern zu lassen. Gegen diese Art der Vorkehrungen ist zu sagen, daß trotz aller offensichtlichen Vorteile für den/die Partner(in) (zumeist handelt es sich um Frauen) diese Regelung möglicherweise Abhängigkeitsverhältnisse verstärkt und die geschlechtsspezifische Arbeitsteilung in der Familie zementiert, da von der mitversicherten Ehefrau oftmals erwartet wird, die Verantwortung für Familie und Haushalt zu übernehmen.

Verschärfend kommt hinzu, daß in den USA die höchste Scheidungsrate weltweit verzeichnet wird [18] und somit die Mitversicherung für viele Frauen nur von kurzer Dauer ist: *„Although marriage can provide a contigent worker with valuable benefts, today's marriages, like today's jobs, are often not around for the long haul"* (O'Connell 1995, S. 911).

Frauen, die bisher gewohnt waren, über ihren Partner soziale Absicherung zu erhalten, sind nach einer Scheidung nicht selten gezwungen, ein geringfügiges Beschäftigungsverhältnis einzugehen, im Rahmen dessen sie jedoch in sozial- und arbeitsrechtlicher Hinsicht nicht abgesichert sind. Mitunter üben Frauen mehrere dieser geringfügigen Teilzeitbeschäftigungen aus, um ein halbwegs existenzsicherndes Einkommen zu erlangen. Sie arbeiten zwar de facto Vollzeit, sind aber nicht sozialversichert (vgl. Handelman 1995, S. 817).

TeilzeitarbeitnehmerInnen sind somit in einem weit höheren Ausmaß als Vollzeitbeschäftigte auf Sozialhilfeprogramme wie „Medicaid" angewiesen Die Zahl jener Frauen, die aufgrund fehlender Absicherung gezwungen waren, auf Sozialhilfepläne wie die Unterstützung von Familien mit abhängigen Kindern – „Aid to Families with Dependent Children" (AFDC) – zurückzugreifen, ist außerordentlich hoch. So waren 90 % der AFDC-BezieherInnen Frauen (vgl. O'Connell, S. 905).

3. Zusammenfassung und Ausblick

Atypische Beschäftigungsverhältnisse sind in den USA in sozial- und arbeitsrechtlicher Hinsicht so gut wie nicht abgesichert. Es gibt keine Obergrenze bezüglich der Zahl der wöchentlichen Arbeitsstunden, Kündigungsfristen fehlen (außer bei Massenentlassungen oder Firmenschließungen) zur Gänze, und die Abfertigung von Personen, die ihren Arbeitsplatz wechseln oder verlieren, ist nicht geregelt. In der Pensionsversicherung ist die Mindeststundengrenze (Voraussetzung für die Einbindung in Betriebsrentenpläne) mit jährlich 1.000 Stunden hoch angesetzt; der Zugang von atypisch Beschäftigten zur Arbeitslosenversicherung wird in der Praxis immer restriktiver gehandhabt. Atypisch Erwerbstätige sind von Programmen zum Gesundheitsheitsschutz und zur Sicherheit am

Arbeitsplatz ausgenommen sowie in weit geringerem Maße als Vollzeitbeschäftigte in betriebliche Programme zur Krankenversicherung eingebunden.

Selbst gesetzliche Errungenschaften wie der „Family and Medical Leave Act" von 1993, der die Möglichkeit eines unbezahlten Karenzurlaubes einführte, umfassen nur Beschäftigte, die im letzten Arbeitsjahr mindestens 1.250 Arbeitsstunden vorweisen konnten. Frauen, die aus familiären Gründen nicht im Rahmen eines Normalarbeitsverhältnisses einer Beschäftigung nachgehen möchten, verlieren ihren Anspruch auf Karenzurlaub, wenn sie die Zeitgeringfügigkeitsgrenze unterschreiten. Es bleibt ihnen – vorausgesetzt, sie finden eine Vollzeitbeschäftigung – somit nur die Wahl, entweder in Vollzeit zu arbeiten oder einer geringfügigen Beschäftigung nachzugehen, neben der sie zwar mehr arbeitsfreie Zeit haben, dafür aber ihren künftigen Anspruch auf ein unbezahltes Karenzjahr verlieren.

Es zeigt sich, daß die in den USA weniger großzügig als in Europa gestalteten Sozialleistungen wegen der hoch angesetzten Zeit- und Lohngrenzen einem immer kleineren Personenkreis zugute kommen. Das US-amerikanische Sozialsystem baut einerseits auf der Annahme eines Normalarbeitsverhältnisses mit einer hohen Zahl an Arbeitsstunden auf und geht andererseits davon aus, daß Personen seitens ihrer Betriebe sozial abgesichert würden. Diese Annahmen entsprechen nicht der Realität. In den letzten Jahren haben sich immer mehr Sonderformen der Arbeitszeit herausgebildet; dieser Trend hält weiter an. Prognosen zufolge soll sich bereits im Jahr 2000 die Teilung des US-amerikanischen Arbeitsmarkts in Vollarbeits- und Teilzeitarbeitsplätze vollzogen haben (vgl. Lenz 1995, S. 758). Zudem steht der Zugang zu Systemen der betrieblichen Sicherheit oftmals nur jenem Bruchteil der Beschäftigten offen, die Leistungen für das Unternehmen erbringen. Unternehmen gehen verstärkt dazu über, Tätigkeiten an sogenannte Selbstständige zu vergeben. Die Selbständigen können sich weder auf eine Gewerkschaftsvertretung berufen, noch haben sie Gewinnchancen, und sie sind in keiner Weise sozial abgesichert (vgl. Hiatt 1995, S. 742).

Eine weitere Annahme, die der Realität nicht immer standhält, ist, daß die atypischen Formen der Beschäftigung den Bedürfnissen und Wünschen von Frauen (besonders solchen mit Kindern) entsprechen würden. Sowohl aus Untersuchungen der OECD als auch aus nationalen Erhebungen geht hervor, daß sich immer mehr Frauen gezwungen sehen, eine atypische Beschäftigung auszuüben, weil sie keine Vollzeitbeschäftigung finden konnten, und nicht, weil sie sich freiwillig dazu entschieden hatten: „*Studies indicate that women are taking temporary work because of their lack of bargaining power and limited employment alternatives. Women accept temporary work because employers are creating more temporary positions, not because contigent employment meets their needs. This contradicts the comfortable assumption that part-time employment has mushroomed to satisfy a demand generated by women's participation in the workforce and preference for flexibility*" (Handelman 1995, S. 820).

Ein weiterer Faktor, der verstärkend dazu beiträgt, daß immer mehr Frauen nicht in Vollzeit arbeiten, ist ein mangelndes Angebot an günstigen Kinderbetreuungseinrichtungen. So gaben 35 % der im Rahmen einer Umfrage interviewten teilzeitbeschäftigten Frauen an, daß sie bereit wären, mehr Stunden zu arbeiten, wenn ihnen ein breiteres Netz zur

Betreuung ihrer Kinder zur Verfügung stünde (vgl. Wall Street Journal, 1. Februar 1995, S. B1).

Gemäß der Angaben des US Bureau of Labor Statistics arbeiteten im Jänner 1997 745 von 810 befragten ArbeitnehmerInnen in Teilzeit, da sie keine Kinderbetreuung finden konnten (vgl. U.S. Department of Commerce 1997, S. 407).

Besonders problematisch nimmt sich die Kinderbetreuung für gering verdienende Familien aus: *„Child care is particularly problematic for low-income families. In the absence of affordable child care, care givers must opt for reduced or more flexible hours of work – often a nonstandard job – that raises the odds that they will earn low pay. But many middle-income as well as low-income families find child care unaffordable* (vgl. Kalleberg et al. 1997, S. 70).

Atypisch Beschäftigte verdienen in der Regel weniger als ihre vollzeitbeschäftigten KollegInnen. So verdienten 1995 befristet beschäftigte Frauen 17 % weniger als vergleichbare Frauen in einem regulären Vollzeitbeschäftigungsverhältnis. Die Lohneinbußen, welche die auf Abruf verfügbaren ArbeitnehmerInnen akzeptieren mußten, betrugen 21 %. Männer in befristeten Arbeitsverhältnissen mußten einen um 21 % niedrigeren Lohn je Arbeitsstunde hinnehmen (vgl. Rasell/Appelbaum 1998, S. 383).

Rund 52 % aller Frauen und 33,4 % aller Männer, die 1995 in einem atypischen Beschäftigungsverhältnis standen, verdienten zu wenig, um sicherzustellen, daß eine vierköpfige Familie nicht unter die Armutsgrenze fallen würde.

Besonders alleinerziehende Frauen mit Kindern können es sich nicht leisten, in Teilzeit zu arbeiten, da sie nicht nur geringere Löhne beziehen, sondern auch Einbußen an Sozialversicherungsleistungen riskieren. Für sie ist Teilzeitbeschäftigung somit keine Alternative zu Vollzeitbeschäftigung: *„Poor unmarried women can simply not afford to work part-time and risk losing Medicaid benefits, even if in term of cash benefits, the part-time wage would exceed the amount recieved for welfare assistance. Therefore they either stay on welfare and out of the labour force, or they must find a full-time job with sufficient wages and social benefits to pull them and their children out of poverty, a choice that enhances polarization of female employment. At present, part-time work in the USA does not offer a suitable long-term alternative to full-time work as a means of reconiciling work and family.“* (Drobnic/Wittig 1997, S. 311 f.)

Vor diesem Hintergrund fordern Kalleberg et al. einerseits, daß das Mindesteinkommen angehoben und die diesbezüglichen Gesetzesgrundlagen wie der *„Equal Pay Act"* abgeändert werden sollten, um mögliche Diskriminierungen aufgrund der Art des Arbeitsverhältnisses und der pro Woche geleisteten Stundenzahl zu verhindern (vgl. Kalleberg et al. 1997, S. 67).

Zur Verbesserung der Arbeitssituation von atypisch Beschäftigten ist seit den späten achtziger Jahren ein umfassender Gesetzesvorschlag im amerikanischen Kongreß anhängig. Dieser 1987 vorgelegte *„Part-Time and Temporary Workers Protection Act"* [19] enthält folgende Vorschläge:

- *Eine umfassende Untersuchung der beruflichen Situation atypisch Beschäftigter*: Die zuständige Einrichtung zur Erhebung von Arbeitsmarktdaten, das „Bureau of Labor Statistics", soll verpflichtet werden, die arbeits- und sozialrechtliche Stellung dieser

Beschäftigtengruppe (beispielsweise, ob sie in Betriebspläne zur Rentenversicherung einbezogen ist) aufzuzeigen.

■ *Die Einbeziehung von Teilzeit- und geringfügig Beschäftigten in die Systeme der Kran-ken-, Pensions- und Arbeitslosenversicherung*: ArbeitnehmerInnen sollen einen anteili-gen Anspruch auf Leistungen der betrieblichen Systeme der Gesundheitsvorsorge erhalten.[20] Die Zeitgrenze innerhalb des Rahmengesetzes zur betrieblichen Pensions-versicherung soll von 1.000 auf 500 Stunden herabgesetzt werden. Teilzeitbeschäftigte sollen verpflichtet werden, je nach Umfang ihrer Arbeitszeit anteilige Beiträge in die Pensionsversicherung einzuzahlen. Auch Arbeitslose, die zur Ausübung einer Teilzeit-beschäftigung bereit wären, sollen in das System der Arbeitslosenversicherung einbe-zogen werden.

Es ist derzeit nicht abzusehen, wann und ob dieser Entwurf verabschiedet wird. Die Umsetzung der vorgeschlagenen Inhalte könnte die Situation atypisch Beschäftigter jedoch nachhaltig verbessern, da auf ihre spezifischen Arbeitsumstände verstärkt Rück-sicht genommen würde.

Anmerkungen

1 Im Original: „Weiße": *„Whites"*; „Schwarze": *„Blacks"*; „Hispanics": *„Hispanics"*. In die Gruppe der AsiatInnen wurden auch BewohnerInnen der pazifischen Inseln einbezogen.

2 Im Original: *„Participation rate"*.

3 Vgl. hierzu Kalleberg et al.: *„The term „nonstandard work arrangement" refers to all types of work other than regular, full-time employment"* (Kalleberg et al. 1997, S. 8).

4 Im Original: *„regular part time workers"*

5 Im Original: Baugewerbe: *„Construction Industry"*; Handel: *„Trade"*.

6 Bei regelmäßig teilzeitbeschäftigten Männern beläuft sich die Lohndifferenz gegenüber ihren vollzeitbeschäftigten Kollegen 24 % je Arbeitsstunde.

7 Unter Schätzung 1 fielen jene Arbeitskräfte, die davon ausgingen, daß ihr Arbeitsverhältnis noch ein Jahr oder kürzer andauern würde. Unter Schätzung 2 fielen Arbeitskräfte und selbstän-dig Beschäftigte, die davon ausgingen, daß ihr Arbeitsverhältnis nach einem Jahr oder einem noch kürzeren Zeitraum aufgelöst werden würde. Von Schätzung 3 wurden all jene Arbeitskräf-te erfaßt, die davon ausgingen, daß ihr Beschäftigungsverhältnis nicht von Dauer wäre. Arbeits-kräfte wurden auch dann erfaßt, wenn sie dieses Beschäftigungsverhältnis bereits vor mehr als einem Jahr eingegangen waren. Selbständig Beschäftigte wurden dann mitgezählt, wenn sie der Meinung waren, daß ihr Beschäftigungsverhältnis nach mehr als einem Jahr oder einem noch kürzerem Zeitraum aufgelöst werde und wenn sie ein Jahr oder kürzer selbständig erwerbstätig waren (vgl. ftp://ftp.bls.gov/pub/news.release, 1998, S. 2f.).

8 Hierbei handelt es sich um Schätzung 3.

9 Im Original: Tarifverhandlungen: *„Collective bargaining"*; Tarifverträge: *„Collective agree-ments"*.

10 1995 gingen 11,4 % jener Gruppe von ArbeitnehmerInnen, die mehr als 35 Stunden arbeitete, einer Beschäftigung nach, deren Umfang zwischen 49 und 58 Stunden pro Woche betrug. Mehr als 8 % der Beschäftigten arbeiteten sogar mehr als 60 Stunden in der Woche (vgl. U.S. Depart-ment of Commerce 1996, S. 402). 1997 arbeiteten 11,7 % der ArbeitnehmerInnen 49 und 58 Stunden pro Woche. 8,1 % der Beschäftigten waren mehr als 60 Stunden in der Woche erwerbs-tätig (vgl. U.S. Department of Commerce 1997, S. 406).

11 Es wurden ungefähr 50.000 Haushalte befragt.

12 Die Leistungsbemessung erfolgt einkommensabhängig, es gibt keine Mindestrenten.

13 Die Gewährung von Rentenanwartschaftszeiten, von Arbeitslosen- und von Krankengeld setzt eine Mindestzahl von Arbeitsstunden bzw. ein Mindesteinkommen voraus.

14 Die Höhe des Arbeitslosengeldes ist je nach Einzelstaaten unterschiedlich, beträgt aber in der Regel ca. 50 % des Einkommens (vgl. Social Security Administration 1995, S. 354).

15 Im Original: „Cash benefits in case of sickness".

16 Hier wurde erhoben, inwiefern die jeweilige Personengruppe generell Anspruch auf Krankenversicherung hatte und nicht, ob sie in ein betriebliches System der Absicherung eingebunden war.

17 Zur Feststellung, ob jemand selbständig erwerbstätig („independent contractor") ist, wird derzeit ein standardisierter und oberflächlicher Test („20-Factor Test") durchgeführt (vgl. Dau-Schmidt 1995, S. 883).

18 In den USA wurde 1993 von 1.000 Ehen ca. jede vierte geschieden (vgl. O'Connell 1995, S. 910).

19 103d Cong. 1st Sess., 1993.

20 ArbeitnehmerInnen, die beispielsweise 40 % der Normalarbeitszeit beschäftigt wären, würden gemäß diesen Vorschlägen auch 40 % der betrieblichen Gesundheitsleistungen erhalten.

Literatur

Bell, L. (1995): Ökonomische, soziale und kulturelle Aspekte der Arbeitszeitpolitik in den USA, in: R. Hoffmann/ J. Lapeyre (Hg.), Arbeitszeit – Lebenszeit. Perspektiven einer europäischen Arbeitszeitpolitik. Dokumentation der gemeinsamen Tagung des Europäischen Gewerkschaftsbundes (EGB) und des Europäischen Gewerkschaftsinstituts (EGI), Münster, S. 44–53.

Belous, R. (1995): The Rise of the Contigent Work Force: the Challenges and the Opportunities, in Washington and Lee Law Review, Vol. 52, No. 3, S. 863–878.

Blossfeld, H./C. Hakim (Eds.) (1997): Between Equalization and Marginalization. Women Working Part-time in Europe and the United States of America, New York.

Bookman, A. (1995): Flexibility at What Price? The Costs of Part-time Work for Women Workers, in: Washington and Lee Law Review, Vol. 52, No. 3, S. 799–814.

Büchtemann, C./U. Walwei (1996): Employment Security and Dismissal Protection, in: Schmid et al. (Eds.), International Handbook of Labour Market Policy and Evaluation, Brookfield, S. 652–693

Dau-Schmidt, K. (1995): The Labor Market Transformed: Adapting Labor and Employment Law to the Rise of the Contigent Work Force, in: Washington and Lee Law Review, Vol. 52, No. 3, S. 879–888.

Drobnic, S./ I. Wittig (1997): Part-Time Work in the United States of America, in: H. Blossfeld/C. Hakim (Eds.), Between Equalization and Marginalization. Women Working Part-time in Europe and the United States of America, New York S. 289-314.

Eichenhofer, E. (1990): Recht der sozialen Sicherheit in den U.S.A., Baden-Baden.

Freeman, R. (Ed.) (1994): Working Under Different Rules, New York.

Freeman, R. (1994a): How Labor Fares in Advanced Economies, in: R. Freeman (Ed.), Working Under Different Rules, New York, S. 1–28.

Freeman, R. (1994b): Lessons for the United States, in: R. Freeman (Ed.), Working Under Different Rules, New York, S. 223–239.

Gardner, J. (1996): Hidden Part-timers: Full-time Schedules, but Part-time Jobs, in: Monthly Labour Review, September 1996, S. 43–44.

Goldman, A. (1996): United States of America, in: International Encyclopedia of Labour Law and Industrial Relations, The Hague, London, Boston.

Gould, W. (1993): Agenda for Reform. The Future of Employment Relationships and the Law, London.

Grunewald, M. (1995): The Regulatory Future of Contigent Employment: An Introduction, in: Washington and Lee Law Review, Vol. 52, No. 3, S. 725–753.

Handelman, G. (1995): On Our Own: Strategies for Securing Health and Retirement Benefits in Contingent Employment, in: Washington and Lee Law Review, Vol. 52, No. 3, S. 815–848.

Hiatt, J. (1995): Policy Issues Concerning the Contingent Work Force, in: Washington and Lee Law Review, Vol. 52, No. 3, S. 755–770.

Hoffmann, R./J. Lapeyre (Hg.) (1995): Arbeitszeit – Lebenszeit. Perspektiven einer europäischen Arbeitszeitpolitik. Dokumentation der gemeinsamen Tagung des Europäischen Gewerkschaftsbundes (EGB) und des Europäischen Gewerkschaftsinstituts (EGI), Münster.

Houseman, S. (1995): Job Growth and the Quality of Jobs in the U.S. Economy, in: Labour (IIRA), S. 93–124.

Houseman, S./M. Osawa (1996): Part-time Employment in the United States and Japan, Draft for the Workshop on Part-time Paradoxes, 13–14 September 1996.

Houseman, S. (1997a): Temporary, Part-time, and Contract Employment in the United States: New Evidence from an Employer Survey, Michigan.

Houseman, S. (1997b): Atypical Employment in the U.S., Schreiben (an Neuhold, C.), 26. März 1997, Michigan.

Kalleberg, A. (1995): Part-time Work and Workers in the United States: Correlates and Policy Issues, in: Washington and Lee Law Review, Vol. 52, No. 3, S. 771–798.

Kalleberg, A./ E. Rasell/ N. Cassirer/B. Reskin/K. Hudson/D. Webster/E. Appelbaum./ R. Spalter-Roth (Eds.) (1997): Nonstandard Work, Substandard Jobs. Flexible Work Arrangements in the U.S:, Economic Policy Institute, Women,s Research & Education Institute, Washington D.C.

International Security Association – Geneva (Ed.) (1995): Social Security Tomorrow: Permanence and Change. Studies and Research No. 36, Genf, S. 149–187.

Larson, T./P. Ong (1994): Imbalance in Part-time Employment, in: Journal of Economic Issues, S. 187–195.

Leete, L. (1995): Assessing the Time-squeeze Hypothesis: Hours Worked in the United States, 1969–89, in: Industrial Relations. A Journal of Economy and Society, Vol. 33, S. 25–44.

Lenz, E. (1995): Contingent Work – Dispelling the Myth, in: Washington and Lee Law Review, Vol. 52, No. 3, S. 755–770.

Lester, B. (1996): Part-time Employment of Married Women in the U.S.A. A Cross Sectional Analysis, in: American Journal of Economics and Sociology, Vol. 55, No. 1, S. 61–71.

Mc Whirter, D. (1989): Your Rights at Work, New York.

O'Connell, M. (1995): Contingent Lives: The Economic Insecurity of Contingent Workers, in: Washington and Lee Law Review, Vol. 52, No. 3, S. 889–913.

OECD (1993): Employment Outlook 1993. Paris.

OECD (1996): Employment Outlook 1996. Paris.

OECD (1998): Employment Outlook 1998. Paris.

Polivka, A. (1996a): Contigent and alternative work arrangements, defined, in: Monthly Labor Review, October 1996, S. 3–9.

Polivka, A. (1996b): A profile of contigent workers, in: Monthly Labor Review, October 1996, S. 10–21.

Quack, S. (1993): Dynamik der Teilzeitarbeit. Implikationen für die soziale Sicherheit von Frauen, edition sigma, Berlin.

Quinn, J./M. Koczy (1996): The Role of Bridge Jobs in the Retirement Transition: Gender, Race, and Ethnicity, in: The Gerontologist, Vol. 36, No. 3, S. 363–372.Rasell, E./E. Appelbaum

(1998): Atypische Arbeitsverhältnisse in den USA. Eine Herausforderung für Arbeitnehmer und Gewerkschaften, in: WSI Mitteilungen 6/1998, S. 381–386.

Roche, W./B. Fynes/T. Morrissey (1996): Working Time and Employment: A Review of International Evidence, in: International Labour Review, Vol. 135, No. 2, S. 129–153.

Schroeder, P. (1995): Does the Growth in the Contingent Work Force Demand a Change in Federal Policy?, in: Washington and Lee Law Review, Vol. 52, No. 3, S. 731–738.

Schwab, S. (1995): The Diversity of Contingent Workers and the Need for Nuanced Policy, in: Washington and Lee Law Review, Vol. 52, No. 3, S. 915–933.

Social Security Administration (1995): U.S.A., in: Social Security Programs Throughout the World 1995, Washington, D.C., 1995, S. 352–354.

Stratton, L. (1996): Are „Involuntary" Part-time Workers indeed Involuntary?, in: Industrial and Labour Relations Review, Vol. 49, No. 3, S. 522–536.

Tilly, C. (1991): Reasons for the Continuing Growth of Part-time Employment, in: Monthly Labour Review, No. 3, S. 10–18.

Thurman, J./G. Trah (1990): Part-time Work in International Perspective, in: International Labour Review, Vol. 129, No. 1, S. 23–40.

U.S. Department of Commerce (1996): Statistical Abstract of the United States 1996. The National Databook, Washington, D.C.

U.S. Department of Commerce (1997): Statistical Abstract of the United States 1997. The National Databook, Washington, D.C.

Atypische Beschäftigung:
Verbreitung – Konsequenzen – sozialstaatliche Regelungen. Ein vergleichendes Resümee

Atypische Beschäftigung: Verbreitung – Konsequenzen – sozialstaatliche Regelungen. Ein vergleichendes Resümee

Emmerich Tálos

1. Zum Phänomen

1.1 Begriffe und Abgrenzungen

Der Begriff „Atypische Beschäftigung" wird in deutschsprachigen Analysen und Darstellungen als Oberbegriff für jene Beschäftigungsformen verwendet, die vom sogenannten Normalarbeits(-zeit)-Verhältnis abweichen.[1] Mit letzterem wird jener Typus von Beschäftigungsverhältnissen verstanden, der durch abhängige, vollzeitige und dauerhafte Beschäftigung mit geregelter Normalarbeitszeit, mit kontinuierlichem Entgelt und Bestandsschutzgarantien gekennzeichnet ist.[2] Daß dessen tatsächliche empirische Verbreitung eine eingeschränkte war und ist, wird daran ersichtlich, daß die Erwerbsbiographien von Frauen durchwegs einen anderen Verlauf aufweisen. Das Normalarbeitsverhältnis stellt allerdings für sozialstaatliche Regelungen in vielen Ländern[3] einen bedeutenden, wenn nicht den dominanten Bezugspunkt dar. Die wesentlichen sozialstaatlichen Schutznormen und Leistungen sind daran orientiert. Zugleich ist dieses Modell in einigen Ländern eng mit dem Modell der männlichen Ernährerfamilie verbunden.[4] „Atypische Beschäftigung" meint damit all jene Beschäftigungsverhältnisse, die nicht der Denkfigur des Normalarbeitsverhältnisses entsprechen (siehe Keller 1997, S. 227) bzw. die nicht auf Dauer und Kontinuität sowie nicht auf Vollzeit angelegt sind – was heißt, daß der Begriff „Atypische Beschäftigung" eher eine Sammelkategorie (siehe Keller/Seifert 1995, S. 231) als eine inhaltlich klar bestimmte Kategorie darstellt: umfassend Teilzeitarbeit, befristete Beschäftigung, Leiharbeit, geringfügige Beschäftigung, Arbeit auf Abruf, kapazitätsorientierte variable Arbeitszeit, Telearbeit und sogenannte scheinselbständige Beschäftigung.[5] Die Gemeinsamkeit macht – wie zu zeigen sein wird – die durchwegs beträchtlichen Unterschiede zwischen den einzelnen Formen nicht gegenstandslos. Zwischen einer zeitlich geregelten, arbeits- und sozialrechtlich abgesicherten Teilzeitarbeit und einer diskontinuierlichen, sozialversicherungsrechtlich nur selektiv erfaßten Scheinselbständigkeit liegen im Hinblick auf materielle und soziale Teilhabechancen heterogene „Welten". Diese merkbare Heterogenität macht auch Generalisierungen schwierig.

Der Oberbegriff „Atypische Beschäftigung" ist allerdings – auch wenn dieser durchgängig in den hier vorliegenden Länderanalysen verwendet wird – keineswegs der in allen Untersuchungsländern gebräuchliche. Die Abweichungen vom „Normalarbeitsverhältnis" werden in ihren verschiedenen Facetten benannt. In der innerschwedischen Befassung mit der Arbeitsmarktentwicklung gibt es den Begriff „atypisch" ebensowenig wie den des Normalarbeitsverhältnisses. Die Kritik an diesem Begriff zielt auf dessen geschlechtsspezifischen Bias: Die dominant weiblichen Beschäftigungsformen als atypisch zu bezeichnen, läßt darauf schließen, wie sehr die männliche Ernährer-Norm zur Beschreibung der gesellschaftlichen Realität verwendet wird (siehe dazu Vidmar i. d. B.). Auch Möller (1988, S. 82f.) hält das sogenannte Normalarbeitsverhältnis als Kriterium für ungeeignet, da diese Norm nichts mit der „Normalität" von Frauenarbeit zu tun habe. Diese Normalität bestünde in einem unterbezahlten und ungeschützten Arbeitsverhältnis. Um ungeschützte Arbeitsverhältnisse handelt es sich ihrer Meinung nach, wenn mindestens eines der folgenden Kriterien gegeben ist: befristetes Arbeitsverhältnis, keine tarifvertragliche Einbindung, fehlender sozialversicherungsrechtlicher Schutz, keine Existenzsicherung (siehe Möller 1988, S. 124).

In den USA fungiert als Überbegriff für atypische Beschäftigungsverhältnisse der Begriff „contingent-employment": „The term contingent employment is a term coined – ... to describe the range of employment relationships that had developed to meet the employer's need for flexible work arrangements to control labor costs in global economy. The term is generally understood to include part-time, temporary, on-call and leased employees" (Grunewald 1995, S. 725).[6] Verwendet wird auch der Begriff „nonstandard work" (siehe Kalleberg et al. 1997) bzw. „non-standard employment" (siehe Blossfeld/Hakim 1997, S. 2 f.). In Großbritannien finden sich die Begriffe „atypical employment" (Rodgers/Rodgers 1989) oder „non-standard forms of employment" (Felstead/Jewson 1999). Auch wenn der Oberbegriff „atypische Beschäftigung" nicht universell gängig ist, hat er in rezenten einschlägigen Analysen[7], insbesondere in deutschsprachigen Publikationen, eine weite Verbreitung. Dieser Begriff wird daher auch im folgenden verwendet.

Wichtig ist festzuhalten, daß atypische Beschäftigung im oben beschriebenen Sinne nicht grundsätzlich oder durchgängig mit „prekärer Beschäftigung" oder Marginalisierung (siehe Blossfeld 1997, S. 323) ident ist. Nach Rodgers gibt es verschiedene Kriterien für Prekarität: Prekär sind Jobs erstens, wenn sie nur einen kurzen Zeithorizont oder ein hohes Risiko des Jobverlustes aufweisen; zweitens, je weniger für die Beschäftigten Möglichkeiten zur Kontrolle der Arbeitsbedingungen, der Löhne usw. bestehen; drittens, je weniger Schutz und soziale Sicherheit durch Gesetz oder Kollektivvertrag gewährleistet ist; viertens, wenn niedrige Einkommen verknüpft sind mit Verarmung und unsicherer soziale Einbeziehung. Insgesamt umfaßt das Konzept der Prekarität die Dimensionen Instabilität, Mangel an Schutz, Unsicherheit sowie soziale und ökonomische Schwäche (siehe Rodgers 1989, S. 3). Nicht die einzelne Dimension, sondern die Kombination der Faktoren macht prekäre Jobs aus. Das bedeutet auch, daß das Ausmaß der Prekarität der diversen Beschäftigungsformen beträchtlich variiert. Dies gilt selbst für einzelne Formen wie Zeitarbeit. Diese kann bedeuten: befristete Verträge, Leiharbeit, kurze Gelegenheitsarbeit usw. Rodgers hält daher die Dichotomie von sicheren oder prekären Jobs für wenig hilfreich, er plädiert für eine generelle Betrachtung nach Graden von Prekarität. Wenn auch seiner Meinung nach eine Gleichsetzung „atypisch = prekär" unzutreffend ist, gehen bestimmte Trends bei atypischer Erwerbsarbeit in Richtung Prekarität. Deren Wachstum untermauere, daß sich die Arbeitsmarktbedingungen verschlechtert hätten: Es gäbe einen direkten Zusammenhang zwischen Erwerbslosigkeit und Wachstum prekärer Beschäftigung (siehe Rodgers 1989, S. 10).

Keller und Seifert (1995, S. 232) sprechen sich ebenfalls (siehe auch Bollinger u. a. 1991, S. 180) gegen eine automatische Gleichsetzung aus, da atypische Formen der Beschäftigung „nicht grundsätzlich gar keinen oder nur einen geringeren Schutz vor verschiedenen sozialen Risiken bieten (vor allem Krankheit, Alter, Arbeitslosigkeit, aber auch Armut). Atypische Beschäftigungsverhältnisse bewegen sich vielmehr auf einem Kontinuum, dessen Pole durch die üblichen sozialstaatlichen Sicherungsstandards des Normalarbeitsverhältnisses auf der einen sowie durch hochgradige Prekarität auf der anderen Seite markiert werden".

Ausgehend davon, daß Normalarbeitsverhältnis und Ernährerehe von Anfang an die Stützpfeiler des sozialen Sicherungssystems in Deutschland bildeten, kommt Quack (1992, S. 27) zu einer davon abweichenden Interpretation von Prekarität: Risken, denen Frauen hinsichtlich ihrer Existenzsicherung ausgesetzt sind, „hängen nicht mehr nur vom Bestand der Ehe, aber noch nicht ausschließlich von der Position der Frauen am Arbeitsmarkt ab. Die 'Prekarisierung der Beschäftigung' ergibt sich nicht allein aus der Verlängerung von defizitären Arbeitsmarktlagen in unzureichende Sozialleistungen, sondern durch das Zusammentreffen mit Erosionstendenzen der Ernährerehe und veränderten Anspruchshaltungen der Frauen hinsichtlich ihrer ökonomischen Eigenständigkeit" .

Aufgrund der Analyse der einzelnen Länder ist konstatierbar, daß nicht nur der Oberbegriff für atypische Beschäftigung kein einheitlicher ist. Es läßt sich selbst bei den jeweiligen Formen feststellen, daß mit dem gleichen Begriff auch durchaus differierende Sachverhalte gemeint sein können. Dies gilt auch für die verbreitetste Form: die Teilzeitbeschäftigung (siehe Van Bastelaer et al. 1999). So gilt in Frankreich als Teilzeit eine Beschäftigung, deren Stundenzahl um mindestens ein Fünftel geringer ist als die gesetzlich oder tariflich festgelegte Arbeitszeit. In der Regel ist in den meisten der untersuchten Länder damit eine Beschäftigung gemeint, die kürzer ist als die Arbeitszeit, die gesetzlich oder tariflich festgelegt ist. Statistisch wird meist auf Beschäftigungsverhältnisse von weniger als 35 Stunden, in Großbritannien davon abweichend von weniger als 30 Stunden abgestellt. Einige Länder differenzieren Teilzeitarbeit insofern, als explizit eine spezifische Form, nämlich geringfügige Beschäftigung, abgegrenzt wird (siehe dazu die Übersicht 3 über geringfügige Beschäftigung). Für Australien wieder ist die Differenzierung zwischen permanent parttime-employment und casual part-time-employment bekannt – wobei letztere schlechtere Bedingungen nicht nur betreffend Einkommen, sondern auch im Hinblick auf die soziale

Absicherung haben (siehe Neuhold 1998). Auch die Definitionen von Zeitarbeit differieren beträchtlich.

Während in Irland damit in erster Linie Gelegenheits- oder saisonelle Jobs gemeint sind, liegt in Deutschland der Fokus auf Jobs mit begrenzten Zeitverträgen. In Ländern wie Dänemark wird zur befristeten Beschäftigung statistisch auch die Leiharbeit gezählt.

1.2 Zur Erfassung atypischer Beschäftigung

Obwohl es nicht an Daten insbesondere zu einzelnen Formen wie Teilzeitbeschäftigung und befristeter Beschäftigung fehlt (mit Einschränkungen für Slovenien), ist die Problematik der Erfassung dieser Phänome keine geringe. Die Gründe dafür liegen auf mehreren Ebenen: Zum einen ist konstatierbar, daß die verwendeten Begriffe, sofern sie überhaupt klar definiert sind[8], nicht immer genau den gleichen Sachverhalt meinen. Dies gilt selbst, wie angeführt, für jene Beschäftigungsform, die den größten Verbreitungs- und auch Bekanntheitsgrad hat, die Teilzeitarbeit. Ein zweites Problem resultiert aus der vorhandenen Datenlage: Es gibt zwar international vergleichende Datensätze von der OECD oder von Eurostat. Doch weichen diese Daten nicht nur zwischen den Institutionen, sondern selbst innerhalb der gleichen Institution (siehe z. B. die Daten der OECD) ab. Nationale Erhebungen wieder sind aufgrund unterschiedlicher Kriterien bzw. Definitionen nur eingeschränkt vergleichbar (siehe z. B. Schmidt 1995, S. 39). Darüber hinaus gibt es einen beträchtlichen Mangel an bzw. überhaupt ein Fehlen von quantitativ verfügbaren Daten über einige Formen atypischer Beschäftigung. Um dies exemplarisch zu verdeutlichen: zu Leiharbeit gibt es keine bzw. nur mangelhafte Daten in Schweden, Luxemburg, Australien oder den USA. Das Phänomen „Arbeit auf Abruf" entzieht sich fast vollends einer Quantifizierung: Keine Daten gibt es in Großbritannien, Dänemark, Österreich, Portugal usw. Kaum erfaßt sind Job-Sharing und arbeitnehmerähnliche Beschäftigung. Bei letzterer bestehen in vielen Ländern beträchtliche Abgrenzungsprobleme zu den Gruppen der selbständig Erwerbstätigen. Abgesehen davon, daß es eine Abgrenzung der Beschäftigung nach Zeit- und/oder Einkommensgrenzen nur in einem Teil der Untersuchungsländer gibt, belegt selbst das Beispiel Österreichs die Problematik einer adäquaten Erfassung geringfügiger Beschäftigungsverhältnisse: Bis 1994 mußten Unternehmen nur Fallzahlen von geringfügig Beschäftigten angeben. Seit 1994 gilt die Verpflichtung zur namentlichen Meldung, ohne daß dies zur endgültigen Beseitigung der „Grauzone" in diesem Bereich führte. Ähnliches gilt für die Bundesrepublik Deutschland, wo seit 1990 eine explizite Meldung vorgesehen ist. Ob die Einführung eines Arbeitgeberbeitrages in Österreich für den Fall, daß das Entgelt geringfügig Beschäftigter das Ausmaß des Eineinhalbfachen der Geringfügigkeitsgrenze übersteigt, zur Verbesserung der Transparenz dieser Beschäftigungsform beiträgt, läßt sich zur Zeit noch nicht beantworten. Unübersehbar ist auch die Problematik der Vergleichbarkeit der Ergebnisse im Zeitverlauf.

1.3 Zur quantitativen Verbreitung atypischer Beschäftigungsformen
1.3.1 Zum Hintergrund

Herausragendes Kennzeichen der Arbeitsmarktsituation in den meisten der untersuchten Länder ist vor allem der merkbare Anstieg der Erwerbslosigkeit bis Mitte der 90er Jahre.[9]

Besonders eklatant war der Zuwachs in Ländern wie Spanien, Portugal, Schweden und Slovenien. Von einem im Vergleich zu den 70er Jahren allerdings schon beträchtlich hohen Niveau aus betrachtet, ist die jüngste Entwicklung durch rückläufige Trends gekennzeichnet. Im Durchschnitt der 15 EU-Mitgliedsländer lag die Arbeitslosenrate noch immer merkbar über dem Niveau von Beginn der 90er Jahre. Neben Luxemburg (1998: 2,8%) und den Niederlanden zählt Österreich nach wie vor zu den Repräsentanten mit einer geringen Quote der Erwerbslosigkeit.

Tabelle 1: Arbeitslosenrate in %[1]

	1975[2]	1985[2]	1990[2]	1995[2]	1996[2]	1997[5]	1998[5]
Belgien	3,8	10,3	6,7	9,9	9,8	9,2	8,8
Bundesrepublik Deutschland	3,5	7,2	4,8	8,2	8,9	9,9	9,4
Dänemark	3,9	7,1	7,7	7,2	6,9	5,6	5,1
Frankreich	3,9	10,1	9,0	11,7	12,4	12,3	11,9
Großbritannien	3,2	11,5	7,1	8,8	8,2	7,0	6,3
Italien	4,8	8,4	9,1	11,9	12,0	12,1	12,2
Niederlande	4,3	8,3	6,2	6,9	6,3	5,2	4,0
Österreich	1,7	3,6	3,2	3,9	4,4	4,4	4,7
Portugal	4,4	8,7	4,6	7,3	7,3	6,8	4,9
Schweden	1,8	3,0	1,8	9,2	10,0	9,9	8,2
Slovenien	–	2,4[4]	5,8	14,5	14,4	14,4	–
Spanien	4,4	21,7	16,2	22,9	22,1	20,8	18,8
USA	–	–	–	5,6	5,4	4,9	4,5
EU 15	3,7	9,9	7,7	10,73	10,8[3]	10,6	10,0

1 Nach den gängigen Definitionen von Eurostat und OECD.
2 Beschäftigung in Europa 1997, S. 117 ff.
3 Eurostat 1998a, S. 10.
4 1988.
5 Eurostat 1999.

Neben Erwerbslosigkeit sind vor allem auch atypische Beschäftigungsformen Ausdruck jener Veränderungen, die die Arbeitsmarktentwicklung seit den 70er Jahren prägen.[10] Es spricht einiges dafür, daß die „Wahl" atypischer Beschäftigungsformen für einen Teil der derart Beschäftigten, die keine Vollzeitbeschäftigung finden, im Vergleich zur Erwerbslosigkeit das „geringere Übel" darstellt.[11]

Die zunehmende Ausbreitung der atypischen Beschäftigungsformen steht mit offensiven Strategien von Unternehmen in Zusammenhang – verdichtet in der politischen Forderung nach Deregulierung im Bereich arbeits- und sozialrechtlicher Regelungen einerseits, an Schritten zur Flexibilisierung des Arbeitseinsatzes und der Arbeitsbedingungen, näherhin an der besseren Anpassung der personellen Kapazitäten andererseits.[12] In Worten von Matthies u. a. (1994, S. 201f.): „Der verschärfte Konkurrenzdruck, dem sich viele Unternehmungen ausgesetzt sahen, und die konstant hohe Arbeitslosigkeit der 80er (und 90er) Jahre, die eine höhere Akzeptanz für risikoreiche Vertragsbedingungen bei den Arbeitsuchenden erzwungen hat, bilden gemeinsam die Grundlage für den Versuch vieler Unternehmen, durch den Einsatz mindergeschützter Beschäftigungsformen Kosten zu senken. Die vorliegenden Fallstudien und Betriebsbefragungen machen deutlich, daß dabei zwei Erwägungen dominieren:

- Die Personaldecke soll schneller und quantitativ präziser an den jeweiligen Bedarf angepaßt werden können.

- Es soll ein betriebliches Erprobungsfeld für neues Personal ohne verbindliche Zusage bestehen."

Auf der anderen Seite gibt es eine wachsende arbeitnehmerseitige Nachfrage nach bestimmten Formen atypischer Beschäftigung: in erster Linie betrifft dies die Teilzeitarbeit (siehe dazu näheres unten).

Nicht zuletzt spielen auch Modifikationen auf Ebene der Regelung der Arbeitsmarktbedingungen eine wesentliche Rolle – und zwar auf allen einschlägigen Ebenen: der Gesetze, Kollektivverträge und Betriebsvereinbarungen. Die Novellierungen gesetzlicher Normen (z. B. betreffend Kündigungsschutz, Möglichkeiten der Befristung usw.) haben die Verbreitung zum Teil unterstützt, zum Teil schlicht einen arbeits- und sozialrechtlichen Rahmen für Veränderungsprozesse abgesteckt.

1.3.2 Atypische Beschäftigungsformen

Generell betrachtet läßt sich ein allgemeiner Trend in Richtung Verbreitung verschiedener Formen von atypischer bzw. nicht standardisierter Beschäftigung konstatieren.[13]

Quantitativ am besten erfaßbar ist diese Entwicklung an jener Beschäftigungsform, die dem Normalarbeitsverhältnis vielfach noch am nächsten kommt: der Teilzeitarbeit.[14] Generell gesagt hat sich ihr Anteil an der Gesamtbeschäftigung im Zeitraum der letzten 20 Jahre beträchtlich erhöht. Während in den Niederlanden der Anstieg und das Ausmaß am beachtlichsten sind[15], gibt es zwei Länder mit stagnierender Tendenz: Schweden und Dänemark. Es handelt sich um jene Länder, die bereits in den 70er Jahren ein sehr hohes Niveau an Teilzeitbeschäftigung aufgewiesen haben. Der Veränderungsprozeß auf Ebene der Teilzeitarbeit ist insgesamt betrachtet ein einschneidender: „Part-time employment is becoming typical" (Delsen 1995, S. 54).

Tabelle 2: Teilzeitquoten in % aller Beschäftigten

Belgien	1973:	3,8	1990:	10,9	1997:	14,7
Bundesrepublik Deutschland	1973:	10,1	1990:	15,2	1997:	17,5
Dänemark	1973:	17,0	1990:	23,3	1997:	22,3
Frankreich	1973:	5,9	1990:	11,9	1997:	16,8
Großbritannien	1973:	16,0	1990:	21,7	1997:	24,9
Italien	1980:	6,0	1990:	4,9	1997:	7,1
Niederlande	1979:	17,0	1990:	31,8	1997:	38,0
Österreich	1974:	6,0	1990:	8,5[1]	1997:	13,9[2]
Portugal	1979:	7,8	1990:	6,0	1997:	9,9
Schweden	1979:	23,6	1993:	24,9	1997:	25,5
Slovenien	–	–	1993	5,2	1997:	7,9
Spanien	1988:	5,1	1990:	4,8	1997:	8,2
USA	1973:	15,6	1990:	16,9	1996:	13,2[3]

1 Nach Lebensunterhaltskonzept: 13 bis 35 Wochenstunden
2 Nach Labour-Force Konzept 1 bis 35 Wochenstunden (österreichische Berechnung, nach Eurostat: 14,9 %).
3 Employment Outlook 1998. Kalleberg et al. (1997, S. 9) weisen für 1995 13,7 % aus.
Quellen: Zusammenstellung aus den Länderanalysen i. d. B. und Eurostat 1998.

Daß es beträchtliche Unterschiede in der Verbreitung atypischer Beschäftigungsformen gibt, wird aus der folgenden Übersicht am Beispiel der Teilzeitarbeit (siehe auch Floss-feld/Hakim 1997, S. 1 ff.) ersichtlich:

Übersicht 1: Teilzeitarbeit: Verbreitung in den 90er Jahren

Land	stark	Teilzeit mittel	schwach	Anstieg	Teilzeit Stagnation	Rückläufig
Belgien		+		+		
Dänemark	+				+	
Bundesrepublik Deutschland		+		+		
Frankreich		+		+		
Großbritannien	+			+		
Italien			+		+	
Niederlande	+			+		
Österreich		+		+		
Portugal			+		+	
Schweden	+				+ (leicht)	
Slowenien			+	+		
Spanien			+		+	
USA		+				+

Quelle: Länderanalysen i. d. B.

Die Verteilung dieser Beschäftigungsform auf die verschiedenen wirtschaftlichen Sekto-ren und Branchen zeigt, daß diese durch eine Konzentration gekennzeichnet ist: Teilzeit-arbeit ist im Dienstleistungssektor unverhältnismäßig stark verbreitet. 1997 waren in den 15 EU-Mitgliedsländer 86 % der Teilzeitbeschäftigten in diesem Sektor beschäftigt (siehe Eurostat 1998, S. 128). Wird Teilzeitarbeit nach Stundengrößenklassen differenziert, so ist anhand der Eurostat-Erhebung über Arbeitskräfte (Ergebnisse 1997) konstatierbar, daß im Durchschnitt der 15 EU-Staaten annähernd 20% der teilzeitbeschäftigten Arbeitnehmer/innen (normalerweise) eine bis zehn Stunden arbeiten. Einige Länder weichen davon nach oben beträchtlich ab – so Dänemark (29,3 %), die Niederlande (28 %) und Großbri-tannien (26,1 %) (siehe auch Hakim 1997, S. 30). Über 60 % sind es im EU-Durchschnitt, die bis zu 20 und weniger Stunden arbeiten, in der Bundesrepublik Deutschland 67 % und in Spanien 73 %.

Empirisch wird auch in anderen Studien untermauert, daß in der EU befristete Beschäfti-gung bzw. Zeitarbeit im Vergleich zur Teilzeitarbeit einen geringeren Verbreitungsgrad hat (siehe De Griep et al. 1997, S. 55; Delsen 1995, S. 55):

Tabelle 3: Anteil befristeter Beschäftigung in % der Gesamtbeschäftigung

	1983	1997
Belgien	5,4	6,3
Bundesrepublik Deutschland	10,0	11,6
Dänemark	12,5	11,1
Frankreich	3,3	13,0
Großbritannien	5,5	7,3
Italien	6,6	8,2
Niederlande	5,8	11,4
Österreich	6,0[1]	7,8
Portugal	14,4	12,0
Schweden	12,0	12,0
Slovenien[2]	4,7[3]	7,5[4]
Spanien	15,6	33,6
USA	–	2,2[5]

1   Für Österreich Daten für das Jahr 1995
2   Laut Filipic, Länderanalysen i. d. B.
3   1992
4   1995
5   1994
Quellen: Employment Outlook und Eurostat 1998.

Bei befristeter Beschäftigung, die vielfach als Eintrittspforte zum Arbeitsmarkt fungiert (siehe Schömann et al. 1998, S. 163), sind die Unterschiede zwischen den Untersuchungsländern geringer als bei Teilzeitarbeit.[16] Krasse Ausnahmen stellen die USA (mit 2,2 %) und Spanien (mit über 33 %) dar.

Übersicht 2: Befristete Beschäftigung: Verbreitung in den 90er Jahren

Land	Beschäftigung			Befristete Beschäftigung		
	stark	mittel	schwach	Anstieg	Stagnation	Rückläufig
Belgien			+	+		
Bundesrepublik Deutschland		+		+		
Dänemark		+				+
Frankreich		+		+		
Großbritannien			+	+		
Italien			+	+		
Niederlande		+		+		
Österreich			+	+		
Portugal		+				+
Schweden		+			+	
Slovenien			+	+		
Spanien	+			+		
USA			+		+	

Quelle: Länderberichte

Obige Übersicht unterstreicht daneben, daß für die 90er Jahre in Zweidrittel der untersuchten Länder ein Anstieg zu verzeichnen ist. Doch ungeachtet dessen trifft auch heute noch weitgehend die Einschätzung zu, die Delsen (1995, S. 54) für den Entwicklungsprozeß bis Beginn der 90er Jahre getroffen hat: „There has been neither a general tendency for part-time to replace full-time employment, nor for temporary employment to replace permanent employment."

In Ländern mit einer niedrigen Teilzeitquote ist Teilzeitarbeit eng mit befristeter Beschäftigung verbunden (siehe z. B. Schömann u. a. 1994, S. 39f.): In Spanien beispielsweise waren davon im Jahr 1995 67 % der Teilzeitbeschäftigten betroffen. Noch höher liegt der Anteil in Slowenien (1995: 85 %).

Als äußerst beschränkt kann der Informationsstand über die empirische Verbreitung von weiteren Formen atypischer Beschäftigung eingeschätzt werden: nämlich im Fall der Leiharbeit, der geringfügigen Beschäftigung, von Job-Sharing, von Arbeit auf Abruf bzw. kapazitätsorientierter variabler Arbeitszeit (KAPOVAZ)[17] sowie von arbeitnehmerähnlicher selbständiger Beschäftigung.

Leiharbeit war in einer Reihe von Ländern wie Österreich und Schweden lange Zeit untersagt. Informationen über die quantitative Verbreitung dazu sind für einige Länder nicht vorhanden (so in Schweden), in einigen Ländern (z. B. in Portugal, Großbritannien, Spanien und USA) wird sie bei der befristeten Beschäftigung mitgezählt. Die Daten zeigen[18], daß es sich hiebei um eine Beschäftigungsform handelt, die in Relation zur Gesamtbeschäftigung noch wenig Bedeutung hat (so in Schweden, Dänemark, Deutschland und Portugal). Für Länder wie Belgien und Österreich läßt sich für die jüngste Zeit eine steigende Tendenz, für die Niederlande und Großbritannien ein vergleichsweises höheres Niveau feststellen.

Tabelle 4: Leiharbeit: Beschäftigung bei Leiharbeitsunternehmen, 1995

Länder	Anteil der Beschäftigten an der Erwerbsbevölkerung in %
Belgien	1,1
Dänemark	0,1
Bundesrepublik Deutschland	0,5
Spanien	0,3
Frankreich	1,7
Irland	0,2
Niederlande	2,7
Österreich	0,4
Portugal	0,1
Schweden	0,0
Großbritannien	3,3
Schweiz	0,8
Norwegen	0,4
Japan	0,4
USA	1,8

Quelle: Panorama der EU-Industrie, Brüssel 1997, 25/76.

Während Teilzeitarbeit auf den Dienstleistungssektor in besonderer Weise konzentriert ist, gibt es bei Leiharbeit große länderspezifische Unterschiede: in Großbritannien und den USA vor allem im käufmännischen Dienstleistungssektor, in Österreich und Deutschland im Industriesektor, in den Niederlanden im Baugewerbe (siehe Panorama 1997, S. 78)

Hinsichtlich der Verbreitung sogenannter geringfügiger Beschäftigung wird nur in einem Teil der Untersuchungsländer Teilzeitarbeit überhaupt explizit entlang von Zeit- oder Einkommensgrenzen differenziert (siehe Übersicht 3). Keine Grenzen gibt es in Portugal, Spanien und Italien. Stark verbreitet ist geringfügige Beschäftigung bei Teilzeitbeschäftigten in Großbritannien und Dänemark. In Österreich zeigt die jüngste Entwicklung eine beträchtlich steigende Tendenz (zur Zeit ca. 6,5 %), in Deutschland schwanken die Berechnungen beträchtlich: in einer Studie aus 1992 wurden 3 Mio. Beschäftigungsverhältnisse als sozialversicherungsfrei ausgewiesen, davon 1,2 Mio. als schutzbedürftig eingeschätzt. Neuere Analysen sprechen von einem Anstieg: Für 1996 werden 4 Mio. Erwerbstätige ausgewiesen, die als einzige Erwerbstätigkeit eine geringfügige Beschäftigung ausüben; damit hat sich – nach Ochs (1997, S. 242f.) – die Zahl ausschließlich geringfügig Beschäftigter zwischen 1990 und 1996 verdoppelt. In einem Vorwort zu einer Erläuterung des „Gesetzes zur Neuregelung der geringfügigen Beschäftigungsverhältnisse" vom 24.3.1999 wird vom Sozialminister Riester konstatiert, daß von 1992 bis 1997 die Zahl der geringfügig Beschäftigten von rund 4,5 Millionen auf rund 5,6 Millionen Personen gestiegen ist.

Übersicht 3: Geringfügigkeitsregelungen

Land	Einkommens- und/oder Zeitgrenze	Anwendung
Belgien	Zeitgrenze	ALV: bis 1994: 18 Wochenstunden, ab 1995: ein Drittel der regulären wöchentlichen Arbeitszeit (= 13,25 Stunden) KV: Anspruch auf Krankengeld nur für jene, die während des Zeitraums von 6 Monaten 120 Tage gearbeitet haben
Bundesrepublik Deutschland	Zeitgrenze Einkommensgrenze	längstens 2 Monate oder höchstens 50 Tage im Jahr für KV und PV, weniger als 15 Stunden für ALV (ab 1.4.1999) DM 630,– (Eur. 322,–) (in West- und Ostdeutschland)
Dänemark	Zeitgrenze	Arbeitsrecht: schlechtergestellt bei weniger als 15 Stunden pro Woche ALV: Ausschluß bei weniger als 15 Stunden pro Woche KV: für Geldleistungen: Mindestarbeitszeit (120 Stunden) während der letzten 13 Wochen vor Krankheitsbeginn ATP: bei weniger als 9 Stunden pro Woche keine Versicherung
EU	keine Festlegung,	
Frankreich	Zeitgrenze Einkommensgrenze	ALV: in vorausgegangenen 8 Monaten: 4 Monate KV: mindestens 60 Stunden/Monat PV: Bezahlung in Höhe des gesetzlichen Mindestlohns KV: das 60fache des Mindeststundenlohns
Großbritannien	Einkommensgrenze	Sozialversicherung: 1999: 66,– Pfund (Eur. 96,–) pro Woche für Arbeitnehmer (Arbeitgeber zahlen Beiträge ab 83,– Pfund)
Italien	keine	keine
Niederlande	Zeitgrenze Einkommensgrenze	Arbeitskräfte ohne Arbeitsvertrag mindestens 40 % des gesetzlichen Mindesteinkommens
Österreich	Einkommensgrenze früher generell, seit 1998 differenziert	ALV: 1999: öS 3.899,– (Eur. 283,–) pro Monat KV, PV: modifiziert durch opting-in KV, PV: für „neue Selbständige" – Versicherungsgrenze: öS 88.000,– pro Jahr (6.395,– Eur.)
Portugal	keine	keine
Schweden	Einkommensgrenze (sehr niedrig) Zeitgrenze	KV: Geldleistungsanspruch ALV: 6monatige Erwerbstätigkeit mit ca. 17 Wochenstunden innerhalb des vorangegangenen Jahres
Slowenien	Zeitgrenze	ALV: mindestens die Hälfte der regulären Arbeitszeit PV: mindestens die Hälfte der regulären Vollarbeitszeit
Spanien	keine	keine
USA	Zeitgrenze	PV: jährliche Mindestgrenze von 1.000 Std. Karenzurlaub: mindestens 25 Std./Woche

Quelle: Länderanalysen i. d. B.

Wird Teilzeitarbeit nach Größenklassen differenziert, so zeigt sich – wie angeführt – daß ein Teil der so Beschäftigten bis zu zehn Stunden arbeitet: 20 % im Durchschnitt der EU-Länder. Der überwiegende Teil der Teilzeitbeschäftigten arbeitet nur bis zu 20 Stunden. Bemerkenswert ist, daß dies insbesondere für alle jene Länder zutrifft, die Geringfügigkeitsregelungen aufweisen (siehe auch Walwei/Werner 1995, S. 372).

Job-Sharing ist als Phänomen explizit bekannt für Irland, wo es eine Teilung von Arbeitsplätzen im öffentlichen Dienst gibt (siehe Fink 1998a), und für Großbritannien, wo eine Zahl von 250.000 ausgewiesen ist. Zudem gibt es einige andere Formen von Arbeitsplatzteilung. Hier kann auf die Anwendung der Solidaritätsprämie in Dänemark oder geförderte Möglichkeiten der Teilung von Erwerbsarbeit in Belgien und Finnland verwiesen werden.

Mit Ausnahme der Bundesrepublik Deutschland, wo 1985 KAPOVAZ eine rechtliche Ausgestaltung erfahren hat, von Spanien, wo „Arbeit auf Abruf" aus dem Kreis der gesetzlich zulässigen Teilzeitarbeitsformen ausgeschlossen ist, und dem diesbezüglichen Erkenntnis der Gesetzwidrigkeit in Italien ist diese Beschäftigungsform in den meisten Ländern ohne Regelung (non-decision) und daher quantitativ schwer abschätzbar. Daten sind selbst für jene Länder nicht immer verfügbar (Niederlande, Großbritannien, Irland), in denen es Null-Stunden-Verträge bzw. zero-hours-contracts gibt. Für Schweden ist „Arbeit bei Bedarf" bekannt, die seit den 90er Jahren einen Aufwärtstrend aufweist und gut dokumentiert ist (siehe Vidmar i. d. B.).

Telearbeit [19] ist zur Zeit noch relativ wenig verbreitet. In einem neuen Bericht der Europäischen Kommission „Telework 1998" wird der Prozentsatz von Telearbeitenden für die EU-Mitgliedsländer im weiteren Sinne auf 3,1 %, im engeren Sinne auf 0,8 % geschätzt.

Tabelle 5: Telearbeit (1997)

	Teleworkers		% of workforce	
	Formal (,000)[1]	Total (,000)[2]	Formal[1]	Total[2]
Austria	5	50	0.2	1.5
Belgium	5	200	0.1	5.3
Denmark	100	250	3.9	9.7
Finland	15	150	0.6	6.3
France	30	240	0.1	1.1
Germany	400	600	1.1	1.9
Greece	2	20	0.1	0.5
Italy	40	180	0.2	0.9
Ireland	10	50	1.2	6.1
Luxembourg	n/a	n/a	n/a	n/a
Netherlands	200	600	3.0	9.1
Portugal	3	60	0.1	1.3
Spain	5	80	0.0	0.6
Sweden	30	180	0.9	5.4
UK	280	1,800	1.1	7.0
Total	**1,125**	**4,560**	**0.8**	**3.1**

1   im engeren Sinne
2   im weiteren Sinne
Quelle: Telework 1998, S. 28

Äußerst spärlich sind die Informationen über arbeitnehmerähnliche Selbständigkeit. Für Slowenien ist aktuell ein Ansteigen der Werkvertragsarbeit zu verzeichnen. Trotz gesetzlich geregelter Pflichtversicherung von Beschäftigten mit freien Dienstverträgen und sogenannten neuen Selbständigen ist deren Verbreitung in Österreich bisher nur annäherungsweise erfaßbar. In Portugal und in den Niederlanden ist es in den letzten Jahren zu einem merkbaren Anstieg der Selbständigen gekommen. Allerdings ist weder eine genaue Abgrenzung zwischen Arbeitnehmer- und Selbständigenstatus noch eine Quantifizierung dieses Phänomens möglich.

Die hier vorliegenden Länderanalysen, aber auch rezente einschlägige Darstellungen untermauern – ungeachtet teilweise fehlender präziser Quantifizierungen – die Verbreitung der verschiedenen Formen atypischer Beschäftigung. Als Resümee kann konstatiert werden, daß sich diese international weit auf „dem Vormarsch"[20] befinden. Dieser Trend ist – worauf sowohl Vorkommen und Ausbreitung atypischer Beschäftigung als auch Kontinuität der Entwicklungsprozesse seit den 70er Jahren hindeuten – ein unumkehrbarer, er ist nicht bloß Ausdruck für einen Konjunktureinbruch des „Normalarbeitsverhältnisses". Ungeachtet dessen hat letzteres nach wie vor große Bedeutung: es ist insgesamt betrachtet – mit Ausnahme der Teilzeitbeschäftigung von Frauen in den Niederlanden – allerdings noch immer das dominante Beschäftigungsverhältnis in den untersuchten Ländern. Dessen Reichweite ist geringer geworden, die Zahl der Vollzeitbeschäftigten ist in vielen Ländern rückläufig (siehe Überblick: Beschäftigung in Europa 1997, S. 47).

Teilzeitbeschäftigungen sind in einer Reihe von Ländern bereits zu einer typischen Beschäftigungsform von Frauen geworden. Ein Ende des Normalarbeitsverhältnisses ist bei heutigem Stand der „Dinge" noch nicht in Sicht – wenn es auch (wie insbesondere am Beispiel Großbritannien deutlich wird) bereits merkbare Substitutionsprozesse gegenüber dem Normalarbeitsverhältnis gibt.

1.3.3 Atypische Beschäftigungsformen und Frauen

Übereinstimmung in Analysen und Darstellungen des Entwicklungsprozesses atypischer Beschäftigungsformen besteht darüber[21], daß diesbezüglich die Frauenquote meist höher als die der Männer ist.

Die Überrepräsentanz ist insbesondere am Frauenanteil der Teilzeitbeschäftigten ersichtlich[22] (siehe Tabelle 6).

Ebenso wie im Hinblick auf den Anteil der Teilzeitarbeit an der Gesamtbeschäftigung gibt es zwischen den untersuchten Ländern beträchtliche Unterschiede bei den Teilzeitquoten von Männern und Frauen: Die Quoten bei Männern schwankten 1997 zwischen 3,2 % (Spanien) und 17 % (Niederlande), bei Frauen zwischen 13,7 % (Italien) und 67,9 % (Niederlande). Insgesamt ist ein Aufwärtstrend bei der Teilzeitarbeit von Männern konstatierbar (siehe Beschäftigung in Europa 1997, S. 47).

Bei befristeter Beschäftigung liegt die Quote von Frauen in allen untersuchten Ländern über jener der Männer. Im Vergleich zur Teilzeitarbeit ist hier allerdings der Geschlechterunterschied weitaus geringer (siehe Tabelle 7). Dies bestätigt auch der Überblick über die EU-Länder: 1996 arbeiteten 11 % der männlichen und 12,5 % der weiblichen abhängig Beschäftigten befristet (siehe Beschäftigung in Europa 1997, S. 50 f.). Beim Anteil an der Gesamtzahl befristet Beschäftigter gleicht sich der Geschlechterunterschied in den untersuchten Länder sogar annähernd aus.

Tabelle 6: Teilzeitarbeit: Teilzeitquoten in % aller Beschäftigten und Anteil von Frauen

| Land | Teilzeitquoten | | Anteil von Frauen an allen Teilzeitbeschäftigten |
	Männer	Frauen	
Belgien	1973: 1,0 1997: 3,3	1973: 15,6 1997: 29,8	1997: 86,9
Bundesrepublik Deutschland	1970: 0,6 1997: 4,2	1970: 18,1 1997: 35,1	1997: 86,3
Dänemark	1973: 1,9 1997: 12,1	1973: 40,3 1997: 34,5	1973: 93,4 1997: 70,3
Frankreich	1973: 1,7 1997: 5,5	1973: 12,9 1997: 30,9	1997: 82,0
Großbritannien	1973: 2,3 1997: 8,8	1973: 39,1 1997: 44,9	1973: 90,9 1997: 80,6
Italien	1995: 2,9 1997: 3,0	1995: 12,7 1997: 13,7	1997: 70,0
Niederlande	1979: 6,0 1997: 17,0	1979: 44,0 1997: 67,9	1975: 76,0 1997: 73,7
Österreich	1974: 0,9[1] 1997: 4,1[2]	1974: 14,6[1] 1997: 28,1[2]	1974: 91,0[1] 1997: 85,0[2]
Portugal	1979: 2,5 1997: 5,7	1975: 16,5 1997: 15,0	1979: 80,4 1997: 68,3
Schweden	1979: 5,4 1997: 9,3	1979: 46,0 1997: 41,4	1979: 87,5 1997: 79,9
Slowenien	1997: 6,6	1997: 9,6	1997: 55,6
Spanien	1988: 1,9 1997: 3,2	1988: 12,4 1997: 17,4	1988: 74,3 1997: 74,5
USA	1973: 8,6 1995: 7,7[3]	1973: 26,8 1995: 19,1[3]	–

1 Nach dem Lebensunterhaltskonzept.
2 Nach dem Labour-Force Konzept (österreichische Berechnung; Eurostat: 4,0 bzw. 29,0 bzw. 84,6 %).
3 Daten aus: Employment Outlook 1998.
Quellen: Länderanalysen i. d. B. und Eurostat 1998.

Tabelle 7: Anteil von Zeitarbeit und befristeter Arbeit

| Land | Männer | | Frauen | | Frauenanteil an allen befristet Beschäftigten |
	1983	1997	1983	1997	1997
Belgien	3,8	4,6	8,5	8,6	57,3
Bundesrepublik Deutschland	9,0	11,4	11,5	11,9	45,2
Dänemark	12,2	10,6	12,7	11,6	49,4
Frankreich	3,3	12,05	3,4	14,2	50,2
Großbritannien	4,2	6,4	7,3	8,3	54,1
Italien	5,2	7,3	9,4	9,7	45,8
Niederlande	4,1	8,8	9,3	14,9	55,5
Österreich	5,7[1]	7,3	6,3[1]	8,4	47,7
Portugal	13,5	11,4	15,9	12,6	48,2
Schweden	9,7	10,0	13,9	13,9	58,7
Slowenien	–	–	–	–	–
Spanien	14,4	32,4	18,4	35,7	38,8
USA	–	2,0[2]	–	2,4[2]	50,7

1 1995   2 1994
Quellen: Employment Outlook und Eurostat 1998.

Übersicht 4: Atypische Beschäftigung: Verteilung nach Geschlechtern [1]

Land	Teilzeit		Befristete Beschäftigung	
	mehr Frauen	mehr Männer	mehr Frauen	mehr Männer
Belgien	+		+	
Bundesrepublik Deutschland	+			+
Dänemark	+		50%	
Frankreich	+		+ (knapp)	
Großbritannien	+		+	
Italien	+			+
Niederlande	+		+	
Österreich	+			+
Portugal	+			+ (knapp)
Schweden	+		+	
Slovenien	+		−	−
Spanien	+			+
USA	+		+ (knapp)	

1   Gemeint damit ist der Geschlechteranteil an den insgesamt Teilzeitbeschäftigten bzw. befristet Beschäftigten.
Quelle: Länderanalysen i. d. B., Tabellen 6 und 7.

Bei Leiharbeit ist der statistisch ausgewiesene Anteil der Männer in Ländern wie Österreich und Belgien höher, in den Niederlanden gleich hoch. Im Unterschied dazu belegen die einschlägigen Daten zu geringfügiger Beschäftigung in Deutschland (siehe auch Ochs 1997) und Österreich (siehe Tálos i. d. B.), daß bei dieser Beschäftigungsform Frauen überwiegen.

Diese Geschlechterselektivität bringen De Griep et al. (1997, S. 69) am Beispiel der Teilzeitarbeit folgend zum Ausdruck: „Gender is the only background characteristic that increases the probability of part-time employment". Nach Kilchenmann (1992, S. 70) wird Teilzeitbeschäftigung, die vielfach im Bemühen von Frauen um die Vereinbarkeit von beruflicher und familiärer Arbeit ihren Grund hat [23], zur privaten Lösung eines gesellschaftlichen Problems. Die Widersprüchlichkeit hebt auch Eckart (1990, S. 11) hervor: Frauen werden für Reproduktionsarbeit zuständig gemacht, ohne von der Notwendigkeit zur Lohnarbeit befreit zu sein. Sie müssen ein individuelles Arrangement finden, um widersprüchliche Erwartungen in eine Balance zu bringen. Dieser Sachverhalt spiegelt sich (sofern diesbezüglich Daten vorliegen) im Faktum, daß in Ländern wie den Niederlanden, Deutschland, Großbritannien oder Österreich die Mehrheit der beschäftigten Mütter mit einem kleinen Kind Teilzeit arbeitet und der überwiegende Teil teilzeitbeschäftigter Frauen vor allem in den nordeuropäischen Ländern verheiratet ist (siehe Blossfeld 1997, S. 318 ff.). In Österreich trifft dies für drei Viertel der teilzeitbeschäftigten Frauen zu (siehe ÖSTAT, Mikrozensus 1997).[24]

Die Konsequenzen (siehe dazu unten ausführlich) für Frauen sind beträchtlich: ablesbar an der Segmentierung des Arbeitsmarktes bzw. deren Verfestigung, verbunden mit (im Vergleich zur Vollzeitbeschäftigung) gering bezahlter Arbeit und vergleichsweise äußerst geringen Berufs- und Aufstiegschancen.[25]

1.4 Motive – Gründe – Akzeptanz von atypischen Beschäftigungs-formen

Lange Zeit dominierte die Annahme, daß es vor allem auf seiten der Unternehmen eine Reihe von Gründen für deren Präferenz für Flexibilisierung, Deregulierung und damit auch für atypische Beschäftigung gäbe (siehe z. B. Oppolzer u.a. 1986; Firlei 1985; Däubler 1988). In den letzten Jahren wurde allerdings ebenso deutlich gemacht, daß auch auf seiten der Beschäftigten Gründe und Motive für die Akzeptanz bzw. Wahl solcher Beschäftigungsformen zu finden sind. Oder anders gesagt: daß es Gründe auf der Ange-bots- wie auch auf der Nachfrageseite gibt (siehe z. B. De Griep et al. 1997, S. 52). Doch wie bereits für die Verbreitung atypischer Beschäftigungsformen ist auch diesbezüglich nicht von Uniformität, sondern von Pluriformität auszugehen. Dies zeigt sich exemplarisch daran, daß die empirisch feststellbare Akzeptanz vielfach eine äußerst selektive ist.

Laut einschlägigen Analysen und Darstellungen[26] sind auf Seite der Unternehmen folgende Gründe und Motive zu veranschlagen:

Generell geht es erstens um die schnellere und präzisere Anpassung von Personal bzw. des Personalumfanges an den jeweiligen Bedarf. Dies wird näherhin erreicht durch den Einsatz atypischer Beschäftigungsformen als betriebliches Erprobungsfeld, durch Vermei-dung des Kündigungsvorganges, durch Steigerung der Zeitflexibilität und als Möglichkeit zur Leistungsverdichtung. In der jüngeren Entwicklung geht es zweitens wesentlich auch um Kostenentlastung im Hinblick auf Lohnnebenkosten.

Auf Arbeitnehmerseite werden als Motive die Zeitsouveränität bzw. Präferenz erhöhter Selbstbestimmung, die Präferenz für den Wechsel der Arbeitsumgebung und insbesondere bei Frauen die Möglichkeit zur Verbindung von familiärer und beruflicher Arbeit veran-schlagt.[27]

Seit einiger Zeit gibt es auch spezifische Umfragen betreffend die Gründe für Teilzeitbe-schäftigung und befristete Beschäftigung. Für die USA wird bei Teilzeitbeschäftigung ein beträchtlicher Anteil an Unfreiwilligkeit festgestellt, für Slowenien dagegen wird dies in einem geringeren Ausmaß konstatiert. Hier spielten Ursachen wie Krankheit und Invali-dität die dominante Rolle.

Die Pluriformität auf Ebene von Motiven und Akzeptanz gilt unübersehbar auch für die Mitgliedsländer der EU (siehe auch Blossfeld/Hakim 1997). Hervorhebenswert ist zum einen, daß es diesbezüglich beträchtliche Unterschiede zwischen Teilzeitbeschäftigung und befristeter Beschäftigung gibt. Die Akzeptanz bei Teilzeitbeschäftigung liegt ungleich höher als bei Befristung. Diese Akzeptanz wird in einem ausnehmend hohen Ausmaß der Bundesrepublik Deutschland, Großbritannien, Frankreich und Luxemburg attestiert. Bei einigen Ländern (z. B. Griechenland) ist die Differenz zwischen „gewünscht" und „gezwungenermaßen" – was heißt, keine Vollzeitbeschäftigung gefunden – relativ gering, wenn auch letzteres durchwegs dominiert.

Zum anderen ist konstatierbar, daß es analog den Veränderungen am Arbeitsmarkt zu Ver-änderungen auf Ebene der Wünsche/Motive kommt (siehe auch Nätti 1996): Der Anteil jener Teilzeitbeschäftigten, die diese Beschäftigung nur infolge des Mangels an Vollzeit-jobs ausübten, steigt in den 90er Jahren (Portugal, Irland, Finnland, Schweden). Jüngere Umfragen deuten in Österreich darauf hin, daß die Attraktivität der Teilzeitarbeit sinkt:

Hatten 1997 noch 46 % der Frauen allgemein den Wunsch nach einem Teilzeitarbeitsplatz geäußert, so waren es 1998 38 %. Gründe dafür sind die relativ geringen Verdienst- und Aufstiegschancen (Arbeitsklima Index 2/98). Hinsichtlich der befristeten Beschäftigung ist durchgängig feststellbar, daß es sich hiebei um eine Beschäftigungsform handelt, die nur in sehr geringem Grad auf eigenen Wunsch zurückgeht und in der die Unfreiwilligkeit äußerst stark ausgeprägt ist. Exemplarisch aufgezeigt: In Portugal übt jede/r fünfte Teilzeitarbeit aus, weil er/sie keinen Vollzeitjob gefunden hat. Befristet beschäftigt arbeiteten hingegen annähernd 80 % aus Mangel an unbefristeten Arbeitsplätzen. Für Großbritannien wird ein Anteil von 70 % auf eigenen Wunsch Teilzeitbeschäftigter ausgewiesen, ca. 14 % waren es unfreiwillig. Bei der befristeten Beschäftigung lag der Anteil derjenigen, die diese Beschäftigung selbst wählten, bei 27 %, der Anteil jener, die diese Form nur aus Mangel an unbefristeten Stellen ausübten, bei 45 %. In Irland machten die Anteile bei befristeter Beschäftigung 60 % (unfreiwillig) bzw. ca. 18 % (auf eigenen Wunsch) aus. Noch krasser ist die diesbezügliche Diskrepanz in Griechenland mit 80 % versus 5 % – ähnlich ist die Situation in Schweden.

Ungeachtet dessen, daß durch Teilzeitarbeit die Vereinbarkeit von Erwerbsarbeit und familiärer Arbeit realiter (aufgrund der Lage der Arbeitszeit, siehe z. B. Ranftl 1995) nur eingeschränkt erleichtert wird und die im Rahmen von Eurostat gepflogenen Erhebungen über Motive und Gründe strukturelle Bedingungen für die „freie Wahl" oder den „Wunsch" bei Frauen nur unzureichend erfassen, ist auch an den für 1997 verfügbaren Daten unübersehbar (siehe Tabelle 8 und 9): Teilzeitarbeit stößt auf mehr, aber durchaus auch unterschiedlich ausgeprägte Akzeptanz, befristete Beschäftigung hingegen entspricht in breitem Ausmaß nicht den individuellen Präferenzen der Beschäftigten.[28] Zugleich entspricht Leiharbeit weit häufiger den Interessen der Betroffenen als befristete Beschäftigung (siehe Walwei 1995a, S. 195).

2. Atypische Beschäftigungsformen und Teilhabechancen: Brücke oder Falle?

Atypische Beschäftigungsformen werden vielfach mit Beeinträchtigungen der materiellen und sozialen Teilhabechancen assoziiert.[29] Oder anders gesagt: Sie werden in einem höheren Ausmaß eher als Falle als eine Brücke (z. B. zu dauerhafter Beschäftigung, siehe Delsen 1995, S. 249) bzw. mit mehr Nach- als Vorteilen verbunden betrachtet (siehe z. B. Walwei 1995, S. 18). Am Beispiel der Teilzeitarbeit hat Klein (1993, S. 15) deren Konsequenzen folgend zusammengefaßt: Teilzeitbeschäftigungsverhältnisse sind „überwiegend nicht existenzsichernd, auf niedrig qualifizierte, monotone Arbeiten konzentriert, häufig nicht sozialversicherungspflichtig, insbesondere in den Bereichen Dienstleistung und Handel konzentriert, gegenüber Vollzeitbeschäftigungsverhältnissen niedriger entlohnt und überwiegend ohne berufliche Aufstiegschancen". Was hier an Nachteilen aufgelistet wird, kann auch auf andere Formen atypischer Beschäftigung bezogen werden. Von Bedeutung in diesem Zusammenhang sind meines Erachtens drei Dimensionen: die Folgen für das Erwerbseinkommen, die Arbeitsbedingungen und die sozialstaatliche Absicherung.

Ein Blick auf die Länderanalysen des vorliegenden Bandes wie auch andere einschlägige sozialwissenschaftliche Beiträge zeigt sowohl, daß generalisierende Antworten nur einge-

Tabelle 8: Gründe für die Teilzeittätigkeit von Männern und Frauen in den Mitgliedsländern der EU

Erhebung über Arbeitskräfte 1997 / in %	EUR 15	B	DK	D	GR	E	F	IRL	I	L	NL	A	P	FIN	S	UK
Schul./berufl. Aus-/Fortbildung	9,5	1,6	35,0	6,9	3,1	4,9	–	12,5	3,1	–	17,0	6,9	5,5	27,9	10,3	14,4
Krankheit/Arbeitsunfähigkeit	2,4	1,9	1,7	2,5	3,6	0,9	–	–	2,0	–	4,6	2,3	17,0	3,8	8,5	1,4
Konnte keine Vollzeit finden	19,7	26,0	13,6	13,3	41,0	24,3	41,3	25,2	37,9	(8,8)	5,5	8,4	21,6	37,6	32,0	12,2
Wünscht keine Vollzeittätigkeit	58,5	10,1	49,4	73,1	35,1	4,1	58,5	21,2	25,1	58,3	72,9	14,9	10,2	18,5	48,7	70,9
Sonstige Gründe	8,3	57,2	–	–	16,4	64,6	–	37,4	29,3	23,8	–	67,4	45,8	12,2	–	–
Keine Begründung/Keine Antwort	1,6	3,1	–	4,1	–	1,2	–	(2,2)	2,5	(6,1)	–	–	–	–	0,5	1,1
Insgesamt	100.0	100.0	100.0	100.0	100.0	100.0	100.0	100.0	100.0	100.0	100.0	100.0	100.0	100.0	100.0	100.0

Tabelle 9: Gründe für die Befristung von Männern und Frauen in den Mitgliedsländern der EU

Erhebung über Arbeitskräfte 1997 / in %	EUR 15	B	DK	D	GR	E	F	IRL	I	L	NL	A	P	FIN	S	UK
Schul./berufl. Aus-/Fortbildung	9,5	1,6	35,0	6,9	3,1	4,9	–	12,5	3,1	–	17,0	6,9	5,5	27,9	10,3	14,4
Ausbildungsvertrag	19,9	19,2	36,4	48,9	4,5	3,6	15,0	16,6	25,2	(30,8)	1,6	54,0	4,7	10,0	–	5,2
Keine Dauerstellung zu finden	40,7	42,6	38,3	11,1	78,1	87,2	–	52,6	50,4	(21,9)	46,2	13,1	82,8	76,3	81,2	39,4
Dauerstellung nicht gewünscht	7,9	(2,0)	25,3	2,0	4,1	0,3	–	24,2	3,7	–	45,8	8,2	2,8	10,7	18,8	29,6
Probezeit-Arbeitsvertrag	4,1	7,3	–	7,2	9,8	0,7	6,1	5,8	3,6	(17,1)	–	24,6	8,1	1,8	–	–
Ohne Angabe	27,3	28,9	–	30,8	3,5	8,2	79,0	–	17,1	(27,8)	6,5	–	1,6	(1,2)	–	25,4
Insgesamt	100.0	100.0	100.0	100.0	100.0	100.0	100.0	100.0	100.0	–	100.0	100.0	100.0	100.0	100.0	100.0

Quelle: Eurostat: Erhebungen über Arbeitskräfte, Ergebnisse 1997, S. 138–139, 148–149.

schränkt möglich sind, als auch, daß die Konsequenzen durchaus widersprüchlich sind. Letzteres ist vor allem an der Situation von Frauen offenkundig.

Aufgrund der Datenlage lassen sich diese Konsequenzen für einige Formen mehr, für andere weniger aufzeigen. Hinsichtlich der Teilzeitarbeit ist konstatierbar, daß das Einkommensniveau analog der gängigen Aliquotierung durchwegs niedriger ist.[30] Dies bedeutet unmittelbar, daß vor allem bei Teilzeitarbeit mit weniger Stunden ein existenzsicherndes Einkommen nicht erzielbar ist. Daher werden etwa in den USA oft zwei Teilzeitjobs ausgeübt (siehe Neuhold i. d. B.).

Die mit niedrigen Einkommen verbundenen Konsequenzen, die insbesondere Frauen betreffen, sind darüber hinaus unmittelbar die Andauer der ökonomischen Abhängigkeit vom – durchwegs männlichen – Partner[31], in vielen Ländern die unzulängliche Versorgung[32] durch sozialstaatliche Leistungen.

Die Beschäftigungswirksamkeit wird zum einen betont (siehe Blossfeld 1997), zum anderen von einer Reihe von Autoren/innen als gering und nicht generalisierbar eingeschätzt bzw. vor einer Euphorie gewarnt.[33] Als Gründe dafür werden im Fall der Teilzeitarbeit die höhere Produktivität dieser Beschäftigungsform in Form von höheren Stundenleistungen, geringere Fehlzeiten und die Erhöhung der internen Flexibilität angeführt.[34]

Das Beispiel der Niederlande, wo die enorme Ausweitung der Teilzeitjobs mit einer Ausweitung der Frauenerwerbsquote einhergeht (siehe Schmid 1997, S. 28), ist nicht verallgemeinerungsfähig. Doch selbst dieses Land, das gegenwärtig in Europa als das Land des Beschäftigungswunders figuriert, ist ein Beispiel dafür, daß die Ausweitung von Teilzeitarbeit nicht den Abbau von Erwerbslosigkeit insgesamt bedeutet: Die Frauenerwerbsquote steigt, die Erwerbslosigkeit sinkt, dauert aber auf einem, wenn auch vergleichsweise niedrigeren Niveau an.[35] Zugleich ist der Anteil jener Beschäftigungsverhältnisse, die als nicht existenzsichernd angesehen werden können, relativ hoch (siehe Molitor i. d. B.). Es ist also eine gewisse Verlagerung der Problemsituation von Erwerbslosigkeit zu „Unterbeschäftigung" zu konstatieren.

Hinsichtlich der Folgen für die Arbeitsbedingungen besteht Konsens, daß atypische Beschäftigungsformen[36], inklusive Teilzeitarbeit, zum einen überwiegend mit wenig qualifizierten Tätigkeiten und schlechteren Aufstiegsmöglichkeiten verbunden sind.[37] Zum anderen laufen die Einschätzungen vielfach darauf hinaus, daß mit atypischer Beschäftigung, auch durch Teilzeitjobs, die geschlechterspezifische Segregation bzw. die Segmentierung des Arbeitsmarktes andauert bzw. noch verstärkt wird.[38]

Die teilweise Ausnahmestellung der Teilzeitarbeit gegenüber anderen Formen atypischer Beschäftigung wird daran ersichtlich, daß derart Beschäftigte hinsichtlich der Arbeitsbedingungen zumindest in formell-gesetzlicher Hinsicht meist (siehe auch Übersicht 7) gleichgestellt sind. Die USA beispielsweise weichen hier jedoch insofern ab, als bei Teilzeitbeschäftigung die Bedingungen z. B. betreffend Urlaub und Karenzurlaub äußerst prekär sind. Dies ist empirisch daran ablesbar, daß ein großer Teil von Teilzeitbeschäftigten überhaupt keinen Urlaub in Anspruch nimmt.

In seinem Resümee der Untersuchungsergebnisse über die Entwicklung der Frauenarbeitsmarktpartizipation kommt Blossfeld zum Schluß, daß folgende Sichtweisen von Teilzeitarbeit jeweils nur für sich genommen irreführend sind: Gleichstellung bzw. Gleichheit von Frauen zum einen, deren Marginalisierung zum anderen. Erstere übertreibe die befreienden Effekte der steigenden Arbeitsmarktpartizipation von Frauen, zweitere die negativen Effekte. Im Kontext der geschlechtsspezifischen Teilung der familiären Arbeit können Teilzeitarbeit und andere schlecht bezahlte Jobs nicht nur auf Toleranz, sondern vor allem bei abhängigen Ehefrauen und anderen Zweitverdienern auf Zustimmung und Nachfrage stoßen (siehe Blossfeld 1997, S. 322). Letzteres trifft bei einem Teil von Frauen zu, macht allerdings – wie Blossfeld/Hakim selbst anführen (1997, S. 1) – nicht gegenstandslos, daß Teilzeitarbeit unfreiwillig geleistet wird und meist mit negativen materiellen Konsequenzen verbunden ist. Zu einer Differenzierung der Konsequenzen kommen auch Rubery/Fagan (1998, S. 70) in einem Überblick über die Chancengleichheit bei Beschäftigung in der EU: „Dort, wo sich die Teilzeitarbeit zu einer wichtigen Beschäftigungsform innerhalb eines stark regulierten Arbeitsmarktes entwickelt hat, scheint sie weniger Nachteile im Lohn- oder Sozialleistungsbereich zu haben und sowohl in den qualifikationsmäßig anspruchsvollen als auch anspruchslosen Berufen vorhanden zu sein. Im Gegensatz dazu werden Teilzeitbeschäftigte im Vereinigten Königreich wesentlich geringer entlohnt als Vollzeitbeschäftigte, haben weniger oft Anspruch auf Sozialleistungen und sind gehäuft am unteren Ende der Qualifikationshierarchie vertreten."

Abgesehen davon, daß Beschäftigungsformen wie befristete Beschäftigung und Leiharbeit im Fall von Teilzeitbeschäftigung ebenso mit niedrigen Einkommen verbunden sind, gibt es für diese auch Beispiele von Einkommensbenachteiligungen im Vergleich zu dauerhaft Beschäftigten.[39] Die negativen Folgen liegen hier vor allem auf Ebene der Instabilität und Diskontinuität des Arbeitsverhältnisses.[40] Die größere Unsicherheit im Hinblick auf Arbeitsmarktintegration ist fallweise verbunden mit ungleich schlechteren Bedingungen am Arbeitsmarkt (siehe z. B. Keller 1997, S. 232). Laut der Analyse befristeter Beschäftigung durch Schömann et al. (1998, S. 163 f.) fungiert diese Beschäftigungsform als Eintrittspforte zum Arbeitsmarkt, mittels der allerdings die bestehende Arbeitsmarktsegmentation aufrechterhalten wird.

Geringfügige Beschäftigung ist nicht bloß im Hinblick auf Einkommen (siehe Rubery/Fagan 1998, S. 70), sondern oft, vor allem in dominant erwerbsarbeitsorientierten Sozialversicherungssystemen, auch hinsichtlich einer eigenständigen sozialen Absicherung äußerst prekär: Sofern nicht überhaupt aus dem Geltungsbereich sozialstaatlicher Leistungen ausgeschlossen, wird das Niedrigeinkommen analog dem Äquivalenzprinzip in nichtexistenzsichernden Leistungen reproduziert. Die Benachteiligung gilt oft auch hinsichtlich tariflich und betrieblich vorgesehener Leistungen (siehe z. B. Ochs 1997).

Die lückenhafte empirische Basis für jene Beschäftigungsformen, die wohl die größten Unterschiede zur traditionellen „Normalbeschäftigung" aufweisen, spiegelt sich auch in mangelnden Informationen über die damit verbundenen Folgen. Es lassen sich daher nur sehr allgemeine Einschätzungen treffen. Die bereits angeführten negativen Auswirkungen finden sich zugespitzt bei Formen wie Arbeit auf Abruf bzw. kapazitätsorientierter variabler Arbeitszeit und sogenannter Scheinselbständigkeit. Derart Beschäftigte zählen nicht bloß zu den Randbelegschaften des jeweiligen Arbeitsmarktes, sondern haben bei allen angeführten Dimensionen negative Folgen zu gewärtigen: hinsichtlich Einkommenssituation, Arbeitsbedingungen und sozialstaatlicher Absicherung.

Ebenso nur punktuell sind Konsequenzen neuer Formen wie Telearbeit erfaßt. In einem rezenten österreichischen Forschungsprojekt werden als Vorteile die erwartete Arbeitsautonomie und ein Zeitgewinn, als Nachteile die vorhandene schlechte Infrastruktur und soziale Defizite geortet (siehe Bundesministerium für Arbeit und Soziales 1998).

Die Folgen atypischer Beschäftigung für die sozialstaatliche Absicherung, auf die unten im Zusammenhang mit der Skizzierung der länderspezifischen Regelungen noch näher eingegangen wird, werden für die verschiedenen Systeme unterschiedlich eingeschätzt. Evident ist, daß sich in erwerbsarbeitsorientierten Sicherungssystemen (analog dem Versicherungs- und Äquivalenzprinzip) niedrige und/oder diskontinuierliche Einkommen und Unterbrechungen der Erwerbsarbeit (insbesondere zur Wahrnehmung familiärer Arbeit) in einer schlechteren Versorgung niederschlagen.[41] Krasser noch sind die Auswirkungen des Ausschlusses für geringfügig Beschäftigte aus den Leistungssystemen infolge von Zeit- und/oder Einkommensgrenzen. Bei Leistungssystemen, die auf Bedarfsorientierung fundieren, sind in erster Linie Frauen wegen Einkommensanrechnungen beim (meist ein höheres Einkommen beziehenden) Partner häufig vom Leistungsbezug ausgeschlossen (siehe z. B. Reissert 1998, S. 249 f.). Gleiches gilt für Personen, die eine von mehreren Beschäftigungen verlieren. In Ländern, die über universelle Systeme (vor allem im Pensionsbereich) verfügen, werden die materiellen Konsequenzen zum Beispiel von Teilzeitarbeit durch eine von Erwerbseinkommen und Familienstand unabhängige, nur an eine bestimmte Dauer des Aufenthaltes gebundene Grundpension (teilweise) abgeschwächt (Beispiel Dänemark, siehe Ginn/Arber 1998).

Um die Frage, ob atypische Beschäftigungsformen eine Brücke oder Falle darstellen, detailliert und differenziert beantworten zu können, bedarf es für die verschiedenen Länder Spezialanalysen, wie sie beispielsweise Nätti (1996) für Finnland bzw. die skandinavischen Länder und Tam (1998) für Teilzeitbeschäftigung in Großbritannien durchgeführt haben. Bezogen auf die Formen Teilzeitarbeit und befristete Beschäftigung kommt Nätti bei Berücksichtigung von Aspekten wie gewerkschaftliche Dichte, Diskontinuität und Instabilität und unter Zugrundelegung der Kriterien freiwillig-unfreiwillig sowie Verbindung mit häufigem Wechsel zum Ergebnis, daß Teilzeitarbeit für die meisten aufgrund der hohen Mobilität von Teil- zu Vollzeitarbeit eher eine Brücke als eine Falle darstellt. Ein umgekehrtes Ergebnis gibt es für befristete Beschäftigung: Bei Berücksichtigung der angeführten Aspekte und Kriterien ist diese im Vergleich zur dauerhaften Teilzeitbeschäftigung und permanenten Vollzeitbeschäftigung tendenziell prekärer. Das Resümee von Tam (1998, S. 243) lautet: „…that while part-time work is not associated with job insecurity and unemployment, it constitutes a trap which lowers women's lifetime employment prospects and earnings."

Auch daran wird deutlich, daß über die materiellen und sozialen Konsequenzen aller vom Normalarbeitsverhältnis abweichenden Beschäftigungsformen keine uniforme Einschätzung möglich ist: Generell kann gesagt werden, daß sie Zugänge zur Erwerbsarbeit darstellen, und durch diese Formen insgesamt die Segregation bzw. Segmentierung am Arbeitsmarkt entlang der Geschlechter- und Beschäftigungspositionen reproduziert wird – d.h. die Ungleichheit von Teilhabechancen am Arbeitsmarkt andauert bzw. noch größer wird. Weitgehend generalisierbar ist das Faktum, daß atypische Beschäftigungsformen auf der Einkommensdimension von der Situation von Vollzeitbeschäftigung abweichen. Ein gemeinsamer Punkt hinsichtlich der Arbeitsbedingungen kann darin gesehen werden, daß atypische Beschäftigungsformen in mehr oder weniger ausgeprägter Weise auch „Beschäftigung zweiter oder dritter Klasse"[42] sein können. Bei allen gesetzlichen und tarifrechtlichen Gleichstellungsregelungen für einzelne Formen kann zur Zeit selbst für diese Fälle von einer *tatsächlichen* Gleichstellung am Arbeitsmarkt zwischen einer vollzeitigen und dauerhaften Erwerbsarbeit auf der einen, atypischen Beschäftigungsformen auf der anderen Seite keine Rede sein.

Von daher ergibt sich die Frage, ob überhaupt, und wenn ja, wie sozialstaatlich derartige Beschäftigungsformen und mit welchen Konsequenzen im Hinblick auf die Sicherung von Teilhabechancen geregelt werden.

3. Atypische Beschäftigung und sozialstaatliche Regelungen

Vergleichende Sozialstaatsanalysen[43] untermauern, daß bei allen gemeinsamen Expansionstendenzen im sozialstaatlichen Entwicklungsprozeß bis Ende der 70er Jahre Unterschiede und nationalstaatliche Besonderheiten aufrecht blieben und sind.

Dies betrifft zum einen den Komplex arbeitsrechtlicher Regelungen (siehe z. B. Überblick bei Kronke 1990). Neben Ländern, in denen es diesbezüglich – von wenigen Ausnahmen abgesehen – weitgehend an einer Tradition staatlicher Normierungen fehlt (USA, Großbritannien), Ländern mit einer eingeschränkten Verrechtlichungstradition (z. B. Dänemark, Griechenland, Schweiz) gibt es viele europäische Staaten mit einer weitreichenden und differenzierten Tradition arbeitsrechtlicher Gesetzgebung (z. B. Frankreich, Bundesrepublik Deutschland, Italien, Niederlande, Spanien, Österreich).

Die „Welten" der Sozialstaaten weisen bei allen Gemeinsamkeiten (vor allem hinsichtlich der expansiven Entwicklungsdynamik in den Nachkriegsjahrzehnten) auch bei den sozialen Sicherungssystemen beträchtliche Unterschiede auf. Im Unterschied zur Sozialhilfe, die beispielsweise in den westeuropäischen Staaten auf dem Prinzip der Subsidiarität und Bedarfsabhängigkeit basiert[44], gibt es zwischen den Sozialversicherungssystemen wesentliche prinzipielle Differenzierungen[45]: je nachdem,

– ob damit die Erhaltung des Lebensstandards (durch Einkommensersatz im Fall des Eintretens bestimmter Risiken) oder die Sicherung vor Not angepeilt wird;

– ob der Anspruch auf soziale Sicherung aus dem Erwerbsstatus bzw. sozialen Status, aus der social citizenship (siehe Marshall 1992, S. 40) oder aus einer universellen Pflichtversicherung des ganzen Volkes resultiert.

Nicht weniger von Bedeutung sind Unterschiede in der institutionell-organisatorischen Ausgestaltung der sozialen Sicherungssysteme.[46] Dazu zählen Differenzierungen:

– in der Finanzierung: Versicherten-, Unternehmens- oder Staatsbeitrag; umlagenfinanziert oder kapitalgedeckt;

– im Leistungssystem: Gewährleistung von Mindeststandards oder (analog dem Äquivalenzprinzip) nach Höhe des Einkommens und der Beitragsleistung differierende Leistungen; Anbindung an Einkommen oder einkommensunabhängig; Berücksichtigung des Familienstandes oder nicht;

– im Stellenwert staatlich geregelter sozialer Sicherung im Vergleich zu den anderen zentralen Faktoren sozialer Reproduktion: Markt, Ehe und Familie.

Entlang dieser Differenzierungen weisen die in die Untersuchung einbezogenen Länder unterschiedliche Profile auf. Die USA zählen (mit Australien und Kanada) zu jenen Ländern, die im Hinblick auf soziale Sicherung durch eine geringe Regelungsdichte (mit wenigen national einheitlichen und einer Reihe einzelstaatlicher Regelungen) gekennzeichnet sind (siehe auch Murswieck 1998). Abgesehen von den USA verfügen alle anderen untersuchten Länder über breit ausgebaute und ausdifferenzierte staatlich geregelte soziale Sicherungssysteme. Die Abweichungen der Profile basieren auf den angeführten Leitvorstellungen und institutionell-organisatorischen Unterschieden. Mit dem zunehmend stärkeren Gewicht bedarfsgeprüfter Leistungen, der verstärkten Möglichkeit des opting-out und der unübersehbaren Familiarisierungstendenz ist für Großbritannien eine größere Nähe zu den USA konstatierbar. In den kontinentaleuropäischen Ländern bestehen dominant an Erwerbsarbeit orientierte Systeme (Bundesrepublik Deutschland, Österreich, Frankreich, Belgien). Dies gilt im wesentlichen auch für Slowenien. Zu den Ländern mit ausgeprägtem Universalismus hinsichtlich wichtiger Leistungen (Gesundheitssystem, Alterspension) zählen neben den skandinavischen Staaten auch die Niederlande.

Welche Ausrichtung und Struktur Sozialstaaten haben, hat bedeutende Konsequenzen für die sozialen und materiellen Teilhabechancen atypisch Beschäftigter. Kernpunkte dabei sind, ob die mehr oder weniger bestehenden arbeitsrechtlichen Schutzmechanismen auf abweichende Beschäftigungsformen Anwendung finden, ob die Leistungen im wesentlichen an Erwerbsarbeit, an Bedarfsprüfung oder an universellen, d. h. an Staatsbürgerschaft, Aufenthaltsdauer bzw. Wohnsitz gebundenen Rechten anknüpfen. Diskontinuität, Instabilität, Höhe, Dauer und Art des Erwerbseinkommens hat in ersterem Fall beträchtliche Auswirkungen auf die sozialstaatliche Absicherung von atypisch Beschäftigten. Im Fall universeller Leistungen ist eher gewährleistet, daß allfällig negative Konsequenzen bei Eintreten von spezifischen Risiken wie vor allem des Einkommensentfalles im Alter durch Grundpensionen abgemildert bzw. teilweise ausgeglichen werden.

3.1 Atypische Beschäftigung als Adressat sozialstaatlicher Regelungen

3.1.1 Vergleichender Überblick über gesetzliche Regelungen

3.1.1.1 Arbeitsrechtliche Regelungen

Generell betrachtet gibt es bei atypischen Beschäftigungsformen hinsichtlich der Arbeitsbedingungen im Vergleich zur sozialen Absicherung eine höhere Dichte an expliziten Regelungen. Dies gilt im wesentlichen für Teilzeitarbeit, befristete Beschäftigung und Leiharbeit. Geringfügig Beschäftigte sind in einigen jener Länder, in denen es Geringfügigkeitsgrenzen gibt, explizit arbeitsrechtlich (weitgehend) gleichgestellt (so in Österreich und in der Bundesrepublik Deutschland).

Differenziert nach Ländern weisen jene, die *traditionell* durch ein hohes Maß an Verrechtlichung des Arbeitsschutzes und der Arbeitsbedingungen ausgezeichnet sind, auch hinsichtlich der Regelung atypischer Beschäftigungsformen eine hohe Dichte auf. Hiezu zählen Belgien, die Bundesrepublik Deutschland, Frankreich, Italien, Österreich, Slowenien und die Niederlande. Exemplarisch aufgezeigt:

Übersicht 5: Arbeitsrechtliche Regelungen

Land	Teilzeit	Befristete Beschäftigung	Leiharbeit	Geringfügige Beschäftigung
Belgien	Einschlägige Gesetze aus 1989, 1996; Schriftliche Arbeitsverträge erforderlich; Überstundenregelung; Gleichstellung mit Vollzeitbeschäftigten	Gesetz aus 1987; Gleiche Rechte wie Vollzeitbeschäftigte; Schriftliche Arbeitsverträge erforderlich; Überstundenregelung Gleichstellung mit Vollzeitbeschäftigten; Erweiterung der Möglichkeiten zu befristeten Arbeitsverträgen	Gesetze aus 1987 und 1996; Errichtung von Leiharbeitsfirmen, Vermittlung von Leiharbeit; Gleiche Rechte wie Vollzeitbeschäftigte	Gesetzliche Mindeststundenanzahl: ein Drittel der vollen Wochenarbeitszeit
Bundesrepublik Deutschland	Beschäftigungsförderungsgesetz 1985 mit Novellierungen (Einschränkungen beim Kündigungsschutz); Arbeitszeitgesetz 1994; Benachteiligungsverbot	Beschäftigungsförderungsgesetz 1985 mit Novellen	Beschäftigungsförderungsgesetz 1985; Arbeitnehmerüberlassungsgesetz (in Ansätzen)	Beschäftigungsförderungsgesetz 1985 mit Novellen: Prinzipielle Gleichstellung mit Vollzeitbeschäftigten
Dänemark	Kein Gesetz, grundsätzliche Gleichstellung; Besondere Arbeitszeitregelungen per Kollektivvertrag	grundsätzliche Gleichstellung; Verpflichtung zum Abschluß eines schriftlichen Arbeitsvertrages	grundsätzliche Gleichstellung; Verpflichtung zum Abschluß eines schriftlichen Arbeitsvertrages	Abgrenzung: Zeitgrenze – nur für Angestellte
Frankreich	Regelung im Arbeitsgesetzbuch; gleiche Rechte; Diskriminierungsverbot; Verpflichtung zum Abschluß eines schriftlichen Arbeitsvertrages	Gesetz aus 1979: Erleichterung des Abschlusses; derzeit gültig: Gesetz aus 1990: Angleichung an Reglement bei Leiharbeit; Prekaritätsentschädigung (seit 1982); Abfertigung	Prekaritätsentschädigung (seit 1972); Gesetz aus 1979; Gesetz aus 1990: Angleichung an Reglement bei befristeter Beschäftigung; Regelung der Zulassungsbedingungen	
Großbritannien	Umsetzung der EU-Teilzeitrichtlinie bis zum Jahr 2000; Gleichstellung mit Vollzeitbeschäftigung	z.T. ausgenommen von den wenigen Regelungen von Normalarbeitsverhältnissen; z.T. Selbständigenstatus	z.T. ausgenommen von den wenigen Regelungen von Normalarbeitsverhältnissen; z.T. Selbständigenstatus	Zeitgrenze wurde 1995 aufgehoben
Italien	Gesetz aus 1984: Regelung von Teilzeit in Privatwirtschaft; Gesetz aus 1988: Regelung von Teilzeit im öffentlichen Dienst; Gleichstellung mit Vollzeitbeschäftigung	Gesetz aus 1962: restriktive Regelung; Seit 1987: Regelung über Kollektivvertrag	Gesetz aus 1997: Regelung von Leiharbeitsfirmen und näherer Bedingungen	
Niederlande	Seit 1996: gleiche Rechte und Pflichten wie Vollzeitbeschäftigte; Gleicher Kündigungsschutz; Gleicher Urlaubsanspruch;	Gleichstellung, Gesetz aus 1999: Regelung betreffend mehrere aufeinanderfolgende Arbeitsverträge	Recht auf bezahlten Urlaub; Gesetz aus 1998: Regelung der Kündigungsfrist, Kettenverträge und des Streikbrecherverbotes	Geringfügigkeitsgrenze nur im Fall eines fehlenden Arbeitsvertrages; bei Arbeitsvertrag Recht auf gesetzlichen Mindestlohn (seit 1993)

	Seit 1993: Recht auf gesetzlichen Mindestlohn (unklar, ob sich Gleichstellungsgebot auf kollektivvertragliche Regelungen auswirkt)			
Österreich	Gesetz aus 1992: Benachteiligungsverbot, Festsetzung von Ausmaß und Lage der Arbeitszeit	Kein gesetzliches Hindernis	Gesetz aus 1988: keine Schlechterstellung	Gesetz aus 1992: arbeitsrechtliche Gleichstellung betreffend Entgeltfortzahlung, Urlaub, Abfertigung usw. (allerdings kürzere Kündigungsfristen für geringfügig beschäftigte Angestellte)
Portugal	Gleiche arbeitsrechtliche Bedingungen wie Vollzeitbeschäftigte; Unter besonderen Bedingungen „Recht auf Teilzeitarbeit"	Gleiche arbeitsrechtliche Bedingungen wie Vollzeitbeschäftigte; Kein eigenständiges Gesetz, nur partiell Regelung (1989)	Gleiche arbeitsrechtliche Bedingungen wie Vollzeitbeschäftigte; Besondere Regelung: Genehmigung der Tätigkeiten und Voraussetzungen	Keine Geringfügigkeitsgrenze
Schweden	Gleichstellung mit Vollzeitbeschäftigten	Gesetzlich definierte Bedingungen für Arbeitsvertrag; Novelle des Gesetzes über Anstellungsschutz (1996)	Gesetz aus 1993: regelt Arbeitsvermittlung und Leiharbeitsverträge	
Slovenien	Gesetz über Arbeitsverhältnisse (Abschnitt Arbeitsvertrag) (zur Zeit noch nicht beschlossen)	Gesetz über Arbeitsverhältnisse (Abschnitt Arbeitsvertrag) (zur Zeit noch nicht beschlossen)	Gesetz über Arbeitsverhältnisse (Abschnitt Arbeitsvertrag) (zur Zeit noch nicht beschlossen)	Keine Geringfügigkeitsgrenze
Spanien	Gesetzliche Basis: Arbeiterstatut 1980; Reformgesetz zur Teilzeitbeschäftigung (1998): Gleichstellung mit Vollzeitbeschäftigten	Möglichkeiten beträchtlich ausgeweitet durch Gesetz aus 1984; Eingeschränkt bzw. teilweise die Möglichkeit zur Befristung aufgehoben in den 90er Jahren	Gesetz aus 1994; keine Schlechterstellung	Keine Geringfügigkeitsgrenze
USA	Fehlen allgemein gültiger Mindestnormen	Fehlen allgemein gültiger Mindestnormen	Fehlen allgemein gültiger Mindestnormen	Geringfügigkeitsgrenze bei unbezahltem Karenzurlaub (weniger als 25 Stunden pro Woche)
EU Gemeinschaft	Richtlinie aus 1997; indirekt relevant: Gleichbehandlung auf Basis Art.119, EWGV	Richtlinienvorschlag seitens der Sozialpartner 1999: „Gelegenheitsarbeiter" können aus Wirkung der Teilzeitrichtlinie ausgenommen werden	Richtlinie betreffend den Gesundheitsschutz von Arbeitnehmern 1991 (gilt auch für befristete Beschäftigte)	Nationale Geringfügigkeitsgrenzen akzeptiert; Teilzeitrichtlinie 1997

Quelle: Länderanalysen i. d. B.

So wie in den meisten anderen Fällen auch beziehen sich spezifische arbeitsrechtliche Regelungen in *Belgien* (siehe Neuhold i. d. B.) in erster Linie auf Teilzeitarbeit, befristete Beschäftigung bzw. Leiharbeit. Diese sind grundsätzlich Vollzeitbeschäftigungsverhältnissen gleichgestellt. Als positiv kann für Belgien die dortige Überstundenregelung hervorgehoben werden: Werden Teilzeitbeschäftigte zu Arbeitsleistungen gezwungen, die die eigene durchschnittliche Arbeitszeit überschreiten, so bekommen sie diese als Überstunden bezahlt.

In der *Bundesrepublik Deutschland* (siehe Neuhold i. d. B.) erfolgten umfangreichere Regelungen betreffend Beschäftigungsformen wie Teilzeit, befristete Beschäftigung, Job-Sharing, KAPOVAZ und geringfügige Beschäftigung bereits Mitte der 80er Jahre. Der Titel des einschlägigen Gesetzes, des sogenannten Beschäftigungsförderungsgesetzes aus 1985 (in der Folgezeit mehrfach novelliert), deutet eine damit verfolgte Zielrichtung an: durch Modifikationen der geltenden Regelungen den Handlungsspielraum der Unternehmungen und (so die Botschaft der Regierung) auch der Beschäftigten zu erhöhen – mit der weiteren Konsequenz der Förderung von Beschäftigung. Auf gesetzlicher Ebene erfolgte zum einen die arbeitsrechtliche Gleichstellung der Teilzeitbeschäftigung, inklusive der geringfügigen Beschäftigung, die durch eine Einkommens- und Zeitgrenze definiert ist. Zum anderen wurden Rahmenregelungen für Job-Sharing (betreffend Vertretungspflicht) und KAPOVAZ (Festlegung von Minimalarbeitszeit) sowie eine Flexibilisierung beim Kündigungsschutz (d.h. eine Einschränkung des Anwendungsbereiches) und bei Abschluß von befristeten Arbeitsverträgen (durch deren Erleichterungen) fixiert. In den letzten Jahren wurde die mögliche Dauer der Befristung noch ausgeweitet. Hand in Hand mit der forcierten Flexibilisierung ging die Einschränkung des Kündigungsschutzes, beispielsweise dadurch, daß Teilzeitbeschäftigte hinsichtlich des quantitativen Kriteriums für die Geltung der Kündigungsschutzbestimmungen nur aliquot angerechnet werden. Seit 1. 1. 1999 ist diese Einschränkung zum Teil wieder zurückgenommen (siehe Lakies 1999; Neuhold i. d. B.).

Österreich (siehe Tálos i. d. B.) weist traditionell eine hohe Regelungsdichte betreffend Arbeitsschutz auf. Dies galt lange Zeit nicht für atypische Beschäftigungsformen (siehe z. B. Firlei 1985). Seit der zweiten Hälfte der 80er, insbesondere seit Beginn der 90er Jahre gibt es diesbezüglich einige einschlägige gesetzliche Regelungen. Explizit besteht seit 1992 ein Benachteiligungsverbot für Teilzeitbeschäftigung. Daß damit auch eine geschlechterpolitische Zielsetzung verbunden war, ist aus dem Entstehungszusammenhang, dem sogenannten Gleichbehandlungspaket 1992, erkennbar. Diese Gleichstellung gilt auch für geringfügig Beschäftigte. 1988 kam anstelle eines Verbotes eine arbeitsrechtliche Regelung der Leiharbeit. Im Unterschied zu einer Reihe anderer Länder hat sich die Flexibilisierungsoffensive in Österreich bisher im wesentlichen nur auf die Arbeitszeit (Variabilität der Tages- und Wochenarbeitszeit sowie der Ausgleich im Jahresverlauf siehe Tálos/Kittel 1999), nicht aber auf die befristete Beschäftigung bezogen. Gleich wie in den meisten anderen Ländern allerdings fehlt es auch in Österreich nach wie vor an spezifischen Regelungen betreffend Arbeit auf Abruf, Job-Sharing, kapazitätsorientierte variable Arbeitszeit sowie (weitgehend) Telearbeit.

Eine Entsprechung ist auch bei Ländern mit einer *traditionell selektiven arbeitsrechtlichen Tradition* wie z. B. *Dänemark* (siehe Fink i. d. B.) konstatierbar, wo die bestehenden Regelungen im wesentlichen (Ausnahme: kein Kündigungsschutz für Beamte und Angestellte mit weniger als 15 Stunden/Woche) auch für atypisch Beschäftigte gelten.

Die aktuelle Entwicklung korreliert mit der Tradition ebenso bei Ländern, die *kaum* arbeitsrechtliche Normierungen kennen: die USA und Großbritannien. In den *USA* (siehe Neuhold i. d. B.) bestehen oft keine Regelungen zum Schutz vor Kündigung, es gibt keine Regelung der Arbeitszeit und keinen rechtlichen Anspruch auf Urlaub und Abfertigung. Die Konsequenzen sind u. a. daran ablesbar, daß die fehlende Obergrenze in der Arbeitszeit beispielsweise (häufig) Zweitbeschäftigungen befördert, die zudem wegen niedriger Entlohnung bei Teilzeitarbeit notwendig sind. Teilzeitbeschäftigte machen ungleich weniger (so nur die Hälfte) vom (unbezahlten) Urlaub Gebrauch wie Vollzeitbeschäftigte. Ein (unbezahltes) Karenzjahr ist nur möglich, wenn die wöchentliche Arbeitszeit mehr als 25 Stunden beträgt und im Unternehmen mindestens 50 Personen beschäftigt sind.

In *Großbritannien* (siehe Fink i. d. B.) war bis 1995 ein beträchtlicher Teil vom Kündigungsschutz ausgeschlossen, was aufgrund einschlägiger, auf EU-Gemeinschaftsrecht fundierender Urteile nicht mehr der Fall ist. Teilzeitbeschäftigte haben im Hinblick auf Urlaubs- und Überstundenregelungen bisher oft nicht die gleichen Rechte wie Vollzeitbeschäftigte. Betroffen von dieser arbeitsrechtlichen Konstellation sind realiter insbesondere Frauen. Hinsichtlich Urlaub wird sich allerdings durch die Umsetzung der EU-Arbeitszeitrichtlinie einiges ändern. Wie u.a. an Großbritannien ersichtlich, tragen Regelungen der EU-Gemeinschaft durchaus zur Harmonisierung von Mindestbestimmungen in den Mitgliedsländern bei.

3.1.1.2 Sozialrechtliche Regelungen

Ein abweichendes Bild zeichnet sich bei sozialrechtlichen Regelungen ab: In diesem Bereich gibt es generell weniger und selektive explizite Regelungen betreffend atypische Beschäftigungsformen. Diese bestehen vielfach in der Abgrenzung der Versicherten entlang von Zeit- und/oder Einkommensgrenzen. Es gelten in den meisten Ländern die allgemeinen sozialversicherungsrechtlichen Bestimmungen – zum Teil mit spezifischen Einschränkungen – auch für Teilzeitbeschäftigte, befristet Beschäftigte und Leiharbeitende.

Die *USA* nimmt sich gegenüber den europäischen Ländern als ein Ausnahmefall aus: Analog der selektiven sozialrechtlichen Tradition der USA ist die soziale Absicherung von atypisch Beschäftigten äußerst eingeschränkt, ja zum Teil noch reduzierter als bei Vollzeitbeschäftigten. Eine Zeitgeringfügigkeitsgrenze gibt es für den Bereich der Pensionsversicherung (1000 Stunden pro Jahr, d.h. ca. 20 Stunden pro Woche), was den Ausschluß eines Teiles der Teilzeitbeschäftigten zur Folge hat. Als weitere Nachteile für atypisch Beschäftigte sind konstatierbar: die geringere Einbindung in betriebliche Pensionsmaßnahmen, der häufige Verlust der betrieblichen Rentenansprüche bei Beendigung einer Teilzeitbeschäftigung und beim Wechsel in einen anderen Betrieb. Schlechtere Bedingungen gibt es auch hinsichtlich der Einbeziehung in betriebliche Unterstützungsleistungen im Krankheitsfall. Diese trifft z. B. nur auf die Hälfte der teilzeitbeschäftigten Frauen zu. Atypisch Beschäftigte sind bei Unfällen am Arbeitsplatz nicht versichert. Insgesamt ist für die USA konstatierbar, daß atypische Beschäftigungsverhältnisse in sozial- und arbeitsrechtlicher Hinsicht so gut wie nicht abgesichert sind. Wie angemerkt ist Großbritannien – ungeachtet einer anderen Tradition – in der jüngsten Entwicklung in die Nähe der USA gerückt.

Übersicht 6: Sozialrechtliche Regelungen

Land	Teilzeit	Befristete Beschäftigung	Leiharbeit	Geringfügige Beschäftigung
Belgien	Regelung für PV: anteilige Berechnung der Leistungshöhe; Einführung des „Teilzeit-Vorruhestandes" (1997)		Regelung des Arbeitslosengeldes im Fall der Kündigung (geregelt durch Kollektivvertrag aus 1997)	keine Grenzen in der PV; Grenzen in der ALV
Bundesrepublik Deutschland	Geltung der allgemeinen sozial-versicherungsrecht-lichen Bestimmungen; Abgrenzung durch Zeit- und Einkommensgrenzen; Altersteilzeit	Geltung der allgemeinen sozial-versicherungsrecht-lichen Bestimmungen	Geltung der allgemeinen sozial-versicherungsrecht-lichen Bestimmungen	Einbeziehung in Unfallversicherung, Entgeltfortzahlung; Geringfügigkeits-grenze (DM 630,–; Eur. 322,–) Zeitgrenze in Arbeitslosenversicherung; Neue Gesetzeslage seit 1.4.1999: Einbeziehung in KV und PV (mit Differenzierung)
Dänemark	Geltung der allgemeinen sozial-versicherungsrecht-lichen Bestimmungen	Geltung der allgemeinen sozial-versicherungsrecht-lichen Bestimmungen	Geltung der allgemeinen sozial-versicherungsrecht-lichen Bestimmungen	Abgrenzung in der PV und ALV
Frankreich	Geltung der allgemeinen sozial-versicherungsrecht-lichen Bestimmungen bei ALV und KV, Abgrenzung in der PV; Vereinbarung über Teilzeitvorruhestand	Geltung der allgemeinen Bestimmungen für die PV; Spezifische Regelung der Voraussetzungen für die ALV; Lohnfortzahlung im Krankheitsfall (in vielen Fällen durch Standardtarifverträge abgesichert)	Geltung der allgemeinen Bestimmungen für die PV; Spezifische Regelung der Voraussetzungen für die ALV; KV durch Kollektivvertrag	Zeitgrenze in der PV, KV und ALV
Großbritannien	Geltung der allgemeinen sozial-versicherungsrecht-lichen Bestimmungen; Abgrenzung durch Einkommensgrenze	Weitgehend den unbefristet Beschäftigten gleichgestellt (Einschränkung beim Krankengeld); zum Teil Selbständigenstatus	Weitgehend den unbefristet Beschäftigten gleichgestellt (Einschränkung beim Krankengeld); zum Teil Selbständigenstatus	Abgrenzung durch Einkommensgrenze
Italien	Sozialversicherungs-beiträge aliquot berechnet	Weitgehend den unbefristet Beschäftigten gleichgestellt (Einschränkung beim Krankengeld; Ausschluß vom Bezug der „außerordentlichen Lohnausgleichszahlungen" und der „Mobilitätsentschädigung")	Ausarbeitung der Sozialversicherungs-regelungen durch nationale Kollektiv-verträge	Keine Geringfügig-keitsgrenze, nur Untergrenze

Niederlande	Versichert gegen Arbeitslosigkeit, Krankheit, Unfall und Erwerbsunfähigkeit; PV durch Kollektiv-verträge; Geltung der Bedin-gungen der Arbeitneh-merversicherungen	Geltung der Bedin-gungen der Arbeitneh-merversicherungen	Seit 1973 königlicher Beschluß: Wirksam-keit der Arbeitnehmer-versicherungen; Lohnfortzahlung (1999);	Geringfügigkeits-grenze bei fehlen-dem Arbeitsvertrag
Österreich	Nach den Bestimmun-gen des ASVG pflicht-versichert	Nach den Bestimmun-gen des ASVG pflicht-versichert	Gesetz aus 1988: Überlasser hat Arbeitgeberpflichten betreffend Sozialversicherung	Seit 1998: Möglich-keit des opting-in für Kranken- und Pensionsversiche-rung; bisher bereits: unfallversichert
Portugal	Weitgehend Gleich-stellung mit Vollzeit-beschäftigten	Weitgehend Gleich-stellung mit Vollzeit-beschäftigten	Weitgehend Gleich-stellung mit Vollzeit-beschäftigten	Keine Geringfügig-keitsgrenze
Schweden	Eine Reihe von sozial-rechtlichen Sonder-regelungen; Neue Pensionsreform trifft Teilzeitbeschäf-tigte stärker (Umstel-lung der Berechnung auf Basis des Lebens-einkommens)	Keine spezifischen Regelungen; Geltung der allgemeinen Bedingungen	Keine spezifischen Regelungen; Geltung der allgemeinen Bedingungen	Zeitgrenze in der PV
Slovenien	Spezifische Regelung für Teilzeitbeschäfti-gung mit Nachteilen im Pensionsrecht	Gleichstellung (Ausnahme: bei Teilzeit)	Im wesentlichen gleichgestellt (Ausnahme: bei Teilzeit)	Geringfügigkeits-grenzen in der PV und ALV
Spanien	Spezifisch einschrän-kende Regelungen (restriktiver Berech-nungsmodus)	Weitgehende Gleichstellung	Weitgehende Gleichstellung	Seit 1998 Aufhebung der Geringfügigkeits-grenze
USA	Geltung der Pensions-versicherung (mit Einschränkung); Betriebsrentengesetz als Rahmengesetz; ALV durch Einzel-staaten geregelt		z.T. integriert in Be-triebsrentensystem; nicht betrieblich krankenversichert	Zeitgrenze in PV (1000 Stunden/ Jahr); nicht abgesichert
EU Gemeinschaft	Keine spezifische Regelung; Keine Anwendbarkeit von Art 119 EWG-V	Keine spezifische Regelung	Keine spezifische Regelung	Keine spezifische Regelung

Quelle: Länderanalysen i. d. B.

Abgesehen von den USA steht in den anderen untersuchten Ländern die soziale Sicherung von atypisch Beschäftigten in engem Zusammenhang mit den jeweiligen länderspezifi-schen Strukturen und Bedingungen. Von Relevanz sind hier im wesentlichen zwei Aus-prägungen: nämlich kategoriale bzw. erwerbsarbeitsorientierte und universelle Systeme – mit jeweils unterschiedlichen Konsequenzen. Während ersteres auf die Bundesrepublik Deutschland, Österreich, Slovenien, Frankreich, Belgien, Portugal und Spanien zutrifft, so zweiteres – in wesentlichen Teilen – auf Schweden, Dänemark und die Niederlande.

Die Bedingungen und Regelungen in *kategorialen* bzw. *erwerbsarbeitsorientierten Syste-men* seien beispielhaft an Deutschland, Österreich und Slovenien erläutert.

Das deutsche Sozialversicherungssystem ist ein ausgeprägtes Exempel für eine dominante Erwerbsarbeitsorientierung: Das Normalarbeitsverhältnis, die kontinuierliche und dauer-hafte Beschäftigung mit regelmäßigem Erwerbseinkommen, ist nach wie vor die Meßlatte für Ausmaß und Niveau staatlich geregelter sozialer Sicherung. Ungeachtet der Geltung der allgemeinen sozialversicherungsrechtlichen Bestimmungen für Teilzeit-, Leiharbeit und befristete Beschäftigung ist aufgrund des Äquivalenzprinzips vielfach eine ausrei-chende materielle Sicherung bei bestimmten Formen der atypischen Beschäftigung ausge-schlossen. Es gibt nach wie vor eine Geringsfügigkeitsgrenze (DM 630,–, Eur. 322,–). Bemerkenswert allerdings ist: Die jüngste Entwicklung ist durch das Bemühen um Schrit-te zur Einbeziehung bestimmter Gruppen von atypisch Beschäftigten gekennzeichnet. Seit Beginn 1999 sind scheinselbständig Beschäftigte bzw. arbeitnehmerähnliche Selbständi-ge, seit April 1999 auch geringfügig Beschäftigte (mit Differenzierungen) in die Sozial-versicherung integriert. Zur Zeit deutet allerdings einiges darauf hin, daß letztere Rege-lung schon bald novelliert wird.

Ähnliches gilt für das *österreichische System* sozialer Sicherung. Das Ziel der Lebens-standardsicherung hat eine kontinuierliche, vollzeitige, (lebens-)lang dauernde Erwerbs-biographie mit entsprechendem Einkommen zur Voraussetzung. Abweichungen davon sind mit Einbußen verbunden: sei es betreffend den Zugang zu den Leistungssystemen selbst (Voraussetzung: ein bestimmtes Ausmaß an zeitlicher Kontinuität), sei es betreffend Niveau und Ausmaß der Leistungen. Am Beispiel der Teilzeitarbeit sei letzterer Aspekt veranschaulicht: Unter den Bedingungen aliquoter, d. h. im Vergleich zur Vollbeschäfti-gung niedriger Einkommen und dementsprechend niedrigen Beiträgen sind aufgrund der Wirksamkeit der Äquivalenzrelation (siehe Tálos/Wörister 1998) Transferleistungen selbst bei bestimmten Teilzeiteinkommen nicht mehr existenzsichernd. Wird von einem Einkommen aus einer Teilzeitbeschäftigung von monatlich öS 8.000,– (Eur. 581,–) brutto, d.h. ca. öS 6.600,– (Eur. 480,–) netto (mittleres Fraueneinkommen gesamt 1996: öS 15.765,– (Eur. 1.146,–) brutto), ausgegangen, so würden die Sozialleistungen betragen:

- für das Krankengeld öS 4.800,– (Eur. 349,–)
- für das Arbeitslosengeld: öS 3.850,– (Eur. 280,–)
- für die Notstandshilfe: öS 3.650,– (Eur. 265,–)
- für die Pension (nach 35 Versicherungsjahren): öS 4.300,– (Eur. 312,–)

Die fraueninteressenpolitische Relevanz besteht unübersehbar darin, daß ein sonst gut ausgebautes und weitgehend funktionierendes soziales Sicherungssystem einem großen Teil teilzeitbeschäftigter Frauen keine eigenständige Absicherung materieller Teilhabe-chancen (im Fall der Pension selbst bei hoher Kontinuität) ermöglicht. Oder anders gesagt: In dem einen Falle wird die Abhängigkeit vom Partner fortgeschrieben, im Fall von Alleinerhalterinnen ist grundsätzlich das Verarmungsrisiko vorprogrammiert. Diese beiden Problemfacetten werden zwar durch jüngste Regelungen nicht aus der Welt geschafft. Mit den Regelungen betreffend die Einbeziehung sowohl spezifischer Formen quasi selbständiger Arbeit als auch (jüngst) aller Erwerbseinkommen hat Österreich aller-dings nicht bloß Maßnahmen gegen die auch international konstatierbare „Flucht aus dem Sozialrecht" ergriffen. Abgesehen von jenen Ländern, die überhaupt keine Geringfügigkeitsregelungen kennen, hat Österreich (ähnlich wie die Bundesrepublik Deutschland) zudem einen weiteren Schritt zur Integration der Gruppe geringfügig Beschäftigter gesetzt – mit dem Modell des opting-in (für die Bereiche Pensions- und Krankenversicherung). Darüber hinaus erfolgt in Österreich – ebenso wie in der Bundesrepublik – ab 1998 im Fall des Übersteigens der Geringfügigkeitsgrenze durch Zusammenrechnung von mehreren geringfügigen Beschäftigungsverhältnissen die Integration in das soziale Sicherungssystem.

Teilzeitbeschäftigte und befristet Beschäftigte sind in *Slovenien* (siehe Filipic i. d. B.) grundsätzlich in die Sozialversicherung einbezogen. Während es für die Kranken- und Pensionsversicherung keinerlei Einschränkungen in personeller Hinsicht gibt, ist aufgrund der Zeitgeringfügigkeitsgrenze (die Hälfte der regulären Arbeitszeit, das sind zur Zeit 21 Stunden) allerdings ein beträchtlicher Teil aus der Arbeitslosenversicherung ausgeschlossen. Angesichts der derzeitigen Konstellation am Arbeitsmarkt sind davon Frauen ungleich stärker als Männer betroffen. Von wenigen Ausnahmen (z. B. Invalide, Karenzurlauberinnen) abgesehen besteht ein zu anderen Ländern vergleichsweise gravierender Nachteil für Teilzeitbeschäftigte insofern, als deren geringere Arbeitszeit nur aliquot als Versicherungszeit für die Pensionsversicherung angerechnet wird, was heißt: weniger Versicherungszeit insgesamt und damit auch geringere Leistung. Die praktischen Auswirkungen dieser Regelung werden allerdings erst langfristig zu spüren sein, nämlich dann, wenn die derzeit Teilzeitbeschäftigten in Pension gehen.

Universelle Systeme finden vor allem in skandinavischen Ländern Verbreitung: In sozialrechtlicher Hinsicht ist das dänische System im internationalen Vergleich für atypisch Beschäftigte relativ vorteilhaft (siehe Fink i. d. B.). Das hängt wesentlich mit der universellen Ausrichtung bestimmter Leistungen zusammen: Sowohl für die Alterssicherung (d.h. die Volkspension) als auch für alle bedürfnisabhängigen Leistungen gilt das Prinzip der Dauer des Aufenthalts. Allerdings sind für die ATP-Zusatzrenten gewisse Versicherungszeiten erforderlich. Zudem kommt, daß durch Zeitgeringfügigkeitsgrenzen die personelle Reichweite sowohl der Arbeitslosen- als auch der Krankenversicherung (hinsichtlich Geldleistungen) und der ATP-Zusatzrentenversicherung eingeschränkt wird.

Die sozialrechtliche Absicherung atypisch Beschäftigter ist in *Schweden* (siehe Vidmar i. d. B.) vergleichsweise gut – nicht zuletzt aufgrund der Verankerung universeller Ansprüche auf Leistungen bei Krankheit (staatlicher Gesundheitsdienst) und im Alter (staatliche Grundpension). Generell abweichend ist die auf freiwilliger Basis organisierte Arbeitslosenversicherung: Diese ist an bestimmte (auch in erwerbsarbeitsorientierten Systemen gängige) Voraussetzungen gebunden, schließt Teilzeiterwerbstätige mit geringem Stundenausmaß (weniger als 17 Wochenstunden) aufgrund der Zeitgeringfügigkeitsgrenze aus und enthält aufgrund der Anwartschaftsvoraussetzungen für befristet Beschäftigte Zugangshemmnisse. Positiv erwähnenswert ist die Einführung eines Teilarbeitslosengeldes für unfreiwillig Teilzeitbeschäftigte.

Abgesehen davon, daß die vorgesehenen Änderungen im Pensionssystem (so insbesondere die Umstellung der Berechnung auf Basis des Lebenseinkommens) Teilzeitbeschäftigte, und insofern wieder Frauen, verstärkt betreffen wird – kann auch das schwedische System mit seinen ausgeprägten Elementen einer universellen Absicherung spezifischer Risken das Grundproblem beispielsweise atypischer Beschäftigung in Form der Teilzeitarbeit nicht beseitigen, sondern nur abschwächen: Durch die aliquote Berechnung der entsprechenden Leistungen haben Teilzeitbeschäftigte im Fall der Krankheit und der Erwerbslosigkeit häufig kein existenzsicherndes Einkommen – Frauen sind davon auch in Schweden ungleich stärker als Männer betroffen.

In den *Niederlanden* (siehe Molitor i. d. B.) bildet der Arbeitsvertrag einen wichtigen Zugangskanal zu arbeitsrechtlichen Schutzbestimmungen und zu sozialer Absicherung. Obwohl gesetzlich die Gleichbehandlung zwischen Teilzeit- und Vollzeitarbeit fixiert wurde, kommen kollektivvertragliche Regelungen auf sogenannte flexible Arbeitsverhältnisse (befristete Beschäftigung, Arbeit auf Abruf) bei fehlendem Arbeitsvertrag nicht zur Anwendung. Bei diesen sind Frauen überrepräsentiert. Auch im Bereich der staatlich geregelten sozialen Sicherung gibt es Differenzierungen zwischen Teilzeitbeschäftigten und sogenannten flexiblen Arbeitskräften. Analog der Aliquotierung der Einkommen sind die beitragsbezogenen Leistungen von Teilzeitbeschäftigten realiter niedriger. Dies wird teilweise zumindest durch universelle Leistungen in spezifischen Fällen – wie Alter und Bedürftigkeit – kompensiert. Aufgrund des partiellen universellen Charakters des niederländischen Sozialstaates ist die rasche Zunahme von Teilzeitbeschäftigung und flexiblen Arbeitsverhältnissen für die Betroffenen – im Vergleich mit dominant erwerbs- und beitragsäquivalenten Leistungssystemen – in einem geringeren Ausmaß mit negativen Konsequenzen verbunden.

Der Universalismus im Bereich sozialer Sicherung ist in Ländern wie *Italien* (siehe Marhuber i. d. B.) ausschließlich auf einen Bereich, nämlich den Gesundheitsdienst, beschränkt.

3.1.1.3 Zur Gleichbehandlung atypischer Beschäftigung

Die Gleichbehandlung vor allem von Teilzeitbeschäftigten, oft auch der befristet Beschäftigten, Leiharbeiter/innen, selbst der geringfügig Beschäftigten mit Vollzeitbeschäftigten gilt durchwegs für den Bereich der Arbeitsbedingungen, allerdings eingeschränkt nur für den Bereich der sozialen Sicherung. Am Beispiel der Teilzeitarbeit kann dies aufgezeigt werden (siehe Übersicht 7).

Obwohl einige Länder keine sozialrechtlich relevante Differenzierung bei Teilzeitbeschäftigung kennen, enthalten sozialrechtliche Bestimmungen sehr viel häufiger als arbeitsrechtliche Regelungen Exklusionsbestimmungen – ablesbar an generellen oder bereichsspezifisch geltenden Zeit- und/oder Einkommensgrenzen. Die traditionell stärker ausgeprägten und größeren Unterschiede bei den Regelungen betreffend soziale Sicherung werden im wesentlichen auch bei atypisch Beschäftigten reproduziert.

Je mehr die Beschäftigungsformen an den Rändern bzw. in den Grauzonen des Arbeitsmarktes zu liegen kommen, desto weniger sind sie Gegenstand sozialstaatlicher Regelungen. Allerdings sind auch abweichende Beispiele konstatierbar. So gibt es z. B. in der Bundesrepublik Deutschland im Rahmen des Beschäftigungsförderungsgesetzes Regelungen betreffend KAPOVAZ und Job-Sharing, in Portugal (siehe Fink i. d. B.) bestehen Regelungen für Heimarbeiter/innen. In Italien sind nach einem Verfassungsgerichtshoferkenntnis aus 1992 die kapazitätsorientierte variable Arbeitszeit bzw. Arbeit auf Abruf explizit gesetzwidrig. Letztere ist in *Spanien* (siehe Fassler-Ristic i. d. B.) seit 1998 faktisch aus dem Kreis der gesetzlich zulässigen Teilzeitbeschäftigungsformen ausgeschlossen. In Italien sind darüber hinaus Kurzarbeitsverträge seit 1984 gesetzlich geregelt und arbeitsrechtlich den Teilzeitbeschäftigungsverhältnissen gleichgestellt. Letzteres gilt auch für die „kombinierten Ausbildungs- und Arbeitsverträge", die befristeten Arbeitsverhältnissen gleichgestellt sind. Auch in Ländern wie *Griechenland*, die in der Gesetzgebung lange Zeit äußerst restriktiv gegenüber atypischen Beschäftigungsformen waren und zum Teil noch sind (Verbot der Leiharbeit, siehe Fink 1998), zeichnen sich in der jüngsten Zeit Veränderungen ab: Im September 1998 wurde ein neues Gesetz zur „Regelung von Arbeitsverhältnissen und zur Errichtung einer Arbeitsaufsichtsbehörde" beschlossen, das Regelungen betreffend Telearbeit und Heimarbeit sowie Teilzeitbeschäftigung enthält. Teilzeitbeschäftigte werden damit bei betrieblichen Sozialleistungen gleichgestellt. Slowenien kennt zur Zeit noch arbeitsrechtliche Regelungen betreffend Arbeit auf Basis von Werkverträgen. Allerdings sieht die derzeit im Parlament verhandelte Novelle des Gesetzes über die Arbeitsverhältnisse vor, die Regelung dieses Sachverhaltes nur mehr dem Zivilrecht vorzubehalten.

Übersicht 7: Teilzeitarbeit: Gesetzlich geregelte Gleichstellung – Gleichbehandlung

	arbeitsrechtlich	sozialrechtlich
Belgien	+	+ (Pensionsversicherung)
BRD	+	weitgehend
Dänemark	eingeschränkt	eingeschränkt (Zeitgrenze: ALV, KV, Zusatzrente)
Frankreich	+	eingeschränkt
Großbritannien	–	eingeschränkt (Einkommensgrenze)
Italien	+ (weitgehend)	+
Niederlande	+	+
Österreich	+	eingeschränkt (opting-in für geringfügig Beschäftigte)
Portugal	+ (weitgehend)	+
Schweden	gleiche Normen	eingeschränkt
Slovenien	gleiche Normen	eingeschränkt (Zeitgrenze)
Spanien	+	eingeschränkt (Zeitgrenze)
USA	–	–

Quelle: Länderanalysen i. d. B.

FAZIT: Insgesamt ist konstatierbar, daß mit der zunehmenden Verbreitung atypischer Beschäftigungsformen auch die darauf Bezug nehmenden sozialstaatlichen Regelungen eine Ausweitung und Differenzierung, allerdings mehr im Bereich des Arbeitsrechtes, erfahren haben. Diese Entwicklung hat die Unterschiede zwischen den Ländern nicht gegenstandslos gemacht. Es gibt eine beträchtliche Pluriformität und Differenziertheit sozialstaatlicher Regelungen, deren zugrundeliegender Optionen wie auch unterschiedliche Konsequenzen nicht nur zwischen, sondern selbst innerhalb der untersuchten Länder. Dies läßt es wenig sinnvoll erscheinen, die konstatierbaren Unterschiede und Gemeinsamkeiten in grobrastig abstrahierenden Typologisierungen à la Esping-Andersen (1990) zu verorten. Ungeachtet des konstatierbaren Faktums von non-decision ist an der Entwicklung arbeits- und sozialrechtlicher Regelungen in den untersuchten Ländern ablesbar daß generell von einer Deregulierung realpolitisch keine Rede sein kann.

Nicht zuletzt sei angemerkt, daß staatliche Regelungen keineswegs immer Spiegel der tatsächlichen „Größenordnung" bzw. Reichweite von Veränderungen am Arbeitsmarkt sind: Der für die USA geschätzte Anteil von ca. 30 % der „nonstandard work arrangements" an allen Jobs (siehe Kalleberg et al. 1997, S. 9) hat bisher an der Tradition der politischen „non-decisions" wenig verändert. Hinsichtlich der ausnehmend hohen Verbreitung der befristeten Beschäftigung in Spanien, die durch Regelungen in den 80er Jahren begünstigt worden ist, haben die jüngsten explizit einschränkenden Regelungen bisher kaum noch eine Wende gebracht. Umgekehrt korreliert mit der eingehenden gesetzlichen Regelung von Leiharbeit in Ländern wie Österreich ein noch sehr geringer Anteil dieser Form an der Gesamtbeschäftigung. Ähnliches trifft für die Bundesrepublik Deutschland zu: die rechtliche Vereinfachung der befristeten Arbeitsverträge hat diesbezüglich nur ein geringes Beschäftigungswachstum bewirkt.

3.1.2 Regelungen über Kollektivverträge

Ungeachtet der diesbezüglichen Informationslücken ist feststellbar, daß in einigen Ländern neben gesetzlichen auch Regelungen auf dem Weg von Kollektivverträgen eine Rolle spielen. Die auf Gesetzesebene verbreitet feststellbare Gleichstellung gilt weniger für Kollektivverträge. Telearbeit wird in Österreich – vorerst noch in einem geringen Ausmaß – durch Betriebsvereinbarungen und Kollektivverträge geregelt, ähnlich wie in Italien. In diesem Land gibt es für die Leiharbeit Rahmenvereinbarungen zwischen Vertretern/innen der Leiharbeitsfirmen und Gewerkschaften, für befristete Arbeitsverhältnisse Kollektivverträge, die sowohl auf nationaler, Branchen- wie auch Betriebsebene abgeschlossen werden. In Großbritannien werden bei allgemein sinkender Reichweite kollektivvertraglicher Regelungen atypisch Beschäftigte von diesen häufig nicht erfaßt – insofern als Leiharbeitende und kurzfristig Beschäftigte oft als Selbständige eingestuft und Teilzeitbeschäftigte – z. B. durch Arbeitsstundengrenzen – von Betriebsvereinbarungen ausgeschlossen werden. In den Niederlanden ist es zur Zeit unklar, ob das Gleichstellungsgebot auf Ebene der Kollektivverträge zum Tragen kommt.

In Dänemark muß der Betriebsrat in der Regel der Schaffung von Teilzeitarbeitsverhältnissen zustimmen. Es werden häufig auch für Teilzeitbeschäftigte Normalarbeitszeiten festgelegt. Beim tarifvertraglichen Kündigungsschutz gibt es keine Geringfügigkeitsgrenzen.

3.1.3 Politische Strategien

Mit den Regelungen betreffend atypische Beschäftigung werden unterschiedliche Strategien verfolgt. Deutschland zählt zu den ersten Ländern, die mittels Veränderungen bestehender Normen (Einschränkung des Kündigungsschutzes, Ausweitung der Möglichkeit zu Befristungen) und Schaffung neuer Rahmenregelungen (z. B. betreffend KAPOVAZ, Job-Sharing) neben der Flexibilisierung des Arbeitsmarktes auch eine Ausweitung atypischer Beschäftigung anpeilten.

In Großbritannien wurden der Schutz bzw. die Rechte der Beschäftigten durch diverse gesetzliche Novellierungen geschmälert (siehe auch Cousins 1999, S. 111). Das Eröffnen weiterer Befristungsmöglichkeiten hat in den 80er Jahren in Spanien die Basis für die enorme Expansion dieser Beschäftigungsform gelegt. Daß Flexibilisierungsstrategien nicht immer durchgängig verfolgt werden, auch dafür ist Spanien ein Beispiel. Der Abschluß befristeter Verträge zur Förderung der Beschäftigung wurde in den 90er Jahren zunehmend mehr eingeschränkt bzw. bestimmte Möglichkeiten (ab 1997) überhaupt beseitigt. Auf der anderen Seite gibt es ab dieser Zeit Anreize zur Schaffung von unbefristeten Beschäftigungsverhältnissen (in erster Linie durch Reduktion der Sozialversicherungsbeiträge von Unternehmungen). Der Strategiewandel hat bisher allerdings noch wenig reale Auswirkungen auf die Verbreitung befristeter Beschäftigung (siehe näher Fassler-Ristic i. d. B.). Quantitativ gering blieb bisher auch die Verbreitung des per Gesetz geförderten „Ablösevertrages" (1998), mit dem Ziel der Aufteilung der Arbeit zwischen älteren Arbeitnehmern/innen, die in Pension gleiten wollen, und einem/r Arbeitslosen. In Belgien wurde durch die flämische Regierung eine „Anreizprämie" (1994) eingeführt, und zwar für ArbeitnehmerInnen, die z. B. von einer Vollzeit- auf eine Teilzeitstelle wechseln.

Zur beachtlichen Expansion der Teilzeitbeschäftigung in den Niederlanden haben sozialstaatliche Regelungen beigetragen (so z. B. die Gleichstellung von Teilzeitbeschäftigten, die Mindestlohnregelung, das universelle Pensionssystem). In Italien wird Teilzeitarbeit zur Verbesserung der Beschäftigungssituation von Frauen, in Frankreich die Neueinstellung von Teilzeitbeschäftigten finanziell gefördert. Die Festlegung bzw. Aufrechterhaltung von Geringfügigkeitsgrenzen bildet einen Anreiz zur Schaffung geringfügiger Beschäftigungsverhältnisse (siehe auch Fagan u.a. 1999, S. 64).

In Österreich, seit der neuen Regierung von SPD und Grünen auch in der Bundesrepublik Deutschland, kommt merkbar die Strategie der Anpassung der sozialstaatlichen Normen an reale Arbeitsmarktveränderungen wie auch die Gegensteuerung zur „Flucht aus dem Arbeits- und Sozialrecht" zum Tragen. Nachdem insbesondere seitens der Vertretungen der Arbeitnehmer/innen in Österreich vorerst auf Teilzeit eher ablehnend, auf Leiharbeit überhaupt mit der Verbotsoption reagiert wurde, kam es Ende der 80er/Beginn der 90er Jahre zur expliziten gesetzlichen Gestaltung. Die Einbeziehung der Scheinselbständigen und (teilweise) der geringfügig Beschäftigten sollte neben der Erweiterung der Einnahmen der Sozialversicherung auch der Unterbindung unternehmerischer Strategien dienen, durch die Anstellung von geringfügig Beschäftigten oder durch die Auslagerung von Tätigkeiten an Scheinselbständige durch deren „Sozialversicherungsfreiheit" die betrieblichen Lohnkosten zu senken.

Politische Steuerung atypischer Beschäftigungsformen auf dem Weg ihrer Unterbindung sind in den hier untersuchten Ländern eine verschwindende Ausnahme (Italien: kapazitätsorientierte variable Arbeitszeit, Italien und Spanien: Arbeit auf Abruf; Slowenien: Kettenarbeitsverträge).

3.1.4 Regelungen mit positiven und nachteiligen Konsequenzen

Wenn wir einen näheren Blick auf die verschiedenen sozialstaatlichen Regelungen werfen, so läßt sich zum einen konstatieren, daß es in den Ländern diverse Bestimmungen mit positiven Effekten für atypisch Beschäftigte gibt.

Übersicht 8: Atypische Beschäftigung: Regelungen, die explizit und/oder implizit atypisch Beschäftigten zugute kommen

Land	arbeitsrechtlich	sozialrechtlich
Belgien	Festlegung einer Mindestarbeitszeit bei Arbeit auf Abruf; Einkommensgarantiegeld für Arbeitslose, die Teilzeit annehmen; Überstundenregelung bei Teilzeitarbeit	Unbegrenzter Bezug von Arbeitslosenunterstützung; Krankengeld für Leiharbeitende
Bundesrepublik Deutschland	Festlegung einer Mindestarbeitszeit bei KAPOVAZ; Gleichbehandlung der Teilzeitbeschäftigten	Rente nach Mindesteinkommen; Erhalt der Vollzeitbemessungsgrundlage in der Arbeitslosenversicherung bei Umstieg von Voll- auf Teilzeitarbeit; Zusammenrechnung mehrerer geringfügiger Beschäftigungsverhältnisse: versichert in PV, KV und ALV.
Dänemark	Keine Geringfügigkeitsgrenze in Tarifverträgen; Umfassende Regelungen	Universelle Leistungen: * Sachleistungen bei Krankheit * Grundrente „Urlaubsgeld" während Sabbatical Einbeziehung von selbständiger Erwerbstätigkeit auf breiter Basis
Frankreich	Diskriminierungsverbot für Teilzeitbeschäftigte; Elternerziehungsbeihilfe bei teilzeitbeschäftigt Betreuenden; Finanzielle Entschädigung für Ausfall von Urlaubsrechten; Abfertigung bei befristeten Verträgen; Prekaritätsentschädigung für Leiharbeiter/innen und befristet Beschäftigte	Erhaltung der Beitragsgrundlage bei Umstieg von Voll- auf Teilzeitarbeit (für die PV); Rentenversicherungsanspruch im Fall der Kinderbetreuung (bis 3 Jahre)
Großbritannien	Mindestlohnregelungen für alle Arbeitnehmer/innen (ab 1999); Abschaffung der Zeitgrenze zur Einbeziehung in die Regelung betreffend Kündigungsschutz, Abfertigung und Mutterschutzurlaub (1995)	Selektive Einbeziehung von befristeten Beschäftigten, Leiharbeiter/innen beim Krankengeld (1998)
Italien	„Verfügbarkeitsbonus" während der Zeit der Erwerbslosigkeit im Fall eines exklusiven Vertrags zwischen Leiharbeitsfirma und Leiharbeiter/in	Nationaler Gesundheitsdienst
Niederlande	Mindestlohnregelung (1993) und arbeitsrechtliche Regelungen (1996); Geltung auch für Beschäftigte mit weniger als 12 Stunden/Woche; Gesetzliche Regelung zur Vereinbarung von Teilzeit und Erziehungsarbeit	Abschaffung von Arbeitszeitgrenzen für die Begründung von Ansprüche auf Betriebsrenten
Österreich	Gleichstellung von Teilzeit- und geringfügig Beschäftigten	Opting-in Modell für geringfügig Beschäftigte (KV, PV); Einbeziehung von scheinselbständig Beschäftigten
Portugal	Prekaritätsprämie für befristet Beschäftigte; Keine Geringfügigkeitsgrenzen; Gleichstellung der Leiharbeit (1989); Lohngleichheit von Teilzeitbeschäftigten (gesetzlich geregelt)	Keine Geringfügigkeitsgrenzen; Schaffung einer allgemeinen Mindestsicherung (1996/97); Mindestsätze bei diversen Sozialleistungen
Slowenien	Bei befristeter Beschäftigung: striktes Verbot von Kettenarbeitsverträgen mit ein und derselben Person für die gleiche Arbeit (vorgesehen in der Novelle des Gesetzes über die Arbeitsverhältnisse)	

Schweden	Mehrarbeitszuschläge bei Teilzeit-beschäftigten; Vortrittsrecht für Teilzeitbeschäftigte hinsichtlich höherer Arbeitszeit; Hoher Bestandsschutz für befristet Beschäftigte	Teilarbeitslosengeld für unfreiwillig Teilzeit-beschäftigte (einmalige Bezugsperiode); Staatlicher Gesundheitsdienst
Spanien	Abfertigung bei Auslaufen von Leiharbeits-verträgen	Abschaffung der Geringfügigkeitsgrenze; Verankerung von Versorgungsleistungen (Mindestniveau); Existenz von beitragsunabhängiger Alters- und Invaliditätspension

Quelle: Länderanalysen i. d. B.

Auf der anderen Seite gibt es allerdings ebenso sozialstaatliche Regelungen mit nachteiligen Konsequenzen. Dies gilt vor allem für den Bereich der sozialen Absicherung.

Übersicht 9: Atypische Beschäftigung: Regelungen mit expliziten und/oder impliziten Benachteiligungen

Land	arbeitsrechtlich	sozialrechtlich
Belgien	Begrenzte Zulässigkeit von „Ketten-verträgen" (1994)	Zeitgeringfügigkeitsgrenzen für ALV und KV
Bundesrepublik Deutschland	Einschränkung des Kündigungsschutzes	Keine Mindeststandards, keine Mindest-sicherung (Ausnahme: Rente nach Mindest-einkommen)
Dänemark	Angestelltengesetz: Zeitgrenze	Zeitgeringfügigkeitsgrenzen für AL, ATP-Zusatzrenten
Frankreich		Ausschluß aus PV, wenn Wartezeit nicht erreicht (= ø 4 Stunden pro Woche); Benachteiligung von Teilzeitbeschäftigten in der UV; Ausschluß aus KV durch Zeit- oder Einkom-mensgrenzen, aus ALV durch Zeitgrenze
Großbritannien	Bei befristet Beschäftigten und Leih-arbeitenden: arbeitsrechtliche Standards kommen häufig mangels Arbeitnehmer-status nicht zur Anwendung; Teilzeitbeschäftigte werden häufig von Tarifverträgen/ Betriebsvereinbarungen nicht erfaßt	Ausschluß aus PV, KV, ALV durch Einkom-mensgrenze; Für Niedriglohnbezieher/innen ungünstige Wartezeitregelungen
Italien	Ungenügender Schutz bei Leiharbeit	Bei Übergang von Vollzeit- auf Teilzeitarbeit werden für Pensionsberechnung die Vollzeit-jahre ganz, die Teilzeitjahre nur entsprechend der geleisteten Arbeitsstunden angerechnet Keine Mindestsicherung
Niederlande	In Kollektivverträgen: Ausgrenzung aus KV bei Teilzeit von wenigen Stunden, kein Recht auf regelmäßig stattfindende Gehaltserhöhung; Bestehende Unklarheiten bei flexiblen Arbeitsformen (z. B. betreffend Arbeits-vertrag, Kündigungsschutz)	Ausschluß von Teilen der flexiblen Arbeits-kräfte aus den Arbeitnehmerversicherungen; Geringfügigkeitsgrenzen bei Fehlen eines Arbeitsvertrages
Österreich		Ausschluß geringfügig Beschäftigter aus der ALV; Keine Mindeststandards – keine Mindest-sicherung (Ausnahme: Ausgleichszulage in der PV)

Portugal	Große Zahl von arbeitnehmerähnlichen Scheinselbständigen: vom arbeitsrechtlichen Schutz nicht erfaßt	Lückenhafter sozialer Schutz insbesondere bei „Selbständigkeit"
Schweden	Arbeitnehmer/innen mit weniger als 40 % der tariflich vereinbarten Normalarbeitszeit sind von (freiwilligen) Arbeitgeberleistungen ausgeschlossen (empirisch wenig verbreitet)	Ausschluß aus ALV für Teilzeitbeschäftigte mit weniger als 17 Stunden/Woche, Zugangshemmnisse für befristet Beschäftigte in der ALV
Slovenien		Ausschluß aus ALV durch Zeitgeringfügigkeitsgrenze; Aliquote Anrechnung des Ausmaßes der Arbeitszeit bei der Leistungsbemessung als Versicherungszeit in der PV
Spanien	Unzureichender Schutz für befristet Beschäftigte	Unzureichende Absicherung von befristet Beschäftigten und Teilzeiterwerbstätiger
USA	Benachteiligung bei Urlaub und Karenzzeit	Zeitgrenze für PV; Benachteiligung im ALV, KV und PV

Quelle: Länderberichte i. d. B.

3.2 Atypische Beschäftigungsformen: Sozialstaatliche Regelungen und die Sicherung von Teilhabechancen

Angesichts der mit atypischen Beschäftigungsformen verbundenen Konsequenzen für die soziale und materielle Situation stellt sich die Frage, ob überhaupt und, wenn ja, inwiefern sozialstaatliche Regelungen zur Sicherung von Teilhabechancen beizutragen vermögen. Angesichts des ausgewiesenen Faktums der geschlechtsspezifischen Segregation atypischer Beschäftigung betrifft diese Frage Frauen im besonderen.

Zentrale Faktoren für die Sicherung eigenständiger Teilhabechancen sind Einkommen, Arbeits- und Beschäftigungsbedingungen sowie sozialstaatlich gewährleistete Kompensationen im Fall von Krankheit, Erwerbslosigkeit und Alter.[47]

Für die *Einkommensdimension* relevant ist zum einen die in vielen Ländern gesetzlich explizit geregelte oder durch die Geltung der allgemeinen arbeits- und sozialrechtlichen Normen bestehende Gleichbehandlung der Teilzeitbeschäftigten. Diesbezüglich ein Negativbeispiel sind insbesondere die USA. Erwähnenswert ist zum anderen auch die in einigen Ländern per Gesetz, kollektivvertraglich oder durch die Geltung der Normen bewirkte Gleichstellung der Leiharbeiter/innen (z. B. Niederlande, Finnland, Portugal, Italien, Österreich) und befristet Beschäftigten (z. B. Belgien, Bundesrepublik Deutschland, Finnland, Griechenland, Österreich).

Das Problem, das mit formalen Gleichstellungen allein allerdings nicht gelöst ist bzw. gelöst werden kann (siehe auch Fagan u.a. 1999, S. 63 f.), ist die faktische Einkommensungleichheit, die durchwegs – aufgrund der gängigen Aliquotierung – mit geringerem Arbeitsstundenausmaß verknüpft ist. Von dieser Problematik sind Frauen verschärft in mehrfacher Weise betroffen:

– Die bestehenden gesetzlichen und kollektivvertraglichen Regelungen haben bisher nicht zum Abbau der generellen Einkommensungleichheit zwischen Männern und Frauen beigetragen (siehe z. B. Rubery/Fagan 1998, S. 71 ff.). Einen positiven Ansatz zum Abbau stellt z. B. die Niederlande dar – aufgrund der dort bestehenden Mindestlohnregelung (siehe Fagan u.a. 1999, S. 63), die die negativen Konsequenzen der Verbreitung von Teilzeitarbeit in Niedriglohnbranchen abschwächt. Ähnliches gilt jüngst auch für Großbritannien.

– Wie an der geschlechtsspezifischen Konstellation ablesbar, haben ungleich mehr Frauen nicht nur insgesamt weniger Arbeitsstunden, sondern sind bei jenem Teil der Teilzeitbeschäftigten zahlenmäßig stark repräsentiert, die weniger als die Hälfte der Normalarbeitszeit beschäftigt sind. Dies gilt auch für jenes Land, das die höchste Teilzeitquote bei beschäftigten Frauen aufweist, die Niederlande. Die Konsequenzen sind niedrigere Einkommen: „Wegen der extrem kurzen Arbeitszeiten und der damit einhergehenden niedrigen Entlohnung bestreiten die meisten dieser Arbeitnehmer ihren Lebensunterhalt vermutlich aus anderen Quellen" (Schmid 1997, S. 29). Verallgemeinert in Worten von Walwei u. a. (1991, S. 52): „Für viele Teilzeitbeschäftigte, vor allem Frauen, bedeutet Teilzeitarbeit aufgrund des geringen Stundenvolumens, einer überwiegenden Beschäftigung in Niedriglohnberufen und Wirtschaftszweigen (Handel und sonstige Dienstleistungen) mit unterdurchschnittlichen Verdienstmöglichkeiten keine existenzsichernde Tätigkeit, sondern lediglich Zuverdienst."

Eine Möglichkeit, dieser Problematik durch sozialstaatliche Regulierungen gegenzusteuern bzw. diese zumindest abzuschwächen, bestünde in einkommensergänzenden (in Abgrenzung zur Sozialversicherung mit ihren einkommensersetzenden) Leistungen. Derartige Leistungen gibt es nur in einigen wenigen Ländern: Dazu zählen das Einkommensgarantiegeld (als Differenzbetrag zwischen Netto-Teilzeiteinkommen und vollem Arbeitslosengeld) in Belgien, das Teilarbeitslosengeld (nach längerer Vollzeittätigkeit: Bezugsdauer abhängig vom Stundenumfang der Teilzeittätigkeit, maximal für einen 150 Vollzeitarbeitstagen entsprechenden Zeitraum) in Schweden für unfreiwillig Teilzeitbeschäftigte und die Einkommensergänzung durch die Arbeitslosenhilfe in Finnland. Eine weitere einkommensrelevante Maßnahme für Teilzeitbeschäftigte besteht in der Regelung betreffend „Überstundenzeit": So gibt es in Belgien und Spanien ein Überstundenentgelt für jene (unfreiwillige) Arbeitszeit, die über der vereinbarten durchschnittlichen Wochenarbeitszeit bei Teilzeitbeschäftigten liegt.

Liegt die Einkommensproblematik bei Teilzeitbeschäftigung im Niveau, so bei befristeter Beschäftigung und Leiharbeit in erster Linie bei deren Diskontinuität und Instabilität. Als – realiter allerdings bescheidener – Ausgleich dieser Problematik sind in den Untersuchungsländern nur wenige Beispiele für einkommensergänzende Leistungen bekannt: In Frankreich gibt es die Prekaritätsentschädigung im Fall der befristeten Beschäftigung und bei Leiharbeit eine Abfertigung, in Portugal eine Entschädigung bei Ablauf der befristeten Arbeitsverträge und in Spanien eine Abfertigung beim Auslaufen von Leiharbeitsverträgen.

Sofern es überhaupt Regelungen betreffend Arbeit auf Abruf bzw. KAPOVAZ gibt (so in der Bundesrepublik Deutschland), wird dabei die äußerst prekäre Einkommenssituation derartig Beschäftigter kaum beeinflußt.

Insgesamt betrachtet trägt sozialstaatliche Politik bisher – von Ansätzen abgesehen – realiter nicht zur Abstützung einer eigenständigen Einkommenssicherung atypisch Beschäftigter bei.

In einem Großteil der untersuchten Länder gibt es hinsichtlich der *Arbeits- und Beschäftigungsbedingungen* Gleichstellungen bzw. Gleichbehandlungen, deren Adressaten – wie oben ausgeführt – in erster Linie Teilzeitbeschäftigte (vielfach inklusive geringfügig

Beschäftigter), zum Teil auch befristet Beschäftigte und Leiharbeitende sind. Die gesetzlich relativ privilegierte Stellung der Teilzeitbeschäftigung zeigt sich in den meisten Ländern zum einen an Rechten wie Kündigungsschutz, Urlaub, Abfertigung oder Elternkarenz. Als Beispiele für davon abweichende Usancen mit weitgehend fehlenden Regelungen sei auf Länder wie die USA verwiesen. Allerdings gibt es auch in anderen Ländern spezifische Ungleichbehandlungen: So ist der gesetzliche Kündigungsschutz in Dänemark für Teilzeitbeschäftigte eingeschränkt. Benachteiligung von Teilzeitbeschäftigten in den Arbeitsbedingungen bestehen in vielen Ländern bei der Entlohnung von Überstunden: Sie werden als solche erst bezahlt, wenn das vollzeitige Normalstundenausmaß überschritten wird.

Die relative Privilegierung der Teilzeitbeschäftigung zeigt sich zum anderen an vergleichsweise Schlechterstellungen anderer Formen wie befristeter Beschäftigung und Leiharbeit. Bei beiden Formen ist der meist für Voll- und Teilzeitarbeit geltende Bestandsschutz (Kündigungsschutz) beträchtlich begrenzt bzw. wird dessen Erosion durch die Erleichterung des Abschlusses und die Verlängerung der Dauer der Befristungen befördert. In der Bundesrepublik Deutschland beispielsweise gingen damit ca. 3 Mio. Beschäftigte des Kündigungsschutzes verlustig. Gegenläufige Tendenzen dazu zeichnen sich in Spanien (geplant: Einschränkung der Befristungsmöglichkeiten), Schweden und Slowenien (Unterbindung von Kettenverträgen) und auf Basis des zuletzt auf EU-Gemeinschaftsebene beschlossenen Sozialpartnerübereinkommens ab.

Die Diskontinuität der Erwerbsarbeit ist vielfach mit dem Ausschluß von Leistungen wie Abfertigung, im Einzelfall auch der Lohnfortzahlung verbunden.

Ausgeblendet aus arbeitsrechtlichen Regelungen sind bisher meist die Arbeitsbedingungen von Arbeit auf Abruf, der kapazitätsorientierten variablen Arbeitszeit, von Job-Sharing, Telearbeit und arbeitnehmerähnlicher (d. h. Schein-) Selbständigkeit. Insbesondere bei letzterer gibt es zusätzlich in einigen Ländern (z. B. Großbritannien, Portugal) Interpretationsprobleme, ob diese Arbeitsverträgen unterliegen oder nicht.

Hinsichtlich der Arbeitsbedingungen ist konstatierbar, daß atypisch Beschäftigte in unterschiedlicher Weise zwar, doch auch hier konkrete Benachteiligungen erfahren, die durch spezifische Regelungen nicht bloß oft reproduziert, sondern zum Teil noch verstärkt werden (Beispiel: Erleichterung von Befristungsmöglichkeiten). Abgesehen von der bereits angemerkten Problematik der Diskrepanz zwischen Normen und Arbeitsrealität sind aufgrund der Diskontinuität mit diesen Formen auch reale Benachteiligungen im Hinblick auf Aufstiegs- und Fortbildungschancen verknüpft, was bisher durch einschlägige Regelungen kaum abgemildert worden ist.

Der Beitrag *sozialstaatlicher Regelungen* zur sozialen Absicherung atypisch Beschäftigter ist mehrschichtig, weist beträchtliche Differenzierungen auf und ist von Ambivalenzen geprägt. Rein rechtlich betrachtet ist – von Ländern mit einer geringeren Regelungsdichte (wie die USA) abgesehen – ein beträchtlicher Teil atypisch Beschäftigter in die bestehenden Systeme sozialer Sicherung, sei es durch spezifische Regelungen oder durch Anwendung allgemein geltender Normen, integriert: Dies gilt für Teilzeitbeschäftigte (siehe Übersicht 6) ebenso wie für befristet Beschäftigte und Leiharbeiter/innen.

Die bestehenden Normen in einigen Ländern erweisen sich als positiv im Sinne der Teilhabechancen atypisch Beschäftigter. Hier sei zum einen auf soziale Sicherungssysteme verwiesen, die neben erwerbsarbeitsgebundenen auch universelle Elemente und diesbezüglich Rechte auf sozialstaatliche Leistungen beinhalten: Dazu zählen Sachleistungen in staatlichen Gesundheitssystemen (Schweden, Dänemark, Großbritannien, Italien) und vor allem auch die Gewährleistung einer staatlich geregelten Grundpension (Niederlande, Schweden, Dänemark).[48] Die Rente nach Mindesteinkommen in der Bundesrepublik Deutschland und die Ausgleichszulage im österreichischen Pensionssystem beinhalten unter einschränkenden Bedingungen (lange Kontinuität bzw. Notlage und Anrechnung von Partner/inneneinkommen) in Ansätzen Elemente einer Grundsicherung. Zum anderen gibt es in einigen Ländern überhaupt keine (Italien, Portugal, Spanien) bzw. keine generellen Ausschlußkriterien. Dies heißt, daß in diesen Ländern somit auch (abhängig) atypisch Beschäftigte mit ganz wenigen Arbeitsstunden in allen bzw. in einzelnen Sozialversicherungsbereichen erfaßt sind. In anderen Staaten bestehen nur partielle (z. B. Belgien, Dänemark, Niederlande, Slowenien, Schweden) Exklusionskriterien, sei es durch Zeit- und/oder Einkommensgrenzen.

Seit den 80er Jahren wurden auch auf rechtlicher Ebene einige Anpassungen an die veränderten Arbeitsmarktbedingungen vorgenommen, die ebenso positiv im Sinne atypisch Beschäftigter sind. In Deutschland erfolgte zum einen die Einführung einer zeitlich beschränkten Lohnfortzahlung für geringfügig Beschäftigte (6 Wochen). Zum anderen gibt es hier seit den 90er Jahren (in Österreich seit 1998) die Regelung, daß mehrere geringfügige Beschäftigungsverhältnisse zusammengerechnet werden – auf diesem Weg wird ein Teil dieser Gruppe sozialversicherungspflichtig. Zudem wird im Fall der Erwerbslosigkeit innerhalb von drei Jahren nach einem Wechsel von Voll- auf Teilzeitarbeit die Vollzeit-Berechnungsgrundlage erhalten (siehe auch Reissert 1998, S. 253).

Für die Gruppe der geringfügig Beschäftigten wurden in Österreich und der Bundesrepublik Deutschland teilweise abweichende Wege gewählt: Für Österreich ist die Aufrechterhaltung der traditionellen Einkommensgrenze, die Möglichkeit der freiwilligen Versicherung (in der Kranken- und Pensionsversicherung) für geringfügig Beschäftigte (opting-in-Modell) und die obligatorische Beitragszahlung durch die Arbeitgeber von geringfügig Beschäftigten für den Fall, daß deren Einkommen das 1,5fache der Geringfügigkeitsgrenze übersteigt, konstatierbar. In der Bundesrepublik Deutschland wurde die Gruppe der geringfügig Alleinbeschäftigten in die Kranken- und Pensionsversicherung integriert. Der Arbeitgeber bezahlt Pauschalbeiträge, die von den geringfügig Beschäftigten ergänzt werden können. In Belgien wurde die Geringfügigkeitsgrenze (in der Arbeitslosenversicherung) abgesenkt.

Auf der anderen Seite ist die sozialrechtliche Situation für atypische Beschäftigte nicht nur generell schlecht in Ländern wie den USA. Es hat in den letzten Jahren einige für atypisch Beschäftigte negative Einzelmaßnahmen gegeben: So wurde in Spanien der Ausschluß von Teilzeitbeschäftigten mit einem niedrigen Stundenausmaß eingeführt (1998 wieder aufgehoben), in Schweden die Ersatzrate (z. B. in der Krankenversicherung) abgesenkt und in Portugal der Durchrechnungszeitraum in der Pensionsversicherung wiederholt verlängert.

Die Problematik der bestehenden Regelungen im Hinblick auf die soziale Absicherung von atypisch Beschäftigten, realiter in erster Linie von Frauen, liegt nicht nur in einigen Detailregelungen, sondern grundsätzlich auf mehreren Ebenen:

– Diese Regelungen beziehen sich meist nicht explizit auf Beschäftigungsformen wie Arbeit auf Abruf oder nur sehr beschränkt auf arbeitnehmerähnliche Selbständigkeit. Neben Schweden und Dänemark, wo (Schein-)Selbständige von den einzelnen Versi-

cherungssystemen gleichermaßen erfaßt sind wie abhängig Beschäftigte, haben Österreich und die Bundesrepublik Deutschland explizite Schritte zur sozialrechtlichen
Integration von sogenannten Scheinselbständigen gesetzt.

– Die einschlägigen sozialrechtlichen Regelungen beinhalten ungleich stärker als
  arbeitsrechtliche Regelungen Differenzierungen beim Zugang zu Leistungen: zum
  einen gibt es Exklusionskriterien entlang von Zeit- und/oder Einkommensgrenzen.
  Zum anderen kommt es zum Ausschluß aufgrund der Wirksamkeit von Vorausset-
  zungsregelungen: hier spielt das Kriterium der Kontinuität der Beschäftigung durchwegs für diverse Leistungen eine wesentliche Rolle.

– Mit den bestehenden Regelungen betreffend einkommenskompensierende Leistungen
  werden atypisch Beschäftigte realiter nur eingeschränkt materiell abgesichert. Wesentliche Gründe dafür liegen in den für die Höhe und Dauer von Leistungen vielfach
  maßgeblichen Kriterien: nämlich Höhe des Erwerbseinkommens und Dauer/Konti-
  nuität einer versicherungspflichtigen Beschäftigung. Dies gilt weitgehend unbeschränkt für Systeme mit dominantem Erwerbsarbeitsbezug und damit verbundenem
  Äquivalenzprinzip (Relation zwischen Beitragsleistung und Höhe der Sozialleistung).
  In derartigen Systemen sind Frauen – aufgrund ihrer durch familiäre Arbeit bedingten
  meist „anderen" Erwerbsbiographien und damit verbundener Diskontinuität und Instabilität von Erwerbsarbeit, nicht zuletzt des Einkommensgefälles – durchwegs strukturell benachteiligt. Diese Benachteiligung verlagert sich in derartigen Systemen –
  analog der Aliquotierung bei Einkommen, teilweise der Diskontinuität des Erwerbsverlaufes bei befristeter Beschäftigung und Leiharbeit – in atypische Beschäftigung.
  Wie oben an einem Beispiel für Österreich aufgezeigt, bedeutet dies, daß sich niedrige
  Einkommen in nicht existenzsichernden sozialstaatlichen Leistungen niederschlagen.
  Die Diskontinuität des Erwerbsverlaufes bei bestimmten atypischen Beschäftigungsformen kann zur de facto Ausgrenzung aus dem Leistungssystem führen. Beides gilt
  in jedem Fall, wenn die Systeme sozialer Sicherung keine Mindestsicherung und/oder
  keine universellen Rechte auf soziale Absicherung beinhalten.

Neben gesetzlichen Normen sind für die materielle und soziale Lage von atypisch
Beschäftigten auch kollektivvertragliche und betriebliche Vereinbarungen relevant. Insofern es Informationen gibt, deuten diese darauf hin, daß – ungeachtet gesetzlicher Vorgaben von Gleichstellung/Gleichbehandlung bzw. eines Benachteiligungsverbotes – Bedingungen und soziale Lage atypisch Beschäftigter im Vergleich zu „Normalbeschäftigten"
ungünstiger sind. Bei einer Sichtung der Kollektivvertragssituation gibt es laut Schmidt
(1995, S. 240) [49] in der Bundesrepublik Deutschland in einigen Bereichen nach wie vor
Benachteiligungen von Teilzeitbeschäftigten – und zwar bei Bezahlung, Aufstiegs- und
Weiterbildungsmöglichkeiten, beim Anspruch auf betriebliche Sozialleistungen sowie
beim Kündigungsschutz. Ähnliches gilt für Kollektivverträge in Großbritannien. [50] Die
Benachteiligung betrifft häufig Prämien und Zuschläge zum Grundlohn, die Arbeitszeiteinteilung (Samstags- und Nachtarbeit ohne Zuschläge) und die Lohnfortzahlung. Vermehrt trifft dies auf geringfügig Beschäftigte zu. Aus einer Befragung von Frauen in der
Bundesrepublik Deutschland, die bei Reinigungsfirmen geringfügig beschäftigt waren,
ging beispielsweise hervor: 45 % der Befragten erhielten weniger Lohn als der Tarifvertrag vorsah, und 25 % gaben an, daß sie überhaupt keine bezahlten Urlaubstage bekamen,
obwohl ihnen gemäß Urlaubsgesetz zumindest vier Wochen Mindesturlaub zustanden

hätten (siehe Neuhold, Bundesrepublik Deutschland, i. d. B.). Auch in den Niederlanden werden geringfügig Beschäftigte in Tarifverträgen realiter ungleich behandelt (siehe Fagan u.a. 1999, S. 64; Molitor i. d. B.).

Auf die große Verbreitung des Phänomens der Ungleichstellung verweist Delsen (1995, S. 111): Eine Reihe von Studien für die USA, Japan wie auch für verschiedene europäische Länder zeigten, daß die Löhne und freiwilligen Leistungen von Teilzeitbeschäftigten oft niedriger als die von Vollzeitbeschäftigten sind (siehe auch Walwei u.a. 1999, S. 51 f.).

Die angesprochene Problematik fehlender Ansprüche überhaupt oder nicht existenzsichernder Leistungen wird in einigen Ländern zumindest teilweise dadurch abgemildert, daß individuelle Ansprüche nicht bloß an den Erwerbsarbeitsstatus, sondern auch an den Staatsbürger- oder Wohnsitzstatus gebunden sind. Das heißt konkret: Die kompensatorische materielle Absicherung von lange Zeit Teilzeitbeschäftigten im Alter ist grundsätzlich eher gewährleistet in Systemen à la Niederlande, Dänemark oder Schweden, weil zusätzlich zu den aus Erwerbsarbeit abgeleiteten Ansprüchen ein individueller Anspruch auf eine Grundpension besteht.[51] Daß in diesen Ländern die gegenständliche Problematik allerdings nicht insgesamt ausgeräumt ist, zeigt sich an der realiter schlechteren materiellen Absicherung im Fall von Krankheit und Erwerbslosigkeit. Dafür fehlt es in diesen Ländern – abgesehen von der bedarfsabhängigen und bedarfsgeprüften Sozialhilfe – an erwerbsunabhängigen Grundsicherungen.

3.3 Anknüpfungspunkte für eine Politik betreffend atypische Beschäftigung

Wie die Analysen dieses Bandes und andere rezente sozialwissenschaftliche Beiträge untermauern, gibt es verschiedene Anknüpfungspunkte für Veränderungen in der sozialpolitischen Gestaltung, die explizit auf die Sicherung der Teilhabechancen von atypisch Beschäftigten insgesamt, von Frauen insbesondere hinauslaufen.

a) Anknüpfungspunkt prinzipielle Gleichstellung

Auch wenn in der Literatur punktuell Skepsis über den Stellenwert gesetzlich normierter Gleichbehandlung und Gleichstellung geäußert wird (so z. B. betreffend Frauen im Erwerbsleben bei Klein 1993, S. 16), gehe ich davon aus, daß derartige Normierungen (siehe auch Delsen 1995, S. 267) mit der verbindlichen Geltung für alle Ebenen, die für die Sicherung von Teilhabechancen relevant sind – nämlich Gesetze, Kollektivverträge, betriebliche Vereinbarungen[52] –, eine unumgängliche Basis für die gesellschaftspolitische Gestaltung von atypischen Beschäftigungsformen darstellen. Wie die Erfahrungen mit den (EU-weiten) Gleichbehandlungserfordernissen betreffend die Geschlechter, aber auch spezifisch gesetzlich fixierte Benachteiligungsverbote (so in der Bundesrepublik Deutschland) zeigen, bedarf es entsprechender institutionalisierter Mechanismen, mittels derer die Durchführung kontrolliert wird bzw. bei abweichender Praxis Sanktionen gesetzt werden. Zur Aufwertung atypischer Beschäftigungsformen ist die Normierung ihrer prinzipiellen und systematischen Gleichstellung unumgänglich, allein aber nicht ausreichend (betreffend Teilzeitarbeit siehe Fagan u.a. 1999, S. 63f.). Zudem: Insbesondere vor dem Hintergrund struktureller Benachteiligung von Frauen bedürfen selbst Regelungen, die unmittelbar auf einzelne atypische

Beschäftigungsformen Bezug nehmen, einer Ergänzung. Es bedarf sozusagen der Parallel-maßnahmen bzw. weiterer abstützender Maßnahmen. Ein Beispiel dafür ist die Schaffung und das Angebot an ausreichenden Kinderbetreuungseinrichtungen.

b) Anknüpfungspunkt Einkommensergänzung

Aufgrund der beträchtlichen Problematik niedriger und diskontinuierlicher Einkommen sind Schritte naheliegend, die Erwerbseinkommen ergänzen. Eine Herausforderung für politische Gestaltung stellt dabei zum einen die heute (wenn auch in unterschiedlichem Ausmaß) bereits konstatierbare unfreiwillige Ausübung atypischer Beschäftigungsformen (wie auch von Teilzeit) dar. Diesbezügliche Schritte, die über die traditionelle Weise der Kompensation des Einkommensausfalles hinausgehen, sind die in den Länderanalysen bereits erwähnten Beispiele des Einkommensgarantiegeldes in Belgien, des Teilarbeitslo-sengeldes in Schweden und der Einkommensergänzung durch die Arbeitslosenhilfe in Finnland.

Eine traditionell bestehende Problematik, die auch im Zusammenhang mit Teilzeitarbeit relevant ist, stellt der Einkommensverlust bei Reduktion der Arbeitszeit zum Zweck der Leistung familiärer bzw. kinderbezogener Betreuungsarbeit dar. Abweichend von den bekannten Maßnahmen wie Karenzgeld oder Teilkarenzgeld werden spezifische Modelle ventiliert, die mit Teilzeitarbeit verkoppelt sind bzw. werden können und auf Einkommens-ergänzung im Fall der Leistung von familiärer Arbeit abzielen.

Das sogenannte Fonds-Modell (siehe dazu Kurz-Scherf 1987, S. 496) sieht die Bildung von Fonds durch die Tarifpartner vor, in die die Betriebe zur Finanzierung des Lohnaus-gleichs für die Arbeitszeitverkürzung von Eltern und Alleinerziehenden einen bestimmten Anteil ihrer Umsatzes abführen: „Eltern mit Kleinkindern bis zu 6 Jahren haben Anspruch auf Reduktion ihrer täglichen Arbeitszeit auf vier bzw. ihrer wöchentlichen Arbeitszeit auf 20 Stunden bei im übrigen gleichbleibenden Arbeitsbedingungen. Der durch diese Arbeitszeitverkürzung entstehende Dienstausfall wird ihnen für höchstens drei Jahre zu 75 % erstattet. Bei Alleinerziehenden verlängert sich die Frist auf sechs Jahre… Eltern und Alleinerziehenden dürfen bei Inanspruchnahme dieser Regelung keinerlei Nachteile entstehen."

Das Modell der Elternversicherung (siehe dazu Quack 1992, S. 230), das in Anlehnung an schwedische Regelungen entwickelt wurde, sieht für Mütter und Väter einen Rechtsan-spruch auf Teilzeitarbeit mit Recht auf Rückkehr, Einkommensausgleich und vollen sozialen Schutz vor. Die Finanzierungsbasis stellt eine Elternversicherung dar, in der alle Erwerbstätigen pflichtversichert sind und in die sie Beiträge einzahlen. Kriterium für die Höhe der Leistungen ist das Arbeitslosengeld.

Die Umsetzung derartiger Modelle käme auf absehbare Zeit – auch aufgrund der Geschlechterkonstellation am Teilzeitarbeitsmarkt – in jedem Fall Frauen zugute. Die rea-liter noch fast ausschließlich Frauen betreffende strukturelle Problematik der spezifischen Einkommensbenachteiligung infolge familiärer Arbeit wird durch die derzeit gängigen Erhebungen auf EU-Ebene (siehe Eurostat-Erhebungen über Arbeitskräfte, Tabelle 8 und 9) über Motive für Teilzeit zugedeckt: Denn als einer der möglichen Gründe rangiert nicht familiäre Arbeit, sondern „wünscht keine Vollzeittätigkeit".

Positive Anknüpfungspunkte dafür, die Einkommenssituation von diskontinuierlich Beschäftigten zumindest partiell zu verbessern, können in den in Frankreich bestehenden Regelungen über Abfindung (abweichend von sonst durchgängig üblichen Kontinuitäts- kriterien) bei der Leiharbeit und die Prekaritätsentschädigung bei befristeter Beschäfti- gung gesehen werden. Auch in Portugal ist eine Entschädigung bei Auslaufen des befri- steten Arbeitsvertrages, in Spanien eine Abfertigung bei Auslaufen von Leiharbeitsverträ- gen vorgesehen. Derartige Prekaritätsprämien (siehe auch Mückenberger u. a. 1993, S. 48) bedeuten grundsätzlich einen Nachteilsausgleich. Die Umsetzung des Gebotes der Gleichbehandlung atypisch Beschäftigter könnte praktisch zum einen die Veränderung der gängigen Überstundenregelungen bedeuten (in Richtung Geltung als Überstunden bei Übersteigen der durchschnittlichen Arbeitszeit), zum anderen die tatsächliche durchgängi- ge Gleichstellung aller Beschäftigten – ungeachtet des Ausmaßes ihrer Arbeitszeit – bei betrieblichen freiwilligen Leistungen wie z. B. bei Prämien bedeuten.

c) Anknüpfungspunkt Verbesserung der Arbeits- und Beschäftigungsbedingungen

Diesbezügliche Anknüpfungspunkte auf rechtlicher Ebene könnten – auch wenn es dazu bisher nur sehr selektive und eingeschränkte Realisationen gibt – beispielsweise die Ver- ankerung von Rechten wie Recht auf Teilzeitarbeit sowie Recht auf Rückkehr zur Voll- zeitbeschäftigung bilden.[53] Auf diesem Wege würde auch die Durchlässigkeit im Arbeits- markt gefördert. Ein wichtiger Schritt ist in der Aufwertung von Teilzeitarbeit zu sehen: beispielsweise durch Anwendung von Teilzeit in allen Wirtschaftsbereichen (siehe auch Fagan u.a. 1999, S. 67) und durch gleiche Chancen für Aufstieg und Qualifikationsmaß- nahmen. Bei Matthies u.a. (1994, S. 364, 373) findet sich der Vorschlag auf Einführung von (überbetrieblichen) Qualifizierungs- bzw. Arbeitskräftepools. Die positiven Konse- quenzen derartiger Pools bestünden darin, daß die bestehende Diskontinuität bestimmter Arbeitsverhältnisse bzw. befristeter betrieblicher Arbeitseinsätze „mit individueller Beschäftigungskontinuität verknüpft wird" (1994, S. 364). Der Unterschied zur gängigen Leiharbeit bestünde darin, daß mit diesen Pools „eine betriebsförmig organisierte, selbst nicht auf Gewinn zielende Einrichtung mehrerer Unternehmen verstanden (wird), die zur Stabilisierung von Beschäftigung und Sicherung der Versorgung mit qualifizierter Arbeitskraft Arbeitnehmer/innen einstellt und den beteiligten Unternehmen nach Bedarf überläßt" (1994, S. 373). Beispiele dafür finden sich vor allem in den Niederlanden.

d) Anknüpfungspunkt soziale Absicherung

Wie ausgeführt spricht einiges dafür, daß die in einer Reihe von Ländern bestehenden uni- versellen, nicht an Erwerbsarbeit und/oder Familienstand gebundenen Rechte auf Leistun- gen die Problematik von Lücken im Erwerbsleben und eines nicht existenzsichernden Ausmaßes von Transferleistungen abmildern bzw. abschwächen. Von daher ergeben sich als ein Kernpunkt für Strategien einer besseren Absicherung die Lockerung des – in vie- len Ländern – bestehenden engen Zusammenhanges zwischen individueller Arbeitsmarkt- bzw. Beschäftigungsposition und sozialer Sicherung (siehe so auch Delsen 1995, S. 150). Eine derartige Lockerung könnte auf mehreren Wegen umgesetzt werden:

– durch Einführung einer materiellen Grundsicherung, die bestehende Institutionen des Sozialversicherungssystems durch einen bedarfsbegründeten Sockel bzw. durch Min- deststandards ergänzt, eine steuerfinanzierte Leistung innerhalb des bestehenden

Systems darstellt und der Zielsetzung Verhinderung von Armut im Fall von Erwerbs-losigkeit, Erwerbsunfähigkeit, Alter und des Alleinerzieherin-Status dient [54];

–   durch Einführung einer (von Beitragsleistung und Familienstand unabhängigen) Grundpension für alle, die die an Erwerbsarbeit gebundene Pension ergänzt (siehe Tálos 1996) oder

–   durch eine materielle Sicherung im Alter, die zum einen auf einer Mindestbeitrags-pflicht (mit verschiedenen Modulen, siehe z. B. Eigenständige Alterssicherung 1997), zum anderen auf aus Erwerbsarbeit abgeleiteten Ansprüchen basiert.

Diese Anknüpfungspunkte machen ein Zweifaches deutlich: Eine Politik der sozialpoliti-schen Gestaltung atypischer Beschäftigung, mit der insbesondere den, mit derartigen Beschäftigungsformen vor allem für Frauen einhergehenden, negativen Konsequenzen gegengesteuert werden soll und kann, wird nur eine Politik des policy-mix sein können. Dieser policy-mix wird alle wesentlichen Ebenen tangieren: Einkommen, Arbeits- und Beschäftigungsbedingungen sowie soziale Absicherung. Bei einer derartigen Politik geht es meines Erachtens nicht darum, bestehende sozialstaatliche Regelungen überhaupt abzuschaffen oder durch ein allgemeines, staatlich garantiertes Grundeinkommen sowie durch individuelle Vorkehrungen zu ersetzen, sondern dort zu ergänzen, wo es angesichts veränderter gesellschaftlicher, insbesondere veränderter Arbeitsmarkt- und Beschäfti-gungsbedingungen notwendig geworden ist.

4. Ausblick

Das 20. Jahrhundert stand in den industrialisierten Ländern im Zeichen der Verbreitung des sogenannten Normalarbeitsverhältnisses. Zeichnet sich am Ausgang des Jahrhunderts bereits in merkbaren Ansätzen eine Veränderung ab, so kann davon ausgegangen werden, daß der Arbeitsmarkt im nächsten Jahrhundert vermehrt im Zeichen atypischer Beschäfti-gung stehen wird. Vielfach wird zur Normalität werden, was heute noch als atypisch bezeichnet wird. Was konkret heißt: weniger Kontinuität und mehr Wechsel, mehr Pluri-formität und weniger Dauerhaftigkeit von Erwerbsverläufen.

Korrelierten mit der Verbreitung des Normalarbeitsverhältnisses – ungeachtet andauern-der Unterschiede – spezifische sozialstaatliche Arrangements, so wird es vor allem in den Ländern mit einer ausgeprägten Tradition von an Berufsgruppen bzw. Erwerbsarbeit orientierten sozialen Sicherungssystemen einen beträchtlichen Handlungsbedarf geben. Weitergehende Änderungen am Arbeitsmarkt in Richtung Normalisierung des „Atypi-schen" haben eine hohe Wahrscheinlichkeit.

Im Hinblick auf den Umbau des Sozialstaates ist die künftige Entwicklung meines Erach-tens noch offener. Private Vorsorge wird in Zukunft im Vergleich zu diesem Jahrhundert in den hochentwickelten Sozialstaaten insgesamt ein größeres Gewicht haben, was aller-dings an der Beeinträchtigung der Teilhabechancen von atypisch Beschäftigten wenig ändern wird (Vermehrung von working poor). Zur Zeit ist auch aufgrund der aktuell anhaltenden politischen Widerstände noch wenig absehbar, ob und in welcher Weise eine teilweise Entkoppelung von Erwerbsarbeit und staatlich garantierter (Grund-) Sicherung realisiert werden wird. Doch ungeachtet dessen wird diese Frage eines der Hauptthemen der zukünftigen gesellschaftspolitischen Auseinandersetzungen sein.

Auf der anderen Seite werden die Übergänge zwischen unselbständiger und selbständiger Arbeit fließender – sowohl auf Ebene der Beschäftigungsformen (Beispiel Telearbeitende, Werkvertrags- und Honorarbeschäftigte) als auch der individuellen Erwerbsverläufe. Dies heißt zugleich, daß das traditionelle Arbeitsrecht an Treffsicherheit verliert und nicht nur eine Anpassung an die veränderten Gegebenheiten des Arbeitsmarktes, sondern ein Umbau auch in diesem Bereich des Sozialstaates ansteht. Dieser könnte u.a. in der Weiterentwicklung des Arbeitnehmerschutzes zum Arbeitsschutz auch für Selbständige bestehen.[55]

Anmerkungen

1 Nicht einbezogen sind die traditionellen Formen abweichender Arbeitszeiten wie Nacht-, Schicht- oder Wochenendarbeit (siehe dazu für Österreich: Hammer 1998).

2 Siehe Walwei u. a. 1991, S. 37; Bosch 1986, S. 165; Mückenberger 1985, S. 429; Rogowski/Schömann 1996, S. 224f.

3 Siehe z. B. Schmidt 1998; Tálos 1998; Klammer 1998.

4 Siehe z. B. Hinrichs 1996, S. 103ff.; Quack 1992, S. 23; Sainsbury 1994, S. 42; Rosenberger 1995; Leitner 1999.

5 Siehe auch Delsen 1995, S. 1; Schömann et al. 1998, S. 10 f.

6 Zit. bei Neuhold, USA, i. d. B.; Polivka 1996, S. 4.

7 Siehe z. B. Meulders et al. 1994; Delsen 1995; Grimshaw/Rubery 1998.

8 Siehe Meulders/Tytgat 1989, S. 195; Meulders et al. 1994, S. 230.

9 Aufgrund der Uneindeutigkeit des Begriffes „arbeitslos" wird der Begriff „erwerbslos" verwendet: Denn Menschen, die nicht erwerbstätig sind, sind nicht deshalb schon arbeitslos, was beispielhaft an der Leistung familiärer unbezahlter Arbeit deutlich wird. Nur die Fachbegriffe wie Arbeitslosenrate, Arbeitslosenquote, Arbeitslosengeld oder Arbeitslosenversicherung werden beibehalten.

10 Aus der Fülle von thematisch einschlägigen Publikationen sei z. B. angeführt: Walwei 1993; Walwei/Werner 1995; Delsen 1995; Meulders et al. 1994; Blossfeld/Hakim 1997; De Griep et al. 1997; Kalleberg et al. 1997; Klammer 1998; Schömann et al. 1998.

11 Siehe auch Walwei 1995a, S. 200; Fassler-Ristic i. d. B..

12 Siehe Walwei 1995a, S. 190; Keller/Seifert 1995, S. 238; Maier 1994, S. 152; Delsen 1995, S. 57ff.; De Griep 1997, S. 52; Keller 1997, S. 228.

13 Siehe auch z. B. Hakim 1997, S. 22; Klammer 1998, S. 254 ff.

14 Eine Differenzierung der Teilzeitarbeit findet sich bei Hakim (1997, S. 25): Sie unterscheidet zwischen drei Typen: erstens Teilzeit in Form reduzierter Arbeitsstunden (mit geringem zeitlichen Unterschied zur Vollzeitbeschäftigung); zweitens Teilzeit in Form von zeitlich halbierten Jobs (15 bis 29 Stunden); drittens Teilzeit als marginale Arbeit (mit weniger als zehn bzw. fünfzehn Stunden) – oft verbunden mit verschiedenen Schlechterstellungen.

15 Siehe auch Schmid 1997; Hakim 1997.

16 Siehe auch De Griep et al. 1997, S. 63; Delsen 1995, S. 55.

17 Diese beiden Formen werden in der Literatur meist synonym verwendet. Ihr gemeinsamer Punkt ist, daß die Lage der Arbeitszeit flexibel an die betrieblichen Erfordernisse angepaßt wird. Eine Differenzierung findet sich dahingehend, ob eine bestimmte Stundenzahl vereinbart ist, die dann in jedem Fall abgegolten wird (KAPOVAZ), oder selbst diese Festlegung fehlt (Arbeit auf Abruf) (siehe Mesch u. a. 1987, S. 196).

18 Siehe auch Walwei 1995a, S. 190 ff.

19 Andere Begriffe sind Telecommuting, Distanzarbeit oder Teleheimarbeit. Als deren wesentlichste Kennzeichen können gelten: Ortunabhängigkeit, Entfernung zum Arbeit- und Auftraggeber, Nutzung der Informations- und Kommunikationstechnologien bei der Arbeitsverrichtung und bei der zeitlichen flexiblen Übermittlung der Ergebnisse der Arbeit an den Auftraggeber (siehe z. B. Metzger 1999, S. 21; Hammer 1998a, S. 1023).

20 Keller/Seifert 1995, S. 235; siehe auch Hakim 1997, S. 22; Beschäftigung in Europa 1997, S. 47 ff.; Felstead/Jewson 1999, S. 8.

21 Siehe z. B. Meulders/Tytgat 1989, S. 195; Meulders et al. 1994, S. 235; Bieback 1993, S. 26; Delsen 1995, S. 262; Schilling u.a. 1996, S. 236; Keller 1997, S. 228; Hakim 1997, S. 22.

22 Siehe z. B. auch Rodgers 1989, S. 7; Kilchenmann 1992, S. 70; Keller/Seifert 1995, S. 234; Walwei 1995a, S. 183; De Griep et al. 1997, S. 60; Smith et al. 1998, S. 36 ff.

23 Siehe z. B. auch Schiffbänker/Silber 1997; Fagan u.a. 1999.

24 Alleinerziehende sind im Vergleich mit den erwerbstätigen Ehefrauen – aus finanziellen Gründen – in einem geringeren Ausmaß teilzeitbeschäftigt (siehe Bauer 1998, S. 189; ÖSTAT, Mikrozensus 1997).

25 Siehe auch Maier 1994, S. 156; Meulders/Tytgat 1989, S. 195; Klein 1993, S. 8.

26 Siehe z. B. Walwei 1995a, S. 190ff; Keller/Seifert 1995, S. 238; De Griep et al. 1997, S. 52; Matthies u.a. 1994; Klein 1990, S. 17; Ochs 1997; Walwei/Werner 1995, S. 371; Bielenski 1994; Smith et al. 1998.

27 Siehe dazu Eckart 1990, S. 35; Klein 1993, S. 11; Matthies u.a. 1994, S. 324ff.; De Griep 1997, S. 52; Keller/Seifert 1995, S. 238; Bielenski 1994; Schmal 1997.

28 Siehe auch Meulders/Tytgat 1989, S. 184; Delsen 1995, S. 264; Walwei 1993, S. 588.

29 Cousins hat meines Erachtens zu Recht darauf verwiesen, daß es zwischen den Ländern (z. B. zwischen Großbritannien und Schweden) große Unterschiede im Hinblick auf das Ausmaß gibt, inwiefern nichtstandardisierte Beschäftigungen prekär oder stabil sind (1999, S. 116 f.)

30 Siehe z. B. Analysen über Spanien, Deutschland, Österreich, Schweden, Großbritannien, USA; Walwei 1995; Klein 1993, S. 15; Maier 1994, S. 151; Schmidt 1995, S. 25; Blossfeld/Hakim 1997, S. 1; Tam 1998, S. 240, 243; Kalleberg et al. 1997, S. 15 ff.; Bericht der Kommission 1998, S. 14.

31 Siehe z. B. Klein 1993, S. 12; Schmidt 1995, S. 25.

32 Siehe z. B. Rubery/Fagan 1998, S. 69; Grimshaw/Rubery 1998, S. 319.

33 Siehe z. B. Walwei 1995, S. 198; Keller 1997, S. 231; Delsen 1995, S. 149f.; Rubery/Fagan 1998, S. 69.

34 Siehe z. B. Walwei 1995a, S. 198; Keller 1997, S. 231; Schmidt 1995, S. 26.

35 Siehe z. B. Walwei/Werner 1996, S. 138; Schmid 1997, S. 27f.

36 Siehe z. B. Maier 1994, S. 151; Walwei 1993, S. 586; Matthies u.a. 1994, S. 210.

37 Siehe z. B. Schmidt 1995, S. 25; Klein 1990, S. 15; Rasell/Appelbaum 1998, S. 304; Tam 1998, S. 240, 243.

38 Siehe z. B. Rubery/Fagan 1998, S. 69; Schömann et al. 1998, S. 163; Fagan u.a. 1999.

39 Siehe Länderanalysen über Spanien, Deutschland, Großbritannien und USA sowie z. B. Matthies 1994 u. a., S. 210; Schömann et al. 1997, S. 164; Deml/Struck-Möbbeck 1998, S. 14 f.

40 Siehe Länderanalysen über Spanien, Deutschland und Großbritannien; sowie z. B. Matthies u.a. 1994, S. 211; De Griep 1997, S. 53; Delsen 1995, S. 249; Meulders/Tytgat 1989, S. 184; Singer 1997, S. 279; Schömann et al. 1997, S. 164.

41 Siehe z. B. Länderanalysen Österreich, Bundesrepublik Deutschland, Großbritannien; Klammer 1998; Grimshaw/Rubery 1998.

42 Für die Teilzeitarbeit kommt Tam (1998, S. 241 ff.) im Hinblick auf Jobsicherheit und Erwerbslosigkeit zu einer gegenteiligen Einschätzung. Kalleberg et al. (1997, S. 39) konstatieren für die USA, daß die Jobsicherheit von atypisch Beschäftigten im Vergleich zu Vollzeitarbeitnehmer/innen beträchtlich schlechter eingeschätzt wird (siehe auch Rasell/Appelbaum 1998, S. 383).

43 Siehe Schmid 1996; Schmidt 1998; Tálos 1998.
44 Siehe Schulte 1991; MISSOC 1997.
45 Siehe Maydell 1983; Döring 1999.
46 Siehe z. B. Schmid 1996; Tálos 1998.
47 Siehe auch Keller/Seifert 1995, S. 246; Nätti 1996.
48 Siehe auch Fagan u.a. 1999; Döring 1999.
49 Siehe auch Walwei u.a. 1991, S. 52; Neuhold, Bundesrepublik Deutschland, i. d. B.
50 Siehe Fink, Großbritannien i. d. B, sowie Schmidt 1995, S. 245; Fagan u.a. 1999, S. 63.
51 Siehe auch Döring 1999; Fagan u.a. 1999.
52 Siehe auch Walwei 1995, S. 23; Maier 1994, S. 180.
53 Siehe auch Delsen 1995, S. 265, 271; Quack 1992, S. 228; Reissert 1998, S. 252.
54 Siehe Bäcker-Breil 1997, S. 39ff.; Hanesch u.a. 1994, S. 424ff.; Klammer 1998, S. 276.
55 Siehe z. B. Bieback 1999.

Literatur

Arbeitsklima Index (1998): News Letter 2/98, Linz.

Bäcker-Breil, G. (1997): Reformkonzept der bedarfsorientierten Grundsicherung, in: Dokumentation. Zweite österreichische Armutskonferenz, 20. bis 21. Jänner 1997, Salzburg, S. 37–47.

Bauer, A. (1998): Alleinerzieherinnen, in: Statistische Nachrichten 3/1998, S. 180–1991.

Beckmann, P. (1997): Beschäftigungspotentiale der Ausweitung der Teilzeitarbeit, in: WSI Mitteilungen (1997), S. 634–640.

Bericht der Kommission an den Rat, das Europäische Parlament, den Wirtschafts- und Sozialausschuß und den Ausschuß der Regionen KOM (1998) 774 endg. über die Umsetzung der Empfehlung 92/441/EWG vom 24. Juni 1992 über gemeinsame Kriterien für ausreichende Zuwendungen und Leistungen im Rahmen der Systeme sozialer Sicherung, Brüssel.

Beschäftigung in Europa 1997 (1997): Europäische Kommission, Luxemburg.

Bieback, K.-J. (1993): Der Schutz der atypischen Arbeit in den australischen, britischen und deutschen Systemen der sozialen Sicherheit, in: Internationale Revue für soziale Sicherheit 2/93, S. 25–48.

Bieback, K.-J. (1999): Viel Lärm um die zwei bis drei Prozent „neuer Selbständiger", in: Frankfurter Rundschau, Dokumentation, 5. Mai 1999.

Bielenski, H. (1994): New Forms of Work and Activity, Luxemburg.

Bielenski, H. (1997): Regulierung des Rechts befristeter Arbeitsverträge, in: WSI Mitteilungen (1997), S. 532–537.

Blossfeld, H.-P. (1997): Women's Part-Time Employment and the Family Cycle: A Cross-National Comparison, in: H.-P. Blossfeld/C. Hakim (eds.), Between Equalization and Marginalization, Oxford, S. 315–324.

Blossfeld, H.-P./C. Hakim (1997): Introduction: A Comparative Perspektive on Part-Time Work, in: dies. (eds.), Between Equalization and Marginalization. Women working Part-Time in Europe and the United States of America, Oxford, S. 1–21.

Bollinger, D./ W. Cornetz/ B. Pfau-Effinger (1991): „Atypische" Beschäftigung – Betriebliches Kalkül und Arbeitnehmerinteressen, in: K. Semlinger (Hg.), Flexibilisierung des Arbeitsmarktes, Frankfurt/New York, S. 177–199.

Bosch, G. (1986): Hat das Normalarbeitsverhältnis eine Zukunft?, in: WSI Mitteilungen 39/1986, S. 163–176.

Bundesministerium für Arbeit und Soziales (1998): Forschungsbericht: Telearbeit, Wien.

Cousins, Chr. (1999): Changing regulatory frameworks and non-standard employment. A comparison of Germany, Spain, Sweden and UK, in: A. Felstead/N. Jewson (eds.), Global Trends in Flexible Labour, Hampshire/London, pp. 100–120.

Däubler, W. (1988): Deregulierung und Flexibilisierung, in: WSI-Mitteilungen (1988), S. 449–457.

De Griep, A./ J. Hoevenberg/ E. Willems (1997): Atypical Employment in the European Union, in: International Labour Review, Vol. 136 (1997), No. 1, pp. 49–71.

Degen, B. (1993): Welche Rolle spielen arbeitsrechtliche Regelungen und die Rechtssprechung bei der Entwicklung der Teilzeitarbeit? Analyse – Tendenzen – Perspektiven, in: M. Klein (Hg.), Nicht immer, aber immer öfter, Marburg, S. 75–84.

Delsen, L.W.M. (1995): Atypical Employment: An International Perspective, Groningen.

Deml, J./O. Struck-Möbbeck (1998): Formen flexibler Beschäftigung. Umfang und Regulierungser-fordernisse, Supplement der Zeitschrift Sozialismus 3/98, Hamburg.

Döring, D. (1999): Die Alterssicherung in der Europäischen Union und veränderte erwerbsbi-gra-phische Muster, in: WSI-Mitteilung 1/1999, S. 48–57.

Eckart, Ch. (1990): Der Preis der Zeit. Eine Untersuchung der Interessen von Frauen an Teilzeitar-beit, Frankfurt/ New York.

Employment Outlook 1998, OECD, Paris

Esping-Andersen, G. (1990): Three Worlds of Welfare Capitalism, Cambridge.

Eurostat (1998): Erhebung über Arbeitskräfte. Ergebnisse 1997, Luxemburg.

Eurostat (1998a): Arbeitslosigkeit in der Europäischen Union, Luxemburg.

Fagan, C. u.a. (1999): Teilzeitarbeit in den Niederlanden, Deutschland und dem Vereinigten König-reich. Eine Herausforderung für den Geschlechtervertrag?, in: WSI-Mitteilungen (1999), S. 58–69.

Felstead, A./N. Jewson (1999): Flexible Labour and Non-Standard Employment: An Agenda of Issues, in: A. Felstead/N. Jewson (eds.), Global Trends in Flexible Labour, Hampshire/London, pp. 1–20.

Fink, M. (1998): Länderbericht Griechenland, in: Atypische Beschäftigungsformen und politische Maßnahmen unter besonderer Berücksichtigung von Fraueninteressen, Forschungsbericht (Pro-jektleitung: E. Tálos), Wien.

Fink, M. (1998a): Länderbericht Irland, in: Atypische Beschäftigungsformen und politische Maß-nahmen unter besonderer Berücksichtigung von Fraueninteressen, Forschungsbericht (Projekt-leitung: E. Tálos), Wien.

Firlei, K. (1985): Neue Formen und Aspekte atypischer Arbeitsverhältnisse, in: H. Floretta (Hg.), Österreichischische Landesberichte zum IX. Internationalen Kongreß für das Recht der Arbeit und der Sozialen Sicherheit in Caracas, Wien, S. 31–75.

Ginn, J./S. Arber (1998): How does part-time-work lead to low pension income? in: J. O'Reilly/ C. Fagan (eds.), Part-Time Propects, London/New York, S. 156–173.

Grimshaw, D./J. Rubery (1998): Arbeitslosenschutz bei atypischen Beschäftigungsverhältnissen: das vernachlässigte Thema, in: A. Bosco/M. Hutsebaut (Hg.), Sozialer Schutz in Europa, Mar-burg, S. 312–336.

Hakim, C. (1997): A Sociological Perspective on Part-Time Work, in: H.-P. Blossfeld/C. Hakim (eds.), Between Equalization and Marginalization, Oxford, S. 22–70.

Hammer, G. (1998): Sonderformen der Arbeitszeit, Bundesministerium für Arbeit, Gesundheit und Soziales, Wien.

Hammer, G. (1998a): Telearbeit. Ergebnisse des Mikrozensus, September 1997, in: Statistische Nachrichten 12/1998, S. 1023–1029.

Hanesch, W. u.a. (1994): Armut in Deutschland, Reinbek.

Hinrichs, K. (1996): Das Normalarbeitsverhältnis und der männliche Familienernährer als Leitbild der Sozialpolitik, in: Sozialer Fortschritt Heft 4/1996, S. 102–107.

Hof, B. (1994): Von der Voll- zur Teilzeit, Internationale Erfahrungen und Perspektiven, in: IW-Trends 1/94, S. 31–51.

Hörndler, M. (1997): Sozialleistungen in Österreich, Wien.

Kalleberg, A.L. et al. (1997): Nonstandard Work, Substandard Jobs, Economic Policy Institute, Washington.

Keller, B. (1997): Atypische Beschäftigungsverhältnisse: Beschäftigungswirkungen und Bedingungen der Regulierung, in: D. Sadowski/ K. Pull (Hg.), Vorschläge jenseits der Lohnpolitik, Frankfurt/New York, S. 227–246.

Keller, B./H. Seifert (1995): Regulierung atypischer Beschäftigungsverhältnisse, in: dies. (Hg.) Atypische Beschäftigung. Verbieten oder gestalten?, Köln, S. 231–255.

Kilchenmann, U. (1992): Flexibel oder flexibilisiert? Chancen und Fallen der Teilzeitarbeit von Frauen. Mit Beiträgen von Annette Goerlich und Theresia Bauer, Zürich.

Klammer, U. (1998): Reformbedarf und Reformoptionen der sozialen Sicherung vor dem Hintergrund der „Erosion des Normalarbeitsverhältnisses", in: K. Eicker-Wolf u.a. (Hg.), Die arbeitslose Gesellschaft und ihr Sozialstaat, Marburg, S. 249–287.

Klein, M. (1993): Zur Ambivalenz von Teilzeitarbeit, „Teilzeitfallen" und die Notwendigkeit emanzipatorischer Gewerkschaftspolitik, in: dies. (Hg.), Nicht immer, aber immer öfter, Marburg, S. 8–25.

Kronke, H. (1990): Regulierungen auf dem Arbeitsmarkt, Baden-Baden.

Kurz-Scherf, I. (1987): Zeit(t)räume per Tarifvertrag. Oder: Die Renaissance der betriebsnahen Tarifpolitik, in: WSI-Mitteilungen (1987), S. 492–502.

Lakies, Th. (1999): Altes und Neues beim Kündigungsschutz seit dem 1. 1. 1999, in: Neue Justiz. Zeitschrift für Rechtsetzung und Rechtsanwendung, Februar 1999, S. 74–78.

Leitner, S. (1998): Zur definitorischen Fixierung von „Mann" und „Frau" und ihre Auswirkungen auf die soziale Sicherung von „atypischer" Beschäftigung, in: D. Weiss (Hg.), Flexibles Europa, Frankfurt, S. 9–23.

Leitner, S. (1999): Frauen und Männer im Wohlfahrtsstaat, Frankfurt am Main.

Maier, F. (1994): International Regimes of Part-Time-Working, in: G. Schmid (ed.), Labour Market Institutions in Europe, New York/London, pp. 151–182.

Marshall, T.H. (1992): Bürgerrechte und soziale Klassen, Frankfurt.

Matthies, H. u. a. (1994): Arbeit 2000, Reinbek.

Maydell, B. von (1983): Alter und Tod, in: P.A. Köhler/H.P. Zacher (Hg.), Beiträge zu Geschichte und aktueller Situation der Sozialversicherung, Berlin, S. 369–402.

Mesch, M. u.a. (1987): Arbeitszeitgestaltung, Wien.

Metzger, S. (1999): Telearbeit. Eine neue Arbeitsform im Rahmen von Dezentralisierung und Flexibilisierung, Diplomarbeit, Wien.

Meulders, D. et al. (1994): Atypical Employment in the EC, Dartmouth.

Meulders, D./B. Tytgat (1989): The Emergence of Atypical Employment in the European Community, in: G. Rodgers/J. Rodgers (eds.), Precarious Jobs in Labour Market Regulation, Brussels, pp. 179–196.

MISSOC (1997): Soziale Sicherheit in den Mitgliedsstaaten der Europäischen Union, Luxemburg.

Möller, C. (1988): Flexibel in die Armut, Marburg.

Mückenberger, U./ S. Rasch/ H. Matthies/ E. Peters (1993): Gesellschaftspolitische Anforderungen an die Neugestaltung der Arbeitsverhältnisse: Arbeitnehmer/innen als Staatsbürger/innen im Betrieb, in: M. Klein (Hg.), Nicht immer, aber immer öfter, Marburg, S. 39–56.

Mückenberger, U. (1985): Die Krise des Normalarbeitsverhältnisses, in: Zeitschrift für Sozialreform 31/1985, S. 415–434, 457–457.

Murswieck, A. (1998): Soziale Sicherung – Der amerikanische Weg, in: Sozialpolitik im internationalen Vergleich. Informationen zur politischen Bildung 14/1998, S. 100–110.

Nätti, J. (1996): Atypical Employment and Gender in Finland, Ms., Helsinki.

Neuhold, Chr. (1998): Länderbericht Australien, in: Atypische Beschäftigungsformen und politische Maßnahmen unter besonderer Berücksichtigung von Fraueninteressen, Forschungsprojekt (Projektleitung Emmerich Tálos), Wien.

New Forms of Work and Activitiy. Survey of Experience at Establishment Level in Eight European Countries (1994), European Foundation for the Improvement of Living and Working Conditions, Luxemburg.

Ochs, Ch. (1997): Mittendrin und trotzdem draußen – geringfügige Beschäftigung, in: WSI-Mitteilungen (1997), S. 640–650.

Oppolzer, A. u. a. (Hg.) (1986): Flexibilisierung. Deregulierung. Arbeitspolitik in der Wende. Hamburg.

Panorama der EU-Industrie 97, Europäische Kommission, Band 2, Luxemburg.

Polivka, A.E. (1996): Contingent and alternative work arrangements, defined, in: Monthly Labor Review October 1996, S. 3–9.

Quack, S. (1992): Dynamik der Teilzeitarbeit. Berlin.

Ranftl, E. (1995): Arbeitszeit, in: Bericht über die Situation der Frauen in Österreich, Wien, S. 258–268.

Rasell, E./E. Appelbaum (1998): Atypische Arbeitsverhältnisse in den USA, in: WSI-Mitteilungen (1998), S. 381–386.

Reissert, B. (1998): Wie bewältigen Arbeitslosenunterstützungssysteme den Wandel auf den Arbeitsmärkten? Eine vergleichende Darstellung, in: A. Bosco/M.Hutsebaut (Hg.), Sozialer Schutz in Europa: Veränderungen und Herausforderungen, Marburg, S. 246–257.

Rodgers, G./J. Rodgers (eds.) (1989): Precarious jobs in labour market regulation: The Grown of Atypical Employment in Western Europe, Genf.

Rodgers, G. (1989): Precarious work in Western Europe: The state of the debate, in: Rodgers, G./ J. Rodgers (eds.), Precarious Jobs in Labour Market Regulation, Brussels, p. 1–16.

Rogowski, R./G. Schmid (1997): Reflexive Deregulierung, in: WSI Mitteilungen (1997), S. 568–582.

Rogowski, R./K. Schömann (1996): Legal Regulation and Flexibility of Employment Contracts, in: G. Schmid et al. (eds.), International Handbook of Labour Market Policy and Evaluation, Cheltenhamm/Brookfield, S. 623–651.

Romahn, H. (1993): Sozialpolitische Probleme flexibler Beschäftigung, in: M. Klein (Hg.), Nicht immer, aber immer öfter, Marburg, S. 85–100.

Rosenberger, S. (1995): Auswirkungen sozialpolitischer Maßnahmen auf die Gestaltung der Geschlechterverhältnisse, in: Bericht über die Situation der Frauen in Österreich. Frauenbericht 1995, Wien, S. 387–397.

Rubery, J./Fagan C. (1998): Chancengleichheit und Beschäftigung in der Europäischen Union. Bundesministerium für Arbeit, Gesundheit und Soziales. Bundesministerium für Frauenangelegenheiten und Verbraucherschutz, Wien.

Sainsbury, D. (ed.) (1994): Gendering Welfare States, London.

Sainsbury, D. (1994): Women's and Men's Social Rights: Gendering Dimension of Welfare States, in: D. Sainsbury (ed.), Gendering Welfare States, London, S. 150–169.

Schiffbänker, H./A. Silber (1997): Berufliche Perspektiven von Karenzgeldbezieherinnen, Forschungsbericht, Wien.

Schilling, G./ F. Bauer/ H. Groß (1996): Arbeitszeiten. Arbeitszeitwünsche und Zeitverwendung in Deutschland, in: WSI-Mitteilungen (1996), S. 432–441.

Schmal, A. (1997): Teilzeitbeschäftigung. Motive, Präferenzen und Barrieren aus Sicht von Arbeitnehmern, Frankfurt.

Schmid, G. (1997): Das niederländische Beschäftigungswunder? Ein Vergleich der Beschäftigungssysteme in den Niederlanden und Deutschland, in: infor MISEP 59/1997, S. 26–35.

Schmid, J. (1996): Wohlfahrtsstaaten im Vergleich, Opladen.

Schmidt, M. (1995): Teilzeitarbeit in Europa, Baden-Baden.

Schmidt, M. (1998): Sozialpolitik in Deutschland. Historische Entwicklung und internationaler Vergleich, Opladen.

Schömann, Kl./R. Rogowski/Th. Kruppe (1994): Befristete Beschäftigung in der Europäischen Union, in: infor MISEP 47/1994, S. 33–43.

Schömann, Kl./R. Rogowski/Th. Kruppe (1998): Labour market efficiency in the European Union, London/New York.

Schulte, B. (1991): Soziale Grundsicherung – Ausländische Regelungsmuster und Lösungsansätze, in: G. Vobruba (Hg.), Strukturwandel der Sozialpolitik, Frankfurt, S. 81–181.

Schwarz, K. (1997): Teilzeitbeschäftigung und Arbeitszeitwünsche, in: Sozialer Fortschritt 3/97, S. 76–79.

Singer, R. (1997): Befristete Arbeitsverhältnisse in Österreich und im EU-Bereich, Wien.

Smith, M./C. Fagan/J. Rubery (1998): Where and Why is Part-Time Work Growing in Europe?, in: J. O'Reilly/C. Fagan (eds.), Part-Time Propects, London/New York, S. 35–56.

Stolz-Willig, B. (1993): Das vernachlässigte Politikfeld: Gesellschaftliche und berufliche Realitäten teilzeitarbeitender Frauen – Plädoyer für eine Offensive, in: M. Klein (Hg.), Nicht immer, aber immer öfter, Marburg, S. 139–148.

Tam, M. (1998): Part-Time Employment: A Bridge or a Trap?, Aldershot.

Tálos, E. (1996): Alterssicherung: Ein Umbau ist notwendig, in: T. Brandstaller (Hg.), Österreich 2 1/2, Wien, S. 223–254.

Tálos, E. (1997): Sozialpolitik, in: H. Dachs u. a. (Hg.), Handbuch des österreichischen politischen Systems: Zweite Republik, Wien, S. 525–535.

Tálos, E. (Hg.) (1998): Soziale Sicherung im Wandel. Österreich und seine Nachbarstaaten. Ein Vergleich, Wien.

Tálos, E./K. Wörister (1994): Soziale Sicherung im Sozialstaat Österreich, Baden-Baden.

Tálos, E./K. Wörister (1998): Soziale Sicherung im Vergleich, in: E. Tálos (Hg.), Soziale Sicherung im Wandel, Wien, S. 515–589.

Tálos, E./B. Kittel (1999): Sozialpartnerschaft und Sozialpolitik, in: F. Karlhofer/E. Tálos (Hg.), Zukunft der Sozialpartnerschaft – Veränderungsdynamik und Reformbedarf, Wien, S. 137–164.

Telework 1998. Status Report on European Telework, European Commission, Luxemburg.

Van Bastelaer, A. et al. (1999): The Definition of Part-Time Work for the Purpose of International Comparisons, in: Labour Market and Social Policy Occasional Papers – No 22, OECD, Paris.

Walwei, U. (1993): Atypische Beschäftigungsformen in EG-Ländern, in: WSI Mitteilungen (1993), S. 584–593.

Walwei, U. (1995): Atypische Beschäftigungsformen: Kongruenz und Divergenz der Interessen, in: B. Keller/H. Seifert (Hg.), Atypische Beschäftigung, Köln, S. 9–24.

Walwei, U. (1995a): Atypische Beschäftigungsformen in EU-Ländern: Bestimmungsfaktoren und Effekte, in: B. Keller/H. Seifert (Hg.), Atypische Beschäftigung, Köln, S. 182–201.

Walwei, U./H. Werner (1995): Entwicklung der Teilzeitbeschäftigung im internationalen Vergleich, in: Mitteilungen aus der Arbeitsmarkt- und Berufsforschung, 28. Jg., Heft 3/1995, S. 365–382.

Walwei, U./H. Werner (1996): Mehr Teilzeit als Mittel gegen die Arbeitslosigkeit, in: Wirtschaftsdienst März, S. 131–138.

Walwei, U./R. Konle-Seidl/H. Ullmann (1991): Atypische Beschäftigungsformen und Arbeitszeiten im EG-Vergleich, in: U. Walwei /W. Heinz (Hg.), Beschäftigungsaspekte und soziale Frage des EG-Binnenmarktes, Beitr. AB, Nürnberg, S. 30–71.

Autoren/innenverzeichnis

Fassler-Ristic, Martina
Studium der Politikwissenschaft, zur Zeit beschäftigt in der Grundsatzabteilung für Frauenangelegenheiten im Bundeskanzleramt, Studien- und Forschungsaufenthalt in Spanien, Dissertantin am Institut für Staats- und Politikwissenschaft der Universität Wien.

Filipič, Ursula
Studium der Politikwissenschaft, Studien- und Forschungsaufenthalte in Ljubljana, Prag und Mannheim, Dissertantin am Institut für Politikwissenschaft der Universität Wien.

Fink, Marcel
Studium der Politikwissenschaft, Dissertant am Institut für Staats- und Politikwissenschaft, Projektmitarbeit am Institut für Höhere Studien, zur Zeit Vertragsassistent am Institut für Staats- und Politikwissenschaft der Universität Wien.

Mairhuber, Ingrid
Studium der Politikwissenschaft, Studien- und Forschungsaufenthalte in Italien. Freiberuflich tätige Sozialwissenschafterin.

Molitor, Franz
Studium der Politikwissenschaft, Studien- und Forschungsaufenthalt in den Niederlanden, zur Zeit Dissertant am Institut für Staats- und Politikwissenschaft der Universität Wien.

Mühlberger, Ulrike
Studium der Politikwissenschaft und Volkswirtschaft, zur Zeit PhD-Studentin am Europäischen Hochschulinstitut in Florenz.

Neuhold, Christine
Studium der Politikwissenschaft, Projektmitarbeit am Institut für Staats- und Politikwissenschaft, Assistentin am European Institute for Public Administration in Maastricht, Dissertantin am Institut für Staats- und Politikwissenschaft der Universität Wien.

Tálos, Emmerich
Professor und Institutsvorstand am Institut für Staats-und Politikwissenschaft der Universität Wien.

Vidmar, Silvia
Studium der Politikwissenschaft, Studien- und Forschungsaufenthalt in Schweden. Zur Zeit Mitarbeiterin der Bundesministerin für Frauenangelegenheiten und Verbraucherschutz.

Abkürzungsverzeichnis

A	Österreich
a.a.O.	am angegebenen Ort
AAW	*Algemene Arbeidsongeschiktheidswet*/Allgemeines Erwerbsunfähigkeitsgesetz
Abs.	Absatz
ABl.	Amtsblatt
ABU	*Algemene Bond van Uitzendbureaus*/Allgemeiner Verband von Leiharbeitsunternehmen
ABW	*Algemene Bijstandswet*/Allgemeines Sozialhilfegesetz
ADS	Anketa o delovni sili/Labour Force Survey
AFG	Arbeitsförderungsgesetz
AFRG	Arbeitsförderungs-Reformgesetz
AK	Arbeiterkammer(n)
AKE	Arbeitskräfteerhebung
AKT	*Arbeidskrachtentelling*/Arbeitskräftezählung
ALV	Arbeitslosenversicherung
AMS	Arbeitsmarktservice
AN	Arbeitnehmer/innen
AOW	*Algemene Ouderdomswet*/Allgemeines Altersgesetz
ArbZG	Arbeitszeitgesetz
Art.	Artikel
ASVG	Allgemeines Sozialversicherungsgesetz
ATP	*Arbejdsmarkedets Tillægspension*/Arbeitsmarktbezogene Zusatzpension
AÜG	Arbeitnehmerüberlassungsgesetz
B	Belgien
B-VG	Bundesverfassungsgesetz
BAG	Bundesarbeitsgericht
BAT	Bundes-Arbeits-Tarifvertrag
Bavaz	bedarfsorientierte variable Arbeitszeit
BErzGG	Bundeserziehungsgeldgesetz
BeschFG	Beschäftigungsförderungsgesetz
BFR	Belgische Francs
BGB	Bürgerliches Gesetzbuch
BIP	Bruttoinlandsprodukt
BMAS	Bundesministerium für Arbeit und Soziales
BOE	*Boletín Oficial del Estado*/Spanisches Gesetzblatt
BUrlG	Bundesurlaubsgesetz
bzw.	beziehungsweise
CBS	*Centraal bureau voor de Statistiek*/Statistisches Zentralamt
CDD	Contrats a durée déterminée
CEEP	Europäischer Zentralverband der öffentlichen Wirtschaft

CES	*Consejo Económico y Social*/Rat für Wirtschafts- und Sozialfragen
CFL	*Contratti di formazione lavoro*/Kombinierte Ausbildungs- und Arbeitsverträge
CGIL	*Confederazione generale italiana del lavoro*/Italienischer Gesamtverband der Arbeit
CGT de Aragón	*Confederación General de Trabajo de Aragón*/Generalverband für Arbeit, Aragón; Gewerkschaftsverband
CIGS	*Cassa integrazione guadagni straordinara*/„außerordentliche" Lohnausgleichskasse
CISL	*Confederazione italiana sindacati lavoratori*/Italienischer Dachverband der Arbeitnehmergewerkschaften
CPS	Current Population Survey
D	Bundesrepublik Deutschland
d. B.	der Beilagen zu den stenographischen Protokollen des Österreichischen Nationalrates
DK	Dänemark
DKR	Dänische Kronen
DM	Deutsche Mark
E	Spanien
EBB	*Enquête Beroepsbevolking*/Enquête Berufsbevölkerung
EFILWC	European Foundation for the Improvement of Living and Working Conditions
EG	Europäische Gemeinschaften
EGB	Europäischer Gewerkschaftsbund
EGV	Vertrag zur Gründung der Europäischen Gemeinschaft
EIRR	European Industrial Relations Revue
endg.	endgültig
EPA	Encuesta de Población Activa/Repräsentativerhebung unter der Aktivbevölkerung in Spanien
ERISA	Employee Retirement Income Security Act
ESC	Escudo
et al.	et aliter
ETUC	European Trade Union Confederation
EU	Europäische Union
EuGH	Europäischer Gerichtshof
Eur.	Euro
EWG	Europäische Wirtschaftsgemeinschaft
EWG-V	Vertrag der Gründung der Europäischen Wirtschaftsgemeinschaft
EWR	Europäischer Wirtschaftsraum
F	Frankreich
FFG	Frauenfördergesetz
Fin	Finnland
Fn.	Fußnote
FNV	*Federatie Nederlandse vakbeweging*/sozialdemokratischer Gewerkschaftsverband
FPÖ	Freiheitliche Partei Österreich
FSVG	Freiberuflich-Selbständigen-Sozialversicherungsgesetz
FUL	*Funktionærloven*/Angestelltengesetz
GD V	Generaldirektion V
GleiBG	Gleichberechtigungsgesetz
GP	Gesetzgebungsperiode des Österreichischen Nationalrates
GR	Griechenland
GSS	General Social Survey
GSVG	Gewerbliches Sozialversicherungsgesetz
GV	Gesetzesverordnung

HV	Hauptverband der Sozialversicherungsträger
I	Italien
i. d. F.	in der Fassung
i. d. g. F.	in der gültigen Fassung
i. d. R.	in der Regel
IB	Incapacity Benefit
ILO	International Labour Office
INE	*Instituto Nacional de Estadística*/Spanisches Statistikinstitut
INEM	*Instituto Nacional de Empleo*/Spanische Arbeitsmarktbehörde
INPS	*Istituto nazionale della della previdenza sociale*/Nationales Institut für Soziale Sicherheit
IRL	Irland
ISG	Institut für Sozialforschung und Gesellschaftspolitik
ISTAT	*Istituto centrale di statistica*/Statistisches Zentralamt
IVSS	Internationale Vereinigung für Soziale Sicherheit
JSA	Job Seecers Allowance
kA	keine Angabe
KAPOVAZ	kapazitätsorientierte variable Arbeitszeit
KOM	Dokumente der Kommission der Europäischen Gemeinschaften
KüSchG	Kündigungsschutzgesetz
KV	Krankenversicherung
L	Luxemburg
LAS	Lag om anställningsskyd/Gesetz über den Anstellungssschutz, auch: Employment Protection Act/Act on Security of Employment
LCT	Arbeitsvertragsgesetz
LFK	Labour-Force-Koncept
LIF	Liberales Forum
LO	Landsorganisationen i Sverige/ Schwedischer Gewerkschaftsbund und Zentralverband der Arbeiter/innengewerkschaften
LUK	Lebensunterhaltskonzept
MA	Maternity Allowance
MBL	Medbestämmandelagen/Mitbestimmungsgesetz
MISEP	Mutual Information System on Employment Policies
MISSOC	Mutual Information System on Social Protection in the European Union
MOMS	Umsatzsteuer
MTAS	*Ministerio de Trabajo y Asuntos Sociales*/Ministerium für Arbeit und Soziale Angelegenheiten
MTSS	*Ministerio de Trabajo y Seguridad Sozial*/Ministerium für Arbeit und Soziale Sicherheit
MuSchG	Mutterschutzgesetz
NL	Niederlande
No.	Nummero
NR	Nationalrat
Nr.	Nummer
OECD	Organisation für wirtschaftliche Zusammenarbeit und Entwicklung
ÖGB	Österreichischer Gewerkschaftsbund
OM	*Orden Ministerial*/Verordnung
ÖS	Österreichische Schillinge
ÖSTAT	Österreichisches Statistisches Zentralamt
ÖVP	Österreichische Volkspartei

P	Portugal
PV	Pensionsversicherung
RC	Rifondazione Comunista/Neugegründete Kommunistische Partei
RD	*Real Decreto*/Königliches Dekret
RDL	*Real Decreto-Ley*/Königliches Gesetzesdekret
RL	Richtlinie
RPA	Redundancy Payments Act
Rs.	Rechtssache
RV	Richtlinienvorschlag
RZZ	Republiški zavod za zaposlovanje/Republiksarbeitsamt
S	Schweden
SACO	Svenska Akademikers Centralorganisationen/Zentralverband der akademischen Berufsverbände
SAF	Svenska Arbetsgivareförbundet/Zentralverband der schwedischen Arbeitgeberorganisationen
SAF	Svenska Arbetsgivareföreningen/Schwedischer Arbeitgeberverband
SCB	Statistiska Centralbyrån/Schwedisches Statistisches Zentralamt
SCP	*Sociaal en Cultureel Planbureau*/Sozial-kulturelles Planungsamt
SEK	Svenska Kronor/Schwedische Kronen
SERPS	State Earnings Related Pension
SGB	Sozialgesetzbuch
Slg.	Sammlung des Gerichtshofes der Europäischen Gemeinschaften
SMP	Statutory Maternity Pay
SPÖ	Sozialdemokratische Partei Österreichs
SOEP	Sozio-ökonomisches Panel
SSP	Statutory Sick Pay
SV	Sozialversicherung
Syn.	Synopse
SZW	*Ministerie van Sociale Zaken en Werkgelegenheid*/Ministerium für Soziales und Beschäftigung
Tab.	Tabelle
TCO	Tjänstemännens Centralorganisation/Zentralverband der schwedischen Angestelltengewerkschaften
TFR	*Trattamento di fine rapporto*/Abfindung
u.a.	unter anderem
UGT	*Unión General de Trabajadores*/Generalverband der Arbeiter; Spanische Gewerkschaftsorganisation, der sozialistischen Partei nahestehend
UK	Großbritannien
Ul RS	Uradni list Republike Slovenije/Amtsblatt der Republik Slovenien
Ul SFRJ	Uradni list Socialistične federativne republike Jugoslavije/Amtsblatt der Sozialistischen Föderativen Republik Jugoslavien
Ul SRS	Uradni list Socialistične republike Slovenije/Amtsblatt der Sozialistischen Republik Slovenien
UIL	*Unione italiana del lavoro*/Italienische Arbeitsunion
UNICE	Europäische Vereinigung der Arbeitgeber- und Industrieverbände
vgl.	vergleiche
Vol.	Volume
WW	*Werkloosheidswet*/Arbeitslosenversicherungsgesetz
WAO	*Wet op de Arbeidsongeschiktheidsverzekering*/Erwerbsunfähigkeitsgesetz
WIFO	Wirtschaftsforschungsinstitut, Wien

WRR	Wetenschappelijke Raad voor het Regeringsbeleid/Wissenschaftlicher Rat für die Regierungspolitik
z. B.	zum Beispiel
ZDR	Zakon o delovnih razmerjih/Gesetz über die Arbeitsverhältnisse
ZFW	*Ziektefondswet*/Krankenkassengesetz
ZTPDR	Zakon o temeljnjih pravicah iz delovnege razmerja/Gesetz über die Grundrechte aus dem Arbeitsverhältnis
ZW	*Ziektewet*/Krankengeldversicherungsgesetz
ZZZB	Zakon o zaposlovanju in zavarovanju za primer brezposelnosti/Gesetz über die Beschäftigung und die Versicherung für den Fall der Erwerbslosigkeit

Verzeichnis der Abbildungen und Tabellen

Standardwerke aus Politik und Zeitgeschichte

Tálos/Dachs/Hanisch/
Staudinger (Hrsg)
Handbuch des politischen Systems
Österreichs
Erste Republik 1918-1933

1995. XVI, 712 Seiten, gebunden, öS 840,–
ISBN 3-214-05963-7

Dachs/Gerlich/Gottweis/Horner/
Kramer/Lauber/Müller/Tálos (Hrsg)
Handbuch des politischen Systems
Österreichs
Die Zweite Republik

3. völlig neu bearbeitete Auflage 1996.
XIV, 958 Seiten, gebunden, öS 920,–
ISBN 3-214-05963-7

Beide Bände im Paket nur öS 1.320,–